诗词体性与传承

张宏生自选集

粤港澳大湾区学术精品文库·香港讲座教授自选集 ＼ 张宏生 主编

张宏生 著

SPM 南方传媒
广东人民出版社
·广州·

图书在版编目（CIP）数据

诗词体性与传承：张宏生自选集 / 张宏生著. —广州：广东人民出版社，2023.7

（粤港澳大湾区学术精品文库 / 张宏生主编. 香港讲座教授自选集）

ISBN 978-7-218-16029-0

Ⅰ.①诗…　Ⅱ.①张…　Ⅲ.①社会科学—文集　Ⅳ.①C53

中国版本图书馆 CIP 数据核字（2022）第178369号

SHICI TIXING YU CHUANCHENG：ZHANG HONGSHENG ZIXUANJI

诗 词 体 性 与 传 承 ： 张 宏 生 自 选 集

张宏生　著

出 版 人：肖风华

丛书策划：萧宿荣
责任编辑：王庆芳　陈埼泓
责任技编：吴彦斌　周星奎
特约编辑：刘璎颉
封面设计：张贤良

出版发行：广东人民出版社
地　　址：广州市越秀区大沙头四马路 10 号（邮政编码：510199）
电　　话：（020）85716809（总编室）
传　　真：（020）83289585
网　　址：http://www.gdpph.com
印　　刷：珠海市豪迈实业有限公司
开　　本：787 毫米 × 1092 毫米　1/16
印　　张：28.5　字　数：578 千
版　　次：2023 年 7 月第 1 版
印　　次：2023 年 7 月第 1 次印刷
定　　价：138.00 元

如发现印装质量问题，影响阅读，请与出版社（020-85716849）联系调换。

售书热线：（020）87716172

自　序

如果把考上研究生视为走上治学道路的开始，则今年正好是四十周年，因此，对我来说，出版这本自选集尤其有着不一般的意义。

1982 年春，我负笈南下，考入南京大学中文系，追随程千帆师先生攻读硕士学位。1985 年初硕士毕业后，留在南京大学任教，同时在职继续随程千帆师先生攻读博士学位。攻读硕士学位的时候，专业名称是"唐宋诗"，千帆先生开的课程是"八代诗研究""李杜诗研究""苏黄诗研究""校雠学"等，精读的专书有《古诗笺》、《唐宋诗举要》、李白和杜甫的诗集、苏轼和黄庭坚的诗集、《四库全书总目》等。攻读博士学位的时候，专业名称是"唐宋文学"，千帆先生安排的课程是《诗经》研究、《楚辞》研究、《论》《孟》研究、《左传》《战国策》研究、《庄子》研究、《史》《汉》研究等，学习方式仍然是以精读专书为主。从课程安排可以看得很清楚，千帆先生注重点面结合，尤其是到了博士生阶段，虽然专业名称是"唐宋文学"，但安排的课程和精读的著作都在先秦两汉。这在一定程度上反映了东南学术的传统，如黄季刚先生一生就特别在《毛诗》《左传》《周礼》《说文解字》《广韵》《史记》《汉书》《文选》八部书上下功夫，以之为根本。千帆先生指导博士生，基本上也是这个思路，但根据每个学生的基础以及以前的学历，又有不同的调整。这样的阅读，至少有以下的考虑：首先，古人所谓文学，并不完全是今天的文体观念，只有将文史哲结合起来，才能了解得更清楚；其次，研究唐宋或唐宋以后的文学，必须对前代的基本典籍有一定的了解，因为，那些典籍正是后代的最重要的资源，掌握了这些资源，就可以举一反三，事半功倍；最后，精读任何一部重要典籍，都无异于浏览了一部该典籍所在部类的发展史，这样对古代学术就不会陌生。我的小学和中学阶段基本上和"文化大革命"相始终，我和不少同龄人一样，经常慨叹基础薄弱。在千帆先生看来，老老实实把一些最经典的著作通读下来，基础自然就有了。

从专业的角度看，我治学的主要方向是诗学和词学两个部分。

我研治诗学从杜诗入门，得到了先师千帆先生的具体指授，当时指定的精读书目是《杜诗详注》，参以《钱注杜诗》《杜诗镜铨》《读杜心解》等，基本上涵盖了清代杜诗学著述的最精华的部分。1985年初，我刚考上博士生不久，程先生看到我在杜诗研究方面稍有积累，不仅此前已有论文发表在《文学评论》上，而且在修读"李杜诗"这一门课程时，还写了好几篇相关的读书报告，因此就提出让我和他一起撰写若干篇研究杜诗的论文。

程先生的治学始于研究杜诗，他在金陵大学的毕业论文就是《杜陵先生诗心说》。有相当长的时间，他采用苏轼的"八面受敌"法，每年读一遍杜诗，每一遍选择不同的问题去读，后来出版的《杜诗镜铨批钞》就是部分读书心得的记录。虽然千帆先生对杜诗有非常精深的研究，由于种种原因，特别是长达二十年的政治原因，他却没有机会将大部分心得公开发表出来。1978年被匡亚明校长聘到南京大学后，他曾经开过杜诗研究专题课程，后来也到别的大学讲过杜诗，留下了比较详细的讲义。

程先生指导我撰写的主要是四个方面的内容：杜甫的七言律诗、杜甫的咏物诗、杜甫诗中所反映的晚年心态，以及欧阳修和苏轼以禁体物语咏雪的诗与杜诗的关系。撰写的时候，程先生先指示一个大致范围，但并不具体说明，而是先让我根据自己的理解充分发挥，写完初稿后交给他，他从材料、观点、逻辑、章节安排、语言表述等不同方面做非常细致的批改，然后我根据他的批改写出第二稿，他再进一步批改。如此等等，反复打磨，就不断提升了提出问题、分析问题和解决问题的能力。在这个过程中，我也是边写作边补课，比如撰写《杜甫七言律诗中的政治内涵》时，不仅对杜甫之前的七律创作作了全面考察，而且由于涉及李商隐、韩偓、元好问和钱谦益诸人，就通读了他们的诗集，从而对七言律诗发展过程中的一条重要线索有所掌握；而撰写《火与雪：从体物到禁体物——论白战体及杜、韩对它的先导作用》时，不仅阅读了大量的宋代的诗论和画论，而且由于涉及韩愈、欧阳修、苏轼等人，也通读了他们的诗集，从而对唐诗和宋诗的传承关系有所了解。同时，在这个过程中，我也对程先生的治学方法有了更多的体会，如资料考证与艺术评判并重，背景探索与作品分析并重，在探讨具体问题时，充分注意各种互相联系着的因素，并上升到一定的高度，努力从中抽象出一定的规律。这四篇论文写出来后，有两篇发表在《中国社会科学》，另两篇分别发表在《文学遗产》和《文艺理论研究》，得到了学术界的积极评价。后来，和师兄莫砺锋以同样方法得到老师指导的一些论杜文章汇集在一起，题为《被开拓的诗世界》，由上海古籍出版社出版。我们在后记中曾这样写道："在千帆师亲自给我们讲授的课程中，杜诗是一门重点课。除了课堂上的讲授之外，平时也常与我们讨论杜诗。在讲课和讨论的过程中，我们固然常有经过点拨顿开茅塞之感，千帆师也偶有'起予者商也'之叹。"因此，这些文章"既作为我们师生共同研读杜诗的一份心得，也作为千帆师指导我们学习的一份教学成绩汇报"。杜甫是中国诗歌史上的集大成式的诗人，从杜诗研究入手，就如严羽在《沧浪诗话》中所说的："入门须正，立志须高。"我不敢说自己的学术成就有多高，但这个入门之处，确实在治学道路上让我受益无穷。

　　不过，尽管我治学的入门之处在杜诗，也对唐诗下了不少功夫，但是，我在诗学方面的主要成果却是体现在宋诗上。这和我自己的学术兴趣有关，也和当时的时代有关。

　　我在宋诗研究方面出版了三本著作。第一本是《感情的多元选择——宋元之际作家的心灵活动》（现代出版社，1990 年），主要是对自公元 1276 年元军攻陷临安，至元朝统治基本上巩固下来的几十年间文学史上出现的各种现象进行历史的考察，着重探索在天翻地覆的社会大变动中，不同身份、不同地位、不同修养的作家以何种态度、何种方式对待改朝换代的现实，其心灵活动有何发展变化，又是怎样反映时代的。这本书尽可能地将作家的社会选择和其具体的生活情境联系起来，理解其作为一个个体而不得不面对的种种矛盾，并予以"同情的理解"，所突出的乃是文学史即心灵史的观念。宋亡元兴是中国历史上第一次一个少数民族政权全面取代一个汉族政权，从这个角度出发，能够看到当时文学的一定的独特性。同时，中国历史有着多次王朝更替，该书通过宏观的把握和理论的总结，从作家情态和文学创作的关系上，对易代时期的文学进行探索，也做出了一些带有普遍性的思考。

　　第二本是《江湖诗派研究》（中华书局，1995 年）。对于南宋的江湖诗派，以往学界关注较少，有些工作需要从头做起，因此首先进行了文献的清理，发现残本《永乐大典》中保存着九种江湖诗集，明、清人的影、抄、刊本江湖诗集也有十一种以上，再加上当时一些笔记、诗话、书目中的记载，就使得确定江湖诗派的成员有了原始依据。江湖诗人在当时和后世，往往也被称为江湖谒客，这是指他们在生活中，每以诗歌为谒具，奔走势要之门，干乞钱财。根据这个特点，我探讨了江湖谒客行谒的内容和方式、谒客阶层的形成、谒客的出现与幕府和荐举制的关系、当世显人和谒客自身对行谒的态度等，从而认为，从文化上看，宋代以来，士大夫以其拥有的文化知识参与国政，而较少像唐及先唐那样依据门第，因此其社会作用也越来越重要。虽然江湖谒客总的说来社会地位较低，但他们在那一特定的时代里，却活跃于社会的各个阶层，他们的种种表现，可以使我们从一个侧面加深对宋代士大夫阶层的理解，特别是加深对其双重性格的理解。另外，文学与出版的关系也是这本书中重要的关注角度。陈起以一个书商之力，促成了一个如此规模的流派的形成，在整部中国文学史中，恐怕也是绝无仅有的。书中详细分析了陈起为江湖诗人选诗，有目的地组稿刊刻，以及提供陈氏书铺作为活动中心等事实，说明了这位书商在诗派形成中重要的声气鼓吹和组织联络作用，并进一步指出，这与南宋商品经济的发达密切相关。另外，这本书在具体操作中也有一些特定的考虑，即特别注重比较，如考虑到江湖诗派与中晚唐姚贾一派颇有渊源，所以常常以此为基点，与唐代作家作纵向比较；考虑到江湖诗派是打着反对江西诗风的旗号走上诗坛的，所以把与江西诗风的比较放在重要位置；又考虑到江湖诗派在整个南宋诗歌的发展中处于低潮，所以也注意与南宋前期诸大家做比较，以说明诗风的发展变化。

第三本是《宋诗：融通与开拓》（上海古籍出版社，2001年）。和前面两本不同的是，这一本是以专题研究的形式展现出来的，里面有若干篇从南宋返回北宋，体现出我对宋诗的进一步探索，如"以文为诗"与"以文为赋"、苏轼《和陶诗》的特色等。特别要提到的是《元祐诗风的形成及其特征》一文，这篇文章指出，进入元祐，北宋诗坛出现了更新换代，以苏轼为首的诗人群体聚集在京城，既有一定的共性，更有不同的特色，共同创造了中国诗歌史上的新时代。这篇文章选择诗歌群体进行研究，试图梳理时代、个体、群体与文学发展的关系，入口不大，涉及面却较多，希望上升到一定的高度，思考一些具有普遍意义的问题，因此被有些学界同人称为"中观"研究。1996年7月，《文学遗产》揭晓首届优秀论文奖，很荣幸的是，这篇论文榜上有名。过去的四十年间，我在学术研究上曾获得过很多奖项，但《文学遗产》的这个奖项是我尤为看重的，因为这是一个完全由业内人士做出的评判，而且从提名到评审，操作上都非常规范，我至今记得获知评奖结果时的意外之喜，而在此之前，我甚至完全不知道有评奖这回事。

词学研究是我的另一个主要学术方向，但是选择这个方向，对我来说，完全是一个偶然。1984年底，我刚刚完成硕士论文答辩，已经决定留校任教，并考上了博士研究生，可以在职攻读学位。这时，千帆师找到我，说现在《全清词》的编纂进入一个特定的阶段，急需人手，希望我能够加入，帮着做点事情。《全清词》的编纂是李一氓先生主持国务院古籍整理出版规划小组时确定的项目，下达到南京大学后，由程千帆师先生主持其事，并成立了编纂研究室，除了程先生和负责庶务的一个同事外，正式的编纂人员还有四位。我加入之后，一边读书，一边工作，参与了访书、编目、撰写小传、校点词集、辑佚等整个过程，可惜，后来由于发生了一系列的事情，导致编纂工作很不顺利，甚至造成长期停顿，这也成了程先生晚年的一个心结，曾经不止一次地和我谈论此事，希望将来我能够将这个大工程继续做下去。我觉得，我有义务完成老师的这个心愿。于是，大约从1994年，我就调整了方向，开始对清代词学展开研究，2000年后，更主持了《全清词》的编纂，算起来，和这一领域发生关联，已经差不多四十年了，研究成果包括1998年出版的《清代词学的建构》（江苏古籍出版社），2008年出版的《清词探微》（上海古籍出版社），2013年出版的《读者之心——词的解读》（中华书局），2019年出版的《经典传承与体式流变：清词和清代词学研究》（南京大学出版社），而自2019年到现在，又已经积累了不少这方面的成果，有待整理。因此，对于词学，尤其是清代词学的研究，已经成为我的研究生涯中非常重要的一个组成部分了。

我在清代词学方面的研究涉及较广，归纳起来，大致有以下几个层面：（1）和宋代词学结合起来探讨清词，因为我认为，虽然宋词创作非常兴盛，但宋人对于词的观念仍然比较保守，因此，不少因素都是在宋代刚刚尝试，不够充分，这些往往在清代得到了进一步的发展，并构成较为稳固的创作形态；（2）由于认识到词学的不少要素在宋代没有得到充分的展开，因此，清代词人往往具有一种创作自信，不仅把同时代人放在词的经典化历程中加以认识，甚至也希望进行自我经典化；（3）清词创作中有着强烈的对话意识，既和前代如唐宋词对话，也和清代某些特定阶段的词学对话，在对话中认识传统，也认识自己，并展开创造；（4）清代词人的时代意识很强，他们非常关注新出现的事物，会及时引进词的创作中，从而在题材上不断出新，特别是咏物词的创作很有成就；（5）虽然清代词坛上时有词派更迭，但这种更迭往往不是完全的颠覆，而是你中有我，我中有你，这对了解古代文学中的流派提供了一些新认识；（6）文学和世变的关系在宋词的发展中已经表现出来，而到了清代，从明清之际的易代书写，鸦片战争和太平天国战争中的心灵感受，以及清末民初的社会变化等，都给人更为深刻的印象；（7）词学史上，理论和创作脱节的现象颇为常见，但在清代，理论家往往以具体的创作去实践自己的理论，体现出较为自觉的意识；（8）清代女词人的创作形态更为多样，在不少方面，如日常化书写等，都有所创新。以上这些只是一个粗略的表述，但也一定程度上可以看出，清词研究确实是一个重要的学术增长点，在这个领域，有着很大的发展空间。

除了上述两个主要方向，我还对其他一些领域有所涉猎。

20世纪80年代末，南京大学哲学系赖永海教授和台湾佛光山合作，确定了一些和佛教相关的出版项目。承蒙永海兄的信任，约我承担了其中的两种。一种是为《中国佛学经典宝藏》丛书释译《辅教编》一书（佛光山出版社，1996年）。《辅教编》是北宋名僧契嵩所撰，主要阐发佛儒相通的道理，以回应欧阳修为了恢复儒家道统而提出的排佛之说。契嵩的这部著作在儒释相融的思潮发展中，接续前人的思想遗产，将佛教的政教和伦理功能提高到了一个新的层次，并从哲学意义上，为宋代理学体系的建立做出了贡献，甚至对二程、吕祖谦、朱熹、陆九渊等理学家也产生了一定的影响。另一种是为《中国佛教百科丛书》撰写《诗偈卷》一书（佛光文化事业有限公司，1999年）。中国是一个诗歌的国度。从历史的发展来看，任何一种思想体系，无一例外地在诗歌的国度中打下了烙印。佛教与诗歌的关系，一方面是僧人利用诗的形式表达思想，构筑形象；另一方面是佛教特别是禅宗通过对文人士大夫的影响，反映到创作中去。《诗偈卷》精选历代僧人所写的诗偈和士大夫所写的佛理诗一百九十七首，对中国诗歌史上的这个独特现象加以讨论，除了指出相关作品中的佛理禅意之外，也特别注重从文学表现手法上揭示其特色。由于承担这两本专书的撰写，那段时间对佛教下了一些功夫，因而也写出了一些反映诗歌和佛教关系的论文，如苏轼和《楞伽经》的关系，惠洪艳情诗的佛学背景，严羽诗论和禅学的因缘，以及陈起所编纂的《圣宋高僧诗选》的特色等，算是一个特定阶段的副产品。

1996年至1997年，我在哈佛大学做访问研究，了解到哈佛大学于1879年曾聘请戈鲲化前来教授中文，于是在哈佛档案馆和哈佛各图书馆（也包括耶鲁图书馆）广泛查阅，并得到诸多友人的帮助，终于对戈鲲化其人以及他在哈佛任教的情形有了比较充分的了解，回国后，于2000年出版了一本专书，其后又以《中美文化交流的先驱——戈鲲化的时代、生活与创作》为题，于2016年出版了增订本（凤凰出版社）。戈鲲化是中国历史上第一位到美国大学教授中文的学者，与此同时，他在美国也展开了不少文化活动，对于中美文化交流做出了一定的贡献。这本书的写作原是机缘凑巧，而其产生的影响也出乎意料。不仅中美文化史、中美教育史研究界予以关注，对外汉语教学学科给予重视，甚至语言学界也有学者感兴趣。著名语言学家、中国音韵学会会长鲁国尧教授就专门指出，了解戈鲲化赴美教授中国官话所使用的语音系统，对于研究近代汉语有着重要的价值。这说明，某些原来被我们所忽视的现象中，可能蕴藏着很大的学术空间。戈鲲化在美国时和东方学会会长、耶鲁大学教授卫三畏（Samuel Wells Williams）时有交往，我在整理资料时发现了他们之间的一些通信，以及戈鲲化写给卫三畏的诗，这些也启发我对卫三畏与美国汉学的起源展开研究。美国汉学在其起源时，两个重要代表人物中，一个是中国人，一个是美国人。一个在哈佛大学任教，一个在耶鲁大学任教。直到现在，这两所大学仍然是北美汉学研究的重镇。通过回顾历史，可以对这一现象有更深的理解。

仍然是在美国从事学术交流期间，我了解到，美国的一些学术同道正在致力于推动对中国女性文学，特别是明清女诗人的研究，当时在北美汉学界，已经成为一个重要的学术增长点，而这一研究在国内却显得有点冷清，因此就想做些促进的工作。2000 年 5 月 16 日至 18 日，我在南京大学主持召开了"明清文学与性别"国际学术研讨会，得到海内外学者的热烈响应，参会者共五十余人，分别来自海峡两岸和香港，以及美国、加拿大、日本、韩国、新西兰、新加坡等国家和地区，会议论文集题为《明清文学与性别研究》，于 2002 年由江苏古籍出版社出版。对于这次会议，有学者认为可以和耶鲁大学于 1993 年召开的同类型学术会议媲美，具有开拓性的意义，而我本人也由于这个机缘，继续在这个领域有所探索，即将出版《传统内外：清代闺秀诗词研究》一书（南京大学出版社）。这本书把男性创作的诗词视为大传统，把女性创作的诗词视为小传统，认为女作家的创作，既有向大传统靠拢的一面，也有和大传统疏离的一面，在彼此的互动中，展开了一段女性书写的历史。其中关于诗歌创作中的咏物、纪行、寄外诸题材，词的创作中对经典的认识，女诗人的才名焦虑和性别意识等，都体现了我对这个特殊群体创作状况的一些思考。

说到治学的专业方向，还应该特别提出来的是古籍整理，其主要形态是对《全清词》的编纂。其实，在我的心目中，编纂这样一部大型词总集，其意义并不比撰写了几本学术专著要小。自 2000 年我接手这个大工程以来，二十多年过去了，已经出版的成果是《顺康卷补编》四册（南京大学出版社，2008 年），《雍乾卷》十六册（南京大学出版社，2012 年），《嘉道卷》三十册（南京大学出版社，2020年），其他两卷也正在紧锣密鼓地进行中。清代的词作数量庞大，有大量的课题可以展开，但由于缺少整理，过于零散，也给研究工作造成不便。二十多年间，我带着编纂团队做着采访、编目、撰写小传、校点、辑佚等工作，虽然不免琐碎和枯燥，但对于古籍整理有了更多的体会。有学者曾做过统计，说是这二十年间，研究清词的硕士论文和博士论文大大增加，认为和《全清词》的陆续出版有着密切的关系。如果真是这样的话，这是非常值得欣慰的事。至于我自己，由于投入了大量的时间和精力在这项工作中，在研究上也并不是没有收获。我的不少写作灵感都是在整理文献的过程中产生的，这也有力地说明，文献整理和理论探讨是一个密不可分的整体，离开了前者，后者往往成为无源之水，无本之木。

回顾四十年的学术历程，心中有着许多感慨。虽然"文化大革命"十年荒废了很多，但和许多前辈相比，我们这一代还是幸运的。走上学术道路之时，正是众声喧哗、思想解放、充满宽容、鼓励探索的 20 世纪 80 年代。一路走来，总的来说，从事学术研究的环境还算平静，学术生态基本上良性发展，学术的标准大致上得到建立，各种层面的学术交流多元且不断深入。在这个过程中，学术固然得到提升，研究的格局也不断扩大。至于在这个格局中，我的研究在不同领域进行转换，也都有一定的收获，却不一定是个人刻意的选择，而往往是由于工作的安排、生活的际遇、教学的需要，自然而然形成的，里面有一些奇妙的因缘，至今想来，仍然非常感念，于是缕述如上，以为序。

张宏生

2022 年 12 月

这本自选集是在我所发表的一百多篇论文中选出。各篇论文撰写的时间不一样，体例也多有不同。编选的过程中，承蒙我的学生孔燕君、刘倚含、王泽伟和莫崇毅代为核对引文，统一格式，做了必要的处理。受到条件的限制，某些引文的出处无法完全还原为当时所用的版本了，不过基本意思并未改变。

目
Contents
录

卷下　文史论说

卷上　诗歌研究

姚贾诗派的界内流变和界外余响

姚贾并称，并带有体派的内涵，大约始于元辛文房《唐才子传》，其卷六云："（姚合）与贾岛同时，号'贾、姚'，自成一法。"① 而在此之前，宋严羽在其《沧浪诗话·诗辨》中，为论述江湖诗派的诗歌渊源，也曾以姚贾并称②。可见，这一事实为不少批评家所承认。然而，有关这一流派的一些具体问题，如姚贾之间的关系、姚贾诗风的异同、姚贾与后世诗风的关系等，都还没有得到全面的认识，因而，还有进一步加以讨论的必要。

一、姚贾的时代及其关系

关于姚贾之间的关系，很久以前即有一种说法，认为姚诗学贾。如元初的方回在其《瀛奎律髓》卷十许浑《春日题韦曲野老村舍》诗评云："晚唐诸人，贾岛开一别派，姚合继之。"③ 又卷二十朱庆余《早梅》诗评云："姚合、李洞、方干而下，贾岛之派也。"④ 明代的杨慎在其《升庵诗话》卷十一《晚唐两诗派》条中也有此说⑤，今人亦颇有沿袭者。但这种说法却与历史实际有所不合。

姚贾为同时代人，姚（775？—855？）略长于贾（779—843）。考姚贾之交游，始于元和十二年（817）左右，时姚合任武功主簿，曾数次招贾至县斋会聚，贾写

---

① 傅璇琮主编：《唐才子传校笺》第 3 册，中华书局，1990，第 124 页。

② 严羽著、郭绍虞校释：《沧浪诗话校释》，人民文学出版社，1983，第 27 页。

③ 方回选评、李庆甲集评校点：《瀛奎律髓汇评》卷 10，上海古籍出版社，1986，第 338 页。

④ 方回选评、李庆甲集评校点：《瀛奎律髓汇评》卷 20，第 754 页。

⑤ 杨慎：《升庵诗话》卷 11，丁福保辑：《历代诗话续编》，中华书局，2006，第 851 页。

有《寄武功姚主簿》一诗①，专记此事。诗中说："居枕江沱北，情悬渭曲西。数宵曾梦见，几处得书披。……静棋功奥妙，闲作韵清凄。"② 可见贾对姚的感情以及对姚诗歌的评价。其后，姚贾屡有交游。如长庆元年（821）姚合任万年县尉时，贾岛曾与朱庆余、顾非熊、厉玄、无可等宿于姚合宅，贾岛作有《酬姚少府》《重酬姚少府》等诗，前诗云："枯槁彰清镜，屡愚友道书。刊文非不朽，君子自相于。"③ 后诗云："百篇见删罢，一命嗟未及。沧浪愚将还，知音激所习。"④ 长庆三年（823），贾岛作《升道精舍南台对月寄姚合》，有云："相思聊怅望，润气遍衣初。"⑤ 大和八年（834），贾岛赴金州谒刺史姚合，合旋改任杭州刺史，贾作《送姚杭州》一诗送之，有云："诗异石门思，涛来向越迎。"⑥ 开成元年（836），姚合自杭州返京，贾岛作《喜姚郎中自杭州回》一诗迎之，有云："一披江上作，三起月中吟。东省期司谏，云门悔不寻。"⑦ 此外，贾岛还有一些与姚合交游的诗，年代已不可考。如《酬姚合校书》有云："因贫行道远，得见旧交游。美酒易倾尽，好诗难卒酬。"⑧《黎阳寄姚合》有云："新诗不觉千回咏，古镜曾经几度磨。惆怅心思滑台北，满杯浓酒与愁和。"⑨ 从以上作品中可以看出，贾岛对姚合的感情既深，对其诗歌的评价亦高，所谓"百篇见删"云云，或者贾岛出于某种考虑，还曾请姚合为其删诗，也未可知。

下面，再看看姚合对贾岛的看法。在姚合的诗歌中，涉及与贾岛交游的作品有十三首。如《送贾岛及钟浑》云："日日攻诗亦自强，年年供应在名场。春风驿路归何处？紫阁山边是草堂。"⑩《别贾岛》云："野客狂无过，诗仙瘦始真。秋风千

① 中华书局编辑部点校：《全唐诗（增订本）》卷572，中华书局，1999，第6698页。
② 中华书局编辑部点校：《全唐诗（增订本）》卷572，第6698页。
③ 同上书，第6690页。
④ 中华书局编辑部点校：《全唐诗（增订本）》卷571，第6682页。
⑤ 中华书局编辑部点校：《全唐诗（增订本）》卷572，第6691页。
⑥ 中华书局编辑部点校：《全唐诗（增订本）》卷573，第6709页。
⑦ 中华书局编辑部点校：《全唐诗（增订本）》卷572，第6703页。
⑧ 中华书局编辑部点校：《全唐诗（增订本）》卷573，第6712页。
⑨ 中华书局编辑部点校：《全唐诗（增订本）》卷574，第6737页。
⑩ 中华书局编辑部点校：《全唐诗（增订本）》卷496，第5679页。

里去，谁与我相亲？"① 《寄贾岛》云："狂发吟如哭，愁来坐似禅。新诗有几首，旋被世人传。"② 《寄贾岛时任普州司仓》云："吟寒齿应落，才峭名自垂。地远山重叠，难传相忆词。"③ 《寄贾岛》云："家贫唯我并，诗好复谁知？"④ 《洛下会寄贾岛》云："洛下攻诗客，相逢只是吟。……忆君难就寝，烛灭复星沉。"⑤ 《寄贾岛》云："疏拙只如此，此身谁与同。……赖君时访宿，不避北斋风。"⑥ 《喜贾岛至》云："布囊悬蹇驴，千里到贫居。饮酒谁堪伴？留诗自与书。"⑦ 《喜贾岛雨中访宿》云："雨里难逢客，闲吟不复眠。……终须携手去，沧海棹鱼船。"⑧ 《哭贾岛二首》之一云："名虽千古在，身已一生休。"之二云："从今旧诗卷，人觅写应争。"⑨ 也是既重其人，亦重其诗，笔端充满感情。

以上事实足以说明，单纯说姚学贾是不够准确的。首先，根据现有资料，姚贾的结交在元和十二年（817）左右，其时，姚合任武功主簿，所作《武功县作三十首》，颇有盛名，标志着他的主导风格已经形成。而此时贾岛方事干谒，声名未著。其次，在二人后来的交往中，总的说来，他们对彼此的诗歌艺术是互相推重的。况且，唐代张为作《诗人主客图》，以李益为清奇雅正主，姚合为入室，贾岛仅为升堂，可见唐人也并不一定以为贾岛的地位比姚合高。因此，在姚贾的关系上，与其说姚学贾，不如说二人互相学习、互相影响更恰当些。

---

① 中华书局编辑部点校：《全唐诗（增订本）》卷496，第5680页。

② 中华书局编辑部点校：《全唐诗（增订本）》卷497，第5682页。

③ 同上书，第5688页。

④ 同上书，第5688页。

⑤ 同上书，第5689页。

⑥ 同上书，第5696页。

⑦ 中华书局编辑部点校：《全唐诗（增订本）》卷501，第5743页。

⑧ 同上书，第5744页。

⑨ 中华书局编辑部点校：《全唐诗（增订本）》卷502，第5753页。

二、姚贾的诗风及其异同

明确了姚贾之间的关系，便可以进一步探讨二人诗风之异同。

首先，我们应该看到，姚贾之间有着鲜明的共同特色，这就是他们的诗多描写琐细的日常生活，注重对主观感受的抒发，推崇苦吟，重视对字句的锤炼，多用而且善用五言律体。

众所周知，盛唐之诗境界高远，气象雄浑，是对那个壮阔的时代的形象反映。沿至大历，盛极求变，诗歌创作遂偏于琐细一路，上述姚贾之诗的特色正是这一倾向的进一步发展。如下面几首诗：

> 关西又落木，心事复如何。岁月辞山久，秋霖入夜多。鸟从井口出，人自洛阳过。倚杖聊闲望，田家未剪禾。
>
> ——贾岛《原上秋居》①

> 闻道船中病，似忧亲弟兄。信来从水路，身去到柴城。久别长须鬓，相思书姓名。忽然消息绝，频梦却还京。
>
> ——贾岛《寄李存穆》②

> 闲居无事扰，旧病亦多瘥。选字诗中老，看山屋外眠。片霞侵落日，繁叶咽鸣蝉。对此心还乐，谁知乏酒钱。
>
> ——姚合《闲居晚夏》③

> 宫殿半山上，人家向下居。古厅眠易魇，老吏语多虚。雨水浇荒竹，溪沙拥废渠。圣朝收外府，皆是九天除。
>
> ——姚合《书县丞旧厅》④

---

① 中华书局编辑部点校：《全唐诗（增订本）》卷572，第6697页。
② 同上书，第6698页。
③ 中华书局编辑部点校：《全唐诗（增订本）》卷498，第5705页。
④ 中华书局编辑部点校：《全唐诗（增订本）》卷500，第5733页。

描写日常生活很具体，刻画内心世界很细腻，语言亦复精强，颇见锤炼之功。这种情形，原是大历诗人以迄张（籍）、王（建）、元（稹）、白（居易）等人总的发展趋势中所具有的。因此，姚贾所表现的，既是个人特色，也兼具时代特色。

然而姚贾诗在内涵、体式以及创作方法上虽有不少相似之处，但在意象的选择和风格的表现上，却又颇有不同之处。

贾岛的诗歌，往往喜欢表现一些人们不大注意却有些稀罕、幽僻乃至怪奇的意象。如《题长江》云："归吏封宵钥，行蛇入古桐。"①《寄贺兰朋吉》云："野菜连寒水，枯株簇古坟。"②《访李甘原居》云："石缝衔枯草，查根上净苔。"③《寄胡遇》云："萤从枯树出，蛩入破阶藏。"④《暮过山村》云："怪禽啼旷野，落日恐行人。"⑤《秋夜仰怀钱孟二公琴客会》云："独鹤耸寒骨，高杉韵细飔。"⑥《雪晴晚望》云："樵人归白屋，寒日下危峰。"⑦ 这些频频出现的意象，除了反映出贾岛特定的生活形态外，也使他的诗歌风格显得瘦劲险急，生涩拗峭。举一首全篇之作，或许能把这一点看得更清楚。《泥阳馆》云："客愁何并起，暮送故人回。废馆秋萤出，空城寒雨来。夕阳飘白露，树影扫青苔。独坐离容惨，孤灯照不开。"⑧

类似的情形在姚合的诗中也存在。如《题山寺》云："古塔虫蛇善，阴廊鸟雀痴。"⑨《题宣义池亭》云："苔文翻古篆，石色学秋天。"⑩ 不过，这种状况在姚合的作品中却不占主流。与贾岛相比，姚合作品中所表现的主要是一些常见的意象。在这一方面，著名的《武功县作三十首》便是突出的代表。如第一首有云："马随山鹿放，鸡杂野禽栖。"第四首有云："移花兼蝶至，买石得云饶。"第十六首有云：

---

① 中华书局编辑部点校：《全唐诗（增订本）》卷 572，第 6704 页。

② 同上书，第 6688 页。

③ 同上书，第 6695 页。

④ 中华书局编辑部点校：《全唐诗（增订本）》卷 573，第 6716 页。

⑤ 同上书，第 6723 页。

⑥ 同上书，第 6711 页。

⑦ 同上书，第 6715 页。

⑧ 中华书局编辑部点校：《全唐诗（增订本）》卷 572，第 6704 页。

⑨ 中华书局编辑部点校：《全唐诗（增订本）》卷 499，第 5721 页。

⑩ 同上书，第 5722 页。

"引水远通涧，垒山高过城。"第十九首有云："夜犬因风吠，邻鸡带雨鸣。"第二十首有云："晴月销灯色，寒天挫笔锋。"第二十一首有云："移山入县宅，种竹上城墙。"第二十八首有云："垒阶溪石静，烧竹灶烟轻。"① 诗中的字句及其构成的意象都是常见的，但在富有创造性的诗人手中，却形象地表现出了主人公的生活形态及其感情特征。

一般说来，两位诗人齐名并能形成被后人认可的诗歌流派，最主要的是他们应该具有相同或大致相同的诗风。但从整体上看，姚贾二人的诗风的主体却是互相区别的。那么，这是什么原因呢？

姚贾二人都有着非常认真的创作态度，"苦吟"一类的自我评价经常出现在他们的诗歌中。如贾岛《雨夜同厉玄怀皇甫荀》云："沟西吟苦客，中夕话兼思。"② 《秋暮》云："默默空朝夕，苦吟谁喜闻？"③ 姚合《闲居晚夏》云："选字诗中老，看山屋外眠。"④ 《闲居》云："带病吟虽苦，休官梦已清。"⑤ 因此，尽管二人的诗风一险急幽僻，一平和闲易，但都是刻苦推敲的结果。贾岛因创作"鸟宿池边树，僧敲月下门"⑥ 一联而表现出的痴迷状态，以及他为"独行潭底影，数息树边身"⑦ 一联所作的注脚"二句三年得，一吟双泪流。知音如不赏，归卧故山秋"⑧，都是人们所熟悉的。姚合苦吟的轶事虽然不多，但从其作品中也可以明显看出来。像上举"苔文翻古篆，石色学秋天""晴月销灯色，寒天挫笔锋"诸句，在动词的使用上，显然下了苦功（本来，善用动词是古今诗人取得成功的秘诀之一）。另外一些诗也是如此。如《送郑尚书赴兴元》云："红旗烧密雪，白马踏长风。"⑨ 《寄安陆

---

① 此组诗见中华书局编辑部点校：《全唐诗（增订本）》卷498，第5702—5704页。

② 中华书局编辑部点校：《全唐诗（增订本）》卷572，第6694页。

③ 同上书，第6694页。

④ 中华书局编辑部点校：《全唐诗（增订本）》卷498，第5705页。

⑤ 同上。

⑥ 贾岛：《题李凝幽居》，《全唐诗（增订本）》卷572，第6695页。

⑦ 贾岛：《送无可上人》，《全唐诗（增订本）》卷572，第6690页。

⑧ 贾岛：《题诗后》，《全唐诗（增订本）》卷572，第6746页。

⑨ 中华书局编辑部点校：《全唐诗（增订本）》卷496，第5668页。

友人》云："烟束远山碧，霞歃落照红。"① 《题河上亭》云："杯里移樯影，琴中有浪声。"② 《过不疑上人院》云："帘冷连松影，苔深减履声。"③

姚贾作诗的苦吟态度大体相同，已如上述。同时，他们的作品所达到的审美效果也有着一致性，即以刻苦推敲的手段达到平淡自然的境界。欧阳修《六一诗话》云："圣俞尝语余曰：'诗家虽率意，造语亦难。若意新语工，得前人所未道者，斯为善也。必能状难写之景如在目前，含不尽之意见于言外，然后为至也。贾岛云："竹笼拾山果，瓦瓶担石泉。"姚合云："马随山鹿放，鸡逐野禽栖。"等是山邑荒僻，官况萧条，不如"县古槐根出，官清马骨高"为工也。'……圣俞曰：'……又若温庭筠"鸡声茅店月，人迹板桥霜"，贾岛"怪禽啼旷野，落日恐行人"，则道路辛苦，羁旅愁思，岂不见于言外乎？'"④ 所谓"状难写之景如在目前，含不尽之意见于言外"，从某种意义上说，就是要注重所描写对象的直观性，使作品的内涵不被语言障碍所掩盖。这实际上也就是一种自然平淡。用这个标准来衡量，在梅尧臣看来，姚贾的有关作品是做得好或比较好的。确实，即使是贾岛的那些通过刻苦推敲而写得险急幽僻的作品，也都在一定程度上保持了形象的直观性和对于一般读者的可读性，而不像对他有着很大影响的韩愈那样，有些诗作由于在艺术上的过分追求而显得晦涩难懂。人们的才情不同，个性不同，对生活的兴趣和观察点不同，因而导致诗风不同，这原是十分自然的。姚贾的独特性在于，他们通过苦吟推敲的创作方式，使得原本不同的诗风达到了另一层次的同一性。这或许正是姚贾齐名的根本原因，也是他们得到后世许多诗人推崇的根本原因之一。

三、时代末的诗风走势及其导引

姚贾诗之异同及其成就已如上述，而从接受的角度来看，在晚唐五代，他们的

---

① 中华书局编辑部点校：《全唐诗（增订本）》卷 497，第 5687 页。

② 中华书局编辑部点校：《全唐诗（增订本）》卷 499，第 5723 页。

③ 中华书局编辑部点校：《全唐诗（增订本）》卷 500，第 5726 页。

④ 欧阳修：《六一诗话》，何文焕辑：《历代诗话》，中华书局，2004，第 267 页。

诗风更得到了诗坛上不少作家的学习和推崇。

　　李嘉言先生在其《长江集新校》之附录五《贾岛诗之渊源及其影响》中，根据方岳《深雪偶谈》、杨慎《升庵诗话》、谢榛《四溟诗话》、辛文房《唐才子传》、计有功《唐诗纪事》、李怀民《中晚唐诗人主客图》等资料，认为晚唐学贾岛者计有二十二人①。他们是：马戴、周贺、张祜、刘得仁、方干、李频、张乔、郑谷、林宽、张滨、姚合、顾非熊、喻凫、许棠、唐求、李洞、司空图、尚颜、曹松、于邺、裴说、李中。这一概括，除了把姚合列于其中值得商榷外②，大体如实。正如《蔡宽夫诗话》所总结的："唐末五代，流俗以诗自名者，多好妄立格法，……大抵皆宗贾岛辈，谓之贾岛格。"③ 其中比较突出的如李洞，由于尊崇贾岛，竟铸其铜像，事之如神，④ 其诗也深得贾岛神髓。如《维摩畅林居》云："诸方游几腊，五夏五峰销。越讲迎骑象，蕃斋忏射雕。冷筇和雪倚，朽栎带云烧。从此西林老，瞥然三万朝。"⑤ 意象奇特，语言生新，笔力孤峭，正是长江法乳。应该指出的是，上举诸人，也颇有学姚合的。如周贺原是和尚，法名清塞，后由于作诗受到姚合的赏识，因而还俗。又如李频因推崇姚诗，曾不远万里来向姚合请教。⑥ 方干有《上杭州姚郎中》一诗，云："能除疾瘼似良医，一郡乡风当日移。身贵久离行药伴，才高独作后人师。春游下马皆成宴，吏散看山即有诗。借问公方与文道，而今中夏更传谁。"⑦ 又《哭秘书姚少监》云："寒空此夜落文星，星落文留万古名。入室几人成弟子？为儒是处哭先生。家无谏草逢明代，国有遗篇续正声。晓向平原陈葬礼，悲风吹雨湿铭旌。"⑧ 可见他在当时诗坛上的重要地位。因此，以上所谓学贾者，往

---

　　① 李嘉言：《贾岛诗之渊源及其影响》，贾岛著、李嘉言新校：《长江集新校》附录5，上海古籍出版社，1983，第205—211页。

　　② 且不说姚和贾实际上并不存在着学习和被学习的关系，即使从文献上看，李怀民即把姚合列为学张籍者，李嘉言先生似不应回避或忽略这一点。

　　③ 蔡宽夫：《蔡宽夫诗话》，郭绍虞辑：《宋诗话辑佚》，中华书局，1980，第410页。

　　④ 王定保撰：《唐摭言》卷10，上海古籍出版社，1978，第109页。

　　⑤ 李洞：《维摩畅林居》，《全唐诗（增订本）》卷721，第8355页。

　　⑥ 计有功著、王仲镛校笺：《唐诗纪事校笺》卷60，中华书局，2007，第2041页。

　　⑦ 中华书局编辑部点校：《全唐诗（增订本）》卷650，第7516页。

　　⑧ 同上书，第7518页。

往同时也学姚。从这个角度来看，寻求风格的单一性往往是做不到的。如周贺《春喜友人至山舍》云："鸟鸣春日晓，喜见竹门开。路自高岩出，人骑大马来。折花林影断，移石涧声回。更欲留深语，重城暮色催。"① 是贾门撰力。（颈联即直接从贾氏"过桥分野色，移石动云根"② 化出）又《赠李主簿》："税时兼主印，每日得闲稀。对酒妨料吏，为官亦典衣。案迟吟坐待，宅近步行归。见说论诗道，应愁判是非。"③ 则具姚氏风格。在贾岛的作品中，赠姚之诗有极似姚者，已为纪昀所指出。④ 可见，这一现象也是渊源有自。关于这个问题，我们不妨以李怀民的《中晚唐诗人主客图》来具体加以说明。

《中晚唐诗人主客图》根据张洎《项斯诗集序》、方回《瀛奎律髓》卷二十的说法，将中晚唐诗分为两派，一派学贾岛，一派学张籍。⑤ 李氏的划分，有一点很独特的地方，即把一些传统上认为是学贾岛的人，归入张籍派中，如司空图、姚合、顾非熊、刘得仁等。将姚合诸人归入张籍一派，是李怀民在对诗史的理解上超越以往之处。这说明，他充分认识到了姚合与贾岛诗风的不尽相同，因而，在梳理中晚唐的诗歌发展时，偏重于从歧异的方面去考察，确实有见。

然而，姚贾两家的诗风本来就有互相渗透、互相沟通之处，晚唐五代诗人对他们的接受，往往也是作为一个整体的两个不可分割的部分来看待的。因此，如果一定要作为两派，落到实处，就会碰到问题。令人欣慰的是，李怀民并未回避这些问题，而是实事求是地将其列举出来。这就造成了一个很有趣的现象，即谈到这一派诗人的代表作时，却要用另一派诗人的风格去加以说明。其中，尤以论述贾岛一派时，最为明显。如郑谷《别同志》云："相看临远水，独自上孤舟。"⑥ 李评："淡

---

① 中华书局编辑部点校：《全唐诗（增订本）》卷 503，第 5767 页。

② 中华书局编辑部点校：《全唐诗（增订本）》卷 572，第 6695 页。

③ 中华书局编辑部点校：《全唐诗（增订本）》卷 503，第 5761 页。

④ 方回选评、李庆甲集评校点：《瀛奎律髓汇评》卷 10，第 242 页。

⑤ 按，《主客图》云这一分法乃是效法杨慎《升庵诗话》卷 11 所述，其实《升庵诗话》不过是转述了张、方的看法。张文载《唐文拾遗》卷 47。参见陆心源辑：《唐文拾遗》卷 47，董诰等编：《全唐文》卷 1000，中华书局，1983，第 10906 页。

⑥ 中华书局编辑部点校：《全唐诗（增订本）》卷 674，第 7769 页。

语深情，味之无尽，似水部派。"① 全篇的如贾岛《早春题友人湖上新居二首》之一云："近得云中路，门长侵早开。到时犹有雪，行处已无苔。劝酒客初醉，留茶僧未来。每逢晴暖日，惟见乞花栽。"② 李评："近文昌。"③ 之二云："门不当官道，行人到亦稀。故从餐后出，多是夜深归。开箧收诗卷，扫床移卧衣。几时同买宅，相近有柴扉。"④ 李评："近王仲初、姚武功。"⑤ 又如方干《送相里烛》云："相逢未作期，相送定何之？不得长年少，那堪远别离。泛湖乘月早，践雪过山迟。永望多时立，翻如在梦思。"⑥ 李评："一气如话，略似水部派。"⑦ 又如无可《送李骑曹之武宁》云："一岁一归宁，凉天数骑行。河来当塞曲，山远与沙平。纵猎旗风卷，听笳帐月生。新鸿引寒色，回日满京城。"⑧ 李评："又近水部派。"⑨ 这种情形，一看便知，毋庸赘言。

更值得我们注意的，或许还是二派的互相渗透和互相沟通。无可《书马如文石门居》有云："野果谁来拾？山禽独卧听。"⑩ 二句很容易使人联想到姚贾的名句："马随山鹿放，鸡杂野禽栖"⑪，"竹笼拾山果，瓦瓶担石泉"⑫。这似乎可以认为是一种有意识的综合，尽管没有文献学上的证据。另外，方干《新正》有云："每见

① 李怀民辑评：《重订中晚唐诗主客图》下卷，中华书局，2018，第 336 页。

② 中华书局编辑部点校：《全唐诗（增订本）》卷 572，第 6700 页。

③ 李怀民辑评：《重订中晚唐诗主客图》下卷，第 202 页。

④ 按，此二首一作项斯诗，见《众妙集》，又见《全唐诗（增订本）》卷 554，第 6466 页。

⑤ 李怀民辑评：《重订中晚唐诗主客图》下卷，第 203 页。

⑥ 中华书局编辑部点校：《全唐诗（增订本）》卷 648，第 7494 页。

⑦ 李怀民辑评：《重订中晚唐诗主客图》下卷，第 342 页。

⑧ 中华书局编辑部点校：《全唐诗（增订本）》卷 813，第 9237 页。

⑨ 李怀民辑评：《重订中晚唐诗主客图》下卷，第 372 页。

⑩ 中华书局编辑部点校：《全唐诗（增订本）》卷 813，第 9233 页。

⑪ 姚合：《武功县中作三十首》，《全唐诗（增订本）》卷 498，第 5702 页。

⑫ 贾岛：《题皇甫荀蓝田厅》，《全唐诗（增订本）》卷 572，第 6688 页。

新正雪，长思故国春。"① 李评："此等与水部派是一是二。"② 正是看到了此联外表平易、内里奇峭的特点。再如无可的两首诗，《冬晚姚谏议宅会送元续上人归南山》云："禅客诗家见，凝寒忽告还。分题回谏笔，留偈在商关。盘径缘高雪，闲房在半山。自知麋鹿性，亦欲离人间。"③ 《送契公自桂阳赴南海》云："南行登岭首，与俗洗烦埃。磬罢孤舟发，禅移积瘴开。中餐湘鸟下，朝讲海人来。莫便将经卷，炎方去不回。"④ 李评前首云："又是一首水部诗，却是贾门撰力。"⑤ 评后首云："亦近水部，却是贾氏口吻。"⑥ 李怀民毕竟是一个行家，因此他能凭借自己敏锐的艺术味觉，感受到这两首诗的内涵并不单纯。但是他对这种情形所做的解释却不见得正确。如于邺《客中》云："楚人歌竹枝，游子泪沾衣。异国久为客。寒宵频梦归。（李评：此贾派之近张者）一封书未返，千树叶皆飞。南过洞庭水，更应消息稀。"⑦ 李评："他人泛作晚唐调，不知实贾氏之变格也。"⑧ 从这里可以看出来，李氏由于拘执于两派之说，因而不免把丰富复杂的文学现象归纳得过于简单。在我们看来，像于邺这种诗，与其说是贾派之变格，不如说是对两派诗风的兼容并蓄，作为一个创作、理论兼长的批评家，李怀民能够发现两种风格互相熔铸的现象，可惜他却还没有做出使我们满意的解释。

其实，正如我们前面所指出的，贾岛、张籍二派虽有一定的区别，但相同之处亦复不少。贾派追求幽奇生涩，思僻力狠，但生活中可以入诗的事料却是有一定的局限性的，并不容易在一个较大的范围内适应这种风格。这就可以解释为什么此派中这一风格的作品也不占多数。在更多的情况下，倒是张籍一派的诗风占主导地位。因为，用经过锤炼的语言，去表达人们虽然熟悉但却往往忽略的一些境界，是更为契合人们的创作心理的。

---

① 中华书局编辑部点校：《全唐诗（增订本）》卷649，第7508页。

② 李怀民辑评：《重订中晚唐诗主客图》下卷，第346页。

③ 中华书局编辑部点校：《全唐诗（增订本）》卷814，第9244页。

④ 同上。

⑤ 李怀民辑评：《重订中晚唐诗主客图》下卷，第378页。

⑥ 同上。

⑦ 中华书局编辑部点校：《全唐诗（增订本）》卷595，第6948页。

⑧ 李怀民辑评：《重订中晚唐诗主客图》下卷，第354页。

李怀民关于张籍一派的划分如下表：

主	上入室	入室	升堂	及门
张籍	朱庆余	王建	项斯	赵嘏
		于鹄	许浑	顾非熊
			司空图	任翻
			姚合	刘得仁
				郑巢
				李咸用
				章孝标
				崔涂

由表中可知，姚合仅被列入"升堂"，而且，位置排在最下面，可见李氏对姚合地位的看法。然而，从诗史发展的角度看，按照李怀民为此派规定的风格标准，其余诸人实际上很难比得上姚合。张籍虽有盛名于时，但他主要是在乐府诗的创作上受到推崇①，五言律诗的成就反而为其所掩。况且，从年辈上看，张籍和姚合也很难说有这种关系。张籍大约生于公元766年，卒于公元829年（还有生于767、768、772年，卒于829年等说）；姚合大约生于公元775年，卒于公元855年，可以说是同龄人。姚合于元和十一年（816）前后任武功县主簿，作有《武功县作三十首》，有名于时，世称"姚武功"，而张籍在诗坛上成名大致上也在此前后。因此，从某种意义上说，即使认为姚合是此派之"主"，也不为过。在此基础上，我们就可以进一步认为，凡是李氏所云贾派中有张之风者，即可以视为是对姚合的学习。晚唐五代的近体诗，尤其是五言律诗的创作，是笼罩在姚贾诗风之中的。

顺便应该提到的是，正如宋代孙仅在《读杜工部诗集序》一文中所指出的，中

---

① 如张戒《岁寒堂诗话》卷上云："籍律诗虽有味而少文，远不逮李义山、刘梦得、杜牧之。然籍之乐府，诸人未必能也。"又周紫芝《竹坡诗话》云："唐人作乐府者甚多，当以张文昌为第一。"（张戒：《岁寒堂诗话》，《历代诗话续编》卷上，中华书局，2006，第460页；周紫芝：《竹坡诗话》，《历代诗话》，中华书局，2004，第354页）

唐以后，杜甫之诗支而为六家，其中"姚合得其清雅，贾岛得其奇僻"①。而对于晚唐五代的接受者来说，这种风格后面所蕴含的时代内容，无疑更能同杜甫的诗歌精神互相呼应。如崔涂的两首诗，《秋夕与友话别》云："怀君非一夕，此夕倍堪悲。华发犹漂泊，沧洲又别离。冷禽栖不定，衰叶堕无时。况值干戈隔，相逢未可期。"②又《南山旅舍别故人》云："一日又将暮，一年看即残。病知新事少，老别旧交难。山尽路犹险，雨余春却寒。那堪试回首，烽火是长安。"③许印芳评前首云："层层转进，如此方无肤浅平直之病。三、四用意在'犹'字、'又'字，五句总承漂泊、别离而言，乃束上也。晓岚但解为比飘泊（按，纪评'五以比飘泊'），谬矣。六句转进老病一层，七句又转进干戈一层，亦非直接之笔。"④何义门评后首云："第三反呼末句，盖指甘露事也。五、六极言老病难行，却无奈时事如此，不得不别也。用笔甚曲折。"⑤涉及立意、字句、章法，可见其在艺术上的追求和成就。令人感兴趣的是，二诗的尾联都颇有杜诗意味，这或许并不是偶然的。晚唐五代是一个社会大动乱时期，国家处于风雨飘摇之中，诗人们蒿目时艰，忧伤国事，当然易与杜甫产生共鸣，而这一点，却是姚贾所少有的。因此，我们可以说，晚唐五代对姚贾诗风的接受并非亦步亦趋，而是在某些方面带有时代的特点。

四、宋诗接受中的不断复现

在宋代诗坛上，姚贾诗派也曾得到较为热烈的呼应。如宋初有所谓"晚唐体"，即九僧、寇准、林逋、潘阆、魏野诸人诗风，多半是其法乳。方回在其《桐江续集》卷三十二《送罗寿可序》中曾指出："诗学晚唐，不自四灵始。宋划五代旧

---

① 华文轩编：《古典文学研究资料汇编·杜甫卷》上编唐宋之部第 1 册，中华书局，1964，第 59 页。

② 中华书局编辑部点校：《全唐诗（增订本）》卷 679，第 7835 页。

③ 同上书，第 7838 页。

④ 方回选评、李庆甲集评校点：《瀛奎律髓汇评》卷 24，第 1050 页。

⑤ 同上书，第 1051 页。

习，诗有白体、昆体、晚唐体。……晚唐体则九僧最逼真，寇莱公、鲁三交①、林和靖、魏仲先父子、潘逍遥、赵清献之父②，凡数十家，深涵茂育，气势极盛。"③贺裳《载酒园诗话》之"余靖"条也曾指出："宋初多学贾岛、姚合。"但此时系两个时代交替不久，姚贾诗风的流行尚可说是对晚唐五代的沿袭。④ 一直要到南宋江湖诗派登上诗坛，姚贾诗风才真正得到重新认识和评价。

江湖诗派是一个兴起于 13 世纪前期、以中下层知识分子为主体的诗人群体。它肇始于"四灵"，终结于刘克庄，风行诗坛计五六十年。南宋中叶，一直统治诗坛的江西诗风愈益露出弊端，江湖诗派及时打出学习晚唐主要是姚贾诗风的旗帜，以矫江西末流拙率乃至粗鄙之失，一时为诗坛带来了新鲜的风貌。关于江湖诗派和姚贾的关系，当时的批评家已有论述。如严羽《沧浪诗话·诗辨》云："近世赵紫芝、翁灵舒辈，独喜贾岛、姚合之诗，稍稍复就清苦之风，江湖诗人多效其体，一时自谓之唐宗。"⑤《南宋六十家小集》本《秋江烟草》丁熇跋云："（张弋）专意于诗，每以贾岛、姚合为法，所著仅成帙。清深闲雅，宛有唐人风致。"⑥ 胡仲参《竹庄小稿·题雪舟、云心二友吟卷》云："君诗何所似？绝似晚唐诗。写出春云状，融成白雪词。百篇多态度，二妙一襟期。"⑦ 二妙即指姚贾。刘克庄《后村先生大全集》卷九十四《瓜圃集序》云："永嘉诗人极力驰骤，才望见贾岛、姚合之藩而已。余诗亦然。"⑧ 吴子良《荆溪林下偶谈》卷四云："水心之门，赵师秀紫

---

① 按，鲁交有《三江集》，此"三交"盖"三江"之误。

② "父"当作"祖"，因为据年代推断，和魏、潘同时者，应是赵抃之祖赵湘。

③ 方回：《桐江续集》卷 23，《景印文渊阁四库全书》第 1193 册，台湾商务印书馆，1986，第 662 页。

④ 关于宋初对姚贾诗风的学习，参看拙作：《关于江湖诗派学晚唐的若干问题》，钱伯城主编：《中华文史论丛》第 51 辑，上海古籍出版社，1993，第 75—92 页。

⑤ 严羽：《沧浪诗话·诗辨》，《沧浪诗话校释》，第 27 页。

⑥ 张弋：《秋江烟草》，《汲古阁景宋钞南宋群贤六十家小集》，古书流通处，1921，第 9 页下。

⑦ 胡仲参：《竹庄小稿》，《汲古阁景宋钞南宋群贤六十家小集》，第 8 页下。

⑧ 刘克庄：《后村先生大全集》卷 94，张元济主编：《四部丛刊初编》集部，商务印书馆，1929，第 1311 册，第 5 页下。

芝、徐照道晖、玑致中、翁卷灵舒，工为唐律，专以贾岛、姚合为法，其徒尊为四灵，翕然仿之，有八俊之目。"① 方回《瀛奎律髓》卷二十翁卷《道上人房老梅》评云："乾、淳以来，尤、杨、范、陆为四大诗家，自是始降而为江湖之诗。叶水心适以文为一时宗，自不工诗，而永嘉四灵从其说，改学晚唐，诗宗贾岛、姚合。凡岛、合同时渐染者，皆阴掇取摘用，骤名于时。"② 如赵师秀曾选姚贾作品为《二妙集》，又选有《众妙集》，亦多为姚贾诗派中人。赵师秀在诗歌创作上的成就为四灵之首，是江湖诗派的前驱，他的这一审美取向显然并不能够仅仅理解为个人嗜好，作为一种文学批评形式，这些选本当然对当时的诗坛风气有一定的推动作用。

江湖诗人对姚贾一派的接受，最直接地表现在对某些字法和句法的学习和模仿。如下面这些例子，唐宋对比，就都很明显：

潇水添湘阔，唐碑入宋稀。
　　——赵师秀《清苑斋诗集·送徐道
　　晖游湘水》③

连浦一程兼汴宋，夹堤千柳杂唐隋。
　　——姚合《题永城驿》④

吴山侵越众，隋柳入唐疏。
　　——贾岛《送朱可久归越中》⑤

寒芜随楚尽，落叶渡淮稀。
　　——方干《中路寄喻凫先辈》⑥

---

① 吴子良：《荆溪林下偶谈》卷4，程毅中主编：《宋人诗话外编》，中华书局，2017，第1517页。
② 方回选评、李庆甲集评校点：《瀛奎律髓汇评》卷20，第771页。
③ 赵师秀：《清苑斋诗集》，《景印文渊阁四库全书》第1171册，第195页。
④ 中华书局编辑部点校：《全唐诗（增订本）》卷499，第5724页。
⑤ 中华书局编辑部点校：《全唐诗（增订本）》卷572，第6689页。
⑥ 中华书局编辑部点校：《全唐诗（增订本）》卷648，第7492页。

竹里怪禽啼似鬼，道傍枯木祭为神。

——赵师秀《清苑斋诗集·十里》①

怪禽啼旷野，落日恐行人。

——贾岛《暮过山村》②

亦知远役能添老，无奈高眠不救贫。

——赵师秀《清苑斋诗集·十里》③

行路非不厌，其奈饥与寒。

——裴说《旅中作》④

有约不来过夜半，闲敲棋子落灯花。

——赵师秀《清苑斋诗集·约客》⑤

宿客不来过半夜，独闻山雨到来时。

——贾岛《宿杜家亭子》⑥

蛩响移砧石，萤光出瓦松。

——徐照《芳兰轩集·宿翁灵舒幽居期赵紫芝不至》

萤从枯树出，蛩入破阶藏。

——贾岛《寄胡遇》⑦

移松连峤土，买石带溪苔。

——翁卷《苇碧轩诗集·幽居》⑧

移花兼蝶至，买石得云饶。

——姚合《武功县中作三十首》之四⑨

---

① 赵师秀：《清苑斋诗集》，《景印文渊阁四库全书》第 1171 册，第 204 页。

② 中华书局编辑部点校：《全唐诗（增订本）》卷 573，第 6723 页。

③ 赵师秀：《清苑斋诗集》，《景印文渊阁四库全书》第 1171 册，第 204 页。

④ 按，此诗不见于《全唐诗》及中华书局 1992 年版《全唐诗补编》，此据《中晚唐诗人主客图》所录。见李怀民辑评《重订中晚唐诗主客图》下卷，第 287 页。

⑤ 赵师秀：《清苑斋诗集》，《景印文渊阁四库全书》第 1171 册，第 203 页。

⑥ 中华书局编辑部点校：《全唐诗（增订本）》卷 574，第 6741 页。

⑦ 中华书局编辑部点校：《全唐诗（增订本）》卷 573，第 6716 页。

⑧ 方回选评、李庆甲集评校点：《瀛奎律髓汇评》卷 23，第 988 页。

⑨ 中华书局编辑部点校：《全唐诗（增订本）》卷 498，第 5702 页。

一夜西风急，千山落叶深。　　　　　　听雨寒更尽，开门落叶深。

　　——罗与之《雪坡小稿·一夜》①　　　　——无可《秋寄从兄贾岛》②

　　另外，《诗人玉屑》卷十九也记载道："天乐（赵师秀）……《赠孔道士》诗云：'生来还姓孔，何不戴儒冠？'用姚合语也。（姚合《赠傅山人》云：'悲君还姓傅，独不梦高宗。'）《宝冠寺》诗云：'流来桥下水，半是洞中云。'用于武陵语也。（武陵《赠王隐人》云：'飞来南浦水，半是华山云。'）《瓜庐诗》云：'野水多于地，春山半是云。'亦用姚合语也。（姚合《送宋慎言》云：'驿路多连水，州城半在云。'）此类甚多，姑举一二。"③ 由此可见，江湖诗派确是有意识地学习。总的看来，一部分作家的这种学习尚是因袭多，创造少，不过，有些作品较之前人仍有所发展。如赵师秀"流来桥下水，半是洞中云"④ 一联，写得空灵蕴藉，形象生动，引人遐思。比较起来，于邺的"飞来南浦树，半是华山云"⑤ 一联，虽也有某种暗示，但"南浦"是一个传统意象，用在这里，显然不能启发读者很好地联想当前的情境。另外，"华山云"显得太宽泛，不如"洞中云"那样给人以具体而深远的感觉。赵师秀的另一联诗"野水多于地，春山半是云"⑥，也超过了他所师承的"驿路多连水，州城半在云"⑦ 二句，因为，前者写出了江南春天山野的典型特征，富有形象性，而后者则仅是一般的叙述，显得过于直白。应该说，江湖诗派中有不少人的作品都能像这样具有胜蓝之誉。这反映出，作为一个把"因狭出奇"当作重要的艺术追求之一的诗歌流派，他们还是颇为重视通过精思达到超越的。就一个大部分成员的才气都并不大的群体而言，这种做法无疑是取得成功的重要因素之一。

---

① 罗与之：《雪坡小稿》卷 2，《汲古阁景宋钞南宋群贤六十家小集》，第 5 页上。

② 中华书局编辑部点校：《全唐诗（增订本）》卷 813，第 9236 页。

③ 魏庆之：《诗人玉屑》卷 19，上海古籍出版社，1978，下册，第 429 页。

④ 赵师秀：《清苑斋诗集·雁荡宝冠寺》，《景印文渊阁四库全书》第 1171 册，第 194 页。

⑤ 于邺：《赠王隐人》，圣祖御定、陈廷敬等奉敕编：《御选唐诗》卷 16，《景印文渊阁四库全书》第 1446 册，第 508 页。

⑥ 赵师秀：《清苑斋诗集·薛氏瓜庐》，《景印文渊阁四库全书》第 1171 册，第 195 页。

⑦ 姚合：《送宋慎言》，《全唐诗（增订本）》卷 496，第 5669 页。

从字法和句法上下功夫，力求有所创新，实际上体现了江湖诗派在对待创作的严肃、认真的态度上与姚贾诗派的认同。四灵之一的徐玑曾代表包括他本人在内的这个群体提出了诗歌创作的指导思想："昔人以浮声切响、单字只句计巧拙，盖《风》《骚》之至精也。近世乃连篇累牍，汗漫而无禁，岂能名家哉！"① 这可以说是江湖诗派的一条重要的理论纲领。所以，为了达到"贵精不求多，得意不恋事"② 的目的，江湖诗人也每与他们所师承的对象一样，表现出一种刻苦的精神，因而"苦吟"二字常出现在他们的诗中。如张弋《豫章别紫芝》云："吟苦事俱废，拙深贫未除。"③ 薛嵎《冬日野步》云："幽人挂杖移时立，句句诗中是苦吟。"④ 胡仲弓《寄西涧叶侍郎》云："形役犹甘分，肠枯费苦吟。"⑤ 胡仲参《偶得》云："赤脚知吟苦，时将山茗煎。"⑥ 魏庆之记载的赵师秀的推敲的故事，是对这一点的形象说明："赵天乐《冷泉夜坐》诗云：'楼钟晴更响，池水夜如深。'后改'更'为'听'，改'如'为'观'。《病起》诗云：'朝客偶知承送药，野僧相保为持经。'后改'承'作'亲'，改'为'作'密'，二联改此四字，精神顿异，真如光弼入子仪军矣。"⑦ 修改后字句的形象可感，意境的生动准确，都能说明这种创作方法所取得的成功。

在整体风格上，江湖诗人的创作也颇能看出与姚贾一派的渊源。如下面诸诗：

> 晓荷承坠露，晚岫障斜阳。树下地常荫，水边风最凉。蝉移惊鹊近，鹭起得鱼忙。独坐观群动，闲消夏日长。

——葛天民《夏日》⑧

---

① 叶适：《徐文渊墓志铭》，《叶适集》卷21，刘公纯、王孝鱼、李哲夫点校，中华书局，1961，第410页。

② 刘埙：《隐居通义》卷10"刘玉渊评论"条，《景印文渊阁四库全书》第866册，第103页。

③ 张弋：《秋江烟草》，《汲古阁景宋钞南宋群贤六十家小集》，第5页上。

④ 薛嵎：《云泉诗》，《汲古阁景宋钞南宋群贤六十家小集》，第52页上。

⑤ 胡仲弓：《苇航漫游稿》卷2，《景印文渊阁四库全书》第1186册，第680页。

⑥ 胡仲参：《竹庄小稿》，《汲古阁景宋钞南宋群贤六十家小集》，第13页下。

⑦ 魏庆之：《诗人玉屑》卷19，上海古籍出版社，1978，下册，第428—429页。

⑧ 葛天民：《无怀小集》，《汲古阁景宋钞南宋群贤六十家小集》，第15页上。

冲雨入穷山，山民犹闭关。橘垂茅屋畔，梅映竹篱间。奇石依林立，清泉绕舍湾。吾思隐兹地，凝立未知还。

——徐文卿《雨后到南山村家》①

骨法枯闲甚，惟堪作隐君。山行忘路脉，野坐认天文。字瘦偏题石，诗寒半说云。近来仍喜聩，闲事不曾闻。

——刘克庄《北山作》②

疏瓴乱见星，危坐冷无灯。索句髭先白，餐蔬貌欲青。栖禽翻麓雪，堕果破溪冰。昨夜中峰顶，同看海日升。

——刘养源《夜访侃直翁》③

就一个社会地位不高，需要以诗歌体现出自己的存在价值的群体而言，这些诗写出了他们的生活形态和个人感受，而在表现上，则纤巧琐细，语言清新，平中见奇，很有锤炼的功夫。江湖诗派多喜欢进行形式上的追求，这一特色从上面诸诗中大略可见。难能可贵的是，不少诗人并没有因为追求个别句律的精彩而割裂文义，造成全篇的不完整，而这本是这一类风格的作品容易犯的毛病。

晚唐五代对姚贾诗风的学习，既体现了时代的风貌，又反映了诗坛上某些个体独特的审美追求。不过，从这些诗人的创作活动来看，他们对姚贾诗风的嗜好和推阐，更多地属于个人行为，而整个诗坛上缺乏自觉的群体意识。江湖诗派则不然。一方面，在这个诗派的形成和发展过程中，始终可以看到明确的诗风导向。如被时人誉为"气貌老成闻见熟，江湖指作定南针"④的钱塘书商陈起，以其偏嗜晚唐的

---

① 厉鹗辑撰：《宋诗纪事》卷61，上海古籍出版社，2013，第1537页。

② 刘克庄：《后村先生大全集》卷1，《四部丛刊初编》集部，第1289册，第1页下。

③ 方回选评、李庆甲集评校点：《瀛奎律髓汇评》卷13，第486页。

④ 叶茵：《赠陈芸居》，《顺适堂吟稿》丙集，《汲古阁景宋钞南宋群贤六十家小集》，第6页下。

审美观为同时许多江湖诗人选诗、刊诗，就影响了一时风气。① 江湖诗派的领袖刘克庄也每以特定的诗法去奖掖、提拔后进。② 另一方面，在创作中，群体活动非常突出，尤其是表现在当时非常盛行的社集之中。《瓜庐诗》附录所载王绰《薛瓜庐墓志铭》曾记载道："永嘉之作唐诗者，首四灵。继灵之后，则有刘咏道、戴文子、张直翁、潘幼明、赵几道、刘成道、卢次夔、赵叔鲁、赵端行、陈叔方者。作而鼓舞倡率，从容指论，则又有瓜庐隐君薛景石者焉。诸家嗜吟如啖炙，每有文会，景石必高下品评之，曰某章贤于某若干，某句未圆，某字未安。诸家首肯而意惬，退复竞劝：'语不到惊人不止。'"③ 讲究句圆字安，都是姚贾一派的习气；提倡讨论批评，也有助于提高诗艺。以薛师石为首的这群江湖诗人的结社活动，作为一个缩影，让我们看到了当时学习姚贾诗风的规模和程度。这一点，晚唐五代还不曾达到，江湖诗派创作成就的主要方面，或许可以从此窥入。④

---

① 陈起为江湖诗人选诗、刊诗之事，见于以下材料：黄文雷《看云小集》自序云："芸居见索，倒箧出之，料简仅止于此。自《昭君曲》而上，盖尝经先生印证云。"许棐《梅屋四稿》自跋云："甲辰一春诗，诗共四五十篇，录求芸居吟友印可。"张至龙《雪林删余》自序云："予自髫龀癖吟，所积稿四十余年，凡删改者数四。比承芸居先生又为摘为小编，特不过十中之一耳。"分见黄文雷：《看云小集》，《汲古阁景宋钞南宋群贤六十家小集》，第 1 页上；许棐：《梅屋四稿》，《汲古阁景宋钞南宋群贤六十家小集》，第 7 页上；张至龙：《雪林删余》，《汲古阁景宋钞南宋群贤六十家小集》，第 1 页上。

② 见刘克庄《送谢倅序》《表弟方遇诗跋》《林子彬诗跋》等文，分别载《后村先生大全集》卷 96、卷 100、卷 110，《四部丛刊初编》集部，第 1312 册、1313 册、1315 册，第 15 页下—16 页下、4 页上—5 页上、6 页上—7 页上。

③ 王绰：《薛瓜庐墓志铭》，薛师石：《瓜庐诗》，《汲古阁景宋钞南宋群贤六十家小集》，第 3 页上。

④ 当然，江湖诗风的内涵尚不止于此，拙作《关于江湖诗派学晚唐的若干问题》曾经指出过他们的创作中还有疏快轻放一路。但是，如果从审美的角度来看，对姚贾一派的继承和发展，显然更能够代表他们的成就。

五、高密诗派及其他

清代乾隆年间，在胶东半岛的高密一带，姚贾诗风得到了又一次的回应，这就是肇始于单楷、单烺诸人，大盛于李怀民、李宪暠、李宪乔兄弟，流衍于李诒经、王宁闇诸人的高密诗派。

高密诗派推崇姚贾，《中晚唐诗人主客图》是其主要理论纲领，已见之前述。就其阵容来说，成员固然多在山东，除上面所举外，还有单绍伯、王克绍、王克纯、王夏、王万里、单子受、单铭、单稬、王令闻、任大文、任子升、王宁焊、单鼎、宋绳先、单可玉、单可墉、王宁烻、赵曾、刘大观诸人，都有诗名于时。而其影响则不限于齐鲁间。如广西黄鹤立、曾传敬，江西李松圃、胡森等人，皆与三李颇有渊源。而据《高密县志》卷十四上《人物·儒林》所载，"滇南刘寄庵、岭表袁子实诸人，万里寄诗稿"给高密后劲李诒经，"乞为点定"①。应该特别指出的是，李怀民曾把当时从其问学的四个后辈李诒经、王宁烻、王宁焊、单鼎称为"后四灵"，也就是与南宋诗坛上的"四灵"联系起来，可见，其提倡姚贾诗风确是带有明确的主观追求。

乾隆以前的清代诗坛，名家辈出，高潮迭见，而占有最重要地位的则是钱谦益、王士禛二家。钱谦益诋排七子，兼采唐宋，反对模拟，提倡创新，开创了清诗发展的新局面。王士禛标举唐音，倡导神韵，亦为一代诗坛领袖。二家学说多有门人弟子为之推扬，可称为清初以降近百年来诗坛之宗主。但是，正如我们所熟知的，势大将收，物华反素。二家诗风发展既久，流弊渐生。宗钱者往往流于饾饤肤廓，宗王者则往往流于婉弱空洞。有鉴于此，以李氏兄弟为代表的高密诗派精研中晚唐诗人格律，以寒瘦清真救时风之藻缋甜熟，深为时人所瞩目，并发生了积极的影响。单铭《李石桐诗集序》云："诗自明代以来，声气门户之说，纷然淆乱，其变极矣。先生当虞山、渔洋主盟之后，独能奋袂其间，刮磨湔洗，一举而空之。虽其说未能广行于天下，而十数年间，清才之士亦有闻而信之者。则先生廓清之功顾

---

① 民国《高密县志》卷14上《人物·儒林》，青岛胶东书社，1935年续修，第7册，第57页上。

不伟与?"① 又张维屏《听松庐诗话》云:"石桐先生于渔洋、秋谷之后,而能自辟町畦,独标宗旨,可谓岸然自异,不肯随人步趋者。"② 推许或许过当,但对高密诗派在当时诗坛上的独特性的揭示,却是符合实际的。

高密诗派在诗歌创作上,有着非常认真的态度,这从他们诗中所出现的自我形象也能够看出来。如李怀民《赠单书田先生》云:"时时金石句,纵横出饥肠。"③ 李宪乔《投单丈书田》云:"能除众有句,独得古无贫。"④ 又《再赠青俟太守》云:"酸吟苦句喻者少,独喜咀嚼甘比蜜。"⑤ 王宁阁《题少鹤都门近集》云:"春雪满长安,僻吟当昼寒。千门无刺人,五字有谁看。"⑥ 李诒璠《赠王弗矜》云:"昨夜城中三尺雪,北风凛冽人踪稀。我急扫径走相望,迎门笑示新成诗。"⑦ 李怀民题于其《中晚唐诗人主客图》后的两首五言律诗更具有代表性:"古来耽此道,清吟本酸寒。思入如中病,吟成胜拜官。物生皆不隐,情动即教看。未识成何用,凭将鬓发残。""前生应有罪,天谴作诗人。但见无双士,常膺不次贫。青山穷道路,白首役精神。独为穷知己,淹留万古身。"⑧ 这种把作诗不仅视为生活的一个重要组成部分,而且视为整个生命的一个重要组成部分的态度,无疑与姚贾和不少江湖诗人深有渊源。但姚贾一派每对仕途有一定的热衷,往往视作诗的成就为求仕的一个部分;江湖诗人多具谒客心态,常要以艰苦的创作打动当世显人,使其作品易售;高密诗派则基本上是出于个人兴趣,是从纯文学的角度来看待诗歌创作的。这也是高密诗派的不同于以往之处。

从创作上来看,高密诗派所体现的特色基本上仍是姚贾一路。如下面诸诗:

---

① 见民国《高密县志》卷15中《艺文志》,第10册,第17页上。

② 见钱仲联主编:《清诗纪事》,凤凰出版社,2004,第1845页。

③ 李怀民:《石桐诗钞·观海集中》,李怀民、李宪暠、李宪乔著,赵宝靖点校:《三李诗钞·三李诗话》,齐鲁书社,2020,第23页。

④ 李宪乔:《少鹤诗钞》卷1,《三李诗钞·三李诗话》,第141页。

⑤ 同上书,第154页。

⑥ 见民国《高密县志》卷15下《艺文志》,第10册,第19页下。

⑦ 同上。

⑧ 李怀民辑评:《重订中晚唐诗主客图》题后,第380页。

风色向林际，冷吟还水边。夕阳晴照雪，归鸟暮沉烟。树远分高寺，山昏合冻天。仍怀北城下，灯火独萧然。

——李怀民《雪后晚望寄子》①

暮色维扬郭，落帆当石坡。高桅出树直，远火杂星多。水阁几声笛，竹枝何处歌。推窗凭望处，故国渺烟波。

——李诒玠《扬州晚泊》②

客行深巷曲，犬吠竹篱根。住近城西郭，幽于岭背村。秋声来远树，草色闭闲门。余亦谢时事，言寻静者论。

——单可惠《访李五星（诒经）》③

已是无僧顾，还应比石坚。苍苔古纽上，春草寺楼边。虚壑留遗响，空山想昔悬。宏声本无尽，强起待他年。

——刘埸《卧钟》④

诸诗都写身边的生活琐事，意象普通清新，韵味小巧纤细，力避熟俗，直抒胸臆，语言则或平实工稳，或寒瘦孤峭，反映了明确的艺术追求。

高密诗派的出现，一方面，吸引了不少诗人追随其后；另一方面，也受到了并世名家的注意，而且毁誉参半。毁之者如翁方纲《近人有仿张为〈主客图〉，取张司业、贾长江以下五律成集者，赋此正之》四首之一云："五子论中晚，谁将杜法参。宗支从渭北，甲乙到樊南。是有君形者，宁从正味含。罪言如不朽，绮语又何惭。（自注：唐五言律诗，继少陵者，樊川、玉溪耳）"之四云："拈断吟髭者，牙弦叩轸徽。沁心非僻苦，放手乃精微。长律申之秘，中园彀者机。借他评画说，打破作家围。（自注：五七律同彀率也，而谓唐人拈髭句不属七言可乎？近日恽南田谓打不破画家一字围，曰：窘也。此作《主客图》者，正坐一窘字）"⑤翁氏为乾

---

① 李怀民：《石桐诗钞·观海集下》，《三李诗钞·三李诗话》，第35页。

② 徐世昌编：《晚晴簃诗汇》卷98，闻石点校，中华书局，2018，第4131页。

③ 同上书，第4133页。

④ 徐世昌编：《晚晴簃诗汇》卷99，第4171页。

⑤ 翁方纲：《复初斋诗集》卷63，《清代诗文集汇编》编纂委员会编：《清代诗文集汇编》第381册，上海古籍出版社，2010，第593页。

嘉间肌理派的代表人物，论诗尊崇黄庭坚，并上溯至李商隐、韩愈和杜甫，他之讥嘲高密诗派是并不奇怪的。值得提出的是为之延誉的袁枚。袁氏《随园诗话》卷十有云："李怀民与弟宪桥（按，当作"乔"）选《唐人主客图》，以张水部、贾长江两派为主，余人为客，遂号所咏为《二客吟》。怀民《赠人盆桂》云：'送花如嫁女，相看出门时。手为拂朝露，心愁摇远枝。'《送张明府》云：'在县长无事，还家只有身。随行一舟月，出送满城人。'宪桥《咏鹤》云：'纵教就平立，总有欲高心'，'不辞临水久，只觉近人难'。《历下厅》云：'马餐侵皂雪，吏扫过阶风。'《送流人》云：'再逢归梦是，数语此生分。'二人果有贾张风味。"① 又在《岑溪令李君子乔猥蒙佳赠舟中却寄》一诗中称赞李宪乔诗云："李侯示我诗百首，古人已亡今忽有。裁骏杜陵闯入座，旋惊退之笑窥牖。健斗员俶兵五千，富夺东阿才八斗。笔所到处铁可洞，彩欲腾时霞满口。欧冶剑铸吴钩双，项籍力扛周鼎九。自言追古如追敌，誓不生擒不放手。……叹息宦海人如麻，似此奇才宁可偶。要知孝穆本麒麟，此外董龙半鸡狗。我年七十行万里，钦挹心常记某某。辱将咳唾赠珠玑，勉寄糠秕答琼玖。诗成烛跋梦见君，未识岑溪月落否。"② 这促使我们去寻找其中的深层原因。

在清代诗坛上，袁枚之主张性灵说，以反对沈德潜的格调、翁方纲的肌理二派，已为人们所熟知。其《答沈大宗伯论诗书》云："性情遭遇，人人有我在焉，不可貌古人而袭之、畏古人而拘之也。"③《随园诗话》卷六云："要之，（诗）以出新意、去陈言为第一着。"④ 又卷七云："诗难其真也，有性情而后真。"⑤ 要求发挥个人天分，抒写个人性情，表现作家自我，以达到内容和形式两个方面的创新。高密诗派不为虞山、渔洋二派所囿，偏离格调、肌理二家诗说，注重描写眼前景、身边事、心中情，求真而或不惜琐细，学古而不流于模仿，主张在艺术上（主要是在

---

① 袁枚：《随园诗话》卷 10，顾学颉校点，人民文学出版社，1982，上册，第 355—356 页。

② 民国《高密县志》卷 15 下《艺文志》，第 10 册，第 15 页下—16 页上。

③ 袁枚：《小仓山房文集》卷 17，王英杰编纂校点：《袁枚全集新编》第 3 册，浙江古籍出版社，2018，第 321 页。

④ 袁枚：《随园诗话》卷 6，上册，第 185 页。

⑤ 同上书，第 234 页。

字句章法上）苦下符合于自己创作个性的功夫，应该是受到了袁枚性灵说的影响，并与之桴鼓相应。单铭《李石桐诗集序》记述李怀民的创作成就有云："先生天资高妙而措辞淡雅，不事藻缋，其萧然闲放之趣，有非他人才力所能仿佛者，至于其会心惬志，足感人于性情之中，与向之相率而为伪者不侔矣。"① 这无异于性灵说的注脚。李诒经《亡友遗诗序》则记载了高密诗派在李氏兄弟指导下进行创作的情形："吾乡自石桐、少鹤两先生以诗学倡后进，一时好古之士翕然响风，虽不能遽历堂奥，而气锐志专，随其造诣之浅深，各有不可磨灭者。予自弱冠服膺两先生之论说，日与诸君之晤，聚东斋，每当诵读余暇，分韵赋诗，莫不穷搜冥索，较离合得失于毫厘之间。一字未惬，恒通宵不眠，吟成，环立几榻，听先生点定，第其甲乙，摘录佳什，分观聚诵，或不得与，亦必邮筒远寄，以相传示，至于良辰令节，担榼提壶，宴集归云亭，秩秩彬彬，情谐意畅，辄复即景联吟，出奇争胜，一时意气之合，可谓盛哉。"② 这个群体各以自己的天分、个性争奇斗胜，或许没有名作，但是却有真诗，足以见出一时风会。

闻一多在《唐诗杂论·贾岛》一文中曾经指出："你甚至说晚唐五代之崇拜贾岛是他们那一个时代的偏见和冲动，但为什么几乎每个朝代的末叶都有回向贾岛的趋势？宋末的四灵，明末的钟谭，以至清末的同光派，都是如此。……可见每个在动乱中灭毁的前夕都需要休息，也都要全部的接受贾岛。"③ 闻氏指出尊崇贾岛（或许还要加上姚合）是一种世纪末情绪，长期以来已为学者所认同，而且也不无道理。但这却无法解释高密诗派，因为这个诗派正是产生并发展于乾隆盛世的。这就提出了一个问题：时代与文学创作到底是什么关系？

在我们看来，作家的审美追求和创作成就，在很大程度上取决于其个人的性分和心思才力。就背景而言，时代固然在总体上决定了文学的发展倾向，但对某一作家来说，更能起到直接作用的往往是其所处的具体的生活环境，这个环境并非总是和时代的一般趋向同步的。高密诗派处于清朝的全盛时期，但这个诗派的成员却大都并不追求建功立业，也不追求仕宦通达。他们或广结吟友，优游田园；或闭门扫

---

① 民国《高密县志》卷 15 中《艺文志》，第 10 册，第 17 页上。

② 同上书，第 19 页上。

③ 闻一多：《唐诗杂论》，山西古籍出版社，2001，第 31 页。

迹，甘于贫穷，① 似与时代不太合拍。但这种生活状态有时与姚贾一派倒颇为一致，因此，二者在诗风上产生共鸣是并不奇怪的。高密诗派学习姚贾的情形提醒我们在处理复杂的文学现象时不能过于简单化，不过这个问题已不在本文的论述范围之内了。

六、姚贾的长久魅力与接受心理

中唐时期，诗坛上流派竞出，风格众多，从而形成了百花齐放的繁荣局面。这一事实已为人们所熟知，毋庸多说。但是，过去人们往往更多强调的是彼此在风格上的独占性，而在一定程度上忽略了互相的融合。其实，不少有成就的诗人都并不排斥异己的风格。不仅不排斥，而且还有意识地进行兼容和吸收。比如贾岛，他曾和当时不少著名诗人如韩愈、孟郊、张籍、姚合、柳宗元等有着较为密切的交往，如其《携新文诣张籍韩愈途中成》有云："袖有新诗成，欲见张韩老。青竹未生翼，一步万里道。"② 张籍和韩愈的诗歌风格是有很大区别的，如果贾岛的这首干谒诗能够得到二人的共同欣赏，或者说，贾岛能够将同一首诗写给两个诗风不同的人，求其赏识，是否也就意味着他们二人本来就有可以沟通的审美情趣？因而也就说明，在一首诗里，兼容两种不同风格是可能的。韩愈对贾岛的评价或许最能说明这一点。其《送无本师归范阳》云："狂词肆滂葩，低昂见舒惨。奸穷怪变得，往往造

---

① 我们不妨就《高密县志》所载看看这一群体的生活形态。如卷 14 上《人物·卓行》云："李锒字子亮，……家素贫，处之晏如。与王功后为契友。尝雪夜游长陵，苦吟至晓方还，好事者作为图绘。""单楷字书田，……性孤介，不滥交，家贫至食木叶，不受人馈遗。"卷 15 中《艺文志》李怀民《单子迓诗原序》云："子迓居城之北，偏舍后辟小斋，近城垣。性好菊，与童子朝夕灌培，时复登城眺瞩，或游城外冈阜。家有遗田，听儿子经理，不亲事，不善病，不与城中人酬酢。凡城中筵会皆不与，独好与其友李怀民及怀民之弟蔂、乔为诗。"以上见民国《高密县志》卷 14 上《人物·卓行》，第 7 册，第 76 页下、74 页上；《高密县志》卷 15 中《艺文志》，第 10 册，第 9 页下。

② 中华书局编辑部点校：《全唐诗（增订本）》卷 571，第 6681 页。

平澹。"① 认为幽僻的意象，刻苦的精思，以及平淡的语言，构成了一个有机的整体。这一分析无疑是精辟的。因此，我们可说，贾岛独特风格的形成，乃是他善于融合的结果。从这个意义来看，姚贾能够形成一个诗派，并不在于他们本身的完全一致性，而在于他们为同时以及后世诗人提供了兼容的可能性，事实上，他们本身就是两种风格的兼容并达到某种同一性的典范。了解了这一点，或许对文学现象的丰富和复杂性能够有更为明确的认识。

另外，姚贾一派诗歌在文学史上的长久的魅力也令人感兴趣。考察中国诗歌的发展，几乎没有哪一个流派能够像姚贾一样，在后世得到如此长期的、不间断的呼应，甚至能够形成某种思潮。这里，首先给我们提出的问题就是：姚贾一派得到后人接受的本质是什么？对此，如果我们尊重文学本身的客观性的话，就应该承认，这一流派在形式上的追求给后人的启发很大。我们知道，文学应该以客观世界作为自己的表现对象。但是，客观世界中能够入诗的事料毕竟是有限的。因此，作家们如果希望有所创造，往往需要从形式上寻找突破。苏珊·朗格在《写作本身：论罗兰·巴尔特》一文中曾经指出："形式主义的气质正是许多在知识超饱和时代进行思索的才智之士共同具有的一种敏感性。"② 从六朝开始，许多诗人就特别注重将形式美与自然美加以结合。发展到姚贾的时代，近体诗已经完全成熟，而且，诗坛上曾出现过王、孟、李、杜等著名作家，其成就固然不可企及，其影响更是方兴未艾。这样一种特定的状况，加上姚贾一派诗人在社会生活上大都远离政治中心，因此，他们为了显示自己的存在，势必在形式上进行尽可能完美的追求。再者，历史地看，姚贾的追随和学习者，大多才气不大。事实上，在文学史上，才气过人者毕竟是少数。大量的作家以中人之材，而又希望达到一定的创作成就，则走姚贾一路，通过刻苦磨炼、精心推敲，来显示自己的长处，较为可行。尤其是，要能够把常见的情景，用看似平常的语言表达出不同的韵味，这一定要下精思的功夫。这种创作方法，可以为更多的人打开诗歌艺术的殿堂，尽管在一些平庸者手中也会有着有句无篇、意境狭窄之类的弊病。

---

① 中华书局编辑部点校：《全唐诗（增订本）》卷 340，第 3816 页。

② ［美］苏珊·朗格：《写作本身：论罗兰·巴尔特》，转引自赵昌平：《意兴、意象、意脉》，《唐代文学研究》第 3 辑，广西师范大学出版社，1992，第 2 页。

"以文为诗" 和 "以文为赋"

一、文赋的产生与辨体

文赋是发展到宋代而逐渐成熟的一种赋的形式。从文体学的意义来看，这一名称最早由元代祝尧在其《古赋辩体》中明确提出，其文略谓："宋之古赋往往以文为体，则未见其有辩其失者。……赋若以文体为之，则专尚于理，而遂略于辞，昧于情矣。俳律卑浅固可去，议论俊发亦可尚，而风之优柔，比兴之假托，雅颂之形容，皆不复兼矣。非特此也，赋之本义当直述其事，何尝专以论理为体邪！以论理为体，则是一片之文但押几个韵尔，赋于何有！今观《秋声》《赤壁》等赋，以文视之，诚非古今所及，若以赋论之，恐（教）坊雷大使舞剑，终非本色。……本以恶俳，终以成文。舍高就下，俳固可恶，矫枉过正，文亦非宜。……虽能脱于对偶之文，而不自知又入于散语之文。"① 这段主要意在批评的论述，虽然不无可议之处，② 但事实却大致清楚，只是还需要进一步申说。

首先，文赋与"古赋"有着密切的关系。所谓古赋，是一个相对于俳赋和律赋的时代概念，大略相当于楚汉之赋。这一观点，在明代徐师曾的《文体明辨序说》中得到了回应③。南宋周必大诸人编欧阳修《居士外集》时，把欧赋分为"古赋"和"近体赋"两种，分别收在卷八和卷二十四，也许是最早的对这一文体的体认。考察其古赋类所收，如《红鹦鹉赋》《述梦赋》《荷花赋》和《螟蛉赋》，前两篇骚

---

① 祝尧：《古赋辩体》卷 8，《景印文渊阁四库全书》第 1366 册，第 817—818 页。

② 如祝尧认为赋如果说理就会偏离诗的传统，从而"略于辞，昧于情"，失去"风之优柔，比兴之假托，雅颂之形容"，这是忽视了自《诗经》以来诗歌中优秀的说理传统的缺乏历史主义的说法。更重要的是，仅仅把说理定义在"直陈"上，没有想到以形象说理原就有着独特而强烈的艺术效果，并且在宋人的创作实践中（如大量的理趣诗）得到了进一步发展，也就使得他的论述不够周延。

③ 按，徐师曾在其《文体明辨序说》中曾把赋分为古赋、俳赋、文赋、律赋四种。见徐师曾：《文体明辨序说》，罗根泽校点，人民文学出版社，1998，第 101 页。

散相杂，第三篇骚骈兼行，第四篇酷似四言诗，已经部分地具备了后来所说的文赋的特征。可见从文体学来看文赋，它应该是一个综合取舍的产物。其次，文赋应该体现出散文的笔法。所谓散文笔法，应该不仅包括散句，也还包括散意。很多年前，铃木虎雄氏《赋史大要》中即有此说："文赋之认识，在其气势流动一贯有散文之风，……余因而以为决定其为文赋邪否邪之标准。"① 如果举例，则宋初田锡的《诸葛卧龙赋》应是比较明显的一篇。这篇赋以刘备三顾茅庐为中心，写出了刘备与诸葛亮的一段故事，② 虽然全用韵语，但以事贯串，不重铺叙，层层演进，线索分明。方之于诗，可与韩愈的《山石》相参。《山石》公认是以文为诗的典范，其写黄昏到寺、观赏壁画、夜晚睡眠、清晨离寺，以简捷的笔法，叙述了一个全过程，很像一篇游记。如方东树所评："只是一篇游记，而叙写简妙，犹是古文手笔。"③ 最后，文赋应以议论为重要特征。这一点，就内涵而言，其义甚明；至于其具体形式，当还有可说者，我们将在下文予以分疏。

文赋的特征看起来比较清楚，但置于辞赋史中，也还有一些问题。祝尧《古赋辩体》卷四评扬雄《长杨赋》有曰："问答赋如《子虚》《上林》，首尾同是文，而其中犹是赋；至子云此赋则自首至尾纯是文赋之体，鲜矣！厥后唐末宋时诸公以文为赋，岂非滥觞于此?"④ 如此一来，则汉代司马相如的《子虚赋》和《上林赋》，扬雄的《羽猎赋》和《长杨赋》之类，应该也能归入文赋之列。那么，按照前人如徐师曾所分诸赋类别，古赋和文赋的区别何在呢？我们认为，文赋作为一种创作实践的提出是以俳赋和律赋（主要是律赋）为参照的（前举欧赋分古体和近体两种，而所谓近体，正是律赋），正是律赋的程序化、格律化，才激发了富有创新意识的作家去另立新格。这一趋势，大体上与中唐以文为诗的倾向同步，并且是受到了诗的影响。它的成熟期在宋代，又主要是宋人综合和提升的产物，与整个宋代的学术文化精神完全一致。所以，它所借鉴的东西，可以来自古赋，可以来自俳赋，甚至也可以来自律赋。至于其基本形式，则亦如祝尧所说："（《阿房宫赋》）前半篇造句犹是赋，后半篇议论俊发，醒人心目，自是一段好文字，赋之本体恐不如

---

① ［日］铃木虎雄：《赋史大要》，殷石臞译，正中书局，1974，第 260 页。

② 见曾枣庄、刘琳主编：《全宋文》卷 80，上海辞书出版社，2006，第 5 册，第 2—3 页。

③ 方东树：《昭昧詹言》卷 12，汪绍楹校点，人民文学出版社，1961，第 270 页。

④ 祝尧：《古赋辩体》卷 4，《景印文渊阁四库全书》第 1366 册，第 766 页。

此，以至宋朝诸家之赋，大抵皆用此格。"① 而经过欧阳修、苏轼更具包容性的阐扬，日益成为正格，尽管仍然还有一些变格，需要做进一步的讨论。

二、论理为体及其文学表现

文赋远源在于古赋，比较容易理解。其散体的形式，从句法上讲，一目了然；至于对散意的体认，也许见仁见智，可以存而不论。② 但祝尧以论理之体作为文赋的主要特点之一，却还有含混之处，因为即使从宋初各类赋来看，论理的形式已经比较多样。

第一，骈（骚）散结合，主要以散体在篇末承担说理。这一形式，远承扬雄《长杨赋》，近法唐代中晚以下赋家所为，而实与古文笔法大有渊源。如韩愈《圬者王承福传》、白居易《庐山草堂记》、柳宗元《黔之驴》等，都在叙事描述之后，发表议论。赋家借鉴其法，中晚唐以下，就有刘禹锡《砥石赋》、杨敬之《华山赋》、权德舆《伤驯鸟赋》、陆贽《伤望思台赋》、杜牧《阿房宫赋》等。其他诸赋，尚或骈或骚，杨、杜二赋，则纯以散语议论，所以历来被视为文赋在唐代发展的重要成果。宋初赵湘《姑苏台赋》，完全模仿杜牧，是北宋最早对这一样式的尝试者。如篇末的议论："向使夫差忧吴之民如西子，固吴之垒如姑苏，则虽鸱夷之筹，自救无憀，何暇为人谋？吴之灭也，人或悲之；吴之后也，秦其邻之。秦人亦悲，悲之未终，变之为阿房宫。阿房之后，魏人复哀，哀之未已，变之为铜雀台。铜雀之后，陈人知之，陈不自见，变之为水殿。水殿之间，隋君及之，隋不自忧，变之为迷楼。迷楼之后，知之而不自知者，虽百世可知也。"③ 其思想的锋芒不逊于《阿房宫赋》，而具体细致则过之。赵湘此赋使我们看到，从杨、杜到欧阳修，并不

① 祝尧：《古赋辩体》卷7，《景印文渊阁四库全书》第1366册，第816页。
② 如所谓"散意"，是散文的气势，还是散文的笔法？抑或散文的句法？散文中有不同的体裁，不同的风格，又该怎样体认？恐怕很难有一个统一的标准，此处亦无法完全解决这一问题，所以，只好存而不论。
③ 赵湘：《南阳集》卷1，《景印文渊阁四库全书》第1086册，第307页。

是一个突然的过程，宋初赋家亦开始具有了自觉的意识，只是发展到欧阳修，才更加受到重视。

二是含有理趣。在赋史上，以物写情或借物抒怀之作甚多，早在西汉，就有贾谊《鵩鸟赋》，其后如唐代魏徵《道观内柏树赋》、骆宾王《萤火赋》、卢照邻《穷鱼赋》、王勃《涧底寒松赋》、李邕《石赋》、李白《大鹏赋》、杜甫《雕赋》、李德裕《山凤凰赋》、罗隐《秋虫赋》等，都是一时之选。到了宋代，范仲淹的《灵乌赋》《临川羡鱼赋》，欧阳修的《憎蝇赋》《憎蚊赋》等，仍然都是这一传统的体现。这一类的赋，虽然有尚理的一面，但主要还是抒怀。赋的形式也许对不露痕迹地表现理趣有一定困难，但宋人也已开始尝试。王曾《矮松赋》取法庄子，说明不用之用的道理："苟入用于钩绳，宁委迹于尘泽。俾其夭性而称珍，曷若存身而受祉？"① 宋庠《群鸡赋》以群鸡中"一鸡三足，其一足拳而弗用；一鸡独足，能饮啄游戏，与群鸡相上下"②，因而说明天地创造，化育万物，各有其常。但这两篇还显得不够突出，至梅尧臣的《雨赋》，则就更注重以形象理了。其文一方面说："春雨之至兮，风呵而云导。在上为膏，在涂为淖。被末渐本，润万物者欤；施及天下，不收报者欤。"另一方面又说春雨"入波而随流，因积而成潦"，能够造成"坏瓦漏屋，蒸菌出水"③。那么，春雨到底有利还是有害？虽然仍有过犹不及的意思，却主要想告诉人们，所处的角度不同，就能得出不同的看法。此赋含义可以从苏轼著名的《题西林壁》窥入，更可以和他另 •首理趣诗《泗州僧伽塔》比观："我昔南行舟系汴，逆风三日沙吹面。舟人共劝祷灵塔，香火未收旗脚转。回头顷刻失长桥，却到龟山未朝饭。至人无心何厚薄，我自怀私欣所便。耕田欲雨刈欲晴，去得顺风来者怨。若使人人祷辄遂，造物应须日千变。今我身世两悠悠，去无所逐来无恋。得行固愿留不恶，每到有求神亦倦。"苏轼这首被纪昀评为"纯涉理路"④ 的诗，也说出了选择的两难和无奈。从这个意义看，宋、梅诸赋和苏轼《后

① 曾枣庄、刘琳主编：《全宋文》卷 319，第 15 册，第 377—378 页。

② 曾枣庄、刘琳主编：《全宋文》卷 416，第 20 册，第 150 页。

③ 曾枣庄、刘琳主编：《全宋文》卷 592，第 28 册，第 157 页。

④ 苏诗见苏轼撰、王文诰辑注、孙凡礼点校：《苏轼诗集》卷 6，中华书局，1982，第 289—291 页；纪昀语见其《苏文忠公诗集》所评，卷 18，清道光十四年刊本，德国巴伐利亚州立图书馆藏，第 7 页下。

赤壁赋》诸作渊源很深，值得进一步注意。

三是论理为体。杜牧《阿房宫赋》和欧阳修《秋声赋》诸作尚是前半状物描写，后半议论说理，是由形象到抽象，而宋初赋家又有完全以赋体发议论的。这种倾向虽然在前代如白居易诸人的作品中已见端倪，但至宋始"大放厥词"。究其因，当然和科举考试有关，不过，向内追索，注重思辨的时代风气，无疑对此推波助澜。王禹偁今存赋作二十六篇，其中有十三篇与此有关，或谈王道，或谈政事，完全是以赋体写的策论。范仲淹的赋更是淋漓尽致的政论文，涉及王纲政纪的方方面面。举《用天下心为心赋》，则其余可以概见。其文略曰："至明在上，无远弗宾。得天下为心之要，示圣王克己之仁。政必顺民，荡荡洽大同之化；礼皆从俗，熙熙无不获之人。当其治国牧民，代天作主。数至治于四海，遂群生于九土。以为肆予以人之意，则国必颠危；伸尔万邦之怀，则人将鼓舞。于是审民之好恶，察政之否臧。有疾苦必为之去，有灾害必为之防。苟诚意从乎亿姓，则风化行乎八荒。……噫！何以致圣功之然哉？从民心而已矣。"刘克庄曾评宋诗，多为"经义策论之有韵者"①，这一类的赋其实也是如此。

三、律赋的发展及其才学化

以上三种形式，以赋表理趣的特征尚不明显，起码在欧阳修前后的赋坛没有得到及时的体认，或许是以赋承担于此，有所不合，所以并没有和宋代的理趣诗同步发展，可以存而不论。骈散结合，并主要以散体说理，传统上一般定义为文赋，用不着多说。至于专以论理为体的赋，则还可以讨论。因为此类作品按传统看法，多为律赋，在宋赋中也显得很独特。

律赋一称试赋，是唐代科举考试主要是进士考试的重要项目之一。清人赵翼《陔馀丛考》卷二十八"进士"条概括有唐一代试赋（诗）发展的情形说："唐初制，试时务策五道，帖一大经，经、策全通者为甲第。策通四，帖过四以上为乙

---

① 刘克庄：《竹溪诗》，《后村先生大全集》卷94，中国国家图书馆藏清抄本，第14页下—15页上。

第。永隆二年，以刘思立言进士惟诵旧策，皆无实材，乃诏进士试杂文二篇，通文律者然后试策。此进士试诗、赋之始。开元二十五年诏：'进士以声韵为学，多昧古今，自今加试大经十帖。'建中二年，中书舍人赵赞权知贡举，又以箴、论、表、赞代诗、赋。太和八年，仍复诗、赋。此唐一代进士试艺之大略也。"① 其间虽有停废，试赋的势头仍然强劲，正如明代胡震亨《唐音癸签》卷二十七所说："唐试士初重策，兼重经，后乃觭重诗、赋，中叶后，人主至亲为披阅，翘足吟咏所撰，叹息移时。或复微行，咨访名誉，袖纳行卷，予阶缘。士益竞趋名场，殚工韵律。"② 风气所注，众多士子竞骛于此，使得这一文体迅速发展，以至于成为唐赋的代表。

初盛唐时期，律赋始兴，作者既少，作品内容风格亦不够丰富。沿至中唐，畛域大开，元、白诸人所作，内容丰富，风格多样，反映了中唐的文学革新精神。中唐以后，更为"变本加厉"，黄韬、谢观等晚唐赋家，进一步扩大题材，使律赋的内涵和外延都大大增加，进入一个新的层面。考察中晚唐的律赋作品，或写景，或状物，或怀古，或感时，各有佳什。写景之作如李铎《密雨如散丝赋》："原夫清毕启阴，夕阳向暮，散轻霞以成绮，蠹元（玄）云而似布。于是霡霂郊野，霏微草树。蔽重霄之霭霭，犹委绪风；映远岫之蒙蒙，乍迷縠雾。"状物之作如贾餗《太阿如秋水赋》："黯然若秋水者，楚王有太阿之锋。穷其原，则三尺成状；窥其底，如百尺无踪。可以照魑魅，鉴形容。涵空而表里泓澄，讵私毫发；腾气而风云惨淡，如隐蛟龙。"怀古之作如黄滔《馆娃宫赋》："吴王殁地兮，吴国芜城；故宫莫问兮，故事难名。门外已飞其玉弩，座中才委其金觥。舞榭歌台，朝为宫而暮为沼；英风霸业，古人失而今人惊。"感时之作如王棨《江南春赋》："或有惜嘉节，纵良游。兰桡锦缆以盈水，舞袖歌声而满楼。谁见其晓色东皋，处处农人之苦；夕阳南陌，家家蚕妇之愁。悲夫！艳逸无穷，欢娱有极。齐东昏醉之而失位，陈后主迷之而丧国。今日并为天下春，无江南兮江北。"有些作品中也有议论，如王棨《沉碑赋》篇末写道："然则伊尹之作阿衡，姬公之为太宰，迈古之芳猷克著，迄今而英风未改。是知事若美于一时，语自流乎千载。亦何必矜盛烈，沉丰碑，欲功名

① 赵翼：《陔馀丛考》，商务印书馆，1957，第 583 页。

② 胡震亨：《唐音癸签》，上海古籍出版社，1981，第 284 页。

之长在。"① 但并不占主流。赵匡《选举议》说："进士者，时共贵之。主司褒贬，实在诗赋。务求巧丽，以此为贤。"② "巧丽"二字说出了唐代律赋的一个重要特点，这显然与论体有所不合。不过，随着唐代文化思想的发展，律赋中论理之作也开始出现，尤其从中唐以后，渐具规模。如白居易诸作，发挥性理经义，在律赋中别具一格，因而引起了时人的注意。元稹作《白氏长庆集序》就记载了这一点："贞元末，进士尚驰竞，不尚文，就中六籍尤摈落。礼部侍郎高郢始用经艺为进退。乐天一举擢上第。明年拔萃甲科，由是《性习相远近》《求玄珠》《斩白蛇》等赋及百道判，新进士竞相传于京师矣。"③ 新进士的传习，说明了白赋的成功，也说明了社会的需求。但是总的来说，可能是受试赋尚巧丽的传统的影响，这种类型在唐代还未及拓展，因而注定要留待宋人进一步探索。

孙梅《四六丛话》卷五引宋人孙何语曰："惟诗赋之制，非学优才高不能当也。破巨题期于百中，压强韵示有余地。驱驾典故，浑然无迹；引用经籍，若己有之。咏轻近之物，则托兴雅重，命词峻整；述朴素之事，则玄言遒丽，析理明白。其或气焰飞动，而语无孟浪；藻缋交错，而体不卑弱。颂国政，则金石之奏间发；歌物瑞，则云日之华相照。观其命句，可以见学植之浅深；即其构思，可以觇器业之大小。穷体物之妙，极缘情之旨。识春秋之富艳，洞诗人之丽则。能从事于斯者，始可以言赋家流也。"④ 孙何是宋初人，他的论述虽然是对试赋特点的概括和总结，但无疑主要更是对宋初试赋的表述。他所要求的学殖深厚、析理明白，正是宋代重才学、重思理的文化精神的体现，因而试赋也就由表情、表意，更进一步直接表理了。我们不妨结合宋代思想发展的实际，稍作阐发。

正如宋代学术史所昭示的，宋代的理学家，从先驱者宋初三先生，以至后来的周敦颐、邵雍、张载、二程和朱熹、杨万里诸人，都精于《周易》，《周易》与宋代理学的发展有着十分密切的关系。正如《四库全书总目提要·经部·〈易〉类总

① 分别见董诰等编：《全唐文》卷892、卷731、卷822、卷770，第9321、7537、8664、8024、8022页。
② 董诰等编：《全唐文》卷355，第602页。
③ 元稹：《元氏长庆集》卷51，《景印文渊阁四库全书》第1079册，第601页。
④ 孙梅辑：《四六丛话：附选诗丛话（一）》，商务印书馆，1937，第99—100页。

叙》所说："《易》之为书，推天道以明人事者也。《左传》所记诸占，盖犹太卜之遗法。汉儒言象数，去古未远也。一变而为京焦，入于磯祥；再变而为陈邵，务穷造化。《易》遂不切于民用。王弼尽黜象数，说以老庄。一变而胡瑗、程子，始阐明儒理；再变而李光、杨万里，又参证史事。《易》遂日起其论端。"① 如范仲淹集中计有律赋三十五篇，类皆经义之论，其中就有七篇以上专门言《易》，如《蒙以养正赋》《穷神知化赋》《乾为金赋》《易兼三材赋》《体仁足以长人赋》《天道益谦赋》《制器尚象赋》等。由此可见，宋代的学术文化精神，也在制艺中体现出来，而赋本来所具有的表才学的功能，此时又增加了一个方面，即表达由学养而生发出来的见识。这是时代给赋家提供的新机遇，使得他们的学识可以辐射到更多的层面中去。《全宋文》所收宋初赋家的大量律赋，或发挥经义，或品量史事，都可以说明这一点。

在科举考试中诗赋仍是重要项目之时，宋初赋家的手中几乎都有两支笔，一支用来写律赋，一支用来写其他文体的赋。这样，就必然出现两种情形。第一，为了能在考试中有更大的把握，他们平时一定会对这种题目的现实价值取向作不断的练习，因而能够做到熟悉并善发议论；第二，律赋虽然有其特殊性，但它仍然是赋，和其他类型的赋仍有相通之处。当一个作家不断地在一种风格中研练琢磨，他创作另一种类型的作品时，将其自觉不自觉地注入其中，应该也是一件正常的事。在这个意义上，宋初赋家将论理之体通之于各种赋中，完全是值得理解的。律赋作为一种形式固定的格式，在论理之时，酣畅之气可能会受一定的影响。这样，赋家为了表达不得不发之情，去寻找最有意味的形式，吸取前代遗产，进一步完善并创造了如欧阳修《秋声赋》、苏轼《前赤壁赋》一类的作品类型，也是势所必至。专门论理的律赋并不是文赋，但从它的议论化来看，实际上已具备了文赋的某种重要的精神②。

---

① 《景印文渊阁四库全书》第 1 册，第 53—54 页。

② 按，陈韵竹先生曾根据祝尧的看法，总结文赋的特点说："不拘其语言形式为散体、骈体或骚体，凡具'文体'以议论为宗，饶富理趣气质者，皆尽含括于'文赋'之内。……总结而言，可以说文赋几乎等同于说理赋。"这虽然不无道理，但宋初大量的律赋都是用以说理的，照此而言，则赋的辨体将变得不够清晰。所以，与其说说理的律赋就是文赋，不如说它和文赋在某些方面互相交叉，互为因果，也许更持平些。见陈韵竹：《宋代文赋特质辨析——文赋之说理倾向》，张高评主编：《宋代文学研究丛刊》第 3 期，丽文文化事业公司，1997，第 644 页。

四、"以文为诗"的新进境

尽管关于赋的起源和定义，学术界还有争论，但赋和诗之间的密切关系却是人们所公认的。有关文献如《文选》卷一班固《两都赋序》："赋者，古诗之流也。"《汉书·艺文志·诗赋略》："春秋之后，周道寖坏，聘问歌咏，不行于列国，学《诗》之士逸在布衣，而贤人失志之赋作矣。"挚虞《文章流别论》："赋者敷陈之称，古诗之流也。"刘勰《文心雕龙·诠赋》："赋也者，受命于诗人，拓宇于楚辞也。"章学诚《校雠通义》卷三《汉志诗赋第十五》："古之赋家者流，原本《诗》《骚》，出入战国诸子。"刘熙载《艺概·赋概》："赋起源于情事杂沓，诗不能驭，故为赋以铺陈之。"① 对赋进行文体意义上的辨体，是魏晋南北朝以后的事，在汉人心目中，既然诗赋同源，当然就可以并为一体。所以刘歆《七略》立《诗赋略》，班固《汉书·艺文志》沿之，都认为诗赋是一类。直到曹丕，在其《典论·论文》中仍然继承这一传统，将诗赋并称，提出"诗赋欲丽"的观点。尽管他们的看法随着时代的发展得到一定程度的修正，但其影响却一直存在，颇为深远。

考察诗赋关系可以有很多切入点，一个在文体学上很有意思的问题是，在诗赋并称的两汉，诗赋基本上是分离的，而在两汉以后，辨体愈细，诗赋却又有互相靠拢的趋势。建安时代，就有了诗赋同题共作的现象；两晋时期，则又开始了赋的诗化，出现了诗体的赋；沿至唐代，更创造了律赋，如王勃《春思赋》、骆宾王《荡子从军赋》，都几近于诗，体现了赋之诗化的极端发展。另外，诗的赋化虽然相对而言不够突出，但也一直在或隐或显地进行。

中唐是中国文学发展的一个重要阶段，各体文学都呈现出新的风貌，尤其是诗

① 分别见萧统编、李善注：《文选注》，《景印文渊阁四库全书》第 1329 册，第 5 页；班固：《汉书·艺文志》，班固撰、颜师古注：《汉书》第 6 册，中华书局，1964，第 1756 页；李昉等撰：《太平御览（六）》，《景印文渊阁四库全书》第 898 册，第 429 页；刘勰著、范文澜注：《文心雕龙注》，人民文学出版社，2006，第 134 页；章学诚：《校雠通义》，《续修四库全书》编纂委员会编：《续修四库全书》第 930 册，上海古籍出版社，2002，第 792 页；刘熙载著、王气中笺注：《艺概笺注》，贵州人民出版社，1980，第 254 页。

文创作，成就非常突出，韩愈是其中的代表人物。他的著名的《南山诗》和《咏雪》诸作，引进赋法，肆力铺陈，尚可说是传统手法的进一步发扬，而作为诸艺术手段中重要一种的"以文为诗"则是在新的历史条件下的新创造。"以文为诗"的内涵，一是以古文的章法、句法为诗，一是以古文中常见的议论为诗，这两点表现在韩愈的古诗，尤其是七言古诗中，取得了巨大的成功①。韩愈的这一努力，自北宋以降，虽然仍有争论，但逐渐得到了人们的重视和肯定。如魏庆之《诗人玉屑》卷十五引魏泰《临汉隐居诗话》："沈括存中、吕惠卿吉甫、王存正仲、李常公择，治平中同在馆下谈诗。存中曰：'韩退之诗乃押韵之文耳，虽健美富赡，而格不近诗。'吉甫曰：'诗正当如是。我谓诗人以来，未有如退之者。'"金代赵秉文《闲闲老人滏水文集》卷十九《答李天英书》："杜陵知诗之为诗，而未知不诗之为诗。而韩愈又以古文之浑浩溢而为诗，然后古今之变尽矣。"清代叶燮《原诗·内篇》："韩愈为唐诗之一大变，其力大，其思雄，崛起特为鼻祖。宋之苏、梅、欧、苏、王、黄，皆愈为之发其端，可谓极盛。"又赵翼《瓯北诗话》卷五："以文为诗，自昌黎始，至东坡益大放厥词，别开生面，成一代之大观。"②

赵宋建立以后，在欧阳修之前，韩愈在思想界的地位已经建立。宋人为了扭转晚唐五代以来的积弊，复兴儒学，高高地树起了韩愈这面大旗。从宋初三先生，到后来的穆修诸人，无不如此。在韩愈心目中，本就文道不分，或者说是"文以载道"，所以韩文在宋初也极受重视，正如《新唐书·文艺传序》中对韩愈的表彰："韩愈倡之，柳宗元、李翱、皇甫湜等和之，排逐百家，法度森严，抵轹魏晋，上轧汉周，唐之文完然为一王法，此其极也。"③ 当时，就连对韩愈排佛不满的契嵩和尚，写起文章，也是韩文风格。相对而言，北宋诗坛对韩愈的体认，比起思想界和文坛要慢一些。但是，苏、梅对韩诗某些手法的借鉴，以及欧阳修对韩诗的师法，不可能是突然出现的，在普遍崇韩的大环境中，韩诗得到某种程度的重视，不仅是

---

① 参看程千帆师：《韩愈以文为诗说》，《古诗考索》，上海古籍出版社，1984，第195页。

② 分别见魏庆之：《诗人玉屑》，《景印文渊阁四库全书》第1481册，第210页；赵秉文：《滏水集》，《景印文渊阁四库全书》第1190册，第256页；叶燮：《原诗》，霍松林校注，人民文学出版社，1979，第8页；赵翼：《瓯北诗话》，人民文学出版社，1963，第56页。

③ 欧阳修、宋祁：《新唐书》，中华书局，1975，第5726页。

可能的，而且是应该的。比如，宋初张咏的《与进士宋严话别》，以及号称学白居易的王禹偁的《对雪》诸作，都能看到韩诗的影响。

欧阳修诗歌学韩，是为宋到清的批评家所公认的①。他本人对韩愈诗歌的体认也值得重视。其《六一诗话》论述道："退之笔力无施不可，而尝以诗为文章末事。故其诗曰'多情怀酒伴，余事作诗人'也。然其资谈笑，助谐谑，叙人情，状物态，一寓于诗，而曲尽其妙。此其雄文大手固不足论，而余独爱其工于用韵也。盖其得韵宽，则波澜横溢，泛入旁韵，乍还乍离，出入回合，殆不可拘以常格，如《此日足可惜》之类是也。得韵窄，则不复旁出，而因难见巧，愈险愈奇，如《病中赠张十八》之类是也。余尝与圣俞论此，以谓如善驭马者，通衢广陌，纵横驰逐，惟意所之，至于水曲蚁封，急徐中节，而不少蹉跌，乃天下之至工也。"②程千帆师据此分析说："《诗话》所论，实质上已经接触到了'以文为诗'的问题。他认为韩诗之所以能够成功地表现多方面的内容，而且'曲尽其妙'，是由于'雄文大手'的'笔力无施不可'，同时，他又指出，韩愈'以诗为文章末事'。从这些意见中，不难看出，韩愈的古文对于他的诗歌的影响是多么显著。"③因此，欧阳修及其先后朋友苏舜钦、梅尧臣等对"以文为诗"的实践，正是对韩愈的一种有意识

---

① 参看以下文献：张戒《岁寒堂诗话》卷上："欧阳公诗学退之，又学李太白。"吴之振《宋诗钞·欧阳文忠诗钞》小引："其诗如昌黎，以气格为主。"刘熙载《艺概》卷2《诗概》："东坡谓欧阳公'论大道似韩愈，诗赋似李白'。然试以欧诗观之，虽曰似李，其刻意形容处，实于韩为逼近耳。"方东树《昭昧詹言》卷9："六一学韩，才气不能奔放，而独得其情韵与文法，此亦诗家真趣。"分见张戒：《岁寒堂诗话》，《景印文渊阁四库全书》第1479册，第34页；吴之振：《宋诗钞》，《景印文渊阁四库全书》第1461册，第190—191页；刘熙载著、王气中笺注：《艺概笺注》，第206页；方东树：《昭昧詹言》，第223页。

② 欧阳修：《六一诗话》，郑文校点，人民文学出版社，1962，第16页。

③ 程千帆师：《韩愈以文为诗说》，《古诗考索》，第189页。

的模仿。稍后的苏轼、黄庭坚等加以继承，终于使"以文为诗"之风蔚为大观①。

由此我们可以得出一点认识：由于北宋初年韩愈的巨大的影响力，"以文为诗"也逐渐被人们所认识，发展到欧、梅、苏等人，更提高到一个新的层面，成为宋诗独特面目出现的重要助力。又由于诗和赋之间天然的密切关系，使得作家们不禁要把在诗歌上的探索，引入赋中，将中唐以后出现的文赋传统发扬光大。因此，"以文为赋"的出现，很大程度上是受了"以文为诗"的启发，并在特定的历史条件下作了新的发挥，是北宋诗文革新运动影响下的一个合理的结果。

五、欧阳修的创新意识

文赋经过中晚唐的发轫和宋初的发展，到了欧阳修手中基本成熟，除了时代条件之外，也和他本人强烈的创新意识分不开。

和他所崇敬的韩愈一样，欧阳修也是一个希望对传统进行革新的人。他在经学上首创怀疑精神，在史学上强调个人色彩，在文学上提倡诗文革新，这都与文赋之所以在他手里成熟有着密不可分的关系。尤其值得强调的是他的文学意识。在中国文学史上，明确的文学创作意识成熟于宋代，而在宋代，欧阳修又是最早具有这种意识的作家之一。他与宋祁合撰《新唐书》，其艺文志中，首次出现"诗文评"类，说明对风格的辨析、体式的追求等方面，都更加细致，文学创作也就有可能在更大的一个背景中展开。

讨论文赋的成熟与欧阳修的关系，应该进行全面的认识，这里只特别提出来两

---

① 按，陈师道《后山诗话》："退之以文为诗，子瞻以诗为词，如教坊雷大使之舞，虽极天下之工，要非本色。"又引黄庭坚语："诗文各有体，韩以文为诗，杜以诗为文，故不工尔。"又引苏轼语："退之于诗，本无解处，以才高而好尔。"这几段话都是对韩诗不满，表示反对以文为诗，其实，他们在创作中也自觉不自觉地运用了这一手法。可见，作为一种时代潮流，自有其不可逆转性。这一现象值得深思。在文学史上，当变体出现时，人们并不总能立刻就唱赞歌。欧、苏诸人的文赋一直到明代以后才得到肯定，和以文为诗的情形相比，个中关系很是意味深长。见陈师道：《后山诗话》，《景印文渊阁四库全书》第1478册，第285、281页。

点来讨论。

第一，文与赋的打通。将赋通于文，只是欧阳修创作的一个方面，与此相辅相成的，是他同时也将文通于赋。被欧阳修视为平生最得意而且在后世也受到极高评价的散文名篇《醉翁亭记》①，在北宋却有不止一个人对其体制提出异议，如宋祁说："只目为《醉翁亭赋》，有何不可？"② 秦观说："《醉翁亭记》亦用赋体。"③ 王安石则从"先体制而后文之工拙"出发提出批评。④ 这说明一种新事物在刚刚出现时，有的人一时还不能充分认识到其创格的意义。清代的批评家已经打破了这种狭隘的辨体意识，如吴楚材、吴调侯《古文观止》卷十评："通篇共享二十个也字，逐层脱卸，逐步顿跌，句句是记山水，却句句是记亭，句句是记太守。似散非散，似排非排，文家之创调也。"⑤ 将赋法引入文，说明宋人对赋的体认更加多元，既可以通之于诗，也可以通之于文，赋的文体意义也被揭示得更为明晰。如果溯其渊源，这一手法仍然和唐代的古文运动有密切的关系，特别是受到韩愈的影响。韩愈写作古文，经常借鉴辞赋的表现手法。如《画记》一文，写人的动作情态三十二种，写马的动作二十七种，一一铺叙列举，颇有赋意。⑥ 至于《醉翁亭记》，则如余诚《古文释义》卷八所说："直记其事，一气呵成，自首至尾，计用二十个也字，此法应从昌黎《潮州祭大湖神文》脱胎。"在欧阳修手中，文与赋是互相影响，互相渗透的。明确了这一点，则文赋在欧阳修手中成熟就不是偶然的。

第二，骈文与散文相通。骈文产生并成熟于齐梁之际，至隋唐两代虽然得到了

① 按，东坡原话是："妄庸者亦作永叔语云：'平生为此最得意。'"苏轼认为此语非欧阳修自己的表述，而是"妄庸者"所杜撰出来的，这却并不一定符合欧阳修本人的意思，也不符合当时的接受情况。见苏轼：《东坡题跋》，上海远东出版社，1996，第21页。据朱弁《曲洧旧闻》记载："《醉翁亭记》初成，天下莫不传诵，家至户到，当时为之纸贵。"这一记载应该是如实的。（朱弁：《曲洧旧闻》卷3，《景印文渊阁四库全书》第863册，第302页）

② 朱弁：《曲洧旧闻》卷3引，《景印文渊阁四库全书》第863册，第302页。

③ 陈师道：《后山诗话》，《景印文渊阁四库全书》第1478册，第284—285页。

④ 黄庭坚：《书王元之竹楼记后》，《豫章黄先生文集》卷26，商务印书馆，1936，第1册，第239页。

⑤ 吴楚材、吴调侯编选：《古文观止》卷10，商务印书馆，1931，第8页上。

⑥ 参看郭维森、许结：《中国辞赋发展史》，江苏教育出版社，1986，第351页。

广泛的应用，但体式风格上却变化不大。对骈文的根本性变革，是从欧阳修开始的。较欧阳修稍后的陈师道已注意到这个问题，他在其《后山诗话》中说："国初士大夫例能四六，然用散语与故事尔。杨文公刀笔豪赡，体亦多变，而不脱唐末与五代之气。又喜用古语，以切对为工，乃进士赋体尔。欧阳少师始以文体为对属，又善叙事，不用故事陈言而文益高。"南宋的陈振孙也是这样梳理骈文的发展历程："四六偶俪之文，起于齐梁，历隋唐之世，表章、诏诰多用之。然令狐楚、李商隐之流号为能者，殊不工也。本朝杨、刘诸名公，犹未变唐体。至欧、苏始以博学富文为大篇长句，叙事达意，无艰难牵强之态。"① 至清人孙梅，在其《四六丛话》卷三十三则更具体地指出："宋初诸公，骈体精敏工切，不失唐人矩矱。至欧公倡为古文，而骈体亦一变其格，始以排奡古雅争胜古人。"② 欧阳修的骈文运以散体之法，单行之气，不求工对，扬弃陈言，以清新平易的语言，打破了浮靡堆砌之风。如《蔡州再乞致仕第二表》这样写道："伏念臣世惟寒陋，少苦奇屯，识不达于古今，学仅知于章句。名浮于实，用之始见于无能；器小易盈，过则不胜于几覆。徒以早遭千龄之亨会，误蒙三圣之奖知。宠荣既溢其涯，忧患亦随而至。禀生素弱，顾身未老而先衰；大道甚夷，嗟力不前而难强。每念恩私之莫报，兼之疾病以交攻。爰于守亳之初，遂决窜漳之计。逮此三迁于岁律，又更两易于州符。而犬马已疲，理无复壮；田庐甚迩，今也其时。是敢更惮蝼蚁之诚，仰冀乾坤之造。况今时不乏士，物咸遂生。凫雁去来，固不为于多少；鸢鱼上下，皆自适于飞潜。苟遂乞于残骸，庶少偿其夙志。"③ 这样的骈文，从语言、体式、风格等方面看，都与此前有所不同，显示了崭新的风貌。齐梁以下，赋的骈偶化发展和骈文的走势大致相同，律赋的产生与骈文的关系更是密切。今人总结宋代骈文的特征大约有五：一是注入了散文的气势，少用故事而多用成语；二是在排偶中喜用长句；三是参以散文

---

① 陈振孙：《直斋书录解题》卷 18 汪藻《浮溪集》解题，上海古籍出版社，1987，第 526 页。

② 孙梅辑：《四六丛话：附选诗丛话（四）》卷 33，第 606 页。

③ 欧阳修：《欧阳文忠公集》卷 94，《四部丛刊初编》集部，第 906 册，第 17 页下—18 页上。

所擅长的议论；四是工于剪裁；五是语句较为朴实，且多用虚字以行气。① 由此我们可以看出，宋人对赋的改造和对骈文的改造，范围和性质都大致相同，而欧阳修作为宋代骈文革新的先行者，他对赋的革新与对骈文的革新也是互为因果的。

六、总结

综上所述，文赋主要渊源于古赋，又吸取俳赋和律赋的某些形式，相邻文体如散文的一些方法，经综合提升而成，散意和论理是其基本内涵。

"以文为赋"在北宋逐渐形成，并不是偶然的。中唐诗文革新的重要人物韩愈曾经创造了以文为诗的手法，为诗歌的发展开辟了一条新途径。北宋初年，由于韩愈巨大的影响，"以文为诗"也逐渐被人们所认识，发展到欧、梅、苏等人，更提高到一个新的层面，成为宋诗独特面目出现的重要助力。而又由于诗和赋之间天然的密切关系，使得作家们不禁要把在诗歌上的探索引入赋中，将中唐以后出现的文赋传统发扬光大。因此，"以文为赋"的出现，是受了"以文为诗"的启发，并在特定的历史条件下作了新的发挥，是北宋诗文革新运动影响下的一个合理的结果。文赋的一些特点虽然在汉大赋中也不同程度地存在，但以唐代律赋为参照系，无疑使得这一文体在宋代具有了更为突出的意义。

尽管如此，文赋最后在欧阳修手中成熟，仍然和他本身的条件分不开。欧阳修是一个希望对传统进行革新的人。在宋代文化发展中，他在经学、史学和文学等方面都具有导夫先路的作用。他以写赋的方法写文，又将骈文通于散文，这也都和他对文赋的传承和开拓不无关系。由于欧阳修的文坛盟主地位，他的探索更加受到人们的关注，因而文赋也就最终确立了其在历史上应有的位置。

---

① 参看程千帆师等：《两宋文学史》第 11 章《宋四六》，第 1 节 "宋四六的渊源和发展"，上海古籍出版社，1991，第 521—522 页。

元祐诗风的形成及其特征

一、苏轼文人集团的出现

北宋哲宗元祐前后，宋诗又进入了一个新的发展阶段。这一发展阶段的明显特征是以苏轼为首的文人集团的出现。

考察北宋的诗歌演进，我们发现，群体的活动往往是重要的生成剂。以九僧诸人为首的晚唐体和以钱（惟演）、杨（亿）、刘（筠）诸人为首的西昆体的流行，或许是另有缘故，没有变革的自觉。但钱惟演任西京留守，"所辟僚佐"如尹洙、梅尧臣、欧阳修等"尽一时俊彦"①；欧阳修主持风雅，一时友人如梅尧臣等，门生如苏轼兄弟、曾巩等，后进如王安石等，都追随左右。这两个文人集团的成员，才华突出，联系频繁，具有自立的气度，带有变革的意识，对宋诗独特面目的形成，做出了重要的贡献。

每一个文人集团的出现都意味着作家群在结构上的新变化，元祐前后苏门集团形成时，一些对北宋诗文革新起过作用（且不论其作用大小如何）的前辈作家已先后谢世。如梅尧臣卒于嘉祐五年（1060），宋祁卒于嘉祐六年（1061），余靖卒于治平元年（1064），宋庠、苏洵卒于治平三年（1066），蔡襄卒于治平四年（1067），刘敞卒于熙宁元年（1068），欧阳修卒于熙宁五年（1072），王安国卒于熙宁七年（1074），韩琦卒于熙宁八年（1075），张先、曾公亮卒于元丰元年（1078），文同卒于元丰二年（1079），曾巩卒于元丰六年（1083），赵抃、晁端友卒于元丰七年（1084），王珪卒于元丰八年（1085），王安石、司马光卒于元祐元年（1086）。而在这一过程中，文学的新生代不断地成长起来，并于元祐前后，呈集团性地汇聚在一起，在欧门弟子中最有成就的苏轼带领下，最终形成了一个新的发展局面。

京城往往是文学活动的中心。历史上有不少次文学风气的转变，都是在京城形

---

① 文莹：《湘山野录》卷中，文莹撰，郑世刚、杨立扬点校：《湘山野录·续录·玉壶清话》，中华书局，1984，第38页。

成规模，并向各地辐射出去的。以北宋而言，也真是机缘凑巧，正在诗坛新旧交替之际，历史为新一代的诗人提供了在京城相聚的机会。陈师道自元丰六年即居于开封，授徒自给。元丰八年（1085），黄庭坚以秘书省校书郎召至京师，第二年（元祐元年，1086），苏轼自登州召还，除中书舍人，任翰林学士知制诰。也是这一年，晁补之在朝任太学正，张耒任太学录。元祐二年（1087），秦观以苏轼荐，召至京师，不久引疾归汝南，次年又至京师，校正秘书省书籍。另外，李廌、"江西三孔"等后进诗人亦集于开封。苏门诸人或为旧识，或为新交；各人居留京师的时间也或有长短，并不与苏轼相始终，但他们在这一段时间里都焕发了极大的创作热情，不仅迭有佳作，而且唱酬甚多，可以见出其对交流感情和沟通、切磋诗艺的迫切愿望。这预示着，在新的历史条件和个人条件发生了变化时，由欧阳修文人集团到苏轼文人集团这一新老交替的过程已经完成，新一代的诗人就要进一步在诗坛上一显身手。

二、元祐诸子的诗风异同

严羽论诗，曾提出"元祐体"的概念，并特别注明是"苏、黄、陈之诗"①。这说明，他对元祐年间苏门诸子集于开封，通过对诗歌创作的探索所达到的新成就给予了充分的注意。不过，尽管严羽对"元祐体"有着正确的概括，但对其内涵却并未做出进一步的说明。在中国文学批评史上，"体"大致上有两个概念，一是指体裁，一是指风格，而以风格见称者，又往往趋同。那么，元祐诗人彼此的关系如何呢？我们不妨对苏、黄和黄、陈之间的诗风异同略作分析。

苏、黄并称，始自元祐末年②。而对二人诗风异同（主要是异）的讨论，自元祐以后，就一直是批评家深感兴趣的话题。有论其风格之不同者，如周之鳞《山谷

---

① 严羽：《沧浪诗话·诗辨》，《沧浪诗话校释》，第53页。
② 晁说之《题鲁直尝新柑帖》云："元祐末，有苏、黄之称。"（晁说之：《嵩山文集》卷18，上海书店，1985，第23页上）

先生诗钞序》云："苏之诗丽而该，黄之诗遒而则。"① 有论其句法之不同者，如吕本中《童蒙诗训》云："前人文章各自一种句法……东坡'秋水今几竿'之类，自是东坡句法。鲁直'夏扇日在摇，行乐亦云聊'，此鲁直句法也。"② 有论其体式之不同者，如普闻《诗论》云："东坡长于古韵，豪逸大度；鲁直长于律诗，老健超迈。"③ 有论其师法渊源之不同者，如王世贞《艺苑卮言》卷四云："子瞻多用事实，从老杜五言古、排律中来。鲁直用生拗句法，或拙或巧，从老杜歌行中来。"④ 至于总论，则有赵翼《瓯北诗话》卷十一云："北宋诗推苏、黄两家，盖才力雄厚，书卷繁富，实旗鼓相当。然其间亦自有优劣：东坡随物赋形，信笔挥洒，不拘一格，故虽澜翻不穷，而不见有矜心作意之处；山谷则专以拗峭避俗，不肯作一寻常语，而无从容游泳之趣。且坡使事处，随其意之所之，自有书卷供其驱驾，故无挦撦痕迹；山谷则书卷比坡更多数倍，几于无一字无来历，然专以选才庀料为主，宁不工而不肯不典，宁不切而不肯不奥，故往往意为辞累，而性情反为所掩。此两家诗境之不同也。"⑤ 虽意在扬黄抑苏，但对二人诗风的总体体认却大致准确。

　　或许是由于苏、黄这二位并世大家诗风相异的缘故，从宋代开始有些人就已不能正确看待二人之间的关系。南北宋之交的吴坰在《五总志》中曾认为苏对黄："虽喜出我门下，然胸中似不能平也。故后之学者因生分别，师坡者萃于浙右，师谷者萃于江右。"⑥ 把后来江西诗派的形成视为苏、黄争名的结果。其根据或来自苏轼《东坡题跋》卷二："鲁直诗文如蝤蛑、江瑶柱，格韵高绝，盘飧尽废；然不可多食，多食则发风动气。"⑦ 以及黄庭坚《答洪驹父》第二书："东坡文章妙天下，

①　周之鳞、柴升合选：《宋四名家诗钞》第 3 册，会文堂书局，出版年份不详，周之鳞序。

②　吕本中：《童蒙诗训》，《宋诗话辑佚》，第 586 页。

③　转引自傅璇琮编：《古典文学研究资料汇编·黄庭坚和江西诗派卷》，中华书局，1978，第 56 页。

④　王世贞著、罗仲鼎校注：《艺苑卮言校注》，齐鲁书社，1992，第 225 页。

⑤　赵翼：《瓯北诗话》，人民文学出版社，1963，第 169 页。

⑥　吴坰：《五总志》，《景印文渊阁四库全书》第 863 册，第 817 页。

⑦　苏轼：《东坡题跋》，第 120 页。

其短处在好骂，慎勿袭其规。"① 不过细味二人所言，似都主要在于肯定。至于二人在创作上所可能存在的不足，以他们独特的识见和审美感受，做出这样的理解，实不足作为互相攻击的根据。后来王楙说"苏、黄二公同时实相引重，黄推苏尤谨，而苏亦奖成之力甚力"②，认为二人的关系是互相推重，应该说是符合实际的。

苏、黄相交，始于元丰元年（1078），苏已名满天下，黄则刚露头角。黄致书有欲托门下之意，苏读黄《古风》二首则以其"托物引类，真得古诗人之风"，并自谦说"轼非其人也"。③ 文学的"陌生化"永远是吸引富有才华的作家的力量，苏对黄的推重应该是欣喜于对文学新境界的发现。因此，八九年后他们一齐来到开封，由思慕而相见，自然倍感珍贵。苏轼作有《送杨孟容》一诗，自称"效黄鲁直体"④。对此，黄氏和作诗题曾解释云："子瞻诗句妙一世，乃云'效庭坚体'，盖退之戏效孟郊、樊宗师之比，以文滑稽耳。"⑤ 这种谦辞虽然可见黄之真实心情，却未必完全说出苏轼的用意。在我们看来，苏效黄体正是由于黄的风格新奇、独特而又不为苏所具备，因而引起了他的深深的兴趣。所以，苏之重黄在于其不同己，黄之知名于元祐，也是由于其立于苏门，而又不同于苏。这种情形也可以解释苏轼与苏门其他诸子的关系。事实上，苏轼在当时主要是以文采风流以及在新旧党争中敢于谏争诸事知名于世，至于诗文创作，却并无多少人仿效。李贽《续焚书》卷二《书苏文忠公外纪后》云："苏长公以文字故获罪当时，亦以文字故取信于朋友，流声于后世，若黄、秦、晁、张皆是也。略考仁、英、神、哲之朝，其中心悦而诚服公者，盖不止此，盖已尽一世之杰矣，黄、秦、晁、张特其最著者也。然则为黄、秦、晁、张者，不亦幸乎！虽其品格文章足以成立，不待长公而后著，然亦未必灼然光显以至于斯也。"⑥ 他的这一看法，我们是同意的。

陈师道在其《后山集》卷九《答秦觏书》中自叙其学诗经历云："仆于诗初无

① 黄庭坚：《豫章黄先生文集》卷19，商务印书馆，1936，第2册，第204页。
② 王楙：《野客丛书》卷7，《景印文渊阁四库全书》第547册，第604页。
③ 苏轼：《答黄鲁直书》，苏轼著、孔凡礼点校：《苏轼文集》卷52，中华书局，1986，第1531页。
④ 苏轼撰、王文诰辑注、孔凡礼点校：《苏轼诗集》卷28，第1479页。
⑤ 黄庭坚：《豫章黄先生文集》卷2，商务印书馆，1936，第1册，第19页。
⑥ 李贽著、陈仁仁校释：《焚书·续焚书校释》，岳麓书社，2011，第571页。

师法，然少好之，老而不厌，数以千计。及一见黄豫章，尽焚其稿而学焉。"① 这虽是陈氏的"夫子自道"，但只能认为是出于对黄诗的欣赏和推重，而不能将其绝对化。黄庭坚诗歌创作中的一些独特之处如造句拗峭、用典生僻、押韵奇险等，他就没有仿效。从整体上看，黄、陈的诗风是并不相同的。偶有近处，也只能说是小同大异。

陈师道初见黄庭坚在元丰七年（1084），时陈三十三岁，创作上已经基本成熟；而结识黄后，转益多师，更有进境，个人特色愈加鲜明。如写于元祐二年（1087）的《示三子》云："去远即相忘，归近不可忍。儿女已在眼，眉目略不省。喜极不得语，泪尽方一哂。了知不是梦，忽忽心未稳。"② 写自己与儿女们久别重逢的丰富的心灵活动，浑厚质朴，不假修饰，达到了所谓至情无文的境界，是他自己所标举的"宁拙毋巧，宁朴毋华"③ 的诗歌理论的具体实践。陈师道曾说黄诗有时"过于出奇"④，也就是写得太巧。"如《和文潜赠无咎诗》：'本心如日月，利欲食之既。'《王圣涂二亭歌》：'绝去薮泽之罗兮，官于落羽。'……凡此之类，出奇之过也。"⑤ 在这些地方，确实陈胜于黄。朱熹《朱子语类》卷一百三十九论黄、陈之别有云："（林）择之云：'后山诗恁地深，他资质尽高，不知如何肯去学山谷？'曰：'后山雅健强似山谷，然气力不似山谷较大，但却无山谷许多轻浮底意思。然若论叙事，又却不及山谷。山谷善叙事情，叙得尽，后山叙得较有疏处。'"⑥ 涉及二人诗风的不同方面，所论较为持平。

综上所述，苏、黄、陈之间的主导诗风是并不相同的，他们作为领一代风骚的几位主要诗人，正是所谓"不相菲薄不相师"⑦，一起开创了富有创造性的"元祐诗风"。作为一时羽翼，苏门其他诸人也当作如是观。

---

① 陈师道：《后山集》，《景印文渊阁四库全书》第 1114 册，第 602 页。

② 同上书，第 515 页。

③ 陈师道：《后山诗话》，《景印文渊阁四库全书》第 1478 册，第 286 页。

④ 同上书，第 283 页。

⑤ 胡仔纂集：《苕溪渔隐丛话》后集卷 32，廖德明点校，人民文学出版社，1962，第 243 页。

⑥ 黎靖德编：《朱子语类》，王星贤点校，中华书局，1986，第 3334 页。

⑦ 袁枚：《随园诗话》，第 48 页。

三、元祐诗坛对杜诗的传承

元祐诗人彼此的诗风既不相同，那么，他们的创作与前代诗歌遗产的关系如何呢？

宋代的诗歌发展到元祐，基本上是一个不断选择师法对象，努力创造自己风格的过程。苏、黄诸人也不例外。他们对唐诗进行了广泛的学习，最终确定了李（白）、杜（甫）、韩（愈）、白（居易）作为最高的典范。但尽管对这些典范非常推崇，却并不盲目追随，能做到"爱而知其恶"①。如苏轼曾批评李白诗"伤于易"②，批评杜甫诗"村陋"③，批评白居易诗"俗"④。黄庭坚认为杜甫"以诗为文，故不工尔"⑤，并"于退之诗少所许可"⑥，这或许是出于一时的见解，局部的体认，但也说明元祐诗人在努力辨析唐人的优劣，即使对诸大家也不例外。值得注意的是，他们在品评李、杜、韩、白诸人时，在人品上每对其他人喷有烦言，唯独对杜甫大加推崇。如苏轼《苏轼文集》卷六十七《评子美诗》云："子美自比稷与契，人未必许也。然其诗云：'舜举十六相，身尊道益高。秦时用商鞅，法令如牛毛。'此自是稷、契辈人口中语也。"⑦孔武仲《书杜子美〈哀江头〉后》云："自晋、宋以来，……凡百余年，而后子美杰然自振于开元、天宝之间。既而中原用兵，更涉患难，身愈困苦而其诗益工。大抵哀元元之穷，愤盗贼之横，褒善贬恶，

---

① 郑玄注、孔颖达正义：《礼记注疏》，阮元校刻：《十三经注疏》第6册，艺文印书馆，2001，第12页。

② 苏轼：《书学太白诗》，《苏轼文集》卷67，第2098页。另参看同卷《书李白集》，第2096页。

③ 评杜甫《解忧》语，见苏轼：《东坡题跋》卷2，第93页。

④ 苏轼：《祭柳子玉文》，《苏轼文集》卷63，第1938—1939页。

⑤ 陈师道：《后山诗话》引，第281页。

⑥ 王直方：《王直方诗话》，《宋诗话辑佚》，第88页。

⑦ 苏轼著、孔凡礼点校：《苏轼文集》卷67，第2105页。

尊君卑臣，不琢不磨，暗与经会，盖亦骚人之伦而风雅之亚也。"① 黄庭坚《豫章黄先生外集》卷四《老杜浣花溪图引》也有句云："中原未得平安报，醉里眉攒万国愁。生绡铺墙粉墨落，平生忠义今寂寞。"②

推崇杜甫的忠君爱国思想，将其视为最为高尚的思想、精神和品格的凝聚，这实际上是宋代开国以来知识分子感于自唐代天宝之乱以后，中国长期分裂，内外矛盾很少缓解的忧患意识的反映，是重视人格修养、道德完善的社会思潮的表示，也是文学批评上提倡"文以载道"的观念的体现。所以，他们认为杜诗的价值首先表现在思想上。这带有很强的时代性。

从这个基本理解出发，元祐诗人就进一步认为杜诗是达到了思想性和艺术性的高度统一的古今诗人之最："古今诗人众矣，而杜子美为首，岂非以其流落饥寒，终身不用，而一饭未尝忘君也欤？"③ "老杜虽在流落颠沛，未尝一日不在本朝。故善陈时事，句律精深，超古作者。忠义之气，感发而然。"④ 苏、黄二人不约而同地推重杜甫的晚年诗，并把杜诗的杰出成就归结于他的忠义之气和道德修养，或许并不是一种偶然。宋诗至元祐始确立的重筋骨思理、平淡简远的特色，从渊源上看，都可由此窥入。所以，尽管元祐诗人有时对杜甫的诗艺有些挑剔，但在众多的学习对象中，仍只给杜甫戴上了"集大成"的桂冠："子美之诗，……集大成者也。"⑤ "杜子美之于诗，实积众家之长，适其时而已。昔苏武、李陵之诗，长于高妙；曹植、刘公干之诗，长于豪逸；陶潜、阮籍之诗，长于冲澹；谢灵运、鲍照之诗，长于峻洁；徐陵、庾信之诗，长于藻丽。于是杜子美者，穷高妙之格，极豪逸之气，包冲澹之趣，兼峻洁之姿，备藻丽之态，而诸家之作所不及焉。……呜呼，杜氏、韩氏，亦集诗文之大成者欤？"⑥ 就此而言，讨论元祐诗人的创作和前代诗歌遗产的

① 孔武仲等：《清江三孔集》，《景印文渊阁四库全书》第 1345 册，第 377 页。

② 黄庭坚：《豫章黄先生外集》卷 4，嘉靖六年乔迁、余载仕重修本，中国国家图书馆藏，第 17 页上。

③ 苏轼：《王定国诗集序》，《苏轼文集》卷 10，第 318 页。

④ 潘淳：《潘子真诗话》引黄庭坚语，《宋诗话辑佚》，第 310 页。

⑤ 陈师道：《后山诗话》引苏轼语，《景印文渊阁四库全书》第 1478 册，第 281 页。

⑥ 秦观：《韩愈论》，秦观著、徐培均笺注：《淮海集笺注》卷 22，上海古籍出版社，1994，第 751—752 页。

关系，没有比选择杜诗更恰当的了。

杜诗是元祐诗人探讨诗艺时所体认的最高典范，他们也确实从中汲取了丰富的养分。如苏轼《荆州十首》学杜《秦州杂诗二十首》，形神宛然；黄庭坚《题落星寺》学杜吴体拗律，直入堂奥。而陈师道《寄外舅郭大夫》则"全篇似杜"①。但这并不意味着他们拜倒在杜甫脚下，只知仿效。苏轼自出仕凤翔，摆脱模仿阶段后，日益显示出其独特的风采，纵恣自如，"如万斛泉源，不择地皆可出"，而又能"常行于所当行，常止于不可不止"②，自成面目。黄庭坚和陈师道，前者曾被张戒许为"子美之诗，得山谷而后发明"③，后者曾被黄庭坚许为"作诗渊源，得老杜句法，今之诗人不能当也"④。但他们的那些最有独创性、最能代表其特色的作品，却并不仿杜。如黄庭坚《戏呈孔毅父》："管城子无肉食相，孔方兄有绝交书。文章功用不经世，何异丝窠缀露珠？校书著作频诏除，犹能上车问何如。忽忆僧床同野饭，梦随秋雁到东湖。"⑤ 八句诗写四层意思，初看似杂乱，互不连属，实则层层紧扣，衔接甚密，耐人回味。又如陈师道《谢赵生惠芍药》三首之三："九十风光次第分，天怜独得殿残春。一枝剩欲簪双髻，未有人间第一人。"⑥ 唐人咏牡丹每从正面形容其体态，"此诗则从侧面暗示其风神，非惟实虚有殊，还从议论中展示形象"⑦，非常独特。这些，都是元祐诗人通过对诗歌艺术的探讨，所达到的开创性的成就，将自己与唐人区别了开来。

于是，这里就出现了一个学杜的方法问题。陈师道《后山先生集》卷十四《答秦觏书》称赞黄庭坚学杜是"得法于杜少陵，其学少陵而不为者也"⑧。许尹《题任渊注黄陈诗序》则进一步将黄、陈并提，云："宋兴二百年，文章之盛追还三代，

① 黄昇：《玉林诗话》，《宋诗话辑佚》，第 504 页。

② 苏轼：《自评文》，《苏轼文集》卷 66，第 2069 页。

③ 张戒：《岁寒堂诗话》卷上，商务印书馆，1939，第 12 页。

④ 黄庭坚：《答王子飞书》，《豫章黄先生文集》卷 19，商务印书馆，1936，第 2 册，第 199 页。

⑤ 黄庭坚：《豫章黄先生文集》卷 3，商务印书馆，1936，第 1 册，第 24 页。

⑥ 陈师道撰、任渊注：《后山诗注》卷 10，《景印文渊阁四库全书》第 1114 册，第 845 页。

⑦ 程千帆师：《宋诗精选》，江苏古籍出版社，1992，第 164 页。

⑧ 陈师道：《后山先生集》，马暾明弘治十二年刻本，中国国家图书馆藏，第 8 页下。

而以诗名世者，豫章黄庭坚鲁直，其后学黄而不至者后山陈师道无己。二公之诗，皆本于老杜而不为者也。"[1] "本于杜"，就是源于杜；"不为"，就是不泥于杜。也就是脱略外形而取其精神。这个精神就是转益多师，锐意新创。因此，学杜有成，必不似杜。金武祥《粟香随笔》说"李义山、黄山谷极不似杜，而善学杜者无过义山、山谷"[2]，就是这个意思。所以，苏轼晚年作《荔枝叹》，讽刺现实，纪昀评云："貌不袭杜，而神似之。"[3] 正是看到了此诗强烈的批判精神，从杜诗来，而并没有袭其字句。

元祐诗人在诗歌创作上追求独创性，其来源于唐，而又落尽皮毛，独存精神，这也就是其自成面目的基本原因之一。

四、元祐诗风与宋初诗坛

严羽《沧浪诗话·诗辨》云："国初之诗尚沿袭唐人：王黄州学白乐天，杨文公、刘中山学李商隐，盛文肃学韦苏州，欧阳公学韩退之古诗，梅圣俞学唐人平淡处。至东坡、山谷始自出己意以为诗，唐人之风变矣。"[4] 方回《桐江续集》卷三十二《送罗寿可诗序》云："宋划五代旧习，诗有白体、昆体、晚唐体。……欧阳公出焉，一变为李太白、韩昌黎之诗；苏子美二难相为颉颃，梅圣俞则唐体之出类者也。晚唐于是退舍。苏长公踵欧阳公而起；王半山备众体，精绝句、古五言或三谢；独黄双井专尚少陵。"[5] 这两段论述北宋诗歌发展的文字，尽管宗风不同，或有偏嗜，但事实大体正确。

宋初"三体"的模仿性都很强。白体的代表诗人李昉、徐铉、徐锴、王奇诸人，学习元和体的小碎诗风，彼此次韵酬和，虽不无工切圆熟之作，但以诗交际应

---

① 许尹：《题任渊注黄陈诗序》，黄庭坚著，任渊、史容、史季温注：《山谷诗集注》，黄宝华校点，上海古籍出版社，2003，第 4 页。

② 金武祥：《粟香随笔》，谢永芳校点，凤凰出版社，2017，第 121 页。

③ 苏轼撰、王文诰辑注、孔凡礼点校：《苏轼诗集》卷 39 引，第 2126 页。

④ 严羽：《沧浪诗话·诗辨》，《沧浪诗话校释》，第 26 页。

⑤ 方回：《桐江续集》，《景印文渊阁四库全书》第 1193 册，第 662 页。

酬，难免"语言多得于容易"①。其后王禹偁出，更为重视学习白居易诗的现实批判精神，并提出以杜甫作为师法对象，显示出白体的发展变化，但为才力所限，格局仍不宏大。以九僧、寇准、林逋、潘阆、魏野等为代表的晚唐体，反映了经过五代离乱，倾向遁世的一些人的精神状态。他们学习贾岛的清苦冷僻的诗风，其中虽不乏神似之作，但总的来说缺乏创造性。其后杨亿、刘筠、钱惟演诸人学李商隐诗，倡为昆体，追求典丽繁缛的诗风，用典贴切，对仗工巧，音节和谐，客观上符合了宋初大一统的堂皇气象。但对于李商隐诗能入不能出，模仿痕迹太重，以至于有"挦扯义山"之讥②。总的说来，宋初三体都缺乏有以自立的气度，只能算是晚唐五代诗风顺流而下的沿袭。

梅尧臣是宋诗面目的开创者。他的诗，早年师法王维、韦应物，中年以后，又在王、韦之外加上了韩（愈）、孟（郊），同时用意命笔又多有本于白居易处。因此其诗往往老健劲峭，平淡简远，能够"去浮靡之习，超然于昆体极弊之际；存古淡之道，卓然于诸大家未起之先"③，初步显示了宋诗有别于唐诗的独特风貌。欧阳修是苏轼以前主持文坛风会的人，在宋诗的发展中也有着重要的地位。其近体诗矫昆体雕琢之弊，"专以气格为主，故语多平易疏畅"④，境界往往近于大历诸子。其古体诗学习李白、韩愈，尤其继承了韩愈以文为诗的传统，增强了诗歌的散文化倾向。梅尧臣和欧阳修二人是由唐风向宋调转变的关键人物。但由于尚是初创，不够成熟，在总体格局上还未完全跳出唐人的窠臼。

王安石的创作在宋诗的发展中也有着不可忽视的作用。他的诗，早年直抒胸臆，语意直露；中年以后遍览唐人诸诗，博观而约取，逐渐形成了自己峭拔劲健而又壮丽遒宕的风格；晚年则变为优游和婉，精深华妙。王安石一生在诗歌创作上作了多方面的探讨，其成就也是多方面的，如"喜欢造硬语、押险韵，喜欢改窜古人诗句以为己有；好用典故，讲究对仗，有时不免伤巧，都已开江西派的先声"⑤。他

---

① 欧阳修：《六一诗话》，人民文学出版社，1962，第 5 页。

② 刘攽：《中山诗话》，《景印文渊阁四库全书》第 1478 册，第 268—269 页。

③ 龚啸语，见梅尧臣：《宛陵集》附录，《景印文渊阁四库全书》第 1478 册，第 438 页。

④ 叶梦得：《石林诗话》卷上，何文焕辑：《历代诗话》，中华书局，1981，第 407 页。

⑤ 程千帆师等：《两宋文学史》，上海古籍出版社，1991，第 89 页。

的诗被陈衍《宋诗精华录》列为"盛宋"①，以为与苏、黄诸人一样，代表了宋诗创作的最高成就，这并不是偶然的。但总的来说，王安石在当时没有达到苏、黄那么大的影响。一方面，他是宋代在诗歌创作中最能得唐人风神的作家之一，所以杨万里说："不分唐人与半山，无端横欲割诗坛。半山便遣能参透，犹有唐人是一关。""船中活计只诗编，读了唐诗读半山。不是老夫朝不食，半山绝句当朝餐。"②认为王安石诗最近于唐诗。另一方面，苏轼曾有语云："文字之衰，未有如今日者也，其源实出于王氏。王氏之文未必不善也，而患在于好使人同己。自孔子不能使人同，颜渊之仁，子路之勇，不能以相移，而王氏欲以其学同天下！地之美者，同于生物，不同于所生。惟荒瘠斥卤之地，弥望皆黄茅白苇，此则王氏之同也。"③所指或主要是王氏新学，但对文学创作也许并非没有影响。再者，王安石周围所聚集的一些号称向他学习的人，往往素质不高，因而也不可能切实发挥他的学说与文风。④所以，苏、黄身上的一些主、客观条件，王安石是并不具备的。

综上所述，宋初三体基本上是沿袭唐人，未能有所新创，至梅、欧、王诸人境界始开，逐渐显示出宋诗的独特风貌。但总的说来，就宋诗面目的真正形成而言，梅、欧、王诸人仍处于由量变到质变的积累的阶段。作为一个整体，宋诗的一些典型特色，如平淡、老劲、瘦硬的风格，押险韵、造硬语，以议论为诗，以文为诗的手法等，都还有待于苏、黄诸人进一步努力。所以，真正使得诗歌创作在本质上与唐诗风调区别开来，是苏、黄诸人所创造的伟绩。方回说："元祐诗人诗既不为杨、刘昆体，亦不为九僧晚唐体，又不为白乐天体，各以才力雄于诗。"⑤说得是对的，

---

① 陈衍评点：《宋诗精华录》卷1，曹中孚校注，巴蜀书社，1992，第1页。

② 杨万里：《读唐人及半山诗》，《诚斋集》卷8，又卷31《读诗》，《景印文渊阁四库全书》第1160册，第90、333页。

③ 苏轼：《答张文潜县丞书》，《苏轼文集》卷49，第1427页。

④ 张舜民《画墁集》卷4有《哀王荆公》四首，其二、三两首有云："若使风光解流转，莫将桃李等闲栽。""今日江湖从学者，人人讳道是门生。"就是讽刺那些在王安石执政时争附门墙，而王一旦失意就赶紧否认与老师的关系的人。见《景印文渊阁四库全书》第1117册，第25页。

⑤ 方回：《瀛奎律髓》卷21黄庭坚《咏雪奉呈广平公》评，《景印文渊阁四库全书》第1366册，第275页。

但还不全面。张戒《岁寒堂诗话》卷上云："自汉、魏以来，诗妙于子建，成于李、杜，而坏于苏、黄。"① 王世贞《艺苑卮言》卷四云："诗格变自苏、黄，固也。"② 吴乔《答万季野诗问》云："宋之最著者苏、黄，全失唐人一唱三叹之致。"③ 虽然褒贬不一，但对以苏、黄为代表的元祐诗风开创了宋诗发展的新纪元，从而一变唐人诗风的体认，却是颇有见地的。

五、政治倾向与结盟意识

如上所述，苏、黄诸人的创作既不同于唐人，也不同于宋代前此诸大家，甚至其本身也并不相同，那么，他们作为一个文人集团，作为一种诗风的代表，其得以存在并为后人所认可的前提是什么呢？

文学的发展与特定时代的社会状况是密不可分的。我们注意到，几乎与以苏轼为首的这批诗人齐集开封的同时，北宋的新的一轮党争又开始了，而且愈演愈烈。元丰八年（1085），神宗卒，年仅十岁的哲宗即位，次年改元元祐。神宗母宣仁太后高氏垂帘听政，以司马光为门下侍郎，主持国政，乃尽废新法，罢黜新党中人，史称"元祐更化"。

"元祐更化"在本质上是旧党对新党的一次全面清算。由于历史的积怨，因而在政治之争、学术之争的同时，也不可避免地带有意气之争。这在政治上造成了严重的后果。如元祐初年，旧党执政之初，就党同伐异，大肆向新党反攻倒算。设立看详诉理所，"凡得罪于元丰之间者，咸为雪除。归怨先朝，收恩私室，意者呼吸罪党，因为己助。"④ 王安石执政时，旧党虽遭排斥，但大部分人尚未受到严重迫害，而元祐时，吕公著、梁焘、刘安世等定王安石亲党吕惠卿、章惇以下三十人，

---

① 张戒：《岁寒堂诗话》，商务印书馆，1939，第5页。

② 王世贞著、罗仲鼎校注：《艺苑卮言校注》，第212页。

③ 吴乔：《答万季野诗问》，何文焕、丁福保编：《历代诗话统编》第4册，北京图书馆出版社，2003，第39页。

④ 李焘：《续资治通鉴长编》卷499《邵伯温传》"哲宗元符元年六月壬寅"条，《景印文渊阁四库全书》第322册，第568页。

蔡确以下六十人牓之朝堂，实际上也就是公布了一份党籍名单，为后来绍圣、崇宁时禁锢党人，刻立党碑提供了一个样板。所以，连旧党中人邵伯温亦不得不承认："刘挚、梁焘、王岩叟、刘安世忠直有余，然嫉恶已甚，不知国体，以贻后日缙绅之祸，不能无过也。"① 于是国事亦公然打上党争的烙印。即如所谓看详诉理所，不问贤愚，只要那些因反对新法而得罪者，前来申诉，即可复官任用。官员希图倖进，竟起排斥新法，以投机钻营。如司马光改免役法，恢复差役法，"台谏诸人皆希合光意，以求进用"，"结党横身，以排异议，有言不便，约共攻之"。② 党派意识过于强烈，必然热衷于扩大小集团的利益，任人唯亲，牟取私利，因而也不能对朝廷的吏治没有影响。史载，元祐年间，"执政大臣，凡是姻戚之家，即不避嫌疑，更相汲引"③。不可避免地对统治阶级的正常秩序产生极大冲击。所以，元祐四年（1089）时就有人指出："比年以来，未闻宰相召一人问一本职事，亦未召一贤士大夫问以政事得失，人民疾苦。其监司知州自外来者，亦未闻召一人问以州县利害。文书成于吏手，官曹不敢争执。物情不接，上下相蒙。"④ 这些话或有夸张，但绝非空穴来风。北宋后期，党争愈烈。元祐之后，又有哲宗"绍圣"时的打击旧党，向后垂帘时的起用旧党，崇宁党禁时的重定元祐"奸党"之籍，以及钦宗继统后为元祐党人正名，其斗争的基本形式和手段都是对元祐党争的继承和发展，当然也就极大地危及了北宋的封建统治。所以王夫之说："元祐之政，抑有难于覆理者焉。绍圣之所为，反元祐而实效之也。则元祐之所为，矫熙、丰而抑未尝不效之，且启绍圣而使可效之也。呜呼，宋之不乱以危亡几何哉！"⑤ 言或过激，理实如此。

以苏轼为首的元祐诗人在思想上本属旧党，尤其是苏轼，还曾受到过新党中人的迫害。尽管如此，他们对司马光等人的做法却并不能完全同意。如苏轼就曾和司

① 脱脱等撰：《宋史》卷433《邵伯温传》，中华书局，1977，第12853页。

② 苏轼：《乞郡札子》，《苏轼文集》卷29，第827页。

③ 李焘：《续资治通鉴长编》卷417"元祐三年十一月甲寅"条，《景印文渊阁四库全书》第321册，第342页。

④ 李焘：《续资治通鉴长编》卷430"元祐四年七月庚辰"条，《景印文渊阁四库全书》第321册，第510页。

⑤ 王夫之：《宋论》卷7《哲宗》，商务印书馆，1936，第123页。关于元祐党争事，另参看罗家祥：《元祐新旧党争与北宋后期政治》，《中国史研究》1989年第1期。

马光就尽废新法事展开过激烈的争论①，黄庭坚也主张实事求是地看待王安石，不能不加区别地一概否定②。这使他们在旧党中成为一个独特的存在，难免受到排挤。而由于他们毕竟仍属旧党，因此，新党之在朝者也每每伺机加以攻击。③ 另外，元祐年间，蜀、洛二党也多有分歧，不仅是学术思想之争，而且还带有政治斗争的性质。④ 所以，由于旧党掌权，元祐诗人虽然处境好转，但思想上却经受着更多的压力。这种状况，对他们的创作不能没有影响。元祐以后，他们往往对官场更加表示

---

① 苏轼曾在朝堂向司马光力陈免役法之不可废，针锋相对地批判对方"专欲变熙宁之法，不复计较利害"的做法。见苏轼：《辩试馆职策问札子》，《苏轼文集》卷27，第792页。

② 元祐初黄庭坚参与修撰《神宗实录》，涉及王安石熙宁八年二月复相后，次年十月再罢之事。此次罢相原因，据《长编》卷278熙宁九年十月"王安石罢相"条注引陆佃《乞降出吕惠卿元缴进王安石私书札子》载："御史弹奏吕惠卿章疏内，称吕惠卿缴奏故相王安石私书，有'毋使上知''毋使齐年知'之语。'齐年'谓参知政事冯京，且称'安石由是罢政'。"黄庭坚本来坚持以御史所言入史，但后得知王安石书中并无此语，即推翻前议。又《山谷内集》卷4《奉和文潜……》八首之七云："荆公六艺学，妙处端不朽。诸生用其短，颇复凿户牖。譬如学捧心，初不悟己丑。玉石恐俱焚，公为区别否？"可见他颇有实事求是的态度。见李焘：《续资治通鉴长编》，《景印文渊阁四库全书》第318册，第679页；黄庭坚著，任渊、史容、史季温注：《山谷诗集注》，第94页。

③ 如苏轼《苏轼文集》卷29《乞将台谏官章疏降付有司根治札子》载，元祐四年，"近日台官论奏臣罪状甚多"，起因是"任中书舍人日，行吕惠卿等告词，极数其凶慝；而弟辙为谏官，深论蔡确等奸回。确与惠卿之党，布列中外，共仇疾臣。近日复因臣言郓州教授周穜，以小臣而为大奸，故党人共出死力，构造言语，无所不至"。可见新党虽暂时受压，但势力仍在。（《苏轼文集》卷29，第838页）

④ 《苏轼文集》卷7《试馆职策问》有云："欲师仁祖之忠厚，而患百官有司不举其职，或至于媮；欲法神考之励精，而恐监司守令不识其意，流入于刻。"洛党右司谏贾易、右正言朱光庭据此认为是谤讪先朝，加以弹劾。又据《河南程氏遗书》附录朱熹《伊川先生年谱》载，元祐元年，程颐被用为崇政殿说书，"以天下自任，议论褒贬，无所顾避。由是同朝之士有以文章名世者（按，指苏轼等），疾之如仇，与其党类巧为谤诋。"秦观亦曾被贾易攻击，事在元祐六年。见《苏轼文集》卷33《辨贾易弹奏待罪札子》。这里参考了同门巩本栋君的未刊稿《北宋党争与文学》。其余见苏轼著、孔凡礼点校：《苏轼文集》，第210、935—937页；朱熹：《河南程氏遗书》，商务印书馆，1935，第374页。

厌倦，因而向慕陶渊明一类诗人，是很明显的一个方面；而由于政治生活中的不尽如意，使得他们加强了彼此间个人的交往，唱和之作大增，切磋诗艺，争奇斗巧，客观上也促进了创作的发达。

另外，文学结盟的思想和意识也是元祐文人集团形成的必要条件之一。苏轼在《六一居士集叙》中，曾模仿韩愈对道统体系的叙述，称赞欧阳修云："五百余年而后得韩愈，学者以愈配孟子，盖庶几焉。愈之后二百有余年而后得欧阳子，其学推韩愈、孟子以达于孔氏，著礼乐仁义之实，以合于大道。"① 其推扬欧阳修的深心，亦正如韩愈之于孟子。事实上，苏轼本人也确是这样认为的。他曾对门人说道："方今太平之盛，文士辈出，要使一时之文有所宗主。昔欧阳文忠常以是任付与某，故不敢不勉。异时文章盟主，则在诸君，亦如文忠之付授也。"② 在《答张文潜县丞书》中，他更具体地说："仆老矣，使后生犹得见古人之大全者，正赖黄鲁直、秦少游、晁无咎、陈履常与君等数人耳。"③ 对下一次文学结盟寄予深切的期待。北宋一代，文学结盟的意识一直非常鲜明且自觉，许多文学家对此始终孜孜以求。如石介热衷于追求结盟，他所宗奉的盟主或是前辈如孙复（《泰山书院记》："吏部后三百年，贤人之穷者，又有泰山先生。……先生述作，上宗周、孔，下拟韩、孟。"），或是同辈如王拱辰（《与君贶学士书》："主盟斯文，非状元而谁？"），甚至是后辈弟子如张绩（《赠张绩禹功》："卒能伯斯文，吾恐不在己。禹功幸勉旃，当仁勿让尔。"④）。石介其人的做法，或许绝对了些，但这一现象的代表性，确是很普遍的。黄庭坚与苏轼未曾谋面，即愿列于门下。其致苏书云："伏惟阁下学问文章，度越前辈；大雅岂弟，约博后来。立朝以直言见排根，补郡辄上最课，可谓声实于中，内外称职。凡此数者，在人为难兼，而阁下所蕴，海涵地负，特所见于一州一国者耳。惟阁下之渊源如此，而晚学之士，不愿亲炙光烈，以增益其所不

---

① 苏轼著、孔凡礼点校：《苏轼文集》卷10，第316页。

② 见李廌：《师友谈纪》，《景印文渊阁四库全书》第863册，第188页。

③ 苏轼著、孔凡礼点校：《苏轼文集》卷49，第1427页。

④ 分别见石介：《徂徕集》，《景印文渊阁四库全书》第1090册，第319、292、193页。
参看王水照：《北宋的文学结盟与尚"统"的社会思潮》，孙钦善等编：《国际宋代文化研讨会论文集》，四川大学出版社，1991，第253—274页。

能，则非人之情也。"① 秦观初到徐州拜见苏轼，写诗云："人生异趣各有求，系风捕影只怀忧。我独不愿万户侯，惟愿一识苏徐州。……黄尘冥冥日月换，中有盈虚亦何算。据龟食蛤暂相从，请结后期游汗漫。"② 与黄庭坚也是同样的感情。这都可以视为对文学结盟的追求。

所以，尽管元祐诗人的创作风貌不同，但政治倾向和结盟意识仍然能够使他们成为一个实在的而非松散的文学群体。

六、结语

在宋代诗歌史上，元祐时期是宋诗的面目真正形成的时期，也是最能显示出自立气度的时期。所谓自立，主要表现为对唐诗传统在继承前提下的超越。在此之前，特别是在北宋前六十年，由于还没有这种气度，所以白体、晚唐体、西昆体等一味表现为学唐；在此之后，特别是到了南宋中叶，由于丧失了这种气度，"赵紫芝、翁灵舒辈独喜贾岛、姚合之诗，稍稍复就清苦之风。江湖诗人多效其体，一时自谓之唐宗"③。也还是表现为一味学唐。清人蒋士铨《辩诗》云："唐宋皆伟人，各成一代诗。变出不得已，运会实迫之。格调苟沿袭，焉用雷同词？宋人生唐后，开辟真难为。"④ 唐代是中国五七言古近体诗发展的一座高峰，唐代诗人对诗歌艺术的许多方面都进行了艰苦的，然而也是卓有成效的探索，这些诗歌遗产对宋代诗人来说是最直接的参照。宋代诗人，不管是有意还是无意，只要进行创作，就无法回避对唐诗的态度。凡是有创造力的诗人无不出于唐而变于唐，反之则只能在唐人的圈子里讨生活。整个宋诗发展的历史都证明了这一条规律，而这条规律在宋以后的

---

① 黄庭坚：《上苏子瞻书》，《豫章黄先生文集》卷 19，商务印书馆，1936，第 2 册，第 193 页。

② 秦观：《别子瞻学士》，《淮海集笺注》卷 4，第 135 页。

③ 严羽：《沧浪诗话·诗辨》，《沧浪诗话校释》，第 27 页。

④ 蒋士铨：《忠雅堂诗集》卷 13，蒋士铨著、邵海清校、李梦生笺：《忠雅堂集校笺》，上海古籍出版社，1993，第 986 页。

诗歌发展中往往表现得更为明显。

　　在中国文学史上，最为繁荣的时期，往往是若干个大家并立于文坛，"不相菲薄不相师"，而这些大家的创作风格又往往并不为时人所仿效，总要经过一段也许不算短的时间才能得到重新认识，并得到新的解释和发展。唐代的李、杜是如此，宋代的苏、黄也是如此。了解了这一点，或许可以使我们对中国文学的发展逻辑有更为合理的认识。

从江湖诗派看南宋的晚唐诗风

南宋中期以后，随着江湖诗派逐渐在诗坛上占据主导地位，一度受到江西诗派激烈批评的晚唐诗风重又受到尊崇。[①] 文学史上已经公认，这一倾向乃是由四灵肇其端，经过江湖诗人中众多的四灵追随者的努力，从而蔚为大观的。但是，江湖诗派所体认的"晚唐体"的含义是什么？它包含些什么内容？它出现在南宋中期有着什么必然性？对这一诗风取向该进行怎样的历史评价？……这些问题，有的虽经前人研究，但其结论却不无值得商榷之处，有的则至今仍不够清晰，因而有进一步加以探讨的必要。

一、"晚唐"的时间界定

江湖诗人的诗文中，每有"唐诗"（或曰"唐体""唐人"）的概念。如方岳《暑中杂兴》八首之六云："平生多可曹修士，说我唐诗最逼真。"[②] 又《看云小集》黄文雷自序云："诗以唐体为工，清丽婉约，自有佳处。"[③] 又《适安藏拙余稿》乙卷赵希意跋云："《适安乙稿》，句新意到，格律步骤，多法唐人。且爱诵天乐、石屏诗，则知其源脉有自来矣。"[④] 这里的"唐"，显然是特指。但要了解特指什么，

---

① "晚唐"是一个很复杂的概念，本文虽旨在辨析，但行文时很难完全具体化。因此，文中的"晚唐"有时指当时人的理解（即三唐说中的晚唐），有时指后世通行的理解（即四唐说中的晚唐），有时则按照严羽的说法，径指姚、贾一派诗风。这样，这一概念便各随行文的不同而有着不同内涵。

② 方岳：《秋崖先生小稿》卷5，四川大学古籍整理研究所编：《宋集珍本丛刊》第85册，线装书局，2004，第198页。

③ 黄文雷：《看云小集》，《汲古阁景宋钞南宋群贤六十家小集》，第1页上。

④ 武衍：《适安藏拙余稿·乙稿》，《汲古阁景宋钞南宋群贤六十家小集》第36册，第1页下—2页上。

却要做进一步论证。

严羽《沧浪诗话·诗辨》云："近世赵紫芝、翁灵舒辈，独喜贾岛、姚合之诗，稍稍复就清苦之风，江湖诗人多效其体，一时自谓之唐宗。"① 又《秋江烟草》丁焴跋云："（张弋）专意于诗，每以贾岛、姚合为法，所著仅成帙。清深闲雅，宛有唐人风致。"② 这就把"唐"的具体涵义明确化了。试以方岳为例。方写有《唐律十首》，其二云："尽日此徘徊，青粘两屦苔。鸟声穿户去，暝色过溪来。象齿劙鞭苗，银刀劚绘材。空山人自老，醉眼向谁开？"其七云："经月魃为妖，连宵雨似潮。山田禾侧耳，野涨树平腰。古语天难做，民生日不聊。忍饥吾亦惯，古色一箪瓢。"③ 风格远承姚、贾。前引方诗谓曹修士（即曹霭）称其"唐诗更逼真"，借着这十首诗，便将这句话落到了实处——所谓"唐诗"，往往即指姚、贾一派。

这样一来，我们便可以清楚地看到，江湖诗人所提到的"唐"，在其唐诗分期的概念上，实际上是偏指"晚唐"。如胡仲参《题雪舟、云心二友吟卷》云："君诗何所似？绝似晚唐诗。写出春云状，融成白雪词。百篇多态度，二妙一襟期。"④ 又刘克庄《贾仲颖诗序》云："贾氏自太傅为西汉文词之宗，至以诗名于盛唐，岛鸣于晚唐。"⑤ 又释居简《书泉南珍书记行卷》云："泉南珍藏叟学晚唐，吾未见其失，亦未见其止，骎骎不已，庸不与姚、贾方轨？"⑥ 对于姚、贾一派，既可称"唐"，也可称"晚唐"，可见说到"唐"往往便指的是晚唐，乃是当时诗坛上的一种习惯或风气。

严羽曾对唐诗作了这样的划分："唐初体（自注：唐初犹袭陈隋之体）、盛唐体（自注：景云以后，开元、天宝诸公之诗）、大历体（自注：大历十才子之诗）、元

---

① 严羽：《沧浪诗话·诗辨》，《沧浪诗话校释》，第 27 页。

② 张弋：《秋江烟草》，《汲古阁景宋钞南宋群贤六十家小集》，第 9 页下。

③ 方岳：《秋崖先生小稿》卷 12，《宋集珍本丛刊》第 85 册，第 227 页。

④ 胡仲参：《竹庄小稿》，《汲古阁景宋钞南宋群贤六十家小集》，第 8 页下。按，赵师秀曾选贾岛、姚合诗为《二妙集》，诗中"二妙"，即指此二人。

⑤ 刘克庄：《后村先生大全集》卷 94，《四部丛刊初编》集部，第 1311 册，第 10 页上—10 页下。

⑥ 释居简：《北涧集》卷 7，《景印文渊阁四库全书》第 1183 册，第 107 页。

和体（自注：元白诸公）、晚唐体。"① 严羽仅提出了初、盛、晚三唐说，其《诗体》中对大历、元和的暗示，或许启发了稍后的方回提出的"中唐"这个概念。② 但是，江湖诗人之所谓晚唐，与严羽所论在时间起点上显然并不一致。如我们所熟知的，贾岛生于唐大历十四年（779），卒于会昌三年（843）；姚合约生于大历十年（775），约卒于大中九年（855）。二人活动年代大约为唐代的中期。后人根据严羽的理论加以发展，往往一致认同四唐说，并进行了具体的时间划分。如高棅《唐诗品汇序》云："大历、贞元中，则有韦苏州之雅淡，刘随州之闲旷，钱、郎之清赡，皇甫之冲秀，秦公绪之山林，李从一之台阁，此中唐之再盛也。下暨元和之际，则有柳愚溪之超然复古，韩昌黎之博大其词，张、王乐府，得其故实，元、白序事，务在分明。与夫李贺、卢仝之鬼怪，孟郊、贾岛之饥寒，此晚唐之变也。"③ 高氏所论，皆属中唐，自大历至元和，计五十余年④。冒春荣《葚原诗说》卷三则谓"中唐自代宗大历元年丙午岁至文宗大和九年乙卯岁，凡七十年"⑤。作为普遍得到后世承认的一种理论，这二说都将姚、贾划入了中唐的范围。

因此，江湖诗人关于晚唐的时间概念，与严羽固然有别，与后世高棅诸人更是大不相同。被四库馆臣认为作诗具江湖体的释道璨⑥，在其《营玉涧诗集序》中结合当时的江湖诗风论述道："大历、元和以后，废六义，专尚浮淫新巧，声固艳矣，

① 严羽：《沧浪诗话·诗体》，《沧浪诗话校释》，第53页。

② 方回：《桐江续集》卷32《仇仁近百诗序》云："自盛唐、中唐、晚唐而及宋代，有作者虽未尽合宫商钟吕之音，不专主怨刺讽讥之事。"见《景印文渊阁四库全书》第1193册，第663页。其《瀛奎律髓》卷10许浑《春日题韦曲野老村舍》诗评中也提出了"中唐"的概念，见《瀛奎律髓汇评》，第338页。

③ 高棅：《唐诗品汇》，上海古籍出版社，1988，第8—9页。

④ 余成教《石园诗话》卷2云："宋严羽、明高棅以高祖武德至明皇开元初列为初唐，以开元至代宗大历初列为盛唐，以大历至宪宗元和、穆宗长庆列为中唐，以敬宗宝历、文宗开成以后列为晚唐。"见郭绍虞编：《清诗话续编》，上海古籍出版社，1983，第1785页。按，严羽实无如此明确的时间概念，余氏所论，亦属据严说而加以推论之辞。

⑤ 冒春荣：《葚原诗说》，《清诗话续编》，第1607页。

⑥ 详见永瑢等撰：《四库全书总目》卷165《柳塘外集》提要，《景印文渊阁四库全书》第4册，第330页。

气固矫矣，诗之道安在哉？……数十年东南之言诗者，皆习唐律，而于根本之学未尝一日用其力，是故浅陋而无节，乱杂而无章，岂其所自出者有欠欤？"① 文中对江湖诗风艺术渊源的分析与江湖诗人自己对晚唐的体认正相符合。显然，江湖诗人看待唐诗与严羽一样采取了三分法，但认为大历以后即为晚唐，则反映出他们自己的诗歌的历史观念和美学观念。

由此我们可以得出结论：在江湖诗人笔下，所谓"唐"往往就是他们所体认的晚唐，而这一概念的时间范围，则包括了后人四唐说中的中、晚唐。

二、"晚唐体"的范围

江湖诗派标举晚唐，已是文学史上公认的事实。但如前所述，当时所谓晚唐，时间跨度非常长，其具体内容到底如何呢？

前面我们曾谈到，以四灵为先驱的江湖诗派每效姚、贾诗风。这一首先由严羽提出并得到后人普遍赞同的说法是符合其创作实际的。赵翼《瓯北诗话》云："自中唐以后，律诗盛行，竞讲声病，故多音节和谐，风调圆美。"② 姚、贾的创作，基本上适应着这一倾向，并在这一点上，得到不少江湖诗人的认同。后来李洞、方干等诗人，每具姚、贾之一体，也得到了江湖诗人的推崇。③ 我们讨论江湖诗派所认定的晚唐诗风，首先考虑到姚、贾一派，乃是理所当然的。由于这一点已成为文学史的通识，这里不再赘言。

江湖诗人多学姚、贾一派，这固然是事实。但从严羽开始，人们往往将江湖诗派学晚唐的范围仅限于此，却是不尽符合实际的。

还是让我们先看看江湖诗人自己的说法吧。刘克庄《韩隐君诗序》云：

古诗出于情性，发必善；今诗出于记问，博而已，自杜子美未免此病。于

---

① 释道璨：《柳塘外集》卷 3，《景印文渊阁四库全书》第 1186 册，第 816 页。

② 赵翼：《瓯北诗话》卷 11，人民文学出版社，1936，第 169 页。

③ 如刘克庄评方干云："其诗高处在晚唐诸公之上。"（刘克庄：《后村诗话》，王秀梅点校，中华书局，1983，第 211 页）

是张籍、王建辈稍束起书袋，划去繁缛，趋于切近。世喜其简便，竞起效颦，遂为晚唐体。①

在这里，刘克庄明确地将张籍、王建及其追随者作为晚唐体的代表人物。张、王约与姚、贾同时，其乐府诗平实切近，通俗平易，曾被宋人誉为"专以道得人心中事为工"②，开了元、白新乐府的先河。这已是公认的事实。同时，张、王诸人亦善为五、七言近体诗。清人李怀民曾著《中晚唐诗人主客图》一书，以为中唐以降，近体诗分为两派，一派学张籍，一派学贾岛。这一观点，宋人张洎在其《项斯诗集序》中就已作了一定的阐述，略谓："吴中张水部为律格诗，尤工于匠物，字清意远，不涉旧体，天下莫能窥其奥，惟朱庆馀一人亲授其旨。沿流而下，则有任翻、陈标、章孝标、倪胜、司空图等，咸及门焉。"③ 李怀民在其《主客图》中论及张籍时更直接指出："张、王固以乐府名，然惟后人只知其乐府耳。当时谓之元和体，宁单指乐府哉？且水部自标律格，其近体固当与乐府并重。"④ 他阐述张籍一派的流变，以张籍为主，列王建等为入室，许浑等为升堂，诸家风格既有相一致处，而江湖诗人的诗风亦每有能与之相呼应者。因此，刘克庄所言，应是对实际创作情况的一个客观总结，与江湖诗人本身的创作也是密切相关的。

《四库全书总目》之《苇航漫游稿》提要论及宋末诗风云："南宋末年，诗格日下。四灵一派，撷晚唐清巧之思；江湖一派，多五季衰飒之气。"⑤ 四灵宗尚，仅在姚贾，故"晚唐清巧之思"，意义甚明。但所谓"五季衰飒之气"，则长期以来，并没有得到恰当的解释。

---

① 刘克庄：《后村先生大全集》卷96，《四部丛刊初编》集部，第1312册，第2页上。

② 张戒：《岁寒堂诗话》卷上，《历代诗话续编》，中华书局，2006，第450页。

③ 陆心源辑：《唐文拾遗》卷47，《全唐文》卷1000，第10906页。按，"元和中"《拾遗》作"吴中"，据《后村诗话》后集卷2（第65页）及《瀛奎律髓》卷20朱庆馀《早梅》诗评（见方回选评：《瀛奎律髓》，《瀛奎律髓汇评》，第754页）所引改。又张洎仅提出张籍一派，方回除同意张说外，更进一步提出"姚合、李洞、方干而下，贾岛之派也"。李怀民显然是继承了张、方二人的观点。

④ 李怀民辑评：《重订中晚唐诗主客图》，第7页。

⑤ 永瑢等撰：《四库全书总目》卷165，《景印文渊阁四库全书》第4册，第329页。

我认为，所谓"五季衰飒之气"，即自张籍以还以迄晚唐五代的日益浅切平俗的诗风。晚宋有不少人都曾指出过这一点。如包恢《书侯体仁存拙稿后》云："至唐末，则益多小巧，甚至于近鄙俚。迄于今，则弊尤极矣。"① 熊禾《题童竹涧诗集序》云："近代诗人，格力微弱，骎骎晚唐五季之风，虽谓之无诗可也。"② 牟巘《潘善甫诗序》云："世之为晚唐者，不锻炼以为工，则糟粕以为淡，刻鹄不成，诗道日替。"③ 这些持批判态度的论述，都说明当时人已看出晚唐五代诗的浅切平俗与江湖诗的传承关系。

总的说来，晚唐诗虽然有着丰富的风格内涵，但浅切平俗确实是其重要特色之一。一方面表现为语意直露，缺少含蓄委婉之致，另一方面甚至表现为大量使用俗语。宋人王楙在其《野客丛书》中就曾指出："唐人诗句中用俗语者，惟杜荀鹤、罗隐为多。今人多引之，往往不知谁作。"④ 这样的例子如杜荀鹤《自遣》云："粝食粗衣随分过，堆金积帛欲如何？百年身后一丘土，贫富高低争几多？"⑤ 又罗隐同题诗云："得即高歌失即休，多愁多恨亦悠悠。今朝有酒今朝醉，明日愁来明日愁。"⑥ 清人也注意到了这一点。如贺裳《载酒园诗话又编》"贯休"条云："诗至晚唐而败坏极矣，不待宋人。……甚则粗鄙陋劣，如杜荀鹤、僧贯休者。贯休村野处殊不可耐，如《怀素草书歌》中云'忽如鄂公喝住单雄信，秦王肩上搭着枣木槊'，此何异伧父所唱鼓儿词。又如《山居》第八篇末句云'从他人说从他笑，地覆天翻也只宁'，岂不可丑！"⑦ 又余成教《石园诗话》云："晚唐诗人有佳句而多俗言者，杜彦之荀鹤是也。'承恩不在貌，教妾若为容''溪山入城郭，户口半渔樵''古官闲地少，水港小桥多''九州有路休为客，百岁无愁即是仙''故园何啻三千里，新雁才闻一两声''高下麦苗新雨后，浅深山色晚晴时'，皆为佳句。'生应无暇日，死是不吟诗''举世尽从愁里过，谁人肯向死前休'，虽俗而有意趣。其

① 包恢：《敝帚稿略》卷5，《景印文渊阁四库全书》第1178册，第760页。
② 熊禾：《勿轩集》卷1，《景印文渊阁四库全书》第1188册，第768页。
③ 牟巘：《陵阳集》卷14，《景印文渊阁四库全书》第1188册，第121页。
④ 王楙：《野客丛书》卷14，《丛书集成初编》第305册，商务印书馆，1937，第135页。
⑤ 杜荀鹤：《唐风集》卷4，《景印文渊阁四库全书》第1083册，第619页。
⑥ 罗隐：《甲乙集》卷2，《四部丛刊初编》集部，第784册，第9页下。
⑦ 贺裳：《载酒园诗话·又编》，《清诗话续编》，第393页。

余如'世间何事好，最好莫过诗''争知百岁不百岁，未合白头今白头'之类，未免诗如说话矣。其起结之句，尤多率易。"①

我们知道，江湖诗派作诗有求俗的美学倾向。② 从整体上看，这一特色与上述晚唐五代诗的审美追求正相符合。因此，我们有理由相信，二者是有着一定的渊源关系的，只不过江湖诗派的这种追求往往直接体现在创作中，而不像对姚、贾一派那样，经常公开表示师法的愿望。

三、许浑的意义

在江湖诗人所师法的晚唐诗人中，许浑是有一定的独特性的。因此，我们现在来专门加以讨论。

许浑诗以七言律诗最为著名。范晞文《对床夜语》云："七言律诗极不易，唐人以诗名家者，集中十仅一二，且未见其可传。盖语长气短者易流于卑，而事实意虚者又几乎塞。用物而不为物所赘，写情而不为情所牵，李杜之后，当学者许浑而已。"③ 这一评价，不免溢美，但许浑的七律格调清丽，对仗工稳，善用白描，也确有自己的特色。江湖诗人就显然对他有所师法。如陈允平《题灵隐寺冷泉》有云："石屋雨来春树暗，海门潮起暮云高"④ 就出自许浑《凌歊台》"湘潭云尽暮山出，巴蜀雪消春水来"，以及《登故洛阳城》"水声东去市朝变，山势北来宫殿高"。⑤ 江湖诗派往往有一些意境虽不超妙，但布局匀称，属对工巧的作品，在创作上也有

① 余成教：《石园诗话》卷2，《清诗话续编》，第1777—1778页。
② 参看拙作：《江湖诗派研究》第4章《审美情趣·俗的风貌》，中华书局，1995，第105—124页。
③ 范晞文：《对床夜语》卷2，《历代诗话续编》，中华书局，2006，第422页。
④ 见方回：《跋许万松诗》，《桐江集》卷4，《续修四库全书》编纂委员会编：《续修四库全书》第1322册，第429页；《瀛奎律髓汇评》，第1108页。按，方回《桐江续集》卷23《记正月二十五日西湖之游十五首》之十三《江湖伟观久无》中有"石屋雨来春树暗"一句，或者是长期记诵，误以为是自己原创，因而写入诗中。
⑤ 并见许浑：《丁卯集》卷上，《四部丛刊初编》集部，第760册，第1页上、7页下。

对仗求工的特色，从某种意义上说，这一特色与许浑的创作是颇有渊源的，也是与江湖诗人对许诗的主观体认大有关系的，这只要看看后期江湖诗派的重要代表之一周弼"惟以许集谆谆诲人"① 的事例即可看出。

那么，江湖诗人为什么要学许浑呢？

众所周知，江西诗派是一个力求创新的诗歌流派。在对待前人遗产的问题上，总是力图打破旧有的规则和模式，以显示出开拓和自立的精神。基于这种气度，他们对于一切过于凝固的东西，都表示出批判的意向。许浑的诗，遣词造句过求工稳，平整有余而流动不足，很能符合当时随着文化水平的提高而涌现出的市民阶层的审美情趣，但同时这也无疑是与江西诗派的诗歌见解相左的。所以陈师道便拈出一个"俗"，批判道："后世无高学，举俗爱许浑。"② 这一观点，大体上能够代表江西诗派对许浑诗的看法。而到了南宋，随着对江西诗风的反省，许浑诗重又得到了肯定。如陆游《读许浑诗》云："若论风月江山主，丁卯桥应胜午桥。"③ 又《跋许用晦丁卯集》云："在大中以后，亦可为杰作。自是而后，唐之诗益衰矣。"④ 至于其自所撰作，如潘德舆所云，也时有模仿许浑者⑤。葛立方《韵语阳秋》云："近时论诗者，皆谓偶对不切，则失之粗。"⑥ 是对南宋江西末学的批评。那么，陆游之赞赏许浑诗，或即带有疗救江西之粗的目的。如果这个说法能够成立，那么，江湖诗派以学许浑来反江西的用心也就不言而喻了。

---

① 范晞文：《对床夜语》卷2，《历代诗话续编》，中华书局，2006，第422页。

② 陈师道：《次韵苏公西湖观月听琴》，《后山居士文集》卷4，上海古籍出版社，1984，第275—276页。方回亦不喜许浑。其对许浑《春日题韦曲野老村舍》诗评云："许浑《丁卯集》，予幼尝读之，喜焉；渐老渐不喜之。……每以许诗比较后山诗，乃知后山万钧古鼎，千丈劲松，百川倒海，一月圆秋，非寻常依平仄、俪青黄者所可望也。大抵工有余而味不足，即如人之为人，形有余而韵不足。诗岂在专对偶声病而已哉！"见方回：《瀛奎律髓》卷10，《瀛奎律髓汇评》，第338页。

③ 陆游著、钱仲联校注：《剑南诗稿校注》卷82，上海古籍出版社，1985，第4398页。

④ 陆游：《渭南文集》卷28，《四部丛刊初编》集部，第1223册，第10页上。

⑤ 潘德舆：《养一斋诗话》卷5云："剑南闲居遣兴七律，时仿许丁卯之流。"见《清诗话续编》，第2074页。

⑥ 葛立方：《韵语阳秋》卷1，上海古籍出版社，1984，第10页。

对此，作为宋代江西诗派的殿军的方回是十分敏感的。他说：

> 近世诗学许浑、姚合，虽不读书之人，皆能为五七言。……呜呼，江湖之
> 弊，一至于此！
>
> ——《送胡植芸北行序》①

> 予独悲夫近日之诗，组丽浮华，祖李玉溪；偶比切近，尚许郢州。诗果如
> 是而已乎？
>
> ——《又跋冯庸居诗》②

> 近日江湖，言古文止于水心，言律诗止于四灵、许浑，又其实姑以藉口藉
> 手，未尝深造其域者，识者所甚不取也。
>
> ——《赠邵山甫字说》③

方回的批判，从反面可以说明江湖诗人学许浑的目的。但尽管方回大肆讥评，却不能不承认这一股潮流是很强大的。其《读张功父南湖集》一诗序云："初学晚生不深于诗而骤读之，则不见奥妙，不知隽永（按，指杜诗的深美之境），乃独喜许丁卯体，作偶俪妩媚态，予平生不然之，而江湖友朋未易以口舌争也。"④ 这些"江湖友朋"的创作当然是带有自觉追求的。

江湖诗人学许浑的问题是一般的文学史论者很少提起的，但这个问题却不能忽视。因为，它不仅关系到许浑在宋代的升沉，也关系到宋代审美情趣的变迁。

四、对晚唐体的价值体认

和北宋的江西诗人不同，南宋的江西诗人对晚唐诗似乎已不持如此激烈反对的态度。例如深得方回推重，被他评为嘉定之后能够发扬江西诗风的上饶"二泉先

---

① 方回：《桐江集》卷1，《续修四库全书》第1322册，第379页。
② 方回：《桐江集》卷4，《续修四库全书》第1322册，第433—434页。
③ 方回：《桐江续集》卷30，《景印文渊阁四库全书》第1193册，第634页。
④ 方回：《桐江续集》卷8，《景印文渊阁四库全书》第1193册，第302页。

生"韩淲（号涧泉）和赵蕃（号章泉）①，所合选的《唐诗绝句》五卷就颇耐人寻味。下面将这一选本的入选诗人和篇数表之如次②：

作家	篇数	作家	篇数	作家	篇数
韦应物	1	许浑	6	高骈	3
刘禹锡	14	杜牧	8	薛能	1
贾至	1	王建	1	吴融	3
王维	1	李绅	1	罗邺	2
高适	1	窦巩	2	李拯	1
钱起	1	陈陶	1	司空图	2
戴叔伦	1	章碣	1	唐彦谦	1
杨巨源	2	郎士元	1	宋济	1
王昌龄	2	赵嘏	1	韦庄	4
岑参	1	张孙辅	1	长孙翱	1
高蟾	2	李商隐	4	韩琮	1
李涉	5	曹松	1	柳谈	1
崔橹	1	张祜	1	李九龄	1
李约	1	温庭筠	1	姚合	1
王驾	1	段成式	4	白居易	1
张籍	1	崔道融	2	钟离先生	1
贾岛	1	陆龟蒙	2	吕洞宾	1

---

① 方回《桐江续集》卷15《次韵赠上饶郑圣予沂并序》云："曾茶山得吕紫微诗法，传至嘉定中赵章泉、韩涧泉，正脉不绝。"见《景印文渊阁四库全书》第1193册，第402页。其《瀛奎律髓》中多有对"二泉"的推赏之语。又大约与方回同时的谢枋得在其《叠山集》卷9《萧冰崖诗卷跋》中也说："诗有江西派，而文清昌之。传至章泉、涧泉二先生，诗与道俱隆。"见《四部丛刊续编》集部，商务印书馆，1934，第443册，第4页上。

② 本表按原书次序排列，个别两见的作家则加以合并。

从表中可知，入选较多的人，是后来所谓中晚唐作家，其篇目也占绝对多数。就诗言诗，这显然便是一个中晚唐七言绝句的选本。谢榛《四溟诗话》曾指出："赵章泉、韩涧泉所选《唐人绝句》，惟取中正温厚，闲雅平易。若夫雄浑悲壮，奇特沉郁，皆不之取。"① 所论尽管不甚确切，但这个选本与江西宗尚有不合之处，却被谢榛察觉了。

其实，这也并不奇怪。尽管方回出于延续江西诗派的需要，把"二泉"抬得很高，但从创作实际来看，"二泉"已自觉或不自觉地浸染了晚唐格调。正如李慈铭在其《越缦堂读书记》的《赵昌父诗集》条评赵诗所云："其五古颇渊源陶诗，五律、七律胎息中唐，具有洒落自然之致。……惟根柢太浅，语多槎枒，时堕江湖、击壤两派。"② 就此而言，江湖诗的一些主要特点，赵诗倒也具备了。③

但是，尽管如此，这个出于江西诗人之手的选本，仍体现着南宋江西诗派对晚唐诗的认识。从上表可知，《唐诗绝句》对盛唐的七绝大家王昌龄仅选二首，而对中唐以后的刘禹锡、杜牧、李商隐等人则选得较多，特别是刘禹锡，竟多达十四首。这种安排或许并不是没有用意的。刘禹锡论诗主"寄兴"，正如陆时雍《诗镜总论》所评："刘禹锡一往深情，寄言无限，随物感兴。"④ 这一特色，从北宋起就得到了充分注意和继承。如苏轼，其诗"始学刘禹锡，故多怨刺"⑤。苏辙则"晚年多令人学刘禹锡诗，以为用意深远，有曲折处"⑥。至于陆游，有学者更认为其"七律全学刘宾客"⑦。《唐诗绝句》的标举与这一倾向是相适应的。所选刘氏诸作中，既有对权贵的讽刺，如《自朗州至京戏赠看花诸君子》《再游玄都观》；也有对今昔的感慨，如《石头城》《乌衣巷》；还有对朝政的批评和对自己政治生涯的

---

① 谢榛：《四溟诗话》卷2，《历代诗话续编》，中华书局，2006，第1161页。

② 李慈铭：《越缦堂读书记》，商务印书馆，1959，第652页。

③ 方回评赵蕃《小园早步》一诗，云："今朝欣雨止，天气渐柔和。篱落小桃破，阶除驯雀多。占方移果树，带土数蔬科。农务侵寻及，吾宁久卧痾。"即使是方回，也不得不承认此诗"颇似晚唐"。见方回选评、李庆甲集评校点：《瀛奎律髓汇评》，第353页。

④ 陆时雍：《诗镜总论》，《历代诗话续编》，中华书局，2006，第1420页。

⑤ 见陈师道：《后山诗话》，《历代诗话》，中华书局，1981，第306页。

⑥ 见吕本中：《童蒙诗训》，《宋诗话辑佚》，第588页。

⑦ 查慎行：《初白庵诗评》卷下，张氏涉园观乐堂本，1777，第14页下。

回顾，如《听旧宫人穆氏唱歌》《与歌者何戡》。都是寄托深微，意蕴丰厚。

《唐诗绝句》由宋末谢枋得为之笺注，《四库未收书目提要》曾许其注为"能得唐诗言外之旨，可以为读唐诗之津筏"①。其书卷首载谢序，称道这个选本中"微言绪论，关世道、系天运者甚众"②。刘禹锡诗固不待言，其他诸诗，如卷三陈陶《闲居杂兴》，谢评："此诗言天下有非常之才，朝廷不能用。"卷四段成式《折杨柳宫词》，谢评："此诗有忠臣义士之心。"卷五司空图《读史有感》，谢评："此诗为梁武帝舍身入寺而作也，用意深远。"③ 谢枋得是亡国遗民，由于系心故国，所评难免有求之过深处，但他对这个选本注重风雅比兴的整体体认，却大体上是符合实际的。

对风雅比兴的推重，大致上可从一个方面反映南宋江西诗人对晚唐诗的看法。在这一点上，始学江西，其后逐渐显示出自立气度的杨万里更具有代表性。

杨万里对晚唐诗是公开提倡的，他打出的旗帜是"晚唐异味"说。其《读笠泽丛书》云："笠泽诗名千载香，一回一读断人肠。晚唐异味同谁赏？近日诗人轻晚唐。"④ 又《跋吴箕秀才》云："君家子华翰林老，解吟芳草夕阳愁。开红落翠天为泣，覆手作春翻手秋。晚唐异味今谁嗜？耳孙下笔参差是。"⑤ 那么，什么是"晚唐异味"？按照杨万里的说法，就是风雅比兴的传统。其《周子益〈训蒙省题诗〉序》云："唐人未有不能诗者；能之矣，亦未有不工者。至李杜极矣。后有作者，蔑以加矣，而晚唐诸子虽乏二了之雄浑，然好色而不淫，怨悱而不乱，犹有《国风》《小雅》之遗音。"⑥ 而在《颐庵诗稿序》中，更直截了当地认为："《三百篇》之后，此味（按，指风雅比兴）绝矣，惟晚唐诸子差近之。"⑦

杨万里和"二泉先生"在对待晚唐诗上的一致性，某种程度上反映了南宋江西

① 《四库未收书目提要·注解章泉涧泉二先生选唐诗五卷提要》，转引自卢前补注：《唐诗绝句补注》，会文堂新记书局，1935，第 2 页。

② 谢枋得：《唐诗绝句序》，《唐诗绝句补注》，第 2 页。

③ 并见卢前补注：《唐诗绝句补注》之谢枋得评，第 73、89、107 页。

④ 杨万里：《诚斋集》卷 27，《四部丛刊初编》集部，第 1191 册，第 1 页下。

⑤ 杨万里：《诚斋集》卷 30，《四部丛刊初编》集部，第 1192 册，第 15 页上。

⑥ 杨万里：《诚斋集》卷 83，《四部丛刊初编》集部，第 1203 册，第 5 页下。

⑦ 同上书，第 3 页上。

诗派的变化，值得重视。

但南宋的江西诗人虽然并不一概否定晚唐，从总体上看，他们与江湖诗人之推尊晚唐并不是一回事。具体地说，前者主要表现在思想内容方面，后者主要表现在艺术技巧方面。下引材料大略可证江湖诗人的价值取向：

初，唐诗废久，君（徐玑）与其友徐照、翁卷、赵师秀议曰："昔人以浮声切响、单字只句计巧拙，盖风骚之至精也。近世乃连篇累牍，汗漫而无禁，岂能名家哉！"四人之语遂极其工，而唐诗由此复行矣。

——叶适《徐文渊墓志铭》①

往岁徐道晖诸人，摆落近世诗律，敛情约性，因狭出奇，合于唐人，夸所未有，皆自号"四灵"云。

——叶适《题刘潜夫〈南岳诗稿〉》②

今人宗晚唐，琢句亦清好。

——陈鉴之《题陈景说诗稿后》三首之一③

君诗何所似？绝似晚唐诗。写出春云状，融成白雪词。百篇多态度，二妙一襟期。与我为三友，他年题品谁？

——胡仲参《题雪舟、云心二友吟卷》④

诗以唐体为工，清丽婉约，自有佳处。

——黄文雷自题《看云小集》⑤

近年永嘉复祖唐律，贵精不求多，得意不恋事。可艳可淡，可巧可拙，众复趋之，由是唐与江西相倾轧。

——刘壎《刘五渊评论》条⑥

---

① 叶适：《叶适集》卷21，第410页。

② 叶适：《叶适集》卷29，第611页。

③ 陈鉴之：《东斋小集》，《汲古阁景宋钞南宋群贤六十家小集》，第10页下。

④ 胡仲参：《竹庄小稿》，《汲古阁景宋钞南宋群贤六十家小集》，第8页下。

⑤ 黄文雷：《看云小集》，《汲古阁景宋钞南宋群贤六十家小集》，第1页上。

⑥ 刘壎：《隐居通议》卷10，《丛书集成初编》第213册，商务印书馆，1937，第111页。

这些材料，或出于同时作家的评论，或出于江湖诗人的自述，涉及范围以姚、贾一派为主而又不限于姚、贾，有着一定的代表性。值得注意的是，作为四灵之一的徐玑认为"以浮声切响、单字只句计巧拙"是"风骚之至精"，也提出了"风骚"观念，但与杨万里相比，一重形式，一重内容，差别显而易见。

因此，尽管南宋中后期的诗坛上普遍对晚唐诗有着较高的评价①，但各家对晚唐的价值体认却可能是不尽相同，甚至是截然相反的。当然，南宋的江西诗人濡染晚唐也有艺术上的考虑，但他们对晚唐诗的思想价值的体认显然更带有主动意识。

五、江湖诗派学习晚唐的目的

对晚唐诗的学习，从宋代初年就开始了。正如方回《送罗寿可诗序》所云：

> 诗学晚唐，不自四灵始。宋划五代旧习，诗有白体、昆体、晚唐体。白体如李文正、徐常侍昆仲、王元之、王汉谋；昆体则有杨、刘《西昆集》传世。二宋、张乖崖、钱僖公、丁崖州皆是。晚唐体则九僧最逼真，寇莱公、鲁三交②、林和靖、魏仲先父子、潘逍遥、赵清献之父③，凡数十家。深涵茂育，气势极盛。……嘉定而降，稍厌江西，永嘉四灵复为九僧旧晚唐体，非始于此四人也。④

这段总结宋代诗风发展演变的文字，虽不无成见，但所指出的事实则大体正确。不

---

① 众所周知，陆游曾对晚唐诗表示激烈反对，如《剑南诗稿校注》卷79《宋都曹屡寄诗且督和答作此示之》云："天未丧斯文，杜老乃独出。陵迟至元白，固已可愤疾。及观晚唐作，令人欲焚笔。"但他在创作中，也难免沾染晚唐格调，所以钱锺书说他"鄙夷晚唐，乃违心作高论耳"。见第4276页。参看钱著《谈艺录（补订重排本）》（上）"放翁与中晚唐人"条，生活·读书·新知三联书店，2001，第374页。

② 按，鲁交有《三江集》，此"三交"盖"三江"之误。

③ "父"当作"祖"，因为据年代推断，和魏、潘同时者，应是赵汴之祖赵湘。

④ 方回：《桐江续集》卷32，《景印文渊阁四库全书》第1193册，第662页。

过，方回把宋初和南宋的学习晚唐相提并论，似乎二者只是一种简单的重复，却是不符合实际的。

宋初学晚唐诸诗人，如方回所云，有九僧、寇准、林逋、潘阆、魏野等，主要是师法贾岛一派清苦精工的苦吟之风。前人已指出过这一点。如《蔡宽夫诗话》云："唐末五代，流俗以诗自名者，多好妄立格法。……大抵皆宗贾岛辈，谓之贾岛格，而于李、杜特不少假借。"① 潘阆便曾直接表示过对贾岛的尊崇，如其《忆贾阆仙》云："风雅道何玄，高吟忆阆仙。人虽终百岁，君合寿千年。骨已西埋蜀，魂应北入燕。不知天地内，谁为续遗编。"② 刘克庄也曾在《后村诗话》中指出过林逋和魏野与贾岛诸人的渊源③。

但宋初学晚唐与四灵以降的学晚唐，师法对象虽有相似处，本质上却并不相同。这主要表现在三个方面：第一，从思想背景来看，宋初诸人反映的是经过五代离乱倾向遁世的一些人的精神状态；第二，从美学倾向来看，宋初诸人尊崇贾岛乃是沿袭了唐末五代一些诗人的传统宗尚④，而没有变革诗风、打出旗帜的主观意图；第三，从师承范围来看，宋初诸人仅取贾岛的清苦冷僻，而较少取姚合、许浑诸人的清新平熟，境界较为狭窄。这就大致说明，宋初的晚唐体与南宋的江湖派并不能相提并论。

那么，江湖诗派学习晚唐的主要特色表现在哪里呢？

最明显的一点，正如人们所熟知的，由于江湖诗派是打着反对江西诗派的旗号走上诗坛的，因此，江湖之学晚唐也是适应着这种需要，即带有变革诗风的主观要求。另外，贾岛、姚合一派诗风也很符合那些才气不大但成名欲很强的诗人们在创作道路上的选择。

钱锺书在其《宋诗选注》中有这样一段话："江西派自称师法杜甫，江湖派就抛弃杜甫，抬出晚唐诗人来对抗。"⑤ 这一看法虽然由于选本的普遍流行而影响大，但实事求是地看，却是缺乏根据的。

---

① 蔡居厚：《蔡宽夫诗话》，《宋诗话辑佚》，第 410 页。

② 潘阆：《逍遥集》，《景印文渊阁四库全书》第 1085 册，第 568 页。

③ 刘克庄：《后村诗话》后集卷 1，《历代诗话》，中华书局，1981，第 50 页。

④ 如李洞尊崇贾岛，竟铸贾岛铜像，事之如神。见王定保：《唐摭言》卷 10，古典文学出版社，1957，第 109 页。

⑤ 钱锺书：《宋诗选注》，生活·读书·新知三联书店，2002，第 357 页。

宋代是杜诗价值得到充分肯定的时期。杜诗中深广的爱国主义精神，杰出的艺术创造力，都得到宋人的高度评价。这有大量的材料为证，毋庸多说①。所谓"抛弃杜甫"云云，不论在宋代的哪一个时期，都难以找到实据。以下数例或许可以约略看出江湖诗人对杜诗的推崇：

> 夜读老杜诗，如对老杜面。此翁历艰难，往往诗中见。……百年禀忠孝，句法老益练。君看夔州作，大冶金百炼。
>
> ——苏泂《夜读杜诗四十韵》②
>
> 绮丽兆建安，淳古还开元。夫子握元气，大音发胚浑。明娄失毫芒，神牺隘乾坤。再变六义彰，一日五典□（原注：庙讳）。③ 上该周南风，下返湘水魂。仲尼不容删，余子何足吞。
>
> ——杜旟《读杜诗斐然有作》④
>
> 呜呼杜少陵，醉卧春江涨。文章万丈光，不随枯骨葬。平生稷契心，致君尧舜上。时号弗我与，屹然抱微尚。干戈奔走踪，道路饥寒状。草中辨君臣，笔端诛将相。高吟比兴体，力救风雅丧。如史数十篇，才气一何壮！
>
> ——戴复古《杜甫祠》⑤
>
> 杜陵子美夸壮游，一身几走半九州。吟怀吐纳天地秀，作为文章光斗牛。
>
> ——周端臣《送翁宾旸之荆湖》⑥

---

① 华文轩《古典文学研究资料汇编·杜甫卷》上编"唐宋之部"汇录了宋人对杜诗的许多评价，可参看。

② 苏泂：《泠然斋集》卷1，《景印文渊阁四库全书》第1179册，第71页。《四库全书总目》卷163《泠然斋集》提要谓苏泂诗"镂刻淬炼，自出清新，在江湖诗派之中可谓卓然特出"。见第307页。这表明四库馆臣认为苏泂是江湖诗人，从苏氏的生活及诗作来看，这种看法是有道理的。

③ 按，此句原作"一日五典惇"，宋光宗讳惇，故缺其字。见陈垣：《史讳举例》，中华书局，1962，第157页。

④ 杜旟：《癖斋小集》，《汲古阁景宋钞南宋群贤六十家小集》，第5页上—第5页下。

⑤ 戴复古：《石屏诗集》卷1，《四部丛刊续编》集部，第417册，第14页下。

⑥ 陈起：《江湖后集》卷3，《景印文渊阁四库全书》第1357册，第745页。

但江湖诗人既然对杜诗如此推崇，为何不直接表示学杜，反而要标榜晚唐呢？这一方面与他们本身的条件有关，另一方面，也与宋代诗坛的风气有关。

原来，宋人虽十分尊杜，但大概由于这个典范过高，时间又相距较远，因而学杜往往有个中间环节。江西诗派即是如此。如陈师道认为学杜应从黄庭坚入手，否则，就不免"失之拙易"①。方回同意这种意见，也明确表示"学老杜诗当学山谷诗"②。这大概是宋代希望有所作为的江西诗人的共识。而江湖诗派则希望由晚唐入。人们都知道叶适是四灵的支持者，但他对四灵未能超越姚、贾其实是并不满意的。吴子良《荆溪林下偶谈》云："水心之门，赵师秀紫芝、徐照道晖、玑致中、翁卷灵舒，工为唐律，专以贾岛、姚合、刘得仁为法，其徒尊为四灵，翕然仿之，有八俊之目。水心广纳后辈，颇加称奖，其详见《徐道晖墓志》。而末乃云：'尚以年，不及乎开元、元和之盛，而君既死。'盖虽不没其所长，而亦终不满也。"③ 从中可以看出，叶适固然认为姚、贾只是入门之径，甚至四灵也似乎有这种意识。④因此，四灵之后，号称通过学晚唐（特别是姚、贾一派）而进一步达到老杜境界的学说就更为明确了。如下引诸材料：

> 余爱晚唐诸子，其诗清深闲雅，如幽人野士，冲淡自赏，皆自成一家。及读少陵先生集，然后知晚唐诸子之诗尽在是矣。所谓诗之集大成者也。不佞三熏三沐，敬以先生为法，虽夫子之道不可阶而升，然钻坚仰高，不敢不由是乎勉。
>
> ——陈必复《山居存稿序》⑤

> 才力有定禀，文字无止法。君以盛年挟老气为之不已，诗自姚合、贾岛达之于李、杜……
>
> ——刘克庄《跋姚镛县尉文稿》⑥

---

① 陈师道：《后山诗话》，《历代诗话》，中华书局，1981，第 305 页。

② 方回：《瀛奎律髓》卷 43 黄庭坚《戏题巫山县用杜子美韵》诗评，《瀛奎律髓汇评》，第 1547 页。

③ 吴子良：《荆溪林下偶谈》卷 4，《景印文渊阁四库全书》第 1481 册，第 512 页。

④ 毛晋《汲古阁书跋》中评价《众妙集》时，也根据叶适的看法指出赵师秀"欲追开元、元和之盛"。见毛晋：《汲古阁书跋》，古典文学出版社，1958，第 80 页。

⑤ 陈必复：《山居存稿》，《汲古阁景宋钞南宋群贤六十家小集》，第 1 页上。

⑥ 刘克庄：《后村先生大全集》卷 99，《四部丛刊初编》集部，第 1312 册，第 4 页上。

> 夫五谷以主之，多品以佐之，则又在吾心，自为持衡。少陵，五谷也；晚唐，多品也。
>
> ——徐鹿卿《跋杜子野小山诗》①

尽管这在创作中实际上往往只是一种倾注，一种向往，但不少江湖诗人的这一主观意图却是非常明确的。

但是，由姚、贾入杜与反对江西诗派是否有关系呢？答案是肯定的。朱弁《风月堂诗话》云："黄鲁直深悟此理，乃独用昆体工夫，而造老杜浑成之地，今之诗人少有及者。"②朱氏认为黄庭坚学杜由李商隐入，所论很有见地。但黄庭坚是江西诗派最有成就的诗人，其学杜若也要中间环节，则与江湖从姚、贾入无大区别，就此而言，江湖诗派与后来江西之学黄者相比，岂不高了一筹？方回深深懂得这个道理，于是他在《瀛奎律髓》中便指出："古今诗人，当以老杜、山谷、后山、简斋为一祖三宗。"③提出一祖三宗之说，由三宗直达老杜，而去掉其他中间环节④。不管这一看法正确与否，他以抬江西来压江湖的用意却是很明显的。

不过，方回虽然千方百计抬高江西诗派，却也并没有完全否定江湖诗派由晚唐以进老杜的做法。其《瀛奎律髓》评姚合《题李频新居》诗云："予谓学姚合如此亦可到也。必进而至于贾岛，斯可矣；又进而至于老杜，斯无可无不可矣。或曰：老杜诗如何可学？曰：自贾岛幽微而参以岑参之壮，王维之洁，沈佺期、宋之问之整。"⑤这一点，应该是方回看到当时江湖诗派仍有一定的影响力，因而所作的通变

---

① 徐鹿卿：《清正存稿》卷5，《景印文渊阁四库全书》第1178册，第917页。

② 朱弁：《风月堂诗话》卷下，中华书局，1988，第112页。

③ 方回：《瀛奎律髓》卷26陈与义《清明》诗评，《瀛奎律髓汇评》，第1149页。

④ 方回《桐江续集》卷33《恢大山西山小稿序》云："宋苏、梅、欧、苏、王介甫、黄、陈、晁、张、僧道潜、觉范以至南渡吕居仁、陈去非、尤、萧、杨、陆、范亦老杜之派也。是派至韩南涧父子、赵章泉而止。别有一派曰昆体，始于李义山，至杨、刘及陆佃绝矣。"认为黄庭坚等人与李商隐无关，也就是在中间环节中去掉了李商隐而代以黄与二陈。见《景印文渊阁四库全书》第1193册，第683页。

⑤ 方回：《瀛奎律髓》卷23姚合《题李频新居》诗评，《瀛奎律髓汇评》，第960页。

之论。因为贾岛作诗，思幽格僻，一定程度上符合江西诗派的去俗说①。而后期江湖诗派中有不少人与这种认真的创作精神是不相符合的。肯定了贾岛，便可以集中力量批判经常被方回斥为"俗"的姚合和许浑等人。关于这一点，当另外讨论，但方回的做法，恰好也证明了，江湖诗派试图由姚、贾诸人入杜，并不是没有道理的。

---

① 如黄庭坚《豫章黄先生文集》卷 26《题意可诗后》云："宁律不谐，而不使句弱；宁字不工，不使语俗。"见《四部丛刊初编》集部，第 992 册，第 11 页上。又《后山诗话》云："宁拙毋巧，宁朴毋华，宁粗毋弱，宁僻毋俗。诗文皆然。"见《历代诗话》，中华书局，1981，第 311 页。

大篇的书写与超越的气度

——姜夔的《昔游诗》及其与杜诗的关系

　　杜甫是一个有着巨大影响力的诗人。如果说他的影响，在唐代还是时隐时显的话，则到了宋代，就已经是全方位，而且非常直接的了。关于杜甫对宋代诗坛的影响，学界已有不少成果，但仍然有着很大的探索空间。本文就以姜夔的《昔游诗》与杜甫的关系加以讨论。

一、《昔游诗》的创作背景和基本内容

　　姜夔是南宋的著名诗人。《昔游诗》十五首是他在宋宁宗嘉泰元年（1201）所写①，是他创作生涯中的重要标志之一。

　　姜夔在《昔游诗》的自序中这样写道："夔早岁孤贫，奔走川陆。数年以来，始获宁处。秋日无谓，追述旧游可喜可愕者，吟为五字句。时欲展阅，自省生平，不足以为诗也。"② 所谓"早岁孤贫"，是说早年随父居于汉阳，父卒于官，又依姊于汉阳县之山阳村，凡二十余年，曾经往来于江淮、湖南、湖北一带，一直到淳熙十三年（1186）至湖州依附萧德藻，才离开汉阳。但在湖州前数年，也仍然处于动荡之中，曾经旅食往来于苏州、杭州、合肥、金陵、南昌等地。至绍熙元年（1190）卜居吴兴之白石洞，而庆元二年（1196）至庆历三年（1197）开始居住在

---

　　① 关于这一组诗的创作年代，夏承焘定为嘉泰元年（1201），其《姜白石系年》说："嘉泰元年辛酉（1201）。四十七岁，《昔游诗》当作于本年秋。（姜《谱》）姜《谱》注：'按，公《小序》云：数年以来，始获宁处。'今历考编年，惟戊申、己酉、庚戌及丁巳以来至是年，不从远役，而初刻本列是诗于卷末，知为辛酉诗无疑也。"见夏承焘：《唐宋词人年谱》，上海古籍出版社，1979，第440页。

　　② 姜夔著、孙玄常笺注：《姜白石诗集笺注》，山西人民出版社，1986，第47页。

杭州，直到生命的结束。这组诗就是他寓居杭州之后写的。

姜夔的一生，到处漂泊，走过的地方不少，但是，他在自己生活稍微安定下来之后，回忆平生之"可喜可愕"者，却主要选择的是湖南和江淮一带，或有其特定的思路。

《昔游诗》共十五首，基本内容如下：

第一首（洞庭八百里），纪淳熙十三年（1186）湖南之游。

第二首（放舟龙阳县），纪淳熙十三年湖南之游。

第三首（九山如马首），纪淳熙十三年湖南之游。

第四首（萧萧湘阴县），纪淳熙十三年湖南之游。

第五首（我乘五板船），纪淳熙九年（1182）冬还古沔省姊事。

第六首（天寒白马渡），纪淳熙九年冬还古沔省姊事。①

第七首（扬舲下大江），纪淳熙十三年渡扬子江东下事。

第八首（青草长沙境），纪淳熙六年（1179）还古沔省姊事。

第九首（昔游桃源山），纪淳熙十三年湖南之游。

第十首（昔游衡山下），纪淳熙十三年湖南之游。

第十一首（昔游衡山上），纪淳熙十三年湖南之游。

第十二首（濠梁四无山），纪淳熙三年安徽凤阳之游。

第十三首（既离湖口县），纪淳熙十三年渡扬子江东下事。

第十四首（雪霁下扬子），纪淳熙十四年（1187）渡扬子江过金陵事。

第十五首（衡山为真宫），纪淳熙十三年湖南之游。

这些内容，从地点说，主要集中在湖南洞庭湖（也间及湖北），以及江苏的长江、淮河区域；从时间说，则集中在淳熙十三年前后。

洞庭湖在湖南，历来是文人墨客喜欢游观的地方，留下数不清的诗歌作品，其中比较有名者，如孟浩然《望洞庭湖上张丞相》："八月湖水平，涵虚混太清。气蒸

---

① 陈思《白石年谱》系此诗于淳熙九年，云："冬还古沔省姊，将入沌口，大风浪起，经白马渡，又逢野烧。"又云："《昔游诗》'九山如马首''萧萧湘阴县''我乘五板船''天寒白马渡'四首，皆述此行。庚子自沔游湘，洞庭遇风，几遭水厄。本年归古沔，又遇沌口风浪、白马渡野烧，故云。"见《北京图书馆藏珍本年谱丛刊》第33册，北京图书馆出版社，1999，第135—136页。按，夏承焘《白石系年》将之系于淳熙元年，但未详所据，今不从。

云梦泽，波撼岳阳城。欲济无舟楫，端居耻圣明。坐观垂钓者，徒有羡鱼情。"① 杜甫《登岳阳楼》："昔闻洞庭水，今上岳阳楼。吴楚东南坼，乾坤日夜浮。亲朋无一字，老病有孤舟。戎马关山北，凭轩涕泗流。"② 刘禹锡《望洞庭》："湖光秋月两相和，潭面无风镜未磨。遥望洞庭山水翠，白银盘里一青螺。"③ 或写其壮阔，或写其秀美，早已脍炙人口。不过，姜夔重点写其险，虽然是纪实，从文学创作上看，也是有意立异，反映出他希望与前人有所不同的创作心态。

江淮之行也是姜夔印象比较深刻的，他几次有意无意地点出这段行程，除了真实地感受到其中的险恶之外，也体现出和南宋不少人共同的心理状态，即游边。南宋社会，虽然经常被批评奢侈淫靡，贪图享乐，但事实上，恢复北方山河的呼声一直不曾消歇，作为读书人，"游边"，也就是到长江和淮河一带漫游，就成为一种风尚，镇江多景楼等地也就突然成了热门的旅游景点，因为此处俯瞰大江，能够北望神州。游边产生了许多作品，如同是江湖诗人，年辈稍晚于姜夔的戴复古，就曾经徘徊在淮河岸边，目睹战争创伤，写有《频酌淮河水》《淮村兵后》《盱眙北望》等诗。在姜夔的记忆里，这当然也是一段特别值得书写的日子，他写长江的险，内心恐怕也有一种暗示。众所周知，游扬州时，他曾写有《扬州慢》一词："淮左名都，竹西佳处，解鞍少驻初程。过春风十里，尽荠麦青青。自胡马窥江去后，废池乔木，犹厌言兵。渐黄昏、清角吹寒，都在空城。　　杜郎俊赏，算而今、重到须惊。纵豆蔻词工，青楼梦好，难赋深情。二十四桥仍在，波心荡、冷月无声。念桥边红药，年年知为谁生。"小序云："淳熙丙申至日，予过维扬。夜雪初霁，荠麦弥望。入其城则四顾萧条，寒水自碧。暮色渐起，戍角悲吟。予怀怆然，感慨今昔，因自度此曲。千岩老人以为有《黍离》之悲也。"④ 在《昔游诗》里，他没有这么具体的描写，但是，既然亲自来到长江，则他的心中具有类似的感情，也是题中应有之义，《扬州慢》所表达的情绪，暗藏在诗歌之后，因此，不仅在诗里有时也会

① 孟浩然著、李景白校注：《孟浩然诗集校注》，巴蜀书社，1988，第 272 页。

② 杜甫著、仇兆鳌注：《杜诗详注》卷 22，中华书局，1979，第 1946—1947 页。

③ 蒋维崧、赵蔚芝、陈慧星等笺注：《刘禹锡诗集编年笺注》，山东大学出版社，1997，第 300 页。

④ 姜夔著、夏承焘笺校：《姜白石词编年笺校》，上海古籍出版社，1981，第 1 页。

情不自禁地有所显露，而且，将扬子江上的风波写出来，似乎也带有一定的暗示，若有若无地透露出对形势的不安。

这样的一组五古联章诗，有一定的特殊性。放在诗歌史上来看，无论是写景还是抒情，甚至是对诗歌体裁的选择，这一组诗都通向唐代的一个大诗人，这就是杜甫。只有和杜甫联系起来，才能对姜夔这组诗的创作形态以及诗人的心理状态，做出更为深刻的理解。

二、杜甫纪行诗对《昔游诗》的影响

《昔游诗》是一组联章纪行诗。纪行诗在中国起源甚早，不过，以诗歌创作而言，真正进入成熟状态，还要等谢灵运出现。谢灵运是中国山水诗创作的开创性人物，他在浙东一带的游历，行踪往往首尾相接，带有联章纪行诗的性质，而纪行诗经常会描写山水，因而天然地和山水诗关系密切。这一传统，经过谢灵运开创之后，至杜甫达到了登峰造极的地步。

早在唐代，较早指出杜甫创作成就的元稹就认为，排比铺陈的大篇，是杜甫创作的重要特点之一，① 尽管金代的元好问对此持保留意见②，但后来的批评家仍然予以首肯，如清初王士禛论五言诗的创作时说："乱离行役、铺张叙述宜老杜。"③ 王士禛将"乱离行役"与"铺张叙述"合在一起说，是对杜甫创作的一个敏锐观察，如此，则不仅一般的大篇如《北征》当然是其所指，即一些纪行诗，亦可以包括其中。

---

① 元稹有《唐故工部员外郎杜君墓系铭》，叙曰："时山东人李白，亦以奇文取称，时人谓之李杜。予观其壮浪纵恣，摆去拘束，模写物象及乐府歌诗，诚亦差肩于子美矣。至若铺陈终始，排比声韵，大或千言，次犹数百，词气豪迈而风调清深，属对律切而脱弃凡近，则李尚不能历其藩翰，况堂奥乎!"见元稹著、冀勤点校：《元稹集》，中华书局，1982，第 601 页。

② 元好问《论诗三十首》其十："排比铺张特一途，藩篱如此亦区区。少陵自有连城璧，争奈微之识珷玞。"见元好问著、狄宝心校注：《元好问诗编年校注》，中华书局，2011，第 54 页。

③ 王士禛：《池北偶谈》，靳斯仁点校，中华书局，1982，第 273 页。

杜甫喜欢写联章诗，其基本情况，我们以前曾经有所论述①。杜甫的纪行诗，不一定都用联章的形式，五古长篇也往往具备了联章的基本要素。在杜甫的纪行诗中，从写法上看，有对当下行踪的记述，如《北征》《发秦州》《发同谷》；也有对过去行踪的记述，如《昔游》《壮游》。作为一个一生漂泊的诗人，杜甫不仅游历甚广，而且由于特定的身世之感，对所经历之处印象深刻，观察细致，感触深微，因此，他的纪行诗也就写得千姿百态，在中国诗歌史上达到了一个相当的高度。

姜夔也是一个一生漂泊的诗人，他写作的这组纪行诗，受到杜甫的影响很大，是以回忆过去的方式展开的，类似于杜甫的《昔游》和《壮游》。《昔游》和《壮游》是杜甫晚年所写，当时生活较为安定，因而以往一幕幕难忘的情形就涌上笔端。无独有偶，姜夔也是感觉稍稍没那么动荡之后，才回忆起往日的"可喜可愕"者，写作心态有相似之处。至于文体选择，则借鉴了杜甫《发秦州》和《发同谷》，以五古联章的方式，转换不同角度加以描写，展开一幅浩大的画面。

关于姜夔的《昔游诗》向杜甫学习，以前我曾将其与杜甫的《北征》进行比较，从节奏的变化方面，探讨过其间张弛之间的关系，② 现在还可以加以补充的是下面两点。

第一是转换角度的描绘。描绘山水，最忌重复，尤其是同样的一时一地，根本变化不大，如何同中见异，非常考验作家的能力。在这方面，杜甫已经做出了杰出的榜样，他描写秦岭的诗，连续多篇，却能够变换不同的角度，不断给人以新鲜的感受。姜夔也借鉴了这样的表现手法。《昔游诗》中的不少篇都写到洞庭湖，一片茫茫水面，特别容易写得单调，但姜夔显然有所选择。如"洞庭八百里"一首，重点写洞庭湖月夜"玉盘盛水银"般的美丽，既有"长虹忽照影，大哉五色轮"，又有"青芦望不尽，明月耿如烛"，一片宁静安详。而"放舟龙阳县"一篇，则重点写洞庭湖之大，即所谓"洞庭包五河"。在诗人笔下，就有这样的画面："汹汹不得道，茫茫将何归。""是中大无岸，强指苇与沙。"只能指点芦苇和沙土，聊自解嘲。至于"九山如马首"一篇，就是集中笔力写洞庭之险了。先写"大风忽怒起，我舟

---

① 参看程千帆师、张宏生：《晚年：回忆与反省》，程千帆师、莫砺锋、张宏生著：《被开拓的诗世界》，上海古籍出版社，1990，第217—234页。

② 对这个特色，我以前在《江湖诗派研究》中略有提及，中华书局，1995，第216页。

如叶轻。或升千丈坡，或落千丈坑"，将狂风突起，小舟在浪中颠簸的情形刻画得非常真实。然后以比喻的手法写浪头："如飞鹅车炮，乱打睢阳城。又如白狮子，山下跳拏攫。"将浪之急、浪之高，也形容得非常生动。不仅如此，还以岸边的九马山作为参照物："回望九马山，政与大浪争。"① 一个是真山，一个是浪峰，放在一起，也很巧妙。这样，就从不同侧面，将洞庭湖的风貌展示了出来。另外，杜甫写秦中山水，对其特异之处非常敏感，前人论及于此，特别欣赏其中的《青阳峡》和《万丈潭》诸篇，以为能写出山水的个性。② 姜夔写洞庭湖也是如此。周世伟在其《姜夔诗略论》中曾经举其《昔游诗》中"九山如马首"一篇加以分析，先指出以前写洞庭的诗，颇有名气很大的，如孟浩然"气蒸云梦泽，波撼岳阳城"，还有杜甫"吴楚东南坼，乾坤日夜浮"，但"姜白石咏洞庭之章，更见形象具体"③。虽然论述得略嫌简单，但也能抓住姜夔在这方面的特点。

第二是表达忧患的心态。忧患意识是儒家重要的精神之一，从孔子的"人无远虑，必有近忧"④，到孟子的"生于忧患，死于安乐"⑤，都体现得很清楚。杜甫一生"只在儒家界内"⑥，这使他在使用文学对生活进行表现时，时时将这种精神融化在艺术形象中，不管在什么情况下，都能够勾起忧患之情，正如宋人所评价的："少陵有句皆忧国。"⑦ 即使是纪行之作，也总能打上时代的烙印。如《铁堂峡》："生涯抵弧矢，盗贼殊未灭。飘蓬逾三年，回首肝肺热。"《龙门镇》："胡马屯成皋，防虞此何及。嗟尔远戍人，山寒夜中泣。"《石龛》："苦云直粹尽，无以充提携。奈何渔阳骑，飒飒惊蒸藜。"⑧ 都是在描写山水的同时，不觉触起对时世的忧虑。这种传统，姜夔也接过来了。如《昔游诗》中的"濠梁四无山"和"既离湖

---

① 姜夔著、孙玄常笺注：《姜白石诗集笺注》，第48—51页。

② 程千帆师、莫砺锋：《崎岖的道路与伟丽的山川》，《被开拓的诗世界》，第198—199页。

③ 周世伟：《姜夔诗略论》，《宜宾师范高等专科学校学报》2000年第2期。

④ 《论语·卫灵公》，朱熹：《四书集注》，太平书局，1964，第108页。

⑤ 《孟子·告子下》，朱熹：《四书集注》，第187页。

⑥ 刘熙载：《艺概·诗概》，《艺概》，上海古籍出版社，1978，第59页。

⑦ 周必大：《乱后并得陶杜二集》，《太仓稊米集》卷10，《景印文渊阁四库全书》第1141册，第71页。

⑧ 并见杜甫著、仇兆鳌注：《杜诗详注》卷8，第678、686、688页。

口县" 两首，前一首写自己冒雪迎风骑马，虽无比艰难，但勇往直前。末二句忽然写 "徘徊望神州，沉叹英雄寡"，过渡得略显峭折，应是从自己的豪迈气魄，联想到国无人才，以至于无法收复失地。行走在南方山河，即想起北方之山河。后一首是同样的思路，写长江行船，波平浪静，山水如画，却又无端一转，写道："潮催庾信老，云送佛狸还。万古感心事，惆怅垂杨湾。"[1] 意思表达得相对隐晦。庾信原为南朝萧梁之臣，因出使北朝被留，虽然颇受器重，怀念故国之心，未尝稍衰。此反其意而用之，意为本应是中原之人，现在被迫来到南方，眼看恢复无望，就像庾信一样无奈地渐渐老去。南北朝时的元嘉二十七年（450），刘宋军队北伐惨败，北魏太武帝拓跋焘（字佛狸）趁势反击刘宋，东路军一直打到建康北面的瓜步山，并在瓜步山上建行宫。姜夔来到长江后，想起南宋北伐，总是无法成功，所以 "万古感心事"[2]。这些显得有些突然的描写，正体现出姜夔丰富的内心世界，也可以使读者看到，尽管姜夔往往以江湖游士的面目出现，但他并不是一个不问世事的人，在某种程度上，也可以说是身在江湖，心怀魏阙。

姜夔在其《白石道人诗说》中曾经这样说："诗有出于《风》者，出于《雅》者，出于《颂》者。屈、宋之文，《风》出也；韩、柳之诗，《雅》出也。杜子美独能兼之。"[3] 对于杜甫给予了非常高的评价。因此，他的创作时时想到以杜诗为榜样，也是题中应有之义。

三、《昔游诗》对杜甫纪行诗的发展

杜甫是宋诗创作的一个光辉榜样，几乎每一个诗人都不能绕过这个榜样，区别只在于是怎样学习而已。然而，如同人们所普遍承认的，宋诗虽然从唐诗那里接受了不少资源，但由于不少宋代诗人都具有自立的气度，因而在学习的同时，也往往能写出自己的面目，使得宋诗成为和唐诗并峙的一座高峰。

从纪行的角度看，杜甫以其巨大的魄力，精深的思力，确实已经将这一题材发

---

① 并见姜夔著、孙玄常笺注：《姜白石诗集笺注》，第 69、71、72 页。

② 同上书，第 72 页。

③ 姜夔：《白石道人诗说》，《历代诗话》，中华书局，1981，第 681 页。

展到了一个几乎无以复加的地步。但是，这并不意味着宋人就无法进行新的探索。从姜夔的这一组作品来看，至少在下面几个方面，他有自己的角度。

首先，他所选择的表现对象在杜甫手里的表现是不够充分的。杜甫一生纪行诗中写山之作比较多，也颇有名篇，写水之作，则自大历三年（768）离开夔州入峡之后，才比较集中。杜甫从江陵到公安、岳州，又在潭州、衡州、耒阳一带漂泊，足迹所历，主要是湖北、湖南两地，所选择的交通工具主要也是船。但是，虽然杜甫有着较多的乘船经历，他在表现这类题材时，却不够充分。如果说，杜甫的入秦诸作是将山川之崎岖与人生、国事之艰难密切结合的话，则他的湖湘之作，面对着江湖行役，写到江湖风浪，往往一笔带过，而且比较概括。如泊舟岳阳城时，有"岸风翻夕浪，舟雪洒寒灯"和"涨沙霾草树，舞雪渡江湖"之句①，风急浪大，本可借题发挥，杜甫却写得很浓缩。还有专门写阻于风而无法行船者，如《北风》："春生南国瘴，气待北风苏。向晚霾残日，初宵鼓大炉。爽携卑湿地，声拔洞庭湖。万里鱼龙伏，三更鸟兽呼。涤除贪破浪，愁绝付摧枯。执热沉沉在，凌寒往往须。且知宽病肺，不敢恨危途。再宿烦舟子，衰容问仆夫。今晨非盛怒，便道即长驱。隐几看帆席，云州涌坐隅。"②也能写出风势，只是显得简单了些。他的《过南岳入洞庭湖》能够在篇末抚时感怀，但描写的主要对象又不是风波险恶，只是顺便而及。《白马潭》写逆水行舟，也是点到为止。读这些作品，给人的感觉是，就山水描写而言，杜甫并未像他面对秦中山川那样，充分发挥自己的笔力。③不过，这些令读者有些遗憾之处，正好留给后人来填补。姜夔的这一组《昔游诗》主要写南方

① 杜甫：《泊舟岳阳城下》《缆船苦风戏题四韵奉简郑十三判官》，《杜诗详注》卷22，第1945—1946页。

② 杜甫著、仇兆鳌注：《杜诗详注》卷22，第1976页。

③ 关于湖南纪行诗与入蜀纪行诗的差别，前人已经有所体认，如杨伦说："湖南纪行诗较蜀道刻炼稍逊，则年力衰壮之异。"见杨伦：《杜诗镜铨》，上海古籍出版社，1980，第965页。刘曙初的《杜甫秦蜀和湖南纪行诗比较论》则有比较详细的论述，如指出湖南路上的艰险远不如秦蜀，湖南纪行诗的背景多呈现黯淡的色调；秦蜀纪行诗在悲苦忧伤中透露出希望和自信，而湖南纪行诗则在悲苦忧伤中经常流露出近乎绝望的情绪。与本文所论可以互参。参见刘曙初：《杜甫秦蜀和湖南纪行诗比较论》，《安徽大学学报（哲学社会科学版）》2010年第1期。

的水路，这显然与其生活形态密切相关，而从文学史的角度看，则又可能是具有创新性的文学选择。而且，正如在这组联章诗的自序中所说，作者希望记录下来的是"可喜可愕"者，这一点，前半可以承接杜甫《昔游》《壮游》诸篇，后半可以承接杜甫《发秦中》《发同谷》诸篇，姜夔将这些糅合在一起，也是其匠心所在。

其次，纪行诗，或明或暗，其中都一定有人物。从杜甫的作品来看，他一般的操作方式是，短篇联章更多带有抒情主人公的口吻，长篇纪行，则带有一定的叙述意味，人物较为丰满。可以说，杜甫是以抒情诗写人物的高手，这一点，姜夔显然注意到了，他将杜甫的一些特点接过来，而又体现出自己的独特追求。比如写行路之险，他会借助同行者的形象加以衬托："我乘五板船，将入沌河口。大江风浪起，夜黑不见手。同行子周子，渠胆大如斗。长竿插芦席，船作野马走。不知何所诣，生死付之偶。忽闻入草声，灯火亦稍有。杙船遂登岸，亟买野家酒。"① 诗写行船沌河（在武汉市江夏区）的情形，漆黑的夜晚，船如脱缰野马，借周姓友人的行为，表现了大风浪中，命悬一线的经历，这幅画面，也就显得非常生动。另一篇也有类似描写："扬舲下大江，日日风雨雪。留滞鳌背舟，十日不得发。岸冰一尺厚，刀剑触舟楫。岸雪一丈深，屹如玉城堞。同舟二三士，颇壮不恐慑。蒙毡闭篷卧，波里任倾侧。"写行船大江，遭遇风雪，同舟之人泰然自若，闭篷偃卧，完全不以为意。作者怎么样呢？诗里没有细说，但篇末两句是这样的："如今得安坐，闲对妻儿说。"② 如此，则同舟之人的镇静，正衬托出气氛的紧张，对于作者本人，也是不写之写。事实上，姜夔确实特别喜欢写同舟之人，当然，这些人也不是总那么镇定自若，在另一篇中，就有"滞留三四晨，大浪山嵯峨。同舟总下泪，自谓喂鼋鼍"的描写。③ 同舟之人的喜怒哀乐，既是写实，也是作者用来表达的道具。

再次，作为山水纪行之作，其中也蕴涵着一种人生体验。这一传统，当然在杜诗中已有体现，不过，姜夔似乎更有主观追求。考察这一组诗，从结构上看，有一个非常明显的现象，即写水路的作品，往往从出行写起，中间大多是历经风浪等艰难险恶，最后走出困境。而走出困境之后，又有不同的书写方式。如"九山如马首"一首，经过"大风忽怒起，我舟如叶轻"，脱险后，则是"始知茵席湿，尽覆

① 姜夔著、孙玄常笺注：《姜白石诗集笺注》，第 53 页。
② 同上书，第 56 页。
③ 同上书，第 49 页。

杯中羹"。"我乘五板船"一首,写"大江风浪起""船作野马走"之后,则是"杙船遂登岸,亟买野家酒"。"扬舲下大江"一首,写"日日风雨雪"之中,"岸冰一尺厚,刀剑触舟楫",最后则是"如今得安坐,闲对妻儿说"。① 这或者就是姜夔对人生的体悟,灾难来临之时,惊惧忧虑并无不同,灾难过后,则表现各异,非常符合人生的某种情境。姜夔的一生在颠簸动荡中度过,他需要处理的矛盾非常之多,在纪行诗中对此有所暗示,也是很有可能的。

事实上,宋代诗歌本来就有以诗言理的传统,将山水纪行和人生道路连在一起,作某种间接表达,倒也不一定是宋代之所独,更不是姜夔之所独,但姜夔用联章诗的方式来写,如此集中,如此铺张,则仍有其自己的特点②。如人们所熟知,理趣是宋诗的基本特征之一,姜夔的这种结构方式,放在宋诗发展的大背景中,是非常可以理解的。对于这种动机,在姜夔这组诗中还可以找到旁证,例如下面《昔游诗》中的这一首:"既离湖口县,未至落星湾。舟中两三程,程程见庐山。庐山遮半天,五老云为冠。朝看金叠叠,暮看紫巉巉。瀑布在山半,髣髴认一斑。庐山忽不见,云雨满人间。"③ 一般读者自然都记得苏轼的《题庐山西林壁》:"横看成岭侧成峰,远近高低各不同。不识庐山真面目,只缘身在此山中。"④ 姜夔写坐在船上,行进多时,仍然还在庐山圈子之中,只是转换了不同的角度,而庐山的面目,早上和晚上相看,也都有区别。不仅山半瀑布只能见其一斑,即使整座庐山,也会突然被云雨遮没,完全不见。苏轼那首诗是著名的写理趣之作,姜夔将其具体化、形象化,其实表达的也是同样的意思。宋诗中理趣普遍存在,即使是姜夔这样似乎重视表达性灵的诗人,也有这方面的表现。这也提醒我们,所谓理趣,其表现形式原是多样化的,在诗歌中,不能拘谨对待。

---

① 参见姜夔著、孙玄常笺注:《姜白石诗集笺注》,第 50—51、53、56 页。

② 其实,又不仅只有写水时如此,写山时,也有类似的表达,如"天寒白马渡"一首,不仅有"万里风奔奔","外旆吹已透,内纩冰不温",而且野烧忽起,"声如震雷震,势若江湖屯",最后艰险过去,则是"明发见老姊,斗酒为招魂",对照之下,更加感到亲情的可贵。见姜夔著、孙玄常笺注:《姜白石诗集笺注》,第 54 页。

③ 姜夔著、孙玄常笺注:《姜白石诗集笺注》,第 71 页。

④ 苏轼著、冯应榴辑注:《苏轼诗集合注》,上海古籍出版社,2001,第 1155 页。

四、出入杜诗与超越江湖的思力

按照传统的观点，姜夔属于江湖诗派，不过他的年辈比较高，比起永嘉四灵还要普遍大二十岁左右，算是江湖诗派前驱的前驱。南宋末年的周密在其《齐东野语》卷十二中录有姜夔的一篇《自叙》，开列了一份当世对他欣赏者的名单。这篇文章是这样写的：

> 某早孤不振，幸不坠先人之绪业。少日奔走，凡世之所谓名公巨儒，皆尝受其知矣。内翰梁公，于某为乡曲，爱其诗似唐人，谓长短句妙天下。枢使郑公爱其文，使坐上为之，因击节称赏。参政范公成大以为翰墨人品，皆似晋、宋之雅士。待制杨公万里以为于文无所不工，甚似陆天随，于是为忘年友。复州萧公，世所谓千岩先生者也，以为四十年作诗，始得此友。待制朱公既爱其文，又爱其深于礼乐。丞相京公不特称其礼乐之书，又爱其骈俪之文。丞相谢公爱其乐书，使次子来谒焉。稼轩辛公，深服其长短句如二卿。孙公从之、胡氏应期、江陵杨公、南州张公、金陵吴公及吴德夫、项平甫、徐子渊、曾幼度、商翚仲、王晦叔、易彦章之徒，皆当世俊士，不可悉数，或爱其人，或爱其诗，或爱其文，或爱其字，或折节交之。若东州之士，则楼公大防、叶公正则，则尤所赏激者。①

这一段文字是学者在讨论姜夔的诗歌创作时经常引用的，其中特别喜欢提到的就是范成大、杨万里、萧德藻、朱熹、辛弃疾等对姜夔的欣赏，但却往往忽略了最后的一句。这个"叶公正则"，正是特别欣赏、提携永嘉四灵的叶适。叶适对四灵的奖掖，略见于他的《徐文渊（玑）墓志铭》："初，唐诗废久，君与其友徐照、翁卷、赵师秀议曰：'昔人以浮声切响、单字只句计巧拙，盖风骚之至精也；近世乃连篇累牍，汗漫而无禁，岂能名家哉！'四人之语遂极其工，而唐诗由此复行矣。"② 那么，他所欣赏的四灵的创作是怎样的呢？文学史已经公认，这四位作家的创作，从风格上说，即所谓颇有"清气"，也就是不俗，而所选择的体式，则主要

---

① 周密：《齐东野语》，中华书局，1983，第211页。
② 叶适：《叶适集》卷21，第410页。

是五律，赵师秀甚至说过这样的话："一篇幸止有四十字，更增一字，吾末如之何矣。"① 其后，正如严羽在《沧浪诗话》中所指出的："同时江湖诗人多效其体。"② 不少江湖诗人追随四灵，往往都是用五律来写作的。当然，全面考察江湖诗人的诗歌创作，他们最喜欢也最擅长的诗体，一是五律，一是七绝。五律重推敲，可以满足那些才气不大，态度认真，又有极强的成名欲的诗人的要求；七绝则能够抓住一个富有情韵的瞬间，不费很大力气地写出性灵。

那么，叶适对姜夔的欣赏，主要表现在哪些方面呢？姜夔自己并没有说叶适对他"尤所赏激者"是什么，可是我们不妨对姜夔的诗歌创作进行一点清理，列表作一统计。姜夔的诗作今存一百八十七首③，据人民文学出版社 1959 年版《白石诗词集》加以统计，可以看出姜夔所用诗体如下：

五古	七古	五律	七律	五绝	六绝	七绝
45	12	11	16	10	2	91

可以看得非常明显，在所有诗体中，除了六绝之外，姜夔写得最少的就是五言律诗了。这真是一个有点奇怪的现象：作为江湖诗派的前驱，他对诗歌创作的一个方面的选择，竟然和后来通行的倾向如此不同。七言绝句倒是姜夔所比较喜欢的，差不多占他所作诗总和的一半了。不过，叶适的激赏恐怕不能仅仅这样来理解，事实上，七绝一体，唐代有王昌龄、杜牧等，宋代有王安石、杨万里等，都长于此道，姜夔当然写得也不错，但若说能够到达什么样的超越性，也很难说。再说，叶适对四灵等人的鼓励，主要是他们能够复兴"唐风"，也就是中晚唐以下对五言律诗创作的追求，七绝很难代表一个时代。

个中原因还应该进一步寻找。仔细观察姜夔各体诗歌的创作，我们发现，他特别喜欢写联章诗，在其全部创作中，共有五古联章五组，计三十四首；五律联章两组，计五首；五绝和六绝联章四组，计九首；七绝联章十一组，计五十七首。如此大的联章比例，足以说明，这正是姜夔创作的重要特点之一。

---

① 刘克庄：《野谷集序》，《后村先生大全集》卷 94，《四部丛刊初编》集部，第 1311 册，第 9 页下。

② 严羽著、郭绍虞校释：《沧浪诗话校释》，第 27 页。

③ 这个统计包括其集外诗和集外诗补遗，但姜夔还有断句三则，则不计在内。

姜夔作诗有其特定的审美追求。在《诗说》中，他曾经特别强调："作大篇尤当布置，首尾匀停，腰腹肥满。""大篇有开合，乃妙。""波澜开合，如在江湖中，一波未平，一波已作。如兵家阵，方以为正，又复是奇；方以为奇，忽复是正。出入变化，不可纪极，而法度不可乱。"① 讲"布置"，讲"开合"，针对的是"大篇"，而正如文学史所昭示的，联章在某种程度上也可以视为"大篇"，因为这样的组诗可以自成片段，构成一个彼此有机联系的整体。姜夔的这种理论认识，也被他运用到了创作中，前面所讨论的《昔游诗》，作为大型五古联章，已经可以证明这一点。其他的，如《除夜自石湖归苕溪》七绝联章诗十首，曾经得到杨万里的高度评价，誉之为"有裁云缝雾之妙思，敲金戛玉之奇声"②，后一句是说其音节，前一句则正是夸其结构。这一组诗，将离别之悲，归家之喜，无成之叹，性情之幽，多个方面融为一个有机的整体，杜子庄在讨论这一组诗时，就特别从结构的角度入手。如论第五首："这首诗是上一首的续作。当他觉察到'小窗春色入灯花'的美好愿望，并不可能实现，便一心向往隐居，这是很自然的事。既然事出自然，那么这篇'组诗'的层次，也就得到很自然的安排了。所谓'井井有条''天衣无缝'。作者确实具有'裁云缝雾'的妙思，'敲金戛玉'的佳笔。"论第十首："从这组诗全部结构来说，它是全篇的总结，合上全篇的诗意。第一首是从小红开端，最后一首，仍归到小红来结尾。"③ 所论能得诗意。再如以六首七言绝句组成的《雪中六解》，陈思论其结构云："首述淳熙丙申北游濠梁之雪，终以嘉泰癸亥（按，即嘉泰四年，1204年）入越，与稼轩秋风亭观雪，其中间则沔鄂黄鹤之雪、行都吴山之雪、除夕垂虹之雪，雪虽五地，而三十年之游踪，皆以雪显。"这种以雪来贯穿三十年游踪的结构上的匠心，显然也是诗人的刻意追求。陈思最后还特别指出："与《昔游诗》同一章法。"④ 将两组同是写于晚年的诗结合起来看⑤，真是一个敏锐的

---

① 姜夔：《白石诗说》，郑文校点，人民文学出版社，1962，第28、29页。

② 姜夔著、孙玄常笺注：《姜白石诗集笺注》，第174页。

③ 杜子庄：《姜白石诗词》，江西人民出版社，1981，第79、84页。

④ 陈思：《白石年谱》，《北京图书馆藏珍本年谱丛刊》第33册，北京图书馆出版社，1999，第244页。

⑤ 陈思《白石年谱》系此六首诗于开禧元年（1205），见《北京图书馆藏珍本年谱丛刊》第33册，第244页。

观察。

至此，就可以试着回答上面的问题了。叶适对姜夔的称赞，应该是从整体上着眼的，指的是姜夔的"思力"，而这个"思力"，在很大程度上就是从联章诗上体现出来，不管是五古联章，还是七绝联章。而这一点，又和一般的江湖诗人极大地区别了开来，因为江湖诗人大多只写小诗。在这个意义上，他是一个被通行的江湖诗派特色所限制不住的诗人。而他之所以被江湖诗派限制不住，之所以在创作中体现出这样的思力，与他对杜甫的学习，特别是有意识地写大篇，是分不开的。

五、从《昔游诗》看姜夔直接学杜的创作追求

姜夔《白石道人诗集》卷首有其自叙，陈述自己的学诗历程："近过梁溪，见尤延之先生，问余诗自谁氏。余对以异时泛阅众作，已而病其驳如也。三熏三沐师黄太史氏，居数年，一语噤不敢吐，始大悟学即病，顾不若无所学之为得，虽黄诗亦偃然高卧矣。"姜夔拜访尤袤，夏承焘认为是在其四十多岁时，这正是《昔游诗》创作的时期。① 确定这一点，对于理解《昔游诗》等作品在姜夔诗歌创作历程中的意义，非常有帮助。

考察南宋一些重要诗人的创作历程，往往有一个共同的特色，即从江西入手，后来跳出江西，致力于发展自己的面目，如陆游、杨万里，都是如此。但是，其实宋代所有的诗人心中，都还有一个非常崇高的形象，这就是杜甫。杜甫在文学史上至高无上的诗圣地位，如人们所共同承认的，实际上是宋代才真正建立起来的。所以，无论是哪一派，往往都声称学习杜甫。我曾经指出，南宋诗人，无论是江西诗派，还是江湖诗派，他们学诗，有一个共同特点，即注重阶段和梯级。他们认为杜甫是非常神圣崇高的，但这个标准太高，因此要通过一定的过程才能达到。江西诗派是要通过学习黄庭坚进而走向杜甫，江湖诗派则希望通过学习晚唐诗，进而走向

---

① 姜夔之语见其《诗集自叙》，《姜白石诗集笺注》，第 1 页。夏承焘语见其《论姜白石的词风》，《姜白石词编年笺校》，第 3 页。

杜甫。在终极目标上，江西和江湖二派并无根本的不同①。

在这个意义上，姜夔宣称自己不愿意再学习黄庭坚，就有了特殊的意义。《昔游诗》告诉我们，所谓"一语噤不敢吐"，并不是说黄庭坚有什么不好，而是要和其他江西诗人区隔开来。作为从江西诗派入手的诗人，姜夔非常知道学习黄庭坚的目的，是以此作为门径，向上再进一步，达到杜甫的境界。显然，经过创作的实践和理论反思，他明白了一个道理，既然最终的目标是杜甫，何不单刀直入，直达老杜境界？黄庭坚也并非一道绕不过去的门槛，关键在于是否具备了这样的准备和能力。学界曾经关注过姜夔与严羽的关系，认为二者有一定的传承关系②。严羽论诗提倡"入门须正，立志须高，以汉魏晋盛唐为师，不作开元天宝以下人物"③，指出应该取法乎上。也许，姜夔《昔游诗》一类作品所进行的艺术追求，正是从创作实践上，给了严羽直接的启发。而且，我们知道，严羽在评价四灵时，曾经这样说："近世赵紫芝、翁灵舒辈独喜贾岛、姚合之诗，稍稍复就清苦之风。江湖诗人多效其体，一时自谓之唐宗，不知止入声闻、辟支之果，岂盛唐诸公大乘正法眼者哉！"④ 这就和早一些的叶适接续了起来。早期姜夔的长，正好也对照出后来四灵的短。

这样，作为从江西诗派起步的诗人，姜夔以自己的气度就和同时的江西后学区别了开来，体现出一种超越的精神。其实，与此同时，在这一点上，他也和当时的江湖诗人区别了开来。江湖诗人的创作倾向的形成是一个过程，他们号称学习晚唐，是希望从学习晚唐而到达杜甫，对此，姜夔非常了解，他在创作中跳过晚唐，直接承杜，也就使他超越了江湖诗派。事实上，姜夔的生活方式虽然和江湖诗人有着很多相似之处，他居住在杭州时，也难免有游走豪门之举，有时过着干谒的生活，但他却能随缘自适，保持平静的内心，在俗的生活中，体现出雅的意蕴，与很多江湖诗人都有很大区别。因此，尽管姜夔诗学打上了江西的深刻烙印，尽管姜夔

① 参看拙著：《江湖诗派研究》第 6 章《诗歌渊源——关于江湖诗派学晚唐的若干问题》，第 172—191 页。

② 关于姜夔对严羽诗歌理论的影响，汪洋曾有《论姜夔对严羽诗学思想的影响》一文，载《苏州教育学院学报》2008 年第 3 期。

③ 严羽著、郭绍虞校释：《沧浪诗话校释》，第 1 页。

④ 同上书，第 27 页。

被许多批评家认为是江湖诗派中的人物，但是，他的创作，至少在某些特定的方面，是超越这两个流派的。他的同时代人陈郁已经觉察到了这一点，在其《藏一话腴》中就指出："姜尧章奇声逸响，卒多天然自成一家，不随近体。"① 这个"不随近体"，说的也就是他的独特性。

六、总结

至此，我们可以对本文所讨论的问题做一总结。

第一，姜夔的《昔游诗》是一组在结构上有主观追求的联章诗，作品将二十多年的生活用纪行的方式体现出来，特别突出了湖南和江淮之游，体现了姜夔在创作上的追求。姜夔一生非常喜欢写联章诗，其思想和艺术动机均与此相关。

第二，姜夔的联章诗创作受到了杜甫的深刻影响。和其他宋代文学批评家一样，姜夔对杜甫的评价很高，他也很关注诗歌创作在结构上的追求，而杜甫正是一个公认的在艺术上精益求精的诗人，杜甫创作联章诗的成就举世瞩目，姜夔从他那里得到借鉴，原是非常自然的事。不过，姜夔学习前人，并非亦步亦趋，他也有自己独特的发展，主要体现在写水路、写人物和写与水路相关的体验等。

第三，姜夔虽然号称是江湖诗派的先驱，但从创作联章诗的角度看，他实际上在江湖诗派中是一个非常独特的存在，尤其是他创作了如此大型的五古联章诗，在江湖诗派中，差不多绝无仅有，其中所体现的思力，与杜甫的影响不无关系。

第四，姜夔学诗从江西诗派入，虽然他声称自己经过反思，已经抛弃江西诗派，进入无所依傍的境界，但早年的江西痕迹不可能完全消失。不过，他通过自己的探索，发现了江西诗派的弱点。南宋江西诗人往往通过学习黄庭坚来学习杜甫，姜夔则认为，可以直接到达杜甫，不必经过一个过渡，因此，他的《昔游诗》就体现出直通杜甫的气度。这样，也就与同时江西诗人区别了开来。另外，姜夔又是江湖诗派的先驱，而江湖诗派往往通过学习晚唐来学杜，在这一点上，姜夔也同样体现了独特性。

---

① 陈郁：《藏一话腴》外编卷下，《景印文渊阁四库全书》第 865 册，第 568 页。

闺阁的观物之眼

——论清代女诗人的咏物诗

咏物诗在中国文学中有着悠久的传统。清代女作家辈出，受这种传统的熏陶，也多有创作，而且体现出一定的时代特色、性别特色和个人特色。和男作家一样，咏物诗往往是人们观察一个女诗人是否有才的重要标准之一。比如汪端七岁时，应其父之命作咏春雪诗，颇得激赏，甚至为其获得"小韫"的号，以为可比南朝著名女诗人谢道韫。其诗题为《家大人命同诸兄伯姊咏春雪》："寒意迟初燕，春声静早鸦。未应吟柳絮，渐欲点桃花。微湿融鸳瓦，新泥殢钿车。何如谢道韫，群从咏芳华。"① 这首被视为神童所作的诗，紧扣"春"字，写天气渐暖之时的雪。气候尚寒，燕子未回，乌鸦也安静，没有啼鸣。柳絮语带双关，既有谢道韫"未若柳絮因风起"之意，又实写此时柳絮尚未纷飞，同时，春天的雪较湿，大都落地即化，也较难和柳絮类比。这样的写法，意蕴丰富，又具有启发性。桃花是早春的花卉，以之配春雪，自是非常应时。下面两句都是从天气之暖，春雪之湿入手。由于天气和暖，所以雪飘落下来，落在鸳瓦之上，只是使其湿润而已；而车行路上，也由于落雪滋润，地面松软，车轮驶过，将泥土翻起，是谓新泥。中间四句，紧紧抓住春雪的特点，写得非常真切、生动，出自一个七岁女童之手，当然令人惊奇。所以，其众口传诵，不胫而走，也是题中应有之义。

一、耳目之间的日常

咏物诗的题材，随社会生活和文学观念的发展变化，不同的时代，会有不同的

---

① 汪端:《自然好学斋诗钞》卷1，胡晓明、彭国忠主编:《江南女性别集》第2编，黄山书社，2010，第329页。

情况。总的来看，是不断扩大的。

在文学史发展的过程中，咏物诗大致上形成了一定的传统，清代女诗人的许多作品都是在这一传统中的，她们站在文学史的高度来从事创作，并没有很明显的性别意识。如钱孟钿有《斋中杂咏八首效梅村作》①，分咏焦桐、旧剑、蠹简、敝裘、尘镜、残尊、破砚、断碑，如题所示，就是效仿吴伟业的，反映了士大夫的一种审美趣味。另如骆绮兰有《女伴中有以香奁杂咏诗见示者戏为广之得十六首》，所咏分别是钗、钏、耳环、指环、粉、脂、黛、香、髻、帕、鞋、裙、针、线、绣床、镜②，但这样的诗，部分在清代往往已经成为诗坛共同的题材，有时也被男性诗人用来描写艳情。

但是，确实也有一些和女性日常生活相关的带有具体操作性之物，如钱孟钿《长日多暇，手制饼饵糕糍之属饷署中亲串，辄缀小诗，得绝句三十首》。这三十首作品所咏之物非常有特色，分别是麦粥、炊饼、玫瑰糕、腐羹、松黄饵、薄持（即薄饼）、绉纱馄饨、藕粉、蝴蝶面、和鲭饭、薄荷汤丸、薏苡粥、芡实粥、松子糕、枣糕、莲子茶、菱角饺、马蹄酥、杏酪、春卷、鸡炙酒、韭花合、角黍、绿豆饮、汤饼、烧麦、笼饼（俗称馒头）、胡麻粥、油浴饼、玉糁糍。钱孟钿是江苏武进人，她的这组诗给我们提供了一幅生动的江南女性家居生活餐饮的情形，不仅把日常生活艺术化了，而且也体现出女性面对自己生活的心态。

这种琐细的日常化书写，往往强调生活情境，如凌祉媛《唐多令·年糕》："切玉妙能工。香调桂米浓。快登筵、纷腻酥融。仿佛刘郎题字在，谁印取，口脂红。

佳号复谁同。年年祝岁丰。更团花、簇满盘中。市上携来纷馈饷，须买到，落灯风。（自注"上灯圆子落灯糕"，杭谚也）"③ 从年糕的切制，写到其成分、颜色、形状等，还有年糕的托意，烘托的气氛，创造了一个红红火火的情境，也是一个家庭主妇的心灵活动在一个侧面的表现。

同时，这样的作品，也会涉及物之制作，以及物之功用。如陈蕴莲《自制豆腐

---

① 钱孟钿：《浣青诗草》卷 4，胡晓明、彭国忠主编：《江南女性别集》初编，黄山书社，2008，第 298—299 页。

② 骆绮兰：《听秋轩诗集》卷 2，胡晓明、彭国忠主编：《江南女性别集》第 3 编，黄山书社，2012，第 603—605 页。

③ 凌祉媛：《翠螺阁诗词稿》，《江南女性别集》初编，第 916 页。

偶成》："神仙服食少人知（自注：世传淮安王以丹药点成），倾刻丹成几转时。翠釜蒸来疑沸雪，柔荑捧处并凝脂。膏粱杂遝腥堪厌，水乳交融淡可思。解得割云餐玉法，一标何必认茅茨。"① 从神话传说写起，然后写制作过程。将纤柔之手和洁白如沸雪、凝脂的豆腐并置，非常巧妙。接着再从食用上写，首先和"膏粱"作对比，后者不免腥膻之气，反不如豆腐的清淡更加养生。粗茶淡饭，也能吃出意蕴，知足常乐，就是最好的生活。陈氏用了"翠釜"这个表示精美炊器的意象，来显示蒸的烹饪过程，这或者也和女性的具体生活体验有关。在这个方面，王贞仪的《咏冰鲜鱼》可能更为突出："腥风过晓市，贩艇上冰鲜。名胜斑鳞鳜，形殊缩项鳊。性柔灰用洗，肉散线扶联。去甲还留肋，抽丁更漉涎。不须羹作鲙，独可腊成腒。葱汁微微入，芹芽细细煎。何妨食餐顿，端觉异肥膻。自是嘉鱼品，应教列馔前。"② 所谓冰鲜鱼，至少在宋代就已经出现了。这首诗从购买，到清洗、整治、烹调、享用，写了完整的过程，非常细致，不厌其烦，也是家庭主妇日常生活的真实记载。

耳目之间的日常化书写是清代不少女诗人的审美追求，体现了她们期待将生活艺术化的愿望。咏物诗只是其中的一方面，如果将视野放宽，将与此相关的作品加以对读，当能看得更为清楚。如章婉仪《除夕》③ 写出了一个家庭主妇眼中的除夕，充满喜气，充满天伦之乐。她自己非常忙碌，不仅做各种安排，更深深陶醉在全家团聚的气氛中。全诗的写作手法，有点模仿《木兰辞》中木兰从军归来后全家的欢乐举止，分别写新妇偕儿、大女和二女偕婿、爷爷抱着小孙子……这一切都从主妇的眼中看出，就有着非常生动的故事，串起她的生活。

二、新事物与新眼光

贴近日常生活是女诗人创作的重要特色之一。但是，日常化的题材虽然也有其

---

① 陈蕴莲：《信芳阁诗草》卷 4，《江南女性别集》第 3 编，第 474 页。

② 王贞仪：《德风亭初集》卷 10，《丛书集成续编》第 193 册，新文丰出版公司，1988，第 421 页。

③ 章婉仪：《紫藤萝吟馆遗集》，《江南女性别集》初编，第 1306—1307 页。

新奇的一面，毕竟过于琐细，所以她们也往往扩大眼界，选择一些较为少见之物加以吟咏。如钱孟钿《哈密瓜》："我闻祁连山，乃在西北极。汉武元鼎年，始得通中国。漠漠云下田，离离翻翠陌。遗此径尺瓜，种自蓬莱得。玉蔓饮冰霜，素肌老风格。入口战齿牙，沁脾凛肝膈。崖蜜已输甘，香橙当避席。保此岁寒姿，如逢耐久客。"① 哈密的甜瓜虽然在东汉永平年间就成为进贡的奇异瓜种了，但据清《新疆回部志》云："自康熙初，哈密投诚，此瓜始入贡，谓之哈密瓜。"② 可见这在当时还是一个较为新鲜的事物。其形是"玉蔓""素肌"，而根据成熟期的不同，有夏瓜和冬瓜之分，此处写"入口战齿牙，沁脾凛肝膈"，或指冬瓜。哈密瓜的标志是甜，所以又和崖蜜、香橙加以对照："崖蜜已输甘，香橙当避席。"这种描写，也算紧贴时代了。

明末清初以降，尽管统治者总的方针仍然是闭关锁国，但在一些特定的时期，和海外还是有相当程度的交流。海外的新事物，尤其是西洋的新事物不断传入，既开阔了人们的眼界，也为文学提供了更多的素材。

来自西洋的物件，见之于歌咏，明清之际就已经有不少了，有清一代，一直绵延不绝，在男作家的创作中，已经成为重要的一个类型。清代前期，大约是咏自鸣钟、千里镜等为多，中期以后，更为丰富。女作家对这一类题材的歌咏，也大致上体现着此一轨迹。

千里镜发明于17世纪初，不久就被带到中国，主要具有军事的价值，但在一般人心目中，却没有那么复杂。清初著名作家李渔在其小说《十二楼》的《夏宜楼》一篇中，描述了千里镜的结构和原理："此镜（千里镜）用大小数管，粗细不一。细者纳于粗者之中，欲使其可放可收，随伸随缩。所谓千里镜者，即嵌于管之两头，取以视远，无遮不到。千里二字虽属过称，未必果能由吴视越，坐秦观楚，然试千百里之内，便自不觉其诬。"③ 当然，在这篇小说中，千里镜既没有用于军事，也更没有用来观测天空，而是以此为媒介，铺叙了瞿吉人和娴娴的一段爱情故

① 钱孟钿：《浣青续草》，《江南女性别集》初编，第364页。

② 永贵、苏尔德：《新疆回部志》卷2，《四库未收书辑刊》第9辑，据清乾隆五十九年南屏理抄本，第7册，第776页。

③ 李渔：《十二楼》卷4《夏宜楼》，《李渔全集》第9卷，浙江古籍出版社，1991，第83页。

事，主要是男主人公以此来窥视心上人，但足以说明千里镜在社会上已经有所传播。

清代闺阁诗人也喜欢写千里镜，如乾隆年间的归懋仪有《千里镜》一诗："明镜夸千里，洋西巧制传。三峰悬华雪，九点列齐烟。望极浑河曲，光超骏足先。不烦楼更上，缩地自天然。"① 这位女诗人的创作直奔主题，写千里镜的功能和效果。诗人想象，手擎千里镜，华山的莲花、毛女、松桧三座山峰赫然入眼，连上面的积雪都清晰可见。不仅如此，诗人还想象飞腾于天空之上，在望远镜中俯瞰下界，齐州即中国的九点烟痕如在目前。思致高远，境界开阔。下面不仅继续写其望远的功能，写在古人看来象征中国北端的浑河，而且更别出心裁，引入了"光"的概念。这个"光"，就作者本身的认识能力而言，可能不是指光速，但她指出，要想到达一个目标，无论怎样快捷的骏马，也不如千里镜快。这就暗含着视觉原理。末联一反古人所说"登高望远"的道理，认为即使在地面上，仍然能够望远。这种想象力和表现力，放在同类作品中，是非常出色的。

在清人心目中，自鸣钟和千里镜有同样新奇的色彩，女诗人在创作中也时有表现。如沈彩《自鸣钟》："逸响传来花影移，青春易老遣君知。一声不到行人耳，空打相思十二时。"② 沈彩是平湖诸生陆烜侧室，作有《春雨楼集》，有乾隆四十七年（1782）刊本。陆家肯定不是《红楼梦》中贾家这样的高门大户，如果她写的自鸣钟是出自自己的生活，则或者在乾隆年间，自鸣钟已经进入一般的官宦人家了。乾隆年间，类似的作品很多，这当然和乾隆皇帝对自鸣钟表现出来的异乎寻常的热情有关，上行下效，社会上的一般人应该也对此比较关注。这首诗一开始仍然是用文学性的计时法来作对照，所谓"月移花影上栏杆"，是让古人直观地了解时间的非常好的方式，而且带有浓厚的文学气息。按照这个思路，这首诗就并不是对自鸣钟本身做出描写，而是将新的计时法纳入对时间流逝的恐惧中来书写。比较新颖的是，作者从声音入手，自鸣钟分十二个时辰报时，在作者看来，就是一种不断的提醒，每一声都提醒主人公离别的难耐，每一声都体现出相思之情，但这样的"逸响"，肯定比传统计时的沙漏、水漏之类声音要大，却只入思念之人的耳朵，不入远方之人的耳朵，所以，音声成空，更是相思成空。

---

① 归懋仪：《绣馀续草》，《江南女性别集》初编，第 653 页。

② 沈彩：《春雨楼集》卷 4，《江南女性别集》第 3 编，第 32 页。

到了晚清，从西洋传入的物事更多，在闺阁女子的笔下也多有出现。如徐南蘋《洋灯》："巧样新灯出海东，镂金刻玉最玲珑。临窗疑是朦胧月，入户何妨烂漫风。早向妆台移宝镜，免教醉眼误杯弓。心高能受羊脂洁，绛烛纱笼总欠工。"① 徐氏《绣馀吟草》前有陈诗 1934 年写的序，云其卒于甲午年（光绪二十年，1894），年四十，逆推之，知其生于咸丰五年（1855）。因此，其主要活动时间是同治和光绪年间。洋灯就是有玻璃护罩的煤油灯，海东指日本。日本全面西化之后，引进不少西方文明，有些东西也会借道进入中国。这首诗首联道其由来，赞其精美的造型。颔联先说其光：放在窗台，如月色透过；再说构造：不怕风吹。颈联写其用：早上梳妆，看得更清；醉眼蒙眬时，也由于光线明亮，不会出现杯弓蛇影这样的笑话。末二句前者写其洁净，便于使用，心同芯。后者以传统的"绛烛纱笼"作对比，承认效果不如这个洋灯。这首咏物诗形神兼备，非常工稳。《绣馀吟草》通篇有濮文暹（青士）所作的评点，对这一首诗的评语是："咏物诗颇能工切。"

三、物之内蕴与寄托

批评家基本上达成共识，咏物诗创作的高境是有寄托。女诗人基本上是纯任性灵的写作者，她们听从心灵的呼唤，在创作咏物诗时，不一定刻意追求寄托，因此，很多作品只是就物写物（其实，不少男诗人的咏物诗也一样）。但是，整个诗坛毕竟是一个共同的场域，而且女诗人的创作本来也和男诗人的创作有着千丝万缕的联系，因此，她们在创作咏物诗的时候，仍然会对寄托有所追求。

这些咏物诗中的寄托，主要是传达出一种理趣，是从物理而见出的"人理"。如陈尔士《木槿》："木槿花，朝开暮乃落。莫惜韶光不久长，明发花开仍绰约。松寿千年忽作薪，竹茂一林俄扫箨。物情修短那须论，天意荣枯终有托。君不见，月纪冀莽岁纪桐，此花纪日将无同！"② 木槿花朝开暮落，一般来说，自然会引起善感的诗人的慨叹，但是，陈尔士却就此写出了别样的情怀，认为不要为其韶光不久而

---

① 徐南蘋：《绣馀吟草》，民国二十三年铅印本，第 12 页上—12 页下。
② 陈尔士：《听松楼遗稿》卷 4，《江南女性别集》初编，第 620 页。

叹息，因为今天虽然凋落，明天仍然会开得非常鲜艳。为此，她以长青的松竹作为对照物：松树虽然寿至千年，但一朝被人砍伐，仍然只能作为柴火；竹林虽然茂盛，也会一下子被芟除殆尽。所以，寿命的长短并不是绝对的，是荣是枯，不过是天意而已。那么，这样看来，蓂这种瑞草，每月一日开始长成一片荚，至月半而长了十五片，然后每日落去一荚，此即所谓"月纪"。至于梧桐，则是属于落叶乔木，每年一落叶，此即所谓"岁纪"。一个是"月纪"，一个是"岁纪"，当然看起来比木槿花要长，但在作者心目中，其实并没有什么区别，所以她指出："此花纪日将无同。"这个意思其实是来自《庄子·逍遥游》，正如晋代的向秀、郭象《逍遥义》所指出的："夫大鹏之上九万。尺鷃之起榆枋，小大虽差，各任其性，苟当其分，逍遥一也。然物之芸芸，同资有待，得其所待，然后逍遥耳。唯圣人与物冥而循大变，为能无待而常通。岂独自通而已？又从有待者不失其所待，不失则同于大通矣。"① 陈尔士通过对木槿花的刻画，有其特定的思致。

有时，奇特之物也可以生发奇妙之思，如张纶英有《咏秋梅》，写秋天到来，气候尚未特别寒冷，桂花发出浓烈的香气，菊花或红或紫，竞相绽放，都适得其时。但在这个时候，庭院中的两棵梅树却突然开花了，梅花一般是冬末春初开花的植物，如今非时而开，难免使人惊诧，不知主祥还是主灾。诗人于是发出一番感慨。她说，"托身群卉中，桃李耻相逐。艰难历岁寒，冰雪閟空谷。春风气一舒，寂寂众芳伏。独立谁为伍，孤高避时目。名园幸移植，和气播林麓。及兹万景清，倾吐展蕴蓄。澄怀洽素节，真赏契心曲。谁能参化工，择时畅所欲。金天消肃杀，玉露润芳馥"。梅花耻与桃李相争，艰难地度过寒冷的冬天，春风拂煦，和气舒展之时，竞相开放，使得众芳都匍匐于脚下。但也正因为此，傲然孤高，不免有忤于时，于是选择在这万象清肃之际开放，畅达地倾诉了心中的蕴蓄，参透了化工，而此时能够欣赏的人，就是所谓的"真赏"。当然，秋梅也不是没有伙伴，"挥麈挹幽兰，褰裳倚修竹"②，这里有幽兰，也有修竹，所谓志同道合，尽在于此。魏晋南北朝时，有陆凯作梅花诗："江南无所有，聊寄一枝春。"③ 春天能够折枝相寄，秋天难道不可以？心灵相通的人，一定能够体会到这一片秋心。通过这首诗，诗人所表

---

① 郭庆藩撰、王孝鱼点校：《庄子集释》，中华书局，1978，第 1 页。

② 张纶英：《绿槐书屋诗稿》卷 3，《江南女性别集》初编，第 1125 页。

③ 逯钦立编：《先秦汉魏晋南北朝诗》，中华书局，1983，第 1204 页。

达的是一种离群独立的情怀，一种尽管不为世人理解，仍然坚持本心的情操。

当然，物不仅具有当下的意蕴，有时也会融入历史情境，如归懋仪的三首《鲜荔词》："果中荔枝堪为王，闽中状元尤称良。谁知相隔三千里，到手犹带风露香。""鲸波不起海雾澄，风帆万里矜飞腾。递来一颗冷于雪，不数五月金盘冰。""绘图作谱传昔贤，总为口腹谋芳鲜。须知是物系兴替，啖罢忽思天宝年。"① 荔枝以产于福建者较著名，自唐以来即为贡品。宋代蔡襄曾撰《荔枝谱》，专门介绍福建的荔枝。诗中写福建的荔枝之美味，五月间食之，更加享受，而特别强调的是路途遥远，运送不易，所以先说相隔三千里，再说风帆飞腾，其中的鲸波海雾，更增添了道途困难的想象。但既然着眼点落在了距离上，则自然而然就会产生历史的联想。杜牧《过华清宫绝句三首》之一："长安回望绣成堆，山顶千门次第开。一骑红尘妃子笑，无人知是荔枝来。"② 《唐国史补》："杨贵妃生于蜀，好食荔枝，南海所生，尤胜蜀者，故每岁飞驰以进。"③ 杨贵妃所食荔枝是否产于南海，后人有所辨析，但确有不少人是这样看待的，因此文学描写的事，不必太过较真。归懋仪由荔枝的美味，想到其来之不易，而贪图口腹之欲，又有历史的教训，这可能只是一瞬间的联想，不一定和作者本人有什么关系。沟通这一联想的，就是荔枝的美味，以及长距离的运送。这实际上是一种历史记忆，咏物时自然而然地进入笔下。

所以，尽管对于女诗人那些我手写我心的作品，批评家们都会大加赞赏，但若有寄托之意，也会认为需要特别提出来。像谢章铤就很称赞杨蕴辉的咏物诗④，他举了三首诗作为例子，其中有《落叶》四首之一和《竹帘》：

> 天高银汉夜澄清，万树纷飞落叶声。坠地便成无用物，因风时作不平鸣。
> 园林剪绿东皇意，沟水流红怨女情。几日边城秋信早，有人欹枕数长更。

> 轻匀雅倩剪刀裁，裔本龙孙脱旧胎。明眼中分疏密意，虚心早具卷舒才。
> 晓窗待燕临风挂，静院焚香带月开。几案生凉波漾绿，潇湘咫尺送秋来。⑤

---

① 归懋仪：《绣馀续草》，《江南女性别集》初编，第746页。
② 杜牧著、冯集梧注、陈成校点：《杜牧诗集》卷2，上海古籍出版社，2015，第126—127页。
③ 李肇：《唐国史补》，中华书局，1991，第35页。
④ 谢章铤：《吟香室诗草序》，《江南女性别集》第3编，第561页。
⑤ 杨蕴辉：《吟香室诗草》卷上，《江南女性别集》第3编，第593—594页。

《落叶》中"坠地"二句写出落叶的悲哀和倔强，令人想到宋祁著名《落花》诗中的"将飞更作回风舞，已落犹成半面妆"①。只是落叶更为卑微，虽然无用，仍然并不放弃。《竹帘》的寄意从竹子传统意象的虚心而来，但又不限于此。写竹帘，重在其用，所以，有疏有密，无不合宜。竹子虚心有节，自然常是士大夫歌颂的对象，而杨蕴辉所谓的虚心，则不仅是一种品格，更是一种才能。卷疏有致，也就是收放自如，有张有弛，这些，都是由于其虚。这种表达非常巧妙，也体现了对传统意象有意出新的追求。

特别应该指出的是，女诗人的咏物诗还往往有着身份的对应。中国传统社会对女性在思想、道德、行为上都有一定的规范，主要要求柔顺、内敛。这样一种观念，在其咏物之作中也会有所体现。如对花卉的歌咏，虽然清代女诗人的笔下写了各种各样的花，也都在其中赋予了特定的感情，但相对而言，她们往往对那些较为素淡的花给予了特别的关注。像乾隆年间丹徒鲍之兰有《一草亭咏物诗十七首》②，其中就有十一首是素淡之花。

在咏物诗中，荷花是常见的题材，无论是红色的荷花还是白色的荷花，都能导向崇高的品格。但女诗人们常把红荷和白荷并写，如戚桂裳的《白荷》："缟袂凌波似洛仙，亭亭雅态尽嫣然。泥途托迹能全洁，冰雪成姿肯斗妍。月到方塘空色相，云低曲院共澄鲜。铅华洗尽标清格，不借红妆乞俗怜。"③ 虽然还是传统的出淤泥而不染的情怀，但描写白荷花，为突出其色，就以凌波仙子水仙花作比，以冰雪之姿来形容，以月色笼罩，全无色相来衬托。最后两句，将红荷作为参照物，赞美白荷洗尽铅华的格调，其思路和唐代秦韬玉《贫女》中"谁爱风流高格调，共怜时世俭梳妆"④ 一样，也是批判世人不能欣赏平实清新之美，带有讽世的意味。至于董宝鸿的《看白莲花》："不看红莲看白莲，冰魄粉骨自天然。清能解语心偏苦，香到无痕月忽圆。素影动摇波濯濯，玉容静立叶田田。此花修洁人应信，神品廉明类水仙。"⑤ 就更明确地和红莲进行对比，指出白莲天然的"冰魄粉骨"胜于红莲。月

---

① 北京大学古文献研究所编：《全宋诗》第 4 册，北京大学出版社，1997，第 2441 页。

② 鲍之兰：《起云阁诗钞》卷 1，《江南女性别集》第 3 编，第 170—173 页。

③ 戚桂裳：《东鞏集》，《江南女性别集》初编，第 1144—1145 页。

④ 中华书局编辑部点校：《全唐诗（增订本）》卷 670，第 7719 页。

⑤ 董宝鸿：《饮香阁诗钞》，《江南女性别集》初编，第 941 页。

圆之夜，香气袭来，全无痕迹，一点也不张扬。波光荡漾中，素影动摇，"净植"之色，立于一片荷叶之中，更加赏心悦目。从而认为此花"修洁"的品格，只有水仙可以相提并论，而水仙也正是呈素淡之色的。

女诗人咏物诗提倡淡雅，背后有她们的生活逻辑，正如章婉仪《自上海至九江就途中所见与外子闲话外子并扩所闻援笔汇为长歌》中所写："于今风气浮靡，正如江河日下流汤汤。所以不愿文绣，不愿膏粱，但愿戒奢崇俭，本吾素菜根，香与书生长，儿曹慎听毋相忘。"① 崇节俭，戒奢靡，平平淡淡，诗书生涯，才是真正的人生理想。亦如梁兰漪《自适》所写："五亩吾何有，园堪种芋饶。莺花随烂漫，风雨任昏朝。古帖教儿仿，山柴使婢樵。静中有真趣，合璧近繁嚣。"②

四、形神虚实之间

咏物诗的主要手法很多是从赋而来，而赋法需要处理形神虚实的问题。所谓形神虚实，表现在作品里，可以有不同的追求，但总的来说，人们大都认为，单纯传形，或写得过实，都不算高境。试以钱孟钿《素心兰》为例："自是烟霞侣，相怜竟体亲。含情共秋水，写怨亦骚人。尘世余清梦，湘流得远神。空山容卜宅，澹荡见吾真。"③ 其中完全不涉及兰的形貌，而是从屈原写兰入手，重在表现其怨、其神，注重的是侧面烘托。

北宋年间，欧阳修在聚星堂以禁体物语写咏雪诗，后来苏轼和了两首，成为白战体的代表性作品，尤以苏轼的第二首，完全脱去依傍，从侧面烘托，来展示雪的世界，历来为人们所津津乐道。清代女诗人也注意到了苏轼的这种创造，不仅个人多有创作，而且将其纳入群体活动中，如陈兰徽写有《咏雪用聚星堂禁体韵》，归

---

① 章婉仪：《紫藤萝吟馆遗集》，《江南女性别集》初编，第1300页。

② 梁兰漪：《畹香楼诗稿》卷1，《江南女性别集》第2编，第101页。当然，女诗人选择素淡之花，展示素雅的情趣，并不意味着她们否定其他颜色的花。事实上，在表达"天然"这个概念时，其他颜色的花卉也能充任，本文所言，只是指出一个特别的倾向，不能一概而论。

③ 钱孟钿：《浣青诗草》卷1，《江南女性别集》初编，第231页。

懋仪有和作，题为《咏雪用聚星堂禁体韵和遣闲草中作》，诗中所创造的对于雪的暗示，很有其个人的特色，特别是，她试图将雪和梅这两个以往作品之中常常放在一起的意象合而写之，从"却嫌沁骨暗香来，苔滑斜枝不可折"，到结尾处的"寄语花间作赋人，广平应变心如铁"，都是如此，这就在苏轼原来的场域中，加入了新的境界。当年苏轼作此诗，虽然是向其老师欧阳修致敬，但未尝不暗含着竞争的意识。从陈、归二人的唱和来看，似乎也不能否定这种情形的存在。进一步说，如果这样的创作确实有着竞争意识的话，则前者是隔代，后者是当代，无疑吸引了圈子中的更多关注。

这一类的作品，追求遗貌取神，全在虚空腾挪，难度很大。有的作家就把这样的创作带入家庭，成为家庭文学活动的一个组成部分。戴小琼的集子里收录了一首她和丈夫沈涛的联句之作《十月十四日雪与西雍联句用东坡聚星堂韵》：

> 屋角云荒风卷叶（涛），密霰才飘旋吹雪。零星鸦影偎乱翻（小琼），瑟缩乌栖饥欲绝。已占宿麦来岁肥（涛），愁见枯枝今夜折。稍稍漫空势转盛（小琼），点点著地迹尚灭。冷砚敲铿老瓦碎（涛），湿苇疗寒僵手掣。无钱沽酒聊脱衣（小琼），肌粟皮皴皱生缬。独与妇饮足御穷（涛），好共戎谈似霏屑。打窗时听爬沙频（小琼），推户俄惊洒汁瞥。读书怕受孙康冻（涛），煨芋懒从阿师说。且须泥醉一炉春（小琼），差胜萤拳三尺铁（涛）。①

白战体在技术上有着严格的要求，尤其是苏轼这一首，追求一无依傍，既不用各种表达雪的色彩、形态、动作、故事的词，又不用各色人等面对落雪的行为和心态等作为衬托，而是尽量用暗示之笔。要做到这一点，需要刻意精思，创作中，要有通盘考虑。所以，从事创作时，有很强的个人性。倘若进行联句，既要考虑自己，又要呼应对方，相当不容易。即使从这个角度看，这篇作品在中国文学史上就已经可以占有一席之地。首先，他们基本上避开了欧苏禁令所禁的那些字。其次，他们努力在苏轼所提供的那些暗示性场景之外，再挖掘一些新的表现，如"稍稍漫空势转盛，点点著地迹尚灭""打窗时听爬沙频，推户俄惊洒汁瞥"，都新颖可喜。再次，

---

① 戴小琼：《华影吹笙阁遗稿》，《江南女性别集》初编，第814页。

用典故而令人浑然不觉，而且有刻意的追求，如"冷砚敲铿老瓦碎，湿苇疗寒僵手挲。无钱沽酒聊脱衣，肌粟皮皴皱生缬"。这几句看似直接描写，实际上里面有语典在。如"湿苇"，就出自苏轼《寒食雨》之二："空庖煮寒菜，破灶烧湿苇。"① "无钱"句，就出自苏轼《和陶饮酒二十首》之七："顷者大雪年，海派翻玉英。有士常痛饮，饥寒见真情。床头有败榼，孤坐时一倾。未能平体粟，且复浇肠鸣。脱衣裹冻酒，每醉念此生。"② 和苏而又从苏轼其他作品中有所撷取，类似以苏证苏，且用得使人不觉。最后，严格地说，诗中并未完全摆脱以各色人等面对落雪的行为或姿态来写雪的窠臼，但一则此类较少，二则在欧苏传统中又有开掘，如"读书怕受孙康冻，煨芋懒从阿师说"，前句是说孙康映雪读书之事，但一个"怕"字，语带调侃，既说明天气之冷，无法映雪读书，也或者暗示，这种读书实际上不具有可操作性。后句出自《天如惟则禅师语录》："雪中客至煨芋作供次，示众：懒残捉我芋头煨，羡我深居似大梅。有客无端来借问，一花五叶几时开。苏州呆，苏州呆。门外雪成堆。彻骨还他冻一回。"③ 是说唐代诗僧懒残的故事。这种写法，都是希望在欧苏之外，别有选择。

从这些例子中，显然可以发现，追求咏物诗创作的难度，已经成为女诗人群体的一种自觉追求。沿袭旧题材固然是一个方面，书写新题材也是一个方面。周曰蕙有咏绿凤仙花四首④，得到袁萼仙的激赏，她读了之后，有段跋语："诗之咏物本难，至咏水仙而拘以绿色，则难之尤难。若过于数典，失之穿凿；过于高超，失之脱离。意在不凿不离之间，方称妙手。今佩兮夫人咏律四章，运典无痕，造词入妙，正所谓'思入风云变态中'也。吾知此诗一出，定传遍大江南北。尚冀兰闺名媛各和瑶章，同镌一集，以志林下之佳话耳。"⑤

袁萼仙字素梅，元和人，布政司经历戈宙襄室，诸生戈载母，著有《疏影暗香

---

① 苏轼撰、王文诰辑注、孔凡礼点校：《苏轼诗集》卷21，第1113页。

② 苏轼撰、王文诰辑注、孔凡礼点校：《苏轼诗集》卷35，第1885页。

③ 天如惟则：《天如惟则禅师语录》卷1，《禅宗全书》语录部14，第49册，文殊文化有限公司，1989，第16页。

④ 周曰蕙：《树香阁遗草·绿凤仙花唱和诗》，胡晓明、彭国忠主编：《江南女性别集》第5编，黄山书社，2018，第1290—1291页。

⑤ 周曰蕙：《树香阁遗草·绿凤仙花唱和诗》，《江南女性别集》第5编，第1291页。

楼吟稿》。袁蘩仙自己喜欢创作，也鼓励其他闺秀创作，曾为丁佩等《绣谱》作序。她自己的生活环境也是文风浓郁，女性多能为诗，如其婆婆张静芳，儿媳金玉卿，孙女戈如英和孙媳董绿英，都有诗才，所以，沈善宝称赞说："才德萃于四世，亦可钦也。"① 袁蘩仙写这段话是在道光二十四年（1844）秋天，等于是向一定范围内的女诗人发出了召唤。看来其影响力确实不小，仅仅现在能够看到的，就有十六个人参与，其中十一人分别和了四首，一人和了两首，四人联句和了四首，成为一时佳话。

袁蘩仙对周氏的赞赏，是认为其写出了咏物诗的高境。细看这四首诗，确实可以当得"不凿不离"。诗的题材是咏绿凤仙花，考察关于植物的记载，似乎没有绿色的凤仙花，所以估计是指绿萼凤仙花，即凤仙花开花时有一圈绿色叶状薄片包在花瓣外面，所以第一首有"是花似叶暗疑猜"的说法。首先看对绿的写法，就有"窗前浅色迷青草，阶上微痕蘸翠苔""尚嫌红紫多酣态，谁共芭蕉映碧衫""好与春鹦同一色，还疑幺凤是前身""莫买胭脂供点缀，只凭纨素见菁英"等，主要是用烘托对比的方式，而不是直接去写。其次看用典。对于此花本身，估计很少有现成的典故可用，因此换了一个角度。凤仙花由于其花的形状类似凤凰，因此也叫金凤花。在这个意义上，绿是其色，至于形，则从凤的角度去写。所以有"为嘱玉人箫莫弄，恐他飞上玉钗来""还疑幺凤是前身""梧桐枝老全迷影""九苞仙种真如活""着手何能夸造凤"的描写。这里面又有实和虚的区别。像"为嘱玉人箫莫弄，恐他飞上玉钗来"，是用萧史教弄玉吹箫，学凤凰的鸣声，果真将凤凰吸引下来的故事。而"梧桐枝老全迷影"句则从传说凤凰栖息于梧桐树而来。这些，都偏于虚写。九苞，凤的九种特征，后为凤的代称。所谓"还疑幺凤是前身""九苞仙种真如活""着手何能夸造凤"，都是用凤凰来作比喻，和前面两种写法比起来，显得实一些。至于"染指留痕传韵事"，可能是指"武德初，行开元通宝钱。初进样时，文德皇后掐一粉甲痕，因不复改"② 的传说。当然，这个说法在事实上经不住推敲。因为武德年间皇帝是高祖李渊，李世民还没有做皇帝，又哪来的文德皇后

---

① 沈善宝：《名媛诗话》，王英志编：《清代闺秀诗话丛刊》第 1 册，凤凰出版社，2010，第 509 页。

② 郑虔《会粹》语，见王晚霞、丁锡贤、郑瑛中主编：《郑虔传略·郑虔作品辑录》，黄山书社，1998，第 25 页。

呢？后来，有人发现了这个漏洞，将文德皇后改为太穆皇后。太穆皇后是高祖李渊的夫人窦氏，甚至还有人将文德皇后换成杨贵妃。也许是由于女子指甲是染色的，所以比附上来。至于"金谷名园何处在，花飞犹忆堕楼人"，据《晋书·石崇传》及《世说新语·仇隙》，石崇有爱妾绿珠，甚得石宠爱。时权臣司马伦有嬖臣孙秀，向石崇求绿珠，崇不许，乃力劝司马伦杀石崇。甲士到门逮捕石崇时，绿珠自坠于楼下而死。但这二句又是源自杜牧的名篇《金谷园》："繁华事散逐香尘，流水无情草自春。日暮东风怨啼鸟，落花犹似堕楼人。"① 因而巧妙地将绿（人名）和花结合到一起，用在绿凤仙花上，也非常合适。

从这个角度来看众闺秀的唱和之作，可以了解她们的创作动机，以及创作思路。前面说过，咏物诗主要是处理形神虚实的问题，下面就具体看看她们是怎样做的。

总的来说，这些作品基本上还是笼罩在原作的格局中，包括所用的意象、体现的思路等。但是她们也努力写出自己的特色。比如写绿，在原作常用的意象草、蕉、苔、梧桐等之外，主要增加了柳的意象，如改叔明："旧游湖岸痕迷柳。"李慧生："柳外独花看一色。"另外，还增加了梅的意象。不过，这个方面较为复杂。梅有绿色者，称为绿萼，这个意象正好可以和绿凤仙花放在一起，一则有颜色之同，二则以绿萼梅拟之，也见出凤仙花的高洁。如韦孟端："蕉心舒影揎轻袖，梅萼余香换薄衫。"叶琼："萼华差许称同调，梧荫才堪庇此身。"沈昭美："误将绿萼檐前坠，故唤山头青鸟来。"又有仙人萼绿华者，"年可二十。上下青衣，颜色绝整。以升平三年己未十一月十日夜降于羊权家"②。范成大《石湖梅谱》："梅花纯绿者，好事者比之九嶷仙人萼绿华云。"③ 在这个意义上，诗人们不仅要做花色的类比，也是赋予凤仙花仙气，而且，这一意象又是这样现成，这样贴切，这就无怪不少诗人不约而同地用此典。如陆惠："可是仙娥绿萼栽，蹁跹仍倚晚凉开。"韦仲雅："偶将九曲穿珠慧，咏到三生绿萼身。"丁佩："枝叶尚能供点缀，萼华原不隔仙凡。"吴蕙："绿萼华真容绝代，佩环婉转自含情。"江淑："翻疑绿萼留条脱，误认羊家

---

① 杜牧著、冯集梧注、陈成校点：《杜牧诗集》别集卷，第 339 页。

② 陶弘景：《真诰·运象篇》，[日] 吉川忠夫、麦谷邦夫编，朱越利译：《真诰校注》，中国社会科学出版社，2006，第 1 页。

③ 范成大等著、刘向培整理校点：《范村梅谱（外十二种）》，上海书店出版社，2017，第 4 页。

特又来。"这并不是偶然的，里面蕴含着立异和出新的心理动机。竹也是和作增加的意象，如李慧生："翠竹影边留别艳，碧梧阴里映秋衫。"张道恒："梦影绿迷三径竹，秋阴凉衬满阶苔。"都是用竹子的绿，来加以衬托。但竹显然也具有人格特征，如此运用，还有深意。如吴蕙："天寒日暮同修竹，翠袖翩跹倚玉人。"① 这里显然是从杜甫著名的《佳人》而来："天寒翠袖薄，日暮倚修竹。"② 作者将其加以延伸，人就是花，花就是人。

但是，有时候，和作者也完全不写绿，仿佛是希望站在更远的角度加以烘托。比如张道恒所和："婷婷闲对夕阳明，倒影花枝绘画呈。珍护珠林应入斛，艳夸瑶圃乍含英。几丛拼伴秋光老，百朵偏怜晚序生。烂漫吟边看不厌，蜂蝶猜忌总关情。"③ 这首诗完全跳脱原来的格局，草草一笔写出花枝如画之后，颔联突出其尊贵，颈联显示其秋天绽放而有格调，结以漫步花间，吟咏不倦，蜜蜂蝴蝶也流连忘返而加以映衬。既没有言其绿，也没有从风的角度联想，但尊贵而有格调，令人无法割舍，也正或多或少地和这些有所绾合，是侧面烘托。虽然不易掌握，但也可以看出创作时的同中求异心理。

更为独特的是袁萼仙等四人联句所和的四首。这四个人除了袁萼仙（字素梅）外，还有袁的儿媳金婉（字玉卿），孙媳董世蓉（字绣霞，号绿英），孙女戈陛华（字如英）。④ 人们谈到清代女性文学的时候，常说一门联吟，艳称雅事，这四首诗就形象地展示这种状况。参加者是三代人，一个诗书之家浓郁的文学气氛被生动地揭示出来。这也令人想起《红楼梦》中大观园众姐妹赋雪联句，二者都是清代闺秀生活的某种反映，只是，大观园联句咏雪是在平辈中展开的，这一组诗则是三代人共同完成，似乎更有特别的认识意义。同时，也正因为是不同辈分的人一起活动，出场的先后顺序也有讲究。从第一首看，袁萼仙起头，儿媳金婉次之，孙媳董世蓉复次，孙女戈陛华最后。后二者的排序，以孙媳在前，以孙女在后，或许反映了传统的观念：孙媳嫁进来，是自家人；孙女嫁出去，是别家人。而前后四首的顺序，

---

① 以上所引诸和作，见周曰蕙：《树香阁遗草·绿凤仙花唱和诗》，《江南女性别集》第 5 编，第 1291—1298 页。

② 杜甫著、高仁标点：《杜甫全集》卷 3，上海古籍出版社，1996，第 32 页。

③ 周曰蕙：《树香阁遗草·绿凤仙花唱和诗》，《江南女性别集》第 5 编，第 1296 页。

④ 同上书，第 1295 页。

也是这样排列，当然不是无缘无故的。至于联句的艺术，虽不一定特别精彩，倒也中规中矩。只看前后结构，也有匠心。首句袁萼仙起头，一句"九疑仙子手移栽"，就如大观园咏雪联句，第一句是王熙凤的"一夜北风起"，人们公认，虽然不一定有多了不起，但堂庑较大，为后面留下很多余地。袁氏此句也是一样，后面自可以多向发挥。第四首的最后两句，分别是孙媳董世蓉的"鸭头丽句难为继"和孙女戈陛华的"联咏珍珠写物情"，正好把和作和联吟这两件事都照顾到了，为这次活动作了完美的结束。从这个意义上看，这次具有一定规模的绿凤仙花闺秀唱和，可以作为一个范本，让我们从特定的角度，了解清代闺秀的文学生活。

五、对话意识

咏物诗有着悠久的传统，许多题材都有着很强的稳固性，因而出现了不少名篇佳作。在特定的社会形态中，人们虽然努力寻找新的题材，但毕竟生活相对稳固，一些传统题材中所蕴含的空间也激发人们去进一步探索，其中的诗意和托兴等，也如日月经天，江河行地，常能使人获得新鲜感。所以，这就不可避免地会与其他诗人展开对话。这种对话，有时是和前代人，如上一节提到的"白战体"；有时候，则是和本朝人。和本朝人的对话有时更能看出时代的氛围。

清代初年，王士祯还是一个年轻人的时候，清秋时分，曾在济南大明湖写下四首歌咏柳树的诗，一时暴得大名，传诵大江南北，和者无数。这四首诗不仅在男诗人中一直成为追和的对象，在女诗人中，也有着很大的影响力，不少人都有步韵和作，如包兰瑛《秋柳步渔洋山人韵》继承了王士祯原作的情调，不过又有自己的特色。王作通篇笼罩着巨大的幻灭感，展示了明清之际的易代在文人心灵上投下的阴影，包的时代不同了，而且作者也没有那样的感受，因此，她只是赋予了作品淡淡的忧伤，而且其中也颇有起伏，不似王作那样始终低沉。即如第一首的末联，王说"莫听临风三弄笛，玉关哀怨总难论"[1]，认为心中忧愁无法说出，无以道尽，包却

---

① 王士祯：《渔洋诗集》卷3，王士祯著、袁世硕主编：《王士祯全集》第1册，齐鲁书社，2007，第188页。

说"遮莫玉关消息冷，数声羌笛曲中论"①，认为无论怎样的忧愁，还是可以有所表达的。这已经定了基调，表示与王士禛的和而不同。因此，也可以视为与王士禛的隔代对话。

有时候，这种创作甚至被引进家族性活动中。如仲振宜有《秋柳和渔洋山人韵》②，赵笺霞也有《秋柳和渔洋山人韵》③。赵是泰州仲振奎的妻子，仲振宜的嫂嫂，这显然与她们的家族性唱和有关。这件事情被熊琏记载进了《澹仙诗话》："仲松岚解元鹤庆，其先故皋人，迁泰州。以词赋名家，成进士，官县令。……乾隆甲午，黄南村大鹤辑《秋柳诗》，松岚方掌吾邑书院，见予'半江残雨夕阳村'之句，叹赏不置。其长女御琴振宜亦和云：'谁将春信催三起，耐尽秋风又一年。'次女娴懿振宣云：'任他乱绪萦秋雨，谁理残丝入线箱。'媳赵笺霞书云云：'苏小丰姿空旖旎，谢家帘阁尚依稀。''霜中独有芳心在，风里谁知舞力绵。'时余在髫龄，今三十余年，人往风微，知己之感，不胜怅然。"④如果说王士禛当年的创作，引起大江南北如此大规模的唱和，成为广被人口的风流雅事的话，则仲氏一门的联吟，尤其是女诗人的参与，则将这件雅事赋予了新的意义。

同时，这种对话不仅通向历史，也不仅寄意当下，而且涉及了虚构作品。

《红楼梦》是曹雪芹的呕心沥血之作，其中的诗词虽然多半是代言体，但既符合人物的个性、学养、风格，又具有缀联情节的故事性。这些诗词在读者圈里获得了极大的好评，不少女性也非常喜欢，不仅经常吟哦，而且屡有和作，进行对话。书中第三十八回写贾母领着众女眷在藕香榭赏花饮酒吃螃蟹，宝玉和众姐妹分题作了十二首咏菊诗。这十二首诗很有影响力，不断引起人们探索的兴趣，黄一农认为，永恩曾在乾隆十三年（1748）或此后不久作有《菊花八咏》，与异母弟永恚唱和。其子题为访菊、对菊、种菊、簪菊、问菊、梦菊、供菊、残菊，全见于《红楼

---

① 包兰瑛：《锦霞阁诗集》卷1，《江南女性别集》初编，第1459页。

② 仲振宜：《绮泉女史遗草》，《江南女性别集》第4编，第289页。

③ 赵笺霞：《辟尘轩诗钞》，《江南女性别集》第4编，第323页。

④ 熊琏：《澹仙诗话》卷1，张寅彭选辑，吴忱、杨焄点校：《清诗话三编》，上海古籍出版社，2014，第2385页。

梦》十二题中。因此他怀疑曹雪芹的诗题是取自永恩兄弟的唱和①。可见清代较早地就有了这样的书写风气，借着《红楼梦》的影响力，又不断得到了推动。②

这种风气在闺阁诗人那里得到了充分的体现。如归懋仪有《咏菊十二律》，次序全同《红楼梦》，可见是有意识的创作。《红楼梦》中，众人品评诸菊诗，以林黛玉《咏菊》《问菊》为最，试以《咏菊》为例：

无赖诗魔昏晓侵，绕篱欹石自沉音。毫端蕴秀临霜写，口角噙香对月吟。满纸自怜题素怨，片言谁解诉秋心。一从陶令平章后，千古高风说到今。

归懋仪《咏菊》：

云飞鸟倦不开关，惟有篇章兴未闲。谁惯催诗唯白酒，无端送句又青山。交从淡泊相遭后，品在才华俱落间。悟得无言琴意永，便应笔墨一时删。③

林黛玉之诗被李纨评为第一，自是不凡。作品通篇是咏，情动于中，压抑不住，所以诗魔无赖，昏晓来侵，绕篱欹石，独自沉音。挥毫书写是咏，口中喃喃也是咏。下面又将被咏的花和咏花的人对写，见出物中有人，人中有物。最后以咏菊大家陶渊明作结，缴足题意。归懋仪的诗也紧扣咏字，但通篇是和陶渊明对话。一开篇即用陶《归去来兮辞》："云无心以出岫，鸟倦飞而知还。"④ 对于世事虽已厌倦，但写诗之兴仍未消减。颔联全用陶事。前一句见南朝宋檀道鸾《续晋阳秋》："陶潜尝九月九日无酒，宅边菊丛中，摘菊盈把，坐其侧久，望见白衣至，乃王弘送酒也，即便就酌，醉而后归（陶潜九月九日无酒，于宅边东篱下菊丛中，摘盈

---

① 黄一农：《曹雪芹卒后与其关涉之乾隆朝诗文》，《长江学术》2015 年第 4 期。

② 当然，还存在着另一种可能，就是永恩与永瑢的唱和其实也是受《红楼梦》影响，不过，这还需要细加考证。

③ 归懋仪：《绣馀续草》，《江南女性别集》初编，第 736 页。

④ 陶渊明著、逯钦立校注：《陶渊明集》卷 5，中华书局，1979，第 161 页。

把，坐其侧。未几望见一白衣人至，乃刺史王弘送酒也。即便就酌而后归）。"① 后一句指陶渊明《饮酒》中的名句："采菊东篱下，悠然见南山。"② 颈联也是人菊并写，歌咏的是淡泊和幽寂。但是，真正的咏其实是不咏，所以，末联再用陶渊明事，出自梁代萧统《陶渊明传》："渊明不解音律，而蓄无弦琴一张，每酒适，则抚弄以寄其意。"③ 从艺术感染力来说，归不如林，但另辟蹊径，从另一个角度写咏，又不离题面，颇有其自己的特色。

闺秀诗人和《红楼梦》中的诗词产生共鸣，进而以自己的创作进行对话，当然是由于身世经历或感情。陈蕴莲的《秋窗风雨夕拟春江花月夜体》④ 虽然不是咏物，但也可以从一个角度说明这个问题。《秋窗风雨夕》一诗见《红楼梦》第四十五回，黛玉和宝钗聊了一会儿，解开了心中的疙瘩，宝钗说晚上再来说话，"黛玉喝了两口稀粥，仍歪在床上。不想日未落时，天就变了，淅淅沥沥下起雨来。秋霖脉脉，阴晴不定，那天渐渐的黄昏，且阴的沉黑，兼着那雨滴竹梢，更觉凄凉。知宝钗不能来，便在灯下随便拿了一本书，却是《乐府杂稿》，有《秋闺怨》《别离怨》等词。黛玉不觉心有所感，不禁发于章句，遂成《代别离》一首，拟《春江花月夜》之格，乃名其词为《秋窗风雨夕》"⑤。全诗环绕着秋字，写秋风秋雨、秋夜秋物，展示了主人公的孤寂心态，凄苦情怀。不过，由于是出现在小说里，主人公的身世在情节的发展中都非常清楚，因此诗中只是渲染气氛，而没有涉及具体生活。陈蕴莲的诗则不同，从表面上看，就有两点最明显的立异之处：一是全诗长达四十句，比林黛玉所作整整多了一倍；二是其中除了前四句明显是模仿了原作的前四句，后面数句是抒发秋意和愁怀外，中间的部分都是在较为具体地书写个人的身世。一则写自己卖文为活，辛苦支撑家计；二则写自己疾病缠身，无人体恤；三则写丈夫无能，却还流连风月，夜夜笙歌。陈蕴莲对丈夫有着强烈的不满，当她读

---

① 檀道鸾：《续晋阳秋》，汤球、黄爽辑，乔治忠校注：《众家编年体晋史》，天津古籍出版社，1989，第 289 页。

② 陶渊明著、逯钦立校注：《陶渊明集》卷 1，第 89 页。

③ 萧统：《陶渊明传》，北京大学中文系文学史教研室编：《陶渊明资料汇编》，中华书局，2004，第 7 页。

④ 陈蕴莲：《信芳阁诗草》卷 4，《江南女性别集》第 3 编，第 475—476 页。

⑤ 曹雪芹、高鹗：《红楼梦》上册，启功等整理，中华书局，2001，第 376—377 页。

到《红楼梦》中黛玉虽然孤苦，却还有宝玉作为知音，可能是更加难以为怀吧。

六、结语

在中国文学的发展中，咏物诗有着长久的传统。清代女诗人在这个领域进行创作，必不可少地要带有前代的惯性，尤其是男诗人的创作建构，是不可忽略的资源。有些题材固然是常见的，有些借物而发的感情也有传承。

不过，清代女诗人毕竟是生活在特定的时代，也有着自己的性别意识，因此在创作取向上也有选择。其中最明显的，就是题材上，带有和她们的身份相关的日常化色彩，渗透到琐细的生活层面。与此同时，她们的创作题材也紧跟时代，描写了一些新事物，特别是对那些来自西方的新事物，表示了浓厚的兴趣，可以看出随着时代的发展，女性的视野也不断扩大。

女诗人的创作多写身边事、眼前景，往往并不刻意追求高远的情志，有些在男性诗人的咏物诗中得到关注的比兴寄托之情，她们却不一定那么敏感。但是，咏物诗长期以来建构的传统毕竟非常强大，像不滞于物、以物写怀的祈向，也是她们所深深认同的。所以，在她们的咏物诗中，也能看出她们的一些感情特征和精神追求。

群体意识是清代女诗人创作的重要特征之一。群体意识或表现在家族联吟，或表现在友朋唱和，这些在咏物诗的创作中也都体现出来了，因而一定程度上为我们还原了一个特定的"现场"。另外，一般来说，咏物诗的题材具有一定的稳定性，创作的取向和传达的感情也有趋同性，因此，怎样在创作中与前人和同时代人对话，以表现出自己的创作个性，一直以来都是诗人们很关注的问题。在这方面，女诗人们也有自己的追求。她们选取了一些特定的题材，力图发出自己的声音，让我们看到了一些新的特色。

汪辟疆及其近代诗系的建构

汪辟疆是举世公认的国学大师。其治诗学通古达今，特别对近代诗学兴趣浓厚，自青年至老年，用力甚深，成果尤为学界所称道。所谓"近代"，汪辟疆沿史家通例，断自道咸以后。他认为，道咸之后，不仅社会政治发生了巨大变化，诗学也同样如此。据此他指出："有清一代诗学，至道咸始极其变，至同光乃极其盛。"① 不过，事实上不少诗人的创作活动多延至宣统甚至民国，所以，这个时间概念，也只是一个象征性的提法。汪辟疆关于近代诗的研究成果，主要集中在《近代诗派与地域》《光宣诗坛点将录》《近代诗人小传稿》和《光宣以来诗坛旁记》等文中。

一、近代诗的价值

汪辟疆虽然没有写过现代意义上的诗史，但他心目中有一部完整的诗史存在，却是毫无疑义的，尤其对清诗，有着非常细致的辨析。他把清诗的发展分为三个时期。第一期是康雍之间，第二期为乾嘉之间。这两个时期，在汪辟疆看来，尽管形成不少热点，也有不少流派，但由于缺少自家面目，因而也就不是真正地转移诗坛风会。清诗真正有成就、有独特面目，是在第三期，也就是近代。自来学者论清诗，往往重两头，轻中间，汪辟疆却进而认为较之近代诗，不仅乾嘉之诗无足道，即康雍之诗亦多有不及，这是非常独特的见解。

汪辟疆心目中的近代诗，在时间上延续有清五朝，即道光、咸丰、同治、光绪和宣统，为时既长，因而也可分为道咸和同光（宣）两段。道咸年间，清朝由盛而衰，外有列强窥伺，内有朋党迭起，忧国忧民之士，往往着力于经世致用之学，发之于诗，风格自然发生变化，代表作家有龚自珍、魏源、陈沆、何绍基、曾国藩、

---

① 汪辟疆：《近代诗派与地域》，《汪辟疆文集》，上海古籍出版社，1988，第275页。

116

郑珍等人。延至同光（宣），国家局势不仅难追乾嘉，甚至不如道咸。所以，五十年间，诗人无论在朝在野，无论是显是达，发为歌咏，无不悯时伤乱，有文有质。同光体诗人如陈宝琛、张之洞、沈曾植、陈三立等是如此，外于同光体的诗人如黄遵宪、康有为、樊增祥、易顺鼎、王闿运、章炳麟、李慈铭、俞樾等也是如此。

当然，诗歌的创作成就和政治环境有关，却又不能完全相等。道咸以后的诗人在诗境上的探索是多方面的。汪辟疆认为，不仅"清诗之有面目可识者，当在近代"①，而且当时以学宋为主的诗人，更能以其独创性，越宋人而上之，尤其难能可贵。近代诗超越宋诗的成就主要在以下四个方面体现出来：

> 近代诸家，虽尝问途宋人，然使事但求雅切，属对只取浑成。其异一也。……力惩刻露，有惘惘不甘之情，故调高而思深，言近而旨远。其异二也。……审音辨律，斟酌唐宋之间，具抑扬顿挫之能，有谐邕不迫之趣。其异三也。……承乾嘉学术鼎盛之后，流风未泯，师承所在，学贵专门，偶出绪余，从事吟咏，莫不融铸经史，贯穿百家。……则又两宋诸诗家所未逮也。②

汪辟疆的这些看法在清末民初显得非常独特。事实上，当时学术界中不少人对有清一代诗的评价并不高。如文廷式在《闻尘偶记》中说："国朝诗学凡数变，然发声清越，寄兴深微，且未逮元明，不论唐宋也。"③ 梁启超《清代学术概论》三十一也说："以言夫诗，真可谓衰落已极。"④ 汪辟疆不仅能够看到清诗的价值所在，而且进一步从具体层面入手，揭示近代诗的特色，反映了他的识力和见解，是对文学史研究的一大贡献，在此之前，文学史上从未有人对近代诗给予这么高的评价。考虑到汪辟疆与清末民初诗人多有交往，或许不无溢美之处。但他精熟诗艺，又带有史家眼光，终非泛泛之论。当然，他的某些观点也还可以进一步讨论。如他说宋人多不学，如果是指宋人治学不如清人精深，倒是事实；指宋人处理性情和学

---

① 汪辟疆：《近代诗派与地域》，《汪辟疆文集》，第 282 页。

② 同上书，第 286—287 页。

③ 文廷式：《闻尘偶记》，转引自钱仲联：《清诗三百首》，岳麓书社，1985，第 2 页。

④ 梁启超：《清代学术概论》，《民国丛书》第 1 编，上海书店出版社，1989，第 6 册，第 169—170 页。

问在诗歌中的关系不如清人，也还恰当。但宋诗有别于唐诗的一个重要方面，就是宋人比唐人博学，因而也使得诗歌面貌发生了变化。因此，对清人来说宋人是寡学，可对唐人来说，则又可以说是博学了，似乎还应该做更细致的分疏。

二、近代诗派与地域

诗歌发展到近代号称极盛，其诗人之多，诗风之繁，构成之复杂，活动之丰富，有着鲜明的特点。汪辟疆从风格与地域的关系入手，勾勒出近代诗的整体风貌，不仅是对近代文学研究的重大贡献，而且使得整部文学史的面目也变得更为清楚起来。

汪辟疆把近代诗坛分为六派：第一是湖湘派，以王闿运为领袖，提倡汉魏六朝诗，和宋诗派相抗衡；第二是闽赣派，即同光派，以陈宝琛、郑孝胥、陈衍、陈三立为领袖，宗尚杜甫、韩愈、苏轼、黄庭坚，兼及李白、王维、白居易、柳宗元、孟郊、梅尧臣、王安石、陈师道诸家，一时羽翼呼应者甚多，成为近代声势最大的一个流派；第三是河北派，以张之洞、张佩纶、柯劭忞为领袖，张祖继、王懿荣、李刚己、严修诸人为羽翼，推崇杜甫，出入韩愈、苏轼，虽然与闽赣派宗旨相近，但一为直溯杜甫，一为取径黄庭坚，又有不同；第四是江左（江浙）派，以俞樾、金和、李慈铭、冯煦为领袖，翁同龢、陈豪、顾云、朱铭盘、周家禄诸人为羽翼，取法唐人，宗风在钱起、刘长卿、温庭筠、李商隐之间；第五为岭南派，以朱次琦、康有为、黄遵宪、丘逢甲为领袖，谭宗浚、潘飞声、丁惠康、梁启超、麦孟华诸人为羽翼，或取法杜甫沉郁之境，或学习白居易讽喻之风，致力于社会变革，多以诗歌咏叹古今，指陈得失；第六为西蜀派，以刘光第、顾印愚、赵熙、王乃征为领袖，王秉恩、杨锐、宋育仁、傅增湘、邓镕诸人为羽翼，诗歌宗尚介于唐宋之间，追求绵远的情韵。这六派覆盖了中国近代诗歌创作的主要地区，也体现了近代诗歌的主要特色与成就。

汪辟疆学诗从江西诗派入，论诗也理所当然受到江西诗派的影响。他对诗派的划分和表述，和他所接受的资源有密切的关系，其中有两部书（文章）应该特别提出来。

一是《江西诗社宗派图》。该图为南北宋之际吕本中所作，虽然原作失传，但在宋人胡仔《苕溪渔隐丛话》、赵彦卫《云麓漫钞》、王应麟《小学绀珠》和刘克庄《江西诗派小序》等书中都有记载，诸家或有出入，大致上总数在二十五六人。① 对这份名单，晚宋刘克庄曾经表示异议，认为其中不尽是江西人："派中如陈后山，彭城人；韩子苍，陵阳人；潘□（邠）老，黄州人；夏均父、二林，蕲人；□（晁）叔用、江子之，开封人；李商老，南康人；祖可，京口人。非皆江西人也。"② 其实稍前的杨万里已经有过一个解释，其《江西宗派诗序》有云："江西宗派诗者，诗江西也，人非皆江西也。人非皆江西而诗曰江西者何？系之也。系之者何？以味不以形也。"③ 刘克庄坚持狭义的地域观，倒显得有些拘谨了。我们可以看到，杨万里所提出的这一原则被汪辟疆接了过来。他所开列的近代地域和诗派的名单，除了确实占籍者之外，也不乏外籍人士，如讨论近代最有成就的闽赣诗派，所包举诸人，袁昶、沈曾植是浙江人，范当世是江苏人，陈曾寿是湖北人，放在一起讨论，就是由于宗趣相同的缘故。

二是《瀛奎律髓》。《瀛奎律髓》为宋元之际方回所著。方氏学问诗功俱佳，尤长于论诗，但由于生平出处大节有亏，一直没有得到应有的重视。在现代学术史上，汪辟疆可能是最早全面论述方回诗歌创作和学术成就的学者。方回的人品，见之于周密《癸辛杂识》，极为卑污④，汪辟疆亦深表不齿，但论其学术文章，则予以高度评价：

> 其学私淑紫阳，又亟称真西山、魏鹤山两翁。治经以注疏为先，析理以宋五子为至。求掌故于《通典》，明治乱于《通鉴》。文则秦、汉、韩、柳以及欧、苏，诗则《骚》、经、苏、李、建安、陶公以及李、杜、韦、柳、欧、梅、

---

① 参看莫砺锋：《江西诗派研究》，齐鲁书社，1986，第 310—311 页。

② 刘克庄：《后村先生大全集》卷 95 "江西诗派" 条，《四部丛刊初编》集部，第 1311 册，第 7 页。

③ 杨万里：《诚斋集》卷 79，《四部丛刊初编》集部，第 1202 册，第 11 页上—11 页下。

④ 周密记载方回事非常详细，其中或有出于个人成见者，和当时的政治文化背景都有密切的关系。关于这一点，当另文探讨。

黄、陈，而又语以博约之要，参伍之方，皆趋向甚正。……平心而论，宋诗至乾淳以后，江湖一派风起云蒸，诗格卑靡，侪诸魔道。虚谷生际其间，远宗栗里，近法浣花，而又标举宛陵、山谷、后山、简斋、紫薇、二泉（赵蕃及韩淲父子）、二赵（赵汝谈、汝说），力辟四灵、后村、江湖之学姚合、许浑一派，斥为亡国之音。力挽颓流，最诸古澹，则又未始非卓然自立者也。①

至于论诗，方回则"尊杜甫为'一祖'，黄庭坚、陈师道、陈与义为'三宗'。又手定唐宋五七言律诗体曰《瀛奎律髓》，论诗之外，兼及遗闻旧事。元明而后，流传弗衰"，"迄于近代，则又以举世崇尚宋诗之故"，"有奉为枕中鸿秘者"②。汪辟疆所说当时把《瀛奎律髓》奉为"枕中鸿秘"者，或许暗指陈衍，因为汪氏在《评方回〈桐江续集〉》一文中认为陈衍的生平著述都与方回相近，"三元""同光"之论也和方回"一祖三宗"说深有渊源。但汪辟疆虽然对方回和陈衍都有微词，其本身取向是江西宗风，所以对《瀛奎律髓》褒多于贬，其论近代诗派，揭橥领袖、羽翼之说，显然和《瀛奎律髓》所标举的宗祖之说有一定的关系。

三、近代诗系的重构

晚清文学的重要特点之一，就是对其当代创作具有非常自觉的理论探讨意识。讨论近代诗学，陈衍是一个不容忽视的人物。他的《近代诗钞》和《石遗室诗话》以其对诗坛的了解和内行的评价，成为时人非常重视的诗学文献，也奠定了他诗坛领袖的地位。陈衍的某些诗歌理论，汪辟疆是赞同的，如陈氏《小草堂诗集序》论及清诗之变："诗至晚清，同光以来，承道咸诸老蕲向杜韩为变《风》、变《雅》之后，益复变本加厉，言情感事，往往以突兀凌厉之笔，抒哀痛逼切之辞。甚且嬉笑怒骂，无所于恤。矫之者则为钩章棘句，僻涩聱牙，以致于志微噍杀，使读者悄然而不怡。然皆豪杰贤知之子乃能之，而非愚不肖者所及也。道咸以前则慑于文字

---

① 汪辟疆：《评方回〈桐江续集〉》，《汪辟疆文集》，第 233—234 页。
② 同上。

之祸，吟咏所寄，大半模山范水，流连景光。即有感触，决不敢显然露其愤懑。间借咏物咏史，以附于比兴之体，盖先辈之矩矱类然也。自今日视之，则以为古处之衣冠而已。"① 这与汪辟疆对乾嘉诗坛的看法相同："乾嘉之世，为有清一代全盛时期，经学小学，俱臻极盛，而诗歌不振。盖以时际升平，辞多愉悦，异时讽诵，了无动人。"② 但是，汪辟疆对陈衍的诗论也常不以为然，特别是对其享有盛名的《近代诗钞》，认为选录太杂，而且其福建同乡的作品入选太多，不免阿私。所以，汪辟疆在发表自己有关近代诗的看法时，在很大程度上带有批评陈衍的意思。这当然也不是无缘无故的。考虑到陈衍当时的诗坛领袖地位，如果汪辟疆对其理论有所解构的话，那就应该是出于建立自己近代诗学理论体系的目的。不妨以对王闿运的态度为例。

王闿运较陈衍年辈为尊，是前一个时期的诗坛领袖。王氏提倡汉魏六朝诗，和陈衍的宗风取向显然不同。陈衍对王闿运的整体评价很低，曾批评说："王湘绮除《湘军志》外，诗文皆无可取。诗除一二可备他日史乘资料外，余皆落套。"③ 这个"套"，正是指王闿运对汉魏六朝诗的尊崇。以王闿运诗坛的成就和实际地位来说，当然不至于如陈衍所说的那么不堪。陈之所以这样反对王，一则因为王是宋诗派和同光体之间最大的诗家，要宣扬尊宋理论，则必须予以清算。二则王的影响力不小，当时诗人或曾信奉其诗说，如陈三立④；或坚持其理论，如陈锐，其诗坛地位不容低估。

陈衍曾经在写于1901年的《沈乙盦诗序》中，借追溯十几年前旧事，称赞沈曾植是"同光体之魁杰"⑤。可是到了1912年，其《石遗室诗话》在《庸言杂志》

---

① 陈衍：《石遗室论诗文录》，钱仲联编校：《陈衍诗论合集》下册，福建人民出版社，1999，第1074—1075页。

② 汪辟疆：《近代诗派与地域》，《汪辟疆文集》，第279—280页。

③ 黄曾樾编：《陈石遗先生谈艺录》，《陈衍诗论合集》上册，第1019页。

④ 按，当时尽管公认陈衍与陈三立齐名，但陈衍对陈三立的诗学评价却并不高，或者说"陈散原文胜于诗"；或者说："所谓高调者，音调响亮之谓也。如杜之'风急天高'是也。《散原精舍诗》则正与此相反。"（黄曾樾编：《陈石遗先生谈艺录》，《陈衍诗论合集》上册，第1019页）或许不无争领袖的意识，可以和其评价王闿运互参。

⑤ 陈衍：《石遗室论诗文录》，《陈衍诗论合集》下册，第1048页。

上连载时，又开宗明义借郑孝胥之口，说沈曾植仅是"能为同光体"①。钱仲联认为，这一细微差别，反映了陈衍心态的变化。沈曾植得名甚早，陈衍追叙旧话，推其为魁杰，应是挟沈以自重。而"到清亡前后，陈衍的名声已逐渐增高，他以闽中诗派作为'同光体'的主体，隐然以自己与郑孝胥为魁杰，所以 1912 年发表《石遗室诗话》时，沈的'"同光体"之魁杰'的资格，轻轻地改换成'能为"同光体"'了。这一变换，说明了'同光体'在民初，几乎成为闽派诗的代称的原因"②。值得进一步讨论的是陈衍的这种变化所体现的文学观念问题。

1899 年，陈衍客居武昌时和沈曾植论诗，提出了"三元"的见解："余谓诗莫盛于三元：上元开元，中元元和，下元元祐也。"据陈衍说，这一看法得到了沈曾植的赞同："君谓三元皆外国探险家觅新世界、殖民政策、开埠头本领。"③ 可是，沈曾植 1918 年写《与金甸丞太守论诗书》，看法就不尽相同："吾尝谓诗有元祐、元和、元嘉三关，公于前二关均已通过，但着意通第三关，自有解脱月在。"④ 而且，"尝谓"云云，也说明并非突然发明。

沈曾植和陈衍关于"三元"的异同，有着并不简单的思路。陈氏之说，所选择的学诗途径是从苏黄及江西诗派入手，经过韩愈，最后到达杜甫，或者反过来说，是诗歌由杜甫开始导引的必然之路，为宋诗和后来的宗宋提供了有力的理论根据。而沈曾植的诗学却并非宋调所能限制，陈衍《石遗室诗话》卷二十六就指出他"以平原、康乐之骨采，写景纯、彭泽之思致"⑤，和六朝深有渊源。考虑到沈曾植和王闿运的关系，则沈氏增加"元嘉"一关，就并不是无缘无故的，而陈衍之批评王闿运就不仅是领袖地位之争，也含有正本清源的意思。清代宋诗运动的先驱翁方纲曾提出"考订训诂之事与词章之事未可判为二途"⑥ 的观点，因而应该"由性情而合

---

① 陈衍：《石遗室诗话》卷 1，《陈衍诗论合集》上册，第 6 页。

② 钱仲联：《论"同光体"》，《梦苕庵清代文学论集》，齐鲁书社，1983，第 122 页。

③ 陈衍：《石遗室诗话》卷 1，《陈衍诗论合集》上册，第 9 页。

④ 沈曾植：《沈曾植未刊遗文》，王元化主编：《学术集林》第 3 卷，远东出版社，1995，第 116 页。

⑤ 陈衍：《石遗室诗话》卷 26，《陈衍诗论合集》上册，第 355 页。

⑥ 翁方纲：《蛾术集序》，《复初斋文集》，《清代诗文集汇编》第 382 册，第 48 页。

之学问"①，可在实际操作上，更为重视的仍然是知识和义理，所以受到袁枚的强烈批评②。翁氏的观点，发展到宋诗派，已经登峰造极。如宋诗派领袖程春泽就曾指出："《诗》《骚》之原，首性情，次学问。《诗》无学问则《雅》《颂》缺，《骚》无学问则《大招》废。世有俊才洒洒，倾倒一时，一遇鸿举巨制则瞢然无所措，无它，学问浅也。学问浅则性情焉得厚?"③ 已经把学问强调到了不适当的程度，造成宋诗派的某些作品成为书本的展览，失去了诗歌本来的特色。同光体兴，显然对这一教训有所认识。所以陈衍说："不先为诗人之诗，而径为学人之诗，往往终于学人，不到真诗人境界。盖学问有余，性情不足也。"④ 尽管只是把性情当作诗的起点，但认为应该学问性情相济，仍然显得圆通。这和王闿运有什么关系呢? 中国的诗歌传统，至六朝确立了"诗缘情"的标准，成为作诗的一个重要路向。王闿运推崇六朝诗，把性情提到应有的高度，正可以用来药治宋诗派过重学问之弊，有见之士如沈曾植等有可能正是从这里得到的资源。因此，尽管陈衍本人在性情与学问的思考上也不可能完全脱离湖湘之学，但他为了自己"广大教化主"的地位，仍然要极力加以反对。当然，沈曾植和王闿运的诗学观点未必完全相同，其《与金匋丞太守论诗书》就曾说过这样一件事："记癸丑年同人修禊赋诗，鄙出五古一章，樊山五体投地，谓：'此真晋宋诗，湘绮毕生，何尝梦见?'虽谬赞，却惬鄙怀。其实止用皇疏川上章议，引而申之。湘绮虽语妙天下，湘中《选》体，镂采错金，玄理固无人会得些子也。"⑤ 但渊源流别，终不能视而不见。⑥

---

① 翁方纲：《复初斋文集·徐昌谷诗论一》，《清代诗文集汇编》第 382 册，第 89 页。

② 关于这个问题，可参看张健：《清代诗学研究》第 15 章《学人之诗与文人之诗理论的总结：翁方纲以宋诗为基点的诗学》，北京大学出版社，1999，第 665—725 页。

③ 程恩泽：《金石题咏汇编序》，《程侍郎遗集》卷 7，商务印书馆，1935，第 143 页。

④ 陈衍：《石遗室诗话》卷 14，《陈衍诗论合集》上册，第 197 页。

⑤ 沈曾植：《沈曾植未刊遗文》，《学术集林》，第 117 页。

⑥ 按，对于沈曾植的"三关说"，查屏球认为应该从情与理的关系等方面加以认识，即把对宋诗特点的体认一直追溯到元嘉。其说很有道理，但如果再能进一步考虑沈氏的学术渊源，就更加周全了。参看查屏球：《唐学与唐诗——中晚唐诗风的一种文化考察》"总论：学术史与诗歌史的整合——由'三元说'诗'三关说'诗学旨趣看中晚唐文化定位"，商务印书馆，2000，第 310—347 页。

汪辟疆论诗，对王闿运评价甚高，《光宣诗坛点将录》推其为"诗坛旧头领"，拟为托塔天王晁盖。"学赡才高，一时无偶"，"门生遍湘蜀"。[①] 这和当时不少人的看法相同。如徐世昌《晚晴簃诗汇》："自曾文正公提倡文学，海内靡然从风。经学尊乾嘉，诗派法西江，文章宗桐城。壬秋后起，别树一帜。解经则主简括大义，不务繁征博引；文尚建安典午，意在骈散未分；诗拟六代，兼涉初唐。湘蜀之士多宗之，壁垒为之一变。"[②] 汪辟疆不满陈衍对王闿运的态度，尤其不满其借批评王闿运而高自标置的用心，所以特别强调王闿运的不可忽视的地位。从王闿运入手建立诗学体系，这是汪、陈之所同，至于其目的，那就截然相反了。

陈衍成名较晚，他与同时名贤结交，是在 1898 年入张之洞幕府之后，当时诗坛俊彦甚多，也还显不到他。他后来得大名，被时人尊为"泰山北斗"，是由于撰《石遗室诗话》和编《近代诗钞》，加上同时同光诗人或死或退，而他又老寿，因此就成为诗坛巨擘了。

对陈衍诗歌的评价，高者拟之为同光体之魁郑孝胥、陈三立[③]，低者则贬之为"固不逮散原、海藏、听水，更且出苍虬、刚父、节庵诸人下，弟子爰居阁、花随人圣庵，亦有出蓝之誉"，"在同时诸家中，当可列二流之末"。[④] 汪辟疆作《点将录》，对陈衍的诗歌创作评价一般，而推崇其诗论，方之地魁星神机军师朱武："石遗老人初治经，旁及许洨长，多可听。中年以诗名，顾非甚工。至说诗，则居然广大教主矣。朱武在山寨中，虽无十分本事，却精通阵法，广有谋略。"[⑤] 可是，在老辈的心目中，能说诗终不如能作诗重要，汪评不无微词。这其实也有传承。被《点将录》拟为天机星智多星吴用的陈宝琛也对陈衍表示过不满，他曾对汪辟疆说："余诗随所止寓兴，不可更易。石遗辑师友诗及《近代诗钞》，余诗皆从木庵处移录。见诗题不具者，以意为之，颇乖余旨。"暗示陈衍其实也并不总是内行[⑥]。汪辟

---

① 汪辟疆：《光宣诗坛点将录》，《汪辟疆文集》，第 326—327 页。

② 徐世昌辑：《晚晴簃诗汇》卷 155，《续修四库全书》第 1632 册，第 523 页。

③ 陈衍：《石遗室诗话续编》卷 3，《陈衍诗论合集》，第 584 页。

④ 张之淦：《近人诗话四种评析·石遗室诗话》，《遂园书评汇稿》，商务印书馆，1986，第 242、186 页。

⑤ 汪辟疆：《光宣诗坛点将录》，《汪辟疆文集》，第 333—334 页。

⑥ 汪辟疆：《光宣诗坛点将录》，《汪辟疆文集》，第 361 页。

疆和陈宝琛深有渊源，这些看法应非无缘无故。

这样，我们就可以得知，汪辟疆论近代诗在一些方面有着和陈衍不同的取向。作为"广大教化主"，陈衍已经确立了其近代诗论的权威地位，汪辟疆的批判，乃在于消解这个地位，从而一定程度上重新建构了近代诗的评价系统。

四、清末民初的学术文化背景

汪辟疆出生在一个具有丰厚文化传统的家庭，和晚近学坛渊源很深，和一时名流多有交往，讨论他的学术，必须把这些因素结合起来看。

汪辟疆学诗从元祐入，深得江西诗法，熟知宋诗流变家数，但论诗却不为宋人所囿，甚至认为近代诗学成就即宋人亦有所不及，这种文学发展观固然来自他本人的功力和眼光，但也不可忽视当时的文化背景。

陈衍《石遗室诗话》卷一指出："道咸以来，何子贞（绍基）、祁春圃（寯藻）、魏默深（源）、曾涤生（国藩）、欧阳磵东（辂）、郑子尹（珍）、莫子偲（友芝）诸老，始喜言宋诗。"① 同光以后，沈曾植、陈三立、郑孝胥等人继之而起，包括陈衍本人在内，宗宋之风甚盛。施山在《望云楼诗话》中曾言及曾国藩的作用："今曾相国酷嗜黄诗，诗亦类黄，风尚一变。大江南北，黄诗价重，部值千金。"② 沈曾植和陈衍更提出"三元说"，指出宋诗渊源有自，是诗史的合理发展。准此，陈衍认为："夫学问之事惟在至与不至耳。至则有变化之能事焉，不至则声音笑貌之为尔耳。唐人之声貌至不一矣。开、天、元和，一其人一其声貌，所以为开、天、元和也。开、天之少陵、摩诘，元和之香山、昌黎，又往往一人不一声貌。故开、天、元和者，世所分唐宋诗之枢干也。"③ 而在《自镜斋诗集叙》中又进一步认为："诗至唐而后极盛，至宋而益盛。"④ 理论依据是："孔子曰：'信而好古。'昌黎曰：'不懈而及于古。'好古非复古，及于古非拟古也。有作必拟古，必

① 陈衍：《石遗室诗话》卷1，《陈衍诗论合集》，第6页。
② 傅璇琮编：《黄庭坚和江西诗派资料汇编》，中华书局，1978，第379页。
③ 陈衍：《石遗室论诗文录》，《陈衍诗论合集》下册，第1059页。
④ 同上书，第1066页。

求复古，非所谓有意为诗，有意为他人之诗乎？"① 肯定了宋诗变古的特点。这虽然不乏新意，究其实质，仍是自宋代以来唐宋诗优劣论的继续，本质上是为宋诗争地步，而对唐宋以后传统诗歌创作的价值，则不予置论。从这一点来看，汪辟疆敢于把近代诗的成就提到这样的高度，无疑是对文学史的一大发展。汪辟疆在京师大学堂读书时曾师事严复，并对这位老师的学问终生服膺。严复学问出自桐城，而又引进西学，表现出弘通的气度。其论学主变："中国自甲午一创于东邻，庚子再困于八国，海内懔然，始知旧学之不足恃，而人人以开瀹民智为不可以已。"② 所以翻译了赫胥黎的《天演论》等著，提倡进化论。汪辟疆的文学史观不一定直接出自严复，严复的思想中也有守旧的一面，但作为老师，他的道德学问，尤其是他有大名于时的进化观点，对汪辟疆不能没有影响。

另外，汪辟疆虽然是江西人，但他后来长期居住在南京，任教于中央大学和金陵大学。从文化传统上看，他趋向于乾嘉朴学；从生活环境上看，他所交往的师友，往往与清代扬州学派有密切关系。这些，当然也必定成为他所汲取的资源。从元代开始，随着新兴文体的不断出现，文学史开始得到重新审视，进而促使人们去思考文学发展的特点和层面。罗宗信《中原音韵序》云："世之共称唐诗、宋词、大元乐府，诚哉！"③ 又孔齐《至正直记》引虞集语："一代之兴，必有一代之绝艺，足称于后世者。汉之文章，唐之律诗，宋之道学。国朝之今乐府，亦开于气数音律之盛。"④ 虽所论侧重不同，都已对文体的变化表示了特殊的敏感。至明人，更加踵事增华，见于记载的，如茅一相《题词：评〈曲藻〉后》："夫一代之兴，必生妙才；一代之才，必有绝艺。春秋之辞命，战国之纵横，以至汉之文，晋之字，唐之诗，宋之词，元之曲，是皆独擅其美而不得相兼，垂之千古而不可泯灭者。"⑤ 沈宠绥《弦索辨讹》："三百篇后变而为诗，诗变而为词，词变而为曲。诗盛于唐，

---

① 陈衍：《石遗室诗话》卷3，《陈衍诗论合集》上册，第39页。

② 严复：《〈英文汉诂〉卮言》，王栻主编：《严复集》第1册，中华书局，1986，第152页。

③ 罗宗信：《中原音韵序》，周德清：《中原音韵》，中国戏曲研究院编：《中国古典戏曲论著集成》第1册，中国戏剧出版社，1959，第177页。

④ 孔齐：《静斋至正直记》卷3，粤雅堂丛书本，香港中文大学图书馆藏，第16页上。

⑤ 茅一相：《题词：评〈曲藻〉后》，王世贞：《曲藻》，《中国古典戏曲论著集成》第4册，第38页。

词盛于宋，曲盛于元之北。"① 和元人相同，是为杂剧散曲争地步，线索思路非常清楚，只是还没有上升到理论的高度去阐发。清代扬州学派的朴学大师焦循出，总结前人诸说，并结合自己对戏曲的研究，明确提出"一代有一代之所胜"的观点，把这一场文学讨论推向了新的阶段，影响后人甚巨②。他在《易馀籥录》卷十五中说："夫一代有一代之所胜，舍其所胜以就其不胜，皆寄人篱下者耳。余尝欲自楚骚以下至明八股，撰为一集。汉则专取其赋，魏晋六朝至隋则专录其五言诗，唐则专录其律诗，宋专录其词，元专录其曲，明专录其八股，一代还其一代之所胜。"③胡小石先生认为，焦氏此说体现了四种崭新的观念：（1）阐明文学与时代之关系；（2）认清纯粹文学之范围；（3）建立文学的信史时代；（4）注重文体之盛衰流变。④ 这一评价是如实的。其后，王国维也受其影响，其《宋元戏曲史》（1912 年）自序："凡一代有一代之文学：楚之骚，汉之赋，六代之骈语，唐之诗，宋之词，元之曲，皆所谓一代之文学，而后世莫能继焉者也。"⑤他又在《人间词话》中进一步作了申述："四言敝而有《楚辞》，《楚辞》敝而有五言，五言敝而有七言，古诗敝而有律绝，律绝敝而有词。盖文体通行既久，染指遂多，自成习套，豪杰之士亦难于其中自出新意，故遁而作他体，以自解脱。一切文体所以始盛终衰者，皆由于此。故谓文学后不如前，余未敢信；但就一体论，则此说固无以易也。"⑥ 王国维和

---

① 李调元：《雨村曲话》卷上引，《中国古典戏曲论著集成》第 8 册，第 7—8 页。按，《集成》亦收有《弦索辨讹》一书，似无此语。

② 按，清代戏曲高度发展，扬州地区尤盛。"两淮盐务，例蓄'花''雅'两部，以备大戏。雅部即昆山腔，花部为京腔、秦腔、弋阳腔、梆子腔、罗罗腔、二簧调：统谓之乱弹。"焦循对雅部和花部都很喜欢，曾著有《剧说》《花部农谭》《曲考》，可见他提出"一代有一代之所胜"，固然和其学术积累有关，但也明显受到此前曲学界的影响。见李斗著、王军评注：《扬州画舫录（插图本）》卷 5，中华书局，2007，第 65 页。

③ 焦循：《易馀籥录》，刘建臻整理：《焦循全集》第 11 册，广陵书社，2016，第 5514 页。

④ 胡小石：《中国文学史讲稿》，《胡小石论文集续编》，上海古籍出版社，1991，第 4—5 页。

⑤ 王国维：《宋元戏曲史·自序》，东方出版社，1996，第 1 页。

⑥ 王国维：《人间词语》，况周颐、王国维著，徐调孚注、王幼安校订：《蕙风词话·人间词话》，人民文学出版社，1960，第 218 页。

清代朴学的渊源很深，他之受到焦循的影响当是毫无疑义的。①

清代扬州学派求变的文体观，肯定影响了汪辟疆。但是，文体的变迁能否完全说明文学的变迁，却是一个在当时被忽略、现在也还有争议的问题。王国维说一切文体都始盛终衰，当然不无道理，可是这真是文学的必然规律吗？现代的研究者已经逐渐取得共识：新文体的兴起并不一定意味着旧文体的衰落，清词号称中兴，清诗多有发展②，都是不争的事实。从这个角度来看汪辟疆的近代诗论，他以自己的诗心所作的体验，无疑更加符合文学发展的实际，是对"一代有一代之所胜"说的继承，也是一种超越。特别是这一理论在六十年以前提出，就更加难能可贵。

五、文学史观念的探索

清末民初，现代意义的文学史观念传入中国，一时撰著文学史的风气甚盛。一般认为，中国第一部文学史是林传甲所写③。1904 年，林传甲在京师大学堂任教，写成《中国文学史》一册，且印成讲义。1910 年 4 月起在《广益丛报》上连载，同年 6 月由武林谋新室出版。林氏的《中国文学史》共十六篇，兹列之如下：（1）古文籀文、小篆、八分、草书、隶书、北朝书、唐以后正书之变迁；（2）古文音韵之变迁；（3）古今名义训诂之变迁；（4）古以治化为文、今以词章为文关于世运之升降；（5）修辞立诚、辞达而已二语为文章之本；（6）古经言有物、言有序、言有章为作文之法；（7）群经文体；（8）周秦传记杂史文体；（9）周秦诸子文体；（10）《史》《汉》《三国》四史文体；（11）诸史文体；（12）汉魏文体；（13）南北朝至隋文体；（14）唐宋至今文体；（15）骈散古合今分之渐；（16）骈文又分汉魏、六朝、唐、宋四体之别。从文字、音韵、训诂讲到古今文章流变和作法，显得

---

① 参看周勋初：《文学"一代有一代之所胜"说的重要历史意义》，《文学遗产》2000年第 1 期。

② 参看钱仲联：《清诗三百首·自序》，第 1—11 页。

③ 按，黄人的《中国文学史》和林传甲同年开笔，只是由于林著规模较小，所以先于黄著成书出版。参看黄霖：《近代文学批评史》，上海古籍出版社，1996，第 782 页。

庞杂，缺乏严格的体系，但这正反映了当时人对文学史的看法：研习中国文学必须结合中国文化，中国文学必须在中国学术传统中加以考虑，文学理论和创作应该结合起来探讨①。林传甲的《中国文学史》原是京师大学堂的讲义，也是按照《奏定京师大学堂章程》的要求来写的。林著开宗明义即说："查《大学堂章程》中国文学专门科目所列研究文学众义，大端毕备，即取以为讲义目次。又采诸科关系文学者为子目，总为四十有一篇。"② 更可见出如此安排并非个人的喜好。《奏定大学堂章程》中关于中国文学课程的规定共四十一款，林著仅采用了其中的十六款，其实其他诸款也都能体现同样的精神，如文学与地理的关系、有学之文与无学之文的分别等，都与"中国"文学史有着千丝万缕的联系。林传甲编讲义时或许由于种种原因有所省略，但以他对《章程》严格遵守的态度来看，他在授课时肯定都会涉及这些内容③。林传甲自己承认，他所编的《中国文学史》受到日人笹川种郎的影响，胡小石在其《中国文学史》之《唐代文学》一节中讲到地域与文学的关系时说："这种议论，尤以日本人研究中国文学者为甚，如笹川种郎之《支那文学史》便主此说，近来颇影响到中国作文学史的人。"④ 所以，林传甲的《中国文学史》虽然篇幅和体例都有一定的限制，但他撰写和讲课时，心中有《大学堂章程》和《支那文学史》存在，却是可以肯定的。作为京师大学堂的学生，汪辟疆学习中国文学史肯定从这里入门，那么，他在研究近代诗时重点从文学与地域的关系去考虑，也就不是无缘无故的了。

当然，如前所述，这并不完全是一种个人行为，很多因素都是互相纠结的，不少人的活动也是互相关联的。这里特别值得一谈的是刘师培。刘师培曾著有《南北学术不同论》，其中专立"南北文学不同论"一章，将文学历史与地域因素贯通起来加以考察，从上古论到清代，视角非常新颖。所谓"北方之地，土厚水深，民生

① 创建于 1902 年的三江师范学堂，其"文学"一科的主要内容也是"历代文章源流义法"，和京师大学堂略同，可见是当时的普遍风气。参看苏云峰：《三（两）江师范学堂》，"中央研究院"近代史研究所，1988，第 178 页。

② 林传甲：《中国文学史》，武林谋新室，1910，第 1 页。

③ 参看陈平原：《北大精神及其他》，上海文艺出版社，2000，第 260—261 页。

④ 胡小石：《中国文学史讲稿》，胡小石：《胡小石论文集续编》，上海古籍出版社，1991，第 128 页。

其间，多尚实际。南方之地，水势浩洋，民生其际，多尚虚无。民崇实际，故所著之文，不外记事、析理二端；民尚虚无，故所作之文，或为言志、抒情之体"。① 就是他的基本观点。

将文学和地域联系起来讨论，班固《汉书》已经首开其风，其《地理志》略谓："郑国，今河南之新郑，……土狭而险，山居谷汲，男女亟聚会，故其俗淫。《郑》诗曰：'出其东门，有女如云。'（颜师古注：《出其东门》之诗）又曰：'溱与洧，方灌灌兮；士与女，方秉简兮。''恂讦且乐，惟士与女，伊其相谑。'（颜师古注：《溱洧》之诗也）此其风也。吴札闻郑之歌，曰：'美哉，其细已甚，民弗堪也，是其先亡乎！'"② 其后李延寿《北史·文苑传序》也说："江左宫商发越，贵于清绮；河朔词义贞刚，重乎气质。气质则理胜其词，清绮则文过其意。理深者便于时用，文华者宜于咏歌。此南北词人得失之大较也。"③ 持以和刘师培所论相较，渊源清晰可见。④ 不过，可能是《南北文学不同论》只讨论到清代中叶的文学，未能体现出近代文学的成就，也和当时学术界普遍对近代学术的关注脱节，所以刘师培又撰有《论近世文学之变迁》一文，加以补充。虽然并不仅仅讨论文学与地域，也可视作对这一问题的进一步申述。

汪辟疆和刘师培年辈相当，以汪的学术渊源和交游情况看，二人应该有一定的交往，但具体情形却不太清楚。在《光宣诗坛点将录》中，汪辟疆把刘师培比作地飞星哪吒，评价甚高。⑤ 另有两个原因可以看出汪辟疆对刘师培的学问应该是非常敬重的：第一，刘师培于 1917 年被蔡元培聘为北京大学教授，本来其四世治经，名满天下，已深为学人推崇，他后来的这段经历，对于早年毕业于京师大学堂，而又一直对母校怀有深厚感情的汪辟疆来说，自然是更为亲近。第二，黄侃因钦佩刘师培的经学，虽才名相当，仍然拜其为师。黄侃素有狂名，于当世少所许可，但和

　　① 刘师培著，邬国义、吴修艺编校：《刘师培史学论著选集》，上海古籍出版社，2006，第 203 页。

　　② 班固：《汉书》，第 1651—1653 页。

　　③ 李延寿：《北史》，中华书局，1974，第 2781—2782 页。

　　④ 参看程千帆师：《文论十笺》，黑龙江人民出版社，1983，第 122—124 页。

　　⑤ 汪辟疆：《光宣诗坛点将录》，《汪辟疆文集》，第 376 页。

汪辟疆一直感情很好①，由于这一层关系，汪辟疆对刘师培的学术也不会陌生。

《近代诗派与地域》一文受《汉书·地理志》影响很大，其论述每一诗派，最前面的一段，主要即谈文学的地域特征。我们已经指出刘师培的《南北文学不同论》与《汉书·地理志》的关系，汪辟疆的这篇文章与之有相同的祈向，或许不是偶然的。当然，我们现在还没有直接证据证明汪辟疆受到刘师培的影响（尽管刘文刊出在前，汪文刊出在后），但起码可以得出这样一个看法：在明末清初，这两个优秀的学者分别都对文学与地域的关系给予了极大的关注，足以说明，当时对文学理论的探讨已经进入了一个新的阶段。

六、余论与申论

汪辟疆对近代诗的研究，当时就有盛名，由于他所评骘的诗人往往在世，被评者的反应往往能够体现出时人对他的意见的重视。如他在《光宣诗坛点将录》中把康有为拟为天速星神行太保戴宗，有诗赞曰："高言李杜伤摹拟，却小苏黄语近温。能以神行更奇绝，此诗应与世长存。"② 1926年夏，康有为过江西，认为比拟不伦，对人抱怨道："某平生经史学问，皆哥伦波觅新世界本领，汪君乃谓为摹拟何也？"但不久就承认："某经史学可谓前无古人，但作诗却未能忘情杜甫。"③ 康有为对杜诗用力最深，其所自作，虽然力图求新，但神理结构仍然未能从杜诗中脱化出来。所以，康虽然骄傲，对汪辟疆的内行之言，也不能不服气。又如汪辟疆曾把陈衍拟为地魁星神机军师朱武，1934年在南京，"与石遗登豁蒙楼煮茗，因从容询曰：'君于有清一代学人位置可方谁氏？'石遗曰：'其金风亭长（按，朱彝尊号金风亭长）乎？'时黄曾樾亦在座，因问余：'君撰《光宣点将录》，以陈先生配何头领？'石遗不待余置答，遽曰：'当为天罡耳！'余笑。石遗岂不知列彼为地煞星首座耶？

---

① 参看汪辟疆：《悼黄季刚先生》，程千帆师、唐文编：《量守庐学记》，生活·读书·新知三联书店，1985，第96—100页。

② 汪辟疆：《光宣诗坛点将录》，《汪辟疆文集》，第399页。

③ 汪辟疆：《近代诗派与地域》，《汪辟疆文集》，第315页。

殆恐余一口道破耳。"① 宋代吕本中《江西诗社宗派图》问世后，诗派中有的人对自己在名单中所处的位置不满，如徐俯以"吾乃居行间"② 而不平，夏倪"以在下为耻"③，与《近代诗派与地域》问世后的情形都非常相似。

汪辟疆之所以能达到这样的成就，大概有这样几个原因：

首先，他与不少光宣诗人很熟，了解他们的创作道路，熟悉他们的创作风格，所作的议论自然是有的放矢之言。

其次，他有文学史家的眼光，这表现在：一方面，他对文学史的撰写和诗史的发展用功很深，有自己的见解，曾有汉魏六朝诗选诸作，对唐以后诗派源流尤其熟稔；另一方面，他能够从史家的立场出发，评价力求实事求是。如对郑孝胥，其人出任伪满洲国总理，于民族气节有亏，"急功名而昧于去就"，汪辟疆颇不值其人品。但"就诗论诗，自是光宣朝作手。《海藏》一集，难可泯没"，因而拟之为天罡星玉麒麟卢俊义④。而张百熙的诗歌，尽管毕业于京师大学堂的汪辟疆对学堂的这位主事者非常尊敬，但就诗论诗，仍以其"风骨未高，未免文绣鞶帨"，只能置于《点将录》之末，拟之为地囚星南山酒店旱地忽律朱贵。⑤ 陈三立论诗于近代非常欣赏王以慜，认为其诗功甚深。但王氏宗唐，近杜近白，陈氏宗宋，近黄近陈，取径完全不同。⑥ 而且，陈三立"早年习闻缃绮（王闿运）诗说，心窃慕之，颇欲力争汉魏，归于鲍谢。惟自揣所制不及缃绮，乃改辙以事韩黄。又以出自弢庵（陈宝琛）之门，沆瀣相得"。而陈宝琛写诗出于王安石，兼有杜甫、韩愈、苏轼、黄庭坚之胜。⑦ 汪辟疆也师事陈宝琛⑧，从这个源流下来，自然也是对不同风格的异量之美都能欣赏。

---

① 汪辟疆：《光宣诗坛点将录》，《汪辟疆文集》，第 334 页。

② 赵彦卫：《云麓漫钞》卷 14，中华书局，1996，第 244 页。

③ 同上。

④ 汪辟疆：《光宣诗坛点将录》，《汪辟疆文集》，第 329—330 页。

⑤ 同上书，第 397—398 页。

⑥ 同上书，第 385 页。

⑦ 汪辟疆：《近代诗人小传稿》，《汪辟疆文集》，第 432、429 页。

⑧ 《光宣以来诗坛旁记》："民国乙丑夏秋间，侍坐陈弢庵（陈宝琛）师。"（《汪辟疆文集》，第 550 页）

再次，他治学从校雠目录入，长于"辨章学术，考镜源流"，著有《目录学研究》[1]，在目录学界享有盛名。这种学养，无疑使得他在考察诗人流别时，能够条分缕析，把其中的源流正变分析得非常清楚。

最后，尤其应该指出的是，作为老一辈学者，汪辟疆深受传统学风的熏陶，其论述诗人渊源，或言风格之所自，或言字句之所出，往往一语中的，简捷明了，不可移易。这种本领是老辈之所独，和其本人对文献的精熟分不开。时代在发展，由于发明了计算机，有些人就认为传统的记诵之学已经过时。其实，计算机的检索再快，也无法代替涵泳的功夫。而研究古代文学，特别是古代诗歌，如欲体会深至，这种功夫是万万不能欠缺的。汪辟疆能够取得如此大的成就，这是重要原因之一。现代研究诗学的学者，应该从中得到有益的启发。

---

① 程千帆师：《校雠广义》，《程千帆全集》第 1 卷，河北教育出版社，2001，第 4 页。

卷中　词学探讨

统序观与明清词学的递嬗

——从《古今词统》到《词综》

一、问题的提出

词发展到明代，进入衰微期，这是清代以来学术界公认的事实。不过，在当时，明人自己也已渐渐认识到这个问题，因此，到了晚明，往往从不同方面，进行反思总结，其成果亦呈现出多样性。《古今词统》的出现，就是一个重要的象征。

《古今词统》题为卓人月汇选、徐士俊参评，凡十六卷，收隋唐至明人词四百八十六家，计隋一家，唐三十三家，五代十九家，宋二百一十六家，金二十一家，元九十一家，明一百零五家，共两千零二十三首①，刊于崇祯六年（1633）。

《古今词统》作为清代之前较大的一部词总（选）集，虽然篇幅不如《花草粹编》，但影响似乎在其之上。对于此书，清初王士禛曾有描述：“《花间》《草堂》尚矣。《花庵》博而未核，《尊前》约而多疏，《词统》一编，稍撮诸家之胜。”② 这里提到的是《花间集》《尊前集》《花庵集》和《草堂诗馀》，或许主要是价值描述，而不是谈其选源，因为仅就选本而言，也还应加上《国朝（明朝）诗馀》——《古今词统》卷首列出的八篇“旧序”，就有钱允治的《国朝诗馀序》。不过，看来“稍撮诸家之胜”六个字还不能真正体现《倚声初集》编者的看法，所以，邹祗谟又进一步指出：“《词统》一书，搜奇葺僻，可谓词苑功臣。”③ 王士禛也说：“《词统》一书，搜采鉴别，大有廓清之力。”④这些评价的分量不轻，在明末清初，有相当大的意义。既能“撮诸家之胜”，又能“搜奇葺僻”，“搜采鉴别”，

---

① 此统计数字据新世纪万有文库本《古今词统》之《本书说明》（辽宁教育出版社，2000）。

② 王士禛：《倚声初集·倚声初集序》，《续修四库全书》第 1729 册，第 164 页。

③ 邹祗谟：《远志斋词衷》，唐圭璋编：《词话丛编》，中华书局，1986，第 655 页。

④ 王士禛：《花草蒙拾》，《词话丛编》，中华书局，1986，第 685 页。

具有"廓清之力",当然是有一定取向的。关于这一点,我们在下面的论述中会看得更清楚。从编者自身来看,徐士俊自序说:"古今为词者,无虑数百家。或以巧语致胜,或以丽字取妍,或'望断江南',或'梦回鸡塞',或床下而偷咏'纤手新橙'之句,或池上而重翻'冰肌玉骨'之声。以至春风吊柳七之魂,夜月哭长沙之伎,诸如此类,人人自以为名高黄绢,响落红牙。而犹有议之者,谓铜将军、铁绰板与十七八女郎相去殊绝。无乃统之者无其人,遂使倒流三峡,竟分道而驰耶。余与珂月,起而任之。"① 这段话说明,两位编者是对词史有了一定的宏观把握,在此基础上发表自己的意见的。而他们两位,又都是著名词家,在当时深受推崇,也有资格做这样的事。

什么是"统"? 指的是统序。这本是从中唐以来开始强化的倾向,道有道统,文有文统,诗有诗统,至明代,思想上归为程朱理学,并见诸科举考试,自不待言,文坛上七子的"文必秦汉""诗必盛唐"说,归有光诸人的推崇唐宋八大家说等等,无不是争统序、见体系的做法。明代词学虽然不振,至晚明却渐渐引起重视,此时,有心者希望补上统序这一环,不仅总结,更在指导,也是题中应有之义。当然,从广义的角度看,任何选本都有一定的系统,但在本文的逻辑理路中,系统并不一定等于统序,前者可能只是一种客观展示,自觉性和完整性都不够强,后者则具有比较鲜明的文学承递意识,体现出一定的变化风气的精神。

关于《古今词统》的价值,可以讨论的内容有很多,本文仅从其选词思路入手,不仅揭示其动机,而且希望展示其对清初的影响,以便从一个特定的角度,将由明至清词学发展的线索加以清理。

二、《古今词统》的选词思路考察

从《古今词统》对两宋词的选录来看,居于前几位的分别是:辛弃疾一百四十一首,蒋捷五十首,吴文英四十九首,苏轼四十七首,刘克庄四十六首,陆游四十

---

① 徐士俊:《古今词统序》,卓人月汇选:《古今词统》,辽宁教育出版社,2000,第1页。

五首，周邦彦四十三首，秦观三十八首，高观国三十四首，黄庭坚三十三首，史达祖三十首。这个名单与在明代非常流行的《草堂诗馀》所重视者相比，已经有了很大的不同，后者的前几名，分别是周邦彦五十六首，秦观二十五首，苏轼二十二首，柳永十八首，康伯可十一首，欧阳修十首，辛弃疾九首，张先、黄庭坚八首，晏殊六首①。其中所作的调整是非常明显的。

辛弃疾的词坛地位南宋已经确立，他的门人范开在为其词集作序时，就已经指出辛词有所成就的根源是"器大者声必闳，志高者意必远"②，认识到辛弃疾的创作具有极大的包容性。这一看法，被晚宋的刘克庄接了过来，其《辛稼轩集序》云："公所作大声鞺鞳，小声铿鍧，横绝六合，扫空万古，自有苍生所无。其秾纤绵密者，亦不在小晏、秦郎之下。"③ 也是重点强调稼轩气象之大。胡小林比对了《古今词统》之前的诸通代词选如《草堂诗馀》《词林万选》《花草粹编》等，敏锐地发现，《古今词统》是第一部选录辛词数量超过苏词的词选，那三部词选对于苏辛词的选辑比例分别是：苏二十二：辛九、苏十五：辛六、苏五十二：辛二十六④。对于《古今词统》选辛词独多的原因，朱丽霞指出："徐士俊之所以选入辛词如此之多，根本原因在于……证明稼轩词皆'性情'之作的词学主张。"⑤ 胡小林则认为退苏进辛的原因是"苏词不守格律，破坏了词的基本特性"⑥。若是将两种意见综合起来，可能更为全面。宋以后的词，往往家数都比较小，能够从一体入手而名家，已经难能可贵。卓人月、徐士俊诸人大张旗鼓地表彰辛弃疾，正是给词坛悬一鹄的，希望具有震撼性的冲击力。从重性情的角度看，苏轼、陆游、刘克庄、蒋捷

---

① 此统计数字见朱丽霞：《清代辛稼轩接受史》，齐鲁书社，2005，第551—552页。朱氏的依据或是中华书局上海编辑所1958年据吴昌绶双照楼翻刻明洪武本，今再检《四部丛刊》本《增修笺注妙选草堂诗馀》和《四部备要》本《草堂诗馀》，亦同。

② 范开：《稼轩词序》，辛弃疾著、邓广铭笺注：《稼轩词编年笺注（增订本）》附录2，上海古籍出版社，1993，第596页。

③ 刘克庄：《辛稼轩集序》，《稼轩词编年笺注（增订本）》附录2，第597—598页。

④ 胡小林：《明末清初西泠词人群体研究》，博士学位论文（未刊稿），南京大学中文系，2009，第152页。

⑤ 朱丽霞：《清代辛稼轩接受史》，第555页。

⑥ 胡小林：《明末清初西泠词人群体研究》，第151页。

诸人占据了较多的篇幅，都是这一思路的体现。苏轼重情，所谓"曲子中缚不住"，就是他不欲以律缚情的重要体现。陆游词也善于言情，其《钗头凤》脍炙人口，毋庸辞费。其他不少地方也能看出与辛弃疾的渊源，毛晋《放翁词跋》就说："杨用修云（陆游）纤丽处似淮海，雄慨处似东坡，予谓超爽处更似稼轩耳。"① 刘克庄是辛派代表词人之一，清人冯煦甚至认为："后村词与放翁、稼轩犹鼎三足。"② 多选入刘克庄，也就是对辛词风格的提倡。蒋捷的情况稍微复杂，但也有辛派的一面，清初毛奇龄就已经把辛、蒋并列③，其看法受到纪昀的称赞，说毛奇龄"谓辛、蒋为别调，深明原委"④。这些，无疑符合明末重情之风，堪称是在词坛上的较早提倡。同时，从"大"的角度看，重视稼轩又意味着他具有包容性，可以克服一般豪放词（如苏轼的某些作品）的粗放之弊，从而将声律等因素也能纳入豪放词的考虑范围之内。卓人月在《古今诗馀选序》中指出："奈何有一最不合时宜之人，为东坡；而东坡又有一最不合腔拍之词，为《大江东去》者，上坏太白之宗风，下襄稼轩之体面，而人反不敢非之。必以为铜将军所唱，堪配十七八女子所歌，此余之所大不平者也。故余兹选，选坡词极少，以剔雄放之弊，以谢词家委曲之论；选辛词独多，以救靡靡之音，以升雄词之位置。置而词场之上，遂荡荡乎辟两径云。"⑤ 这段话对苏轼某些失律的词表示不满，认为辛弃疾的词能够"升雄词之位置"，扭转人们对豪放词的成见，也可以说是用心良苦。当然，正如我们熟知的，关于苏轼是否通音律，其创作中合律与失律的比重，人们已经有了比较充分的研究，也得出了比较公允的意见，以卓人月的内行，不会看不出来，所以，这段话应该视为明代以

---

① 毛晋：《放翁词跋》，转引自吴熊和主编：《唐宋词汇评》第 3 册"陆游"条，浙江教育出版社，2004，第 2013 页。

② 冯煦：《蒿庵论词》，《词话丛编》，中华书局，1986，第 3595 页。

③ 毛奇龄：《西河词话》卷 2，《词话丛编》，中华书局，1986，第 579 页。

④ 江顺诒：《词学集成》卷 4 引纪昀语，《词话丛编》，中华书局，1986，第 3252 页。按，这里江顺诒并不同意纪昀的意见。到了现代，这个思路就被胡适一派接了过去。胡适《词选》："蒋捷受了辛弃疾的影响，故他的词明白爽快，又多尝试的意味。"胡云翼也是胡适观点的拥护和发挥者。

⑤ 卓人月：《蟾台集》卷 2，明崇祯刻本，第 68 页下—69 页上。按，这里的《古今诗馀选》，就是指《古今词统》。

来对于声律忽视的有感之言，不免过甚其词，并不能得出不喜欢苏词的结论。一个明显的事实是，苏轼今存词三百四十多首，《古今词统》选了四十七首，这并不能说是"极少"。推动风气者，为了改变前人成见，往往有过激之言，不足为奇。

如前所述，《古今词统》选稼轩词独多，已经从一个特定角度，隐隐将典雅格律纳入讨论的范围，而其中大张旗鼓地表彰周邦彦、姜夔、史达祖、高观国、吴文英诸家，更是明确表示了对典雅格律一派的提倡。① 这一点，在词史上也有着特别重要的意义。

宋末以降，词乐渐渐失传，原来的倚声填词，声既不存，标准也就缺失了，因而难免造成创作的紊乱。于是，明人开始特别重视词谱、词律之学，著名的，如张綖《诗馀图谱》、程明善《啸馀谱》等，即应运而生。《古今词统》是从词选的角度来面对这一问题的，选家所提出的学习对象，在格律方面是公认的严谨，因而理所当然地代表了他们所希望起到的示范作用。

周邦彦诸人的重律，可以从以下评论中看出：

> 周美成律最精审。（刘熙载《艺概·词概》）②
> 旧有刊本《六十家词》，可歌可诵者，指不多屈。中间如秦少游、高竹屋、姜白石、史邦卿、吴梦窗，此数家格调不侔，句法挺异，俱能特立清新之意，删削靡曼之词，自成一家，各名于世。（张炎《词源》）③
> 姜白石清劲知音。（沈义父《乐府指迷》）④
> 吴梦窗、史邦卿影响江湖，别成绚丽，特宜于酒楼歌馆，饤坐持杯，追拟周、秦，以缵东都馀胜，于声律为当行。（沈曾植《海日楼丛钞》）⑤

---

① 关于南宋姜夔、史达祖、高观国、吴文英等人，学术界或称之为"风雅词派"，如邓乔彬：《论南宋风雅词派在词的美学进程中的意义》，《华东师范大学学报》1984年第2期；或称之为"典雅词派"，如刘少雄：《南宋姜吴典雅词派相关词学论题之探讨》，台湾大学出版委员会，1995年。本文参考他们的意见，以"典雅格律"为之定义。

② 刘熙载：《艺概·词概》，《词话丛编》，中华书局，1986，第3692页。

③ 张炎：《词源》，《词话丛编》，中华书局，1986，第255页。

④ 沈义父：《乐府指迷》，《词话丛编》，中华书局，1986，第278页。

⑤ 沈曾植：《菌阁琐谈》附录，《词话丛编》，中华书局，1986，第3613页。

卓人月等当然也注意到典雅格律一派的发展，所以，曾经引姜夔的话评论史达祖的词，史达祖《杏花天》（软波拖碧蒲芽短），《古今词统》评："姜尧章云：史邦卿之词，奇秀清逸，有李长吉之韵，盖能融情景于一家，会句意于两得。"① 这个评价，也是后来浙西词人喜欢使用的。

同时，《古今词统》的这个做法，在一定程度上也是对《草堂诗馀》的批评。《四库全书总目》之高观国《竹屋痴语》提要曾这样说："词自鄱阳姜夔，句琢字炼，归于醇雅，而达祖、观国为之羽翼。故张炎谓数家格调不凡，句法挺异，俱能特立清新之意，删削靡曼之词。乃《草堂诗馀》于白石、梅溪则概未寓目，竹屋词亦止选其《玉蝴蝶》一阕。"② 这段提要的前半段是复述汪森《词综序》的话，后半段批评《草堂诗馀》，则从朱彝尊《词综·发凡》变化而来，但更具体，而其中所指出的《草堂诗馀》的缺陷，却正好被《古今词统》弥补了。这个动向，对清初的词学建构是非常有意义的。

三、《古今词统》与清初词坛

《古今词统》于崇祯六年（1633）刊行之后，经历了一个接受过程，卓人月的弟弟卓回写于康熙十七年（1678）的《古今词汇缘起》有这样的描述：

> 余兄《词统》一书，成于壬申［按，即崇祯五年（1632）］、癸酉［按，即崇祯六年（1633）］间，迄兹四十五载。其时制科，专尚文艺，守一经而研八股，未之或变。乃适当文风极盛之会，士之奇才博奥者，不尚拘挛，力摹周、秦、两汉、唐、宋大家之文，然售者百一。盖庸人司命，鲜不惊怪，斥之宜也。于是又降心而为肤浅腐臭，麇帖如题，父兄督其子弟，师徒相授，友朋相切磋，曰如此则售，不如此则不售，白首溺沉，而不之改。习诗古文若仇雠，况词乎？兄意独否，然当其时，犹齐庭之瑟也，赏音者或寡矣。方今词学

---

① 卓人月汇选：《古今词统》卷7，第249页。
② 永瑢等撰：《四库全书总目》卷199，中华书局，1965，第1820页。

大兴，识者奉为金科玉律。①

这段描述从一个方面指出明代词学凋敝之因，在于士人都将精力投入八股制艺，对文学颇为轻忽。四十五年之后往回看，除了赞叹其超前意识外，也指出了其影响。如果说卓回作为弟弟，其赞扬可能要打个折扣的话，丁澎的话就肯定是比较客观的了，在《正续花间集序》中，他说："珂月《词统》之选，海内咸宗其书，垂四十年，遂成卓氏之家学。"② 二者合观，可以看出这部词选的影响，确实不小。比如，顺治末至康熙初刊刻的《倚声初集》，据其选者自序，即有承接《古今词统》的意思。编者曾经在该书的有关评语中盛赞史达祖咏物词，盛赞姜夔《暗香》《疏影》，并将高观国、史达祖、姜夔放在一起予以表彰，这些都正是《古今词统》的思路，值得注意③。不过，实际来看，虽然《倚声初集》中也提出了一些新的词学观念，特别体现了晚明以来重情的趋向，但保存文献无疑是其主要目的之一④。而且，《倚声初集》主要选当代词，当然也无法体现完整的词史意识。

《古今词统》在清初影响最为深刻的，是其对南宋词的提倡。总的说来，这部选本重视南宋词似乎胜过北宋词，入选的两宋词人共有一百七十三位（不包括方外、女仙、女鬼、女妖等四十三人），其中北宋七十三人，南宋一百人。以陈子龙为代表的云间词派论词宗唐五代北宋，陈子龙认为："自金陵二主以至靖康……境

① 卓回辑选：《古今词汇二编》卷首，赵尊岳：《明词汇刊》，上海古籍出版社，1992，第1544页。其实，关于这个问题，是明清之际学者所普遍关心的，徐世溥《悦安轩诗馀序》也说："近者用制义取士，白首伏习章句，无暇及斯，而逸才淹滞宦途者，则又往往演古事稗说为大曲，被之歌舞，用以适意而取名，故诗馀之道微矣。"（《倚声初集》前编卷2，《续修四库全书》第1729册，第181页）后来，万树在其《词律自叙》中也说："数百年来，士大夫辈括帖之外，惟事于诗，长短之音，多置弗论。"（上海古籍出版社，1984，第5页）可见，明清之际总结词学衰敝的原因，往往从"一代文学"的角度立论，与唐诗的兴盛原因作比较。其实，若是说到大的传统，诗文都没有中断，真正中断的，主要是词。

② 丁澎：《扶荔堂文集选》卷2，《清代诗文集汇编》第78册，第47页。

③ 以上均见《倚声初集》王士禛评语，见拙著：《清代词学的建构》，江苏古籍出版社，1998，第285页。

④ 参看拙作：《清代词学的建构》第8章《选本：独特的批评方式》。

由情生，辞随意启，天机偶发，元音自成，繁促之中尚存高浑，斯最为盛也。南渡以还，此声遂渺。"① 宋徵璧也接着这个思路，说："词至南宋而繁，亦至南宋而敝。"② 云间后学甚至极言之，认为"五季犹有唐风，入宋便开元曲"③。云间词派推尊唐五代北宋在形式上的追求主要是小令，而《古今词统》在选篇上，小令部分比较多，共占了八卷，可是，对于晚唐五代以小令见长的温庭筠和韦庄、晏几道只分别选了十六首和七首、十二首，但一般说来更以长调见长的南宋辛弃疾、高观国、吴文英，则分别选了五十二首、二十三首、十五首。云间词派提倡学习唐五代北宋的小令，或许也是有感于此，希望能够正本清源。朱彝尊在这一点上倒是一定程度上和云间词派保持一致，曾经反复说："小令宜师北宋，慢词宜师南宋。""予尝持论谓小令当法汴京以前，慢词则取诸南渡。""窃谓南唐北宋惟小令为工，若慢词至南宋始极其变。"④ 但这只是就北宋部分而言的，在对待南宋的问题上，却又跳过了云间词派。

朱彝尊在其《词综·发凡》中曾就《词综》之选，开列了十四种所参考的前代词选，而以《古今词统》殿后。事实上，那些选本，多为一般汇辑，只有《古今词统》等数种，其推动词风性质的选家之心稍稍明显。所以，如果说，朱彝尊在从事《词综》之纂时，不仅从《古今词统》中选择了相关的材料，而且借鉴了其选词的思路，应该也是一个合理的推测（卓人月和徐士俊都是杭州人，即所谓乡贤，

---

① 陈子龙：《〈幽兰草〉题词》，陈子龙、李雯、宋徵舆撰：《幽兰草》，陈立校点，辽宁教育出版社，2000，题词 1。

② 宋徵璧：《论宋词》，《倚声初集》前编卷 3《词话》，《续修四库全书》第 1729 册，第 180 页。

③ 沈亿年：《支机集·凡例》，蒋平阶：《支机集》，顺治九年刻本，卷首。

④ 朱彝尊：《鱼庄计词序》，《曝书亭集》卷 40，《四部丛刊初编》集部，第 1697 册，第 5 页下；朱彝尊：《水村琴趣序》，同上书，第 6 页下；朱彝尊：《书东田词卷后》，《曝书亭集》卷 53，《四部丛刊初编》集部，第 1700 册，第 8 页上。

同为浙江人的朱彝尊受他们影响，也是很正常的①）。这个推测，可以《词综》的选录宗旨来加以说明。

在《词综·发凡》中，朱彝尊提出了其著名的词学观："世人言词，必称北宋，然词至南宋始极其工，至宋季始极其变。"② 这个"世人"，显然主要是指云间词人及其相关的作家。在那种强势的情形中，朱氏此说，当然要有着极大的勇气。然而，如果从渊源上来考察，则朱氏此说也并非平白无故地产生，这一思路应该和《古今词统》有一定的关系。如前所述，《古今词统》中所选宋代词人，居于前几位的分别是：辛弃疾一百四十一首，蒋捷五十首，吴文英四十九首，苏轼四十七首，刘克庄四十六首，陆游四十五首，周邦彦四十三首，秦观三十八首，高观国三十四首，黄庭坚三十三首，史达祖三十。不妨和《词综》作一比较，《词综》入选二十首以上的：周密五十四首，吴文英四十五首，张炎三十八首，周邦彦三十七首，辛弃疾三十五首，王沂孙三十一首，张先二十七首，史达祖二十六首，晏几道二十二首，姜夔二十二首，陈允平二十二首，欧阳修二十一首，柳永二十一首，毛滂二十一首，蒋捷二十一首，高观国二十首。二者相比，确实体现出较为明显的一致性，即突出典雅格律一路风格，而《词综》在这方面的推重更为加强了。

典雅格律派从北宋的周邦彦发其源，至南宋，主要就是在姜夔、史达祖、高观国、吴文英等人身上体现出来，在这一点上，两部词选颇有可以互相印证之处。这里只是要说明两个问题。第一，《古今词统》只选了姜夔十首词，而《词综》则选了姜夔二十二首词。据朱彝尊《词综·发凡》记载，"姜夔尧章氏最为杰出，惜乎《白石乐府》五卷，今仅存二十余阕也。"所谓"二十余阕"，到底是多少？我们知

---

① 朱彝尊非常有家乡观念，也连带着推及文学中。如在《孟彦林词序》中，他指出："宋以词名家者，浙东西为多。"（《曝书亭集》卷 40，第 333 页）但他特别推重的姜夔、张炎、周密等人却并不是浙江人，因此他也说："（数人）咸非浙产，然言词者必称焉，……是则浙词之盛，亦由侨居者为之助，犹夫豫章诗派，不必皆江西人，亦取其同调焉尔。"（《鱼计庄词序》，《曝书亭集》卷 40，第 333 页）按，关于张炎，朱彝尊在《鱼计庄词序》中说他"非浙产"，可是在《孟彦林词序》中，又说他是"浙西最著者"，显得自相矛盾。其实，张炎祖籍陕西凤翔，宋代南渡之后，才定居浙江临安，这样看来，还是应该把张炎划入"浙人"的系列。

② 朱彝尊：《词综·发凡》，朱彝尊、汪森编：《词综》，上海古籍出版社，2005，第 10 页。

道，《花草粹编》是《词综》的选源之一，其中有四首并未采入《词综》，从这个角度看，朱彝尊至少见过二十六首姜词；再进一步说，其实《中兴以来绝妙词选》也是其选源之一，而该选收录了姜夔词三十四首，所以，在朱彝尊选录《词综》的时候，他应该至少看到姜词三十四首，而不是二十余首。既然朱彝尊确实已经见到过《中兴以来绝妙词选》，为什么又在《词综·发凡》中说只有二十多首？这个矛盾，清人田同之就已经发现了，其《西圃词说》云："姜夔尧章崛起南宋，最为高洁，所谓'如野云孤飞，去留无迹'者。惜乎《白石乐府》五卷，今已无传，惟《中兴绝妙词》，仅存二十余阕耳。"① 这一段撮述朱彝尊《词综·发凡》和《黑蝶斋诗馀序》，但作了改动，这样，就显得朱彝尊没有矛盾了。不过，"二十余阕"也可能是朱彝尊的笔误，实际上也许是"三十余阕"，因为《词综》所选的姜夔词二十二首，除了见于《古今词统》的十首之外，其他均见于《中兴以来绝妙词选》，包括后来汪森补的一首，说明朱彝尊对《中兴以来绝妙词选》确实是熟悉的。至于卓氏，前面提到王士禛曾称赞其《古今词统》"稍撮诸家之胜"，这个"诸家"就包括《花庵词选》②。考虑到明代流行的《草堂诗馀》没有选入姜夔的词，《古今词统》中选入十首，也说明卓人月等确实已经对姜夔开始重视了，这应该对朱彝尊有所启发。在这个意义上，即使朱彝尊从传世的三十四首姜词中只选入了二十二首，也已是一个不小的数字。这也可以理解，因为在掌握资料的丰富性上，朱彝尊要胜过卓人月等③。第二，《词综》所收的周密、张炎、王沂孙诸位宋季重要词人，在《古今词统》中却不见踪影。这个问题似乎也可以在《词综·发凡》中找到解释："周公谨、陈君衡、王圣与，集虽抄传，公谨赋《西湖十景》，当日属和者甚众，而今集无之。《花草粹编》载有君衡二词，陆辅之《词旨》载有圣与《霜天晓角》等调中语，均今集所无。至张叔夏词集，晋贤所购，合之牧仲员外，雪客上舍所抄，

---

① 田同之：《西圃词说》，《词话丛编》，中华书局，1986，第 1453 页。

② 南宋黄昇选有《唐宋诸贤绝妙词选》和《中兴以来绝妙词选》，明末毛晋汇刻《词苑英华》，将二书合在一起，称为《花庵绝妙词选》，后来就简称为《花庵词选》。

③ 时人和后人对《词综》文献的丰富都多有称赞，如纳兰性德《与梁药亭书》："闻锡鬯所收词集凡百六十余种，网罗之博，鉴别之精，真不易及。"（纳兰性德：《通志堂集》卷13，上海古籍出版社，1979，第 533 页）王易《词曲史》："《词综》34 卷……采摭极富，别择亦精；至辨订详核处，诸家选本皆所不及。"（东方出版社，1996，第 381 页）

暨常熟吴氏《百家词》本，较对无异，以为完书。顷吴门钱进士宫声相遇都亭，谓家有藏本，乃陶南村手书，多至三百阕，则予所见，犹未及半。"① 这段文字说明，如果在朱彝尊的时代，词的搜求都是那么困难，那么，退回去三四十年，卓人月等人当然就更困难了。所以，周、张、王这些如此重要的词人，《古今词统》竟然失收，最有可能的解释，就是选者未曾寓目，因为当时一些通行的选本并没有收录。这个推论还可以从卓回的《古今词汇缘起》得到证明，其中说到在建康，有朋友"出藏书数种，皆目不经见，且获蠹余抄本，有碧山、草窗、玉田诸家……"② 这些"蠹余抄本"，卓人月等人就很可能没有看到。比如，关于张炎词集的情况，李符《龚刻山中白云词序》这样写道："予曩客都亭，从宋员外牧仲借抄玉田词，仅一百五十三阕。越数年，复睹《山中白云》全卷，则吾乡朱检讨竹垞录钱编修庸亭所藏本也。累楮百翻，多至三百首。始识向购特半豹也。"③ 尽管如此，浙西词派的理论框架，如汪森所说："鄱阳姜夔出，句琢字炼，归于醇雅。于是史达祖、高观国羽翼之，张辑、吴文英师之于前，赵以夫、蒋捷、周密、陈允衡、王沂孙、张炎、张翥效之于后。"④ 这个思路，在《古今词统》中也能看出点痕迹。

《词综》和《古今词统》的关系其实还应该进一步挖掘。《古今词汇初编》（《古今词汇初编》刊刻时间为康熙十六年即 1677 年秋冬之间，次年《二编》《三编》编定，又次年全集刻成）是卓人月的弟弟卓回和周在浚一起主其事的，其选录情况，除了辛弃疾以八十九首、苏轼以五十一首、周邦彦以四十五首、吴文英以三十九首分居前四名，蒋捷以三十首、刘克庄以二十四首、陆游以二十二首分居第六、第八、第九名，体现出《古今词统》的影响之外，引人注目的是加入了周密，选词二十二首，与陆游并列第九名；张炎，选词二十一首，列第十一名。朱彝尊在康熙九年（1670）编成《词综》十八卷，至康熙十一年（1672），增广为二十六卷。康熙十七年（1678），汪森又增编了四卷，刊行于世。虽然《古今词汇初编》与《词综》几乎同一年刻成，但朱彝尊所倡导的浙西词学却是一个不断加强、不断明确的过程，同是浙江人的卓回受到影响，自然是题中应有之义。卓回《古今词汇

---

① 朱彝尊：《词综·发凡》，《词综》，第 10—11 页。

② 赵尊岳：《明词汇刊》，上海古籍出版社，1992，第 1544 页。

③ 李符：《龚刻山中白云词序》，张炎：《山中白云词》，中华书局，1983，第 167 页。

④ 汪森：《词综序》，《词综》，第 1 页。

缘起》曾经自述："去秋复自家之江宁，雪客启藏书楼阁，检验宋元秘本，且丐贷于俞邰、瑶星、锡鬯诸子。"① 这个"缘起"写于康熙十七年（1678），卓回在康熙十六年（1677）"丐贷于俞邰、瑶星、锡鬯诸子"，虽然当时《词综》尚未刊刻，但卓无疑应该知道此事，同时，卓回也曾经承认，《古今词汇》主要是根据《古今词统》《六十家宋词》和《花草粹编》等选本而成的，自认是"比于《花庵》似俊，比于《词统》略备"②，之所以"比于《词统》略备"，除了收录了《古今词统》问世之后四五十年的作品外，应该和他从朱彝尊那里获得一些资源不无关系。因此，卓回将《古今词统》的思路与《词综》的思路加以综合，也是一件可能的事。那么，也就可以在一定程度上证明，《古今词统》和《词综》这两部相隔数十年的词选，确实有着某种共同性，因此才使卓回在一个共同系列中予以参照。汪森在《词综序》中曾经批评："世之论词者，惟《草堂》是规，白石、梅溪诸家，或未窥其集，辄高自矜诩。"③ 这个批评，显然不包括《古今词统》，因为《古今词统》中选姜夔、史达祖之作都算比较多，这也就证明了，《古今词统》确实是《词综》的重要资源。这里还可以提供一个证明。严沆写于康熙十四年（1675）的《见山亭古今词苑序》曾经批评《草堂诗馀》"以尧章之词竟置不录"，而认为《古今词统》是优劣参半："珂月《词统》差为善本，然俚者犹未尽去。"④ 严沆是杭州人，年辈较高，在当时很有声望，对朱彝尊有知遇之恩，他对《草堂诗馀》的批评，与朱彝尊很相似，因此，有学者认为"《词综·发凡》有可能参考了这篇序文"⑤。如果这个推论成立的话，则朱彝尊当然也知道严沆对《古今词统》的称赞，而后者却正是开始较多选姜夔词作的。

当然，无论是宗旨的明确性，还是选源的丰富性，《古今词统》都无法望《词综》的项背。不过，资料只是一方面的问题，更重要的是观念。如同《古今词统》对前代诸词选"抄撮其胜"，而有了自己的思路一样，《词综》把《古今词统》作

---

① 赵尊岳：《明词汇刊》，第 1543 页。

② 卓回：《古今词汇缘起》，《明词汇刊》，第 1544 页。

③ 汪森：《词综序》，《词综》，第 1 页。

④ 严沆：《见山亭古今词苑序》，陆次云、章眂编：《见山亭古今词苑》，康熙十四年见山亭刻本，卷首。

⑤ 于翠玲：《朱彝尊〈词综〉研究》，中华书局，2005，第 50 页。

为重要的参照之一，并纳入自己的阐释思路，也是毫不奇怪的。至于《词综》以人为序的排列方式，与《古今词统》等选本更是大有不同，柯崇朴在《词综后序》中曾经批评这一类的词选，云："所患向来选本，或以调分，或以时类，往往杂乱无稽，凡名姓、里居、爵仕，彼此错见，后先之序，几于倒置。"① 当然，《古今词统》所延续的这种选词方式，自有其动机和用意，但就生发词学观点来说，当然就不如《词综》那么直接明确了②。

四、余论与结论

尽管《古今词统》对清初词学产生了一定的影响，但是，它出现的时期毕竟词学还比较凋敝，词坛所面临的问题也相对比较简单，更主要的是，受到传世词学文献的限制，尽管编者对词史具有一定的大局观，也能提出一定的思路，仍然具有很大的局限性，表现得不够完善，无法完全满足后世词学建构中的针对性。所以，它对清代有关著作的影响，更多的是一种观念和思路、角度，深度上显然有所欠缺。

也因此，我们看到，尽管清初人对《古今词统》的编纂思路有所参考，在具体操作时，却还是根据自己的词学追求做了不少调整。试将《古今词统》与《词综》所选南宋姜夔一路的词予以比较，就可以看出：首先，大致的倾向是调整了调式的安排，原来比较均衡的选目，至朱彝尊之手，更加强调了长调。大概卓人月等人虽然发现了这几个人的创作特色，但是，他们心中仍然有一个观念，即要全面展示创作成就，因而不免追求面面俱到，而朱彝尊接过了他们的思路，进行调整，即将慢词长调作为重要的宣传对象，因此也更加符合浙西词派的审美追求。其次，纳入名篇。分析《古今词统》，我们发现，有不少后世流传甚久的名篇却没有入选，这除

---

① 朱彝尊、汪森编：《词综》，第3页。

② 于翠玲："《词综》的体例别具一格，有助于梳理词史，辨析唐五代及北宋、南宋词的发展演变轨迹。朱彝尊《词综·发凡》所谓'世人言词，必称北宋。然词至南宋始极其工，至宋季而始极其变'的论断，正是以这种编纂体例以及文献考订作为坚实基础的。"（《朱彝尊〈词综〉研究》，第55—56页）

了可能是编者没有见到之外，也许更加反映出编者的审美眼光问题，所以，《词综》一书在词的经典化上，贡献不小。

至此，我们可以得出以下的认识：

第一，清词复兴是学术界公认的看法，但是，清朝承明朝而来，文学的脉络不会完全随着朝代的更替而断裂。到了明代，词确实有衰敝之势，不过明词发展之中，也会或多或少地体现出后来清词复兴的先机，对此，不能采取一刀切的方式，将明词和清词看作两个截然不同的部分。吴熊和在其《〈柳洲词选〉与柳洲词派》一文中就曾经指出："清词的兴盛当然有清初的特殊背景，但自天启、崇祯以来，词的复兴气候业已形成。清初的一些词派，其源流出于明末。"①值得进一步提出的是，不仅是词派，清初，乃至整个清代的一些词学思想，也都可以在明代词学中找到根源。例如，清代中期以后的周济在其《宋四家词选》中"退苏进辛"，以至于成为晚清热议的话题之一，其渊源，至少也可以追溯到明末的《古今词统》。

第二，前代文学中所进行的一些探索，很可能是偶然的，细微的，不成熟的，其中的闪光点可能若隐若现，这些，都需要后来者以敏锐的眼光予以发现，并成为进行文学变革的资源。《古今词统》的编者所作的探索，并不是所有的后来者都能认识清楚，只有朱彝尊这样具有强烈变革意识的批评家，才能具有超越时人的敏锐性。至于后来周济等人从中发展出来的思路，就更是具有包揽古今的眼光，其中的文学史意识，达到了相当的深度。在文学史发展的过程中，这样的现象应非偶然，本文所进行的考察，当可为认识这种现象提供一定的借鉴。

第三，从《古今词统》到《词综》，可以看出一种特定的思路，即越来越明确地在词学中确定统序，这一点，是清词发展中的一个非常重要的特点，特别是清代词学流派兴盛，往往有非常系统的理论，而理论的展开，也与对前人的体认有关。在《古今词统》中，这种情况还不明显，但无疑也能对后世有所启发。《古今词统》的统序观念还不够明晰与自觉，其选词也难免芜杂，至朱彝尊则有了更为强烈地建立统序观的意识，选词也精审许多，这从一个角度体现出明末清初词坛寻求并建立统序观的认识过程，以及明清之际词学观念的演进。

第四，清代词学的发展具有强烈的批判精神，即使能够从前代词学中吸收资

---

① 吴熊和：《吴熊和词学论集》，杭州大学出版社，1999，第 371 页。

源，也会进行符合当代词学建构的调整或改革，这些，从《词综》借鉴《古今词统》的思路却又大规模地变换选篇，可以看得非常清楚。从这一点出发，清代的不同的词学群体就往往能够在异同之间找到非常坚实的立足点。

清初词坛的 "词史" 意识

清代初年，陈维崧提出了 "词史" 说，这是在文学批评领域，第一次明确形成一个与 "诗史" 可以并存的概念。对于这一观念，并世学者已经有过一些探讨，提出了若干值得尊敬的观点①。但是，讨论的广度和深度明显还有不足。尤其是，为什么 "词史" 的观念会在清代初年出现？这一观念出现的必然性在哪里？它从哪些地方获得了资源？创作和理论的互动如何表现？这一观念的理论意义何在？这些问题，都是本文要加以讨论的。

一、陈维崧的 "词史" 说

康熙十年（1671）前后，陈维崧与其阳羡同里吴本嵩、吴逢原、潘眉诸人合纂《今词苑》，陈维崧为这一当代词选撰写了序言，全文如下：

> 客或见今才士所作文，间类徐、庾俪体，辄曰：此齐梁小儿语耳。掷不视。是说也，予大怪之。又见世之作诗者辄薄词不为，曰：为辄致损诗格。或强之，头目尽赤。是说也，则又大怪。夫客又何知？客亦未知开府《哀江南》一赋，仆射 "在河北" 诸书，奴仆《庄》《骚》，出入《左》《国》，即前此史迁、班掾诸史书，未见礼先一饭，而东坡、稼轩诸长调又骎骎乎如杜甫之歌行与西京之乐府也。
>
> 盖天之生才不尽，文章之体格亦不尽。上下古今，如刘勰、阮孝绪以暨马

---

① 有关著述如严迪昌：《清词史》，江苏古籍出版社，1999；孙克强：《清代词学》，中国社会科学出版社，2004；陈水云：《清代的 "词史" 意识》，《武汉大学学报（人文科学版）》2001年第5期；叶嘉莹：《论清代词史观念的形成》，《河北学刊》2003年第4期；侯雅文：《论清代"词史" 观念的形成与发展》，《"国立编译馆" 馆刊》2001年第30卷第1、2期合刊；等等。

贵与郑夹漈诸家所胪载文体，谨部族其大略耳，至所以为文不在此间。鸿文巨轴固与造化相关，下而谰语卮言，亦以精深自命。要之，穴幽出险，以厉其思；海涵地负，以博其气；穷神知化，以观其变；竭才渺虑，以会其通。为经为史，曰诗曰词，闭门造车，谅无异辙也。

今之不屑为词者固亡论，其学为词者，又复极意《花间》，学步《兰畹》，衿香弱为当家，以清真为本色，神瞽审声，斥为郑卫，甚或囊弄俚词，闺襜冶习，音如湿鼓，色若死灰。此则嘲诙隐庚，恐为词曲之滥觞，所虑杜夔左骖，将为师涓所不道。辗转流失，长此安穷？胜国词流，即伯温、用修、元美、征仲诸家，未离斯弊，馀可识矣。余与里中两吴子、潘子戚焉，用为是选。

嗟乎！鸿都价贱，甲帐书亡，空读西晋之阳秋，莫问萧梁之文武。文章流极，巧历难推，即如词之一道，而馀分闰位，所在成编，义例凡将，阙如不作。仅效漆园马非马之谈，遑恤宣尼觚不觚之叹。非徒文事，患在人心。然则余与两吴子、潘子仅仅选词云乎尔？选词所以存词，其即所以存经存史也夫。[①]

这篇序言，是清初最重要的词学理论建树之一，其基本思路是：

第一，文学的社会价值和历史价值有着共同的规范，不必以文体区分优劣。庾信和徐陵皆由南入北，身怀家国之痛，其《哀江南赋》和《在北齐与杨仆射书》诸作，虽然用骈俪之体写成，然感时伤怀，堪称一时文士之心史，就此而言，其价值并不在《庄子》《离骚》《左传》《国语》《史记》《汉书》之下[②]。由此加以生发，苏轼、辛弃疾诸人所写诸长调词，继承杜甫歌行与汉乐府的反映现实政治社会的精神，也并不因为是长短句而损伤其价值，因而批判了传统的词为小道的思想。

第二，时代在发展，文体也要随之发展。前代文章、目录学家如刘勰、阮孝

---

① 陈维崧：《陈迦陵文集》卷2，《四部丛刊初编》集部，第1708册，第14页上—15页上。

② 陈维崧这里将经史并称，体现了学术史上对经史关系的一种认识，即经史互通。他应是清初对这一问题有较早敏感的人之一。按，"六经皆史"的观念，至迟在明代中叶已经出现，如王阳明在其《传习录》中就有所涉及，王世贞、李贽等人也都不同程度言及于此，发展到章学诚才集其大成，但清初显然是一个重要的过渡时期。参看仓修良：《也谈章学诚"六经皆史"》，《史学月刊》1981年第2期。

绪、郑樵等所讨论的文体，虽然代表了传统之大观，并不能涵盖一切，尤其未尽为文的功能。由此提出了思致深刻、气魄宏大、变化精神、会通才智的标准，作为文学创作的方向。按照这个方向前进，当然不存在文体的大与小，也不存在文体的前与后。这里，陈维崧不仅涉及"一代有一代之文学"的命题，而且隐然指出，一种文体并不一定循由盛而衰的规律，在特定的历史条件下，往往体现出特定的价值。

第三，即使作者能够突破文体大小、正变之说，写什么和怎样写的问题，仍然需要提出来。明代以来，词学衰微，词家竞学《花间》一路，内容既一味香艳，风格也偏于柔弱，这种写作策略，与明末清初海立山飞、风起云涌的社会大变局是不相符合的。不仅清算了明代词风，而且，为词的进一步发展，即尊体意识的进一步高扬，指出了向上一路。

文体重内在，文体应发展，而且要根据时代有所调适，这些，都是陈维崧对词体的体认与期待，而他认为要达到这样的目的，最重要的是具有"词史"的观念。当然，陈维崧的原文是"选词所以存词，其即所以存经存史也"，还没有直接用"词史"一词，但显然已经具有这种实际的观念，不必以文害意。

二、"词史"的内涵

考察陈维崧的"词史"观念，其明显的含义是，词和其他各种文体一样，既然是特定社会中的特定人群写出来的，因而本身当然也具有史料的价值。这一点，当然有其特定的语境。这个语境，从小的方面说，是作为词选的序，用以说明选词的动机。从大的方面来说，"选词所以存词，其即所以存经存史也"，则涉及中国传统的史学文化观。

按照顾炎武的说法，改朝换代之际，有所谓"亡国"与"亡天下"之别。亡国只是王朝之亡，亡天下则是文化之亡。[①] 既然自古无不亡之国，所以对于士人来

① 顾炎武《日知录》卷 13 "正始"条云："有亡国，有亡天下。亡国与亡天下奚辨？曰：易姓改号，谓之亡国；仁义充塞，而至于率兽食人，人将相食，谓之亡天下。……保国者，其君其臣，肉食者谋之；保天下者，匹夫之贱与有责焉耳矣！"见顾炎武撰、黄汝成集释：《日知录集释》，上海古籍出版社，2006，第 756—757 页。

说，其根本的社会历史责任，就是致力于文化传承，保持统绪不致失坠。这一点，在史学领域固然已成风气，在文学领域也同样明显。金亡后，元好问忧虑故国文献消亡，因而编成《中州集》一书，其内在深心，为天下后世所知晓。影响所及，代不乏人。以明清之际而言，钱谦益编纂《列朝诗集》，以保存明代诗篇；邹祗谟、王士禛编纂《倚声初集》，以保存晚明以迄清初词作，都是极明显的"存史"之举①。陈维崧与钱、邹、王诸人渊源很深，他被这种风气笼罩，而有《今词苑》之纂，也是顺理成章。至于他明确提出选词即"存经存史"，则是他个人文学观的体现，较其前辈又更进一层了。

不过，保存文献是一个大概念，可以涵盖任何内容，而陈维崧所谓"词史"，显然并不限于这些。在他看来，"词史"应该具有具体的社会历史内容，也就是庾信出使北周后痛苦的心灵活动，徐陵滞留北齐后浓郁的家国之思，苏轼屡遭贬谪后积极向上的乐观心志，辛弃疾自北归南后系心失地的笔墨情怀。所有这些，在明清之际都有实际的回响。

改朝换代之际，各种矛盾空前突出，人们的思想也相应地更加活跃，因而所出现的文学现象也更加丰富。亡国遗民们有感于翻天覆地的大变化，用自己的笔写出了恢宏的时代画卷，既是社会史，也是心灵史。在遗民们笔下，词有了非常浓厚的史的意味。或者记明社覆亡之事，如曹元方《金缕曲·三月十九日》二首之一：

---

① 钱谦益自己也这样说："毛子子晋刻《历朝诗集》成，余抚之，忾然而叹。毛子问曰：'夫子何叹？'予曰：'有叹乎！予之叹，盖叹孟阳也。'曰：'夫子何叹乎孟阳也？'曰：'录诗何始乎？自孟阳之读《中州集》始也。孟阳之言曰：元氏之集诗也，以诗系人，以人系传，《中州》之诗，亦金源之史也。吾将仿而为之。吾以采诗，子以庀史，不亦可乎？'"（《牧斋有学集》卷14，上海古籍出版社，1996，第678页）又如钱氏《与周安期》："鼎革之后，恐明朝一代之诗，遂致淹没，欲仿元遗山《中州集》之例，选定为一集，使一代诗人精魂，留得纸上，亦晚年一乐事也。"（《钱牧斋先生尺牍》，《钱牧斋全集》第7册，上海古籍出版社，2003，第236页）又王士禛《倚声初集序》云："《花庵》博而未核，《尊前》约而多疏。《词统》一编，稍撮诸家之胜，然亦详于隆、万，略于启、祯。邹子与予盖尝叹之。因网罗五十年来荐绅、隐逸、宫闺之制，汇为一书，以续《花间》《草堂》之后，使夫声音之道不至湮没而无传，亦犹尼父歌弦之意也。"（《续修四库全书》第1729册，第164页）

> 荆棘铜驼冷。黍离离、江山如昨，九疑路梗。龙驭堪嗟斑竹雨，孤剑芒寒无影。呼酒浇愁日暮醒。野哭吞声秋草白，见魂归，徒倚梧桐井。夜台寂，天街静。　　汉陵唐寝同荒岭。转盼间、空阙灰飞，旌旗罢整。战马不还败鼓涩，城角乌啼霜径。叹四海、遗黎薄命。蟋蟀堂开军国误，问卢龙、寨卖争辞佞。奸臣血，饮难罄。[①]

咏崇祯十七年（1644）三月十九日李自成攻破京城，崇祯帝自缢之事。

或者反省明朝灭亡原因，如来镕《水龙吟·追痛燕京失陷》（燕京报陷，天地为昏，淋漓涕泗，不知所云）：

> 妖星著地生芒，天倾未补西风恶。贪夫钱树，文臣蜗战，原来都错。日惨无红，云颓尽黑，城崩四角。岂千年神器，归于草窃，十八子，真胡作。
> 多少王孙陌路。泣披离、不如乌鹊。杨枝腰细，莲花足软，可怜绰约。弓挂梅梢，马眠藤架，谁家池阁。问煤山、当日龙髯下坠，何人攀却。[②]

对统治阶级之聚敛财富、盘剥百姓，辇毂之臣之钩心斗角、相互倾轧，以至于导致国势衰微，予以揭露。

或者反映战乱给生活带来的影响，如陈洪绶《点绛唇》：

> 身在刀兵，老夫六换新年纪。有何道义。得免刀兵死。　　难报亲朋，分屋分柴米。穷生计。陈言故纸。还要从新理。[③]

写逃难经历和对战争的感受。

或者写新朝统治，民瘼更甚之惨象，如曾灿《渔家傲·将次繁川阻风》：

> 黯黯阴云天似暝。人声但与涛声应。一叶孤舟难得进。风不顺。舟人又说

---

① 饶宗颐初纂、张璋总纂：《全明词》第6册，中华书局，2004，第2940页。

② 饶宗颐初纂、张璋总纂：《全明词》第5册，第2526—2527页。

③ 饶宗颐初纂、张璋总纂：《全明词》第4册，第1819页。

繁川信。　　闽粤滇黔今已定。藩兵尽撤分旗领。日日捉船官吏狠。天莫问。穷途又值归途困。①

将康熙初年福建、广东、云南、贵州皆被清廷征服后，民众境遇之惨写出。

或者表彰抗清志士，如高宇泰《沁园春·用文丞相韵题钱忠介像》：

同难不恤，深恩不酬，尽日无妨。忆义士遍呼，闭门谁应，惟公出手，孤愤刮肠。柱折支天，陆沉救地，蓻向文山一瓣香。星星火，将诗书为炭，鼓铸真钢。　　嗟哉②，当兹呼吸存亡。奈不许、先生独擅场。更淇涛扈归，闽城百战，同仇种物，当户兰荒。致命全归，骑其下视，浩劫难回九厄扬。瞻遗像，痛死生长恨，脉脉难量。③

记顺治二年（1645）钱肃乐领导宁波鄞县抗清军，并追随鲁王监国到处转战，最后壮志难酬，忧愤而死之事。

或叙写明遗民甘于穷困、坚持志节、待时而作的心志，如余怀《念奴娇·和苏子瞻》：

狂奴故态，卧东山、白眼看他世上。老子一生贫彻骨，不学黔娄模样。醉倒金尊，笑呼银汉，自命风骚将。楼高百尺，峨嵋堪作屏障。　　追想五十年前，文章义气，尽淋漓悲壮。一自金铜辞汉后，曾共楚囚相向。司马青衫，内家红袖，此地空惆怅。花奴打鼓，声声唤醒瑜亮。④

写出一个狂放而忠贞的遗民形象。

所有这些，都堪称一时词史。

---

① 饶宗颐初纂、张璋总纂：《全明词》第 5 册，第 2564 页。

② 按律，《沁园春》下片首句不当有此二字，疑为衍文。然明代填词，亦往往有不遵律者，姑记于此，俟考。

③ 饶宗颐初纂、张璋总纂：《全明词》第 6 册，第 3339 页。

④ 饶宗颐初纂、张璋总纂：《全明词》第 5 册，第 2402—2403 页。

明遗民的词创作，以前往往只是作为社会史的内容看待，忽略了其中蕴含的理论意义，倘若从清词复兴的角度看，它正是一个前奏，启发了人们去作进一步的探讨。陈维崧的父亲陈贞慧是晚明四公子之一，明亡之后，陈维崧长期寄居四公子中的另一位冒襄的水绘园中，而水绘园正是接纳和庇护遗民及其子弟的一个重要场所。这样的家庭背景和生活经历，无疑使得他对不少明遗民的生活和创作状况非常熟悉，因而在客观上具有了总结遗民词的创作，并予以提升的可能。"词史"之说，正是对遗民的创作所作的一个合理的阐发。

侯雅文先生在探讨清代词史观念的演变时，认为陈维崧的词史观念中，"史" "广义地指宇宙人生、历史文化的种种境况，并不拘限于某一特定时空下的政教事件"，关于"某一特定时空下的政教事件"这一概念，要延后到晚清谢章铤才提出："一方面指词人所面对的时局，二方面则指被写入词作的题材，三方面则指作者借作品而予寄的政教批判意识。"① 侯先生论述清代词史观念的演变颇为细致，但刻意将其分为若干阶段，并定义出其间不同的观念，似乎还需要斟酌。② 即如陈维崧，他在《今词苑序》中已经明确推崇庾信出使北周和徐陵滞留北齐之作，显然指的就是"某一特定时空下的政教事件"，不能视而不见。

---

① 侯雅文：《论清代"词史"观念的形成与发展》，《"国立编译馆"馆刊》2001年第30卷第1、2期合刊。

② 关于这一点，侯文中还有些地方也值得商榷，如文中分析陈维崧与张惠言和周济词史观的区别时指出："陈维崧将词与经、史等位齐观，而隐涵着'词史'的观念。他所谓'经史'只是典籍的概称，并不特指何书，但大抵是非纯文学性的经籍与史籍。而张、周二人则专从'诗''骚'这二部经典来推衍'词史'的观念，但'诗''骚'都不是史籍。'诗'虽称'经'，但性质上却是文学，'骚'则完全是纯文学作品了。"陈与张、周二氏在论述上确实有这样的差别，但是，说《诗经》和《离骚》只是文学作品，这样的观念与古人并不一定完全相同，而讨论到《诗经》是不是史，若按"六经皆史"的观念看，当然也可以称得上"史"。

三、"词史"与尊体

"词史"说的提出，是自宋代以来尊体趋势的一个发展①，而且，也和一般尊体的方式一样，是从诗学里去寻找资源。

"诗史"的概念来自唐代孟棨《本事诗》，其评论杜甫时说："杜逢禄山之难，流离陇蜀，毕陈于诗，推见至隐，殆无遗事，故当时号为诗史。"②发展到宋代，杜甫的经典地位得以确立，诗史之说也更加深入人心。明清诗学对宋代诗学有着直接的传承，诗史概念也得到进一步讨论。不过，在文艺学的发展架构中，对这一概念也生出了两种不同的看法。从反对的一方看，先是杨慎在其《升庵诗话》中说："杜诗之含蓄蕴藉者，盖亦多矣。宋人不能学之，至于直陈时事，类于讪讦，乃其下乘末脚，而宋人拾以为己宝，又撰出'诗史'二字，以误后人。如诗可兼史，则《尚书》《春秋》可以并省。"③后来王夫之也说："夫诗之不可以史为，若口与目之不相为代也久矣。"④ 不过，总的趋势，仍然以支持者为多，其中最有创造性的是当时的文坛领袖钱谦益。

钱谦益在编纂《列朝诗集》时所体现的诗史意识，已如前述，其实，他的这种意识也体现在其整体著述中。在钱谦益看来，推寻源流，诗的最早功能就是史："孟子曰：'《诗》亡然后《春秋》作。'《春秋》未作以前之诗，皆国史也。人知夫子之删诗，不知其为定史。人知夫子之作《春秋》，不知其为续《诗》。《诗》也，《书》也，《春秋》也，首尾为一书，离而三之者也。三代以降，史自史，诗自诗，

---

① 这里所说的尊体，主要指从苏轼扩大词境而来的传统，而不及李清照在声韵格律诸方面的要求。参看拙作：《明清之际的词谱反思与词风演进》，《文艺研究》2005 年第 4 期。

② 孟棨：《本事诗》，孟棨等撰、李学颖标点：《本事诗·续本事诗·本事词》，上海古籍出版社，1991，第 180 页。

③ 杨慎：《升庵诗话》，丁福保辑：《历代诗话续编》，中华书局，1983，第 868 页。

④ 王夫之：《姜斋诗话》，王夫之等撰：《清诗话》，中华书局，1963，第 6 页。

而诗之义不能不本于史。"① 既然诗本来就具有史的性质，沿流而下，继承传统，原是题中应有之义，因此，他也接过杜甫"诗史"的话头，只是范围更加扩大："曹之《赠白马》，阮之《咏怀》，刘之《扶风》，张之《七哀》，千古之兴亡升降，感叹悲愤，皆于诗发之，驯至于少陵，而诗中之史大备，天下称之曰诗史。"② 因此，钱谦益对杨慎诸人的非议诗史之说，颇不以为然："唐之诗，入宋而衰。宋之亡也，其诗称盛。皋羽之恸西台，玉泉之悲竺国，水云之苕歌，《谷音》之越吟，如穷冬沍寒，风高气慄，悲噫怒号，万籁杂作。古今之诗莫变于此时，亦莫盛于此时。至今新史盛行，空坑、厓山之故事，与遗民旧老，灰飞烟灭。考诸当日之诗，则其人犹存，其事犹在，残篇啮翰，与金匮石室之书，并悬日月。谓诗之不足以续史也，不亦诬乎！"③ 不仅强调了"国家不幸诗家幸"的遗民诗观，而且将"诗史"观念作了进一步表述，即诗不仅可以反映史，不仅可以当作史，而且可以续史，弥补历史记录的缺陷。这显然对诗史的观念有了进一步的发展。其特色，"就创作言，此一语言策略容许了抒情主体在诗篇中寄托一己之情思与乎经验，亦赋予了载体在历史记忆、政治及社会批评上重要的使命及功能。就诠释言，具有诗史性格的诗篇要求读者积极挖掘诗人于字里行间所寄寓之情志与'大义'。"④

钱谦益的看法在当时并不孤立，一些重量级的诗坛耆宿也和他具有同样的思路。如吴伟业《且朴斋诗稿序》就这样说："古者诗与史通，故天子采诗，其有关于世运升降，时政得失者，虽野夫游女之诗，必宣付史馆，不必其为士大夫之诗也。太史陈诗，其有关于世运升降，时政得失者，虽野夫游女之诗，必入贡天子，不必其为朝廷邦国之史也。"⑤ 这篇写于1660年的序文从采诗和陈诗的制度入手，指出了诗史合一说的悠久传统及其意义，与前引钱谦益之说具有同样的策略，都是借古以明今。

词坛的尊体说，往往表现为向诗的靠拢，因此，"词史"观念的提出，也是一

---

① 钱谦益：《胡致果诗序》，《牧斋有学集》卷18，第800页。

② 同上。

③ 同上书，第800—801页。

④ 严志雄：《钱谦益之"诗史"说与明清易鼎之际的遗民诗学》，"中央研究院"中国文哲研究所《中国文哲论丛》第1号，2005，中文提要。

⑤ 吴伟业著、李学颖集评标校：《吴梅村全集》卷60，上海古籍出版社，1990，第1205页。

个合乎情理的发展。值得提出的是，以往词的尊体，向诗歌领域寻找资源，大致表现在创作实践的层面，进入理论探讨者尚少。陈维崧提出"为经为史"和"存经存史"，直入"诗史"说的核心，成为与诗坛共时性的回应，这在以往词坛上还少见。这一事实，充分说明，明清之际，关于词的理论探讨，已经进入了一个自觉的层面。

四、"词史"所面对的词史

如果说，词史之说能够作为一个理论命题提出，则它就不仅要回答现实的问题，也要回答历史的问题。应该承认，即使清初以来，词学渐有复兴之势，词为"小道"的观念仍然相当强大。因此，如果词确实可以具有史的功能，那么，自从晚唐五代以来，王朝代兴，社会剧变，屡见而非一见，词是否也曾尝试着以其特有的美学追求，对那些重要的历史有所反映呢？

尽管清代的一些批评家为了尊体，曾经对"诗馀"一词做出新的理解，例如将"盈馀"之意改为"赢馀"①，但考察宋代以来的词学理论，在相当长的时间里，还是尊奉诗词有别的传统，往往用词来表达一些不那么郑重的内容。这一现象，随着词的文人化倾向不断加强，逐渐得到改观。其中最突出的表现是宋元之际对易代情事的描写。其实，若是从事实出发，可以看到，关于宋元易代的社会历史内容，仍然是反映在诗里的为多，似乎人们仍然严格恪守着诗词之别，在这一点上，宋元之际的词坛与明清之际的词坛相比，简直不可同日而语。然而，就在那一片混沌的状态里，也闪出一道光芒，不仅照亮了当时的词坛，也使得明清之际进行词学建构时，明确了一个方向。这就是《乐府补题》的唱和。

南宋灭亡之后，遗民王沂孙、周密、唐珏等十四人于越中结吟社，以龙涎香、白莲、莼、蝉、蟹五事为题进行赋咏，结成《乐府补题》一书。数百年来，经过元

---

① 如况周颐在其《蕙风词话》卷1中说："词之为道，智者之事。酌剂乎阴阳，陶写乎性情。自有元音，上通雅乐。别黑白而定一尊，亘古今而不蔽矣。唐宋以还，大雅鸿达，笃好而专精之，谓之词学。独造之诣，非有所附丽，若为骈枝也。曲士以诗馀名词，岂通论哉。"基于此，他为诗馀作一新解："诗馀之馀，作赢馀之馀解。……词之情文节奏，并皆有馀于诗，故曰诗馀。"见唐圭璋编：《词话丛编》，中华书局，1986，第4405—4406页。

明两代，词学文献散佚甚多，该书一直未见提及，而因缘凑巧，在康熙年间，重又出现于世间。关于《乐府补题》的重新问世，朱彝尊有专门的文字记述，略谓："《乐府补题》一卷，常熟吴氏抄白本，休宁汪氏购之长兴藏书家。予爱而亟录之，携至京师。宜兴蒋京少好倚声为长短句，读之赏激不已，遂镂板以传。"① 镂板的结果，导致了一时的轰动，当时词人竞相仿效，遂掀起一个"后补题"唱和的热潮。

由于长期湮没，人们对《乐府补题》所收诸作的内涵，也有一个体味和理解的过程。王沂孙、周密诸人的身份并不隐秘，通过知人论世，进而以意逆志，当然也不难做一些合理推测。对此，朱彝尊的理解是："诵其词，可以观志意所存，虽有山林友朋之娱，而身世之感，别有凄然言外者。"② 这个看法，已有论者指出是"简赅而笔触轻淡，措辞审慎之极"③。如果只是"身世之感"这样一个泛泛的说法，则北宋"将身世之感打并入艳情"④ 的秦观艳词，就已经有了，并不具有词史上的独占性。在这个问题上，还是陈维崧的体认最为具体和深刻：

> 嗟乎，此皆赵宋遗民作也！粤自云迷五国，桥识啼鹃，潮歇三江，营荒夹马。寿皇大去，已无南内之笙箫；贾相难归，不见西湖之灯火。三声石鼓，汪水云之关塞含愁；一卷金陀，王昭仪之琵琶写怨。皋亭雨黑，旗摇犀弩之城；葛岭烟青，箭满锦衣之巷。则有临平故老，天水王孙，无聊而别署漫郎，有谓而竟成逋客。飘零孰恤，自放于酒旗歌扇之间；惆怅畴依，相逢于僧寺倡楼之际。盘中烛炬，间有狂言；帐底香焦，时而谰语。援微词而通志，倚小令以成声。此则飞卿丽句，不过开元宫女之闲谈；至于崇祚新编，大都才老梦华之轶事也。⑤

---

① 朱彝尊：《乐府补题序》，《曝书亭集》卷 36，《四部丛刊初编》集部，第 1697 册，第 4 页下。

② 同上。

③ 严迪昌：《清词史》，第 250 页。

④ 周济：《宋四家词选》，黄苏、周济、谭献选评，尹志腾校点：《清人选评词集三种》，齐鲁书社，1988，第 236 页。

⑤ 陈维崧：《乐府补题序》，《陈迦陵俪体文集》卷 7，《四部丛刊初编》集部，第 1712 册，第 33 页上—33 页下。

这位以骈文著称的高手，以他的生动笔墨，为我们勾勒出《乐府补题》的创作背景和创作内涵。就背景言，江山易主，繁华不再，琴师宫女，尽入北地。就内涵言，则如安史乱后，"白头宫女在，闲坐说玄宗"①；亦如宋室南渡，孟元老写有《东京梦华录》，感慨前尘如梦，都是"援微词而通志"。也就是指出，这些作品中，有着埋藏很深的遗民心志，而且，也和宫廷有关。这是最早对《乐府补题》所作的似暗实明的解读。后来，蒋敦复说："词原于诗，即小小咏物，亦贵得风人比兴之旨。唐、五代、北宋人词，不甚咏物，南渡诸公有之，皆有寄托。白石、石湖咏梅，暗指南北议和事。及碧山、草窗、玉潜、仁近诸遗民，《乐府补遗》中，龙涎香、白莲、莼、蟹、蝉诸咏，皆寓其家国无穷之感，非区区赋物而已。"② 姜夔诸人写梅，是否暗指南北议和之事，或许还有争论，但揭示《乐府补题》"皆寓其家国无穷之感"，则得到后世一致的认可。夏承焘先生则更具体地将这一卷词与杨琏真伽发掘南宋诸陵之事相联系，认为"大抵龙涎香、莼、蟹以指宋帝，蝉与白莲则托喻后妃"③。夏先生过于指实，引起学术界的质疑④，不过，那些所咏之物确实可以引发与宫廷相关的联想，也是事实，至少应该承认这一卷词确实和南宋覆亡有关。因此，夏先生的如下结论仍然是准确的："王、唐诸子，丁桑海之会，国族沦胥之痛，为自来词家所未有。宋人咏物之词，至此编乃别有深衷新义。"⑤

有学者已经指出，作为一时共建大将旗鼓的朱彝尊和陈维崧，他们对《乐府补题》的复出怀着同样兴奋的心情，也都为重新刊刻的《乐府补题》写了序，但是，显然陈维崧的序写得更为充分，认识也似乎更为深刻⑥，其中原因为何？学者们倾向，当时由于浙西词派的兴起，是顺应了特定的政治要求，与新朝统治能够协调的

---

① 元稹：《行宫》，《元氏长庆集》卷 15，文学古籍刊印社，1956，第 234 页。

② 蒋敦复：《芬陀利室词话》，《词话丛编》，中华书局，1986，第 3675 页。

③ 夏承焘：《周草窗年谱》附录 2《乐府补题考》，《唐宋词人年谱》，上海古籍出版社，1979，第 377 页。

④ 关于这个问题，参看拙著：《感情的多元选择——宋元之际作家的心灵活动》第 2 部分，现代出版社，1990，第 32—37 页。

⑤ 夏承焘：《周草窗年谱》附录 2《乐府补题考》，《唐宋词人年谱》，第 376 页。

⑥ 严迪昌先生已经指出这一点，见其《清词史》，第 250 页。

结果，因而才会淡化家国之恨和身世之感。① 这样来解释以朱彝尊为代表的浙西词派，或许不无道理。但是，陈维崧也是在同样政治背景下生活的，他也同样开始承认新朝的统治，为什么他的理解就和朱彝尊有所不同呢？除了其他可能的原因之外，非常重要的一个方面就是，他具有"词史"的观念。正是这种观念，使得他对《乐府补题》做出了符合历史同时也有感于现实的解读，因而也就显得超出时人甚多。

五、词史之说与以文为词

词史的观念，当然首先是与"史词"明确联系的，已如上述。但是，内容的变化一定也会或多或少地引起形式的变化，换句话说，一种观念的提出，总是会体现出特定的形式需求。

词史的观念，发展了从苏轼开始、经过辛弃疾得到进一步发展的创作追求，即扩大词的表现内容，拓展词的创作境界。这一点，从苏轼的"以诗为词"，延伸到辛弃疾的"以文为词"（或"以赋为词"），本身即具有明确的象征意义。对此，其实南宋人即有所体认，如陈模《论稼轩词》以辛氏《沁园春》（杯汝前来）为例，云："此又如《宾戏》《解嘲》等作，乃是把古文手段寓之于词。"② 具体地说，就句法言，如《哨遍》（几者动之微）、《六州歌头》（吾语汝）、《卜算子》（此地苑崇也）、《一剪梅》（何幸如之），都非常散文化；就体制言，如《沁园春》（杯汝前来），是对话体，《水调歌头》（带湖吾甚爱），是盟誓体，《木兰花慢》（可怜今夕月），是《天问》体，《水龙吟》（听兮清佩琼瑶些），是《招魂》体③。至于其《贺新郎·别茂嘉十二弟》（绿树听啼鴂），则全用赋法，打破词的上下片限制，铺陈别事，宛然一篇《别赋》④。

① 严迪昌：《清词史》，第 253 页。

② 陈模：《论稼轩词》，《稼轩词编年笺注（增订本）》附录 2，第 599 页。

③ 参看陆侃如、冯沅君：《中国诗史》，百花文艺出版社，1999，第 555—556 页。

④ 许昂霄：《词综偶评》，《词话丛编》，中华书局，1986，第 1556 页。

在明清之际的词学建设中，稼轩风的鼓扬是一个非常重要的因素①，而稼轩风在清初蔚为风气，正是陈维崧对历史敏锐体认和对现实及时把握的结果，因此，词史的观念浸染着从稼轩一路发展而来的形式因素，原是一个合理的进程。清初稼轩风的出现，有其深刻的时代要求，最初不一定是陈维崧的倡导，但是，陈维崧及其同道显然对时代及文学的变化有着非常敏锐的触角，尤其是来到扬州之后，围绕着新一代的文坛盟主王士祯，一种新的创作倾向正在形成，因而也启发陈维崧及其同道进行进一步的开创。

蒋景祁《陈检讨词钞序》曾这样叙述陈维崧的创作历程："王阮亭先生官扬州，倡倚声之学。……先生（按，指陈维崧）内联同郡邹程村、董文友始朝夕为填词。然刻于《倚声》者，过辄弃去。间有人诵其逸句，至哕呕不欲听。因励志为《乌丝词》。……然《乌丝词》刻，而先生志未已也。向者诗与词并行，迨倦游广陵归，遂弃诗弗作，……磊砢抑塞之意，一发于词。诸生平所诵习经史百家古文奇字，一一于词见之。"②蒋序的最后一句，正是对陈维崧由于生活的变化而导致创作观念变化，并进而在表现形式上的探索，所做出的准确体认。在这一方面，最突出的，是他对自己和友人生命及生活状态的摹写，由此以小见大，反映出那个特定的时代。如《念奴娇·送朱近修还海昌，并怀丁飞涛之白下，宋既庭返吴门，仍用顾庵韵》：

> 住为佳耳，问先生何事，急装趋肃。曾在竹西园子里，狼籍钗征钏逐。别酒红擎，离帆绿饱，人上兰舟宿。君行烟际，吴山螺髻新沐。　　可惜世事匆匆，陡然方寸，起冈峦陵麓。谁倩石尤吹鹢转，并转丁仪宋玉。无数狂奴，一群荡子，屯守倡家屋。此情莫遂，悄然熟视枫菊。③

由对朱一是生活、行踪的记述，写出依依惜别之情，连带点出丁飞涛、宋既庭之别，有宾有主，互相映衬，一人之命运，即群体之命运，文字简洁，而尺幅有万里

---

① 参看严迪昌：《清词史》第 3 章第 3 节 "稼轩风的南北鼓扬者"。

② 陈维崧：《湖海楼词》卷首，陈乃乾辑：《清名家词》第 2 册，上海书店，1982，第 102 页。

③ 陈维崧：《迦陵词全集》卷 17，《四部丛刊初编》集部，第 1719 册，第 13 页下。

之势。范汝受评此词为"一篇龙门列传"①，颇具慧眼。司马迁是龙门人，范氏评陈氏此作，似《史记》中的列传，是看到了《史记》意蕴丰厚，叙事有致，笔法简捷，这种体认原是人们的共识，不过，以此作评，将词与史联系起来，虽然文类的跨越性太大，但考虑到其批评动机，则显然可以和那个特定的时代联系起来。

如前所述，陈维崧本人的创作呈现出这样的面貌，是时代的共同现象，事实上，他也非常关注时人在这方面的探索，因而在他的身边，也就形成了一个特定的网络，体现出一种共同的气势，等于在向词坛宣称，一种新的创作倾向出现的必然性。如他的友人曹尔堪在广陵《念奴娇》调唱和中有一首词，题为《即席再赋，呈李研斋前辈、宋荔裳观察、王西樵考功》，云：

> 古文高手，有达州耆宿旧，欧曾堪续。箬笠布袍方竹杖，看尽浮云反复。再遇莱阳，词场雄踞，暂友山中鹿。旗亭载酒，楚辞痛饮还读。　　又有天壤王郎，冰姿玉映，不数何平叔。歌吹芜城期共醉，漫挂蒲帆一幅。岸帻横眸，昔年隋苑，今是渔家屋。宾朋杂坐，不妨人淡于菊。②

陈维崧评云："前半分疏精细，后复总结，隐寓感慨，此欧阳公摹拟太史公，跌宕处全是古文神髓。"③ 当时词坛，大家不约而同将词法与史法相结合，以对写史方法的比附作为创作价值的某种重要体认。这些，当然也就构成"词史"说的重要内涵。不过，关于这一类艺术形式，更多的还是体现在杜甫"诗史"一路的作品中，至于突出比兴寄托特点者，则就往往很难"以文为词"，至少不够充分。由此可见，一种艺术样式，往往有其针对性，甚至是独占性，不能大而化之，一概而论。

---

① 孙金砺：《广陵唱和词》，康熙六年留松阁刊本，陈维崧此词之范评。
② 曹尔堪：《南溪词》，《清名家词》第1册，第58页。
③ 孙金砺：《广陵唱和词》，康熙六年留松阁刊本，陈维崧此词之范评。

六、总结

总括以上讨论，对清代初年的"词史"说，可以得出以下几点认识：

1. 词作为一种对心灵活动的描写或揭示，不仅有抒情价值，也有史料价值，"词史"观念的提出，对这种现象做出了明确揭示。

2. "词史"的观念，作为一种新的价值观，虽然是词的发展所提出的必然要求，但也和以前许多的词学进展一样，是从诗学的发展借鉴来的资源，但是，更多地由创作领域进入了理论领域，却是明清之际所贡献的新内容。

3. "词史"的观念虽然是在清初出现的，但词的发展历史，也提供了认识这一观念的可能，尤其是宋末的《乐府补题》，更是时人的重要资源。

4. "词史"观念不仅体现了以史入词等内容上的探索，也包括创作手法等方面的思考，特别是从辛弃疾发展而来的"以文为词"，得到了进一步的发扬，形成了在形式上的重要支撑。

姜夔与厉鹗：浙西别调与白石新声

厉鹗是清代中期的一位重要词人，一直以来，清词史的研究者都对他给予了极大的关注。但是，他作为清代词史发展中的重要一环，到底有着什么样的意义，尤其是，他如何选择师法对象并进而表现出个人的创作特色，还并没有得到非常充分的解释。本文拟对此略加探讨。

一、朱彝尊近张而远姜

一般说来，厉鹗是作为浙派谱系中的重要代表人物出现在清代词史中的，公认是朱彝尊的直接继承者。他们之所以能够这样前后呼应，在论者的眼里，重要的原因之一，就在于都以南宋姜、张词风为师法对象。如《续修四库全书》之《江湖载酒集》提要："有明一代，词最靡敝，宫谱沦亡，学无准则。逮至末年，浮夸纤绮，其风极矣。彝尊起而矫之，一以雅正为归，尊重姜、张……"① 郭麐论及厉鹗之词时也说："大抵樊榭之词，专学姜、张。"② 但是，类似的看法往往失于含糊，不仅见同忘异，而且本身即有值得推敲之处，因而应该有所辨析。

朱彝尊从事词的创作，有着非常明确的观念。从他的论词文字来看，他最推崇的作家是姜夔。如在标志其开宗立派的《词综》中，他即明确指出："世人言词，必称北宋，然词至南宋始极其工，至宋季始极其变，姜尧章氏最为杰出……""填

---

① 类似看法实为不少人所共有，如卢前《望江南·饮虹簃论清词百家》："姜张裔，浙派溯先河。《蕺锦》《茶烟》无足取，《静居》《载酒》未容诃。朱十总贪多。"见陈乃乾辑：《清名家词》附录，第10册，第1页）

② 参见郭麐：《灵氛馆词话》卷1，《词话丛编》，中华书局，1986，第1509页。汪沆《樊榭山房文集序》也说："（厉鹗）尤工长短句，瓣香乎玉田、白石，习倚声者，共奉先生为圭臬焉。"参见厉鹗：《樊榭山房集》，董兆熊注、陈九思标校，上海古籍出版社，1992，第703页。

词最雅，无过石帚，《草堂诗馀》不登其只字，……可谓无目者也。"① 这一层意思，他在其他不同地方也反复表述过，如《黑蝶斋诗馀序》云："词莫善于姜夔，宗之者张辑、卢祖皋、史达祖、吴文英、蒋捷、王沂孙、张炎、周密、陈允平、张翥、杨基，皆具夔之一体。"② 可是，他在反思自己的创作实践时，却给出了另外一条思路："不师秦七，不师黄九，倚新声、玉田差近。"③ 明确地把原来仅仅认为是"具夔之一体"的张炎作为自己最高的师法对象。在中国文学史上，不乏创作主张和创作实际有所脱节的现象，可是作家的"夫子自道"仍然值得重视。

朱彝尊对自己创作取向的交代是其自题《江湖载酒集》时的"晚年论定"[《江湖载酒集》编成于康熙十一年（1672），从作者的创作历程看当然不是最晚的，但人们公认该集最能代表他的创作成就]，其中的思路应该联系词坛的发展状况以及他本人的创作来加以理解。晚明社会以不自居检为尚，世风既趋向浮靡，言情之风亦甚盛，在这方面，《倚声初集》堪称当时词坛的一个总结④，流风所及，清初亦然。尤侗《南溪词序》云："近日词家，烘写闺襜，易流狎昵。"⑤ 就是对这一方面的说明。而陈维崧之弟陈宗石对其伯兄少作的叙述，也可以看作当时普遍创作风貌的展示："伯兄少年，见家门炟赫，刻意读书，以为谢郎捉鼻，麈尾时挥，不无声华裙屐之好，多为旖旎语。"⑥ 只有从这个角度考虑，才能够理解"不师秦七，不师黄九"二句的意义。秦观是写情高手，后期虽有变化，但整体词风绮艳柔弱，尤其善于表现男女之情，所以明代张綖论词，即以其为婉约正宗。⑦ 至于黄庭

---

① 朱彝尊：《词综·发凡》，《词综》，第9、12页。

② 朱彝尊：《曝书亭集》卷40，《四部丛刊初编》集部，第1697册，第2页上—2页下。

③ 朱彝尊：《解珮令·自题词集》卷25，《曝书亭集》，《四部丛刊初编》集部，第1694册，第12页上。

④ 参看拙著：《清代词学的建构》第8章《选本：独特的批评方式》。

⑤ 尤侗：《南溪词序》，曹尔堪：《南溪词》，《清名家词》第1册，第1页。

⑥ 陈宗石：《迦陵词全集跋》，陈维崧：《迦陵词全集》，《四部丛刊初编》集部，第1721册，第1页上。

⑦ 张綖云："词体大略有二，一体婉约，一体豪放。婉约者欲其词情蕴藉，豪放者欲其气象恢宏。盖亦存乎其人。如秦少游之作多是婉约，苏子瞻之作多是豪放。大抵词体以婉约为主。"见张綖：《诗馀图谱·凡例》，《续修四库全书》第1735册，第473页。

坚，作为江西诗派的代表，词并不是他最有成就的文体，但当时也有盛名。黄氏之词有若干层面，不可一概而论，但从朱彝尊的论词角度来看，则无疑指的是他的俗艳。这一点，当时就有人指出了。如法秀和尚批评他败坏人心，"笔墨劝淫"①。而当朱彝尊指出"言情之作，易流于秽"的现象时，所举的例子也正是黄庭坚②。当然，"秦七""黄九"之说只是沿用前人的成句③，实则以他们代表某种现象，这应该是不辨而自明的④。我们知道，朱彝尊的词写艳情者并不在少数，除了《静志居琴趣》一集专写和寿常的一段情愫之外，更有多首咏美人之作，显然受时风影响⑤。对这些作品，他当然不是全面否定，但当晚年总结平生之时，显然也有特定的考虑。其实，所谓"不师"，只是一种更高的期待，从实际来看，当然他已经是"师"了的，这一方面是对创作内容的反省，另一方面也是对创作取向的反省，因为他在《词综》里明确说过："世人言词，必称北宋，然词至南宋始极其工，至宋季始极其变"⑥。秦、黄二人当然也有作为北宋之人的意思。

---

① 黄庭坚《小山词序》云："余少时间作乐府以使酒玩世，道人法秀独罪余以笔墨劝淫，于我法中，当下犁舌之狱。"见施蛰存主编：《词籍序跋萃编》，中国社会科学出版社，1994，第 51 页。

② 朱彝尊：《词综·发凡》，《词综》，第 12 页。

③ 陈师道《后山诗话》有云："今代词手，惟秦七、黄九尔。"见《历代诗话》，中华书局，1981，第 309 页。

④ 清人总结词坛的弊病，往往把靡和粗相提并论，如金应珪所指出的"三弊"（金氏《词选后序》云："近世为词，厥有三蔽：义非宋玉而独赋蓬发，谏谢淳于而唯陈履舄。揣摩床笫，污秽中冓，是谓淫词，其蔽一也；猛起奋末，分言析字，诙嘲则俳友之末流，叫啸则市侩之盛气。此犹巴人振喉以和阳春，黾蜮怒嗌以调疏越，是谓鄙词，其蔽二也；规模物类，依托歌舞，哀乐不衷其性，虑叹无与乎情。连章累篇，义不出乎花鸟；感物指事，理不外乎酬应。虽既雅而不艳，斯有句而无章，是谓游词，其蔽三也。"）。但朱彝尊却只提到前者。这并不能说朱彝尊缺少识力，因为当时有着特定的情况。首先，那是一个悲怆的时代，人们对悲慨之风有一种期待；其次，不少追求粗豪词风的阳羡作家都是他的朋友。所以，尽管在实际创作中他并没有走阳羡一路（当然他的作品中也有个别受阳羡词派影响者），在理论上却也没有对这一种词风进行反省。

⑤ 参看拙著：《清代词学的建构》第 3 章《艳词的发展和新变》。

⑥ 朱彝尊：《词综·发凡》，《词综》，第 9 页。

至于张炎，却确实是他自觉的师法对象，前人多有为之认可者，如吴梅《词学通论》第九章："竹垞自比玉田，故词多浏亮。……学玉田，盖独标南宋之帜耳。"① 例如其著名的《长亭怨慢·雁》，就被陈廷焯评为"直逼玉田之作"②。考察朱彝尊如此青睐张炎的原因，似乎有如下几端：第一，有相同的身世之感。张炎出身于大官僚贵族之家，六世祖张俊是宋朝南渡之初的名臣，曾祖张镃门第豪富，园林、声伎之乐名倾一时，父亲张枢也过着"诗天酒地""湖山清赏"的生活。所以，张炎"翩翩然飘阿锡之衣，乘纤离之马"，"自以为承平故家贵游少年不翅也"③。但是，随着宋王朝的覆灭，他的生活发生了天翻地覆的变化，只能到处流亡。朱彝尊的曾祖朱国祚在明熹宗时官至大学士，赠太傅。虽然到了他父亲一辈，家道渐渐中落，但他的贵公子心态并没有丧失。至清朝初年，他"依人远游，南逾五岭，北出云朔，东泛沧海"④，生活动荡不安，难免怀有今昔盛衰之感，也很容易和张炎产生共鸣。第二，张炎不仅是一个优秀词人，也是一个有见解的理论家，他提出的"醇雅""清空"的理论，使得朱氏产生共鸣，启发了朱彝尊创立浙西词派。第三，"醇雅""清空"的主要体现之一，或者说被他作为这一审美追求的主要体现之一，是咏物词。张炎不仅敏锐地发现了姜夔在咏物词创作上的贡献，而且循此思路进一步发展。宋亡之前的《南浦·春水》和宋亡之后的《解连环·孤雁》，都在后来清代浙西词派那里得到了直接的回响，而且，他也是《乐府补题》唱和的参加者之一——这个唱和对浙西词风的形成作用很大，因而不能不更多地进入朱彝尊的视野。

当然，朱彝尊的这一"夫子自道"也引起了不少人的质疑，如吴衡照云："竹垞自云：'倚新声，玉田差近。'其实玉田词疏，竹垞谨严；玉田词淡，竹垞精致，殊不相类。"⑤ 又钱斐仲云："吾乡朱竹垞先生自题其词曰：'不师秦七，不师黄九，

---

① 吴梅：《词学通论》，华东师范大学出版社，1996，第 162 页。

② 陈廷焯：《白雨斋词话》卷 3，《词话丛编》，中华书局，1986，第 3835 页。

③ 戴表元：《送张叔夏西游序》，《剡源集》卷 11，《丛书集成初编》第 2065 册，商务印书局，1937，第 201 页。

④ 王士禛：《曝书亭集序》，《曝书亭集》卷首，《四部丛刊初编》集部，第 1688 册，第 1 页上。

⑤ 吴衡照：《莲子居词话》卷 2，《词话丛编》，中华书局，1986，第 2426 页。

倚新声，玉田差近。'余窃以为未然。玉田词清高灵变，先生富于典籍，未免堆砌。"① 这些，说得都是有道理的。只是，朱彝尊并不是从理论上全面分析自己的创作，他的意见，应该是就一个整体倾向而言的。事实上，朱彝尊能够取得如此大的成绩，当然不是仅仅师法张炎一人的结果，作为一代宗师，他只有汇集前人之长，才能成就其大。吴、钱二人只谈张炎的某一个部分，未免太拘泥了。

其实，讨论朱彝尊和张炎的关系，主要是为了说明他和姜夔的关系。按理说，朱彝尊提倡姜、张，而且把姜夔放在前面，应该表示他对这位江湖词人的更深切的关注才是，可是，这一点却似乎没有得到后人的特别重视，尤其缺少具体的讨论。清代浙西词派的后起之秀郭麐曾经指出："本朝词人以竹垞为至，一废《草堂》之陋，首阐白石之风。《词综》一书，鉴别精审，殆无遗憾。其所自为，则才力既富，采择尤精，佐以积学，运以灵思，直欲平视《花间》，奴隶周、柳。姜、张诸子，神韵相同，至下字之典雅，出语之浑成，非其比也。"② 从这段话中，人们很难看出朱彝尊在创作上是怎样"首阐白石之风"的，只能理解为在《词综》的理论探讨上对姜夔给予了重大关注。事实也是如此。流行于明代的《草堂诗馀》是人们学习填词的重要参考，可是未收一首姜词，而姜词也确实流失散佚不少。朱彝尊在其《词综》中收录了他所能见到的全部姜夔词二十多首，对人们认识姜夔词风，并进而向这位南宋词人学习，起了重要的作用。至于朱彝尊自己的创作，则由于他的身世处境，以及他的特定的取向，和姜夔相去甚远。这一点，夏承焘先生已经指出来了，他说："阅《曝书亭词》，朱氏倡姜张，间有似玉田者，但断非白石。"③ 夏先生的观察是敏锐的。当然所谓似与不似，也并不完全看行迹，比如朱彝尊提倡"醇雅"，他的《静志居琴趣》在艳词中吹进了一股清风，也可以视为这一精神的体现，或许自觉不自觉地也受到姜夔的影响，但，这已是另外一个问题了。

---

① 钱斐仲：《雨华庵词话》，《词话丛编》，中华书局，1986，第 3013 页。

② 郭麐：《灵氛馆词话》卷 1，《词话丛编》，中华书局，1986，第 1503 页。

③ 夏承焘：《天风阁学词日记》1936 年 9 月 20 日，《夏承焘集》第 5 册，浙江古籍出版社、浙江教育出版社，1997，第 464 页。按，厉鹗在谈到浙西六家词时曾经指出："近日言词者，推浙西六家，独柘水沈岸登善学白石老仙。"（《红兰阁词序》，《樊榭山房文集》卷 4，《樊榭山房集》，第 752 页）这说明，厉鹗也认为朱彝尊在实际创作上并不如其他浙西诸子善学姜夔。

朱彝尊提倡姜夔，给词坛的建设提供了新鲜的资源，也得到了追随者们的热烈响应，造成了"家白石而户玉田"的局面。尽管理解有深浅，成就有高低，但对姜夔诸子的体认却已经成为共识。于是，就像文学史上经常见到的现象一样，朱彝尊所提出而没有完全实践的审美追求，就被他的后继者敏感地接了过来——浙派的中期代表厉鹗身体力行，取法白石，为浙派的发展开辟了一个新局面。

二、取径白石之思路与策略

朱彝尊号称学姜夔，虽然并没有完全实现在他的创作中，但作为一种审美追求，仍然起到了预期的效果，对浙西词风的形成有着重要的作用，而在实际创作方面，则为他的继承者提供了进一步开拓的空间。厉鹗是中期浙西词派的代表人物，他之所以能够开创浙派发展的新局面，除了他本人多方面的素质之外，接过朱彝尊提倡的尊姜口号，并给以实际的阐发，无疑是重要的原因之一。

朱彝尊论词"崇尔雅，斥淫哇"，这些看法都被厉鹗全盘接了过去，而且作了发挥："材之雅者，《风》之所由美，《颂》之所由成。由《诗》而乐府而词，必企夫雅之一言，而可以卓然自命为作者。……词之为体，委曲喗缓，非纬之以雅，鲜有不与波俱靡而失其正者矣。"① 这在自称"心折小长芦钓师"② 的厉鹗来说也是非常自然的。事实上，厉鹗的创作直接承续朱彝尊的地方非常明显，特别是咏物词的创作，更加突出。

词的咏物之作在唐五代就已经出现，至北宋渐成规模，而到了南宋姜夔诸人之手，才真正确立了一种新的审美观念。延至宋末，咏物之风更为兴盛，《乐府补题》一书虽然别有怀抱，但结社咏物，仍然是南宋一般风气的体现。朱彝尊开创浙西词风的一个重要契机，就是借助《乐府补题》的重现于世，兴起了"后《补题》"的大规模唱和。尽管唱和中往往抽离了《乐府补题》的精神，更多注意的是体物本

---

① 厉鹗：《群雅词集序》，《樊榭山房文集》卷4，《樊榭山房集》，第755页。

② 厉鹗：《论词绝句十二首》之十，《樊榭山房诗词集》卷7，《樊榭山房集》，第513页。

身，但却也为词史的发展提供了新鲜的因素①。朱彝尊比厉鹗大六十多岁，他所倡导的这种以体物为主的词风在厉鹗词中仍然有着非常突出的表现，可见当时盛行的情况。厉鹗曾对《乐府补题》进行过考证，说明他也从这里用过功②。他的词为其本人所编集，共分三个集子，其中《秋林琴雅》一集，多咏物之作，可以视为朱氏所倡导的咏物之风的直接延续。对于朱彝尊追求形似的宗旨，他也是心领神会的。如《天香》咏烟草云：

> 瀛屿沙空，星槎翠剪，耕龙罢种瑶草。秋叶频翻，春蚕细吐，寄与绣囊函小。荷筒漫试，正一点、温馨相恼。才近朱樱破处，堪怜蕙风初袅。　　娇寒战回料峭，胜槟榔、为销残饱。旅枕半欹，熏透梦阑人悄。几缕巫云尚在，渐唾袖、余花未忘了。唤剔春灯，暗萦醉抱。

在词的小序里，他讲述了自己的创作缘由："烟草，《神农经》不载，出于明季。自闽海外之吕宋国移种中土，名淡巴菰，又名金丝薰。见姚旅露书。食之之法，细切如缕，灼以管而吸之，令人如醉。祛寒破寂，风味在曲生之外。今日伟男鬈女，无人不嗜，而余好之尤至。恨题咏者少，令异卉之湮郁也。"③ 这种咏僻事之举正是来自朱彝尊，而厉鹗自称此词是"颇尽体物之旨"④，可见他对"体物"的理解，原是由来有自。所以，后来谭献批评说："《乐府补题》别有怀抱，后来巧构形似之言，渐忘古意，竹垞、樊榭不得辞其过。"⑤ 也是看出了厉鹗和朱彝尊的相同之处。

不过，之所以"雍正、乾隆间，词学奉樊榭为赤帜"⑥，显然并不仅仅是由于厉鹗对朱彝尊亦步亦趋的缘故，个中原因仍要从更广泛的层面去找。

---

① 参看拙著：《清代词学的建构》第 2 章《咏物词的传承与开拓》。

② 厉鹗有《书〈乐府补题〉练恕可名下》一文，考证蒋景祁所刻之《乐府补题》及朱彝尊在《词综》中所引录的练恕可应为陈恕可之误（文见《樊榭山房续集·集外文》，《樊榭山房集》，第 1718 页）。

③ 厉鹗：《樊榭山房诗词集》卷 10，《樊榭山房集》卷 8，第 698 页。

④ 厉鹗：《跋烟草次韵诗》，《樊榭山房续集·集外文》，《樊榭山房集》，第 1721 页。

⑤ 谭献：《复堂词话》，《词话丛编》，中华书局，·1986，第 4008 页。

⑥ 谢章铤：《赌棋山庄词话》，《词话丛编》，中华书局，1986，第 3458 页。

自张炎把姜夔词的艺术特征总结为"清空"，朱彝尊也接了过来，加以提倡。但我们看被浙西词派悬为鹄的的《乐府补题》的不少作品，似乎很难和"清空"相联系，至于朱彝尊本人的大量征典獭祭之作，包括厉鹗的学步之作，当然也都只能排除在"清空"的范围之外。张炎以"清空"评价姜夔的词，不少是咏物之作，如《暗香》《疏影》，在这一传统中，朱彝尊和厉鹗的许多作品无疑是不相符合的。王国维曾经批评姜夔的《暗香》咏梅是"无一语道着"①，虽然是否定意见，但大致可以了解前人对"清空"的体认。不过，按照张炎所说，"清空"又并不局限在咏物词，如姜夔的《扬州慢》《一萼红》《琵琶仙》《淡黄柳》，多写羁旅情怀，抒发身世之感，体现出一种特殊的"幽独"之绪，清刚之风。这样一种情调和风格，在后来张炎的作品中固然不多，朱彝尊也是心向往之而未能完全做到，只有厉鹗继承了下来。所以，郭麐《梦绿庵词序》说："樊榭之词，其往复自道，不及竹垞；清微幽渺，间或过之。白石、玉田之旨，竹垞开之，樊榭浚而深之。"②

类似的情形还表现在许多方面，即如对于词的声律，张炎原十分重视，提出"雅词协音，虽一字亦不放过"③，朱彝尊虽然也强调醇雅，可没有把音乐提到适当的位置，只是要求"审音"炼字④，而厉鹗则特别指出了声律的重要性。如其《吴尺凫玲珑帘词序》云：

> 予素有是好，与尺凫倡和，见其掐谱寻声，不失刌度，且兢兢于去上二字之分，若宋人扁指、正平诸调，遗论犹未坠者，亦可见其使才之工矣。⑤

尺凫的趋向，当然也就是厉鹗的追求。联系姜夔当年所进《大乐议》和《琴瑟考古图》，曾经谈到雅俗乐高下不一，应该权衡度量，以为弹奏乐器之准⑥。夏承焘先生认为，这一建议是针对当时流弊的，因为当时乐曲仅知以七律为一调，不知度曲之

---

① 王国维：《人间词话》，《词话丛编》，中华书局，1986，第 4248 页。

② 郭麐：《灵氛馆杂著》卷 2，光绪九年花雨楼校本，第 24 页下。

③ 张炎：《词源》卷下，《词话丛编》，中华书局，1986，第 256 页。

④ 朱彝尊：《词综·发凡》，《词综》，第 11 页。

⑤ 厉鹗：《樊榭山房文集》卷 4，《樊榭山房集》，第 754 页。

⑥ 姜夔著、夏承焘笺校：《姜白石词编年笺校》，第 2 页。

义；仅知以一律配一字，不知永言之旨；仅知以平、入配重、浊，以上、去配轻、清，使得奏之多不协调。① 考虑到厉鹗对姜夔的推崇，他在声律上的主张，无疑是接续了这位前辈。②

厉鹗和姜夔能够异代发生共鸣，当然有很多原因，但其中一个非常独特的方面可能是别人所没有的，即厉鹗和姜夔有着非常相似的身世经历，甚至品格也相似。姜夔一生漂流江湖，生活困踬，先后依附多人，如范成大、张镃，但其"翰墨人品皆似晋、宋之雅士"③，不像当时一般江湖游士的卑微。厉鹗家贫，虽然曾经考中举人，但此后铨选均不利，四处坐馆为生，亦相当于漂流江湖的游士，尤其在扬州依附马曰琯、马曰璐兄弟，使他有了相对安定的栖止之地。尽管如此，他的品格仍然清刚方正，受到时人的极大尊敬。所以，厉鹗能够发扬姜夔的词风，除了特定的审美追求之外，也和他自身的经历和气质等因素密切相关。

三、师法与创造

刘熙载《艺概·词概》评姜夔词云："姜白石词幽韵冷香，令人挹之无尽。"④讨论厉鹗词，也应该从这一点入手。正如厉鹗本人经常对"清婉深秀"⑤、"深窈空凉"⑥ 一路词风的倡导一样，他本人的词风也主要体现在幽隽上，这一点，确实是对姜夔的继承。他的朋友们或说他是"一代词人姜白石"⑦，或说他"抔土合依姜白石"⑧，或将他比之为"乐章姜白石"⑨，都是对他在这一方面的体认。

---

① 姜夔著、夏承焘笺校：《姜白石词编年笺校》，第 2 页。

② 司徒秀英：《清代词人厉鹗研究》，莲峰书社，1994，第 81 年。

③ 姜夔：《姜尧章自叙》，《齐东野语》卷 12，第 211 页。

④ 刘熙载：《艺概·词概》，《词话丛编》，中华书局，1986，第 3694 页。

⑤ 厉鹗：《红兰阁词序》，《樊榭山房文集》卷 4，《樊榭山房集》，第 752 页。

⑥ 厉鹗：《陆南香白蕉词序》，《樊榭山房文集》卷 4，《樊榭山房集》，第 753 页。

⑦ 丁敬：《挽樊榭先生诗》，《樊榭山房集》附录 2，第 1733 页。

⑧ 方士㢠：《挽樊榭先生诗》，《樊榭山房集》附录 2，第 1735 页。

⑨ 陆钟辉：《挽樊榭先生诗》，《樊榭山房集》附录 2，第 1738 页。

当然，厉鹗对姜夔的学习主要是得其神，因而在继承的同时，也写出了自己的某些特色。

首先，通过表现特定区域的山水来写人物感情，并体现出特定的美学感受。

审美客体的特色无疑对作品风格有着重要的作用。谢灵运描写浙东山水之作雄奇而峭刻，杜甫入蜀诸作奇险而巉刻，都和所描写的对象有关。姜夔写词，非常重视物象，山水的描写往往是作为情感抒发的载体，而并非刻意表现的对象。如《湘月》一词：

> 五湖旧约，问经年底事，长负清景。暝入西山，渐唤我，一叶夷犹乘兴。倦网都收，归禽时度，月上汀洲冷。中流容与，画桡不点清镜。　谁解唤起湘灵，烟鬟雾鬓，理哀弦鸿阵。玉麈谈玄，叹坐客、多少风流名胜。暗柳萧萧，飞星冉冉，夜久知秋信。鲈鱼应好，旧家乐事谁省？①

陈廷焯评其中词句有云："写夜景高绝，点缀之工，意味之永，他手亦不能到。"②这位晚清批评家的感觉是对的，因为人们从这样的作品里更多感受到的是"意味"，却把所描写的景忽略了。厉鹗则不然，他往往能够使读者非常真切地感受到他笔下的山水，而且借此创造出浓重的氛围，如《齐天乐·吴山望隔江霁雪》：

> 瘦筇如唤登临去，江平雪晴风小。湿粉楼台，酽寒城阙，不见春红吹到。微茫越峤。但半洇云根，半销沙草。为问鸥边，而今可有晋时桡？　清愁几番自遣，故人稀笑语，相忆多少。寂寂寥寥，朝朝暮暮，吟得梅花俱恼。将花插帽。向第一峰头，倚空长啸。忽展斜阳，玉龙天际绕。③

清寒之景更加衬托了清寂之情，堪称大谢山水诗在词中的体现，在词史上是一个创造。而句法上每出于清刚之笔，颇有"顿挫跌宕"④ 之势，和姜夔渊源很深。

---

① 唐圭璋编：《全宋词》第 3 册，中华书局，1965，第 2184 页。
② 陈廷焯：《白雨斋词话》卷 2，《词话丛编》，中华书局，1986，第 3799 页。
③ 厉鹗：《樊榭山房诗词集》卷 9，《樊榭山房集》，第 657—658 页。
④ 谭献：《箧中词》卷 2，光绪八年《半厂丛书》本，第 18 页上。

其次，以写历史人物来营造氛围。历史人物代表着一种历史的记忆，把自然环境变成人文环境，并使得作者的选择带有更多的心灵隐曲。在词里写历史人物，如果不是作为咏古或怀古的话，则辛弃疾的作品非常突出。但仔细考察，他往往把历史人物作为典故来使用，而不是贯穿作品的情调。如著名的《水龙吟·登建康赏心亭》，其下片有这样一段描写："休说鲈鱼堪脍，尽西风、季鹰归未。求田问舍，怕应羞见，刘郎才气。可惜流年，忧愁风雨，树犹如此。"① 用三个典故，分别与三个历史人物有关，但作者的重点却是借这几个历史人物的事迹表达自己心灵的矛盾，他们本身并不构成作品的基调。姜夔的创作曾经受到辛弃疾的影响，但他在引入历史情境方面虽有努力，仍嫌不够，他的词作中自然景观多，人文景观少，难免也是影响其视野的一个因素。厉鹗在这方面就有所弥补。如他的《百字令》（月夜过七里滩，光景奇绝。歌此调，几令众山皆响）：

秋光今夜，向桐江、为写当年高躅。风露皆非人间有，自坐船头吹竹。万籁生山，一星在水，鹤梦疑重续。桡音遥去，西岩渔父初宿。　　心忆汐社沉埋，清狂不见，使我音容独。寂寂冷萤三四点，穿过前湾茅屋。林净藏烟，峰危限月，帆影摇空绿。随风飘荡，白云还卧深谷。②

这首词里的历史人物有弃荣华富贵如敝屣的隐士严光，有坚持民族气节的志士谢翱，他们或清高，或清狂，已经被赋予了明晰的历史定位。厉鹗把他们写到作品里，使得他们的品格和气节与山水的色调完全融为一体，形成互相生发的关系，这不仅是个人主观心境的自然化，也是对主观和客观的关系的一个非常好的演绎，在此之前，非常少见。

再次，强化了宁静清寂之境。词的大为盛行，本是在"绮宴公子，绣幌佳人，递叶叶之花笺，文抽丽锦；举纤纤之素手，按拍香檀"③ 的背景中形成的，因而对于这种文体，人们往往有着被历史所规定的创作期待。朱彝尊在《紫云词序》中曾经提出一个观点："昌黎子曰：'欢愉之言难工，愁苦之言易好。'斯亦善言诗矣。

① 唐圭璋编：《全宋词》第 3 册，第 1869 页。

② 厉鹗：《樊榭山房诗词集》卷 9，《樊榭山房集》，第 671 页。

③ 欧阳炯：《花间集序》，《词籍序跋萃编》，第 631 页。

至于词或不然，大都欢愉之辞工者十九，而言愁苦者十一焉耳。故诗际兵戈俶扰、流离琐尾而作者愈工，词则宜于宴嬉逸乐以歌咏太平，此学士大夫并存焉而不废也。"① 对于这一观点，论者往往认为是由于民族矛盾和阶级矛盾趋于缓和而发出的歌咏太平之声，当然是有道理的。但朱彝尊并非不知道"善言词者，假闺房儿女子之言，通之于《离骚》、变《雅》之义，此尤不得志于时者所宜寄情焉耳"② 的道理，所以，这似乎也表明了他对《花间》词风作为词在形成过程中的一个重要阶段的历史认定，仍然是其开阔词境不够彻底的表现。从词史发展来看，虽然在不同时代都有作家致力于词境的拓展，但是，词毕竟还是有着一定的历史规定性，和诗境相比，仍然是狭窄的，特别是有些境界，如清寂枯淡等，长时间以来都缺少涉及。这其实也可以理解，因为清寂枯淡之风更多是在佛教传入中国，被士大夫接过来之后，融入诗歌创作中的一种体现。从士大夫来说，香艳华贵的词风定势当然与此相去甚远，失意之后的长短句表现，也以香草美人的寄兴为主，一般并不涉及山林，即使是僧人介入词的创作，也基本上向着士大夫靠拢，所以北宋僧人写词竟有非常香艳者，却也并不奇怪。随着词的进一步雅化，和宋代求雅的文化精神紧密呼应着，这种创作境界越来越得到人们关注，至姜夔，终于在词作中有所展开，特别是咏梅诸作，描写"幽独"心态，非常细腻真切。但是，真正在这种境界中注入一种出世般的体悟，从而表现出清而彻骨的精神，姜夔固然还没有尝试，他的两个继承者张炎和朱彝尊处在时代大变动的生活中，也不可能做到，所以，这一境界的开拓就有待于厉鹗来实现了。如下面两篇作品。《忆旧游》（辛丑七月既望，风日清霁，唤艇自西堰桥，沿泰亭、法华，湾洄以达于河渚。时秋芦作花，远近缟目。回望诸峰，苍然如出晴雪之上。庵以秋雪名，不虚也。乃假僧榻，偃仰终日。唯闻棹声掠波往来，使人绝去世俗营竞所在。向晚宿西溪田舍，以长短句纪之）：

溯溪流云去，树约风来，山剪秋眉。一片寻秋意，是凉花载雪，人在芦碕。楚天旧愁多少，飘在鬓边丝。正浦溆茫茫，闲随野色，行到禅扉。　　忘机。悄无语，坐雁底焚香，蛩外弦诗。又送萧萧响，尽平沙霜信，吹上僧衣。

---

① 朱彝尊：《曝书亭集》卷40，《四部丛刊初编》集部，第1697册，第3页下。
② 朱彝尊：《陈纬云红盐词序》，《曝书亭集》卷40，《四部丛刊初编》集部，第1697册，第2页上。

凭高一声弹指，天地入斜晖。已隔断尘喧，门前弄月渔艇归。①

《齐天乐·秋声馆赋秋声》：

> 簟凄灯暗眠不起，清商几处催发。碎竹虚廊，枯莲浅渚，不辨声来何叶。桐飘又接。尽吹入潘郎，一簪愁发。已是难听，中宵无用怨离别。　　阴虫还更切切。玉窗挑锦倦，惊响檐铁。漏断高城，钟疏野寺，遥送凉潮呜咽。微吟渐怯。讶篱豆花开，雨筛时节。独自开门，满庭都是月。②

前者写清冷之境，虽不能完全忘情，但心地澄澈，一片空明，"胸中本无些子尘俗意，落笔自与他人不同"③。这种淡远情怀，是姜夔以来的作家有所体认的，但并没有充分挖掘出来，所以谭献认为"白石却步"④。后者写秋声，堪抵欧阳修一篇《秋声赋》。然秋花秋草，触目伤怀，原是古来的抒情传统，秋不感人，人自有感，所谓秋声，也是人心的感知罢了。可是作品最后扬弃一切所感，似由虚而实，实化实为虚，虚实转换之间写出一种更为超脱的境界，不仅有"月印万川"的感悟，更有无住其心的透彻，这种写法，从杜甫"鸡虫得失无了时，注目寒江倚山阁"⑤ 和黄庭坚"坐对真成被花恼，出门一笑大江横"⑥ 来，但境界更为幽深曲折，思致更

---

① 厉鹗：《樊榭山房诗词集》卷9，《樊榭山房集》，第 671—672 页。

② 同上书，第 673 页。

③ 陈廷焯撰，孙克强、杨传庆点校整理：《〈云韶集〉辑评（之三）》，《中国韵文学刊》2011 年第 1 期。

④ 谭献：《箧中词》卷 2，第 21 页上。

⑤ 杜甫：《缚鸡行》，《杜诗详注》卷 18，第 1566 页。

⑥ 黄庭坚：《王充道送水仙花五十枝欣然会心为之作咏》，《豫章黄先生文集》卷 7，《四部丛刊初编》集部，第 987 册，第 4 页上。

加空灵，所以谭献认为是"词禅"①。词而为禅，也是以往未有之境②。

四、厉鹗咏物词之特征

朱彝尊提倡姜、张词风，咏物词既成为他本人创作的重点之一，也成为他开宗立派的重要依据之一，不仅当时浙西诸子多从此入手，后来浙西追随者亦在这方面痛下功夫，以至于对浙西词派的批评也往往集中在这一点。这当然都是很有道理的，但又不可一概而论。朱彝尊创作咏物词的动机我以前曾经有过论述③，对于厉鹗来说，既然"心折小长芦钓师"，肯定也会包括这方面的内容，不过从具体的创作过程来看，厉鹗仍然有着自己的考虑。

厉鹗今存词计《樊榭山房词》二卷，《秋林琴雅》四卷，《樊榭山房词续集》一卷，《樊榭山房集外词》一卷。其中《集外词》十五首系从郭麐《灵氛馆词话》中所辑，或为厉鹗本人删削之作，可以忽略不计。从其他三个集子中，可以看出厉鹗的一些创作状况。《秋林琴雅》四卷共有词一百零四首，是厉鹗三十岁以前所作，题材以怀古咏物为多，其中咏物词有三十三首，可见他在从事创作之初，即有意识地在这个方面发展，如《天香》咏龙涎香、《摸鱼儿》咏莼、《齐天乐》咏蝉、《水

---

① 谭献：《箧中词》卷2，第21页下。

② 厉鹗论诗提倡"清"，其《双清阁诗序》云："昔吉甫作《颂》，其自评则曰'穆如清风'。晋人论诗，辄标举此语，以为微眇。唐僧齐己则曰：'乾坤有清气，散入诗人脾。'盖自庙廊风谕以及山泽之臞所吟谣，未有不至于清而可以言诗者，亦未有不本乎性情而可以言清者。"（《樊榭山房文集》卷3，《樊榭山房集》，第737页）他自己的诗也很追求这种境界，陶篁村《凫亭诗话》曾摘其诗句："樊榭《宝石山》云：'林气暖时蒙似雨，湖光空处淡如僧。'此真善于领略西湖也。其他如《游智果寺》云：'竹阴入寺绿无暑，荷叶绕门香胜花。'《元日对雪》云：'无人可造真闲日，有雪相娱此老翁。'《山庄即事》云：'蔬圃鸟鸣秋境界，竹房人语佛家风。'《南湖秋望》云：'横塘秋水明菰叶，老屋残阳上薜花。'皆佳句也。"（《樊榭山房集》附录4，第1747页）所以，他的词里面往往有清寂之气，也是一个合理的逻辑。

③ 参看拙著：《清代词学的建构》第2章《咏物词的传承与开拓》。

龙吟》咏白莲、《桂枝香》咏蟹等，显然从《乐府补题》来，是对朱彝尊倡导的咏物之风的直接承传；而《沁园春》咏尘、《三部乐》咏流求纸、《摸鱼子》咏窝丝糖等，则喜用僻事僻典，可见倾向明显，师承有自。《秋林琴雅》中的作品当时颇受好评，如徐逢吉云："回环读之，如入空山，如闻流泉，真沐浴于白石、梅溪而出之者。"① 吴允嘉云："声谐律叶，骨秀神闲，当于豪苏腻柳之间，别置一席。至于琢句之隽，选字之新，直与梅溪、草窗争雄长矣。"② 可是，《秋林琴雅》于光绪十年（1884）才被汪曾唯刻入《樊榭山房集》中，此前虽然可能曾经单行，却并不被厉鹗所重视，或许厉鹗曾经有意刊落此集，也未可知。耐人寻味的是，乾隆四年（1739）厉鹗手订《樊榭山房集》，收词二卷，凡一百一十首，其中从《秋林琴雅》中挑出五十六首，录入集中③。乾隆四年已是《秋林琴雅》编定以后的十九年了，厉鹗四十八岁，已经进入创作的成熟期。他亲手编定的这个集子意味着对自己创作历程的总结，也是对自己创作优劣的选择。显然，他认为《秋林琴雅》中的大部分作品并不能代表自己的成就，因此才有这样的"悔其少作"之举④。

考察《樊榭山房词》，可以看出，上举那些模仿《乐府补题》的作品都没有收入，这应该是厉鹗在总结自己创作时的"晚年定论"，因为他认为这样的徒事追风之作只能是学习过程中的一个阶段，待到进入自由状态，就应该体现出自己的特色。事实上，厉鹗的那些被后人公认为名篇佳作的词多收录在这个集子中，如《齐天乐·吴山望隔江积雪》、《百字令》（月夜过七里滩，光景奇绝。歌此调，几令众山皆响）、《忆旧游》（辛丑九月既望……）等，这说明，他对自己的创作成就体现在什么地方，已经有了比较清楚的看法。这个集子里共收录了二十一首咏物词，虽然和《秋林琴雅》比起来，比例有所降低，但也不能认为他忽略了这方面的创作，只是其中又有了一些新的因素，表现在他写了一些清新的咏物小品，如《桃园忆故人·萤》：

---

① 徐逢吉：《秋林琴雅题辞》，《樊榭山房集》，第 879 页。

② 吴允嘉：《秋林琴雅题辞》，《樊榭山房集》，第 880 页。

③ 汪曾唯：《秋林琴雅题辞》，《樊榭山房集》，第 882 页。

④ 按，《樊榭山房词续集》一卷是继《樊榭山房词》之后十二年间所作，共收词三十二首，其中咏物词十首。从这个数字来看，似乎厉鹗晚年对词的创作已经不太在意，事实上，他这一卷词中传世名篇也确实不多，因此存而不论。

夜凉那更秋情独，冷焰雨余轻扑。坠处湿粘帘竹，瞥见因风逐。　　穿烟照水犹难足，小箪窥人新浴。残月刚移桐屋，一个墙荫绿。①

又如《长相思·绿萼梅》：

生九嶷，住九嶷，自小山光染玉姿。碧罗天上飞。　　春到时，雪到时，独向花中咏绿衣。断魂烟月知。②

即使写长调，也是以情相绾，一气贯注，如前引《齐天乐·秋声馆赋秋声》。这些，都是他早期的咏物词中少见的。当然，全力征典用事之作在《樊榭山房词》里不仅有，而且代表着厉鹗在这方面的登峰造极，如《雪狮儿》咏猫，至再四题咏，每一首更详细罗列出处，比起朱彝尊的争奇斗胜有过之而无不及。

对于这样的一意征典用事之作，文学史上的评价是不高的，谢章铤下面的这段话很有代表性：

宋人咏物，高者摹神，次者赋形，而题中有寄托，题外有感慨，虽词，实无愧于六义焉。至国朝小长芦出，始创为征典之作，继之者樊榭山房。长芦腹笥浩博，樊榭又熟于说部，无处展布，借此以抒其丛杂。然实一时游戏，不足为标准也。③

宋人是否完全像他说的那样，是另外一个问题，但宋词中很少像朱彝尊、厉鹗这样的咏物词，却也是事实。不过，创作时的文学环境和文学史评论时的角度，往往是两个不同的问题。"即如咏猫一事，自葆馚、竹垞、太鸿、绣谷而外，和作不下十数家。"④ 而"厉樊榭倚《天香》调赋烟草，先后和者数十家"⑤。

---

① 厉鹗：《樊榭山房诗词集》卷9，《樊榭山房集》，第659页。
② 同上书，第672页。
③ 谢章铤：《赌棋山庄词话》卷9，《词话丛编》，中华书局，1986，第3443页。
④ 同上。
⑤ 丁绍仪：《听秋声馆词话》卷17，《词话丛编》，中华书局，1986，第2798页。

　　这么多人关注这种创作样态，难道都偏离了摹神或重形的文学思想？评论任何一种文学现象都必须把它放到特定的历史背景中去。首先，文学本身就具有游戏的功能，在一定的条件下，对技巧的展布会更为热衷；其次，在文学意识越来越自觉的情况下，文学的群体观念也愈益增强，以文学的方式表达彼此倾慕、赏识、交谊等情形非常自然；最后，清代以来，学人介入词的创作者越来越多，他们的学问当然要寻找一个适当的途径加以表现。如果说前两点还比较笼统的话，那么后一点在清代词人中非常突出。以厉鹗而言，他是清代的著名学人，著作等身，先后著有《辽史拾遗》《东城杂记》《南宋院画录》《宋诗纪事》《南宋杂事诗》《绝妙好词笺》《樊榭山房集》等。作为清代宋诗派的主要代表之一，他在宋诗的研究上用功甚深，这不仅在诗的创作上表现出来，在词的创作上也能表现出来。即如他的《雪狮儿》咏猫四首，号称凡朱彝尊和钱葆礿用过的典故，一概不再用。从他本人注出的语典来看，在诗歌方面，共有叶绍翁、张良臣、吴仲孚、王良臣、徐集孙、元好问、钱惟善、卢延逊、张至龙、刘克庄、柳贯、袁桷、程钜夫、陆游、李之纯诸作，其中唐代一人，宋代八人，金代三人，元代三人，这很能看出他的知识背景和创作动机。宋代的八个诗人中，以南宋为多，而在南宋也多为中小诗人。这说明，他对宋代的文献确实很熟，写作时自然会用到作品中，当然也不排除炫耀的可能。一般说来，学人之词的最高境界当然是将学问酝酿在胸襟之中，自然而然地体现出来，如谭献对张惠言《水调歌头》五首的评价①，但那种分寸感本来就不容易把握，在理解上也存在见仁见智的问题，因此单纯表现学问也很自然。尤其考虑到前人的文学创作往往是一种"活动"，是一种普通的生活状态，则他们以作品的方式交流读书心得，显示争胜心理等，原是可以理解的，尽管这并不是创作的高境。如果我们可以接受这样一个事实，即词的发展有越来越诗化的趋势，则不能不承认，征典用事一路的出现，是符合这一趋势的，如果排除它，那就意味着在承认扩大词境的必要性的同时，实际上仍然对词的表现范围予以限制。任何一种事物的发展都不可能只有一个路向，泥沙俱下是永远的规律。

　　厉鹗提倡学习姜夔，人们也公认他像姜夔，但是，他的那些最得姜夔词风的作

---

① 谭献云："胸襟学问，酝酿喷薄而出，赋手文心，开倚声家未有之境。"（谭献：《箧中词》卷3，第12页上）

品，在实际创作的层面得到的呼应却是不明显的①，远远不如他的那些刻意征典用事的作品那么得到直接的效法。这一现象告诉我们，姜夔所体现的，是一种精神，一种意度，所谓"清空"，也不完全是技术层面的东西，没有一定的生活经历，没有一定的学养积累，没有一定的襟怀思致，是无法简单模仿的。② 说到底，姜夔所代表的是一种"雅"的精神。在中国文学史上，诗歌的发展已经把"雅"的精神注入诗人的生活层面之中，实现了完整的发展过程。相比之下，词还有相当大的发展空间，而随着词的士大夫化的不断展开，这个问题越来越明显，于是，选择恰当的切入点，就成为迫切需要解决的问题。从事词的创作者，当然既有显宦，亦有寒士，但他们可以在精神的层面达成统一，因此姜夔这个一生不仕却又受到达官显贵高度尊敬的寒士，不仅未在自己的处境中沉沦，反而表现出一种超越现实的清气，一种不受生活羁绊的高雅。因此，他当然要成为在词的创作中的一个典范。所谓典范，如果能够轻易达到，也就失去了意义，这或者可以说明为何虽然朱彝尊以后已经"家白石而户玉田"了，真正能够得其神髓并在文学史上立得住脚的却不多。对于这个问题，当另外撰文以讨论。至于厉鹗周围的作家，纷纷师法他那些征典用事的咏物词，其实也很容易理解，就是这样的作品容易进入，从根本上说，只是技术

---

① 道光年间的陈澧有一篇《百字令》（夏日过七里泷，飞雨忽来，凉沁肌骨。推篷看山，新黛如沐，岚影入水，扁舟如行绿颇黎中。临流洗笔，赋成此阕。傥与樊榭老仙倚笛歌之，当令众山皆响也），是学习厉鹗的，不妨引录如下："江流千里，是山痕寸寸，染成浓碧。两岸画眉声不断，催送蒲帆风急。叠石皴烟，明波蘸树，小李将军笔。飞来山雨，满船凉翠吹入。　　便欲舣棹芦花，渔翁借我，一领闲蓑笠。不为鲈鱼兼酒美，只爱岚光呼吸。野水投竿，高台啸月，何代无狂客。晚来新霁，一星云外犹湿。"（龙榆生：《近三百年名家词选》，上海古籍出版社，1979，第121—122页）

② 如浙西词派的重要成员之一沈皞日曾有一段自述："余少从秀水游，学为倚声之学，好读玉田、白石诸作，偶有所作，按拍而讴。"（《瓜庐词序》）但他虽然号称学姜夔、张炎，实际创作中更多却是像张炎诸人，如龚翔麟《柘西精舍词序》所说："况之古人，殆类王中仙、张叔夏"。而他的《解连环·寄家书用张玉田韵》诸作确实也神似张炎。参看严迪昌：《清词史》，第282—283页。

层面的东西，而和一种精神品格无关。①

五、总结

清代浙西词派的开创者朱彝尊推崇姜夔和张炎，提倡醇雅清空，但其实际创作更加靠近张炎，真正能够实现朱彝尊推尊姜夔的理念，并开创浙西词派发展局面的是厉鹗。厉鹗与姜夔的共鸣既表现在艺术上，也表现在生活经历上。但他对姜夔既有学习也有发展。一是通过表现特定区域的山水来写人物感情和特定的美学感受；二是通过写历史人物来营造氛围；三是创造了词中的宁静清寂之境。尽管厉鹗的咏物词特别追求独创，但当时和后世的接受者却往往片面接受了其征典獭祭之作，这反映了时代审美思潮的某些方面。

---

① 应该指出的是，探讨厉鹗的师法对象，虽然谈得比较多的是姜夔和张炎，但并不意味着厉词渊源在这里固定了范围。作为一个学识渊博的作家，他的词学渊源应该是一个更为开放的系统，比如他曾经多次表示对周邦彦的推崇，《张今涪红螺词序》云："尝以词譬画，画家以南宗胜北宗，稼轩、后村诸人，词之北宗也；清真、白石诸人，词之南宗也。"（《樊榭山房文集》卷4，《樊榭山房集》，第753—754页）《吴尺凫玲珑帘词序》云："南宗词派，推吾乡周清真，婉约隐秀，律吕谐协，为倚声家所宗。"（《樊榭山房文集》卷4，《樊榭山房集》，第754页）郭麐为了推崇朱彝尊，说"樊榭之于词，专学姜、张，竹垞则兼收众体"（《樊榭山房集》附录4，《樊榭山房集》，第1753页），看法不够持平。因此，本文讨论厉鹗和姜夔、张炎关系，也是就大体而言，不能看得太拘谨。

创作的厚度与时代的选择

——王沂孙词的后世接受与评价思路

一、问题的提出

在词学批评史上，王沂孙词的升沉起伏是值得探讨的一个问题。在词话系列里，他的词在宋金元明都基本上无人提及，直到清初沈雄《古今词话》，才引朱彝尊《词综》，做出一定的评价，但到了晚清陈廷焯的《白雨斋词话》，就给了他"诗中之曹子建、杜子美"①的地位。在词选系列里，宋亡之后，周密的《绝妙好词》就已经收入了王沂孙词，但其后的明代诸词选，仅偶一提及，没有给予重要的位置，如号称"博雅洽"的陈耀文②，其《花草粹编》亦仅选王沂孙词一首，而卓人月等《古今词统》则未选王沂孙词。直到清初朱彝尊《词综》，才将王沂孙作为姜夔的仿效者③，选入其词三十一首。可能受到朱彝尊影响的卓回《古今词汇》，则选入王沂孙词十九首。但这还不是王沂孙登峰造极的地位，清代后期周济的《宋四家词选》将王沂孙作为"领袖一代"④的卓荦人物，才使得王沂孙的词崇高无比。

历史人物悬殊极大的评价，背后有着非常丰富的因素，找出这些因素，并将这些因素放在文学史的大背景中加以探讨，无疑有助于认识复杂的文学现象，从而加深对文学史的理解。

---

① 陈廷焯：《白雨斋词话》卷 2，《词话丛编》，中华书局，1986，第 3808 页。

② 《四库全书总目》卷 136《天中记》提要："有明一代，称博洽者推杨慎，后起与之争者，则惟耀文。"（永瑢等撰：《四库全书总目》，第 1155 页）

③ 汪森《词综序》："鄱阳姜夔出，句琢字炼，归于醇雅。于是史达祖、高观国羽翼之、张辑、吴文英师之于前，赵以夫、蒋捷、周密、陈允衡、王沂孙、张炎、张翥效之于后。"（朱彝尊、汪森编：《词综》，第 1 页）

④ 周济：《宋四家词选目录序论》，《清人选评词集三种》，第 205 页。

二、宋代以迄明代对于王沂孙的认识

宋代最早关注王沂孙词的，是他的同时代人张炎和周密。张炎在其《琐窗寒》的序中，称赞王沂孙"能文工词，琢语峭拔，有白石意度"①，在《湘月》的序中则赞其为词能"雅丽"②。这是首次将王沂孙与姜夔联系起来，而且明确用"雅"字加以形容，在一个相当长的时间里，为认识王沂孙词定下了调子。只是，张炎的这些评论都是在其词作中提出的，而清代以前，他的词流传并不广③；至于他在词学史上名声卓著的《词源》一书，则对王沂孙只字不提，这也就限制了其观点的流布。周密的《绝妙好词》选了王沂孙十首，这在该部词选中所占的比例并不算小。但是，在很长时间里，《绝妙好词》并未流行。据厉鹗《题绝妙好词》所云："张玉田《乐府指迷》④云：近代如《阳春白雪集》《绝妙词选》，亦有可观，但所取不甚精一，岂若草窗所选《绝妙好词》为精粹。惜之此板不存，墨本亦有好事者藏之。据此则是书在元时已为难得，有明三百年乐府家未曾见其只字。"⑤ 正因为如此，朱彝尊就指出："周公谨《绝妙好词》选本，虽未全醇，然中多俊语，方诸《草堂》所录，雅俗殊分。顾流布者少。"⑥ 据说，朱彝尊从钱遵王处得到《绝妙好

---

① 张炎：《山中白云词》，中华书局，1983，第10页。

② 同上书，第37页。

③ 关于张炎词的流传情况，见朱彝尊《词综·发凡》。又见拙作：《统序观与明清词学的递嬗——从〈古今词统〉到〈词综〉》，《文学遗产》2010年第1期。

④ 按，此段所撮述者，出自张炎：《词源·杂论》，《词话丛编》，中华书局，1986，第266页。

⑤ 厉鹗：《绝妙好词跋》，周密编选，查为仁、厉鹗笺注，徐文武、刘崇德点校：《绝妙好词笺》，河北大学出版社，2006，第239页。

⑥ 朱彝尊：《书绝妙好词后》，《曝书亭集》卷43，《四部丛刊初编》集部，第1698册，第5页上。

词》是使了一点手段的，真伪如何，仍需考证①，但可以说明一个事实，即在清初以前，看过《绝妙好词》的人恐怕不多，周密对南宋词的有意表彰，特别是其中体现出来的明确的宗风意识②，也就没有多少人知道。

今存明本《玉笥山人词集》，据著录，只有四种，分别是吴讷所辑的《唐宋名贤百家词》、紫芝所抄的《宋元名家词》、石村书屋所抄《宋元明三十三家词》、文淑所抄本③。这几种，在明代都是抄本，应该都是在一个小范围中流传的，在整个社会词学凋敝的情形下，关注者应该不多，所以，明代词话作家，博洽如杨慎，其《升庵词话》中也未见只字，其他可想而知。

明代词选，也有选入王沂孙者，但一则数量很少，二则所选入的作品，也不见得是后世所喜欢的。因此也可以认为，在明代词选系列里，王沂孙的地位是很不重要的。

这种情况，进入清代以后，得到了根本的改变。

三、清代王沂孙地位的提高

清代初年，随着朱彝尊《词综》的问世，王沂孙也渐渐得到了关注。

朱彝尊为编《词综》，做了非常充分的准备。访问了许多藏书家，积累了大量

---

① 据《绝妙好词》纪事引何焯《读书敏求记》："竹垞既应诏，后二年典试江左，遵王会于白下。竹垞故令客置酒高宴，约遵王与偕。私以黄金翠裘予侍书小史启镝，预置楷书生数士于密室，半宵写成，而仍返之。当时所录，并《绝妙好词》在焉。"然柯崇朴《绝妙好词序》则说："往余与朱检讨竹垞有《词综》之选，摭拾散逸。采掇备至，所不得见者数种，周草窗《绝妙好词》其一也。嗣闻虞山钱子遵王藏有写本，余从子煜为钱氏族婿，因得假归。"（柯崇朴：《绝妙好词序》，《绝妙好词笺》，第5页）

② 陈匪石说："周氏在宋末，与梦窗、碧山、玉田诸人皆以凄婉绵丽为主，成一大派别。此书即宗风所在，不合者不录。"而萧鹏则特别指出《绝妙好词》与张炎《词源》有着较为一致的审美倾向，见其：《群体的选择——唐宋人选词与词选通论》，文津出版社，1992，第202页。

③ 周密编选，查为仁、厉鹗笺注，徐文武、刘崇德点校：《绝妙好词笺》，第375页。

的资料。他在其《词综·发凡》中提到王沂孙有《碧山乐府》二卷，想必是他经过调查，已经掌握了明代王沂孙词集的抄本，这也就可以解释，为什么在明代词选中被如此忽视的一个词人，突然有三十一首作品被朱彝尊选入《词综》。

朱彝尊的《词综》刊行于康熙十七年（1678），卓回的《古今词汇初编》刊行于康熙十六年（1677）秋冬之间，前者选王沂孙词三十一首，后者选十九首，虽然有数量上的差别，考虑到篇幅，卓回对王也算是重视的了。虽然其刊行较《词综》略早，但卓回选词的不少资源都是从朱彝尊处获得的。其写于康熙十七年的《古今词汇缘起》曾经这样记述，说是建康的朋友"出藏书数种，皆目不经见，且获蠹余抄本，有碧山、草窗、玉田诸家"①。明确指出是在编纂《古今词汇》的过程中，获见碧山词之抄本的，而所谓朋友，就有朱彝尊。还是在这篇《缘起》中，卓回进一步说道："去秋复自家之江宁，雪客启藏书楼阁，检验宋元秘本，且丐贷于俞邰、瑶星、锡鬯诸子。"② 这样看来，朱彝尊获得了这些南宋词家的集子，并没有什袭珍藏，而是与朋友分享，这种气度也是造成当时兴盛局面的重要原因之一。

卓回的《古今词汇》有其一定的价值，不过，也许是由于作者的声望不够，所起到的影响不够大，在清初百派回流的局面中，很快就被淹没了。但是，朱彝尊的地位却一直很高，而且，有一批同志及后学予以呼应，因此，《词综》的影响越来越大，王沂孙也就被越来越多的读者所认识。

因缘际会，王沂孙的词由于朱彝尊的表彰而开始广为人知，其中，其实还有另外一个重要因素，即《乐府补题》的重新问世。《乐府补题》是宋亡之后，几个遗民结社唱和词作的结集，大约当时即未刊刻，仅以抄本的形式存在，而且词学逐渐衰微，也就没有人在意，自宋亡以来，四百年间，甚少有人提及。直到汪森购得此书，引起朱彝尊关注，并由蒋景祁将其刊刻出来，才引起人们的浓厚兴趣。对这个过程，朱彝尊曾有记述："《乐府补题》一卷，常熟吴氏抄白本，休宁汪氏购之长兴藏书家。予爱而亟录之，携至京师。宜兴蒋京少好倚声为长短句，读之赏激不已，遂镂板以传。"③ 结果，有力地推动了词风的发展，当时记载词体因此发生变化的，

① 赵尊岳：《明词汇刊》，上海古籍出版社，1992，第1544页。

② 同上书，第1543页。

③ 朱彝尊：《乐府补题序》，《曝书亭集》卷36，《四部丛刊初编》集部，第1697册，第4页下。

就有蒋景祁和毛奇龄二人。蒋云："得《乐府补题》而輦下诸公之词体一变。"① 毛则云："迦陵陈君偏欲取南渡以后，元明以前，与竹垞朱君作《乐府补题》诸唱和，而词体遂变。"②《乐府补题》对当时词坛所起到的推动作用，有一个动态的指标，即该集刊刻之后，唱和之风大盛，据估计，当时一共有一百多人参与其中，可见声势之浩大。文学的传播有各种各样的方式，唱和虽然是一种创作，但同时也是对原唱的传播，这样，包括王沂孙在内的那些作家暴得大名，也就可以理解了。

不过，在浙派后进厉鹗手中，虽然他本人对南宋非常感兴趣，也曾和查为仁一起笺注《绝妙好词》，不仅搜集了可以和王沂孙的词互相印证的一些资料，而且考证出王沂孙生平的某些新资料③，显示出对于王沂孙研究的新进展，但是，除此之外，对于王沂孙的具体阐发，特别是从词的创作上，却没有一个明确的思路。而厉鹗本人的创作，虽然有着王沂孙的影子，却更主要是对朱彝尊提倡却在实际上有所忽略的姜夔词的继承发展。④ 倒是其后不久，张惠言敏锐地发现了在朱彝尊推动下所刊刻的《乐府补题》的价值，也许还注意到《绝妙好词》中对《乐府补题》的引录，从另外一个角度做出了自己的选择。他的《词选》选入王沂孙四首词，这在仅收词一百一十六首的这部词选中，算是相当重视了。其阐释动机，我们下面再说。张惠言的这一选词思路，被常州后学接了过来，因此就出现了周济《宋四家词选》中对王沂孙的格外推崇。

周济对王沂孙的推崇，与此前相比，达到了最高峰。他在《宋四家词选目录序论》中指出："清真，集大成者也。稼轩敛雄心，抗高调，变温婉，成悲凉。碧山餍心切理，言近旨远，声容调度，一一可循。梦窗奇想壮彩，腾天潜渊，返南宋之清泚，为北宋之秾挚。是为四家，领袖一代。"⑤ 这就不再是朱彝尊提出的仅仅具有姜夔一体的内涵，而认为其到达了一种风格或创作倾向的极致，因而具有领袖的意

---

① 蒋景祁：《刻瑶华集述》，《瑶华集》，中华书局，1982，第8页。
② 毛奇龄：《鸡园词序》，《西河集》卷38，《景印文渊阁四库全书》第1320册，第319页。
③ 例如，据《延祐四明志》，王沂孙在至元中曾任庆元路学正，此条资料，之前似乎未见用过，而被厉鹗等发掘。（周密编选，查为仁、厉鹗笺注，徐文武、刘崇德点校：《绝妙好词笺》，第227页）
④ 关于这个问题，参看本书《姜夔与厉鹗：浙西别调与白石新声》一文。
⑤ 周济：《宋四家词选目录序论》，《清人选评词集三种》，第205页。

味。到了晚清，常州词派的后学陈廷焯①从自己的词学理论体系出发，将张惠言、周济的阐释思路予以发挥，遂将王沂孙的地位抬得更高。本来，从宋代以来，以唐例宋，就是文学批评经常采取的话头，不仅诗是如此，词也是如此。如清初尤侗就已指出："唐诗有初、盛、中、晚，宋词亦有之……约而次之，小山、安陆其词之初乎；淮海、清真其词之盛乎；石帚、梦窗似得其中；碧山、玉田风斯晚矣。"② 是将王沂孙归入晚唐。凌廷堪也曾指出："词者诗之余也，昉于唐，沿于五代，具于北宋，盛于南宋，衰于元，亡于明。以诗譬之，慢词如七言，小令如五言。慢词，北宋为初唐，……宋末为中唐，玉田、碧山风调有余，浑厚不足，其钱、刘乎？"③ 则又将王沂孙归入中唐。凌廷堪不仅分时代，而且有阐释，但对于这个定位，特别是说王沂孙"浑厚不足"，陈廷焯很不以为然，他指出："南宋词人，感时伤事，缠绵温厚者，无过碧山。"又进一步认为："王碧山词，品最高，味最厚，意境最深，力量最重。感时伤世之言，而出以缠绵忠爱。诗中之曹子建、杜子美也。"④ 遂给其以无以复加的地位。

以上是对清代王沂孙地位的变化的一个简略的描述，当然，和文学史不断昭示的一样，每一个变化后面，都有特定的社会原因和文学原因。

四、朱彝尊和周济、陈廷焯的异同

朱彝尊虽然非常赞赏《绝妙好词》，但具体到王沂孙，他并没有按照《绝妙好词》的思路发展。考察《绝妙好词》中收录的王沂孙词十首，只有《高阳台》（残

---

① 按，陈廷焯的思想资源并不仅仅从常州词派来，但其大格局仍然在常州词派中，因此还是可以认定其为常州后学。

② 尤侗：《词苑丛谈序》，徐釚编著、王百里校笺：《词苑丛谈校笺》卷首，人民文学出版社，1988，第3页。

③ 谢章铤：《凌廷堪论词》，《赌棋山庄词话》续编3，《词话丛编》，中华书局，1986，第3510页。

④ 陈廷焯：《白雨斋词话》卷2，《词话丛编》，中华书局，1986，第3808页。

莩梅酸)① 被朱彝尊选入《词综》，显然是认为，《绝妙好词》中所选录的词，至少王沂孙的部分，绝大多数并不符合其文学思想。事实上，《绝妙好词》中的王沂孙部分，其选篇有三首是和周密本人有关的，分别是《法曲献仙音》（聚景亭梅，次草窗韵)、《淡黄柳》（甲戌冬，别周公谨丈于孤山中。次冬公谨游会稽，相会一月。又次冬，公谨自剡还，执手聚别，且复别去。怅然于怀，敬赋此解)、《踏莎行》（题草窗词卷)，这或者可以从两个方面来理解，一是周密选词把自己个人的生活放在了一个重要的位置，② 二是他可能没有看到王沂孙所有的作品。否则无法解释为什么后来长期传诵的王沂孙词作，在他的词选中却全不见踪影③。郁玉英和王兆鹏的《清人词学视野中的宋词经典》一文，通过统计，得出结论，王沂孙的《眉妩》（渐新痕悬柳）和《齐天乐》（一襟余恨宫魂断）分别排在清代百首宋词经典名篇的第四十六和第四十八位④，但这两篇在《绝妙好词》中都没有选录。还有历来传诵的名篇如《南浦·春水》等，也没有选录。所以，应该说，朱彝尊是借鉴了《绝妙好词》的一些思路，而作了很大的改造。

考察朱彝尊对王沂孙的推重，主要是从咏物和骚雅格律一路着眼的，这当然与他当时所提倡的词学观点有着密切的联系。在他选入的这些作品中，有些有词题，有些没有词题，而仅仅从有词题的部分看，咏物之作就已经达到了十七首，结合《乐府补题》刊行之后，文学界掀起的声势浩大的后补题唱和活动，实际上也就是咏物的唱和，颇可以看出一些端倪。《词综》所选王沂孙诸作都没有评，浙西后学许昂霄则对其中的几篇做了点评，如评《南浦》"别君"四句云："点化文通《别赋》，却又转进一层，匪夷所思。"评《水龙吟》三首云："俱明隽清圆，无堆垛之习。"评《摸鱼儿》云："笔路与想路俱极尖巧，尤妙在无一点俗气，否则便类市

---

① 按，这首词首句《词综》作"浅莩梅酸"，见朱彝尊、汪森编：《词综》，第 482 页。

② 这种与自己生活有关的作品，在《绝妙好词》的其他部分也常出现，如李彭老选词十二首，与周密交游唱和的占四首；李莱老选词十三首，与周密交游唱和的占三首。

③ 对于周密《绝妙好词》所选之王沂孙词，后人不无非议，如陈廷焯就说："草窗与碧山相交最久，然《绝妙好词》中所选碧山诸篇，大半皆碧山次乘，转有负于碧山。"（陈廷焯：《白雨斋词话》卷 2，《词话丛编》，中华书局，1986，第 3814 页）

④ 郁玉英、王兆鹏：《清人词学视野中的宋词经典》，《江海学刊》2009 年第 1 期。

井小儿声矣。"① "明隽清圆，无堆垛之习"，就是清空；"无一点俗气"，就是醇雅。许昂霄的这些评语，或许说出了朱彝尊没有明言的话。

自从朱彝尊等人提倡《乐府补题》唱和之后，词坛上的咏物之风大行，一直到乾隆年间，仍然毫不衰竭，可见咏物这种形式确实还有很大的空间，吸引一代又一代作者投入其中。可是，正如诗学上早已尝试过的一样，咏物无疑有一个形和意的问题，词坛上众多的模仿《乐府补题》的咏物之作，虽然确有立意深微的，只是大部分还是从题材的扩大和表现手法的丰富着手，这种状况，也就引起了有识之士的忧虑，就如清末谭献所总结的："《乐府补题》别有怀抱，后来巧构形似之言，渐忘古意，竹垞、樊榭不得辞其过。"② 这或者也就是为什么张惠言《词选》所选入的王沂孙的作品都是咏物词的原因。张惠言所选的四首分别是《眉妩·新月》、《齐天乐·蝉》、《高阳台》（残雪庭除）、《庆清朝·榴花》，其评第一首云："碧山咏物诸篇，并有君国之忧。此喜君有恢复之志而惜无贤臣也。"③ 评第四首云："乱世尚有人才，惜世不用也。"④ 张惠言特别指出王沂孙的咏物词，"并有君国之忧"，这就好像是他在评论温庭筠《菩萨蛮》诸词时先戴的一个帽子一样："此士不遇也，篇法仿佛《长门赋》，而用节节逆叙。"⑤ 都反映着张惠言对这些作家某一方面的总体认识。而所谓"并有君国之忧"，也隐隐针对了自朱彝尊以来阐释王沂孙词时的某种惯性。

就如同整体上周济对张惠言的传承一样，张惠言的这个思路也被周济接了过来，而且，针对性更加明显。所谓针对性，指的就是，周济所选的王沂孙词，完全见于朱彝尊的《词综》，连前后次序都一模一样，只是数量减少了十三首而已，考虑到《宋四家词选》的篇幅本来就小于《词综》，这也很正常。很明显，周济是要将这个相同的选源，赋予崭新的内涵，以便向词坛宣示，自《词综》以来，词的阐释和词的创作颇有偏差，从而指出向上一路。从题材来看，周济所选，也基本上是

---

① 许昂霄：《词综偶评》，《词话丛编》，中华书局，1986，第 1564—1565 页。

② 谭献：《箧中词》卷 2，《续修四库全书》第 1732 册，第 643 页。

③ 张惠言：《词选》，《词话丛编》，中华书局，1986，第 1616 页。

④ 同上。

⑤ 同上书，第 1609 页。

咏物词（至少有十首），而且，在附于其后的二十四首词中，咏物词也至少有十首①。这就说明，周济以王沂孙作为一代领袖，主要是从咏物的角度考虑的，而这个角度也是和朱彝尊以后，经过厉鹗等人大力提倡，词坛上弥漫的咏物之风密切相关的。看他对几首咏物词的评价，如《南浦·春水》（柳下碧粼粼），评云："碧山故国之思甚深，托意高，故能自尊其体。"《齐天乐·蝉》（绿槐千树西窗悄），评云："此身世之感。"又同题（一襟余恨宫魂断），评云："此家国之恨。"②就都能看出他希望在立意上的提升。另外，还值得注意的是，他把王沂孙立作领袖，而从朱彝尊确立的姜夔一体的脉络中脱拔出来，让姜夔进入辛弃疾的序列，也是用心良苦。不过，周济到底还是一个艺术感觉非常敏锐的批评家，而并不仅仅是从思想上立论的，因此，他也并不否认王沂孙与姜夔在艺术上的联系，甚至还会指出王沂孙的一些不足之处，但他也特别强调，王沂孙并不逊于姜夔。在评价王氏《花犯·苔梅》（古婵娟）一词时，他就这样说："赋物能将人景情思一齐融入，最是碧山长处，由其心细笔灵，取径曲，布势远故也。"因此，他更总结一句说："不减白石风流。"③这就将自朱彝尊以来的相关词选观点一并纳入自己的体系，周济的气度，确实不同一般。

　　周济之后，陈廷焯给了王沂孙更为崇高的评价，甚至拟之为词中老杜。对于谁人堪称词中老杜，清人一直在进行探索，基本的意见是周邦彦。但是，也有一些另外的意见值得重视。例如，宋翔凤在其《乐府馀论》中曾经指出："词家之有姜石帚，犹诗家之有杜少陵，继往开来，文中关键。其流落江湖，不忘君国，皆借托比兴，于长短句寄之。如《齐天乐》，伤二帝北狩也；《扬州慢》，惜无意恢复也；《暗香》《疏影》，恨偏安也。盖意愈切，则辞愈微，屈宋之心，谁能见之？乃长短句中，复有白石道人也。"④他这个立论的出发点，乃在于姜夔的"流落江湖，不忘君国"，这虽然不免过甚其词，但正可以看成常州词派的一种策略，即对于浙西

---

　　① 这个统计主要是从词题标识来看的，实际上，有的作品，没有词题，未必就不是咏物之作，如王沂孙的《望梅》（画帘人寂）。但是，这里从严，仍然按照词题来划分。

　　② 周济：《宋四家词选》，《清人选评词集三种》，第 274 页。

　　③ 同上书，第 278—279 页。

　　④ 宋翔凤：《乐府馀论》，《词话丛编》，中华书局，1986，第 2503 页。

词派所树立的典型予以另外的阐释。陈廷焯也是这个思路，不过，他所选取的王沂孙，显然比姜夔更具有说服力，因为王沂孙亲身经历了国破家亡，比起姜夔仅仅处在偏安之小朝廷，不时有一点兴亡之感，还是有很大的区别。选择王沂孙，更加符合杜甫的精神，所以，他才能这样说："诗有诗品，词有词品。碧山词，性情和厚，学力精深，怨慕幽思，本诸忠厚，而运以顿挫之姿，沉郁之笔；论其词品，已臻绝顶，古今不可无一，不能有二。"① 当然，陈廷焯也难免夸张，事实上，在他心目中，词中老杜也并不只有一个人，他在《词坛丛话》中还说："词中陈其年，犹诗中之老杜也。风流悲壮，雄跨一时。"② 把清初的陈维崧也比作老杜，说明他本人也还在不断摸索的过程中。不过，相对来说，他对王沂孙的这种定位更加符合其基本的理论——"沉郁"，要在宋代找这样的词人，宋元之际最为合适，而在宋元之际，张炎和周密都难免有清浅处，王沂孙的作品，尽管在陈廷焯同时，评价上有不同的声音③，后来有的人甚至认为王词太过隐晦曲折④，不过，这些隐约其词之处，也可能正是眼见国运凋敝，不能不言而又不能尽言的表现。因此，用"沉郁"这个标准来看，也还是有几分道理。至此，对王沂孙作品的阐释，也就越来越具有主观性了。

---

① 陈廷焯：《白雨斋词话》卷2，《词话丛编》，中华书局，1986，第3808页。

② 陈廷焯：《词坛丛话》，《词话丛编》，中华书局，1986，第3731页。

③ 龙榆生曾经记载："是时彊村先生方僦居吴下听枫园，周旋于郑、况诸家之间，折衷至当，又以半塘翁有取东坡之清雄，对止庵退苏进辛之说，稍致不满，且以碧山与于四家领袖之列，亦觉轻重不伦，乃益致力于东坡，辅以方回（贺铸）、白石（姜夔），别选《宋词三百首》，示学者以轨范。"（龙榆生：《晚近词风之转变》，《龙榆生词学论文集》，上海古籍出版社，1997，第382页）

④ 胡适就不喜欢王沂孙的词，他在《词选》中说道："我们细看今本《碧山词》，实在不足取。咏物诸词，至多不过是晦涩的灯谜，没有文学的价值。"见胡适：《词选》，中华书局，2007，第317页。

五、浙西后学的思路

周济所提出的从王沂孙入门之法，是一个完整的学词统序，他将王沂孙赋予如此崇高的地位，当然是总结了前代的遗产，尤其是对词学批评的逐渐深入的体认，从而形成的。清人非常重视学词门径，朱彝尊提出南宋诸家的特色，将他们视为姜夔之一体，已经提出了门径的问题，只是他的论述尚需要进一步细化。从这个角度看，虽然周济不完全赞同朱彝尊，其所作的借鉴仍然不可否认。

不过，很多文学现象的出现都不是孤单的。在梳理从朱彝尊到周济、陈廷焯的词学发展时，也不能忽略中间还有其他一些环节。如我们所熟知，浙西词派自朱彝尊下世后，经过厉鹗的传承，仍然还有一定的辉煌，但厉鹗之后，虽然这个谱系还能提出郭麐等，事实上已经渐渐走向衰落。尽管如此，衰落也还并不等于消亡，后期浙西词派仍然具有一定的生命力，而且体现出一些和前中期浙西词派不同的特色。清词的发展，有所谓"后吴中七子"之说，基本上被学界认为是后期浙西词派的重要代表，其中的戈载，又是这个群体中最有成就者。

戈载以《词林正韵》一书而在清代词学中获得大名，奠定了其作为格律派的极为重要的地位。事实上，他的另一部著作《宋七家词选》，也应该得到应有的重视。这部词选，在宋代选择了七位重要的以"雅"为特色的词人，按照戈载在《宋七家词选》中的说法，就是"欲求正轨，以合雅音，惟周清真、史梅溪、姜白石、吴梦窗、周草窗、王碧山、张玉田七人，允无遗憾"[①]。将姜夔作为重要的师法对象，是朱彝尊提出来的，不过，朱彝尊虽然有此思路，具体操作上，却也还没有定于一尊，即使他本人的创作，也只是到达了张炎。[②] 姜夔地位的真正确立，从创作上，要到厉鹗才完成，而在理论上，则有赖于浙西其他后学的一起努力。如嘉庆元年（1796）吴蔚光在《〈自怡轩词选〉序》中就提出："文极于《左》，诗极于杜，词极于姜，其余皆不离乎此者近是。"[③] 同年许宝善在《自怡轩词选·凡例》中也提

---

① 戈载辑：《宋七家词选》，杜文澜校注，河洛图书出版社，1978，题辞。

② 关于这个问题，参看本书《姜夔与厉鹗：浙西别调与白石新声》一文。

③ 施蛰存主编：《词籍序跋萃编》，第 765 页。

出:"白石,词中之圣也。"① 戈载在《宋七家词选》卷三所选姜夔词后的跋语中指出:"白石之词,清气盘空,如野云孤飞,去留无迹,其高远峭拔之致,前无古人,后无来者,真词中之圣也。"② 就和这个背景有关。

令我们非常感兴趣的是,戈载虽然提出了姜夔的如此崇高的地位,同时也指出,要学习他是不容易的,必须有一个过渡,而这个过渡的最佳人选就是王沂孙,因此,他认为姜夔词空前绝后,学习时无从入手,而只有王沂孙能够学之,因此可以从王沂孙寻求入门之道③。这个思路显然和朱彝尊、汪森不同。在朱、汪看来,王沂孙具姜夔之一体,还只是指出姜夔的词风被后世接受所表现出来的不同侧面,并未涉及学词门径问题。而戈载在这里无疑是在为许多浙西后学解惑,不仅告诉他们什么是最高的境界,而且告诉他们如何达到这个境界。这种做法与宋人确定了杜甫作为最高典范,江西后学是通过学黄(庭坚)、学李(商隐)而达其境界,江湖后学则是通过学晚唐而达其境界,在方法上非常相似。

戈载(1786—1856)和周济(1781—1839)是同时代人,戈载的《宋七家词选》成书于道光十年(1830),周济的《宋四家词选》成书于道光十七年(1837),时间相隔不远,而都以宋词作为对象,希望示人以学词津筏,同时又都以王沂孙作为入门正途,恐怕不是偶然的。虽然戈载是希望由王沂孙而达至姜夔,与周济不同,但是,这个选择本身,恐怕也很难避免从张惠言以来常州词家的影响,因而,若说戈载其人作为浙西传人,同时也沾染了一些常州风貌,应该不致太过离谱。我们还对戈载这份名单中以周邦彦打头感到兴趣,除了周之外,其他六人都是南宋的。这里面体现了什么信息?戈载没有明说,我们不妨为他铺陈一下。如前所述,戈载确实提出姜夔之词是"前无古人,后无来者,真词中之圣也",但是,这个思路主要应该是他作为浙西传人而对传统浙西词学的接续,在他的潜意识中,还有一个周邦彦是应该给予更高地位的,是必须经由姜夔才能达到的境界。如果这个推测

① 施蛰存主编:《词籍序跋萃编》,第 768 页。

② 戈载辑:《宋七家词选》卷 3,第 12 页下—20 页上。

③ 戈载:"白石之词,空前绝后,匪特无可比肩,抑且无从入手,而能学之者,则惟中仙。其词运意高远,吐韵妍和,其气清,故无沾滞之音;其笔超,故有宕往之趣。是真白石之入室弟子也。"(《宋七家词选》卷 6,第 15 页下—16 页上)

可以成立的话，则戈载和周济的关系就耐人寻味了。同时，我们对嘉道之后常州词派和浙西词派的关系，也可以从另外一个角度，做出一些新的理解。

六、结论

1. 宋末以迄明末，王沂孙的词虽然一直流传，但始终没有真正进入文学批评的领域，直到朱彝尊编《词综》，才体认到其价值，而至常州词派，更加给了他非常崇高的地位。浙、常二派对王沂孙阐释权的争夺，分别也是他们建立自己理论体系的过程。

2. 浙西词派推崇王沂孙是从咏物和骚雅的角度入手的，常州词派则从比兴寄托的角度入手。值得注意的是，二派都同样选择了王沂孙的咏物词，甚至篇目也相同，却走出了不同的道路，这一方面可以说明王沂孙的作品具有相当的厚度，可以提供转换角度加以诠释的可能，另一方面，也可以看出清人如何以理论来统合材料，亦即体现出词派形成的一些特点。

3. 戈载和周济是同时代人，他们的《宋七家词选》和《宋四家词选》先后问世，相隔不到十年，二人一属浙派，一属常派，却在思路上有些相似之处。这种倾向可以说明，清代中后期之后，常州词派固然方兴未艾，浙西词派也还继续发展，而且，二派的壁垒并非特别森严，颇有互相沟通之处。这对于从宏观的角度认识清代词史，也有一定的意义。

经典确立与创作建构

——清代女词人与李清照

一、明清文人看李清照词

李清照无疑是中国最杰出的词人之一。涉及这一命题，首先应该指出，她的杰出，并不是通常意义上的作为女词人的身份，而是作为词人的身份。当然，在宋代，当她的那些充满创造性的作品出现以后，由于词史的意识还有待加强，词的经典化过程还正在展开，人们更多还是把她作为女词人中的佼佼者来看待的①。不过，到了明清，当人们有了足够的时间跨度，可以从容审视前代历史时，李清照就被摆在整部词史中加以认识了，她的"大家"地位亦得以确立和认同。

首先，明清批评家往往把李清照和宋代第一流的男性词人相提并论。如杨慎《词品》卷一："宋人中填词，李易安亦称冠绝。使在衣冠，当与秦七、黄九争雄，不独雄于闺阁也。"② 王世贞《弇州山人词评》："言其（词）业，李氏、晏氏父子、耆卿、子野、美成、少游、易安，至矣，词之正宗也。"③ 宋徵璧《论宋词》："吾于宋得七人焉：曰永叔，其词透逸；曰子瞻，其词放诞；曰少游，其词清华；曰子野，其词娟洁；曰方回，其词新鲜；曰小山，其词聪俊；曰易安，其词妍婉。"④ 永

---

① 有关论述如王灼《碧鸡漫志》卷2："易安居士……自少年便有诗名，才力华赡，逼近前辈。在士大夫中已不多得。若本朝妇人，当推词采第一。"（王灼著、岳珍校正：《碧鸡漫志校正》，巴蜀书社，2000，第41页）朱彧《萍洲可谈》卷中："本朝女妇之有文者，李易安为首称。"（褚斌杰、孙崇恩、荣宪宾编：《李清照资料汇编》，中华书局，1984，第5页）《朱子语类》卷140："本朝妇人能文，只有李易安与魏夫人。"（黎靖德编：《朱子语类》卷140，第3332页）

② 杨慎：《词品》，人民文学出版社，1960，第76页。

③ 王世贞：《艺苑卮言》，《词话丛编》，中华书局，1986，第385页。

④ 褚斌杰、孙崇恩、荣宪宾编：《李清照资料汇编》，第65页。

璿等《四库提要》："清照以一妇人，而词格乃抗轶周、柳。"① 可以看出，能够和李清照并列的，在宋代，是这样一些词人：晏殊、欧阳修、晏几道、柳永、张先、苏轼、黄庭坚、周邦彦、秦观、贺铸，虽然体现的基本上还是宗尚北宋的思想，所选择的确是大家，从而也可以看出一个时代对李清照的评价。

其次，明清批评家往往把李清照的作品与宋代其他优秀作家的作品放在一起，予以评说或优劣，大都认为李清照更加突出，能够体现出强烈的个人特色。如范仲淹有《御街行》："纷纷堕叶飘香砌，夜寂静，寒声碎。真珠帘卷玉楼空，天淡银河垂地。年年今夜，月华如练，长是人千里。　　愁肠已断无由醉，酒未到，先成泪。残灯明灭枕头欹，谙尽孤眠滋味。都来此事，眉间心上，无计相回避。"② 李清照有《一剪梅》："红藕香残玉簟秋，轻解罗裳，独上兰舟。云中谁寄锦书来，雁字回时，月满西楼。　　花自飘零水自流，一种相思，两处闲愁。此情无计可消除，才下眉头，却上心头。"③ 王世贞评范词末句云：范希文"都来此事，眉间心上，无计相回避"，"类易安而小逊之"④。如果从时间顺序看，这个表述未免不够确切，因为范仲淹在前，李清照在后，若是改为李受到范的启发，青出于蓝，也许更加合适。所以，后来王士禛就改称："易安亦从范希文'都来此事，眉间心上，无计相回避'语脱胎，李特工耳。"⑤ 考察上面的例子，除了美学上的优劣之外，也明显可以看出这样一个事实，即李清照非常关注词坛的创作状况，并且有争胜的意识，她在其《词论》中几乎批评了在她之前词坛的所有作家，也并不是偶然的。

值得指出的是，尽管两宋词坛由于还没有充分展开经典化的过程，因而在理论批评上并没有确立李清照在词体中的地位，但是，正如我们所熟知的，中国古代的文学批评从来都是形式多样，表现多元的，在创作之中也往往能够看出明显的理论意识。我们注意到，宋代的一些词人，甚至是大作家，曾把李清照的词作为一"体"，予以仿效。如侯寘《眼儿媚·效易安体》："花信风高雨又收，风雨互迟留，

---

① 永瑢等撰：《四库全书总目》卷198，第1814页。

② 唐圭璋编：《全宋词》第1册，第11页。

③ 陈祖美编著：《李清照词新释辑评》，中国书店，2003，第50页。

④ 王世贞：《艺苑卮言》，《词话丛编》，中华书局，1986，第389页。

⑤ 王士禛：《花草蒙拾》，《词话丛编》，中华书局，1986，第680页。

无端燕子，怯寒归晚，闲损帘钩。弹棋打马心都懒，撺掇上春愁。推书就枕，凫烟淡淡，蝶梦悠悠。"① 还有辛弃疾《丑奴儿近·博山道中效李易安体》："千峰云起，骤雨一霎时价。更远树斜阳，风景怎生图画。青旗卖酒，山那畔、别有人间，只消山水光中，无事过这一夏。　　午醉醒时，松窗竹户，万千潇洒。野鸟飞来，又是一般闲暇。却怪白鸥，觑着人、欲下未下。旧盟都在，新来莫是，别有说话。"② 在中国古代文论中，"体"大致有两个意思，一是体裁，一是风格。他们所仿效者，主要应该是风格。考察《全宋词》，我们发现，能被宋代词人体认为"体"而加以仿效者，并不多见，以下列表说明：

词体名称	仿效者	出处
白乐天体	辛弃疾《玉楼春·效白乐天体》	《全宋词》第三册，第 1942 页
花间体	辛弃疾《河渎神·女诫词，效花间体》	《全宋词》第三册，第 1927 页
南唐体	吕胜己《长相思·效南唐体》	《全宋词》第三册，第 1754 页
易安 （李清照）体	侯寘《眼儿媚·效易安体》、辛弃疾《丑奴儿近·博山道中效李易安体》	《全宋词》第三册，第 1437 页； 《全宋词》第三册，第 1879 页
稼轩体	蒋捷《水龙吟·效稼轩体，招落梅之魂》	《全宋词》第五册，第 3436 页
介庵 （赵彦端）体	辛弃疾《归朝欢》序："……意有感，因效介庵体为赋。"	《全宋词》第三册，第 1921 页
白石体	黄昇《阮郎归·效姜尧章体》、谭宣子《玲珑四犯·重过南楼，用白石体赋》	《全宋词》第四册，第 2999 页； 《全宋词》第五册，第 3168 页

在这不多的可以称之为"体"的作品中，李清照也能占有一席之地，完全可以说明她的词风在宋代词坛所引起的关注，是如此突出，则其本人已经在宋代处于一

---

① 唐圭璋编：《全宋词》第 3 册，第 1437 页。

② 同上书，第 1879 页。

个重要的位置，应是毫无疑义的①。

二、从道德评说到文学评说

在中国传统文学批评中，论说艺术高下的同时，往往会掺杂着对品行的批评，虽然反映着知人论世的观念，更主要还是体现了道德评判的意识。这一点，在讨论女作家创作时，往往更加突出。

从南宋开始，人们就对李清照的家庭生活非常关注，尤其是李清照曾在其《金石录后序》中写出"平生与之同志"②的夫妻感情，更加引起论者对其个人生活的选择产生兴趣。金兵南下之时，赵明诚在流亡途中，不幸染病而死，李清照飘零江南，孤苦无依，曾经再嫁张汝舟。李之再嫁，据其自述，是"信彼如簧之说，惑兹似锦之言"③，其中的原因应该更为复杂。可是婚后生活却让李清照大失所望，不仅缺少精神沟通，甚至横遭虐待："遂肆侵陵，日加殴击。可念刘伶之肋，难胜石勒之拳。"④ 所以，宁愿触犯宋朝妻子举发丈夫亦将连坐入狱的法律，也要检举张汝舟的不法行为，历尽曲折，终于得以离婚。不过，这件事显然在宋代激起了不小的波澜，有关的记载文献甚多。如胡仔《苕溪渔隐丛话》："易安再适张汝舟，未几反

---

① 李清照的某些表现方法也得到模仿，试比较下面两首词。李清照《行香子》："草际鸣蛩，惊落梧桐。正人间天上愁浓。云阶月地，关锁千重。纵浮槎来，浮槎去，不相逢。

星桥鹊驾，经年才见，想离情别恨难穷。牵牛织女，莫是离中。甚霎儿晴，霎儿雨，霎儿风。"（陈祖美编著：《李清照词新释辑评》，第66页）辛弃疾《行香子·三山作》："好雨当春，要趁归耕，况而今、已是清明。小窗坐地，侧听檐声。恨夜来风，夜来月，夜来云。

花絮飘零，莺燕丁宁，怕妨侬、湖上闲行。天心肯后，费甚心情。放霎时阴，霎时雨，霎时晴。"（唐圭璋编：《全宋词》第3册，第1918页）辛词之末，对李清照的模仿痕迹甚重。

② 洪适：《容斋四笔》卷5《赵德甫〈金石录〉》条，《李清照资料汇编》，第9页。

③ 李清照：《投翰林学士綦崇礼启》，曹树铭校释：《李清照诗词文存》，台湾商务印书馆，1992，第170页。

④ 同上。

目。"① 王灼《碧鸡漫志》："（李）再嫁某氏，讼而离之。"② 朱彧《萍洲可谈》："不终晚节，流落以死。"③ 洪适《跋赵明诚金石录》："赵君无嗣，李又更嫁。"④ ……不仅笔墨一致地记载了这件再嫁之事，而且基本上众口一词地予以讽刺。或曰"传者无不笑之"⑤，或曰"无检操"⑥，或曰"颇失节"⑦。

虽然理学和相关的道学都始于宋代，著名的"忠臣不事二主，贞女不事二夫"⑧ 出自司马光之口，"饿死事极小，失节事极大"⑨ 出自程颐之口，影响极为广泛，但事实上，宋代对妇女改嫁，要求并不是如此严苛。甚至司马光也说："夫妇以义合，义绝则离之。"⑩ 程颐则在讨论丈夫休妻之事时，也首肯"出妻令其可嫁"⑪。可见，寡妇从一而终守节观念的确立也经历了一个过程。宋人讥讽李清照改嫁，恐怕更多还是出于欣赏赵李的文章知己和患难夫妻而导致的情绪性反应。

有趣的是，尽管与李清照同时或稍后的其他南宋文人都一致认为她确曾改嫁，但是，沿至明清，不少人却对此极力否认。有关文献，举其著者，如明人徐𤊹《徐氏笔精》说："清献公之妇，郡守之妻，必无更嫁之理。"⑫ 清人卢见曾《重刊金石录序》说："相传以为德夫之殁，易安更嫁，至有'桑榆晚景''驵侩下材'之言，贻世讥笑。余以是书所作跋语考之，而知其决无是也。德夫殁时，易安年四十六矣。遭时多难，流离往来，具有踪迹。又六年，始为是书作跋。是时年已五十有二。匪夏姬之三少，等季隗之就木。以如是之年而犹嫁，嫁而犹望其才地之美，和

---

① 胡仔：《苕溪渔隐丛话》前集卷 60，人民文学出版社，1981，第 416 页。

② 王灼著、岳珍校正：《碧鸡漫志校正》，第 41 页。

③ 朱彧：《萍洲可谈》，《李清照资料汇编》，第 5 页。

④ 洪适：《跋赵明诚金石录》，《李清照资料汇编》，第 9 页。

⑤ 胡仔：《苕溪渔隐丛话》前集卷 60，第 417 页。

⑥ 晁公武：《郡斋读书志》卷 4 下，中文出版社，1978，第 308 页。

⑦ 陈振孙：《漱玉集》，《直斋书录解题》卷 21，中文出版社，1978，第 747 页。

⑧ 司马光：《温公家范》卷 8，天津古籍出版社，1995，第 165 页。

⑨ 叶采：《近思录集解》卷 6，《续修四库全书》第 934 册，第 534 页。

⑩ 司马光：《温公家范》卷 7，第 157 页。

⑪ 程颢、程颐著，王孝鱼点校：《二程集》卷 18，中华书局，1981，第 243 页。

⑫ 徐𤊹：《徐氏笔精》卷 7，台湾学生书局，1971，第 701 页。

好之情亦如德夫昔日，至大失所望而后悔之，又不肯饮恨自悼，辄谍谍然形诸简牍。此常人所不肯为，而谓易安之明达为之乎？观其洊经丧乱，犹复爱惜一二不全卷轴，如护头目，如见故人。其惓惓德夫，不忘若是，安有一旦忍相背负之理？此子舆氏所谓'好事者为之'，或造谤如《碧云騢》之类，其又可信乎？"① 清人李慈铭《越缦堂读书记》说："张汝舟妻李氏，或本易安一家，与夫不咸，讼讦离异。当时忌易安之才如学士秦楚材者（秦桧之兄，名梓），及被易安诮刺如张九成等者，因将此事移之易安。"② 大约从家世、年龄、感情等方面判断再嫁之事之不可能，不一而足③。

总的来说，清朝以后，在男性社会，为了维护李清照的形象，为其辩诬的意见颇占上风，即使仍有批评者④，似乎也并不占据主流。其实，不管是讥讽李清照之再婚，还是为其再婚辩诬，他们的出发点大致却是相同的，即再婚之事放在一个有教养、有学识、有才华的女性身上，是不宜、不该之举。现在如果仍然试图讨论两种针锋相对的观点孰是孰非，也许没有什么意思。但是，在一个男权社会，男性无疑有着主导性的话语权，我们更关心的是，这种思维模式对明清女性们起到了什么影响。

要想全面了解女性在这方面的观点，是一件不容易的事，因为虽然明清两代女子多有从事写作者，但在社会批评和文学批评方面，她们发出的声音却是很微弱的，已经在历史的长河中被淹没了不少。即使如此，我们仍然能够有所发现。如张娴婧《读李易安〈漱玉集〉》："从来才女果谁俦，错玉编珠万斛舟。自言人比黄花瘦，可似黄花奈晚秋？"⑤ 又如张令仪《读〈金石录后序〉追悼李易安》："天涯

---

① 赵明诚著、金文明校证：《金石录校证》，上海书画出版社，1985，第5—6页。

② 李慈铭：《越缦堂乙集·书陆刚甫观察仪顾堂题跋后》，《李清照资料汇编》，第141页。

③ 参看诸葛忆兵：《李清照与赵明诚》，中华书局，2004，第167页。

④ 如江之淮说："自古夫妇擅朋友之胜，从来未有如李易安与赵德甫者，佳人才子，千古绝唱。迨德甫逝而归张汝舟，属何意耶？文君忍耻，犹可以具眼相怜；易安更适，真逐水桃花之不若也。"（陈祖美编著：《李清照资料汇编》，第56页）

⑤ 刘云份编：《翠楼集》，《四库全书存目丛书》第395册，齐鲁书社，1995，第191—192页。

飘泊剩残躯，斗茗论文忆得无？薄命不随金石尽，问君何事惜桑榆。"① 还有黎春熙《偶阅易安居士诗作此惜之》："风华跌宕笔花生，《漱玉》流传有定评。末路蹉跎谁负尔，少年才调最怜卿。桑阴莫唱罗敷曲，笳拍何关董祀情。不及茂陵秋雨客，《白头吟》尚寄心声。"② 张娴婧诗引李清照"人比黄花瘦"的名句，讥其不终晚节。张令仪诗讽刺李清照忘了"斗茗论文"的夫妻之情，不能毅然随着金石的失落而死去，尚有何面目写下"猥以桑榆之晚节，配兹驵侩之下才"③ 的句子。黎春熙诗则借典故来说话，谓漱玉之作虽与《罗敷行》《胡笳十八拍》《白头吟》齐名，都是生花妙笔，但罗敷采桑，得"五马立踟蹰"之太守示好，却极力夸夫，忠贞不贰④；汉末才女蔡文姬曾锐意救丈夫董祀于危难之中⑤；卓文君在司马相如变心时还愿意写诗提醒他，给他一个反省的机会，都是为了说明李清照比不上这些女子，也就是在承认其才女身份的前提下，进行道德批判。如果说，在封建时代，男权社

① 按，"桑榆"之讽，似从胡仔《苕溪渔隐丛话》而来："易安再适张汝舟，未几反目，有《启事》与綦处厚云：'猥以桑榆之晚景，配兹驵侩之下材。'传者无不笑之。"（《苕溪渔隐丛话》前集卷60，第416—417 页）

② 黎春熙：《静香阁诗存》，肖亚男主编：《清代闺秀集丛刊》第58 册，国家图书馆出版社，2014，第286 页。

③ 李清照：《投翰林学士綦崇礼启》，《李清照诗词文存》，第170 页。

④ 《陌上桑》："日出东南隅，照我秦氏楼。秦氏有好女，自名为罗敷。罗敷善蚕桑，采桑城南隅。……使君从南来，五马立踟蹰。使君遣吏往，问此谁家姝。秦氏有好女，自名为罗敷。罗敷年几何，二十尚不足，十五颇有余。使君谢罗敷，宁可共载不。罗敷前置辞，使君一何愚。使君自有妇，罗敷自有夫。"见逯钦立辑校：《先秦汉魏晋南北朝诗·汉诗》卷9，中华书局，1983，第259—260 页。

⑤ 据《后汉书》卷84《董祀妻》："陈留董祀妻者，同郡蔡邕之女也，名琰，字文姬。博学有才辩，又妙于音律。适河东卫仲道，夫亡无子，归宁于家。兴平中，天下丧乱，文姬为胡骑所获，没于南匈奴左贤王，在胡中十二年，生二子。曹操素与邕善，痛其无嗣，乃遣使者，以金璧赎之，而重嫁于祀。祀为屯田都尉，犯法当死。文姬诣曹操请之。时公卿名士及远方使驿坐者满堂。操谓宾客曰：'蔡伯喈女在外，今为诸君见之。'及文姬进，蓬首徒行，叩头请罪，音辞清辩，旨甚酸哀，众皆为改容。操曰：'诚实相矜，然文状已去，奈何？'文姬曰：'明公厩马万匹，虎士成林，何惜疾足一骑，而不济垂死之命乎！'操感其言，乃追原祀罪。"见范晔：《后汉书》第10 册，中华书局，1965，第2800—2801 页。

会的思想就是社会的统治思想，我们也看到这样一个有趣现象，即尽管明清有不少男性文人都在致力于为李清照辩诬，这些女诗人却仍然坚持她们在阅读宋代文献时得到的判断。社会史研究已经证明，男权社会的某些观念往往是借助女性来加以推行的，这似乎也可以作为一个例证。当然，除了思想观念的取向外，这里面似乎也有一定的心理因素。张令仪是宰相张英的女儿，她讽刺李清照忘记了当年"斗茗论文"的恩爱之情，苟且偷生而"晚节不保"，一定程度上是基于她和李清照的生活经历颇为相似：身出名门，名享才女，嫁与同道，中年丧夫。张令仪嫁给姚湘门后，"以金闺珍护之身，独能卸华缛，茹荼蓼，相夫教子，甘淡泊以自适"①。中年守寡后，于艰难困苦之中，依然乐天知命，诵诗书，育子女，终于苦尽甘来，为世人所钦仰。所以，她批评李清照再嫁，也是砥砺自己的一种方式，使得自己的困窘情境为崇高所净化，从而冲淡现实生活的艰辛。

以上三首诗或许可以代表女作家在写诗时对李清照的看法，然而，当我们把目光投向词坛，就会发现另外一种情形。徐乃昌所编的《小檀栾室汇刻闺秀词》无疑是迄今最全面的女性词汇辑，检视之下，我们发现，尽管其中或明或暗总有李清照的影子，特别是对其词的创作成就发表见解，但是，从来没有人涉及她的再嫁问题。这显然并不能说这些女性不了解男性文人对李清照再嫁问题的关切，而只能说，当她们进行词的创作时，她们心目中的李清照首先是一个杰出的词人，是一个无与伦比的才女，从而在推崇其才艺的同时，对其生活也寄予深深同情，巧妙地化解了一个经典形象可能带来的危机。当然，以上三位女子写的是诗，自从杜甫以来，以诗论诗即成为一个传统，或许，这也导致其发言时具有更加广阔的层面。只是，到了清代，词的功能大大加强，不仅基本上无意不可以入词，而且也开始有了论词②，在这种背景下，如果说清代女词人在其词作中，完全不涉及李清照的再嫁问题，是不是可以认为，当她们也像这位前辈一样进行词的写作时，她们已经被这一个巨大光环所吸引，而完全忽略了其他呢？果然如此，则也可以看出这一创作群

---

① 徐璈辑：《桐旧集》卷41"张令仪"条，民国十六年影印本，第70页。

② 如方中通有《减字木兰花》和《南乡子》二调，均题为《诗馀》，乃是较早的论词词，见南京大学中国语言文学系《全清词》编纂研究室编：《全清词·顺康卷》第11册，中华书局，2002，第6591—6592页。

体明确的选择性。①

三、创作手法与表现意象

从《小檀栾室汇刻闺秀词》来看，对于李清照，清代女词人基本上是忽略或回避了男性文人所作的道德评价的影响，但是，无疑地，他们却在很大程度上受到男性文人所作的文学评价的影响。这是一个耐人寻味的现象。按照中国传统社会的要求，一向是所谓"文如其人"② 的。李清照既没有被她们片面指责，也没有被她们割裂对待，只能说明，在她们的心目中，李清照是一个值得尊敬的文学家，因而她们很自然地就接受了传统上对她的文学赞赏，并在自己的创作中体现出来。这些体现，最明显地可以在一些创作手法或意象上看出来。

---

① 当然，这里对词的统计仅仅限于徐乃昌校刻《小檀栾室汇刻闺秀词》，虽然这是迄今收录明清女性词作（主要是清代女性词作）的最全面的汇集，但仍然不能说已经穷尽了所有明清女性词，而且，此集所收的作家，其作品有时也会有所续刻增订的情形，种种复杂的情况，一时也难以完全掌握。所以，谈到明清诗词在这个问题上的区别，也只能是一个相对的角度。

② 如宋代张戒《岁寒堂诗话》云："诗文字画，大抵从胸臆中出。子美笃于忠义，深于经术，故其诗雄而正。李太白喜任侠，喜神仙，故其诗豪而逸。"（张戒著、陈应鸾校笺：《岁寒堂诗话校笺》，巴蜀书社，2000，第 55 页）元代傅与砺《诗法正论》云："诗源于德性，发于才情，心声不同，有如其面。"（傅与砺：《诗法源流》，广文书局，1973，第 12 页）清代叶燮《南游集序》云："盖是其人，斯能为其言，为其言，斯能有其品。人品之差等不同，而诗文之差等即在可推券取也。近代间有巨子，诗文与人判然为二者，亦仅见，非恒理耳。余常操此以求友，得其友，及观其诗与文，无不合也。又尝操此以称诗与文，诵其诗与文，及验其人其品，无不合也。"见叶燮：《已畦集》，《四库全书存目丛书》集部，齐鲁书社，1997，第 244 册，第 90 页。清代薛雪《一瓢诗话》云："畅快人诗必潇洒，敦厚人诗必庄重，倜傥人诗必飘逸，疏爽人诗必流丽，寒涩人诗必枯瘠，丰腴人诗必华赡，拂郁人诗必凄怨，磊落人诗必悲壮，豪迈人诗必不羁，清修人诗必峻洁，谨敕人诗必严整，猥鄙人诗必委靡。此天之所赋，气之所禀，非学之所至也。"（薛雪：《一瓢诗话》，《清诗话》，第 708 页）

在中国第一部诗话中，欧阳修就引述梅尧臣的话，指出诗歌的创造，主要应该"意新语工"①。这两者，有时是互为因果的，有时却也可能独立存在②。李清照词的立意之深，所在多有，人们也给予了充分注意，至其落语用字之妙，更是体现了过人的创造力，既为前人所盛赞，也为明清女词人所关注。考察她们所最为关注的语意，主要见于下面两篇作品，一是《如梦令》中的"绿肥红瘦"，一是《声声慢》中的九组巧妙的叠字。

"绿肥红瘦"四字之妙，从宋代就已经被深加赞美，或云"此语甚新"③，或云"天下称之"④。宋代以后，人们更作具体评价。如张綖特别指出其具有"委曲精工，含蓄无穷"的特色⑤，黄苏加以发挥，指出："一问极有情，答以'依旧'，答得极淡，跌出'知否'二句来。而'绿肥红瘦'，无限凄婉，却又妙在含蓄。短幅中藏无数曲折，自是圣于词者。"⑥ 若论情境，唐代韩偓《懒起》："昨夜三更雨，今朝一阵寒。海棠花在否，侧卧卷帘看。"⑦ 先已点出。若论语言，唐代韩琮《暮春浐水送别》："绿暗红稀出凤城，暮云楼阁古今情。行人莫听宫前水，流尽年光是此声。"⑧ 也已经类似。但是，李清照的创作，以小姐和丫鬟对话的方式，暗示不同情境所引致的情怀，确实是更为曲折，而将"暗"和"稀"变为"肥"和"瘦"，不仅是手法的变化，主要地，体现了更为强烈的感情，更为生动的形象，因而，理所当然博得了后人的激赏。试比较周邦彦《少年游》："南都石黛扫晴山，衣薄奈朝寒。一夕东风，海棠花谢，楼上卷帘看。而今丽日明如洗，南陌暖雕鞍。旧赏园

---

① 欧阳修：《六一诗话》，人民文学出版社，1983，第9页。

② 如赵师秀《约客》："黄梅时节家家雨，青草池塘处处蛙。有约不来过夜半，闲敲棋子落灯花。"晚宋人评云："意虽腐而语新。"就是指出这首诗的情境前人已经写出过，但语言却颇新警。见魏庆之：《诗人玉屑》卷19引《柳溪诗话》，上海古籍出版社，1978，第429页。

③ 胡仔：《苕溪渔隐丛话》前集卷60，第416页。

④ 陈郁：《藏一话腴》内篇卷下，《景印文渊阁四库全书》第865册，第554页。

⑤ 张綖：《草堂诗馀别录》，《李清照资料汇编》，第40页。

⑥ 黄苏：《蓼园词评》，《词话丛编》，中华书局，1986，第3024页。

⑦ 彭定求等编：《全唐诗》卷683，中华书局，1960，第20册，第7832页。

⑧ 彭定求等编：《全唐诗》卷565，第17册，第6551页。

林，喜无风雨，春鸟报平安。"① 还有秦观《海棠春》："晓莺窗外啼春晓，睡未足，把人惊觉。翠被晓寒轻，宝篆沉烟袅。宿醒未解，双娥报道，别院笙歌宴早。试问海棠花，昨夜开多少。"② 无论是海棠意象，还是人物心理，都和韩偓之诗可以比观，但若讲曲折生动，就都逊李清照甚多。

清代女词人喜爱"绿肥红瘦"一语，最突出的表现就是，她们甚至把它直接用在自己的作品中。如沈善宝《如梦令》："才过禁烟节后，又值饯春时候。无语对东风，泪湿斑斑罗袖。休骤，休骤，忍见绿肥红瘦。"③ 又如孙云凤《忆秦娥》："人天末，绿肥红瘦和谁说。和谁说。故乡樱笋，他乡风月。　闲庭春去愁还结，脆圆荐酒酴醾节。酴醾节。此时此景，一般伤别。"④ 前篇以"绿肥红瘦"感叹春天消逝之快，后篇则以之感慨春残，自伤飘零，都颇为圆足。当然，更多的时候，明清女词人是继承李清照创造"绿肥红瘦"的精神，加以灵活运用。如晚明才女沈宜修的两首词，《柳梢青·初夏》："绿暗薇屏，红飘荇镜，春付浮萍。束素寒消，薄罗香细，数尽归程。　新篁翠径初成，微雨后、荷珠溅倾。玉管声沉，桐花影外，一段闲情。"《踏莎行·春暮》："绿闹春残，红衔蕊少，水流依旧平堤杳。东风杨柳挂愁丝，杏花只送啼鹃老。　燕子飞飞，征帆渺渺，天涯尽是王孙草。昼长屏掩博山寒，烟光日日屏前绕。"⑤ 前者写蔷薇花谢，落红飘水，创造出屏风和镜子两个意象，想象已是颇为生动，后者更是用一"闹"字和"衔"字，既写出春天消逝的伤感景象，又写出生命力的一种转化，不失为创造性的应用。⑥

李清照《声声慢》中叠字的运用，也是评论家关注的焦点之一。李词全篇如

---

① 唐圭璋编：《全宋词》第 2 册，第 599 页。

② 唐圭璋编：《全宋词》第 5 册，第 3659—3660 页。按，此词唐圭璋以为乃无名氏作，列于秦观词后，以存目视之，但首句文字略有不同。见《全宋词》第 1 册，第 472 页。

③ 沈善宝：《鸿雪楼词》，徐乃昌校刻：《小檀栾室汇刻闺秀词》第 1 集，光绪二十二年南陵徐氏刻本，第 5 页上。

④ 孙云凤：《湘筠馆词》卷上，《小檀栾室汇刻闺秀词》第 9 集，第 9 页下。

⑤ 沈宜修：《鹂吹词》，《小檀栾室汇刻闺秀词》第 10 集，第 22 页上、29 页下。

⑥ 沈宜修也明显对李清照创造的"肥""瘦"语意非常感兴趣，如她的《凤凰台上忆吹箫》："画栏芳径苔肥。"还有《忆旧游·感怀思张倩倩表妹》："画栏几曲慵倚，清露半烟肥。"显然都受到影响。沈词见其《鹂吹词》。

下："寻寻觅觅，冷冷清清，凄凄惨惨戚戚。乍暖还寒时候，最难将息。三杯两盏淡酒，怎敌他、晚来风急。雁过也，正伤心，却是旧时相识。　　满地黄花堆积。憔悴损，如今有谁堪摘。守着窗儿，独自怎生得黑。梧桐更兼细雨，到黄昏、点点滴滴。这次第，怎一个愁字了得。"① 凡九用叠字。对此，南宋罗大经就开始充分肯定，赞之为："起头连叠七字，以一妇人，乃能创意出奇如此。"② 其后，明代沈际飞评云："《声声慢》首下十四个叠字，乃公孙大娘舞剑手，宋朝能词之士秦七、黄九辈，未尝有下十四个叠字者，盖用《文选》诸赋格。'黑'字更不许第二人押。'点点滴滴'四叠字，又无斧迹。易安间气所生，不独雄于闺阁也。"③ 不仅把李清照放在男性文人的创作中加以考量，更指出其以赋为词，可以追溯《文选》诸赋，堪称卓识。后人评价辛弃疾词，如《贺新郎·别茂嘉十二弟》，全似一篇《别赋》④，不知李清照已经导之于前了。清代周济则从语言学的角度予以赞扬："双声叠韵字要着意布置。有宜双不宜叠，宜叠不宜双处。重字则既双且叠，尤宜斟酌。如李易安之'凄凄惨惨戚戚'，三叠韵，六双声，是锻炼出来，非偶然拈得也。"⑤ 现代词学家夏承焘曾经进一步论及此词诸叠字多为齿音，有助于声情的表达，是精心推敲所得，⑥ 可与周济所论互证。其他论者，或曰"出奇胜格，匪夷所思"⑦，或

---

① 陈祖美编著：《李清照词新释辑评》，第 108 页。

② 罗大经：《鹤林玉露》乙编卷 6，中华书局，1983，第 227 页。

③ 沈际飞：《草堂诗馀别集》卷 3，《李清照资料汇编》，第 49 页。

④ 许昂霄《词综偶评》："上三项说妇人，此二项言男子，中间不叙正位，却罗列古人许多离别，如读文通《别赋》，亦创格也。"见《词话丛编》，中华书局，1986，第 1556 页。

⑤ 周济：《宋四家词选序论》，《词话丛编》，中华书局，1986，第 1645 页。

⑥ 夏承焘：《李清照词的艺术特色》，《月轮山词论集》，中华书局，1979，第 7 页。

⑦ 梁绍壬：《两般秋雨庵随笔》卷 2，《李清照资料汇编》，第 122 页。

曰"前无古人，后无来者"①，也都是同样的看法②。

　　清代女词人喜爱李清照的这首《声声慢》，其程度自不必说，首先有全篇模仿者，如席佩兰《声声慢·题风木图》："萧萧瑟瑟，惨惨凄凄，呜呜哽哽咽咽。一片秋阴摇弄，晚天如墨。三丝两丝细雨，更助它、白杨风急。雁过也，遍寒林，尽是断肠声息。　　有客天涯孤立，回首望、高堂更无人一。寒食梨花，麦饭几曾亲设。空含两行血泪，洒枯枝、点点滴滴。待反哺，学一个乌鸟不得。"③ 某些地方竟至一字不改，虽然看得出对李清照的崇拜，毕竟原样照抄，格调不高。至于曹景芝的《高阳台·秋窗风雨图》，就颇能得易安之神："切切凄凄，萧萧瑟瑟，听来都是酸辛。一种无聊，能消几个黄昏。梧桐洒泪芭蕉响，卷芳心、百结难分。且挑灯，起作秋诗，独抱吟身。　　那能忘却当时景，记连床絮语，忒煞温存。好梦难留，休言影事前尘。伊凉吟罢《离骚》曲，倚屏山、只哭灵均。冷清清，脉坐思量，尽够销魂。"④ 前人曾经讥讽乔吉《天净沙》模仿李清照："莺莺燕燕春春，花花柳柳真真，事事风风韵韵。娇娇嫩嫩，停停当当人人。""叠字又增其半，然不若李之自然妥帖。"⑤ 以妥帖作为叠字高境，的是内行之言。曹景芝所写，或言蟋蟀之鸣，或言秋风之声，或言离人之态，都非常自然生动，是对李清照的最好继承。另外，李清照之所作，如前所述，是"用《文选》诸赋格"，我们细看曹词，远承宋玉《九辩》，近法欧阳修《秋声赋》，也是自觉从赋中吸取资源者，与李清照《声声慢》

---

　　① 陆蓥：《问花楼词话》，《词话丛编》，中华书局，1986，第 2545 页。

　　② 当然，对这首词也有持否定态度的，如许昂霄《词综偶评》所云："此词颇带伧气，而昔人极口称之，殆不可解。"（《词话丛编》，中华书局，1986，第 1578 页）周之琦在《晚香室词录》卷 7 中同意许氏之说，云："海盐许蒿庐谓其颇带伧气，可谓知言。"（《李清照资料汇编》，第 101 页）又蔡嵩云《柯亭词论》："叠字句法，创自易安。以《声声慢》系叠字调名，故当时涉笔成趣。一起连叠十四字，后人以为绝唱。究之非填词正轨，易流于纤巧一路，只可让弄才女子偶一为之。王湘绮云：'诸家赏其七叠，亦以初见故新，效之则可呕。'诚然。否则两宋不少名家，后竟无继声者，岂才均不若易安乎，其故可思矣。"（《词话丛编》，中华书局，1986，第 4907 页）总的来说，否定者不多。

　　③ 席佩兰：《长真阁诗馀》，《小檀栾室汇刻闺秀词》第 5 集，第 1 页上。

　　④ 曹景芝：《寿研山房词》，《小檀栾室汇刻闺秀词》第 9 集，第 6 页下。

　　⑤ 陆以湉：《冷庐杂识》卷 6，中华书局，1984，第 307 页。

的特色正可比观。这就比那种有意效颦而画虎类犬者要高明许多。

当然，以上两类意象或表现手法，是明清女词人最为经常提及的，其他，如"莫道不销魂，帘卷西风，人似黄花瘦"①等，也大获赞赏②。另外，还要指出，清代女词人对李清照的名作《凤凰台上忆吹箫》的情调表现，甚至感情发展脉络都非常喜欢，经常可以在其作品中见到端倪。李词下片云："休休。这回去也，千万遍《阳关》，也则难留。念武陵人远，烟锁秦楼。惟有楼前流水，应念我、终日凝眸。凝眸处，从今又添，一段新愁。"③试比较吴绡《凤凰台上忆吹箫·别绪》下片："休休。归期知记否，枉自凝眸。叹凤箫声远，空忆绸缪。惟是多情月姊，应照我、两处悠悠。悠悠处，柔肠婉转，寸寸离愁。"④还有左锡嘉《凤凰台上忆吹箫·由都返晋作函寄都中姊妹》："苕苕。者番判袂，长笛里关山，木落风高。悔不应轻别，结想徒劳。纵有鱼笺雁帛，那当得、同话凉宵。凉宵永，空余泪珠，湿透鲛绡。"⑤前者模仿痕迹甚重，后者在调式上也有意追随。凡此，都可以看出清代女词人的心理取向。⑥

四、追和古人与心灵对话

唱和是古代诗词写作中的一种常见的形式。唱和诗的写作大致上起源于东晋，以陶渊明为开山，其特点是和意而不和韵。至梁代始有和韵现象出现，沿至中唐

---

① 李清照：《醉花阴》，《李清照词新释辑评》，第 56 页。

② 如席佩兰有一词，题为《琵琶仙·席芍阶姬人黄花比瘦遗照》，显然从李清照词而来。席作见其《长真阁诗馀》，《小檀栾室汇刻闺秀词》第 5 集，第 4 页下。

③ 陈祖美编著：《李清照词新释辑评》，第 90 页。

④ 吴绡：《啸雪庵诗馀》，《小檀栾室汇刻闺秀词》第 7 集，第 11 页上。

⑤ 左锡嘉：《冷吟仙馆诗馀》，《小檀栾室汇刻闺秀词》第 7 集，第 17 页下。

⑥ 其实，清代的一些男作家也喜欢用李清照词中的意象，如曹贞吉《越溪春·郭外用宋人韵》："归来三盏两盏淡酒，黄昏鸦乱风斜。"（《全清词·顺康卷》第 11 册，第 6485 页）就是用李清照《声声慢》："三杯两盏淡酒，怎敌他、晚来风急。"这方面的例子甚多，文繁不引。

元、白，每多次韵唱和，"因难见巧"①，而至宋代苏、黄诸人，则更是推波助澜，变本加厉，形式也更加多样。既然唱和普遍存在于古典诗词中，则怎样对和诗予以理解也非常重要。今人曾经从以下几个方面予以总结：首先，要重视原唱之题；其次，要理解原唱之意；再次，要通晓和诗的一般写法，如所和对象与自己创作的关系等。②

唱和所体现的是唱者与和者双方的一种文学关系。这种关系，由于创作活动的群体意识不断发展，最初是在同时代人中间展开的，体现出来的是特定的空间意识。然而，随着创作活动的日益丰富，特别是文学史意识的增强，人们在创作中，对于前代作家，就不再满足于流于程式化的学习，而是进一步希望跨越时间的长河，以一种更为贴近的方式进行沟通，或曰对话。于是，在文学史上又出现了追和古人的现象。

据苏辙引述其兄苏轼的话，追和古人，最早由苏轼开其端："古之诗人有拟古之作矣，未有追和古人者也。追和古人则始于东坡。"③ 诚然，南朝宋鲍照即创作了《学陶潜体》诗一首，此后梁江淹《杂体诗》三十首中亦有一首《拟陶征君田舍》。沿至唐代，更有崔颢《结定襄郡狱效陶体》，韦应物《与友生野饮效陶体》，白居易《效陶潜体诗》十六首等，宋代梅尧臣《拟陶潜止酒》《拟陶体三首》，刘敞《效陶潜体》等。不过，"追和与拟古不完全相同。拟古是学生对老师的态度，追和则多了一些以古人为知己的亲切之感。拟古好像临帖，追和则在临习之外多了一些自由挥洒、表现个性的空间。"④ 这个看法，也可以用来考察后代女词人对李清照的态度。

如前所述，早在南宋，就有词人开始模拟李清照了，而和作，则直到清初才见

① 李重华：《贞一斋诗说》，《清诗话》，第 929 页。

② 参看赵以武：《唱和诗研究》，甘肃文化出版社，1997，第 40、215、385—388、408 页。

③ 苏辙：《子瞻和陶渊明诗集引》，《苏辙集》卷 21，中华书局，1990，第 3 册，第 1110 页。

④ 袁行霈：《论和陶诗及其文化意蕴》，《中国社会科学》2003 年第 6 期。

规模①，当时彭孙遹、王士禛都有不少作品，尤以王士禛和作最多。

王士禛是清初继钱谦益之后的第二代文坛领袖，顺治末年到康熙初年在扬州主持风雅，极大地促进了清词的复兴，是清词发展中的一个重要人物。王士禛一直对李清照有着很高的评价，不仅认为是婉约派的代表②，而且称之为"词家大宗"③"词中大家"④。"'大家'二字，在我国文学批评术语中，有其特定的含义，它是和'名家'相对而言的。只有既具有杰出的成就又具有深远的影响的人，才配称为'大家'"⑤。王士禛推崇李清照为词坛"大家"，虽然不免有同乡意识灌注其中⑥，但以王士禛的文坛地位，他做出这样的评价，也不会毫无根据，所以，他大量和李清照的词，以此表示对李清照的向慕，也是可以理解的。

王士禛和李清照词，今存十六首，大都是次韵和意。从意的方面来说，有时是根据原意顺着写，有时则是加以对比。如两首《如梦令》："帘额落花风骤，春思慵如中酒。久待不归来，解识相思如旧。堪否，堪否，坐待宝炉香瘦。""送别西楼将

---

① 应该指出的是，追和女词人的现象，明代就出现了。嘉靖、弘治年间的戴冠著有《邃谷词》四十四首，其中二十六首为和朱淑真词。其自作跋语云："始予得朱淑真《断肠词》于钱唐处士陈逸山，阅之，喜其清丽，哀而不伤。癸亥岁除之夕，因乘兴遍和之，且系以诗，盖欲益白朱氏之心，非与之较工拙也。"（张璋等：《全明词》第2册，中华书局，2004，第662页）不过，戴冠所和《断肠词》，有些并非出自朱淑真之手，应是流传之中所掺入。即使如自此，戴冠欲遍和朱淑真词的动机却是真实的。

② 王士禛："张南湖论词派有二：一曰婉约，一曰豪放。仆谓婉约以易安为宗，豪放惟幼安称首。"（《花草蒙拾》，《词话丛编》，中华书局，1986，第685页）

③ 王士禛：《香祖笔记》卷5，上海古籍出版社，1982，第95页。

④ 王士禛：《香祖笔记》卷9，第175页。按，无独有偶，陈文述也称李清照为"大家"，其《又题〈漱玉集〉》四首之一云："《漱玉》新词入大家，卫娘风貌亦芳华。桐阴闲话芝芙梦，第一消魂是斗茶。"见陈文述：《颐道堂诗》外集卷7，《续修四库全书》第1505册，第482页。

⑤ 程千帆师：《张若虚〈春江花月夜〉的被理解与被误解》，《古诗考索》，第93页。

⑥ 前引王士禛《花草蒙拾》在论述了婉约和豪放之宗时，又总结一句："皆吾济南人，难乎为继矣。"前引《香祖笔记》卷5特别点出李清照是"吾郡人"。

暮，望断王孙归路。昨夜梦郎归，还是旧时别处。前渡，前渡，记得柳丝春鹭。"①
前者和李清照《如梦令》："昨夜雨疏风骤，浓睡不消残酒。试问卷帘人，却道海棠
依旧。知否，知否，应是绿肥红瘦。"② 都是从春天物候兴感，引起伤春之意。后者
和李清照《如梦令》："常记溪亭日暮，沉醉不知归路。兴尽晚回舟，误入藕花深
处。争渡，争渡，惊起一滩鸥鹭。"③ 李词或写婚后伉俪生活，应是追记，通过回忆
衬托今昔之感。王和则径写离别，并通过梦境，创造了一种特定的时空感，表面上
与李词一写酣游，一写离别，各不相同，实则也有心理上的呼应之处。总的来说，
王士禛和李清照词，除了就其原意进行阐发外，也往往能写出自己特定的感受，有
时甚至他的得意之笔，也在和作中出现。如《蝶恋花·和漱玉词》："凉夜沉沉花漏
冻，欹枕无眠，渐听荒鸡动。此际闲愁郎不共，月移窗罅春寒重。 意共锦裯无
半缝，郎似桐花，妾似桐花凤。往事迢迢徒入梦，银筝断绝连珠弄。"④ 此词和李清
照《蝶恋花》（暖风晴雨初破冻），写空闺独守，苦思郎君之感，其中"郎似桐花，
妾似桐花凤"二句，当时广为流传，"长安盛称之，遂号为'王桐花'，几令'郑
鹧鸪'不能专美。"⑤ 至于和作与原作的比较，也是清人喜欢说的话题，如王士禛
和李清照的《凤凰台上忆吹箫》，邹祗谟评云："清照原阕，独此作似有元曲意。阮
亭此和，不但与古人合缝无痕，殆夐夐上之。清照而在，当悲暮年颓唐矣。"⑥ 不
过，"元曲"云云原是清初人常拈的话头⑦，是云间词派为了复兴词学，推尊晚唐
五代的一种观念，邹祗谟以此批评李清照词中有俗的一面，而忽视了其中表情达意
的生动性，只能看作是宗派声腔，不必真作优劣。总的来说，清代女性的诗词写作
受到男性社会的鼓励，则和李清照词这种创作形式，也自然会引起众多女作家的兴

---

① 王士禛：《衍波词》，河洛图书出版公司，1978，第3页。

② 陈祖美编著：《李清照词新释辑评》，第8页。

③ 同上书，第1页。

④ 王士禛：《衍波词》，第23页。

⑤ 徐釚：《词苑丛谈》卷5，上海古籍出版社，1981，第85页。

⑥ 邹祗谟、王士禛：《倚声初集》卷16，《续修四库全书》第1729册，第385页。

⑦ 如："五季犹有唐风，入宋便开元曲。"见沈亿年：《支机集·凡例》，蒋平阶：《支机集》，夏承焘、唐圭璋、施蛰存、马兴荣主编：《词学》第2辑，华东师范大学出版社，1983，第245页。

趣，何况其中本来就有着容易沟通的心理基础。在这些女词人的心目中，李清照无疑代表着女性词作的最高成就，她们从事追和，既是借他人酒杯，浇自己块垒，也是表示对一位前辈的敬重，同时也在这一过程中，体现与古人的相通。试看彭玉嵌的两首题为《和漱玉词》的作品，《醉花阴》："斜卷珠帘风拂昼，门掩铜环兽。天气渐融合和，才弄纤箫，粉汗轻衫透。　　子归啼到无声后，岂但愁粘袖。暮雨渍飞花，一担相思，怎载凌波瘦。"《蝶恋花》："香烬成灰红蜡冻，月色横窗，朱影飘微动。独有双鬟和我共，困酣不识春愁重。　　密咏新词香齿缝，一曲清歌，曾记凤求凰。往事回头皆似梦，玉箫忍向梅花弄。"① 不但情致与李词适可比观，而且，词采华茂，也的是李词伯仲，不像有些和作，与原唱相距太远，反而露拙②。再者，彭和甚至还能巧妙地借助李清照的某些独创性意象，不露痕迹地用在词中，并有所转化。如"暮雨渍飞花，一担相思，怎载凌波瘦"数句，显然从李清照《武陵春》"只恐双溪舴艋舟，载不动，许多愁"③ 来，但以美女比花，以飞花形容相思之无奈，进而写出花落担上，无以载愁，就非常细腻。如果说李清照的这种表现手法影响了南宋张元幹写出"艇子相呼相语，载取暮愁归去"④，以及后来王实甫《西厢记》写出"遍人间烦恼填胸臆，量这些大小车儿如何载得起"⑤，则在清代女词人的作品中，也可以补上一笔。彭玉嵌是清初著名词人彭孙遹的孙女，彭孙遹也有数首追和李清照的作品。我们尚不知彭玉嵌和《漱玉词》是否受到其祖父的影响，以及是否受到其祖父的指点，但祖孙二人同和《漱玉词》，这件事本身就是意

---

① 　徐乃昌编：《闺秀词钞续补遗》卷4，清宣统元年小檀栾室刻本，第1页下。

② 　如号称清代第一满族女词人的顾太清，其词自然多有优秀之作，但题为《和李清照〈漱玉词〉》的《壶中天慢》一调却写得平平。词云："东风吹尽，便绣箔重重，春光难闭。柳悴花憔留不住，又早清和天气。梅子心酸，文无草长，尝遍断肠味。将离开矣，行人千里谁寄。　　帘卷四面青山，天涯望处，短屏风空倚。宿酒新愁浑未醒，苦被鹦哥唤起。锦瑟调弦，金钗画字，说不了心中意。一江烟水，试问潮信来未。"（顾太清：《东海渔歌》卷1，《顾太清奕绘诗词合集》，上海古籍出版社，1998，第184—185页）

③ 　陈祖美编著：《李清照词新释辑评》，第205页。

④ 　唐圭璋编：《全宋词》第2册，第1091页。

⑤ 　王实甫：《西厢记》第四本第三折《正宫端正好》，俞为民校注：《中国古代四大名剧》，江苏古籍出版社，1998，第72页。

味深长的，带给我们的文化资讯绝不止表面上透露的那一点。

值得特别提出的是，就像周邦彦词到了南宋渐成经典，有人从事词的创作，遍和周词，径将集名题为《和清真词》一样，①清代女词人也有将自己的作品集题为《和漱玉词》的。这显然可以显示出李清照在清代女词人的创作中，经典意义的充分体现。

《和漱玉词》的作者是许德蘋，字香滨，自号采白仙子。本姓邓，家于扬州。父母早亡，为苏州许氏收养，因此改为许姓。后嫁与朱和羲为侧室。咸丰十一年（1861），死于太平天国之难。许德蘋才华横溢，思致清新，孤苦的身世，培养了她对生活的细腻感受，体现在词中，往往非常真切。如《寿阳曲·道旁孤梅着花睹此生感》："一树疏花发，众芳都不如。向天涯、赠将何处。甚殷勤，暗香留几许。轻试问，是谁为主。"②孤独却又高洁的形象，正和她个人的身世可以比观。如果说，南宋陆游曾经以"寂寞开无主"的描写，抒发"零落成泥碾作尘，只有香如故"③的情怀，许氏继响，表现个人的生活，也有其特殊的认识价值。从她的作品来判断其生活，似乎也有不少难言之隐，如《玉楼春》："闲来几日寻芳径，踏碎几多杨柳影。枝头燕子语双双，也学人情飞不定。　　凭阑陡起伤春病，满树桃花如我命。碧天和露种何年，莫使风吹红雨冷。"④命如桃花，是女子常见的写法，但是，人情不定，则肯定有着具体的生活感受，所以，尽管苦苦追求，芳径踏遍，只是徒然踏碎杨花之影而已。"踏碎几多杨柳影"一句，设想奇特，足以和著名的"张三影"媲美，⑤在这里，非常恰切地表现了词人的情怀。可以想见，许氏在生活中一定是

---

① 宋代方千里有《和清真词》一卷，见收于《四库全书》。又，宋代杨泽民亦有《和清真词》一卷。万树曾称赞方千里之作："如千里之和清真，平上去入无一字相异者，此其所以为佳，所以为难。"见其《词律》卷19方千里《丹凤吟》评，中华书局，1957，第432页。

② 许德蘋：《涧南词》，《小檀栾室汇刻闺秀词》第4集，第5页下。

③ 陆游：《卜算子·咏梅》，《全宋词》第3册，1586页。

④ 许德蘋：《涧南词》，《小檀栾室汇刻闺秀词》第4集，第1页上。

⑤ 据《古今词话》："有客谓子野曰：'人皆谓公张三中，即心中事，眼中泪，意中人也。'子野曰：'何不目之为张三影？'客不晓。公曰：'云破月来花弄影''娇柔懒起，帘压卷花影''柳径无人，堕风絮无影'，此余平生所得意也。"（胡仔：《苕溪渔隐丛话》前集卷37引，第253页）

希望得到关爱，追求彼此的相知和理解，但即使丈夫是文士，夫妻之间也是聚少离多，所以她会写出："起来又把瑶琴怨，流水高山弹已遍。蒹葭深处有伊人，真个曲中人不见。"① 总有一种迷惘的情思。但是，她写离怀也有自己的特点，如《子夜歌·新秋寄怀主人》："凉云薄薄如罗绮，丝丝欲绣回文字。鸿雁不归来，教奴心上猜。"② 用苏蕙的典故，把天上的云彩比作罗绮，欲织出充满相思的回文诗。这个想象固然已经不简单，下面一转，却是更为奇特，语带双关，既明用鸿雁传书的典故，点出离别之苦，又暗用雁阵成字的意象，绾合回文，同时，也含括了张炎"写不成书，只寄得、相思一点"③ 的语意，真是奇思妙想。这样一个才女，仰慕李清照，由敬其人而和其词，惺惺相惜，今古相通，正是非常自然的。可惜红颜薄命，在战乱中未终天年。她留下一首词，调寄《唐多令》，写对当时战乱的感受："鸿雁一声秋，江干钓未收。是何人、独倚西楼？听彻邻家吹玉笛，明月下，诉扬州。　　蓦地起边愁，金戈载道游。说桃源、何处渔舟？霜叶围山红簌簌，还认是，武陵邱。"④ 这也和李清照晚年的创作情怀可以相通。所以，是她写出了一卷《和漱玉词》，而不是别的什么人，也有其必然的原因存在。

据今人研究，传世李清照词，比较可靠的共四十七首⑤，不过诸本各有不同，最终认定也有困难。许德蘋《和漱玉词》一卷共五十三首，有一些恐怕是反映了清人的看法，和今人的研究不同，尽管如此，这个数字已经不少，大约也已接近尽和其词了。而从内容上来看，许氏和李清照词，往往就其原词之意来写，如李词《永遇乐》写元宵，《醉花阴》写重阳，《渔家傲》写梦境，《孤雁儿》写梅花，许氏亦然，看得出来，对这位前辈，她是充满敬意，所以希望在那些名篇佳作的余响中，加入自己的声音。当然，其中也不免借他人之酒杯，浇自己之块垒，体现出自己的情愫。如《一剪梅·秋别》："一阵凉生一片秋，渺渺烟波，轻送扁舟。横空雁影叫西风，望断天涯，更上层楼。　　但见行云逐水流，霜叶千林，尽是离愁。计程犹

---

① 许德蘋：《玉楼春·夏情》，《涧南词》，《小檀栾室汇刻闺秀词》第 4 集，第 1 页上。
② 同上书，第 2 页下。
③ 张炎：《解连环·孤雁》，《全宋词》第 5 册，第 3470 页。
④ 许德蘋：《涧南词》，《小檀栾室汇刻闺秀词》第 4 集，第 4 页上。
⑤ 参见陈祖美：《李清照词新释辑评·前言》，第 3 页。

住古馀杭，为避潮头，未过江头。"① 丈夫由苏州乘船，向杭州而去，登楼怅望，不见帆影，而"计程"云云，则在思念之中，更带牵挂，饱含深情。尤其独特者，以《西厢记》中"晓来谁染霜林醉，总是离人泪"② 入词，在清代严厉批评以曲入词的大环境中，不仅敢于用，而且用得好，很能见出胆魄。事实上，在自觉不自觉中，许德蘋有着挑战前人的心理动机。李清照有《孤雁儿》一首，序云："世人作梅词，下笔便俗。予试作一篇，乃知前言不妄耳。"③ 许德蘋和其词，抄录原序之后，又加一句云："今蘋亦效颦，未知能免俗否？"其词写道："仙人破蜡冲寒起，正索笑、多清思。一枝冷淡报春回，瘦影横斜临水。初调琴轸，弹成三弄，谁识千金意。　小心数点藏天地，恁都感、相思泪。西湖占断好春光，惟有林逋独倚。疏帘淡月，与花同梦，终古柔情寄。"④ 这首词比起李清照的原唱，或许力有未逮，但是，作品写梅而不黏着于梅，跳脱开来，以人的柔情，点染对梅的眷恋，也还是有自己的思路。联想到她在作品里对姜夔的仰慕⑤，如果说，其中也能找出一点白石的影子，应该是并不牵强的。而且，有时候，她也会巧妙地运用李清照词中的一些意象，稍加变动，创造出另外的阅读感受。如《点绛唇》："一曲瑶琴，泠泠谱出柔荑手。雪肥梅瘦，春色重帘逗。"⑥ 将李清照著名的"绿肥红瘦"变成"雪肥梅瘦"，不嫌突兀，反而感到有一种别致的意趣。这就是她在面对一个偶像时，所进行的再创造。

应该指出的是，那些和李清照词的作品，真正能到达李词水平的作品并不多，这一事实，再一次说明李清照的独特性。不过，或许可以换一个角度认识这种现象，因为这些作品的价值显然不仅体现在文学上，更主要是体现在文化上。清代词坛上，女词人们不断追和李清照，使得李清照作为一个符号，内涵不断强化，显然也是建构其接受史的一个极其重要的方面。

---

① 许德蘋：《和漱玉词》，《小檀栾室汇刻闺秀词》第 4 集，第 7 页下。

② 王实甫：《西厢记》，《中国古代四大名剧》，第 70 页。

③ 陈祖美编著：《李清照词新释辑评》，第 226 页。

④ 许德蘋：《和漱玉词》，《小檀栾室汇刻闺秀词》第 4 集，第 10 页上。

⑤ 许德蘋《一七令·对梅花作》："谁识孤标能鉴水，除非白石更无词。"见《涧南词》，《小檀栾室汇刻闺秀词》第 4 集，第 5 页上。

⑥ 许德蘋：《和漱玉词》，《小檀栾室汇刻闺秀词》第 4 集，第 10 页下。

五、媲美易安与经典延续

明清时期，虽然确实有男性文人对女作家从事写作不以为然①，但总的来说，社会对此持宽容甚至鼓励的态度，因而有关的评论非常多。孙康宜和苏源熙（Haun Saussy）两位教授主编的《中国古代妇女作品选》别出心裁地在附录中列出了男作家评女作家和女作家评女作家两类，是一个非常敏锐的思路，因为，这种现象反映出在明清两代，由于创作的繁荣，也导致了理论的发展。两者互相交叉，同步演进，共同构成了明清女性文学的兴盛。

清代的男性文人在评价女词人的创作时，经常的坐标也是李清照，若表示某词人的创作不逊于李清照，那就往往意味着对该词人的最高肯定。有关论述如下：

> 朱中楣原名懿则，……熊雪堂少宰称其诗馀秾纤倩丽，不减易安。
>
> ——徐乃昌《朱中楣小传》②
>
> 《玉雨词》者，新建女子曹慎仪著。……髫龄授五经，卒业女红，馀事耽尚吟律，尤工诗馀，其至到者，虽《漱玉》《断肠》诸集，不能过也。
>
> ——汪全德《玉雨词叙》③

从创作实际来看，出于鼓励创作的动机，某些男性文人的揄扬未免溢美④，但

---

① 如章学诚写有《妇学》一文，反对女性进行文学创作。见其《文史通义》。

② 徐乃昌校刻：《小檀栾室汇刻闺秀词》第9集《词人姓氏》，第1页上。类似的表述，还有《众香词》评王微："其诗（词）娟秀幽妍，与李清照、朱淑真相上下。"（徐乃昌编：《闺秀词钞》卷6引，清宣统元年小檀栾室刻本，第12页上）

③ 徐乃昌校刻：《小檀栾室汇刻闺秀词》第1集，第1页上。

④ 从溢美的角度看，最典型的莫过于对王微词的评价。王微是晚明青楼名妓，当时盛称其才情，如施绍莘赞其《忆秦娥》等"风流蕴藉，不减李清照"（王昶：《明词综》卷12引，《四部备要》第125册，台湾中华书局，1966，第5页上）。但检视其词，今存不足二十首，殊不见特异之处，施之所评，或亦晚明文人交接青楼之策略。

正如我们一再强调的，理论必然有具体的作品支撑，也不能完全信口开河。王次回的女儿王朗有《浣溪沙》一首，其上片云："抱月怀风绕夜堂，看花写影上纱窗。薄寒春懒被池香。"陈维崧评云："'抱月'四字，非温韦不能为也，'绿肥红瘦'，何足言警！"① 又于启章《凤凰台上忆吹箫·弄花香满衣》："残腊辞梅，嫩寒侵柳，小园风送春来。渐夭桃竞放，琼李争开。相约西邻女伴，妆罢也、倚徙莓苔。柔荑滑，弓鞋半褪，罗袜微歪。　安排秋千架畔，试闲寻百草，笑睹双钗。更揉红捻白，插鬓堆怀。伫立湖山石上，错引得、蝶恋蜂猜。花阴冷，归更雪缕，香溢妆台。"《林下词选》评云："静媛（于启璋字）性耽文翰。吴潇湘居士云：《针馀》绝似《漱玉》，'揉红捻白'，不减'宠柳娇花'。"② 这些体认，都是有说服力的。

下面，我们拟从存词较多的一些女词人，即朱中楣和曹慎仪的作品中，探讨一下她们能否当得起比美易安的评价。

从朱、曹两人的创作来看，她们的心中是有李清照的影子的，如朱中楣《西江月·暮春雨夜》有云："天涯芳草共悠悠，零落海棠消瘦。"③ 显然与李清照有着直接的渊源。而曹慎仪《凤凰台上忆吹箫》（落絮风微）④，虽未明说，实际上是次李清照同调词韵。所以，评论家特地把她们和李清照进行比较，并非无缘无故。

朱中楣原名懿则，字远山，明宗室朱议汶女，兵部尚书李元鼎妻，礼部尚书朱振裕母。著有《石园五集》。朱中楣与明末清初女作家如徐灿、顾媚等都有交往。她有两首《满江红》，前一首题为《读陈相国徐夫人湘萍词》："泪眼愁怀，聊只把、芳词翻阅。句清新，堪齐络纬，并称双绝。字字香传今古愤，行行画破英雄策。倩玉箫吹彻汉宫秋，声声咽。　离别闷，仍犹结。旧游处，燕台月。一番风雨，乱红愁迭。玉树森森连紫苑，英才尽是人中杰。盼相逢约略在何年，从头说。"后一首题为《丁酉仲夏读陈素庵夫人诗馀感和》："乍雨还晴，怨怨怨、天无分别。更那堪，淮流径水，共人悲咽。佳节每从愁里过，清光又向云中没。怪啼痕欲续调难成，柔肠绝。　花弄影，红颜缬。丛荷覆，瑶琴歇。问梁间燕子，共谁凄切。

① 徐乃昌编：《闺秀词钞》卷1，第7页。
② 徐乃昌编：《闺秀词钞》卷2，第15页下—16页上。
③ 朱中楣：《镜阁新声》，《小檀栾室汇刻闺秀词》第9集，第2页下。
④ 曹慎仪：《玉雨词》，《小檀栾室汇刻闺秀词》第1集，第12页下。

举目关河空拭泪，伤心悲酒空邀月。叹人生如梦许多般，皆虚掷。"① 词写得不算出色，有些地方甚至粗疏或句意不通，恐怕有传抄或者刊刻上的错误，不过，词中所传达的信息却值得重视。显然，朱氏非常了解徐灿的生活，同时堪称徐灿创作的知音②。她写徐灿伤悼故国，伴随流人于燕北，词作充满家国之思，都非常真切。而提到"调难成""瑶琴歇"，或者也深知徐灿尽管不能接受丈夫仕清，却又无法阻止的无奈。和第一流的女词人结交，当然自己也不会太差。总的来说，朱中楣的词境界比较开阔，多写一些前代女词人不大涉及的题材，如《行香子·初霁看牡丹》："好鸟初耕，坐老啼莺。桑鸠唤妇晚窗明。牡丹初放，尚带微醒。看青儿白，蓬莱紫，玉楼春。　　雨中过半，些子新晴。闲拈小调咏芳卿。怕春归早，似笑还颦。有酴醾伴，凌霄侣，惜花人。"《千秋岁·春雪》："琼花飘砌，点额新妆媚，微雨间，轻风起。同云迷雁杳，绣阁添香沸。囊罄也，惟馀薄酿还堪醉。　　幸识贫滋味。衙舍清如水。冰已泮，寒应已。心随残梦远，意搅繁英碎。春又（去）也，人归不似春归易。"③ 前者咏牡丹，虽有惜春意，但格调清新，并不过于伤感，倒也写出了花中之王的气度。后者咏春雪，只第一句紧扣题面，随即空际转身，放开笔墨，多方烘托，似从欧阳修、苏轼以禁体写雪获取资源，能够宕出远神。这些，都能看出朱氏的表现能力。

曹慎仪，江西新建人，祖父为礼部尚书，父亲为兵部侍郎，丈夫也曾任侍郎。少时即熟习五经，尤其擅长吟咏。丈夫顾光禄有才名，二人闺房酬唱，为时人所称羡。曹慎仪的词，表情达意，非常深细。如《清平乐·送春》："天涯离恨，春尽愁难尽。只有枝头莺语近，不管粉残香褪。　　一帘烟絮轻吹，销魂怕说春归。又见

---

① 朱中楣：《镜阁新声》，《小檀栾室汇刻闺秀词》第9集，第6页。

② 另一位女词人钟筠所写的《西江月·题海昌陈相国夫人徐湘蘋〈拙政园词〉后》，也可以参考："灯火平津阁上，莺花拙政园中。五云深处凤楼东，一枕辽西幽梦。　　苏蕙回文锦字，班家团扇秋风。龙吟鹤和几人同，声压南唐北宋。"（钟筠：《黎云榭词》，《小檀栾室汇刻闺秀词》第9集，第3页）很恰当地指出徐灿的词由于跟随丈夫到了辽西边塞，才有了重大变化，而推重她的成就超过南唐北宋，虽然不免过誉，但却是从徐灿词学南唐北宋出发，也是内行的理解。

③ 朱中楣：《镜阁新声》，《小檀栾室汇刻闺秀词》第9集，第4页下、第5页下。

夕阳深院，东风点点花飞。"① 此词亦不外伤春伤别，然从天涯望断，到小院愁怀，连缀起一个时间过程，语句里又将欧阳修"平芜尽处是春山，行人更在春山外"②，贺铸"若问闲愁都几许，一川烟草，满城风絮，梅子黄时雨"③，以及欧阳修"庭院深深深几许"④ 等意思融合在一起，剪接无痕，感情深切。而写秋感，则又另是一番情调，如《念奴娇·暮秋即事》："飘残疏雨，又秋光九十，匆匆过半。庭竹萧萧枫染绛，小苑帘栊低卷。几点蛩声，数行鸿字，九畹芳兰绽。西风吹老，眼前秋色清浅。　　一派暮景苍然，当时宋玉，偏自多感。谁解秋深幽意好，别有赏心无限。况届题糕，一城风雨，蚁绿螯黄满。寒英频摘，短篱又泛金盏。"⑤ 描写秋天而能写出豪情，本来就比较少，出自女子之手，就更加罕见。此词虽然也有蛩声雁字等悲秋的传统意象，但是格调并不衰颓，反而在"西风吹老"的背景中，看到"眼前秋色清浅"，感到"一派暮景苍然"，所以，对写出"悲哉秋之为气也，萧瑟兮草木摇落而变衰"⑥ 这样著名的悲秋之作的宋玉，颇不以为然，因为宋氏难"解秋深幽意好"，无法领略其中的"别有赏心无限"。"题糕"，是用刘禹锡的典故，意思是在诗词传统中，有些字于古无征，故不能随便用，即使像刘禹锡这样的充满豪气、不墨守成规的人，也不敢用"糕"，因为不经见。⑦ 所以，前人曾经写诗感慨：

　① 曹慎仪：《玉雨词》，《小檀栾室汇刻闺秀词》第 3 册，第 3 页下。

　② 欧阳修：《踏莎行》，《全宋词》第 1 册，第 123 页。

　③ 贺铸：《青玉案》，《全宋词》第 1 册，第 513 页。

　④ 欧阳修：《蝶恋花》，《全宋词》第 1 册，第 162 页。按，唐圭璋将此词断为冯延巳所作。李清照也非常喜欢"庭院深深"的意象，曾经模仿了两首《临江仙》，其序云："欧阳公作《蝶恋花》，有'深深深几许'之句，予酷爱之，用其语作'庭院深深'数阕，其声即旧《临江仙》也。"（《李清照词新释辑评》，第 139、144 页）

　⑤ 曹慎仪：《玉雨词》，《小檀栾室汇刻闺秀词》第 3 册，第 6 页。

　⑥ 宋玉：《九辩》，洪兴祖：《楚辞补注》，白化文、许德楠、李如鸾等点校，中华书局，1983，第 182 页。

　⑦ 罗大经《鹤林玉露》乙编卷 3："刘禹锡作《九日》诗，欲用糕字，以其不经见，迄不敢用。故宋子京诗云：'刘郎不敢题糕字，虚负诗中一世豪。'"（《鹤林玉露》乙编卷 3，第 170 页）

"刘郎不敢题糕字，虚负诗家一代豪。"①曹慎仪写出此事，当然是眼空万古，认为作家们往往被成见所束缚，不敢进行突破性创造，是极其自负的表现。但她用刘禹锡的典故，其实并不是对刘氏的创作有微词，相反，倒是提醒人们注意刘禹锡在咏唱秋天时的脱略常俗，这就是人们非常熟悉的一首诗："自古逢秋悲寂寥，我言秋日胜春朝。晴空一鹤排云上，便引诗情到碧霄。"②显然，曹慎仪的这首词，不仅突破了女性词的传统，而且更显示了要突破整个中国诗词传统的魄力。事实上，如果说，在诗中我们还可以不时发现类似刘禹锡这样的别致之作的话，那么，在词的传统里，能够把秋天写成这样的豪情，确实不易见到，这种在词史上的自我建构，肯定是意味深长的。另外，下面还要举出曹氏的一首词，这首词可以让我们看出清代女词人的某种生活风貌。《念奴娇·题葬花图》："困人天气，听声声杜宇，送春时节。自是彩云吹易散，早向枝头消歇。风雨无情，韶华似梦，草草过三月。残英难绾，柳丝多化香雪。　　堪叹瘦尽诗魂，绮窗病起，忍见春光别。断粉零朱飘泊感，独把花锄凄绝。香土䕷愁，纱囊贮恨，和泪凝成血。此时幽怨，只伊鹦鹉能说。"③《葬花图》不知出于谁氏之手，画的显然是《红楼梦》中黛玉葬花的情境。曹慎仪所写，不仅有着浓浓的悲感，而且体现着她对《红楼梦》的熟悉和理解。清代女作家对《红楼梦》往往有着特殊的感情，《红楼梦》中的诗意生活，有助于她们理解现实生活，也有助于理解自己，甚至引导她们思考自己的生活。这个问题涉及面很宽，我将有另文论述，此处提及曹慎仪的一首词，启发我们对这一问题的进一步思考。

总的说来，尽管我们能够发现，在明清女词人的创作中，确实有一些作品不逊

---

① 宋祁《景文集》卷24《九日食糕》："飔馆轻霜拂曙袍，糗糍花饮斗分曹。刘郎不敢题糕字，虚负诗家一代豪。"（《丛书集成初编》第1875册，商务印书馆，1936，第307—308页）

② 刘禹锡：《秋词二首》之一，刘禹锡著、瞿蜕园笺证：《刘禹锡集笺证》卷26，上海古籍出版社，1989，第829页。

③ 曹慎仪：《玉雨词》，《小檀栾室汇刻闺秀词》第1集，第7页上。

于李清照，① 但整体上看，以上述两位词人为例，精品还是不如李清照多。这就启发我们去思考一个问题：是那些男性批评家有意地溢美呢，还是他们的鉴赏力不够？我想，这恐怕更多应该看成是一种策略，提醒人们传统的经典并没有凝固，而是在后代延续，实际上具有文学史发展的意义。另外，既然清代的批评家评价李清照词的时候，经常说的一句话就是"不让须眉"②，而他们评价清代另外一些女词人的时候，又说可以媲美李清照，这里面是否暗含着一种心理动机，即清代女性的创作确实已经到达了这样的境地，以至于可以向已经建构好的传统挑战了。不过，这已经是另外一个问题了。

六、余论：创作中的理论建构

从清代女词人的上述创作活动，可以看得很清楚，她们是把李清照当成一个文学典范来对待的，当然也反映了她们在建构文学经典时的某种心理动机。

孙康宜在其《明清文人的经典论和女性观》一文中曾经指出，尽管世界上任何一个国家都没有像明清时期那样产生这么多的女诗人，明清妇女文学也达到了空前的繁荣，但是后来的文学史上却没有那些女作家的名字。在女性主义批评盛行的今

---

① 明清女词人的创作，确实有一些是在李清照原来开创的女性创作境界上又提高了一步，如笔者在《偏离与靠拢——徐灿与词学传统》（《暨南学报（哲学社会科学版）》，2005年第2期）一文中曾经指出，徐灿的创作把李清照表现故国之思的主题，发展到了一个新的阶段。由于某些问题在那篇文章中已有说明，本文就没再涉及。与徐灿表现故国之思类似的写法，还有钱斐仲的两首《虞美人》，题为《庚申七夕后二日，避寇南玉港，村居卧病，感怀》，词云："凄凉时节凄凉雨，人在凄凉里。荒村无处访秋花，只有豆棚瓜架是生涯。安排砚墨应无地，麋鹿为群已。牙签玉轴委泥沙，试问客居何处客无家。""兵戈日日催人老，豺虎仍当道。断蓬流水各西东，难问亲朋何处寄浮踪。 离离秀苗谁家稻，共说秋来早。一行新雁点晴空，赢得离人清泪洒西风。"（钱斐仲：《雨花庵诗馀》，《小檀栾室汇刻闺秀词》第4集，第11页）

② 如李调元《雨村词话》卷3："易安……盖不徒俯视巾帼，直欲压倒须眉。"（《词话丛编》，中华书局，1986，第1431页）

天，人们很容易将其归咎于父权制，即由于文学史大都是男人编写的，因而女性作家自然会沦为沉默的群体。不过，性别和权力、阶级等问题非常复杂，站在不同的角度，会有不同的解释。孙康宜认为，若是无法清理得更清楚，则不如关心以下的问题：某些作家是怎样成为经典作家的。①

中国古代的文学批评一直有着强大的传统，在这个传统中，有着各种不同的表现。或表现为选集，或表现为评点，或表现为专论，或表现为序跋，或表现为诗话、词话等。总的来说，到了明清，女性的批评声音已经开始被释放出来，包括从事女性诗词的选辑，撰写对于女性创作的评论，或者出版关于女性创作的诗话或词话等。但是，那样的作品，一方面，在量上还比较少；另一方面，由于种种原因，特别是写作的随意性，包括名花谱式的罗列，导致那些评论基本上没有在文坛上引起多大的反响。更重要的是，女性的批评家一般都是零星地出现，缺少"集体发声"，所以，她们的文学观点也就没有出现什么普遍关心的焦点，为文坛所重视。

不过，中国传统的文学批评一向就有两种基本的形式，一种是直接发表批评的见解，一种是通过创作中所体现的倾向来发表见解。前者为当今治文学批评者所重视，后者则还没有引起应有的注意。但是，这种现象却是大量存在的。最典型的，像陶渊明的诗之所以在宋代开始成为经典，除了一些人提倡之外，更主要的表现就是出现了集体性的模仿行为，像苏轼的遍和陶诗，对于宋代诗坛形成普遍的风气，无疑起着巨大的作用。还有词坛上的周邦彦，他在南宋起到重大影响，在词学批评非常薄弱的情况下，也是靠着若干作家如姜夔、吴文英等的学习性创作来达成的，尤其是南宋的方千里、杨泽民等曾作《和清真词》，更是让时人认识到周邦彦的魅力。从这个角度，我们会看到一个非常有意思的现象，即在词坛上，从现有的文学评论资料来看，李清照词的经典化主要是由男性文人予以建构的，今人花了大力气编纂的一本《李清照资料汇编》，无疑也会给我们留下这样的印象。对此，明清的女词人肯定是同意的，但是，不可忽略的是，她们其实也已经默默加入了对李清照经典化的过程，这就是她们的创作。她们在创作中，或者和李，或者用李，或者试图超过李，都不断强化了李清照的影响力，最终和直接的批评家一起，创造出李清照牢不可破的崇高地位。人们一般认为，女词人的创作题材往往较为简单，但

---

① 孙康宜：《明清文人的经典论和女性观》，《文学经典的挑战》，百花洲文艺出版社，2002，第95—96页。

是有这么多女词人集体性地选择与李清照的创作发生关系，这确实是一个值得注意的现象，至少可以反映出在中国历史上，文学的经典化所具有的丰富的形式。

另外，话题回到经典化的原因，尽管权力、阶级的因素被某些人认为非常重要，但是，批评家布鲁姆却提出了著名的"美学价值"说，认为在经典化的过程中，起关键作用的是对象创作的美学价值。① 秉持这一观点来讨论清代女词人对李清照的经典化，也能够得出有趣的认识。在本文中，我们已经指出，关于李清照改嫁，宋代的文人几乎都承认这一事实，而明清的不少文人则认为是无稽的谣言。清代女诗人在写诗时，经常站在传统男权的角度，对李清照未能"从一而终"予以讽刺，而她们在写词的时候，则很少涉及这一话题。众所周知，中国文学批评中有一个非常强大的传统，即为人与为文的统一论。尽管相反的意见也存在，如萧纲在《诫当阳公大心书》中提出的"立身先须谨重，文章且须放荡"② 之类，而且，有人评价李清照的时候，也会从这个角度立论。但是，明清女词人在创作中基本上不理会关于李清照所谓"品格"的问题，是否也有一种潜在的心理状态，即认为美学的价值是最重要的价值？果然如此，则我们对明清女词人通过创作来对李清照进行经典化，就觉得更有意思了。

---

① ［美］哈罗德·布鲁姆：《西方正典》，江宁康译，译林出版社，2015，第 1 页。

② 严可均校辑：《全上古三代秦汉三国六朝文·全梁文》卷 11，中华书局，1958，第 3010 页。

晚清词坛的自我经典化

　　文学经典是经得起时间考验并在不断的阅读阐释中体现出新鲜生命力的作品。经典的形成与后世读者的体认密切相关，也与当代读者、批评家的体认密切相关。词的自我经典化在宋代已经出现，至晚清而进入一个突出的发展阶段，这主要在词话和选本中体现出来，前者以况周颐和陈廷焯为代表，后者以谭献为代表。其动机，一方面要以此展现常州词派的创作实绩，另一方面则希望为后学指引门径。因此，将自己的作品树为坐标，常有具体的分析和对比。他们的努力，得到同时代词学家的认可，所以他们所标举的，就不仅是自己的经典，也在一定程度上成为时代公认的经典，而这些又与晚清词坛高度的创作自信密切相关。

一、词学中的经典化历程

　　经典一般是面对"他人"的发言，因为批评家试图以此建构体系，但是，在经典化的过程中，有的批评家也把自己的作品置入批评的系列中，从而体现出一种将自己经典化的意识。在中国古代词学发展的过程中，这一现象到了晚清更加明显，值得关注。

　　将自己的作品纳入词的批评系列中，宋代已经开始了。不过，正如宋代的不少诗话都具有"资闲谈"的性质，除了南宋初年的《碧鸡漫志》和南宋末年的《词源》《乐府指迷》等不多的著述外，不少有关词的讨论也都是"资闲谈"，其中引入自己的作品时，也大略如此。如北宋僧人慧洪在其《冷斋夜话》中这样记载："余至琼州，刘蒙叟方饮于张守之席，三鼓矣，遣急足来觅长短句。问欲叙何事，蒙叟视烛有蛾扑之不去，曰：'为赋此。'急足反走持纸，曰：'急为之，不然获谴也。'余口授吏书之曰：'蜜烛花光清夜阑，粉衣香翅绕团团。人犹认假为真实，蛾岂将灯作火看。　　方叹息，为遮栏，也知爱处实难拚。忽然性命随烟焰，始觉从前被眼瞒。'蒙叟醉笑首肯之。既北渡，夜发海津，又赠行，为之词曰：'一段文章种性，更谪仙风韵。画戟丛中，清香凝宴寝。落日清寒勒花信，愁似海，洗光词锦。后夜归舟，云涛喧醉枕。'"① 所引者就是说明其词创作的由来。这个来自诗话的传统非常强大，一直到清代，仍然不绝如缕。

不过，在宋代，作家们在反思自己的创作时，也渐渐有了风格论的意识。苏轼在词的创作中常以柳永为对手，是人所共知的，他写出《江城子·密州出猎》后，在致友人的信中说："近却颇作小词，虽无柳七郎风味，亦自是一家。"② 就是为自己的创作定位。另如北宋的黄裳，其《演山居士新词序》说："予之词清淡而正，悦人之听者鲜。"③ 他认为自己的创作与时人不同，作为音乐文学，不合一般人的欣赏口味，这当然不是说自己不好，而是转换方式所进行的自我肯定。南宋的姜夔是宋词发展中的一个划时代的人物，他对自己创作过程的表述，不仅有助于后人理解词发展到南宋之后的一些创作特点，而且有助于人们理解他本人的某些创作心态。其《长亭怨慢》（渐吹尽）自序云："予颇喜自制曲，初率意为长短句，然后协以律，故前后阕多不同。"④ 这里，或许也有向词坛展示创作方法的动机。

还应该提出的是宋人所选的当代词选，其中往往有选入自己作品者，特别是周密的《绝妙好词》，在三百八十四篇中，选入自己的作品二十二首，数量居于第一，无疑具有示范的性质。以上这些方面，虽然在深度上还有不足，但对后来，尤其是对词学大盛的清代，有着重要的影响。一般说来，比较明显的词学批评大致在序跋、评点、词话中表现出来，在这些文献中，自我评价的现象都时有所见，其中，序跋和词话中更多些，而又以词话表现得更加充分。

作为一种文学批评样式，词话发展到清代越来越成熟，尤其是到了晚清，更是发展到了最高的阶段，其中况周颐《蕙风词话》和陈廷焯的《白雨斋词话》就是杰出的代表。正是在这些词话中，自我经典化的做法更加突出，可以见出批评家的主观追求。考察这些词话中自我经典化的表现，有一些是对创作经验的描述，如况

① 胡仔：《苕溪渔隐丛话》前集卷56，第397—398页。
② 苏轼：《与鲜于子骏》，《苏轼文集》卷53，第1560页。
③ 黄裳：《演山集》，《景印文渊阁四库全书》第1120册，第149页。
④ 姜夔著、夏承焘笺校：《姜白石词编年笺校》，第36页。

周颐《蕙风词话》中的两则：

> 人静帘垂。灯昏香直。窗外芙蓉残叶，飒飒作秋声，与砌蛩相和答。据梧暝坐，湛怀息机。每一念起，辄设理想排遣之。乃至万缘俱寂，吾心忽莹然开朗如满月，肌骨清凉，不知斯世何世也。斯时若有无端哀怨，枨触于万不得已，即而察之，一切境象全失，唯有小窗虚幌、笔床砚匣，一一在吾目前。此词境也。三十年前，或月一至焉。今不可复得矣。

> 吾听风雨，吾览江山，常觉风雨江山外有不得已者在。此万不得已者，即词心也。而能以吾言写吾心，即吾词也。此万不得已者，由吾心酝酿而出，即吾词之真也，非可强为，亦无庸强求。视吾心之酝酿何如耳。吾心为主，而书卷其辅也。书卷多，吾言尤易出耳。①

虽然是自我总结，却也有示范的意思。不过，这样的表述毕竟太抽象了，真正要使人认识到经典的意义，还必须具体到作品。在这方面的做法，有时比较明显，有时则比较隐晦。先看隐晦的，也就是人们经常做的，将自己的作品与古人的作品做比较。况周颐《蕙风词话》卷二云："余旧作《浣溪沙》云：'莫向天涯轻小别，几回小别动经年。'比阅柴望《秋堂诗馀·满江红》云：'别后三年重会面，人生几度三年别。'意与余词略同。为黯然者久之。"② 这里表面上说是暗合古人，在写法上也有比较的意思，如果从表达的生动性，以及语言的整饬来看，则明显况超过柴。况周颐这里的自矜，是要在历史的线索中，为自己寻找一席之地。稍微具体一点的，见其《蕙风词话》续编卷一："余与半塘五兄，文字订交，情逾手足。乙未一别，忽忽四年。《菱景》一集，怀兄之作，几于十之八九。未刻以前，亦未尽寄京师。半塘寓宣武门外教场头巷，畜马一、骡二，皆白。曩余过从抵巷口，见系马辄慰甚。《烛影摇红》云：'诗鬓天涯，倦游情味伤春早。故人门巷玉骢嘶，回首长安道。'情景逼真。又《极相思》云：'玉箫声里，思君不见，是黄昏。'看似平易，非深于情不能道。"况周颐论词，特别强调真："真字是词骨。情真、景真，所

---

① 况周颐：《蕙风词话》卷1，唐圭璋：《词话丛编》，中华书局，2005，第4411页。
② 况周颐：《蕙风词话》卷2，《词话丛编》，中华书局，2005，第4453页。

作必佳。"① 这里，他记述自己和王鹏运的感情，先说"情景逼真"，继说"看似平易，非深于情不能道"，都是现身说法，为其词学理论作注脚。和一般空洞地谈情景交融不一样，他说的是自己的经历，将特定的场景写出，因而也就更加具体，更加富于打动人的力量。

说到现身说法，更加具有代表性的是陈廷焯。这位晚清著名的词学批评家，在其《白雨斋词话》里多次以自己的创作为例，来说明其词学思想。如关于艳词的写法，陈廷焯的看法是"根柢于《风》《骚》，涵泳于温、韦"。他举自己的几篇作品为例。《倦寻芳·纪梦》："江上芙蓉凝别泪。桥边杨柳牵离绪。望南天，数层城十二，梦魂飞渡。正飒飒梧梢送响，搀入疏砧，残梦无据。　倚枕沉吟，禁得泪痕如注。欲寄书无千里雁，最伤心是三更雨。待重逢，却还愁彩云飞去。"《齐天乐·为杨某题凭栏美人图》后半："樊川旧愁顿触，叹梨云梦杳，锁香何处。翠袖天寒，青衫泪满，怕听楝花风雨。"《忆江南》："离亭晚，落尽刺桐花。江水不传心里事，空随闲恨到天涯。归梦逐尘沙。"自己作评："虽未知于古人何如，似尚无纤佻浮薄之弊。"② 又如关于写词应该戒除淫冶叫嚣，他就以自己的《罗敷艳》为例："红桥一带伤心地，烟雨凄凄。燕子楼西。难道东风不肯归。　青旗冷趁飞鸦起，沽酒人稀。旧恨依依。一树垂杨袅乱丝。"自己作评："意境似尚深厚。"③ 又如写词应该体现儒家的诗教，温柔敦厚，怨而不怒，就以自己的《蝶恋花》为例："镇日双蛾愁不展。隔断中庭，羞与郎相见。十二阑干闲倚遍。凤钗压鬓寒犹颤。　昨日江楼帘乍卷。零乱春愁，柳絮飘千点。上巳湔裙人已远。断魂莫唱蘋花怨。"自己作评："怨而不怒，尚有可观。"又如言写词应追求言浅意深，字面平易，意境沉郁的境界，仍然以自己的作品为例，《鹧鸪天》："一夜西风古渡头。红莲落尽使人愁。无心再续西洲曲，有恨还登舴艋舟。　残月堕，晓烟浮。一声欸乃入中流。豪怀不肯同零落，却向沧波弄素秋。"他认为："词有信笔写去，若不关人力者，而自饶深厚，此境最不易到。"④他认为自己的相关作品达到了这个境界。

---

① 况周颐：《蕙风词话》卷1，《词话丛编》，中华书局，2005，第4408页。

② 陈廷焯：《白雨斋词话》卷5，《词话丛编》，中华书局，2005，第3887页。

③ 同上书，第3907页。

④ 陈廷焯：《白雨斋词话》卷6，《词话丛编》，中华书局，2005，第3946—3947页。

陈廷焯《白雨斋词话》中的自我揄扬达到了极致，从他的词话所宣扬的理论，以及他举自己的作品以印证自己的理论的做法来看，他应该是把自己的词也看成了经典。

二、清词选本中的自我经典化

选本是中国文学批评的一种重要方式。在一个选本里，哪个作家入选，哪个作家的作品选得多，往往都是选家批评观念的表达。以当代人的身份选当代词，并把自己的作品选入其中。这个现象始于宋代，宋代的曾慥《乐府雅词》、赵闻礼《阳春白雪》诸词集，都选入一定数量的其选家本人的作品，至宋末，发展到了一个新阶段，可以周密《绝妙好词》为代表。《绝妙好词》共选宋代词人一百三十二人，词作三百八十四首。值得注意的是，其中的第一名，正是选家周密，共选词二十二首，为第一，超过第二名吴文英的十六首，第三名姜夔、李莱老的十三首，从而构成了《绝妙好词》的一大特色。

《绝妙好词》自宋末问世后，虽有张炎在《词源》中赞其"精粹"①，但当时大约没怎么流通②，历元明数百年均不见著录，直至清初发现其元抄本，才重现人世。《绝妙好词》在清初重新出现之后，受到了很高的评价，尤其是朱彝尊，从《绝妙好词》上找到了和同样是南宋人所选的《草堂诗馀》相对照的范本，因而予以大肆鼓吹。朱彝尊《书绝妙好词后》："词人之作，自《草堂诗馀》盛行，屏去《激楚》《阳阿》，而《巴人》之唱齐进矣。周公谨《绝妙好词》选本，虽未尽醇，然中多俊语，方诸《草堂》所录，雅俗殊分。"③后来，浙西一派都持相同的观点，如厉鹗序云："宋人选本朝词，如曾端伯《乐府雅词》、黄叔旸《花庵词选》，皆让其精

---

① 张炎：《词源》卷下，《词话丛编》，中华书局，2005，第 266 页。

② 张炎在称赞《绝妙好词》"精粹"之后，接着就说："惜此板不存，恐墨本亦有好事者藏之。"注同上。

③ 朱彝尊：《曝书亭集》卷 43，《四部丛刊初编》集部，第 1698 册，第 5 页上。

粹。"① 戈载《宋七家词选》云："《绝妙好词》，采掇精华，无非雅音正轨。"② 江昱作有《论词十八首》，"断制宋元作者，津逮后学，钱塘厉鹗、赵虹、江炳炎辈争相叹服，不易其言"③。其中第十七首论词选，认为《草窗词选》要比《花庵词选》精粹，继承了从张炎到朱彝尊、厉鹗的说法④。但是，外于浙西词派的批评家往往有不同的看法，如焦循《雕菰楼词话》："周密《绝妙好词》所选，皆同于己者，一味轻柔圆腻而已。"⑤《白雨斋词话》卷二："草窗《绝妙好词》之选，并不能强人意，当是局于一时闻见，即行采入，未窥各人全豹耳。"⑥ 王国维《人间词话》："自竹垞痛贬《草堂诗馀》而推《绝妙好词》，后人群附和之。不知《草堂》虽有褒诨之作，然佳词恒得十之六七。《绝妙好词》则除张范辛刘诸家外，十之八九，皆极无聊赖之词。古人云：小好小惭，大好大惭，洵非虚语。"⑦ 将两种意见相比较，当能看出词学思想的一些变化，对此，或可另文讨论。不管怎么说，《绝妙好词》是清代词坛所关注的一部词选，其刻意宣扬姜夔一路词风，有非常明确的理论倾向，在宋代词选本中非常突出，而其选本的操作方式，特别是集中选录选家自己的作品，也引起了清人的浓厚兴趣。

清代是词学复兴的时代，各类词选无论在数量上，还是在质量上，都远远超过元明，清人选清词的现象更是突出。清代第一部大型当代词选《倚声初集》，共收

① 厉鹗：《绝妙好词笺序》，《樊榭山房集》卷4，第757页。

② 周济：《宋七家词选》卷5，第26页上。

③ 蒋士铨：《江松泉传》，钱仲联：《广清碑传集》，苏州大学出版社，1999，第530页。

④ 其诗曰："别裁伪体亲风雅，毕竟花庵逊草窗。何日千金求旧本，一时秀句入新腔。"（见江昱：《松泉诗集》卷1，《四库全书存目丛书》第280册，乾隆二十六年小东轩刻本，第177页）

⑤ 焦循：《雕菰楼词话》，《词话丛编》，中华书局，2005，第1494页。

⑥ 陈廷焯：《白雨斋词话》卷2，《词话丛编》，中华书局，2005，第3807页。

⑦ 王国维：《人间词话》，中国人民大学出版社，2004，第30—31页。

五十年间的词人四百七十六人，词作一千九百四十八首①，而选家邹祗谟和王士禛的词，就分别占一百九十九首和一百一十二首，居于第一和第三。王士禛之所以居于董以宁之后，排在第三位（董词计选入一百二十三首），主要是他本来就没有写多少词，据李少雍校点的《衍波词》，共一百三十二首，这里面，肯定有编《倚声初集》之后写的，所以，《倚声初集》中选了王士禛的一百一十二首，在当时已经差不多是其全部词作了。我们尚不知道邹祗谟和王士禛在选《倚声初集》时是否见到了周密的《绝妙好词》，但至少其中的思路有非常相似之处。尽管《倚声初集》也有着选家的艺术追求，但展示创作盛况无疑是重要的目的之一。到了顾贞观和纳兰性德选《今词初集》，其追求性灵的取向非常明确，这当然和顾、纳兰二人本身的美学追求有关，他们把自己的作品纳入其中，正好说明这个追求。毫无疑问，在清人选清词中，自我经典化的意识越来越明确，周密所首创的做法，被许多人借鉴过来，从而有效地宣扬了自己的理论观点。

当然，在中国选本传统里，连是否选入同时代人，有时都是有争论的，遑论选入自己之作了。所以，从乾隆年间开始的清代《词综》系列，就在这个问题上有所思考。丁绍仪的《清词综补·例言》这样说："自来选录诗文，不及同时之作，惧涉标榜也。故王氏《词综》于生存各家，另编二集。黄氏《续编》，则援《绝妙好词》例，不复区分。仆素未与当世士大夫游，又僻寄海隅，于当代词人存殁，莫由谂悉，曷敢臆断？爰仿黄氏例，一并编列。"② 这段话告诉我们，王昶在撰著《国朝词综》的时候，对于如何处理并世之人，颇费心思，为了有所区别，乃采取了别置二编的方式。但黄燮清编《国朝词综续编》，就选入同时代人，不复区分，后来丁绍仪编《清词综补》，也是援引黄燮清之例。黄燮清对王昶的改动看起来颇引人注目，所以，潘曾莹为其《国朝词综续编》作序，就特别引用了他的话："君尝言：词选最少，而词学则嘉道间尤盛。兼罗博收，以防湮没，宗草窗《绝妙好词》、叔

---

① 李丹《顺康之际广陵词坛研究》："由于《倚声初集》词作是不断补刻的，所以没有准确数字。今人对于数字的统计，多是据卷首目次中所言 1914 首，实际上要多于此数，今据南京图书馆所藏统计得 1948 首。"（李丹：《顺康之际广陵词坛研究》，上海古籍出版社，2009，第 82 页）

② 丁绍仪辑：《清词综补》，中华书局，1986，第 3 页。

旸《花庵词选》例也。"① 上述这两段话，都不约而同提到了周密的《绝妙好词》，可见这部著作在乾嘉时期确实有很大的影响力，这不能不归功于查为仁、厉鹗为该书作笺。但是即使如此，从黄燮清到丁绍仪，他们对《绝妙好词》的效法，还只是选入同时人而已，并没有在其中选入自己的词。

查为仁、厉鹗的《绝妙好词笺》问世以后，"翻印者不止一家，几于家弦户诵，为治宋词者入手之书"②。于是，从周密而来的选词传统，经过清初词家以及乾嘉之际《词综》系列的推阐，终于在晚清达到了极致。其中，最有代表性的是谭献。

谭献选录清人的词作，有《箧中词》十卷。该集宗旨，据其自述，乃是"以衍张茗柯、周介存之学"③。张惠言撰《词选》，提倡意内言外、比兴寄托，周济撰《宋四家词选》等，发扬光大之。不过，他们的理论虽然是针对当下的创作，其所树立的典范，则是前代的作品，固然并不欠缺指导性，毕竟不如当代作品亲切。因此谭献此集乃选清人之作，将其理论放在当代背景中予以印证，有着深微的动机。选中每有评点，体察词心，抉发作意，大都非常精辟，晚近以来，影响深远。该选撰述体例，冯煦已经指出，是仿周密诸人之例，"以己作与诸家并列"④。不过，宋代以迄清代诸选家，在选入自己的作品时，往往是掺入诸作之中，将自己作为创作群体中的一分子，谭献则将自己的作品单独集为一卷，置于非常醒目的位置，这种做法，确是非常独特。

谭献在《箧中词》中录自己的《复堂词》一卷，操作方式与所选入的其他作品不同，并没有评语，但在特定的语境中，却也并不难理解，特别是有对其他人作品的评语作参照，读者循此加以体味，能得作者词心。如果说，谭献发扬常州词派的观点，是将清代词予以检点，构成经典的系列的话，那么，他把自己精心结撰的一卷词置入其中，则明显表达了他对自己在这个经典系列中的位置的看法。他在经

① 黄燮清：《国朝词综续编》，《四部备要》第 491 册，台湾中华书局，1965，卷首第 1 页。

② 陈匪石：《声执》卷下，《词话丛编》，中华书局，2005，第 4958 页。

③ 谭献著、范旭仑等整理：《复堂日记》，河北教育出版社，2001，第 72 页。

④ 见谭献辑：《箧中词》卷首，杨家骆主编：《历代诗史长编》第 21 册，鼎文书局，1971，第 11 页。

典化当代作家的同时，更重要的是把自己经典化了。

另外还要提到的是朱祖谋的《词莂》，这是一部专录清人词的选本，共选录清代十五家词一百三十三首，其中朱祖谋选入了自己的词十首，占了一个不算小的比重，足以说明他对自己的定位。不过，从事选录时，由于朱祖谋心存顾忌，因而托名张尔田，直到1932年，龙榆生才以朱之本名刊行。所以，当时鲜见提及者。但这部词选所透露的消息，即自我经典化的意识，却是弥足珍贵的。

三、理论宣扬与前后传承

晚清的词学自我经典化，与当时的批评生态有着密切的关系。第一，常州词派在张惠言倡导后，经过周济诸人的阐发，逐渐在社会上产生重大影响。但是，长期以来，学术界也有一种看法，认为这主要是一个理论性的流派，在创作上有所欠缺。如吴梅的《词学概论》对常州诸子，虽然努力揭示其特长，但也指出周济的创作是"能入而不能出"①。近人如严迪昌等，也认为常州词派等晚近词人，在词的创作上，已经呈现出衰势②，或者也体现出晚清延续下来的某种看法。这可能正是谭献选录《箧中词》的动机，即以具体的创作实绩，来印证常州词派的理论。把自己放在里面，则是希望所举的例子更加实在，更加切近。第二，常州词派虽然认识到了浙西词派发展中的弊端，并希望有所纠正，而且，也确实在社会上引起了关注，取得了较大的声势，但是，在具体操作上，常州词派与浙西词派相比却有一定的欠缺。比如浙西词派提倡醇雅清空，有其特定的操作方式，像提倡咏物词，怎样烘托气氛而不滞于物，怎样将学问与性情结合在一起等，都有一定的规范可循。但

---

① 吴梅：《词学概论》，复旦大学出版社，2005，第132页。

② 严迪昌认为："张惠言等既没有专力于诗词韵文，而在学术思想上又未脱出援古论今以至复古的轨道，所以在文艺观、审美观上严重地表现出封建诗教的执拗。""道光以后清词数量越趋浩繁，……但是，平心论之，真堪称大家者固寥寥，无愧名家之称的也已不多了。""因为词的创作实践与词的研究、词学建设毫无疑问属于不同范畴，后者替代或等同不了前者。"见严迪昌：《清词史》，第467、468页。

是，常州词派提倡比兴寄托，就显得比较玄虚。周济知道这个问题的严重性，所以在《宋四家词选目录序论》中细致探讨寄托问题："夫词非寄托不入，专寄托不出。一物一事，引而伸之，触类多通。驱心若游丝之胃飞英，含毫如郢斤之斫蝇翼，以无厚入有间。既习已，意感偶生，假类毕达，阅载千百，謦咳弗违，斯入矣。赋情独深，逐境必寤，酝酿日久，冥发妄中；虽铺叙平淡，摹缋浅近，而万感横集，五中无主，读其篇者，临渊窥鱼，意为鲂鲤，中宵惊电，罔识东西，亦子随母笑啼，乡人缘剧喜怒，抑可谓能出矣。"他说了这番话之后，还特别指出，这是"余所望于世之为词人者"①。可是，如果没有具体的操作演练，这些话仍然显得太抽象。周济的做法是选录宋代的四家词，附以相同取径者，细细评说；而谭献则是选择清代的词，予以细细评说。比较而言，清人词，由于特定的历史条件，对于当代人来说，当然就更加具有亲切感，因而可以更好地指导门径。况周颐和陈廷焯在词话中对清词的论述，也可以作如是观。

事实上，到了晚清，批评家都有了强烈的门径意识，评价他人，是为了给后学指出门径；自我评价，也不能仅仅看作是自我标榜。况周颐和陈廷焯在词话中揄扬自己的词时，几乎都采取了同样的做法，即同时也引自己的一些不那么成功的作品，以此作为对比。如况周颐《蕙风词话》续编卷一记述："曩作七夕词，涉寻常儿女语，畴丈尤切诫之，余自此不作七夕词，承丈教也。碧滢词（刻入《薇省同声集》）《齐天乐》序云：'前人有方言，牵牛象农事，织女象妇功。七月田功粗毕，女工正殷，天象亦寓民事也。六朝以来，多写作儿女情态，慢神甚矣。丁亥七夕，偶与瑟轩论此事，倚此纠之。''一从幽雅陈民事，天工也垂星彩。稼始牵牛，衣成织女，光照银河两界。秋新候改。正嘉谷初登，授衣将届。春耕秋梭，岁功于此隐交代。　神灵焉有配偶，借唐宫夜语，诬蔑真宰。附会星期，描抚月夕，比作人间欢爱。机窗泪洒。又十万天钱，要偿婚债。绮语文人，忏除休更待。'即诫余之恉也。"② 这里所说的端木埰对自己的纠正，正是以自己为靶的，希望后学引以为戒。至于陈廷焯，这样的例子就更多。他特别喜欢做的，就是同时引自己的两篇或多篇作品，其中有符合标准的，有不符合标准的，彼此互相对照，以为后学参考。

---

① 周济：《宋四家词选》，香港商务印书馆，1958，第 2 页。

② 况周颐：《蕙风词话》续编卷 1，《词话丛编》，中华书局，2005，第 4538—4539 页。

如《白雨斋词话》卷六，他特别引了自己的两首《蝶恋花》来说明什么是怨而不怒，什么是怨而怒：

> "镇日双蛾愁不展。隔断中庭，羞与郎相见。十二阑干闲倚遍。凤钗压鬓寒犹颤。　　昨日江楼帘乍卷。零乱春愁，柳絮飘千点。上巳溅裙人已远。断魂莫唱蘋花怨。"此余《蝶恋花》词也。怨而不怒，尚有可观。越二日，又赋一阕云："谁道蓬山天外远。晓起开帘，重见芙蓉面。鬐髻笼云眉翠敛。低头不觉朱颜变。　　避入花阴藏不见。细拾残红，不语思量遍。小院新晴寒尚浅。秋风先已捐团扇。"决绝如此，未免怨而怒矣。①

"怨而不怒"是儒家的文学观，具体的创作，需要在情感的表述上，具有分寸感，陈廷焯的示范，让读者有了一个可以感知的例子。同时，也让读者明白，理论和实践有着复杂的互动关系，有了理论的观念，并不一定就能写出成功的作品，创作仍然有着自己的规律。类似况周颐和陈廷焯这种自揭其短的做法，是深得创作中的甘苦之言，对于后学来说，体会一篇失败之作，比体会一篇成功之作，所得到的教益可能更多。况、陈提出自己的失败之作，更是为了展示自己的成功之作。他们的目的其实也就是希望得到后学的追随，从而在经典作家系列中得到一席之地。

晚清的自我经典化并不是个人的一厢情愿，当时的词坛也注意到他们的尝试，因此不仅将其引入自己的理论中，而且进一步成为宣扬者。

谭献是常州词派的后劲，他自觉地以比兴寄托的理论指导创作，其中不乏成功之作，也引起了词坛的关注。王国维《人间词话》说："宋直方《蝶恋花》：'新样罗衣浑弃却，犹寻旧日春衫着。'谭复堂《蝶恋花》：'连理枝头侬与汝，千花百草从渠许。'可谓寄兴深微。"②就完全复制了谭献的思路。陈廷焯《白雨斋词话》卷五则一连举了谭献不少词作，既以揭示谭献的词作特色，又以说明自己的词学主张。他指出："仲修《蝶恋花》六章，美人香草，寓意甚远。首章云：'楼外啼莺依碧树。一片天风，吹折柔条去。玉枕醒来追梦语。中门便是长亭路。'凄警特绝。

---

① 陈廷焯：《白雨斋词话》卷6，《词话丛编》，中华书局，2005，第3946—3947页。

② 王国维：《人间词话》，第27—28页。

下云：'惨绿衣裳年几许。争禁风日争禁雨。'幽愁忧思，极哀怨之致。次章云：'下马门前人似玉。一听斑骓，便倚栏杆曲。'结云：'语在修眉成在目。无端红泪双双落。'真有无可奈何之处。'眉语目成'四字，不免熟俗。此偏运用凄警，抒写忧思，自不同泛常艳语……仲修《青门引》云：'人去栏杆静。杨柳晚风初定。芳春此后莫重来，一分春少，减却一分病。'透过一层说，更深，即相见争如不见意。下云：'离亭薄酒终须醒。落日罗衣冷。绕楼几曲流水，不曾留得桃花影。'此词凄婉而深厚，纯乎骚雅。又《昭君怨》云：'烟雨江楼春尽。盼断归人音信。依旧画堂空，卷帘风。　约略薰香闲坐。遥忆翠眉深锁。鬓影忍重看，再来难。'深婉沉笃，亦不减温、韦语。"① 可见，谭献的自我经典化是有效的，陈廷焯的阐发，能够得谭献志意，作为一个有心进行自我经典化的作家，他完全能够理解谭献的意思，他的这些阐发，也可以视为谭献希望达到的目的。另外，况周颐的自我经典化也得到了呼应。例如，况氏有《苏武慢·寒夜闻角》一词，在《蕙风词话》中，况周颐自我评价说："余少作《苏武慢·寒夜闻角》云：'凭作出、百绪凄凉，凄凉惟有，花冷月闲庭院。珠帘绣幕，可有人听，听也可曾肠断。'半塘翁最为击节。比阅方壶词《点绛唇》云：'晓角霜天，画帘却是春天气。'意与余词略同，余词特婉至耳。"② 将自己的作品与宋代汪莘之作相比较，认为更加"婉至"，确实非常自信。在当时，不仅得到了王鹏运的赏识，如其词话中所述，而且也得到了朱祖谋、叶恭绰、王国维等人的高度评价。在《词莂》里，朱祖谋共选况周颐词九首，其中就有本篇。叶恭绰《广箧中词》选况词七首，也有本篇。而在《人间词话》里，王国维更认为这篇作品"境似清真，集中他作，不能过之"③。考虑到王国维曾经把周邦彦誉为"词中老杜"④，这个评价不可谓不高，当然也说明，况周颐的自我期许得到了时人的认可。至于清末词坛领袖朱祖谋，他在《词莂》中共选自己

① 陈廷焯：《白雨斋词话》卷5，《词话丛编》，中华书局，2005，第3873—3874页。

② 况周颐：《蕙风词话》卷2，《词话丛编》，中华书局，2005，第4441页。

③ 王国维：《人间词话》，第36页。

④ 王国维："故以宋词比唐诗，则东坡似太白，欧、秦似摩诘，耆卿似乐天，方回、叔原则大历十才子之流。南宋惟一稼轩可比昌黎，而词中老杜，则非先生（按，指周邦彦）不可。"（《清真先生遗事·尚论三》，《人间词话》附录，第232页）

的词十首，其中六首被叶恭绰录入《广箧中词》中①，也能作为一种参照。

从这些情况来看，自我经典化如果没有词坛的回应，则只能成为自己的经典，而无法成为公众的经典。艾略特在其著名的《传统与个人才能》一文中说："现存的不朽作品联合起来形成一个完美的体系。由于新的（真正新的）艺术品加入到它们的行列中，这个完美体系就会发生一些修改。"② 词至晚清，确实已经建立了一个"完美"的经典体系，但是，这个体系还在发生变化，谭献等人的自我经典化就是对这个体系的"修改"，经过同时代批评家的检验，置于史的脉络中，也能够占有一席之地。

晚清在这方面能够有一个良性发展，与词坛关系网的建立不无关系，其中起到重大作用的是师承授受。以谭献而言，其词学承张惠言、周济之绪，批点周济《词辨》，选《箧中词》，提倡比兴寄托，都大大开阔了张、周的门庭。所以叶恭绰在《广箧中词》卷二中说："仲修先生承常州派之绪，力尊词体，上溯风骚，词之门庭，缘是益廓，遂开近三十年之风尚。论清词者，当在不祧之列。"③ 钱仲联《光宣词坛点将录》则将谭献比为托塔天王晁盖，认为他能"拓常州派堂庑而大之。彊村以前，久执词坛牛耳"④。谭献在词坛地位的建立，与同时人对他的体认分不开。例如，谭献与庄棫的交情非同一般，谭献甚至认为庄是他的唯一知音⑤，因此，在

---

① 前已指出，朱祖谋选录《词莂》时，由于心存顾忌，乃将己作托以张尔田之名。1932 年，龙榆生恢复其本名刊行后，叶恭绰在其 1935 年选录的《广箧中词》就收入其中的六首，可见对朱氏本人意见的重视。

② ［英］托·斯·艾略特：《艾略特文学论文集》，李赋宁译注，百花洲文艺出版社，1994，第 3 页。

③ 叶恭绰：《广箧中词》卷 2，《历代诗史长编》第 22 册，第 172 页。

④ 钱仲联：《光宣词坛点将录》，夏承焘、唐圭璋、施蛰存、马兴荣主编：《词学》第 3 辑，华东师范大学出版社，1985，第 226 页。

⑤ 谭献等整理《复堂日记》载："南朝兵争奢乱，尝于《吴歌》《西曲》识其忧生念乱之微言，故于小乐府论其直接十五《国风》。中白而外，未必尽信予言。"（谭献著、范旭仑等整理：《复堂日记》，第 75 页）

庄氏逝世后，才会如此悲痛①。而庄棫与陈廷焯有姻亲关系②，所以陈廷焯才能这样更加深刻地认识谭献词学。陈廷焯在《白雨斋词话》中大张旗鼓地表彰谭献，正是其来有自。徐珂是谭献的学生，其《清代词学概论》即"原原本本，一宗师说，可谓谭门之颜子"③。还有，叶衍兰与谭献为词学同道，叶衍兰孙叶恭绰秉承家学，转益多师，"以复堂学派，私淑毗陵，本其说以抑扬二百余年之作者，评骘精而宗旨正，光绪以来，言词者奉为导师"，"先辈甄录今词者，莫善于复堂谭氏《箧中词》，因其例为广录"④，而成《广箧中词》。《广箧中词》直接继承了谭献的《箧中词》，不仅名称上一目了然，而且体例上，以自己的作品十三首（这也是一个不小的数字）附入其中，也是循谭献的思路。不仅如此，《广箧中词》还充分体现出了谭献和陈廷焯的自我经典化所达到的效果。《广箧中词》共收录谭献词十一首，收录陈廷焯词四首。谭献对自己的词很少评价，该集收录谭献所作，乃是对其创作接受的一种方式。陈廷焯对谭献有一个整体评价："仲修小词绝精，长调稍逊。"⑤ 所以，他的《白雨斋词话》卷五全面介绍谭献《蝶恋花》六首，这一思路，被叶恭绰完全接了过来，在《广箧中词》中所选的十一首谭词中，就有这六首，可以见出印象的不断强化。至于陈廷焯本人，大概叶恭绰更为推崇其词学理论，所以只选了四首。不过，其中《鹧鸪天》一首，原是陈廷焯非常得意的，在《白雨斋词话》中，他曾在高度评价自己这首词后，不无自负地说："书以俟教我者。"⑥ 他的这个期待被叶恭绰觉察到了，叶恭绰选了这首词，给予的评价是"跌宕"，并在总评时

① 谭献《复堂日记·戊寅》："郐人逝矣，臣质已沦。……二十余年，心交无第二人。"（谭献著、范旭仑等整理：《复堂日记》，第 80 页）

② 民国十三年（续纂）《泰州志·人物流寓》："陈廷焯……工倚声，从其戚庄棫受学。"转引自陈廷焯著、屈兴国校注：《白雨斋词话足本校注》，齐鲁书社，1983，第 853 页。

③ 葆光子：《清代词学概论序》，徐珂：《清代词学概论》卷首，大东书局，1926，第 2 页。

④ 夏孙桐：《广箧中词序》，《历代诗史长编》第 22 册，第 9—10 页。

⑤ 陈廷焯：《白雨斋词话》卷 5，《词话丛编》，中华书局，2005，第 3876 页。

⑥ 陈廷焯：《白雨斋词话》卷 7，《词话丛编》，中华书局，2005，第 3947 页。

指出："《白雨斋词话》极力提倡柔厚之旨意，识解甚高，所作亦足相副。"① 这些，都可以视为沿着谭献和陈廷焯的自我经典化，而在更广泛的范围，继续展开经典化。当然，文学批评如果是在师友的网络中，也可能会有标榜之嫌，不过，从这些作品在后世的传播来看，当时揄扬者的评价倒并非阿私之言。

因此，虽然五四新文学运动大大冲击了清词经典化的过程，如胡适对清词评价非常低，他说："自清初至今日（1620—1900），为模仿填词的时期。"又说："三百年的清词，终逃不出模仿宋词的境地，所以这个时代可说是词的鬼影的时代。"② 这个观点影响民国以来词学界甚深，清词的研究也因而受到冲击。不过，赖有晚清诸家门人弟子的努力，清词的经典化仍然在进行着，虽然微弱，终是顽强。其中接续晚清以来的自我经典化历程，在相关选本中，表现得非常明显。可惜，等到这一批新时代的旧人物过去之后，清词经典化的过程基本上就中断了，其中的自我经典化努力，也就差不多被人们忽略了。

四、晚清词人的创作自信

将自己的作品视为经典而加以推阐，可能有两种人，一种是无知妄人，盲目自大，不知天高地厚；还有一种是真正对文学史有着深入了解，有着明确的创作追求和创作功力，从而做出清醒的自我定位。晚清不少词人都属于后一种。而这一点，又与晚清以迄民国学术界对清词的认识有关。文学史上一代有一代之文学的观念已经得到广泛的接受，焦循发展自元代就已产生的这一文学思想，明确提出："汉则专取其赋，魏晋六朝至隋则专录其五言诗，唐则专录其律诗，宋专录其词，元专录其曲，明专录其八股，一代还其一代之所胜。"③ 对此，王国维有更为清晰的表述："凡一代有一代之文学，楚之骚，汉之赋，六代之骈语，唐之诗，宋之词，元之曲，

---

① 叶恭绰：《广箧中词》卷1，《历代诗史长编》，第108—109页。
② 胡适：《词选》，第2—3页。
③ 焦循：《易馀籥录》卷15，《清代学术笔记丛刊》第37册，学苑出版社，2006，第88页。

皆所谓一代之文学，而后世莫能继焉者也。"① 然而，即使王国维对清代词人讨论较少，特别推崇者如纳兰性德②，尚可以说是他重直陈，反"隔"理念的极端化体现，但事实上，并不能得出他否定清词的看法。这从他对自己的词的高度自信可以看出来。他曾经这样表述："近年嗜好之移于文学，亦有由焉，则填词之功是也。余之于词，虽所作尚不及百阕，然自南宋以后，除一二人外，尚未有能及余者，则平日之所自信也。虽比之五代北宋之大词人，余愧有所不如，然此等词人亦未始无不及余之处。"③ 又说："樊抗夫谓余词如《浣溪沙》之'天末同云'、《蝶恋花》之'昨夜梦中''百尺朱楼''春到临春'等阕，凿空而道，开词家未有之境。余自谓才不若古人，但于力争第一义处，古人亦不如我用意耳。"④ 这也就是说，虽然他在整体上肯定唐宋词的成就，却也承认了后人予以超越的可能性。

王国维的这种思路并不是偶然的，这在清末民初有着深厚的土壤，当时最有成就的作者和批评家，都有类似的表述。如"晚清四大家"之一的文廷式在其《云起轩词钞自序》中就这样说："词家至南宋而极盛，亦至南宋而渐衰。其衰之故，可得而言也。其声多啴缓，其意多柔靡，其用字则风云月露、红紫芬芳之外，如有戒律，不敢稍有出入焉。迈往之士，无所用心。沿及元明，而词遂亡，亦其宜也。有清以来，此道复振。国初诸老，颇能宏雅。迤来作者虽众，然论韵遵律，辄胜前人。而照天滕渊之才，溯古涵今之思，磅礴八极之志，甄综百代之怀，非窘若囚居者所可语也。"这一段讨论宋词至南宋的衰落，以及在清代的振起，实际上是认为，"词的境界，到清朝方始开拓"⑤。陈廷焯认为："词创于六朝，成于三唐，广于五

---

① 王国维：《宋元戏曲考序》，《王国维文集》，北京燕山出版社，1997，第50页。按，虽然王国维的这段论述非常有名，但即使在他本人看来，仍然不无可进一步深思之处，所以他还指出："余谓律诗与词，固莫盛于唐宋，然此二者果为二代文学中最佳之作否，尚属疑问。"不过，这里所说的"最佳"和"最有代表性"，是两个不同的概念，完全可以并存。

② 王国维《人间词话》："纳兰容若以自然之眼观物，以自然之舌言情。此由初入中原，未染汉人风气，故能真切如此。北宋以来，一人而已。"

③ 姚淦铭、王燕主编：《王国维文集》第3册，中国文史出版社，1997，第473—474页。

④ 王国维：《人间词话·拾遗》，第47页。

⑤ 叶恭绰：《全清词钞序》，《全清词钞》，中华书局香港分局，1975，第1页。

代，盛于两宋，衰于元，亡于清，而复盛于我国朝也。国朝之诗可称中兴，词则轶三唐、两宋，等而上之……故论词以两宋为宗，而断推国朝为极盛也。"① 而晚清的词坛领袖朱祖谋也指出："清词独到之处，虽宋人也未必能及。"② 在文学批评史的一般谱系中，王国维被认为是古典词学的终结，现代词学的开始，其词学思想与后来的新派人物胡适一系有着密切的关系；而文廷式、朱祖谋等则代表着传统词学观。两种不同类型的人物对词在清代的发展却有相似的看法，可见当时社会的共识。从这个意义来说，晚清词学中的自我经典化是建立在当时高度的词学自信的基础之上的，是从一个特定角度对清词创作成就的体认。

晚清所开始的比较自觉的自我经典化，是在整个对清词的经典化过程中发展出来的，这一方面体现了清人对自己创作的自信，另一方面，也能够看到，由于常州词派的理论性阐发比较充分，创作上的可操作性稍显模糊，这些深受常州词派影响的作家以自己为经典，可以向后学充分展示门径，因而具有现实的意义。不过，从经典化的意义来看，经典并不是自我认定的，将自己置于经典的系列中，只可以说是一种愿望，无法认为是一个现实。是否为经典，还要他人，尤其是后人予以承认。在这个意义上，晚清谭献、况周颐、陈廷焯诸人所进行的尝试得到了一定的回应，他们自我认可的作品也确实被放在经典的系列来加以思考了。今天，随着清词研究重新受到重视，相信他们的作品仍然会被持续讨论受到检验，他们的理论也会激发出新的认识。

---

① 陈廷焯撰，孙克强、杨传庆点校整理：《〈云韶集〉辑评（之三）》，《中国韵文学刊》2011 年第 1 期。

② 叶恭绰：《全清词钞序》，《全清词钞》，第 1 页。

诗界革命：词体的"缺席"与"在场"

随着词乐的逐渐消亡，词更多的是作为抒情诗而不是音乐文学在发展着，其境界也在不断扩大。尤其是进入清代以后，词为"小道""艳科"的观念受到了猛烈的冲击，在作家们眼中，似乎已经无事、无意不可以入词了。但是，当19世纪末，随着西方文化的输入和社会政治、文化的变迁，诗坛上有人尝试着新的变革，并打出"诗界革命"的旗帜时，词却没有像一直以来的趋势那样，力图与诗歌同步发展，而是有所疏离。这一现象值得深入考察。

一、"诗界革命"的提出

"诗界革命"是19世纪末为了革新诗歌而提出的口号，其提出的时间和人物，学界尚有不同看法。从创作实绩及其所体现的观念上看，胡适认为最早的倡导者是黄遵宪。黄氏作于1868年的《杂感》，即在理论上提出诗歌革新的主张，"可以算是'诗界革命'的一种宣言"[1]。不过，《杂感》中所说的一些观念，如"我手写我口，古岂能拘牵"[2] 等，理解为新的时代要求固然可以，理解为和传统上独抒性灵一脉相承的精神也未尝不可，毕竟没有特殊的规定性。因此，胡适本人也无法自是，于是又引梁启超《饮冰室诗话》，说在1896年和1897年前后，夏曾佑和谭嗣同由于追求新学，好以新名词入诗，也是"诗界革命"的开始[3]。但是，好新学而以新名词入诗，是否就是"诗界革命"的内涵？梁启超曾经指出："当时所谓新诗者，颇喜挦撦新名词以自表异。……此类之诗，当时沾沾自喜，然必非诗之佳者，

---

[1] 胡适：《五十年来中国之文学》，远流出版事业股份有限公司，1986，第96页。

[2] 黄遵宪：《杂感》，黄遵宪著、钱仲联笺注：《人境庐诗草笺注》，上海古籍出版社，1981，第43页。

[3] 胡适：《五十年来中国之文学》，第94页。

无俟言也。"① 这种批评性的语气，无疑无法作为"诗界革命"的支撑。因此，现在人们更多地相信"诗界革命"是由梁启超在 1899 年提出的。在写于是年的《夏威夷游记》中，梁启超明言"诗界革命"所具备的三个要素，即新意境、新语句和旧风格，② 不少学者都认为这才是真正的"诗界革命"的开始。

其实，如果把"诗界革命"作为一个过程来看待，这三者或许并没有多大的矛盾。黄遵宪所提出的观念虽然并没有具体说明，但由于他是"诗界革命"的主力，因此其中的观念仍然可以放在这一潮流中看待。而新学之诗和"诗界革命"本来就是血缘相通的，而且时间也非常接近，实在不必强为之截然划分。

前引梁启超语，批评新学之诗中有"颇喜捃撦新名词以自表异"者，因而论者每以此为与"诗界革命"的分野所在。事实上，从整体上来考察，所谓新名词，正是在梁启超"诗界革命"的范畴之中的，关键在于是否"捃撦"，亦即生硬地填塞其中，否则，新意境、新语句也会在某种程度上被架空。新语句也包含有新名词在内。历史上看，早在宋代，批评家就已经提出了"意新语工"的标准③，略同于梁启超提出的"新意境""新语句"，如果说有什么根本区别，就在于后者的与社会政治文化密切相关的时代性，而语言当然是时代变化的最突出、最直接的标志之一。梁启超为了提倡"诗界革命"，批评以往的诗说："诗之境界，被千余年来鹦鹉名士（自注：余尝戏名词章家为鹦鹉名士，自觉过于尖刻）占尽矣，虽有佳章佳句，一读之，似在某集中曾相见者，是最可恨也。今日不作诗则已，若作诗，必为诗界之哥仑布、玛赛郎然后可。"但新名词的注入、新语句的产生虽然可以出现新境界，却往往"与古风格常相背驰"，这是梁启超持论更趋谨严之处。不过，看他所极为推崇的郑西乡的一首诗：

---

① 梁启超：《饮冰室诗话》，人民文学出版社，1959，第 49—50 页。

② 梁启超《夏威夷游记》云："支那非有诗界革命，则诗运殆将绝。虽然，诗运无绝之时也。今日者，革命之机渐熟，而哥仑布、玛赛郎之出世，必不远矣。""欲为诗界之哥仑布、玛赛郎，不可不备三长：第一要新意境，第二要新语句，而又须以古人之风格入之。"见其《新大陆游记》附录 2，《饮冰室合集》第 7 册，中华书局，1989，第 189—190 页。

③ 欧阳修：《六一诗话》引梅尧臣语，人民文学出版社，1983，第 9 页。

太息神州不陆浮，浪从星海狎盟鸥。共和风月推君主，代表琴樽唱自由。
物我平权皆偶国，天人团体一孤舟。此身归纳知何处，出世无机有化游。

梁启超激赏曰："读之不觉拍案叫绝。全首皆用日本西书之语句，如共和、代表、
自由、平权、团体、归纳、无机诸语，皆是也。吾近好以日本语句入文，见者已诧
赞其新异，而西乡乃更以入诗，如天衣无缝。"① 可见，新名词实为新语句的重要组
成部分，只是看其体现出的新意境能否符合旧风格而已。

二、"诗界革命"的创作实践

"诗界革命"的主要参加者，大致有梁启超、夏曾佑、黄遵宪、康有为、丘逢
甲、蒋智由等人，体现其风格的作品，在内容上，主要有以下几个方面。

第一，描写域外的新鲜事物。随着国门的洞开，国人最直观的印象是西方工业
文明的物质成果，因而也表现在诗歌里。如黄遵宪《今别离》之一：

别肠转如轮，一刻既万周。眼见双轮驰，益增中心忧。古亦有山川，古亦
有车舟。车舟载离别，行止犹自由。今日舟与车，并力生离愁。明知须臾景，
不许稍绸缪。钟声一及时，顷刻不少留。虽有万钧柁，动如绕指柔。岂无打头
风，亦不畏石尤。送者未及返，君在天尽头。望影倏不见，烟波杳悠悠。去矣
一何速，归定留滞不？所愿君归时，快乘轻气球。②

离别是中国诗歌中的一个常见主题，此诗写出现代化的交通工具如火车、轮船发明
后，所导致的和以前大相径庭的距离感和空间感，指出此类交通工具改变了离别时
的缠绵，如唐人"孤帆远影碧空尽"、宋人"渐行渐远渐无穷"等，固然心有未
安，但离别疾速，归来亦当疾速，则又是时刻充满期待之事。末句的悬想实则说出

---

① 梁启超：《夏威夷游记》，《新大陆游记》附录2，《饮冰室合集》第7册，第189—
190页。

② 黄遵宪著、钱仲联笺注：《人境庐诗草笺注》，源流出版社，1983，第516页。

了在西方思想影响下的近代维新人士对科学发展的热望，"轻气球"的想象无疑也体现了人类发明飞机的动力。

第二，宣传西方先进思想。在近代这个数千年未有之变局中，西方思想极大地冲击了国人的心灵，人们在反思积贫积弱的原因时，不能不对思想的根源进行追索。如康有为《游花嫩冈谒华盛顿墓宅》：

> 颇他玛水绿沄沄，花嫩冈前草树芬。衣剑摩娑人圣杰，江山秀绝地萌文。卑宫尚想尧阶土，遗冢长埋禹穴云。不作帝王真盛德，万年民主记三坟。①

热情讴歌了美国之父华盛顿，从民主制度的确立，盛赞其所建立的功业。蒋智由的《卢骚》则通过对法国资产阶级民主思想的先驱卢骚（通译卢梭）的歌颂，表达了对民主、自由、平等的社会理想的追求：

> 世人皆欲杀，法国一卢骚。民约倡新义，君威扫旧骄。力填平等路，血灌自由苗。文字收功日，全球革命潮。②

语言新创而又不失旧诗之韵，不唯思想新潮而已。汪辟疆曾评其诗云："蒋观云氏早年为选报草文，洞见政本，言垂世范。其学以文哲为长，故新会梁氏推崇备至。偶事吟咏，句律精严，思致缜密，其独往独来之气，又颇与太白为近。及居日本，闻见益拓，亦喜用新理入诗。……以运用新事见长，而又不失旧格。"③ 这一评价是如实的。

第三，表现近代社会的重大事变。自1840年鸦片战争之后，西方列强尝到了甜头，凭借坚船利炮，不断向中国攫取利益，发动了一场又一场战争。这些，都深深地刺激着爱国志士的心灵，使他们用笔记下了一幕幕屈辱的历史。如夏曾佑《舟过大沽望炮台二首》云：

① 康有为：《康南海先生诗集》第2册，沈云龙主编：《近代中国史料丛刊续辑》第35种，文海出版社，1977，第26页。
② 蒋智由：《卢骚》，《新民丛报》第3号，1902年3月10日。
③ 汪辟疆：《近代诗派与地域》，《汪辟疆文集》，第318页。

大旗明落日，雄镇拱神京。朔气三军重，平原万马轻。犀军环铁舰，元老卧长城。吹角楼船过，寒潮入夜平。

登高东北望，滚滚暮涛黄。千古龙兴地，风烟隔渺茫。山河资劲旅，潮汐哭英王。日落看佳气，横天紫翠长。①

咸丰十年（1860）七月，英法联军燃起战火，以军舰进攻大沽、塘沽等地。僧格林沁率军与之对敌，遭到惨败，联军攻陷天津，紧接着又打到北京，最后，以中国政府的赔偿求和而告结束。诗人遥想雄关之英姿，反衬战败之惨痛，既对国运不振深感痛心，又对豪杰出世充满期待。而丘逢甲的《岁暮杂感》十首之六则揭示了东北的隐患：

一曲升平泪万行，风尘戎马厄潜郎。民愁竟造黄天说，岁熟如逢赤地荒。七贵五侯金穴富，白山黑水铁车忙。老生苦记文忠语，多恐中原见鹜章。②

写沙俄在中国东北强筑中东铁路事，对其包藏进逼中原之野心深表忧虑。

以上举其荦荦大者，至如表现清朝统治者的腐败无能，抒发救亡图存的壮志豪情之作，也所在多有，不遑列举。

三、近代社会中的诗词呼应

"诗界革命"的主要参与者大多也是词人，令人不解的是，他们在填词的时候，

---

① 夏曾佑：《夏曾佑穗卿先生诗集》，文景书局，1997，第29页。
② 丘逢甲：《岭云海日楼诗钞》卷3，《台湾文献丛刊》第70册，台湾银行经济研究室，1960，第42页。

并没有完全表现出作诗时的追求，① 他们的创作理论中偶然言及于词，也大多是传统词学观的反映，基本上看不出有革新词体的要求。② 倒是另外一些词人能够把"诗界革命"的精神接过来，在内容上显示出和诗歌的某些呼应，从而一定程度上体现出新境界。这一点，特别集中在针对近代中国所面临的外患所做出的反应。

早在 1840 年前后，围绕着禁烟斗争，词坛上的有识之士就已经开始来表达面对列强侵略的心声，林则徐和邓廷桢这两位朝廷重臣所写的《高阳台》诸作，或许是近代词坛扩大词境的最早尝试，从此以后，几乎所有的重大事件都在词人笔下有所反映。如写法国海军与福建水师之战，张景祁《曲江秋·马江秋感》云：

> 寒潮怒激。看战垒萧萧，都成沙碛。挥扇渡江，围棋赌墅，诧绝巾标格。烽火照水驿。问谁洗、鲸波赤。指点鏖兵处，墟烟暗生，更无渔笛。　　嗟惜。平台献策，顿消尽、楼船画鹢。凄然猿鹤怨，旌旗何在，血泪沾筹笔。回望一角山河，星辉高拥乘槎客。算只有鸥边，疏莛断蓼，向人红泣。③

---

① 对于这一点，笔者曾经指出，或许是由于他们仍受传统观念的影响，不以词为重。如康有为"不以词名家"；梁启超"好填词，然不自以为工，随手弃去"（分别见梁令娴：《艺蘅馆词选》丁卷，广东人民出版社，1981，第 275 页；《艺蘅馆词选》补遗，第 320 页）。至于黄遵宪，梁启超也说："公度集中，诗多词少。"（《饮冰室诗话》，第 128 页）后来，笔者的学生倪春军根据梁启超于 1909 年写给梁启勋的几封信，认为，从梁启超所表现出来的想法看，更大的可能是由于他对词的创作失去自信，感到无法超过前人。此可备一说。见倪氏：《词体革命：创作思路与理论建构》（未刊本）。

② 这里，最典型的应是梁启超。杨柏岭先生虽然承认梁启超并没有完全摆脱词为小道的观念，也承认梁氏特别看重比兴寄托的传统表现方法，但仍然认为梁启超"理性地认识到了词体的独特价值和推尊词体及振兴词学的必要性"，从而推断"在'诗界革命'中强调词体的社会功能，是梁启超前期词体观的核心思想"。（杨柏岭：《晚清民初词学思想建构》，安徽大学出版社，2004，第 381 页）这或许求之过深，尤其是认为梁启超"诗界革命"的"诗"是包括词在内的广义的"诗"，还缺少论证。而将梁启超在进入民国以后的一些观点拿来证明"诗界革命"，则是执后以律前了。

③ 严迪昌编著：《近代词钞》第 2 册，江苏古籍出版社，1996，第 1239—1240 页。

如写八国联军侵华攻陷天津大沽口，王允晰《甘州·庚子五月津门旅怀寄友》云：

> 又黄昏、胡马一声嘶，斜阳在帘钩。占长河影里，低帆风外，何限危楼。远处伤心未极，吹角似高秋。一片销沉恨，先到沙鸥。　国破山河须在，愿津门逝水，无恙东流。更溯江入汉，为我送离忧。是从来、兴亡多处，莽武昌、双岸乱浮。诗人老、拭苍茫泪，回睇神州。①

如写八国联军攻陷北京，文廷式《忆旧游·秋雁，庚子八月作》云：

> 怅霜飞榆塞，月冷枫江，万里凄清。无限凭高意，便数声长笛，难写深情。望极云罗缥缈，孤影几回惊。见龙虎台荒，凤凰楼迥，还感飘零。　梳翎。自来去，叹市朝易改，风雨多经。天远无消息，问谁裁尺帛，寄与青冥。遥想横汾箫鼓，兰菊尚芳馨。又日落天寒，平沙列幕边马鸣。②

如写香港被割让之后的感受，朱孝臧《夜飞鹊·香港秋眺怀公度》云：

> 沧波放愁地，游棹轻回。风叶乱点行杯。惊秋客枕，酒醒后、登临倦眼重开。蛮烟荡无霁，飐天香花木，海气楼台。冰夷漫舞，唤痴龙、直视蓬莱。　多少红桑如拱，筹笔问何年，真割珠厓。不信秋江睡稳，掣鲸身手，终古徘徊。大旗落日，照千山、劫墨成灰。又西风鹤唳，惊笳夜引，百折涛来。③

都能看出当时词人面对国变的深刻而复杂的感受。

面对数千年未有之变局，当时词坛也不乏反省之作。如梁启超《水调歌头》：

> 拍碎双玉斗，慷慨一何多。满腔都是血泪，无处着悲歌。三百年来王气，满目山河依旧，人事竟如何。百户尚牛酒，四塞已干戈。　千金剑，万言

---

①　严迪昌编著：《近代词钞》第 3 册，第 1938 页。

②　同上书，第 1716 页。

③　朱孝臧著、白敦仁笺注：《彊村语业笺注》，巴蜀书社，2002，第 153—154 页。

策，两磋砣。醉中阿璧自语，醒后一滂沱。不恨年华去也，只恐少年心事，强半为消磨。愿替众生病，稽首礼维摩。①

认为王气消沉，山河破碎，都是由于"人事"所致，以至于爱国志士壮志难酬。潘博的《贺新郎·赠子刚》则更是大声疾呼：

> 悲愤应难已。问此时、绝裾温峤，投身何地。莫道英雄无用武，尚有中原万里。胡郁郁、今犹居此。驹隙光阴容易过，恐河清、不为愁人俟。闻吾语，当奋起。　青衫搔首人间世。怅年来、兴亡吊遍，残山剩水。如此乾坤须整顿，应有异人间起。君与我、安知非是。谩说大言成事少，彼当年、刘季犹斯耳。旁观论，一笑置。②

呼吁扫除失败情绪，以整顿河山、救国安邦为己任。这些，都是为词坛带来的新亮色。

但是，和诗歌相比，词的表现功能还有很大欠缺。这并不是说，词没有开辟新的境界。由于中国封建社会的封闭性，题材、内容和表现方式等方面往往都有一定的程式化。随着西学东渐，国门日开，会出现一些和以往完全不同的内容，将这些内容表现出来，自然会形成新的境界。即使是相对传统的题材，在这种状况中，也能体现出不同以往的境界。即如近代词，如文廷式《蝶恋花》：

> 九十韶光如梦里，寸寸关河，寸寸销魂地。落日野田黄蝶起，古槐丛荻摇深翠。　惆怅玉箫催别意，蕙些兰骚，未是伤心事。重叠泪痕缄锦字，人生只有情难死。③

此词言志抒情，中有无限深意，远可追踪稼轩，近可企步茗柯，即不知所指，亦是

---

① 梁启超：《饮冰室文集》之四十五，《饮冰室合集》第 5 册，第 83 页。
② 严迪昌编著：《近代词钞》第 3 册，第 1986 页。
③ 文廷式：《南轺日记》，祁隽藻、文廷式、吴大澂等：《〈青鹤〉笔记九种》，中华书局，2007，第 54 页。

一首好词。但其日记所记非常清楚："出都。是日（1886年5月31日）晴。早起发行李，巳刻开车。到志仲鲁家稍坐。剃头、吃饭、下棋。长乐初都统出谈，谓余何以急行，自言身衰发白，恐不再见，颇凄然也。午尽，伯愚回，知仲鲁留饭，颇可喜。知今日朝考题亦泄漏矣。……出东便门，得词一首：'九十韶光如梦里。'"①是则此词确为有感而发。"人生只有情难死"一句，深悲积怨复以深情出之，从欧阳修"人生自是有情痴"来，而执拗过之，确可看出维新人士虽壮志难酬，却乃心不改之情，其深挚之意为前此所少见。但是，总的说来，"诗界革命"所提倡的主张，在词这种文体身上，却体现得并不是太充分，特别是梁启超所提出的与新意境密切相关的新语句（包括新名词），在词这里，即使不能说完全没有，所表现出来的也是非常少，非常不明确的。试比较以下两首同题作品：

> 罗浮睡了，试召鹤呼龙，凭谁唤醒。尘封丹灶，剩有星残月冷。欲问移家仙井，何处觅、风鬟雾鬓。只应独立苍茫，高唱万峰峰顶。　　荒径。蓬蒿半隐。幸空谷无人，栖身应隐。危楼倚遍，看到云昏花暝。回首海波如镜，忽露出、飞来旧影。又愁风雨合离，化作他人仙境（自注：兰史所著《罗浮游记》，引陈兰甫先生"罗浮睡了"一语，便觉有对此茫茫，百端交集之感。先生真能移我情矣。辄续成之。狗尾之诮，不敢辞也。又兰史与其夫人旧有偕隐罗浮之约，故风鬟句及之）。

> ——黄遵宪《双双燕·题兰史罗浮记游图》②

> 我阅世界大地图，罗浮一点乃在南岭之南隅。神禹伯益道焚所未到，发见乃始汉家使者中大夫。二千余年在世界，为山主者仙之儒。洞天福地收不尽，许容黄面瞿昙图。霸者之宫贼巢穴，仙山时亦遭点污。……天公应悔蓬莱割左股，堕落欲界非仙都。迩来仙人所治地益窄，堑山跨海来群胡。各思圈地逞势力，此邦多宝尤觊觎。此时傥有豪杰出，岂能揖让无征诛。此时若作厌世想，纵成仙去胡为乎。……人生若作千秋万岁想，固应自立昂藏躯。黄河扬子珠江

---

① 文廷式：《南旋日记》，赵铁寒编：《文芸阁先生全集》第1册，《近代中国史料丛刊续辑》第131种，第325页。

② 严迪昌编著：《近代词钞》第3册，第1669页。

划流域，文明之运方南趋。天道由来后起胜，以中证外原非诬。但须世界有豪杰，太极虽倒人能扶。南界之山走百粤，如罗浮者雄非粗。奇峰四百瀑九百，慎勿但作诗人娱。上有神桂下有湖，洞中仙蝶不可呼。题君此图正风雨，想见罗浮离合云模糊。

——丘逢甲《题兰史罗浮纪游图》①

二篇同为题潘飞声《罗浮纪游图》而作。罗浮，仙山，此用以比中国。二作意旨略同，结构亦颇可互参，但从表现方式，特别是语言方面来看，丘逢甲所作直抒胸臆，虽以物起兴，仍然非常明确地点明了当时国内外的情形，抒发了维新志士救亡图存、济世济民的情怀。而黄遵宪所作则明显使用了传统的比兴手法，需要更进一步地追索，才能将其语意搞清楚。因而，带给读者的审美感受也大为不同。

四、常州词学的审美定势

嘉庆年间，张惠言《词选》出，从此确定了常州词派的理论纲领，即在词的创作和欣赏上，注重比兴寄托之法："极命风谣里巷男女哀乐，以道贤人君子幽约怨悱不能自言之情，低回要眇以喻其致。"②其后，经过周济、谭献、陈廷焯等人的进一步发挥和完善，就成为晚近词坛上重要的词学观念。

以比兴寄托之法来创作，意味着语言表现方式上必须有特殊的要求，即出语含蓄，言此意彼，避免直致。这种推尊词体的需求，和常州词派所体认的词坛弊病有着密切的关系。金应珪在总结《词选》之所由作的原因时，指出当时词坛有三蔽：

> 近世为词，厥有三蔽：义非宋玉而独赋蓬发，谏谢淳于而唯陈履舄。揣摩床第，污秽中冓，是谓淫词，其蔽一也；猛起奋末，分言析字，诙嘲则俳优之末流，叫啸则市侩之盛气。此犹巴人振喉以和阳春，黾蜮怒噪以调疏越，是谓

---

① 丘逢甲：《岭云海日楼诗钞》卷8，第181—182页。
② 张惠言：《词选》，《词话丛编》，中华书局，1986，第1617页。

鄙词，其蔽二也；规模物类，依托歌舞，哀乐不衷其性，虑叹无与乎情。连章累篇，义不出乎花鸟；感物指事，理不外乎酬应。虽既雅而不艳，斯有句而无章，是谓游词，其蔽三也。①

这三种弊病，第一种是指内容，第二种是指表现，第三种是指性情。据谢章铤的看法，"一弊是学周、柳之末派，二弊是学苏、辛之末派，三弊是学姜、史之末派也"②。对于词来说，义涉闺阁原是近乎先天的品质，是否为"淫"，究看如何处理，既包括立意，也包括阅读，只要纳入比兴寄托的框架，自然就会提升境界，变"蔽"为利。而所谓游词，则关乎是否有感而发，有为而作，原是文学创作的普遍性问题。因此，要在艺术层面体现常州词派比兴寄托的追求，语言表达一定不能直致，必须具有涵泳的余地，金应珪所说的第二"蔽"，值得特别注意。而这一类"鄙词"，自北宋俳谐之体出现后，一直有一定的市场。即如辛弃疾，本色当行，当然能够得到应有的肯定，但历史的经验已经说明，学辛者，如果没有真性情，以及出色的艺术表现能力，则往往会流于粗。诸可宝论述选词之弊时说："矫宗辛刘，蔑视秦柳，累牍块磊，乏纵横之才；连篇叫嚣，无雄放之气。谓宝瑟不韵，矜其筝琶；谓琼琚可捐，崇其冠剑。斯犹瓮牖奇士，引怒蛙为鼓吹；幽并少年，结屠狗而宾客。"③ 说的就是这种情形。一直到晚清陈廷焯，以"沉郁"及比兴寄托说词，论及张孝祥等南宋爱国词人，虽肯定其作品的内涵，但仍认为"词境不高"④，南宋辛派词人，当然也是如此。沿流而下，清代学苏辛者如陈维崧虽然气魄宏大，骨力遒逸，但蹈扬湖海，一发无余，不免叫嚣粗豪之弊。至于郑燮、蒋士铨、黄仲则诸人，更是粗而不精，枝而不理，过于剑拔弩张而影响了词格。这种看法，实际上已经成为近代词坛的思维定势。

所以，即使表现全新的内容，词仍然大多沿用传统的语言要素，而这些要素，经过长时间的积淀，已经具有一定的惯性，尤其在语言上，已经构成了特定的语

---

① 金应珪：《词选后序》，《词话丛编》，中华书局，1986，第1618—1619页。

② 谢章铤：《赌棋山庄词话》续编1，《词话丛编》，中华书局，1986，第3485—3486页。

③ 江顺诒辑、宗山参订：《词学集成》卷6，《词话丛编》，中华书局，1986，第3282页。

④ 陈廷焯著、屈兴国校注：《白雨斋词话足本校注》卷8，第595—597页。

码。这些语码，固然可以引导读者去联想作品中的言外之意，却也由于传统过于强大，往往使得读者无法进入特定的情境。即如王鹏运的名作《浪淘沙·自题庚子秋词后》：

> 华发对山青，客梦零星。岁寒濡响慰劳生。断尽愁肠谁会得，哀雁声声。心事共疏篱。歌断谁听。墨痕和泪渍清冰。留得悲秋残影在，吩咐旗亭。①

还有朱孝臧的名作《声声慢·辛丑十一月十九日味聃赋落叶词见示感和》：

> 鸣螀倾城，吹蝶空枝，飘蓬人意相怜。一片离魂，斜阳摇梦成烟。香沟旧题红处，拼禁花、憔悴年年。寒信急，又神宫凄奏，分付哀蝉。　终古巢鸾无分，正飞霜金井，抛断缠绵。起舞回风，才知恩怨无端。天阴洞庭波阔，夜沉沉、流恨湘弦。摇落事，向空山、休问杜鹃。

前一首如果没有作者自注，很难和八国联军攻入北京的庚子事变联系起来，因为词中只是一些对悲痛心情的暗示。后一首则如果没有龙榆生的说明，也许没有人会将作品和光绪西狩、慈禧命将珍妃推入井中联系起来②，因为以落叶悯女子之命运，也是诗词中常见的内容。再以抒情志之作来看，如热情提倡"诗界革命"的梁启超，虽然不是太重视词，存世作品仍有六十多首，前引《水调歌头》，多为各选本所选，为其集中名篇。倘从知人论世的角度，作品确实对国家之积贫积弱深为忧虑，对当政者不思进取痛心疾首，但若掩去作者姓名，则凡处于王朝末年，都有可能写出这样的作品。因此，前引梁启超批评诗歌之弊，有"虽有佳章佳句，一读之，似在某集中曾相见者"之语，用来评词，或许尤为确切。

当然，如果本事明确，则以旧风格含新境界正好是词的特长，只是写作时若必

---

① 严迪昌编著：《近代词钞》第 3 册，第 1643 页。
② 龙榆生《近三百年名家词选》："此为德宗还宫后恤珍妃作。'金井'二句谓庚子西幸时，那拉后下令推堕珍妃于宫井，致有生死离别之悲也。"（龙榆生：《近三百年名家词选》，第 173 页）

要求序和注来说明本事，则又不是作者所能接受的了。①

五、词的抒情特征及其惯性

由此看来，即使在词的诗化已经日渐成为趋势时，词坛上坚持诗词之别的力量仍然非常强大。但这时候的诗词之别，已经不是传统上的所谓"诗庄词媚"，以及词为"艳科""小道"一类的说法，而是更加体现在表现手法的层面。从内容上看，人们认为无事、无意不可入词，这就是词日渐作为抒情诗的一种，与诗的包容度整体上契合的一个标志；但词仍然是词，并不会被诗取代，是由于具有独特的审美品质。这一品质出之以特定的语言，用特定的长短句形式加以表现，就有了独特的味道，从而和诗区别开来，享有一定的独占性。因此，王国维在其《人间词话》中就特别点明了诗词之别："词之为体，要眇宜修，能言诗之所不能言，而不能尽言诗之所能言。诗之境阔，词之言长。"② 这位古典词学的终结者特别对词进行辨体研究，应该不是无缘无故的。

什么是"要眇宜修"？《九歌·湘君》云："君不行兮夷犹，蹇谁留兮中洲。美要眇兮宜修，沛吾乘兮桂舟。"王逸注："要眇，好貌。修，饰也。言二女之貌，要眇而好，又宜修饰也。"洪兴祖补注："眇，与妙同。《前汉》传曰：幼眇之声。亦音要妙。此言娥皇容德之美，以喻贤臣。"③ 蒋骥注："要眇，静好貌。宜，犹善也。言容质既美，又善修饰也。"④ 综合诸说，以之言词，实际上是要求词既具有充

① 当然，在 19 世纪末至 20 世纪初那样巨大的历史变动时期，词也不可能完全不受影响，早在《申报》1872 年 9 月 4 日，就有"滇南香海词人"写《沁园春·洋场咏物词》四首，分咏上海"地火""电线""马车"和"轮船"。慢慢地，也出现了用新词汇表现新意境的作品，如台湾词人林痴仙的《金缕曲》（作于 1907 年）就用了"欧经亚史""国民资格"等新词汇。类似的创作还有待于继续发现，不过，说诗界革命对当时词坛的直接影响较小，恐怕还是可以成立的。

② 王国维：《人间词话删稿》，《词话丛编》，中华书局，1986，第 4258 页。

③ 洪兴祖：《楚辞补注》，第 60 页。

④ 蒋骥：《山带阁注楚辞》，上海古籍出版社，1984，第 52 页。

实正大的内容，又要能以优美的语言形式加以表现。由于固定字数的长短句形式，以及含蓄幽微的语言特质，它无法完全像诗一样，对于现实生活具有宏大的表现力，但同时也因为如此，往往能让读者三覆其言，低回不已。这也在很大程度上是与语言有关的。

对词的辨体，也是清代推尊词体的一个组成部分。一方面，要求词不断扩大内容，这是沿着宋代苏轼"自是一家"之说的发展；另一方面，要求词体现出其本身的文体特点，从而和诗、曲区别开来，这是沿着宋代李清照"别是一家"之说的发展。如果说，这两种理论在前代还有一定的龃龉之处的话，那么，到了清代，则已经完全联系到了一起，成为一个问题的两个不同方面。清初王士禛的《花草蒙拾》就曾经指出："或问诗词词曲分界，予曰：'无可奈何花落去，似曾相识燕归来'，定非香奁诗；'良辰美景奈何天，赏心乐事谁家院'，定非草堂词也。"① 这里的思考也许不够缜密，却从欣赏的角度，提出了创作的一些原则，应该是一个信号，表明清人对这一问题的重视。针对明人往往词曲不分的现象，清人一开始即大力抨击词的曲化，如云间词派的理论纲领之一就是："词虽小道，亦风人余事。吾党持论，颇极谨严。五季犹有唐风，入宋便开元曲。故专意小令，冀复古音，屏去宋调，庶防流失。"② 后来，吴衡照《莲子居词话》卷三云："盖明词无专门名家，一二才人如杨用修、王元美、汤义仍辈，皆以传奇手为之，宜乎词之不振也。其患在好尽，而字面往往混入曲子。"③ 又谢章铤《赌棋山庄词话》卷九云："明自刘诚意、高季迪数君而后，师传既失，鄙风斯煽，误以编曲为填词。"④ 都是一个意思。所谓以曲为词，主要即体现在语言上，曲俗词雅，由此亦带来情趣、风格的不同。但相对而言，由于语言的更加生活化，曲的表现力比词更加切近，也是事实。所以，如果按照"诗界革命"的某些倾向，词只有借鉴诗和曲的一些艺术因子才能符合要求，而这又是注重辨体的词坛所无法做到的，如此，词由于其抒情本质的特殊性而和"诗界革命"产生一定的疏离，也是可以理解的，尽管粗服乱头之美也并没有被词坛所抛弃。

---

① 王士禛：《花草蒙拾》，《词话丛编》，中华书局，1986，第 686 页。

② 沈亿年：《支机集·凡例》，《支机集》，《词学》第 2 辑，第 245 页。

③ 吴衡照：《莲子居词话》卷 3，《词话丛编》，中华书局，1986，第 2461 页。

④ 谢章铤：《赌棋山庄词话》卷 9，《词话丛编》，中华书局，1986，第 3433 页。

六、余论

不过，如果是这样的话，随着生活的越来越现代化，词这种非常唯美的、有着强大传统惯性的文学样式的生命力是否会受到影响？

20 世纪 20 年代，回国不久的胡适就感受到这种"焦虑"，在对词史进行总结时，大力提倡"诗人的词"，贬低"词匠的词"，认为后者专从"音律与古典"上下功夫，从而"压死了天才与情感"，导致"词的末运已不可挽救"①。音律是词的辨体特性，古典则是词的传统风格，在胡适看来，这样写出来的词，当然无法充分反映变化了的时代。他的这一观念，在其继承者胡云翼那里得到了进一步发展。胡云翼在 20 世纪 30 年代即已以苏轼划界，将其前后的词分为女性和男性的两种，分别代表了凄婉绰约和豪放悲壮的不同词风②。而至 20 世纪 60 年代，更在《宋词选》中明确将宋词分为豪放和婉约二派，而且宣称："这个选本是以苏轼、辛弃疾为首的豪放派作为骨干，重点选录南宋爱国词人的优秀作品……"③ 二胡的看法，在现当代词学研究中起到了重大作用，相关观点仍然构成了清晰的学术脉络，特别体现在几部权威的文学史著作中④，对青年学子影响不小。注重苏、辛一派，主要就是注重内容的扩大和境界的新创，于是，在三四十年后，"诗界革命"的影响终于波及词了。尽管我们现在还缺少足够的证据，来说明胡适是自觉地从"诗界革命"那

---

① 胡适：《词选·序》，台湾商务印书馆，1970，第 11 页。

② 胡云翼：《中国词史大纲》，大陆书局，1933，第 139—140 页。

③ 胡云翼：《宋词选·前言》，上海古籍出版社，1978，第 24 页。

④ 如中国科学院文学研究所（今中国社会科学院文学研究所——编者注）中国文学史编写组编的《中国文学史》就提出宋初以来，晏殊、欧阳修、晏几道等人沿袭了唐五代的婉约派词风，苏轼则创立了与传统的婉约派相对立的豪放派词风。"苏轼所创立的豪放词风，把词引向健康、广阔的道路。南宋伟大的爱国词人辛弃疾就直接受到他的启示，而在词的思想内容上有了更高的发展，形成苏辛词派。张元幹、张孝祥、陈亮、刘过等人的词，和苏轼也是一脉相承的。"（中国科学院文学研究所中国文学史编写组编：《中国文学史》，人民文学出版社，1959，第 598 页）

里获取的资源，但晚清以来的词坛受朱祖谋影响甚深，梦窗词风亦风行一时，胡适有没有受到"诗界革命"的启发，试图开展"词界革命"呢①？梁启超对辛弃疾词"好之尤笃，平时谈词辄及稼轩"②，而他对胡适所提倡的文学革命也非常关注，曾经称赞胡适的《石湖诗书后》等"两诗绝妙，可算'自由的词'"③，是则将二人的理论主张接续起来，或也并非毫无根据。

胡适对词的讨论，只是他文学革命理论的一个小小的侧面，由于他本身并不以词名家，对词学理论也没有特别深入的思考，所以尽管形成了巨大的观念冲击，但在实际操作层面，仍然无法扭转长期以来形成的定势。即以专门提倡苏、辛的顾随而言，也要把词的"高致"放在非常重要的地位④。至于现代词学的几位大师，如夏承焘、龙榆生、唐圭璋等，则都不以豪放婉约的截然划分为然，龙榆生提出："两宋词风转变之由，各有其时代与环境关系，南北宋亦自因时因地，而异其作风。必执南北二期，强为画界，或以豪放、婉约，判为两支，皆'囫囵吞枣'之谈，不足与言词学进展之程序。"⑤ 唐圭璋则在对王国维的境界说进行讨论时，特别指出词中"情韵"的重要性⑥。这说明，对词这一特定的文体而言，人们还是更多地承认其传统的规定性。

尽管如此，进入现代社会以后，在创作的层面，仍然会因时、因人而异，使得词可以成为"现代文学"和"当代文学"的一个组成部分。而且，坚守辨体的方

---

① 无论如何，胡适对梁启超推动的诗界革命是了解的，如在《五十年来中国之文学》中，他就指出："康梁的一班朋友之中，也有很多人抱着改革文学的志愿……在韵文方面，他们也曾有'诗界革命'的志愿。"

② 林志钧：《稼轩词疏证序》，辛弃疾著、梁启勋疏证：《稼轩词疏证》，广文书局，1977，第3页。又，1928年，梁启超还曾为4卷本《稼轩词》作跋。

③ 梁启超：《致胡适之书》（1925年7月3日），丁文江、赵丰田编：《梁启超年谱长编》，上海人民出版社，1983，第1044页。

④ 顾随：《倦驼庵稼轩词说》卷下《清平乐》之分析，《顾随文集》，上海古籍出版社，1986。

⑤ 龙榆生：《两宋词风转变论》，原载《词学季刊》第2卷第1号，1934年10月。转引自《龙榆生词学论文集》，第253页。

⑥ 唐圭璋：《评人间词话》，《词学论丛》，上海古籍出版社，1986，第1028页。

向，仍然能够使得词和现代生活密切结合起来。试以现代著名女词人沈祖棻的作品为例。沈氏《宴清都》云：

> 未了伤心语。回廊转、绿云深隔朱户。罗裯比雪，并刀似水，素纱轻护。凭教剪断柔肠（自注：割瘤时并去盲肠），剪不断相思一缕。甚更仗、寸寸情丝，殷勤为系魂住。　　迷离梦回珠馆，谁扶病骨，愁认归路。烟横锦榭，霞飞画栋，劫灰红舞。长街月沉风急，翠袖薄、难禁夜露。喜晓窗，泪眼相看，搴帷乍遇。

词有序，云："庚辰四月，余以腹中生瘤，自雅州移成都割治。未痊而医院午夜忽告失慎。奔命濒危，仅乃获免。千帆方由旅馆驰赴火场，四觅不获，迨晓始知余尚在。相见持泣，经过似梦，不可无词。"① 有此本事相映，词中所写脉络甚明。就词言词，自是本色当行，但"罗裯比雪，并刀似水，素纱轻护"数句写现代医院手术之情形，表现力亦非常强，并不因为语言意象的传统而有什么区别，相反，倒是更增添了涵泳的韵味。

　　这个例子，也许太极端了一些，不足以说明全面的问题，但确实也代表了一定的倾向，从辨体的角度来看，它是成功的。与此相反，众多的以区别于古代的、以现代生活为内容的词，尤其是为了表现这种内容而采用的新语言，则往往被认为是不成功的。这可以视为自"诗界革命"之时即延续下来的老问题。如果说，以旧风格含新境界在诗歌那里已经部分得到实现了的话，词体则还有待于进一步的探索。这种探索之所以具有意义，至少是基于这样的原因，即这一传统文体仍然具有强大的生命力，仍然被相当一部分人所热爱。不过，如果不能进一步解决旧风格和新生活、新语句、新境界的关系，则词难免仍然只能是"小道"，仅供精致地把玩而已。

---

① 沈祖棻：《涉江诗词集》，河北教育出版社，2000，第 22 页。

卷下　文史论说

元代《诗经》学初论

一、问题的提出

宋代理学经周敦颐、二程以迄朱熹而集其大成。朱熹之学在其生前虽曾遭到朝廷禁毁，但至理宗朝就已受到推崇，不仅屡有追赠，更于淳祐元年（1241）从祀孔庙，标志着理学的地位事实上已经确立。而元朝代宋以后，朱学备受尊崇，不仅体现在朝廷的政治文化思想上，如延祐年间复开科举，即基本上以朱学为考试之本；而且体现在与此相关的学术研究上。纵观元代学术，大体上被朱学所笼罩，这是一个朱学大为昌明并得到发展的时代。

元代的学术授受，全祖望的《宋元学案》言之已详，朱学数传，非常清晰，但此书跨度很大，包罗广泛，专就朱学而言，尚不集中。《元史》辟有《儒学传》，将以经艺专门和以文章名家者合而传之，共得四十三人，其中明言为朱熹再传弟子或为学尊奉朱熹者即达二十二人。应该指出的是，余下的二十一人或以文章知名，或仅为他人传后所附，事迹不详，如胡之纲和胡之纯皆为胡长孺从兄，附其传后，生平甚简，所以，《儒学传》中所列举的二十二个与朱熹有关的学者，应该视为元代儒学发展基本风貌的体现。

从元代的经学著述中，也可以看出这一点。《四库全书》所收元代经学著作，其中大部分皆渊源程、朱。至于《诗经》著作，凡七种，分别为许谦《诗集传名物钞》（以下简称《名物钞》）、刘瑾《诗传通释》（以下简称《通释》）、梁益《诗传旁通》（以下简称《旁通》）、朱公迁《诗经疏义会通》（以下简称《会通》，按，此书实历经朱公迁、王逢、何英三手而成，源头出于朱氏，援《四库》例，置于此①）、朱倬《诗疑问》、刘玉汝《诗缵绪》、梁寅《诗演义》（按，梁氏实为明

---

① 关于《诗经疏义会通》的成书情形，详见杨晋龙：《〈诗经大全〉来源问题探究》，林庆彰、蒋秋华主编：《明代经学国际研讨会论文集》，"中央研究院"中国文哲研究所筹备处，1996，第317—346页。

初人，援《四库》编例，仍置于此①），则都是传承朱熹《诗集传》的。元代的《诗经》著作并不仅限于这七种，但举以为例，基本上也可以反映出元代《诗经》学的状况。

本文即以文渊阁《四库全书》所收的七种《诗经》著作为主②，对元代的《诗经》学略事探讨。

二、元代《诗经》学中的民族思想

元朝是西北少数民族蒙古族入主中原，进而取代汉族政权，统治天下的朝代。《诗经》中有若干篇涉及民族问题的诗篇，多与所谓"夷狄"内侵有关，《诗集传》参考前人成说，已经一一为之指明。在元代这种特定的背景中，那些秉承朱学的经师，当他们治《诗经》时，能否还敢坚持并发挥其中一以贯之的民族思想？答案是肯定的。考其所论，大约有以下三种情形。

第一，对《集传》内涵做进一步申述。《小雅·采薇》有"靡室靡家，玁狁之故。不遑启居，玁狁之故"之语，《集传》："玁狁，北狄也。"③ 许谦《名物钞》更引《史记》曰："唐虞以上有山戎、猃狁（按，即玁狁）、荤粥，战国后为匈奴。"④ 众所周知，匈奴自秦汉以来，连年为中国之患，其族散居于大漠南北，而蒙古族正兴起于彼。考其渊源，应有联系。许谦以匈奴释玁狁，无疑有一定的言外之意。又如《小雅·六月》有"薄伐玁狁，至于大原"之语，《集传》："言逐出之而已，不穷追也。先王治戎狄之法如此。"⑤ 刘瑾《通释》引严尤曰："宣王时猃狁内侵，命

---

① 有关梁寅生平及其与《诗演义》差异等问题，可参见杨晋龙：《〈四库全书总目·诗演义提要〉问题探究》，中国诗经学会编：《第三届诗经国际学术研讨会论文集》，天马图书有限公司，1998，第181—197页。

② 参见《景印文渊阁四库全书》第76、77、78册。按，对于本文所引七种《诗经》学著作中的相关文字，也尽可能校对了《四库》本之外的其他版本，诸本没有太大的差别。

③ 朱熹集注：《诗集传》卷9，中华书局，1958，第105页。

④ 许谦：《诗集传名物钞》卷5，《景印文渊阁四库全书》第76册，第131页。

⑤ 朱熹集注：《诗集传》卷10，第115页。

将征之，尽境而还。其视戎狄之侵，譬犹蚊虻之螫，驱之而已。"① 较之《集传》，明显增强了感情色彩。而朱公迁《会通》更引《诗解颐》曰："先王之法，夷狄侵中国，臣子背君父，皆天下之大变。诸侯有能讨之者，许之先发而后闻，其急如此。所以然者，以中国不可一日而不尊，天理不可一日而不明也。今玁狁内侵，不得已而应之，虽六月出师，而人不以为暴者，知其过之不在于君上，盖以为所以劳我者乃所以安我也。匡之为言正也，夷狄横则中国危，攘夷狄固所以正中国也。"② 所有这些，都是在《集传》的基础上，作了符合当时形势和人心的进一步发挥。

第二，对周室"中兴"一事，深致感慨向往。玁狁内侵，国家多难，而经宣王中兴，周室再振，这历来是国势衰微，尤其是改朝换代时知识分子所津津乐道并衷心向往的理想。元代汉族知识分子所面对的是中国政权第一次被一个少数民族全面接管，这时想起周室抗拒了异族的侵扰，仍然能够中兴，心中不免有着复杂的感受。如《小雅·六月》，《集传》未及"中兴"，而《通释》先引辅广语曰："有车马为之用，则足以却玁狁以成大功；以严敬为之主，则足以共武事而定王国。吉甫之行师，真足以继南仲之轨迹矣，宜宣王之中兴也。"③ 复于下章申论之："《左传》曰：'师直为壮，曲为老。'今因玁狁为寇而声罪致讨，则直而壮矣。《易》曰：'师出以律否臧凶。'今讨玁狁而旌旗鲜明，选锋锐进，则律而臧矣，此所以为宣王中兴之师也欤？"④ 又《大雅·江汉》一诗，《通释》以《集传》言未尽意，复引严氏之论云："淮夷未定，则一方倡乱，天下皆危，故至淮夷平，然后四方定，此《江汉》《常武》所以为宣王之终事，而系之于宣王《大雅》之末也。"⑤ 又引杨氏曰："圣主得贤臣而弘功业，古人皆然也。昔宣王中兴，有吉甫、召虎、仲山甫之徒，以之伐玁狁，以之平淮夷，卒致再造之业。"⑥

第三，阐发遗民心志。元兵灭宋以后，不少宋遗民坚持志节，不与新朝合作。

① 刘瑾：《诗传通释》卷10，《景印文渊阁四库全书》第76册，第522页。
② 朱公迁：《诗经疏义会通》卷10，《景印文渊阁四库全书》第77册，第284页。
③ 刘瑾：《诗传通释》卷10，《景印文渊阁四库全书》第76册，第521页。
④ 同上。
⑤ 刘瑾：《诗传通释》卷18，《景印文渊阁四库全书》第76册，第722页。
⑥ 同上。

他们有的隐居不仕，寄意恢复；有的则在学术著述中寄托自己的"春秋大义"。谢枋得就是其中突出的一个。谢枋得号叠山，与文天祥同榜进士。德祐元年（1275），吕文焕导元兵南下，一路望风披靡，谢枋得坚守孤城，誓死抵抗，终因寡不敌众，一败再败，遂隐于江湖之中，著述自遣。谢枋得在当时声望甚隆，元朝统治者曾先后五次征召，都被他拒绝。至元二十五年（1288），福建行省参政魏天祐将他强行押解北上，他遂一路绝食，慷慨赴死。作为一个民族气节极强的亡国遗民，谢枋得把自己的感受不仅写在创作中，而且体现在学术研究中。他的《和游古意韵》一诗这样写道："无志何劳悲庙黍（自注：《离黍》一诗忠矣，然略无兴周之志），得仁更不食山薇。儒冠有愧一厮养，何忍葵心对落晖！"① 他对《诗经》中《离黍》（按，应为《黍离》）一诗的批评，说明在那种特定的形势中，他的学术研究是别有用意的。他的《诗传注疏》就是在这样的思想指导下写的，而元代的知识分子对他的那些论述显然别有会心。如《秦风·无衣》，《通释》引谢语曰："幽王没于骊山，此中国之大耻，周家万世不可忘之大仇也。读《文侯之命》，可以知诸侯无复仇之志矣。独《无衣》一诗，毅然以天下大义为己任，其心忠而诚，其气刚而大，其词壮而直，吾乃知岐丰之地被文武周公之化最深，虽世降俗末，人心天理不可泯灭者，尚异于列国也。"② 又《王风·黍离》，《通释》引谢语曰："天王而没于夷狄，天地之大变，中国之大耻，东周臣子之大仇也。文武成康之宗庙而尽为禾黍，闻者当流涕矣。心摇摇而不忍去，天悠悠而不我知。能为闵周之诗者，一行役大夫之外，无人也。不知平王而闻此诗也，亦有恻于中否乎？吾观《书》至《文侯之命》，知平王之不足以有为矣。所以训戒晋文侯者，惟曰自保其国而已。王室之盛衰，故都之兴废，悉置度外。吾于《黍离》之诗，重有感也夫！"③ 幽王为犬戎所杀，是一向以严夷夏之大防为己任的正统知识分子所深以为耻之事，如果联想到元兵破宋，掳掠三宫北上，崖州海上逼死宋朝最后的小皇帝，就会承认，谢枋得反复提及这件事，当是有感而发，而元代诸儒引述谢氏之论，也不是无缘无故的。

此外，如《大雅·瞻卬》"天何以刺"一章，《集传》曰："言天何用责王，神

---

① 谢枋得：《谢叠山先生文集》卷1，清咸丰庚申年署弋阳县事章永孚补刊本，第17页。

② 刘瑾：《诗传通释》卷6，《景印文渊阁四库全书》第76册，第446页。

③ 刘瑾：《诗传通释》卷4，《景印文渊阁四库全书》第76册，第384页。

何用不富王哉！凡以王信用妇人之故也，是必将有夷狄之大患。"① 《通释》引辅广语进一步发挥曰："夷狄，阴类也，自古宠任妇者多致夷狄之祸。危乱之君，大抵不忌其所当忌，而惟忌忠臣义士之正己者，此其所以沦胥于灭亡也。"② 南宋王朝之君，居于偏安之地，不仅生活荒淫，以致浮靡之风浸淫整个社会，而且往往任用奸佞之臣。元代诸经师追怀古事，想到宋朝灭亡的原因，不能不有感于心。而仔细考察起来，这种感情与朱熹一贯对民族气节的提倡，也不能没有关系。

众所周知，乾隆开四库馆，对于涉及民族文化的部分往往加以删削或修改，上述或也不免。但即使如此，仍然无法完全遮掩，可以使我们一定程度上了解当时学者研治《诗经》时的某种心态。

三、对朱熹《诗经》学的初步总结

南宋淳熙以后，学界虽然崇尚朱熹，但朱学还不能完全占据统治地位，如林岊《毛诗讲义》，大都"取裁毛、郑，而折衷其异同"，"可谓笃信谨守矣"③。但到了元代，朱学就成了一统天下。因此可以说，元代是对朱熹《诗经》学进行初步总结的时期。

《四库全书》所收元代的七种《诗经》学著作，许谦《诗集传名物钞》、刘瑾《诗传通释》和朱公迁《诗经疏义会通》等三种都首列《诗传纲领》（许、朱但题为"《纲领》"）。这虽然主要是继承了宋代朱氏后学辅广等人的发明④，但在元人手中仍然赋予了新的内涵，反映了学者们对《诗集传》的主要内容及其精神实质的

---

① 朱熹集注：《诗集传》卷18，第221页。

② 刘瑾：《诗传通释》卷18，《景印文渊阁四库全书》第76册，第726页。

③ 永瑢等撰：《四库全书总目》卷15，第124页。

④ 按，宋代吕祖谦《吕氏家塾读诗记》卷首亦列《纲领》，但自成另一体系。宋代朱鉴编《诗传遗说》卷1亦有《纲领》，尽管意在发明朱《传》，但与辅氏有所不同，而元人则基本上都是沿袭辅氏的。（吕祖谦：《吕氏家塾读诗记》卷1《纲领》，《景印文渊阁四库全书》第73册，第326页；朱鉴：《诗传遗说》卷1《纲领》，《景印文渊阁四库全书》第75册，第501页）

看法，涉及读诗方法、赋比兴、《风》诗定义、文学特征等朱熹研讨《诗经》的精要之处，并贯串于全书之中。今略加申述如次。

第一，关于读《诗》方法。读《诗》方法的变革是朱熹在《诗经》学史上的重大贡献之一。他曾阐述自己的看法："旧曾有一老儒郑渔仲，更不信《小序》，只依古本与叠在后面。某今亦只如此，令人虚心看正文，久之其义自见。"① 朱熹的这一做法，冲破了《毛诗正义》的束缚，为《诗经》的研究开辟了更为广阔的道路。《诗传纲领》引孟子"以意逆志"之说，张载"置心平易"即"诗人之志主平易，故无艰险之言，大率所言皆目前事，而义理存乎其中。以平易求之则思远以广，愈艰险则愈浅近矣"② 之说加以说明，从这个基本立场出发，元人更示以具体途径。如许谦《名物钞》卷一引朱说："孟子说诗要以意逆志，是为得之。逆者等待之意，谓如前途等待一人；未来时，且须耐心等待，自有来时候。他未来，其心急切，又要进前寻求，却不是以意逆志，是以意捉志也。如此，只是牵率古人言语，入自家意思中来，终无益。"③ 又如刘瑾《通释》引朱子之论云："盖说诗之法，不可以一字而害一句之义，不可以一句而害设辞之志。当以己意迎取作者之志，乃可得之。"④ 在这个问题上，元人从观念到方法，都做了全面的体认。

第二，关于赋比兴。对于这个问题，朱熹的贡献在于，首先，他将《毛传》以来的兴即比喻之说推翻，强调了"兴乃兴起之义"⑤；其次，他创造了赋比兴的兼体说。元人很敏感地认识到了这一点，他们几乎汇辑了朱熹在这一方面的全部论述。如刘瑾《通释》引述说："说出那个物事来，是兴；不说出那个物事，是比。如'南有乔木'只是说'汉有游女'；'奕奕寝庙，君子作之'，只说个'他人有心，予忖度之'。皆是兴体。"⑥ 又："兴体不一，或借眼前事说起，或别将一物说

① 黎靖德编：《朱子语类》卷80，第2068页。

② 刘瑾：《诗传通释》卷首，《景印文渊阁四库全书》第76册，第277页。

③ 许谦：《诗集传名物钞》卷1，《景印文渊阁四库全书》第76册，第6页。

④ 刘瑾：《诗传通释》卷首，《景印文渊阁四库全书》第76册，第277页。

⑤ 朱熹：《答何叔京》，《晦庵先生朱文公文集》卷40，朱熹撰，朱杰人、严佐之、刘永翔主编：《朱子全书（修订本）》第22册，上海古籍出版社、安徽教育出版社，2010，第1833页。

⑥ 刘瑾：《诗传通释》卷首，《景印文渊阁四库全书》第76册，第268页。

起，如唐诗尚有此体。如'青青河畔草''青青水中蒲'，皆是借彼兴起其词，非必有感有见于此物也。有将物之无，兴起自家之所有；有将物之所有，兴起自家之所无。"① 刘玉汝《诗缵绪》更是全面讨论了这一问题，涉及兼义之说，取义之兴和无取义之兴等许多方面，容后详之。

第三，关于"风"。对风诗的理解，也是朱熹和传统《诗经》学的重要不同之一。《毛诗·大序》："是以一国之事，系一人之本，故谓之风。"② 郑玄的风土之说与此一脉相承。但考察其基本含义，对"风"的理解仍不出"风化""风刺"之类，汉唐儒生，大较如此。朱熹的学说虽然和《毛诗·大序》及郑《笺》有一定的渊源，但更主要是创新。《诗集传·序》："凡《诗》之所谓风者，多出于里巷歌谣之作，所谓男女相与咏歌，各言其情者也。"③ 又《诗集传》卷一释"国风"："风者，民俗歌谣之诗也。"④《诗传纲领》也突出了这一点，许谦《名物钞》引朱说直释为民歌，所谓"大率《国风》，是民庶所作"⑤。而刘瑾《通释》也引朱说总结为："风则闾巷风土男女情思之词。"⑥ 可见，对朱熹这一惊世骇俗之说，元儒不仅认同，而且赞赏。

朱熹的《诗经》学，反映在《诗传纲领》中的，尚不止于此，以上仅略作示例，以见元人研朱心得。

吴师道序《诗集传名物钞》说："由汉以来，毛郑之学专行，历唐至宋，一二大儒始略出己意，然程纯公、吕成公犹主《序》说，子朱子灼见其谬，汛扫廓清，本义显白，每篇则定其人之作，每章则约以赋比兴之分，叶音韵以复古，用吟哦上下，不加一字之法，略释而使人自悟。破拘挛，发蒙蔀，复还温柔敦厚、平易老成之旧，自谓无复遗恨。呜呼！《诗》一正于夫子而制定，再正于朱子而义明。朱子

---

① 刘瑾：《诗传通释》卷首，《景印文渊阁四库全书》第76册，第269页。
② 朱熹辨说：《诗序》卷上，《景印文渊阁四库全书》第69册，第4页。
③ 朱熹：《诗集传序》，《诗集传》卷前，第2页。
④ 朱熹集注：《诗集传》卷1，第1页。
⑤ 许谦：《诗集传名物钞》卷1，《景印文渊阁四库全书》第76册，第4页。
⑥ 刘瑾：《诗传通释》卷首，《景印文渊阁四库全书》第76册，第268页。

之功，万世永赖。此《名物钞》之所为作也。"① 其实，这一段也可以看作对整个元代《诗经》学的描述。元代的《诗经》学，主要就是想从不同方面揭示出《诗集传》的价值。这又可以从几个不同方面看出来。

其一，列举成说，相互对照。《诗集传》离《序》而言诗，自出手眼，开辟解《诗》新路，确实非同一般。但前人已经指出，朱熹往往"阳违《序》而阴从之"②。虽然在朱熹心目中，《小序》既是世儒之谈，则就既有荒唐之处，又有合理之处，全疑全信，都是偏颇，但不作说明，毕竟使人生疑。可能是有见于此，元人往往将各种说法列出，使人见出朱熹的所是和所非，实际上有为《诗集传》填空的作用。如刘瑾《通释》在每一篇诗后，都列出《小序》，有时默认朱说，有时阐发朱说。列出《小序》的本身，就能够使读者对哪些是朱熹的创造，哪些是其对前人的沿袭一目了然，因而也就能更深入地理解朱著的价值。

其二，朱熹敢于简化注疏，令人耳目一新，但引用前人之说，往往并不注出，有时甚至语焉不详，元人于是一一为其补上。如《小雅·六月》"元戎大乘"句，《集传》："元，大也；戎，戎车也。"③ 刘瑾《通释》："《史记·三王世家》注曰：《韩婴章句》云：'车有大戎十乘，谓车漫轮，马被甲，衡轭之上，尽有剑戟。'"④ 又如《小雅·十月之交》，关于"四分度之一"和"正阳之月"，朱《注》甚略，梁益则将其出处全部找出。又如《氓》："至于顿丘。"《集传》："顿丘，地名。"⑤ 未说在何处。《通释》："严氏曰：'在朝歌之东。'"⑥ 又如《缁衣》，《集传》："缁衣，卿大夫居私朝之服也。"⑦《通释》："孔氏曰：'缁衣即《士冠礼》所云玄冠、朝服、缁带、素韠是也。卿士朝乎王，服皮弁，不服缁衣；退适私朝，服缁衣以听

① 吴师道：《诗集传名物钞序》，《诗集传名物钞》卷前，《景印文渊阁四库全书》第76册，第2页。

② 姚际恒：《诗经通论自序》，林庆彰主编：《姚际恒著作集》第1册，"中央研究院"中国文哲研究所，1994，第15页。

③ 朱熹集注：《诗集传》卷10，第115页。

④ 刘瑾：《诗传通释》卷10，《景印文渊阁四库全书》第76册，第521页。

⑤ 朱熹集注：《诗集传》卷3，第37页。

⑥ 刘瑾：《诗传通释》卷3，《景印文渊阁四库全书》第76册，第373页。

⑦ 朱熹集注：《诗集传》卷4，第47页。

其所朝之政也。'"① 又如《小雅·斯干》："似续妣祖。"《集传》："似，嗣也；妣，先于祖者，协下韵尔。或曰：谓姜嫄、后稷也。"② 《会通》坐实"或曰"为"曾氏"③。这一类的增释，一方面可使读者了解得更为具体，另一方面也是想说明朱熹的综合取舍能力。

其三，朱熹作注虽然时有交代，但若不发挥，则可能不明就里，元人于是为其补充，以坐实朱意。如《周南·汉广》，《集传》："江汉之俗，其女好游，汉魏以后犹然，如《大堤之曲》可见。"④ 《通释》："李太白《诗注》曰：大堤，汉水之堤；《大堤曲》，宋隋王诞为襄州时作《乐府遗声》，都邑三十四曲，有《大堤曲》。古词云：'朝发襄阳城，暮至大堤宿。大堤诸女儿，花艳惊郎目。'"⑤ 这是以后例前。又如《氓》，《集传》："不可便谓士之耽惑，实无所妨也。"⑥ 郑《笺》："士有百行，可以功过相除，至于妇人无外事，维（唯）以贞信为节。"⑦ 《通释》："愚按，《集传》所谓主言者，盖以此妇立言之意，专主于言，妇人不可一失其节，故其辞意抑扬，重于女而轻于男，非谓男有可耽之理，而无所妨。"⑧ 这是接着朱熹的话题去说，更详细地驳斥郑玄之非。凡此，均将《集传》阐发得更为明确。

其四，朱熹不仅把《诗经》看作一部伟大的经学著作，而且看作一部伟大的文学著作，对后世影响深远。元人在此基础上，进一步作了发挥。如《周南·芣苢》，朱《传》："化行俗美，家室和平，妇人无事，相与采此芣苢，而赋其事以相乐也。"⑨ 《会通》何英《增释》引元人吴师道语："此诗终篇言乐，不出乐字，读之

---

① 刘瑾：《诗传通释》卷4，《景印文渊阁四库全书》第76册，第393页。

② 朱熹集注：《诗集传》卷11，第125页。

③ 朱公迁：《诗经疏义会通》卷11，《景印文渊阁四库全书》第77册，第303页。

④ 朱熹集注：《诗集传》卷1，第6页。

⑤ 刘瑾：《诗传通释》卷1，《景印文渊阁四库全书》第76册，第303页。

⑥ 朱熹集注：《诗集传》卷3，第37—38页。

⑦ 郑玄笺、陆德明音义、孔颖达疏：《毛诗注疏》卷5，《景印文渊阁四库全书》第69册，第257页。

⑧ 刘瑾：《诗传通释》卷3，《景印文渊阁四库全书》第76册，第374页。

⑨ 朱熹集注：《诗集传》卷1，第5—6页。

自见意思，此文字之妙。"① 这就对诗歌之所以感动人的特质作了阐发。事实上，元人对《诗经》的批注，已经很像对一般诗文集的做法，如谈章法、句法、段意、作法等。而对某些问题的讨论，也有特殊贡献。如许谦讨论比兴，即引述朱说，认为兴较之于比，意味更长，所谓"比意虽切而却浅，兴意虽阔而味长"②。这一说法，在清代陈廷焯的著作中得到了回应。陈氏《白雨斋词话》卷八曰："宋德祐太学生《百字令》《祝英台近》两篇，字字譬喻，然不得谓之比也，以词太浅露，未合风人之旨。如王碧山咏萤、咏蝉诸篇，低回深婉，托讽于有意无意之间，可谓精于比义。若兴则难言之矣。托喻不深，树义不厚，不足以言兴。深矣，厚矣，而喻可专指，义可强附，亦不足以言兴。所谓兴者，意在笔先，神余言外，极虚极活，极沉极郁，若远若近，可喻不可喻。反复缠绵，都归忠厚。求之两宋，如东坡《水调歌头》《卜算子》（雁）、白石《暗香》《疏影》、碧山《眉妩》（新月）、《庆清朝》（榴花）、《高阳台》（"残雪庭除"）等篇，亦庶乎近之矣。"③ 虽然不能完全比附，但对比和兴本质的体认，却有相通之处。又如《小雅·车攻》"萧萧马鸣"一章，朱公迁《会通》评曰："行事从容，驭军整肃，处己俭约，待人周遍，即此章可知。"④ 考之宋代张戒《岁寒堂诗话》卷上："'萧萧马鸣，悠悠斾旌。'以'萧萧''悠悠'字，而出师整暇之情状，宛在目前。"⑤ 二者应有渊源。如果说，元人研《诗》已经注意到从诗话中获得资料，那么，他们确已表现出了较大的开放性，不过，对这个问题，还应做进一步的研究。

元人借鉴辅广的《诗传纲领》，但犹以为未备，于是刘瑾作有《诗传外纲领》，计分"诗源流""章句音韵""诗乐""删次"四项。余三项可存而不论，其"音韵"犹有可说者。朱熹很重视自己所提出的叶韵说。《朱子语类》卷八十："古人情意温厚宽和，道得言语自怗地好。当时叶韵，只是要便于讽咏而已。"⑥ 又卷八十

---

① 朱公迁：《诗经疏义会通》卷1，《景印文渊阁四库全书》第77册，第87页。

② 许谦：《诗集传名物钞》卷1，《景印文渊阁四库全书》第76册，第5页。

③ 陈廷焯：《白雨斋词话》卷6，杜维沫校点，人民文学出版社，1959，第158页。

④ 朱公迁：《诗经疏义会通》卷10，《景印文渊阁四库全书》第77册，第291页。

⑤ 张戒：《岁寒堂诗话》卷上，中华书局，1985，第4页。

⑥ 黎靖德编：《朱子语类》卷80，第2081页。

一："器之问《诗》叶韵之义。曰：只要音韵相叶，好吟哦讽诵，易见道理。"所以他在《集传》中论《关雎》一诗说："独其声气之和，有不可得而闻者。虽若可恨，然学者姑即其词而玩其理以养心焉，则亦可以得学诗之本矣。"他又曾更具体地申述说："《关雎》一诗，文理深奥，如《乾》《坤》卦一般，只可熟读详味，不可说。"① 从音韵学来看，宋代吴棫发明的叶韵说不尽符合古音实际，元代刘玉汝《诗缵绪》卷一就已提出此点："吴氏《补韵》以正音为叶韵，则是以后来之俗音为古人之正音，岂其然哉！"② 朱熹所论，也有不能自圆其说之处，清初顾炎武、今人王力都有所论列，但朱熹强调这一点，一方面，从对作品的玩味出发，可以得出自己的见解；另一方面，这也是抓住了诗的文学特质的基本要求。所以，叶韵说的提出，也是朱熹《诗经》学的一大特色。刘瑾敏感地指出这一点，应是深思有得之言。许谦《名物钞》论及《邶风·柏舟》时所谓："读诗者，每于一篇吟哦上下，优游涵泳，以意随之，而求诗人志之所在，庶不负朱子之教也。"③ 也是发明这一层意思。另外，《会通》在《诗传纲领》之后，列有《诗经大全》抄录刘瑾《通释》和元人罗复《诗集传音释诸图》而成的《诗经大全图》④，涉及天文地理、器皿服饰、宫阙器乐等，尤以《思无邪图》《四始图》《正变风雅之图》《诗有六义之图》等，能以列表的方式，发挥朱学。如论"赋比兴兼义"，详列"赋而比""赋而兴""兴而比""比而兴""赋而兴""赋其事以起兴"诸类，各实以例证，并以朱熹所述为之详解，这就使得读者一目了然，易于入门。

四、折衷诸说和纠正朱学

元代的《诗经》学虽然以发明朱《传》为主，但并不意味着只有因袭，没有

---

① 黎靖德编：《朱子语类》卷81，第2094页。

② 刘玉汝：《诗缵绪》卷1，《景印文渊阁四库全书》第77册，第579页。

③ 许谦：《诗集传名物钞》卷2，《景印文渊阁四库全书》第76册，第32页。

④ 有关《诗传大全图》来源问题，参见杨晋龙：《〈诗传大全〉来源问题探究》，林庆彰、蒋秋华主编：《明代经学国际研讨会论文集》，"中央研究院"中国文哲研究所筹备处，1996，第317—346页。

开拓。由于已经经过了几代人的积累，对朱学流播过程中的各种情况不断总结，特别是考虑到读者的接受需求，元代《诗经》学在承继朱学的前提下，也作了符合时代的发展。

第一，以朱学为主线，进一步折衷各家学说。从《诗集传》的注释体系来看，朱熹一方面充分吸收宋以前《诗经》学的成果，虽然以批判为主，但是是非非，择善而从，表现出集大成的气度；另一方面，非常注重宋以来《诗经》研究的成果，经常征引宋代研《诗》有成者如欧阳修、王安石、苏辙、程颐、张载、杨时、吕祖谦、郑樵诸人之说，发扬并深化了宋代经学的独立思考精神。以上两点，在元人著述中都有体现，但却并未墨守。首先，元人对汉代诸家《诗》都给予了一定的注意，根据不同情况，选择不同的解释，尤其是涉及考订部分，往往有意弥补朱子所未及或偏失，因而初步体现了将汉代之考据和宋代之义理加以结合的倾向，对后来某些清儒的汉宋并重之说，无疑有一定的启发作用。如王应麟《诗地理考》和刘瑾《通释》都每引韩《诗》，前者见于《郑风·溱洧》诸篇，后者见于《小雅·六月》诸篇。其次，特别注重吸收宋代对《诗集传》的研究成果。南宋末年，由于《诗集传》独特的解《诗》方式和敏锐的思想锋芒，一时研《诗》者多受其影响。同时，更由于朱熹崇高的学术地位，后学众多，所以发明《集传》之作也极多。元人研《诗》，既多朱学一脉，因而无不注意发掘这一份资源。以刘瑾《通释》为例，欧阳修（著有《本义》十六卷）、苏辙（著有《诗集传》二十卷）、辅广（著有《诗童子问》，《宋史·艺文志》题作《诗说》）、严粲（著有《诗缉》三十六卷）、曹粹中（著有《诗说》三十卷）诸人之说，就常为其所用。不仅如此，有些人在历史上主要并不以经学见重，如谢枋得、刘辰翁等一些文学之士论文之语以及不少不甚知名之士的意见，也常在刘著中出现，这就显得非常开放①。这说明，由于《诗集传》的示范作用，《诗经》研究的层面更加多了，元人已经开始有了比较多元的眼光。

第二，对朱《传》加以纠偏正讹。元代研《诗》诸儒虽然都是朱熹后学，但并没有亦步亦趋，在不少地方，他们也注意到朱熹《集传》的一些偏颇，因而做出

---

① 刘瑾《诗传通释》引录宋元学者诸说之实际情形详见杨晋龙：《〈诗传大全〉与〈诗传通释〉关系再探——试析元代诗经学之延续》，杨晋龙主编：《元代经学国际研讨会论文集》，"中央研究院"中国文哲研究所筹备处，1998，第489—538页。

了另外的理解。这一点，大约从以下几个方面表现出来：

1. 史书有异。如朱熹引《史记》讨论《周南》后稷以下十三世，梁益《旁通》引《世本》对此质疑。《世本》记载人数不同，序次亦有异，分别是：后稷、不窋、鞠、公刘、庆节、皇仆、差弗、伪榆、公非、辟方、高圉、侯牟、亚圉、云都、太公组绀、诸盩、亶父。虽然只定异同而不言是非，但显示了一种自由讨论的风气，避免了朱学像宋以前的汉学一样，独尊一体，而丧失生命力。

2. 时序不合。如《豳风·七月》之"七月流火"，《集传》："流，下也；火，大火，心星也。以六月之昏加于地之南方。"① 以为其时在六月。而《会通》则曰："昏而火中，《尧典》在仲夏，《月令》在季夏，豳公当夏时。以岁差求之，当在五、六月之交。"②

3. 考订疏失。如关于《国风》的来源，朱公迁《会通》辩曰："朱子谓凡《国风》皆诸侯采之以贡于天子者，此亦据成周时语之耳，东迁以后未必然。若卫有《新台》《墙茨》；齐有《南山》《敝笱》，丑恶如此，未必其君所贡。"③ 又《周南·卷耳》："陟彼崔嵬。"《集传》："土山之戴石者。"④《会通》："《尔雅》：石戴土为崔嵬，土戴石为砠。此用《毛传》有误，字当从《尔雅》之说。"⑤

4. 出言含混。《小雅·采薇》"君子所依，小人所腓"，《会通》王逢《辑录》引黄震《日钞》之论曰："黄氏曰：吴伯丰尝问先生曰：腓为先足而动，不当引之以解此诗之义，不若犹茈之得也。《生民》诗：'牛羊腓字之。'传亦以腓为茈。先生答曰：两说诚不合，当删去。按，朱《传》固不当兼收二说，伯丰尤不当云随动之说而存犹茈之说也。……故此诗腓字，朱《传》止当独留程说。"⑥

5. 比兴可议。如《小雅·白华》，朱公迁《会通》："此诗首章及五章、七章

---

① 梁益《诗传旁通》卷1："《史记》自后稷至亶甫父子死子继凡十三世，而《世本》所纪与《史记》不同。"（《景印文渊阁四库全书》第76册，第792页）

② 朱公迁：《诗经疏义会通》卷8，《景印文渊阁四库全书》第77册，第233页。

③ 朱公迁：《诗经疏义会通》卷1，《景印文渊阁四库全书》第77册，第71页。

④ 朱熹集注：《诗集传》卷1，第3页。

⑤ 朱公迁：《诗经疏义会通》卷1，《景印文渊阁四库全书》第77册，第81页。

⑥ 朱公迁：《诗经疏义会通》卷9，《景印文渊阁四库全书》第77册，第268页。

疑当作兴，而《集传》例以为比。"① 又如《小雅·采菽》："赤芾在股，邪幅在下。"刘玉汝《诗缵绪》："三章《传》曰：赋也。愚谓当云兴也。取邪幅交缠以兴诸侯交际，言赤芾在股，则邪幅交缠而在下矣。诸侯交际匪纾，则上为天子所予也。盖赤芾则特取在下之邪幅者，以其与下彼交之意相关，故知当如前后章作兴也。"②

元人对朱熹《集传》的纠偏正讹当不止于此，所论也不见得完全正确，但他们的探索精神，却表现出《诗经》学进一步发展的趋势。

第三，对朱《传》的未尽之意更作阐述和引申。前面已经说过，在《诗经》毛《传》中，"兴"几乎就是比喻的同义词，而朱熹通过自己的研究，则提出了"大概兴诗不甚取义，特以上句引起下句"之说。③ 尽管朱熹在《诗集传》中所体认的兴多为"兴兼比赋"者，但也已开始具体说明"全不取义"之兴。如《召南·小星》："嘒彼小星，维参与昴。肃肃宵征，抱衾与裯。实命不犹。"《集传》："兴也。兴亦取与'与昴''与裯'二字相应。"④ 又《王风·扬之水》："扬之水，不流束薪。彼其之子，不与我戍申。怀哉怀哉，曷月予还哉！"《集传》："兴也。兴取'之''不'二字，如《小星》之例。"⑤ 不过，我们也发现，朱熹对兴的含义所作的说明还不充分，由此导致在理解上也会出现歧义。元代刘玉汝《诗缵绪》论及《关雎》一诗说："兴有二例：有无取义者，有有取义者。传前以彼此言者，无取义也；后言挚而有别，和乐恭敬者，兼比也。兼比即取义之兴也。传兼二义，故云后

---

① 朱公迁：《诗经疏义会通》卷15，《景印文渊阁四库全书》第77册，第387页。

② 刘玉汝：《诗缵绪》卷12，《景印文渊阁四库全书》第77册，第707页。

③ 朱熹：《与林熙之》，《晦庵先生朱文公别集》卷5，《朱子全书（修订本）》第25册，第4936页。按，朱氏研讨楚辞时也指出："兴，则托物兴词，初不取义。"见朱熹：《楚辞集注》卷1，黄灵庚点校，上海古籍出版社，2015，第9页。值得提出的是，类似的看法宋代严粲也已经涉及，其《诗缉》中《关雎》篇注曰："风之义易见，惟兴与比相近而难辨。兴多兼比，比不兼兴。意有余者，兴也；直比之者，比也。兴之兼比者，徒以为比则失其意味矣；兴之不兼比者，误以为比则失之穿凿矣。"见严粲：《诗缉》卷1，《景印文渊阁四库全书》，第75册，第18页。

④ 朱熹集注：《诗集传》卷1，第12页。

⑤ 朱熹集注：《诗集传》卷4，第44页。

凡言兴者仿此，欲学者各随文意而推之。"① 这就说得更为清楚了。而"欲学者各随文意而推之"一句，则又明显认为朱熹仅仅提出了一个原则，未尽之意则有待后学发挥。循此义例，刘氏对朱熹也有所匡正。如《关雎》一诗后二章，刘玉汝《诗缵绪》曰："此与末章托兴惟取辞字相应以起词。《语录》有'顺洁'之说，然本章无此意。"② 这是对"参差荇菜"的"顺洁"之意表示怀疑；又如《小雅·伐木》，刘曰："以伐木兴鸟鸣，取辞意相应，后章用首章。兴不必与下文相关，诗之体也。"③ 这又是对《集传》所谓"以伐木之丁丁兴鸟鸣之嘤嘤，而言鸟之求友，遂以鸟之求友喻人之不可无友也"④ 提出相反意见。总的看来，刘玉汝对无取义之兴的理解，更符合诗歌创作的逻辑，因为诗作为一种感情形态，不能一味用理路来衡量，朱熹虽然创造性地提出了"无取义之兴"，但由于属于草创，他有时也难免滑入旧时窠臼而不自知。刘玉汝随文而正义，应是朱学功臣。

此外，刘玉汝对朱熹关于比兴的其他说法也有自己的意见。如《周南·汉广》，刘曰："传曰：'兴而比。'窃谓当曰兴又比。盖兴有兼比者，《关雎》是也，《传》止曰兴也；比兼兴者，《绿衣》是也，《传》亦止曰比也。至《下泉》比兼兴，乃发例曰：'比而兴。'《野有蔓草》《溱洧》《黍离》《頍弁》赋兼兴，则发例曰：赋而兴。盖兴在赋比中，非赋比外别有兴，故其例如此。《頍弁》赋而兴后比，则曰赋而兴又比，是比在赋兴外者，当曰'又比也'。今《汉广》比在兴后，则当用《頍弁》例口：兴又比也。若曰兴而比，则与比而兴、赋而兴者不辨矣。故《汉广》《椒聊》《巧言》之四章，皆当曰兴又比；《氓》之三章，末章当云比又兴、赋又兴云。"⑤ "而"和"又"的区别到底有多大，还可以讨论，但刘玉汝的看法更加细致，更加深入一步，这是可以肯定的。

① 刘玉汝：《诗缵绪》卷1，《景印文渊阁四库全书》第77册，第578页。
② 同上书，第579页。
③ 刘玉汝：《诗缵绪》卷9，《景印文渊阁四库全书》第77册，第660页。
④ 朱熹集注：《诗集传》卷9，第103页。
⑤ 刘玉汝：《诗缵绪》卷1，《景印文渊阁四库全书》第77册，第584页。

五、总结

综上所述，我们可以简单得出以下几点认识：

1. 元代是一个朱学昌盛的时代。元代的《诗经》学和元代经学的其他部类一样，基本上以发明朱熹《诗集传》为主，朱熹的《诗经》学思想，在此时得到了初步的总结。

2.《诗经》中有若干篇反映汉民族和周边少数民族矛盾的诗篇，历代注家都以夷夏之辨加以申说，元人研《诗》亦毫不避讳，甚至作了进一步发挥。这说明，经师们亦在研《诗》时融入了故国之思，而元朝并无像清朝那样的严酷的思想文化控制。

3. 元代经生虽然多为朱氏后学，但研究《诗经》时并未对朱熹《诗集传》亦步亦趋。一方面，他们从典章名物等方面补充朱《传》，另一方面，他们对朱《传》中的疏误之处也加以匡正。这说明，元代《诗经》学继承了宋代经学的批判精神，具有一定程度的开放性。

4. 朱熹《诗集传》号称简化注疏，虽然冲破了汉学的藩篱，但也带来了新的问题。元人研讨《集传》，从汉学到宋学，往往详加征引，为《集传》增添了新的活力，同时也有意无意地表现出了汉宋结合的特点，对清人治《诗》，应该有所启发。

5. 元人研讨《诗集传》，及时吸取了晚宋诸学者的成果，其中既有专门的经师，也有一般身份的人，这又表现出了元代《诗经》学善于包容的特点。善于包容可能显得特点不够突出，但也因此而表现得比较持平。

蒋骥《楚辞》学的学术贡献与时代特色

清代是《楚辞》学大盛的时期，名家辈出，成就突出，蒋骥的《山带阁注楚辞》就是其中不多的几部站在最高峰的著作。蒋骥，江苏宜兴人，生卒年不详，一生不得志，唯以学术自遣，尤其对《楚辞》的研究花费了大量的心血。他的《山带阁注楚辞》撰成于康熙五十二年（1713），带有鲜明的时代特色与个人特色。

一、荟萃百家而又独断己见

在中国学术史上，对《楚辞》的研究汉代已发其源，至六朝的梁代，刘勰在其《文心雕龙》中列有《辨骚》一章，开创了对于《楚辞》学研究的新纪元，也启发了后人进行多元的讨论。

和《诗经》学一样，《楚辞》学的积蕴非常深厚，有成就的学者必须对前代遗产全部了然于心，才能做出超越前人的成就。即如朱熹研究《诗经》，之所以取得重大的成就，前提之一就是能将"这一部《诗》，并诸家解都包在肚里"[1]。蒋骥也是如此，他曾自述："所阅前人注解，自汉王叔师《章句》，宋洪庆善《补注》、朱晦翁《集注》外，惟明莆田黄文焕维章之《听直》，衡阳王夫之姜斋之《通释》，嘉兴陆时雍昭仲之《疏》，周拱辰孟侯之《草木史》，本朝桐城钱澄之饮光之《诂》，丹阳贺宽瞻度之《饮骚》，莆田林云铭西仲之《灯》，嘉定张诗原雅之《贯》，宜兴徐丈焕龙友云之《洗髓》，约十余种。"[2] 他提到的学者及其所著之书分

---

① 黎靖德编：《朱子语类》卷80，第2092页。

② 蒋骥：《楚辞馀论》卷上，《山带阁注楚辞》，于淑娟点校，上海古籍出版社，2019，第183页。

别是汉代王逸《楚辞章句》①，宋代洪兴祖《楚辞补注》、朱熹《楚辞集注》，明代黄文焕《楚辞听直》、王夫之《楚辞通释》、陆时雍《楚辞疏》、周拱辰《离骚草木史》，清代钱澄之《楚辞屈诂》（合《庄子内七诂》而为《庄屈合诂》）、贺宽《离骚笺释》、林云铭《楚辞灯》、张诗《楚辞贯》、徐焕龙《屈辞洗髓》，这可能是他心目中成就较大者，事实上，若从其所列之"采摭书目"来看，《楚辞》类的书目达二十五种，可见他非常了解此前的研究成果，在文献上下了非常大的功夫。

由于掌握了这么多文献，他就能够站在前人的肩膀上，不仅择善而从，而且也能有所鉴别。在他看来，前人的论说"得失相参"②，因此，他在书中就往往"驳正注释之得失，考证典故之同异"，甚而"诋诃旧说"③，提出自己的见解。

在择善而从方面，蒋骥往往比较诸说，选取较为合理的一种。如《天问》："昏微遵迹，有狄不宁。何繁鸟萃棘，负子肆情。"蒋注："《章句》：人循暗微之道，为戎狄之行者，不可安其身。……朱子固訾其迂曲无据矣。惟钱氏谓匹夫匹妇会于墙阴之事，似为近之。"④ 这是引钱澄之《庄屈合诂》以批评王逸。⑤ 又如《哀郢》，蒋云："《集注·哀郢》，既云郢都在江陵，而此乃以为鄢郢，又矛盾之说也。如林

---

① 蒋骥把王逸放在第一，其实王之前还有一些《楚辞》的注家，如刘安（著有《离骚传》）、刘向（著有《天问解》）、扬雄（著有《天问解》）、班固（著有《离骚经章句》）、贾逵（著有《离骚经章句》），不过他们的著作都已经亡佚了，所以，王逸的《楚辞章句》是传世的第一部《楚辞》注本。

② 蒋骥：《楚辞馀论》卷上，《山带阁注楚辞》，上海古籍出版社，2019，第183页。

③ 《四库全书》研究所整理：《钦定四库全书总目（整理本）》卷148，中华书局，1997，第1976页。

④ 蒋骥：《山带阁注楚辞》卷3，上海古籍出版社，2019，第83页。

⑤ 《庄屈合诂·屈子天问》："昏微，当是黄昏隐微之地。遵迹，与所私相随而行。《齐风》云'履我即兮'是也。此匹夫匹妇会于墙阴之事也。"（钱澄之撰：《庄屈合诂》，《四库全书存目丛书》子部，齐鲁书社，1995，第164册，第731页）

氏以汉北为迁所，则固豁然贯通矣。"① 这是引林云铭《楚辞灯》以批评朱熹②。有时他也在前人的基础上立论，如王逸《九章·序》中认为《九章》均是"屈原放于江南之野"时所作③，蒋骥则指出："昔人说《九章》，其误有二：一误执王叔师顷襄迁原江南作《九章》之说，而谓皆作于江南……余谓《九章》杂作于怀襄之世，其迁逐固不皆在江南，即顷襄迁之江南，而往来行吟，亦非一处。"④ 类似的意思朱熹、林云铭也提出过⑤，但蒋骥有着对每一篇的具体考证作为支撑，因此显得非常实在，得到了后世许多人的认同。

在"诋诃旧说"方面，他尤其花了大力气。在历代《楚辞》的代表性注家中，王逸、洪兴祖等在训诂上用力甚深，而朱熹、王夫之等则以义理见长。对此，蒋骥虽予以好评，亦每有商榷之言。如《离骚》中的四句："众不可户说兮，孰云察余之中情。世并举而好朋兮，夫何茕独而不予听。"朱熹认为是屈原所言，因此怀疑其中"夫何茕独而不予听"一句的"不"字为衍文⑥。蒋骥针锋相对，指出此为"大误"。他联系前面数句："女嬃之婵媛兮，申申其詈予，曰鲧婞直以亡身兮，终然殀乎羽之野。汝何博謇而好修兮，纷独有此姱节。薋菉葹以盈室兮，判独离而不服。"体味其文脉，提出："'众不可户说'四句，亦女嬃言，'不予听'正詈词也。

---

① 蒋骥：《楚辞馀论》卷下，《山带阁注楚辞》，上海古籍出版社，2019，第 225 页。

② 《楚辞灯》卷 3《九章·抽思》："汉北与上庸接壤，汉水出嶓冢山，在汉中府宁羌县。上庸即石泉县，怀王十七年为秦所取，而汉北犹属楚。嗣秦会楚黄棘，复与楚上庸。至顷襄九年，楚为秦败，割上庸、汉北与秦。故《思美人》篇亦云'指嶓冢之西隈'，以身在汉北，举现前汉水所自出，喻置身之高耳。若别举便无来历。以此推之，则原之迁此何疑？"见林云铭：《楚辞灯》卷 3，于淑娟点校，上海古籍出版社，2019，第 77 页。

③ 洪兴祖《楚辞补注》卷 4："《九章》者，屈原之所作也。屈原放于江南之野，思君念国，忧心罔极，故复作《九章》。"见洪兴祖：《楚辞补注》卷 4，第 120—121 页。

④ 蒋骥：《楚辞馀论》卷下，《山带阁注楚辞》，上海古籍出版社，2019，第 219 页。

⑤ 《楚辞集注》卷 4："《九章》者，屈原之所作也。屈原既放，思君念国，随事感触，辄形于声。后人辑之，得其九章，合为一卷，非必出于一时之言也。"见朱熹：《楚辞集注》卷 4，第 92 页。林云铭《楚辞灯》卷 3《九章总论》亦认为《九章》非一时一地之作。见林云铭：《楚辞灯》卷 3，第 62—63 页。

⑥ 《楚辞集注》卷 1："'不'字疑衍。"见朱熹：《楚辞集注》卷 1，第 21 页。

'世并举而好朋'，乃訾之之旨，对'往观四荒'言，以示不变所修之难合也。"①
这样解释，不仅文义通顺，更重要的是，屈原的思想境界也在对比中得到了升华。
又王夫之解释《离骚》中"鲧婞直以亡身兮"至"固前修以菹醢"四十六句，认
为"皆女嬃责原之词"；又释"耿吾既得此中正"至"余焉能忍与此终古"七十五
句，认为皆屈原"答女嬃之辞"；又释"两美其必合兮"至"谓椒其不芳"十八
句，认为皆灵氛"所占之繇词"。又释"勉升降以上下兮"至"周流观乎上下"四
十八句，认为"皆巫咸降神之言"②。对此，蒋骥讥之云："其旨绝支离不足存，可
谓妄诞之尤。"③ 除了朱、王，他对其他的注家也多有讨论。如关于《九章》中的
《哀郢》和《抽思》，蒋骥批评林云铭的看法："原迁汉北无可考，然大约在鄢郢之
间，盖由此济汉而南，即今安陆沔阳州，夏水自江入汉处，故云'遵江夏以娱忧'。
林氏所谓汉中宁羌，则未必然也。……林氏又谓原非夔峡人，鄢郢非汉北，其考订
多疏，不足复辨。""回极，指天极回旋言。……林氏辄改回极为四极，不又几于妄
作乎？"④ 由此可以看出，对前代各注本作一总的清理，是《山带阁注楚辞》的著
书宗旨之一，也形成了它鲜明的批判性特色。

　　蒋骥还常常不言具体何人何书，一概称之为"旧解""旧注"等，予以驳斥。
如论《涉江》："《涉江》《哀郢》皆顷襄时放于江南所作，然《哀郢》发郢而致陵
阳，皆自西徂东；《涉江》从鄂渚入溆浦，乃自东北往西南，当在既放陵阳之后。
旧解合之，误矣。"⑤ 又论《渔父》："旧解以沧浪为汉水下流，余按，今均州沔阳，

---

　　① 蒋骥：《楚辞馀论》卷上，《山带阁注楚辞》，上海古籍出版社，2019，第 191 页。

　　② 《楚辞通释》卷 1 "固前修以菹醢"后释："自'鲧婞直以亡身'以下至此，皆女嬃
责原之词。""余焉能忍与此终古"后释："自'耿吾既得此中正'以下至此，皆答女嬃之
辞。""谓申椒其不芳"后释："灵氛，神也。迎神，于筵簟而玩其占，其下则所占之繇词。"
"周流观乎上下"后释："自'曰勉升降'以下至此，皆巫咸降神之言，托于神告，以明其自
审以处放废者。"见王夫之：《楚辞通释》卷 1，杨新勋点校，上海古籍出版社，2018，第 17、
23、24、30 页。

　　③ 蒋骥：《楚辞馀论》卷上，《山带阁注楚辞》，上海古籍出版社，2019，第 191 页。

　　④ 蒋骥：《楚辞馀论》卷下，《山带阁注楚辞》，上海古籍出版社，2019，第 225—226 页。

　　⑤ 蒋骥：《山带阁注楚辞》卷 4，上海古籍出版社，2019，第 109 页。

皆有沧浪，在大江之北。原迁江南，固不能复至其地，且与篇首游于江潭不相属矣。"① 论《抽思》："《抽思》旧解多误，惟林西仲颇为有见。"② 论《悲回风》："《楚辞·悲回风》篇旧是难处，诸解纰缪百出，不可胜辨。"③ 他的看法是否正确，还可以讨论，但可以看出他的气魄确实大，对自己的学说非常自信。

当然，从采摭书目看，其中又不仅限于《楚辞》学，其他各个学科的都有，范围很广，甚至包括各种俗书、笔记、方志、志怪等，体现在注释中，就不仅能够说明他的博学和功力，同时，也能够看出他的视野，体现他对《楚辞》的看法。

二、扎实的考据功夫

清代初年开始，考据之学渐渐兴起，治学求实，摒弃空疏。《四库全书总目》对于这一倾向有个总结："惟以智崛起崇祯中，考据精核，迥出其上。风气既开。国初顾炎武、阎若璩、朱彝尊等沿波而起，始一扫悬揣之空谈。"④ 认为方以智在明人中开考据风气，发展到清代初年的顾炎武、阎若璩、朱彝尊等，就确立了清学的重要基础。如其中的顾炎武，章太炎称赞其"研治经史最深，又讲音韵、地理之学，清人推为汉学之祖"⑤；梁启超则指出："清代儒者以朴学自命，以示别于文人，实炎武启之。"⑥ 四库馆臣说得更加详细："炎武学有本原，博赡而能通贯。每一事必详其始末，参以证佐而后笔之于书。故引据浩繁，而抵牾者少。非如杨慎、焦竑诸人偶然涉猎，得一义之异同，知其一而不知其二者。"⑦ 蒋骥生活在清代的康熙年间，他深受当时这种治学趋势的影响，因此，注重考据的特点也在《山带阁注

---

① 蒋骥：《山带阁注楚辞》卷5，上海古籍出版社，2019，第158页。

② 蒋骥：《楚辞馀论》卷下，《山带阁注楚辞》，上海古籍出版社，2019，第225页。

③ 同上书，第230页。引文标点经笔者修改。

④ 《四库全书》研究所整理：《钦定四库全书总目（整理本）》卷119，第1594页。

⑤ 章太炎：《国学讲义》，北京理工大学出版社，2020，第282页。

⑥ 梁启超：《清代学术概论》，岳麓书社，2010，第13页。

⑦ 《四库全书》研究所整理：《钦定四库全书总目（整理本）》卷119，第1596页。

楚辞》中体现出来了。

清初是中国的地理之学得到重要发展的时期,明代末年以来,一些西方传教士如利玛窦等人来华,带来了新的地理知识,对于中国本土地理学的研究是一个很大的推动,至清代初年,进展甚大,从作为"汉学之祖"的顾炎武,到刘献廷、顾祖禹、孙兰等,都做出了相当的贡献。如顾祖禹著有《读史方舆纪要》,对各地山川、古今沿革等有深入的考订;孙兰在其《舆地隅说自序》中指出,要切实研究"何以为山,何以为川,山何以峙,川何以流,人何以生,国何以建,山何以分支别派,水何以输泻传流,古今何以递变为沿革,人物何以治乱成古今"①。这些,对蒋骥不可能没有影响。他的《山带阁注楚辞》精于考证地理,向有令名,和这个背景是有密切关系的。其考证的成就略见下面几端:

第一,从互相联系的角度考证地理。《九歌·湘君》:"望涔阳兮极浦。"洪补:"今澧州有涔阳浦。《水经》云:涔水出汉中南县东南旱山,北至沔阳县南,入于沔。涔水,即黄水也。"②洪兴祖注意到"澧州",是正确的,但是,他对涔水的判断却有问题,没有注意到涔水在《水经注》中不止一次出现。他所参考的是《水经注》卷三十二:"涔水出汉中南郑县东南旱山,北至安阳县,南入于沔。"注:"涔水,即黄水也。"③蒋骥注涔水则是引《水经注》卷三十七记载的"(澧水)又东过作唐县北",注:"作唐县,后汉分孱陵县置。澧水入县,左合涔水,水出西北天门郡界,南流迳涔坪屯,屯堨涔水,溉田数千顷。又东南流,注于澧水。"④《山带阁注楚辞》称:"《水经注》:'澧水入作唐县,左合涔水。涔水出西天门郡,南流迳涔评屯,溉田数千顷,又东南流注澧水。'作唐今澧州安乡县。"又引《岳州府志》:"涔水在澧州北七十里,会澧水入洞庭。"⑤这就显得更有说服力一些。

第二,结合作者的生平行实考证地理。"怀沙"一词,千百年来一直遭到误解。

---

① 焦循著、陈居渊主编、陈岷点校:《雕菰楼史学五种》,凤凰出版社,2014,第408页。

② 洪兴祖补注:《楚辞补注》卷2,第61页。

③ 郦道元著、陈桥驿校证:《水经注校证》卷32,中华书局,2007,第757页。

④ 郦道元著、陈桥驿校证:《水经注校证》卷37,第867页。

⑤ 蒋骥:《楚辞馀论》卷上,《山带阁注楚辞》,上海古籍出版社,2019,第202—203页。

东方朔《七谏·沉江篇》："怀砂砾而自沉兮，不忍见君之蔽壅。"① 司马迁《史记·屈原贾生列传》更加明确地说："于是怀石遂自沉汨罗以死。"② 王逸注沿袭了司马迁的意见，一直到清初的王夫之，虽然见解略异，仍然说是"沉湘而陈尸于沙碛之怀"③。他们基本上都认为《怀沙》乃是屈原的绝命之词。对此，蒋骥曰："《史记·原传》载《怀沙》之后，即继以怀石自沉。后世释《怀沙》者，皆以怀抱沙石为解，……然以沙为石殊未安。按，李陈玉云：怀沙，寓怀长沙也。其说特创而甚可玩。或疑长沙之名，自秦始建，且专以沙名，未可为训。不知《山海经》云：舜葬长沙零陵界。《战国·楚策》：长沙之难。《史记》齐威王说越王曰：长沙，楚之粟也。《湘川记》：秦分黔中以南长沙乡为郡。则长沙之由来久矣。又《遁甲经》：沙土之祇，云阳氏之墟。《路史》：云阳氏处于沙。《神农经》：宇于沙。《黄帝纪》：南入江内沙。则以沙为长沙，亦非无本也。"④ 这是从文献上予以讨论，说明以"沙"为长沙，并非无本。蒋氏之论虽然受到李陈玉的启发，但李说只是一个直接的判断，蒋骥则以精密的考证为基础，将其落到了实处。为了申足此意，蒋骥在注释《怀沙》一篇时，又从不同的侧面进行论证："《怀沙》之名，与《哀郢》《涉江》同义。……长沙之地，汨罗所在也。曰《怀沙》者，盖寓怀其地，欲往而就死焉耳。原尝自陵阳涉江湘，入辰溆，有终焉之志，然卒返而自沉，将悲愤所激，抑亦势不获已，若《拾遗记》及《外传》所云迫逐赴水者欤？然则奚不死于辰溆？曰原将下著其心，而上悟其君，死而无闻，非其所也。长沙为楚东南之会，去郢未远，固与荒徼绝异。且熊绎始封，实在于此，原既放逐，不敢北越大江，而归死先王故居，则亦首丘之意，所以惓惓有怀也。篇中首纪徂南之事，而要归誓之以死，盖原自是不复他往，而怀石沉渊之意，于斯而决，……且辞气视《涉江》《哀郢》，虽为近死之音，然纡而未郁，直而未激，犹当在《悲回风》《惜往日》之

---

① 洪兴祖补注：《楚辞补注》卷13，第242页。

② 司马迁：《史记》卷84，裴骃集解、司马贞索引、张守节正义、中华书局编辑部点校，中华书局，1982，第2490页。

③ 王夫之：《楚辞通释》卷4，第134页。

④ 蒋骥：《楚辞馀论》卷下，《山带阁注楚辞》，上海古籍出版社，2019，第226—227页。

前，岂可遽以为绝笔欤？"① 这段论述非常全面，首先谈到屈原放逐的行进路线，推测其在这条道路上所作的选择，以及背后的心灵活动；然后说到长沙作为"楚东南之会"对于楚国的意义，以及对于屈原的意义。还有一点很重要，就是将《怀沙》与《涉江》《哀郢》《悲回风》《惜往日》诸篇的辞气进行比较，以说明《怀沙》一篇的写作时间。如此多层次进行考证，是人文地理和自然地理相结合的典范。

第三，结合典章制度考证地理。《楚辞》是上古的文学作品，有许多用语，和当时的社会形态、生活状况等密切相关，尽可能回到当时的语境，对于准确理解其涵义，有着重要的作用，其中典章制度也是不可忽略的部分。在这方面，蒋骥有着自觉的意识。《九章·哀郢》："将运舟而下浮兮，上洞庭而下江。"为什么要用"上"和"下"？自王逸以来，注家论述不多，或只做简单阐释，如《楚辞通释》说："上则有洞庭，下则有江。"② 蒋骥则有明确的思考，他说："下浮，顺江而东下也。洞庭，入江之口，在今岳州巴陵县。'上洞庭而下江'，上下，谓左右。《礼》：东向西向之席，俱以南方为上。今自荆达岳，东向而行，洞庭在其南，故以洞庭为上而江为下也。"③ 按，《礼记·曲礼上》："席，南向北向，以西方为上；东向西向，以南方为上。"孔颖达《正义》："东向西向以南方为上者，谓南北设席皆以南方为上者。坐在东方西向，是在阳，以南方为上；坐若在西方东向，是在阴，亦以南方为上。亦是坐在阳则上左，坐在阴则上右。"④ 屈原自荆达岳，正东向而行，证之以其所画之地理图，则洞庭在其南，故有"上洞庭"之说。蒋骥如此注释很见功力，从效果上看，既增强了诗歌的形象性，也使得读者对屈原的放逐路线更为明确。

第四，通过合理推断来考证地理。《哀郢》："当陵阳之焉至兮，淼南渡之焉如？"蒋骥注："陵阳，在今宁国池州之界，《汉书》丹阳郡陵阳县是也。以陵阳山

---

① 蒋骥：《山带阁注楚辞》卷4，上海古籍出版社，2019，第124—125页。上海古籍出版社2019年点校本作"不敢比越大江"，上海古籍出版社1958年标点本作"不敢北越大江"，此处"北"字依1958年本。（蒋骥：《山带阁注楚辞》卷4，上海古籍出版社，1958，第130页）

② 王夫之：《楚辞通释》卷4，第118页。

③ 蒋骥：《山带阁注楚辞》卷4，上海古籍出版社，2019，第111—112页。

④ 阮元校刻：《礼记正义》，《十三经注疏》第2册，中华书局，2009，第2683页。

而名。至陵阳，则东至迁所矣。"① 这个"陵阳"的考证，是对屈原事迹研究的一个重要发现，因为，"旧说顷襄迁原于江南而不著其地"②。有了这个论断，就将此事落实了。考所谓"旧说"，如王逸《章句》云，所谓"沅湘之地"，就是屈原的放逐之地，但是突然冒出来一个"陵阳"，未免难以衔接。于是，为了说通这两个字，王逸做出了解释："陵一作凌。"刘熙《释名》曰"阳，扬也，气在外发扬也"。因此，"陵阳"就是"凌阳"。虽然勉强可通，但也有点强为之解的感觉。屈原贬谪的时间长短，洪兴祖《楚辞补注》说："当怀王之十六年，张仪相楚，十八年楚囚张仪，复释去之。是时屈平既疏，不复在位，怀王悔不用屈原之策，于是复用屈原。屈原谏怀王曰：何不杀张仪？怀王使人追之不及。三十年，秦昭王欲与怀王会，屈平曰：不如无行。怀王卒行。当顷襄王之三年，怀王卒于秦。顷襄听谗，复放屈原。以此考之，屈平在怀王之世，被绌复用。至顷襄即位，遂放于江南耳。其云既放三年，谓被放之初。又云九年而不复，盖作此时放已九年也。"③ 蒋骥于此认为，迁于陵阳，而且"九年不复"，使得屈原非常伤感："发郢之后，便至陵阳，考前后《汉志》及《水经注》，其在今宁池之间明甚。以地处楚东极边，而奉命安置于此，故以九年不复为伤也。"④ 九年时间，待在"宁国池州之界"，自是心情郁郁，但由于还是要和"迁原于江南"相符合，于是蒋骥就说："然其末年，遂历庐江鄂渚，涉湘沅，过梦泽，而至辰阳，已复出龙阳，适长沙，沉汨罗。彷徨踯躅，几遍大江以南，迺知原虽羁迹陵阳，实亦听其自便。"⑤ 认为虽然在陵阳待了九年，由于制度上的原因，"实亦听其自便"，因此最后仍然"南渡"。通过这样的方式，努力将其解释得圆融。但是，既然"实亦听其自便"，倒也不一定将是否在陵阳一地度过"九年"落得那么实，在这个地方，蒋骥似乎又显得太过拘谨了。

谈到蒋骥在考据上的成绩，还应该提到他对于古代神话和历史故事的注释。

《楚辞》属于南方文化系统，其中保留着不少古代神话传说。以前的一些研究

---

① 蒋骥：《山带阁注楚辞》卷 4，上海古籍出版社，2019，第 112 页。

② 同上书，第 114 页。

③ 洪兴祖补注：《楚辞补注》卷 4，第 135 页。

④ 蒋骥：《山带阁注楚辞》卷 4，上海古籍出版社，2019，第 114 页。

⑤ 同上。

者，如王逸、洪兴祖等对此缺少认识，不够重视。《大招》："南有炎火千里。"王注："炎，火盛貌也。《尚书》曰：火曰炎上。"① 洪氏无补，其他注家也多付之阙如。蒋骥则有发明。他根据《玄中记》作注："炎山在扶南国东，四月火生，十二月灭，余月俱出云气。"② 从而说明了什么是"南"，什么是"火盛"，蔓延千里的炎火是什么规模。蒋骥所注，应出自《玄中记》"火浣布"条："南方有炎火山焉，在扶南国之东，加营国之北，诸薄国之西。山从四月而火生，十二月火灭。正月二月三月火不然，山上但出云气。"③《玄中记》是东晋郭璞所著，与《山海经》深有渊源，其中记载的一些神话传说、地理风貌颇有参考价值。此书原佚，元明时曾有辑佚本，蒋骥显然及时加以利用了，可见他的视野。又如《九歌·山鬼》："东风飘兮神灵雨。"王注："言东风飘然而起，则神灵应之而雨。"④ 基本上是串讲文意，蒋骥则努力将其落到实处："神灵雨，鬼之精灵至而雨作也。《山海经》：流波山兽名夔，似牛，苍身无角，一足，出入则必风雨。又光山多木神，人身龙首，出入有飘风暴雨。盖此类也。"⑤ 写神而用神话作注，则不仅明确指出神灵与雨的关系，也令人看到，屈原所写，皆有根据，并非随意铺排。

另外，《楚辞》中运用了不少历史故事，也很考验注家的功力。像《天问》中一口气发出许多提问，涉及面很宽，对此如何理解，如何处理，不仅关系到对历史的认识，也涉及对诗歌本身的正确解释。如下面数句："列击纣躬，叔旦不嘉。何亲揆发，定周之命以咨嗟？"⑥ 这几句讲的是灭商兴周之事。蒋骥根据整段诗意及上下文的关系予以钩稽："按，《吕春秋》：武王胜殷，恐惧流涕，命周公旦进殷遗老而问民所欲。又，《韩诗传》：武王伐纣，太公曰：'咸刘厥敌，靡使有余。'武王曰：'呜呼！天下未定也。'周公曰：'使各度其宅，佃其田。'武王曰：'呜呼！天

---

① 洪兴祖补注：《楚辞补注》卷 10，第 217 页。

② 蒋骥：《山带阁注楚辞》卷 6，上海古籍出版社，2019，第 175 页。

③ 郭璞撰、茆泮林辑：《元中记补逸》，《丛书集成初编》第 3702 册，商务印书馆，1936，第 1—2 页。

④ 洪兴祖补注：《楚辞补注》卷 2，第 80 页。

⑤ 蒋骥：《山带阁注楚辞》卷 2，上海古籍出版社，2019，第 41 页。

⑥ 蒋骥：《山带阁注楚辞》卷 3，上海古籍出版社，2019，第 86 页。

下定矣.'岂所谓咨嗟定命者耶？"① 所谓"定周之命"，怎样"定"？通过钩稽历史记载，说明最重要的是安定人心。如此作注，也就将文史结合得更加密切了。又如《天问》："惊女采薇鹿何祐？"② 王注："言昔者有女子采薇菜，有所惊而走，因获得鹿，其家遂昌炽，乃天祐之。"③ 按，王注不言出处，不知何据，即便有据，观诗意前后皆问著名的历史人物或故事，不当突然及此。蒋骥为将此句的含义挖掘出来，征引繁富："谯允南《古史考》：夷齐采薇，有妇人谓之曰：'子不食周粟，此亦周之草木也。'于是饿死。《类林》：夷齐弃薇不食，有白鹿乳之。《列士传》：夷齐隐首阳山，采薇而食，有王摩子入山难之曰：'君不食周粟而食周薇，奈何？'二人遂不食薇。七日，天遣白鹿乳之。此问夷齐采薇，惊闻女子之言，甘心饿死，何以得鹿而祐之乎？"④ 所谓"女"，指的那位对夷齐不食周粟的行为发表意见的"妇人"，是则"鹿"也就有了根，而诗意也因此豁然贯通。

三、注重勾勒章法，推阐文心

《楚辞》体现的是屈原的心声，正如司马迁在《史记·屈原贾生列传》中对屈原创作《离骚》的记载："虽流放，眷顾楚国，系心怀王，不忘欲反，冀幸君之一悟，俗之一改也。其存君兴国而欲反复之，一篇之中，三致志焉。"⑤ 这种心声，当然可以从不同的方面去理解，司马迁着重表彰的是其中"存君兴国"之意，后来刘安《离骚传》也说："《国风》好色而不淫，《小雅》怨诽而不乱，若《离骚》者，可谓兼之矣。"⑥ 将其与《诗经》的《风》《雅》相提并论。王逸对《离骚》的解读影响后世很大，他总结的比兴寄托之法非常精警："《离骚》之文，依《诗》取

---

① 蒋骥：《山带阁注楚辞》卷3，上海古籍出版社，2019，第86页。

② 同上书，第95页。

③ 洪兴祖补注：《楚辞补注》卷3，第116页。

④ 蒋骥：《山带阁注楚辞》卷3，上海古籍出版社，2019，第96页。

⑤ 司马迁：《史记》卷84《屈原贾生列传》，第2485页。

⑥ 洪兴祖补注：《楚辞补注》卷1，第1页。

兴，引类譬谕，故善鸟香草，以配忠贞；恶禽臭物，以比谗佞；灵修美人，以媲于君；宓妃佚女，以譬贤臣；虬龙鸾凤，以托君子；飘风云霓，以为小人。其词温而雅，其义皎而朗。凡百君子，莫不慕其清高，嘉其文采，哀其不遇，而愍其志焉。"① 本质上说，一切文字形态的作品都是某种心声的体现，但如何进行表达，却有很强的个人性，因而对于屈原的《楚辞》，当然也可以从文学的角度进行讨论，只是相当一段时间，有些论者对此不以为然，比如扬雄认为屈原"过以浮"②。班固则由于《离骚》"多称昆仑、冥婚宓妃虚无之语，皆非法度之政，经义所载"③，而加以指斥。在对《楚辞》的解读中，刘勰是一个重要的人物，他继承了王逸认为《离骚》很有"文采"的观点，《辨骚》提出"自风雅寝声，莫或抽绪，奇文郁起，其《离骚》哉"，也是从接续《风》《雅》出发，有时甚至认为："托云龙，说迁怪，丰隆求宓妃，鸩鸟媒娀女，诡异之辞也；康回倾地，夷羿毙日，木夫九首，土伯三目，谲怪之谈也。"④ 但毕竟强调了其"奇文"的特色，特别对其中的"艳说"⑤ 有所体认，为思考《楚辞》的文学性提供了不少启发。

对于《楚辞》的文学性，特别是其中的"文采"，应该异议不大，而检验其表现的重要标准之一，同时也在于对创作的主体意识的体认，比如谋篇布局，组织结构等。

屈原的作品在章法上是否有主观的创作追求，是否严谨，文学史上的看法不一定完全一样。像《离骚》的"总杂重复"，可以说是"恻怛深至，不暇致诠"，也可以说是不够整饬⑥；而"东一句，西一句，天上一句，地下一句"，可以说是结构松散，也可以说是"极开阖抑扬之变"⑦。鲁迅认为，《离骚》"较之于《诗》，则

---

① 洪兴祖补注：《楚辞补注》卷 1，第 2—3 页。

② 扬雄撰、汪荣宝注疏、陈仲夫点校：《法言义疏》附录 1，中华书局，1987，第606 页。

③ 洪兴祖补注：《楚辞补注》卷 1，第 49—50 页。

④ 周勋初：《文心雕龙解析》，凤凰出版社，2015，第 81、85 页。

⑤ 《文心雕龙·时序》："屈平联藻于日月，宋玉交彩于风云。观其艳说，则笼罩《雅》《颂》，故知暐烨之奇意，出乎纵横之诡俗也。"见《文心雕龙解析》，第 684 页。

⑥ 王世贞：《艺苑卮言》卷 1，《历代诗话续编》，中华书局，2006，第 962 页。

⑦ 刘熙载撰、袁津琥校注：《艺概注稿》卷 3，中华书局，2009，第 418 页。

其言甚长，其思甚幻，其文甚丽，其旨甚明"，却也有"凭心而言，不遵矩度"①的特点。

清初诗学和八股文的关系密切，非常重视对章法结构的探讨。吴乔曾答万斯同关于七律布局的问题："七律颇似八比：首联如起讲、起头，次联如中比，三联如后比，末联如束题。但八比前中后一定，诗可以错综出之，为不同耳。"② 王士祯曾这样记载："予尝见一布衣有诗名者，其诗多有格格不达，以问汪钝翁编修，云：'此君坐未尝解为时文故耳。'时文虽无与诗古文，然不解八股，即理路终不分明。近见王恽《玉堂嘉话》一条：'鹿庵先生曰：作文字当从科举中来。不然，而汗漫披猖，是出入不由户也。'亦与此意同。"③ 都可以让我们看到这方面的思考。八股与诗学的结合，在注释学中也有体现。清初是杜诗学非常发达的时期，若干杜诗注本都有这方面的特点。如黄生完成于康熙三十二年（1693）的《杜诗说》，"以杜甫诗分体注释，于句法、字法皆逐一为之剖别大旨。""分章列段，一如评点时文之式。"④ 仇兆鳌出版于康熙四十二年（1703）的《杜诗详注》，也很重视段落章法的分析，如关于律诗，仇兆鳌这样总结："律诗八句，须分起承转阖。若中间平铺四语，则堆垛而不灵。"⑤ "律体以首尾为起阖，三四承上，五六转下，此一定章法也。若在六句分截，则上重下轻，不见转折生动之趣，诗之可议在此。"⑥ 后来浦起龙的《读杜心解》更是以时文手眼说杜诗而著称。在这种氛围中，蒋骥也不能不受到影响，而且，屈原和杜甫在忠爱之心上非常相通，如果认为，蒋骥在注释《楚辞》的时候，除了从以往《楚辞》学的成果中获得资源，也关注了清初诗学的一些成果，或者不是无的放矢。

在以往《楚辞》学的探讨中，章法的问题已有学者涉及，如朱熹《楚辞集注》就有分章讨论的做法，有时也分析彼此之间的关系，如对于《离骚》的相关部分，

① 鲁迅：《汉文学史纲要》，译林出版社，2018，第35页。

② 吴乔：《答万季野诗问》，《清诗话》，第30—31页。

③ 王士祯：《池北偶谈》卷13，第301页。

④ 《四库全书》研究所整理：《钦定四库全书总目（整理本）》卷174，第2358页。

⑤ 杜甫著、仇兆鳌注：《杜诗详注》卷1，第20页。

⑥ 杜甫著、仇兆鳌注：《杜诗详注》卷15，第1331—1332页。

"自'怨灵修'以下至此，五章一意，为下章'回车复路'起"①。但总的来说，还不够充分。比较而言，蒋骥在这方面似乎更有主观意识。如关于《离骚》，他就认为是很有章法的。在《楚辞馀论》中，他从"《楚辞》章法奇绝处"来讨论《离骚》本意，认为是"千古未有之格，亦说《骚》者千年未揭之秘也"②。具体地看，他把《离骚》分为若干个段落，每一段都有对段意的解析。如一开头"帝高阳之苗裔兮"以下八句，"首叙己与楚同姓而为世臣，《橘颂》所谓'受命不迁，生南国'者也"，定下全篇基调。接下来的"纷吾既有此内美兮"八句，则是表达"所修无已，善行乃日进而不可变，此立身之本，而致君之源也"③。不仅如此，他还会在大段落中划分小段落，如在"众皆竞进以贪婪兮……愿依彭咸之遗则"这一段之后，他给出一个总论："此以下，序遇谗而不改其修也。"④ 下面"长太息以掩涕兮……虽九死其犹未悔"数句，指出是"历序遇谗之后，得罪众多也"；"怨灵修之浩荡兮……固前圣之所厚"数句，则是"极言谗人之祸，非徒废其身，又并其修名而污之也"。⑤ 解释得很详细，意在厘清其意脉。而蒋骥之所以进行这样细致的分析，有其特定的动机。在《楚辞馀论》中，他特别指出："说《离骚》者，言人人殊，纷纶舛错，不可究诘。惟朱子《集注》，特为雅驯，然窃尝循览其解，茫乎不得其条理。"⑥ 说明他也注意到了朱熹在这方面的努力，只是觉得朱做得还不够有"条理"。下面他一连指出八个方面显得繁乱之处，然后，"暇日捐去旧解，独取本文循绎数过，豁然似有所得，乃知首尾数千百言，虽萦纡磅礴，万怪惶惑，然一意相承，珠贯绳联，其前后次第，所谓夫道若大路然，殆可烛照数计耳"。他批评朱熹《楚辞集注》解读《离骚》没有条理，同时却也借鉴了朱熹研究《诗经》时抛开《毛诗序》，直接从文本出发加以探求的方法。他得出的结论是："通篇以好修为纲领，以从彭咸为结穴。"⑦因此在具体分析时，就能把其中的抑扬开合说得非常透

① 朱熹：《楚辞集注》卷1，第18页。
② 蒋骥：《楚辞馀论》卷上，《山带阁注楚辞》，上海古籍出版社，2019，第188页。
③ 蒋骥：《山带阁注楚辞》卷1，上海古籍出版社，2019，第2页。
④ 同上书，第5页。
⑤ 同上书，第6—7页。
⑥ 蒋骥：《楚辞馀论》卷上，《山带阁注楚辞》，上海古籍出版社，2019，第184页。
⑦ 同上书，第185页。

彻。如"'闺中邃远'句，收'反顾游目'以下半篇；'哲王又不悟'，回顾'怨灵修之浩荡'以前半篇。用笔一俯一仰，真有旋转乾坤之力"。对自己的这种分析，他也非常自得："非明眼人，孰能察千里来龙哉？"①

分析章法就是把握诗人的心灵起伏。如《天问》一诗，王逸认为"文义不次序"，洪兴祖则认为没有次序反而是正常的："天地之间，千变万化，岂可以次序陈哉。"② 蒋骥并不这样看。他将《天问》分成若干段，每段都通过精细的考证，原其心志，撮其指归，分析得很有条理。他并把自己的研究心得概括出来，列入《楚辞馀论》中。他说："（《天问》）首原天地，次纪名物，次追往昔，终之以楚先。综其大指，条理秩然。若夫事迹相合而类序之，图次相近而连及之，意有所触而特发之，情有未尽而言之不足，又重言之。"③ 他整理出《天问》结构的几个原则，如"事迹相合""图次相近""意有所触"，至于那些重复杂沓，则和"情有未尽"有关。如此，就给出了他自己的一条解释脉络。又如对于《悲回风》一篇，历来对其层次都号称难解，朱熹"亦论其颠倒重复"，对此，蒋骥认为是"未得其条理所在"："今观其辞，脉络井然。前半反复开合，无非决计为彭咸意。至'上高岩'以下，则皆为彭咸以后之境矣。末章猛然自省，又不欲遽为彭咸。此汨罗之沉所以不于秋，而于来岁之夏也。其忠君爱国之心，溢于言表，尤为流涕不能已。"④ 这种看法，也有其符合逻辑的理路。

在屈原的作品中，就章法而言，蒋骥比较推崇《九歌》，而在《九歌》中，他尤其称赞《东君》，认为是"章法最有次第者"⑤。《东君》如下：

暾将出兮东方，照吾槛兮扶桑。抚余马兮安驱，夜皎皎兮既明。驾龙辀兮乘雷，载云旗兮委蛇。长太息兮将上，心低徊兮顾怀。羌声色兮娱人，观者憺兮忘归。縆瑟兮交鼓，箫钟兮瑶簴。鸣篪兮吹竽，思灵保兮贤姱。翾飞兮翠曾，展诗兮会舞。应律兮合节，灵之来兮蔽日。青云衣兮白霓裳，举长矢兮射

① 蒋骥：《楚辞馀论》卷上，《山带阁注楚辞》，上海古籍出版社，2019，第194页。
② 洪兴祖补注：《楚辞补注》卷3，第85页。
③ 蒋骥：《楚辞馀论》卷上，《山带阁注楚辞》，上海古籍出版社，2019，第207页。
④ 蒋骥：《楚辞馀论》卷下，《山带阁注楚辞》，上海古籍出版社，2019，第230页。
⑤ 蒋骥：《楚辞馀论》卷上，《山带阁注楚辞》，上海古籍出版社，2019，第204页。

天狼。操余弧兮反沦降，援北斗兮酌桂浆。撰余辔兮高驰翔，杳冥冥兮以东行。

东君为日神，是学界比较一致的意见。洪兴祖《楚辞补注》引《博雅》曰："朱明耀灵。东君，日也。"[1] 朱熹《楚辞集注》："此日神也。《礼》曰：'天子朝日于东门之外。'"[2] 对于《东君》中的相关描写是怎样的井然有序，蒋骥具体分析说，第一句至第四句为迎神，第五句至第十句为神降，第十一句至第十八句为乐神，第十九句至第二十四句为神去而送神。四个方面，首尾相顾，构成一个完整的序列，确是体现了他的阐释眼光。

四、运用新知识进行注释

蒋骥所处的时代，中国的大门已经有所打开，海外传教士带来了一些新的知识，开阔了人们的眼界。本来，《楚辞》中就有不少光怪陆离之色，稀奇古怪之物，作者"精骛八极，心游万仞"[3]，想象力非常丰富。历代注家从一些奇幻之书中寻找资源，为之作注，算得上是《楚辞》学的一个重要特色，而由于海外新知识的传入，就又增添了一些新鲜的因素，也一定程度上满足了对于"海外"的想象。这方面的内容尤其体现在对《天问》的解释中，因为《天问》中相当的部分是面对天地、自然等现象发问，这与西方自然科学的发现能够有所联系。

先看对天体的认识。《天问》："圜则九重，孰营度之？惟兹何功，孰初作之？"蒋注："吴草庐始谓天体实九层，至利山人入中国而畅言之，自地而上为月天、水天、金天、日天、火天、木天、土天、恒星天，至第一层为宗动天。九层坚实相包，如葱头也。"[4] 利山人即指利玛窦。注释"角宿未旦，曜灵安藏"二句时，他又谈到对天的认识，总结诸家学说，在介绍了"周髀之说""宣夜之说""浑天之

---

① 洪兴祖补注：《楚辞补注》卷 2，第 76 页。

② 朱熹：《楚辞集注》卷 2，第 56 页。

③ 陆机著、刘运好校注整理：《陆士衡文集校注》卷 1，凤凰出版社，2007，第 9 页。

④ 蒋骥：《山带阁注楚辞》卷 3，上海古籍出版社，2019，第 49 页。

说"后，他也介绍了"大西之说"："天圆九重，皮皆坚硬，日月列星，如木节在板，各居一重，绕地而运，以天体明无色，故其光通透如琉璃。"① 这些说法都出自利氏所撰《乾坤体义》："地心至第一重月天，四十八万二千五百二十二余里。第二重水星天，九十一万八千七百五十余里。第三重金星天，二百四十万六百八十一余里。第四重日轮天，一千六百零五万五千六百九十余里。第五重火星天，二千七百四十一万二千一百余里。第六重木星天，一万二千六百七十六万九千五百八十四余里。第七重土星天，二万五千七十七万五百六十四余里。第八重列宿天，三万二千二百七十六万九千八百四十五余里。第九重宗动天，六万四千七百三十三万八千六百九十余里。此九重相包如葱头，皮皆坚硬，而日月星辰定在其体，如木节在板。"② 他还在《楚辞馀论》卷上论及《天问》时专门有一段介绍："大西九天之说，旧谓日月五星，各居一重，实体相包，不能相通。近世其徒汤若望《新法历书》谓以望远镜测之，见金星如月，有晦朔弦望，必有时在日下，故得全光，有时在上，故无光。火星惟对冲于日时，其视差较日为大，则应卑于日。其余则小，为高于日。若土木二星，视差较日恒小，则在日上无疑。复立新图，以地球为日月恒星三天之心，金木水火土五天，另以日天为心，其各重所行之轮，或相切，或相割，皆非实体。又云：以远镜窥众星，较平时多数十倍，恒星亦无数，天汉亦系千万小星攒聚，故远望若云气然。此皆新创之说，聊志其概。"③《西洋新法历书》是德国耶稣会士汤若望根据他作为主要编撰者之一的《崇祯历书》修订而成，献给顺治皇帝后，颁行天下。蒋骥所述，大致可以参考原书的以下几段文字："用远镜见金星如月，有晦朔弦望，有时在太阳之上，有时在下。又火星独对冲太阳时，其体大，其视差较太阳为大，则此时卑于太阳，水星、木星、土星不能以正论定其高卑，但以迟行疾行，聊可证之。""古图中心为诸天及地球之心，第一小圈内函容地球，水附焉，次气，次火，是为四元行，月圈以上，各有本名，各星本天中又有不同心圈，有小轮，因论天为实体，不相通而相切。新图则地球居中，其心为日、月、恒星三天之心。又日为心，作两小圈，为金星、水星两天，又一大圈，稍截太

---

① 蒋骥：《山带阁注楚辞》卷 3，上海古籍出版社，2019，第 54 页。

② 阮元等撰，彭卫国、王原华点校：《畴人传汇编》卷 44，广陵书社，2009，第 508 页。

③ 蒋骥：《楚辞馀论》卷下，《山带阁注楚辞》，上海古籍出版社，2019，第 210 页。

阳本天之圈，为火星天，其外又作两大圈，为木星之天、土星之天，此图圈数与古图天数等，第论五星行度，其法不一。”“若土木二星，视差恒小于日，必在日上无疑也。”“以事理论之，大抵古测稍粗，又以目所见为准，则更粗。今测较古，其精十倍，又用远镜为准，其精百倍，是以舍古从今，良非自作聪明，妄违迪哲。”① 蒋骥及时予以介绍，可见他对新学说的敏感。

再看对气候的认识。《天问》：“何所冬煖？何所夏寒？”蒋注：“陆次云《八纮译史》：百尔西亚极热，人常坐卧水中；阿路索极寒，六月有僵冻者。满剌伽四时皆裸，莫斯哥盛夏重裘。”② 蒋骥有着较为弘通的宇宙观，所谓“天地大矣，事物之奇，何所不有”③，冬天温暖，夏天寒冷的事情是客观存在，屈原所问，不是呓语。陆次云是康熙间人，著述多喜记述奇幻之事，尤其《八纮译史》笔触伸向海外异域，展示了他天外有天的世界想象。四库馆臣著录此书，多有否定之词，如：“是书专录荒外诸国。古事皆采摭史传，复见不鲜。近事多据《瀛涯胜览》《职方外纪》诸书，亦多传闻失实。所记西域山川物产，其地自天威耆定，俱入版图。如谓高昌盛暑，人皆穴处，鸟飞或为日气所烁而堕；谓火焰山烟焰烛天；谓火蚕绵絮衣一袭止用一两，稍多，热不可耐……今由嘉峪关南路至喀什噶尔，即经三国故地，安得有此事哉？”④ 其中提到的两部书，《瀛涯胜览》是明代马欢所著，记载郑和下西洋时的海外见闻。《职方外纪》是明朝天启年间意大利来华的传教士艾儒略所著，是最早的中文版世界地理专著，向中国人系统地介绍了世界地理知识。虽然四库馆臣多为博学之士，但这些看法却有些保守了。蒋骥所引虽然是《八纮译史》，背景却是《瀛涯胜览》《职方外纪》这样的世界地理著述，无疑也可以使人们在阅读《楚辞》时，一定程度上打开一点了解世界的视窗。在这个方面，他倒是比四库馆臣的视野似乎还要开阔一些。

再看对日夜明晦的认识。《天问》：“何阖而晦？何开而明？”蒋注：“晦明无常，以日之出没不齐故耳。北地骨利斡夜短昼长，羊脾未熟而晓；西徼莫斯哥夜长

---

① 分别见徐光启等：《新法算书》卷36《五纬历指》卷1，《景印文渊阁四库全书》第788 册，第 634、635 页。按，是书原名《西洋新法历书》，因避乾隆讳，改为《新法算书》。

② 蒋骥：《山带阁注楚辞》卷3，上海古籍出版社，2019，第63 页。

③ 蒋骥：《楚辞余论》卷上，《山带阁注楚辞》，上海古籍出版社，2019，第 208 页。

④ 《四库全书》研究所整理：《钦定四库全书总目（整理本）》卷 78，第 1056 页。

昼短，冬至日止二时。铁勒之国无夜，河娄之国无日。两极之中，四时昼夜常平；两极之下，半年昼半年夜。"① 俄罗斯靠近北极圈，莫斯科的冬天确实是昼短夜长，所谓冬至日只能看见两个小时的阳光，并不夸张，事实上，有时可能见到阳光的时间更少些。这里还提到南极和北极，由于每年夏至时，太阳直射到北回归线，南极圈以内见不到阳光；而冬至时，阳光直射到南回归线，北极圈以内见不到阳光。所以有"半年昼，半年夜"的说法，其实，从科学的角度看，也不一定非常准确，但基本原理确是如此。前揭《乾坤体义》中对于北极圈、南极圈亦有介绍，蒋骥有此西学知识，故能在此提出较具科学精神的解释。

当然，对于这些知识，蒋骥有时也是疑似之言，有时不过提供一种新说，供读者参考。即使如此，也能看出他开阔的视野，以及善于接受新知识的境界。

五、结语

蒋骥的《山带阁注楚辞》是《楚辞》学史上的一部重要著作，体现了鲜明的个人特色和时代特色。本文从对前代《楚辞》学资源的批判性吸收、扎实的考证功夫、对文学性的重视，以及对新知识的接受等四个方面入手，做了初步的探讨，只是举例的性质，并不能概括这部著作的全面成就。更深的思考，还有待于进一步展开。

---

① 蒋骥：《楚辞馀论》卷上，《山带阁注楚辞》，上海古籍出版社，2019，第53页。

四种先秦子书中的孔子形象

一、问题的提出

孔学的研究至少应该包括两方面的内容：一是研究历史上的真实的孔子，一是研究孔学演变中的孔子。对于前者，人们长期以来已给予了充分的注意，因而时常强调要恢复孔子的本来面目①，而对于后者，则似乎还有探索的余地。

在中国历史上，孔子的地位可以说是独一无二的。这一方面表现在，自汉武帝后，历代帝王给他的殊荣越来越多，评价也越来越高；另一方面也表现在，当他登上历史舞台，演完自己的角色不久，其形象便开始与自身分离，渐渐成为人们心目中的主观形象，而且，随着时代的发展，不断得到新的塑造，所赋予的主观色彩也愈加鲜明。

孔子形象主观化的现象几乎绵亘中国几千年的封建社会，这对历史上的孔子来说，当然不一定乐见。但是，这种现象在思想史和学术史上，却有着独特的意义。因为，孔子形象的每一次变化，往往都显示着政治思想或学术观念的变化。从这个意义来看，研究主观化了的孔子的价值，并不比研究历史上真实的孔子的价值小，而且这两者事实上是相辅相成的。

人们对孔子形象主观化的历史进行考察时，一般首先会提到董仲舒。这是很有道理的。在董仲舒的学说中，孔子被大大地阴阳五行化了，不仅成了教主，而且成了神。被董仲舒赋予了教主和神的地位的孔子，又不失时机地被汉代统治阶级的杰出代表武帝所利用。因此，人们有理由把董仲舒的学说视为孔子研究中的一个较大的转折点。但是，如果不计及其他因素，仅从孔子主观化这一点来看，则早在战国

---

① 如周予同先生写《孔子》一书时，在《引语》中谈道："孔子的真相，到现在还在学者间研究而没有完全解决。"他希望"尽自己的忠心与学力，描画出一个真的孔子的轮廓"。见周予同：《周予同经学史论著选集》，上海人民出版社，1983，第 338、339 页。匡亚明先生的专著《孔子评传》，也有着相同的动机。见匡亚明：《孔子评传》，齐鲁书社，1985。

时便已开始了，虽然其出发点和具体情形也许与后世有所不同。

在本文中，笔者没有能力对整个孔学演变史进行宏观把握，甚至也没有能力对战国诸子对孔子的态度进行全面的分析，只希望通过当时提到孔子次数最多的四部书——《孟子》《庄子》《荀子》《韩非子》，看一下作者对孔子形象的处理，并初步论述一下自己对这种现象的认识。

二、《孟子》中的孔子

首先看《孟子》。《孟子》一书共七篇二百六十二章，其中有三十七章记载了孔子的事迹或言论。

《孟子》中的孔子形象大致上包括孔子的政治理想、道德修养、日常生活等几个方面，基本上反映着孔子的真实面目。事实上，这也是孟子所追求的。他在书中复述《论语》成句或故事近二十次，对于经常以孔子的继承人自期的孟子来说①，是完全可以理解的。

但是，这样说，并不意味着孟子对孔子只是继承，没有发展。从思想史的实际来看，孟子对孔子的思想有着多方面的发展②，这已为学术界所公认，兹不赘述。笔者想指出的是，这一发展，不仅表现在他的许多理论论述中，而且表现在他对孔子形象的塑造上。

著名的"齐桓晋文之事章"有云："齐宣王问曰：'齐桓、晋文之事可得闻乎？'

---

① 孟子对孔子非常推崇，常表示："乃所愿，则学孔子也。"（《孟子·公孙丑上》）不仅如此，他还直接以孔子的继承人自居。在《孟子·尽心下》中，他历述从尧舜到孔子的承传关系后指出："由孔子而来至于今，百有余岁，去圣人之世若此其未远也，近圣人之居者若此其甚也，然而无有乎尔，则亦无有乎尔！"大有"舍我其谁"之概。见《孟子·尽心下》，万丽华、蓝旭译注：《孟子》，中华书局，2006，第58、343—344页。

② 参见任继愈：《中国哲学史》第1册第2篇第5章《孟子的主观唯心主义哲学思想》，人民出版社，1979。

孟子对曰：'仲尼之徒无道桓、文之事者，是以后世无传焉，臣未之闻也。'"① 孟子说："仲尼之徒无道桓、文之事者。"② 事实究竟如何呢？我们且看《论语·宪问》："子曰：'桓公九合诸侯，不以兵车，管仲之力也。如其仁，如其仁。'"③ 又："子曰：'管仲相桓公，霸诸侯，一匡天下，民到于今受其赐。'"④ 虽是称赞管仲，却也对齐桓公的霸业表示推崇和尊敬。这正证明了，孟子所谓"仲尼之徒"云云，并不是事实。他这段话显然是根据自己特定的环境和思想，对孔学做出了新的诠释。

孟子是提倡王道，反对霸道的。他对当时各诸侯国之间"争地以战，杀人盈野；争城以战，杀人盈城"⑤ 的状况一再谴责，并提出"善战者服上刑"⑥ 的主张。在他看来，统一天下要靠施仁政，而不能靠武力，即"王道"胜于"霸道"。齐宣王问及齐桓、晋文之事，意在效法他们的霸业，这与孟子的思想当然是背道而驰的。因此，他造出孔门不道桓、文之说，借此宣传了他的王道、仁政思想。这里的孔子，也就成了他主观上的孔子。

我们再看孟子在阐述他著名的"君轻"思想时对孔子形象的改造。

《万章下》有一章记载了孟子与其弟子万章讨论诸侯召士是否合礼的问题。万章问："孔子，君命召，不俟驾而行。然则孔子非与？"⑦ 孔子原话见《论语·乡党》⑧，无法回避。对此，孟子回答道："孔子当仕有官职，而以其官召之也。"⑨ 孟子的解释是否正确，很值得怀疑。从有关记载看，孔子似乎是并不反对"召"的。

---

① 《孟子·梁惠王上》，万丽华、蓝旭译注：《孟子》，第 12 页。

② 同上。

③ 《论语·宪问》，杨伯峻译注：《论语译注》，中华书局，1980，第 151 页。

④ 同上书，第 151 页。

⑤ 《孟子·离娄上》，万丽华、蓝旭译注：《孟子》，第 159 页。

⑥ 同上。

⑦ 《孟子·万章下》，万丽华、蓝旭译注：《孟子》，第 234 页。

⑧ 《论语·乡党》："君命召，不俟驾行矣。"见杨伯峻译注：《论语译注》，第 106 页。

⑨ 《孟子·万章下》，万丽华、蓝旭译注：《孟子》，第 234 页。

《论语·阳货》："公山弗扰以费畔。召，子欲往。"① 又："佛肸召，子欲往"②。鲁国和晋国的普通贵族都可以"召"孔子，更何况君主？据说孔子周游列国，十四年间，"干七十余君，莫能用"③，抛开他的尊君态度，即使从其积极的入世热情而言，他似乎也不会拒绝所干君主之"召"。

由此看来，孟子是想在战国时代的新形势下，将君臣关系加以适当的调整，而发展到极点，则生发出"君轻"思想。《离娄上》有云："欲为君，尽君道；欲为臣，尽臣道。二者皆法尧舜而已矣。不以舜之所以事尧事君，不敬其君者也；不以尧之所以治民，贼其民者也。孔子曰：'道二，仁与不仁而已矣。'暴其民甚，则身弒国亡；不甚，则身危国削，名之曰'幽''厉'，虽孝子慈孙，百世不能改也。"④ 这一段，重点谈为君之道。孟子认为，做君的要像君，倘一味"贼其民"，则必将得到周幽王、周厉王一样的下场。而对君王的评判标准，正是孔子提出的"仁"与"不仁"。在同一篇中，孟子又引孔子的话说："夫国君好仁，天下无敌。"⑤ 好仁者如此，反之又怎么样呢？孟子道："天子不仁，不保四海；诸侯不仁，不保社稷。"⑥ 因此，对于这样的统治者，人们有理由将其推翻。

以仁与不仁来衡量君主的行为，并以此决定对其采取什么态度，这是否符合孔子的一贯思想，也很值得怀疑。众所周知，孔子是尊重周礼的，特别强调要维护"君君、臣臣、父父、子子"⑦ 的等级制度。他提出即使君主无道，也不应反对，

---

① 《论语·阳货》，杨伯峻译注：《论语译注》，第 182 页。

② 同上书，第 183 页。

③ 司马迁：《史记》卷 14《十二诸侯年表》，第 509 页。按，"干七十余君"，显系夸大。王充《论衡·儒增》："言干七十国，增之也。按《论语》之篇，诸子之书，……至不能十国，传言七十国，非其实也。"（王充：《论衡·儒增》，上海人民出版社，1974，第 124 页）

④ 《孟子·离娄上》，万丽华、蓝旭译注：《孟子》，第 147—148 页。

⑤ 《孟子·尽心下》，万丽华、蓝旭译注：《孟子》，第 319 页。

⑥ 《孟子·离娄上》，万丽华、蓝旭译注：《孟子》，第 149 页。

⑦ 《论语·颜渊》，杨伯峻译注：《论语译注》，第 128 页。

而只能"以道事君，不可则止"①。"弑父与君，亦不从也。"② 从这一点出发，他甚至对纣这样残暴的君主也加以维护，《论语·子张》："纣之不善，不如是之甚也。"③ 在《论语·八佾》中，他这样评价古曲《韶》和《武》："《韶》尽美矣，又尽善也……《武》尽美矣，未尽善也。"④ 究其因，便在于《韶》是帝舜时之乐，帝舜是以禅让得天下的，《武》是武王时之乐，而武王则是以征伐得天下的，于为臣之道有亏，故不能过分称颂。于此，可见孔子忠君尊王的程度。孟子引述孔子"仁"与"不仁"的学说来评价君主，并加以引申，建立自己"君轻"的思想，这与孔子的本意是不同的。

我们不妨从孟子的思想体系中看看他本人的观点。孟子有一句著名的话："民为贵，社稷次之，君为轻。"⑤ 他这样摆定了君的位置后，便对君臣关系做出了新的规定："君之视臣如手足，则臣视君如腹心；君之视臣如犬马，则臣视君如国人；君之视臣如土芥，则臣视君如寇仇。"⑥ 试看他对武王伐纣的看法："贼仁者谓之'贼'，贼义者谓之'残'。残贼之人谓之'一夫'。闻诛一夫纣也，未闻弑君也。"⑦ 这与孔子对君臣之义的维护是多么鲜明的对比！

由此看来，孟子所塑造的孔子形象，虽然是从孔子的实际言行出发，但融汇在他自己整个思想体系中时，却进行了巧妙的改造，在一些问题上，使带上了主观色彩的孔子服务于自己的学说，从而提高自己学说的权威性。当然，孟子对孔子形象的改造和利用不是那么明显，基本上还符合其本来面目，这从孟子以孔子继承人的身份自居上来考虑，是可以理解的。

---

① 《论语·先进》，杨伯峻译注：《论语译注》，第 117 页。

② 同上。

③ 《论语·子张》，杨伯峻译注：《论语译注》，第 203 页。

④ 《论语·八佾》，杨伯峻译注：《论语译注》，第 33 页。

⑤ 《孟子·尽心下》，万丽华、蓝旭译注：《孟子》，第 324 页。

⑥ 《孟子·离娄下》，万丽华、蓝旭译注：《孟子》，第 171 页。

⑦ 《孟子·梁惠王下》，万丽华、蓝旭译注：《孟子》，第 38 页。

三、《庄子》中的孔子

其次看《庄子》。《庄子》是庄周及其后学的著作结集，分内、外、杂三个部分，共有三十三篇，二百四十六节①，其中有五十节记载了孔子的事迹或言论，这里面，大部分甚至是完整的故事。

《庄子》中的孔子形象，除了一小部分轶事性或杂记性的记述外，大致上由以下三个层次构成。

第一个层次是，孔子作为儒家人物出现，受到道家人物的讽刺和抨击。如"孔子之楚，舍于蚁丘之浆"②。其邻市南宜僚"以丘为佞人也"，"羞闻其言"③，不屑与之结交，遂远远避开，反映了道儒之间的对立。我们不妨再看孔子与老聃关于仁义的谈论。《天道》有云：

> 老聃曰："请问，仁义，人之性邪？"孔子曰："然。……"老聃曰："请问，何谓仁义？"孔子曰："中心物恺，兼爱无私，此仁义之情也。"老聃曰："意，几乎后言！夫兼爱，不亦迂乎！无私焉，乃私也。夫子若欲使天下无失其牧乎？则天地固有常矣，日月固有明矣，星辰固有列矣，禽兽固有群矣，树木固有立矣。夫子亦放德而行，循道而趋，已至矣；又何偈偈乎揭仁义，若击鼓而求亡子焉？意，夫子乱人之性也！"④

这里，庄子将儒道两派的代表人物搬出来公开交锋。"仁"，是孔子的思想核心，他一生为之奔走宣传，不遗余力。因此，当老聃问他《六经》之要时，他自然说"要在仁义"。他的这一观点，受到了老聃的嘲弄。老聃认为，天地万物都有其本性，

---

① 关于《庄子》一书的分节，据陈鼓应：《庄子今注今译》，中华书局，1983。
② 《庄子·则阳》，陈鼓应：《庄子今注今译》，下册，第726页。
③ 同上。
④ 《庄子·天道》，陈鼓应：《庄子今注今译》，中册，第375页。

行事当顺其自然，不要破坏本性。像孔子这样大肆宣传仁义，分明是"有为"，是"乱人之性也"。孔子的仁义受到了老聃的批驳，道家也就因而占了上风。

第二个层次是，作为儒家的孔子，在与道家人物交接言谈后，欣然悟"道"，改变初衷。

在《庄子》中，孔子不再像在《论语》中那样，对尧舜表示崇敬，他所景仰的人物，往往是道家人物，特别是老聃。他多次称道老聃，敬佩老聃。《田子方》记载了"孔子见老聃"，适逢"老聃新沐，方将被发而干，慹然似非人"①。孔子被他那"形体掘若槁木，似遗物离人而立于独"的形象搞得眼花缭乱，简直像遇到了神，原来，这便是老聃所谓"游心于物之初"的状态。接着，老聃对此发挥了一番，使得孔子叹道："丘之于道也，其犹醯鸡与！微夫子之发吾覆也，吾不知天地之大全也。"② 心悦诚服地拜倒在老聃脚下。

孔子不仅盛赞道家人物，而且常从之问学，闻其道而悟己非。同时，道家人物也以孔子为可教，不厌其烦地对之进行教诲。

我们不妨看看《天运》中的一个故事。孔子以自己久治《六经》，深通其理，而以之进见七十二君，"论先王之道而明周、召之迹"③，却不被采用，请教老聃曰："人之难说也，道之难明邪？"④ 孔子游列国，干诸侯，其学说不被采用，都是事实，因此，发出上述疑问也合情合理。对此，老聃答道："夫《六经》，先王之陈迹也，岂其所以迹哉？今子之所言，犹迹也。夫迹，履之所出，而迹岂履哉！……性不可易，命不可变，时不可止，道不可壅。苟得于道，无自而不可；失焉者，无自而可。"⑤ 这段话大抵是告诉孔子，《六经》不足法，因为那是"陈迹"，过时了。这本来具有某种进化观点的话，最后却被老聃归结为"道"，认为顺应了"道"，才能成事。这显然与孔子的学说是相悖的。于是，庄子让孔子一阵茫然，悟了三个月，才理解了。他是怎么理解的呢？他说："丘得之矣。乌鹊孺鱼傅沫，细要者化，

---

① 《庄子·田子方》，陈鼓应：《庄子今注今译》，中册，第 576 页。

② 同上书，第 577 页。

③ 《庄子·天运》，陈鼓应：《庄子今注今译》，中册，第 419 页。

④ 同上。

⑤ 同上。

有弟而兄啼。久矣夫丘不与化为人！不与化为人，安能化人！"① 孔子没有辜负老聃的期望，他悟出了老聃的要旨，归结为顺应造化——这正是道家的出发点和归宿。于是，老聃高兴地说："可。丘得之矣！"② 这里，我们看到了儒家人物的思想向道家转变的具体过程。

第三个层次发展到了顶点：孔子已不复是儒家人物，而成了道家学派的代言人。

这方面的例子很多，试看《人间世》中的一段。颜回将去卫国，试图扭转卫君的恶政。孔子问其所要实行的方法，颜回提出三点：一是"端而虚，勉而一"；二是"内直而外曲"；三是"成而上比"③。这三点一一被孔子否定。最后，颜回"无以进矣"④，只好请教自己的老师。于是，孔子提出著名的"心斋"。其言略谓："若一志，无听之以耳而听之以心，无听之以心而听之以气。耳止于听，心止于符。气也者，虚而待物者也。唯道集虚。虚者，心斋也。"⑤ 孔子认为，人世间的种种纷争，究其源，在于求名用智，各有所待，"心斋"则是去名弃智，使心境达于透彻空明的一种方法。颜回只有用"心斋"去感化卫君，才能够达到目的，所谓"虚室生白，吉祥止止"⑥。这里，孔子所阐述的，是纯粹的道家思想，其面目是很清楚的。

为了说明这一点，我们不妨再举一例。在《寓言》中，曾子因其俸有"三千钟而不洎亲"⑦，感到"心悲"。孔子认为他是心有所系，否则，怎么会有悲伤的感觉？在他看来，"视三釜三千钟，如观雀蚊虻相过乎前"⑧，抛弃由此引起的哀乐之情，心无所系，安然处之，才是较为完美的境界。这对一向强调孝，声称"君子笃

① 《庄子·天运》，陈鼓应：《庄子今注今译》，中册，第420页。
② 同上。
③ 《庄子·人世间》，陈鼓应：《庄子今注今译》，上册，第126页。
④ 同上书，第129页。
⑤ 同上。
⑥ 同上书，第130页。
⑦ 《庄子·寓言》，陈鼓应：《庄子今注今译》，下册，第781页。
⑧ 同上。

于亲"①，"入则孝，出则弟……"②的孔子来说，其形象有了怎样的改变！这里的孔子，一物我，齐荣辱，忘哀乐，宣传的完全是道家思想。

《庄子》一书，出现了不同的孔子形象，作者对这一矛盾当然不会没有认识。倘若我们将其视作一个系统，即从嘲弄、讥评孔子，到改造孔子，最后到让孔子成为道家的重要宣传者，那么，我们对此就会有所理解了。而这三个层次的递增，是有着庄子及其学派的独特的用心的。这一点，我们下面还要进一步申述。

四、《荀子》中的孔子

复次看《荀子》。《荀子》一书共三十二篇，其中有十三篇提到孔子，记载孔子事迹或言论凡三十八处。

和孟子一样，荀子也是以孔子的继承人自居的。他将儒者分为大儒、雅儒、俗儒三种，尊孔子为大儒，认为是治国平天下的大才③。他甚至无视孟子对孔子的继承和发展，常对之进行批判（如《非十二子》）④，更可见其直接上继孔子的用心。

但是，荀子是一位卓越的思想家，他不仅集儒家之大成，而且对百家学说也兼收并蓄，这使他建立了自己的思想体系。因此，虽然他对孔子非常推崇，但他决不会将自己纳入孔子的轨道，而是相反，将孔子纳入自己的体系，表现在他对孔子形象的塑造上，也同样如此。下面举三个例子，涉及荀子思想的三个方面，以见他对孔子形象塑造的用意。

一是孔子诛少正卯之事。此事见于多种材料，最早则载于《荀子》的《宥坐》篇。其事略云："孔子为鲁摄相，朝七日而诛少正卯。门人进问曰：'夫少正卯，鲁

---

① 《论语·泰伯》，杨伯峻译注：《论语译注》，第 78 页。

② 《论语·学而》，杨伯峻译注：《论语译注》，第 4 页。

③ 《荀子·儒效》，荀况著、杨倞注：《荀子》，耿芸标校，上海古籍出版社，1996，第66 页。

④ 《荀子·非十二子》，荀况著、杨倞注：《荀子》，第 44 页。

之闻人也，夫子为政而始诛之，得无失乎？'"① 孔子遂举其"心达而险""行僻而坚"等五条罪状以告，认为少正卯兼有五罪，"此小人之桀雄也，不可不诛也"②。

这件事，无论是从孔子的一贯思想看，还是从当时的历史实际看，都是不可能的，其属作伪无疑。前人对此已有考论③，此不赘述。问题是，荀子为何要这样写？

如上所述，荀子的思想体系是博大的。对于诸家思想，他往往经过主观取舍后，加以综合，以形成自己新的观点和思想。其中最为著名的，是他打破儒法界限，将"礼治"与"法治"并提。这类言论，在《荀子》中屡见。如《君道》："隆礼至法则国有常，尚贤使能则民知方。"④《性恶》："立君上之执以临之，明礼义以化之，起法正以治之，重刑罚以禁之，使天下皆出于治，合于善也。"⑤ 将一贯宣扬"仁"的孔子适当地赋予实行峻法的形象，无疑有助于荀子思想的阐发。

二是对天的看法。《宥坐》载，孔子"厄于陈、蔡之间，七日不火食，藜羹不糁"⑥。子路问道："由闻之：为善者天报之以福，为不善者天报之以祸，今夫子累德、积义、怀美，行之日久矣，奚居之隐也？"孔子遂举比干之知、关龙逢之忠、伍子胥之谏为例，感慨道："夫遇不遇者，时也；贤不肖者，材也；君子博学深谋不遇时者多矣！"⑦ 虽然如此，他还是强调道："夫贤不肖者，材也；为不为者，人也；遇不遇者，时也。……故君子博学、深谋、修身、端行以俟其时。"⑧

这一段，首见于《论语·卫灵公》。《荀子》所载，不仅篇幅较长，即谈论的主题亦有不同。显然经过了再创造。孔子是信奉天命观的，《论语》宣扬"知天

---

① 《荀子·宥坐》，荀况著、杨倞注：《荀子》，第 298—299 页。

② 《荀子·非十二子》，荀况著、杨倞注：《荀子》，第 299 页。

③ 说详崔述：《洙泗考信录》卷 2，中华书局，1985，第 39—40 页。

④ 《荀子·君道》，荀况著、杨倞注：《荀子》，第 126 页。

⑤ 《荀子·性恶》，荀况著、杨倞注：《荀子》，第 251 页。

⑥ 《荀子·宥坐》，荀况著、杨倞注：《荀子》，第 302 页。

⑦ 同上。

⑧ 同上书，第 303 页。

命"①，"畏天命"②，"死生有命，富贵在天"③；"获罪于天，无所祷也"④；"道之将行也与，命也；道之将废也与，命也"⑤。总之，认为天是万事万物的主宰，人应该听天由命。而这里的孔子则异于是。子路将孔子之厄归于天的不分善恶，他所谓"天"，显然是一种无所不在的力量。孔子却认为，成事与否并不由于天，而是材、人、时三种因素交相为用的结果。时，即机遇。一个人有了才能，加以不懈的努力，而又有机遇，便能够成功。所谓"为不为者，人也"，已将人的能动性置于重要的位置。结合荀子"从天而颂之，孰与制天命而用之；望时而待之，孰与应时而使之"⑥ 的思想，不难看出，二者有着相似之处，虽然深度还有不同。关于荀子的唯物主义自然观，这里不可能多说，但荀子此处塑造的孔子形象，跳出了其原有模式，而成为他的思想的一个说明者，却是可以肯定的。

三是有关历史观的方面。《哀公》载鲁哀公问于孔子曰："绅、委、章甫有益于仁乎?"⑦ 仁是孔子思想的重要内涵。如何为仁？曰："克己复礼。"⑧ 合于周礼的即为仁。那么，哀公提出的问题，正是对孔子思想的合理推测。但孔子却不这样想。他指出："资衰苴杖者不听乐，非耳不能闻也，服使然也。黼衣黻裳者不茹荤，非口不能味也，服使然也。且丘闻之，好肆不守折，长者不为市，察其有益与其无益，君其知之矣。"⑨ 服饰是否合于古道，这无关紧要，关键是"察其有益与其无益"，即，以是否适用于现实为评判标准。

《论语》中论及礼制服饰问题之处不多，但整体思想向往于周代却是无疑的。孔子一生在政治上不得志，原因虽然是多方面的，但他不能根据时代的变化来提出

---

① 《论语·为政》，杨伯峻译注：《论语译注》，第 12 页。

② 《论语·季氏》，杨伯峻译注：《论语译注》，第 117 页。

③ 《论语·颜渊》，杨伯峻译注：《论语译注》，第 125 页。

④ 《论语·八佾》，杨伯峻译注：《论语译注》，第 27 页。

⑤ 《论语·宪问》，杨伯峻译注：《论语译注》，第 157 页。

⑥ 《荀子·天论》，荀况著、杨倞注：《荀子》，第 174 页。

⑦ 《荀子·哀公》，荀况著、杨倞注：《荀子》，第 313 页。

⑧ 《论语·颜渊》，杨伯峻译注：《论语译注》，第 123 页。

⑨ 《荀子·哀公》，荀况著、杨倞注：《荀子》，第 314 页。

相应的主张，却是主要的原因之一。荀子笔下的孔子，虽然涉及的是服饰这样的小问题，却使人感到这样的圣人具有前瞻型的思维模式，即，识时务，明古今，立足当代，扬弃古道。而这一思维模式，不是别的，正是属于荀子本人的。荀子主张法后王："百王之道，后王是也。"① 提倡行事要"与时迁徙，与世偃仰"②，"应当时之变"③。对于那些"舍后王而道上古"者，他讥为"是犹舍己之君而事人之君也"④。由此看来，他对孔子事迹的记载，显然赋予了自己学说的色彩。

《荀子》中的孔子形象是多方面的，以上仅就其反映荀子思想较著者而言。其他的，如人生哲学、社会活动等，也很丰富，都反映了荀子对这位"大儒"的称颂，就这一点说，孔子形象在《荀子》中是统一的。此不属本文讨论范围，故不多说。

五、《韩非子》中的孔子

最后我们来看一看《韩非子》。《韩非子》一书共三十五篇，其中有十七篇提到孔子，记载孔子事迹或言论凡二十五处。

韩非是法家的代表人物，而儒法对立，在特定的历史时代里，甚于儒道对立，因此，探讨一下《韩非子》中的孔子形象，是很有意思的。

总的说来，《韩非子》中的孔子形象有三个方面：一是将其作为儒家代表人物，进行无情批判；二是将其作为著名历史人物，进行一般叙述或赞扬；三是将其改造为法家思想的代言人来加以刻画。第一方面的例子很多，且为人们所熟知，兹不赘言。第二方面的例子如《韩非子·说林下》："孔子谓弟子曰：'孰能导子西之钓名也？'子贡曰：'赐也能。'乃导之，不复疑也。孔子曰：'宽哉，不被于利！洁哉，民性有恒！曲为曲，直为直。'孔子曰：'子西不免。'白公之难，子西死焉。"⑤ 赞

---

① 《荀子·不苟》，荀况著、杨倞注：《荀子》，第 21 页。

② 《荀子·儒效》，荀况著、杨倞注：《荀子》，第 65 页。

③ 同上书，第 62 页。

④ 《荀子·非相》，荀况著、杨倞注：《荀子》，第 37 页。

⑤ 《韩非子·说林下》，韩非：《韩非子》，上海古籍出版社，1989，第 65 页。

扬孔子的知人之明，兼及其对人性的论述。以上两方面，虽不必皆是信史，但儒法对立以及孔子本人都是历史上的客观存在，即使有所渲染和夸张，也含有相当的真实性。在《韩非子》一书中，最有特色、最值得注意的是作为法家形象出现的孔子。

与《荀子》不同，《韩非子》中的孔子的任法不是偶见，而是多见，不仅有行为，而且有理论。如《外储说右上》记载子路为郈令时，"鲁以五月起众为长沟"，"子路以其私秩粟为浆饭，要作沟者于五父之衢而餐之"。① 孔子知道后，"使子贡往覆其饭，击毁其器"②，并痛责之。子路不服，"怫然怒"③，且以孔子素常标榜的仁义之道来质问他的老师。于是，孔子教诲他道："由之野也！吾以女知之，女徒未及也。女故如是之不知礼也！女之餐之，为爱之也。夫礼，天子爱天下，诸侯爱境内，大夫爱官职，士爱其家，过其所爱曰侵。今鲁君有民而子擅爱之，是子侵也，不亦诬乎！"④ 这番话意谓，鲁君的臣民，子路不能擅自去爱，否则，便是冒犯君主，是不合礼的。这个故事通过孔门之间的矛盾冲突，生动地刻画了法家化的孔子形象。

法家提倡无条件尊君，强调君主的绝对权威。发展到韩非，达到了登峰造极的地步。其《外储说右上》引申子语云："独视者谓明，独听者谓聪。能独断者，故可以为天下主。"⑤ 对此，他十分推崇，认为："明主之道，在申子之劝独断也。"⑥ 基于这一点，他甚至反对尧、舜、汤、武。其《忠孝》云："尧、舜、汤、武或反君臣之义，乱后世之教者也。尧为人君而君其君，舜为人臣而臣其君，汤武为人臣而弑其主，刑其尸，而天下誉之。此天下所以至今而不治也。"⑦ 极端地强调君的地位和权威。这和上引孔子置人民于不顾，指责子路"侵官""擅爱"，维护君主权

---

① 《韩非子·外储说右上》，韩非：《韩非子》，第 106 页。

② 同上。

③ 同上。

④ 同上。

⑤ 同上书，第 109 页。

⑥ 同上书，第 104 页。

⑦ 《韩非子·忠孝》，韩非：《韩非子》，第 161 页。

势的故事，其思想是一脉相承的。

上例证明了孔子法家化的一个方面，下面，我们再看孔子对严刑峻法的提倡。《内储说上七术》有这样两段记载：

> 殷之法，刑弃灰于街者。子贡以为重，问之仲尼。仲尼曰："知治之道也。夫弃灰于街必掩人，掩人，人必怒，怒则斗，斗必三族相残也。此残三族之道也，虽刑之可也。且夫重罚者，人之所恶也；而无弃灰，人之所易也。使人行之所易，而无离所恶，此治之道。"①

> 鲁人烧积泽。天北风，火南倚，恐烧国。哀公惧，自将众趣救火者。左右无人，尽逐兽而火不救，乃召问仲尼。仲尼曰："夫逐兽者乐而无罚，救火者苦而无赏，此火之所以无救也。"哀公曰："善。"仲尼曰："事急，不及以赏，救火者尽赏之，则国不足以赏于人。请徒行罚。"哀公曰："善。"于是仲尼乃下令曰："不救火者，比降北之罪；逐兽者，比入禁之罪。"令下未遍而火已救矣。②

以上二例，集中表现了孔子刻薄寡恩，重法以治民的形象，决非孔子的思想和行为，其属依托无疑。宋王应麟在《困学纪闻》卷十中就曾指出，这是"法家侮圣言"而"托于仲尼"的③。韩非一贯认为"仁慈听则法制毁"④，排斥一切仁义教化。《外储说右下》记载秦国大饥，范雎请救济灾民，昭襄王却以秦法"民有功而受赏，有罪而受诛"⑤为由加以拒绝，说"使民有功与无功俱赏者，此乱之道也"⑥。"夫生而乱，不如死而治"⑦。对于这种任法不任仁、冷酷无情的统治方式，

---

① 《韩非子·内储说上七术》，韩非：《韩非子》，第 77 页。
② 同上书，第 78 页。
③ 王应麟：《困学纪闻》卷 4，《续修四库全书》第 1142 册，第 705 页。
④ 《韩非子·八经》，韩非：《韩非子》，第 152 页。
⑤ 《韩非子·外储说右下》，韩非：《韩非子》，第 115 页。
⑥ 同上。
⑦ 同上。

韩非却赞为"知主情"①。孔子主张刑弃灰者，罪不救火而逐鹿者，与昭襄王的做法有相通处。这就是，唯法是依，而法又是完全按统治阶级的利益制定的，是与人民完全对立的。这正是走向极端的、典型的法家理论，孔子也彻底法家化了。

韩非是法家思想的集大成者，他把法家思想发展到顶峰，同时也反映出他爱走极端的特点。表现在对孔子形象的塑造上，也同样如此。具体地说，当他把孔子作为儒家代表时，便对他进行不遗余力的批判，当他把孔子作为法家代言人时，又作了非常强烈的赞扬。同一部书中，孔子形象如此矛盾，其情形也略同于《庄子》。这反映出，韩非塑造孔子形象时在历史事实与主观倾向间的矛盾，也反映出法家学派为了加强论述力量所做出的努力。

六、结论

通过上面的论述，可以得到以下认识：

第一，先秦诸子注意到了孔子在客观上所具有的重要的、独特的地位，因此公认他是一位经典性和权威性的代表人物，例如，孔子是从不敢以"圣人"自居的②，而先秦诸子却几乎毫无例外地称之为"圣人"③，虽然彼此的理解也许有所不同。

第二，诸子书中孔子形象的塑造方式是不同的。孟、荀两家中的孔子有着零散性，是溯源和杂记式的；庄子笔下的孔子虽略成系统，仍带有很大的随意性，韩非

---

① 《韩非子·外储说右下》，韩非：《韩非子》，第112页。

② 《论语·述而》："若圣与仁，则吾岂敢！"（杨伯峻译注：《论语译注》，第76页）

③ 《孟子·万章下》："孔子，圣之时者也。"《庄子·天运》："孔子，北方之贤者也。"又《人间世》："天下有道，圣人成焉；天下无道，圣人生焉。"《韩非子·五蠹》："仲尼，天下圣人也。"《荀子·儒效》："因天下之和，……非圣人莫之能为，夫是之谓大儒之效。""彼大儒者，仲尼、子弓是也。"分见万丽华、蓝旭译注：《孟子》，第218页；陈鼓应：《庄子今注今译》，中册，第407页；《庄子今注今译》，上册，第154页；韩非：《韩非子》，第154页；荀况著、杨倞注：《荀子》，第56、66页。

笔下的孔子有着较为集中的倾向性，但其矛盾性也最强。总的看来，诸子还不同程度地受历史真实的限制，因而停留在孔子主观化的初级阶段。但无论如何，这却是后世大肆美化、神化孔子，使之为其所用的滥觞。

第三，诸子书中对孔子的主观化，是百家争鸣的需要。由于各家都要求在论辩中压倒对方，取得优势，因此，抬出一个权威人物，作为自己理论的体现者，乃是一个能够造成震慑力量的方法。如《庄子》中的孔子，由被讽刺、讥评者，到被改造者，最后成为道家学派的代言人，是有着庄子及其学派的深意的。因为，既然儒家学派的创始人、著名人物孔子都拜在道家门下，那么，儒家还有什么存在的价值，其他各派又怎能与道家相抗衡？韩非笔下的孔子也有着类似的功用。这种"经典式"的理论模式，对于中国封建社会中人们的思维模式的影响是很大的。其影响一直可以下及"文化大革命"。

第四，诸子书中孔子主观化的意识一旦明确，则可以发展到公然作伪的地步，甚至不顾起码的历史事实。如《庄子·徐无鬼》有云："仲尼之楚，楚王觞之，孙叔敖执爵而立，市南宜僚受酒而祭……"① 陆德明《经典释文·庄子音义》云："按《左传》孙叔敖是楚庄王相，孔子未生。哀公十六年，仲尼卒后，白公为乱。宜僚未尝仕楚。又宣十二年《传》，楚有熊相宜僚，则与叔敖同时，去孔子甚远。盖寄言也。"② 又如《韩非子·难一》孔子赞赵襄子赏高赫事，在孔子死后十一年，汉代著作《孔丛子·答问》已责其非。诸子时代距孔子不远，基本历史当不会搞错。这虽可以视作"寓言"，但由于诸子著书，本以阐发各自的政治、学术观点，其强孔子为己用的用意却是很明白的。这在中国历史上开了个头，从汉代董仲舒的《春秋繁露》一直到清末康有为的《孔子改制考》，都可见其影响。

第五，诸子对孔子的主观化，从另一方面来说，也不完全是随意的、毫无根据的，而是往往以孔子思想的某一部分作为出发点，加以引申、改变乃至歪曲。这一点，对于孟、荀来说，自不必言，即使是庄、韩，也是如此。《论语·卫灵公》："子曰：'无为而治者其舜也与？夫何为哉？恭己正南面而已矣。'"③ 这当然可以

---

① 《庄子·徐无鬼》，陈鼓应：《庄子今注今译》，下册，第 692 页。

② 陆德明：《经典释文·庄子音义》，上海古籍出版社，1985，下册，第 1541—1542 页。

③ 《论语·卫灵公》，杨伯峻译注：《论语译注》，第 162 页。

作为庄子视孔子为道家的重要依据，而孔子的尊君态度，当然也下启韩非，虽然二者在表现方式和程度上并不一样。关键问题在于，他们都抓住孔子思想的一点，进行了极端的发挥，而不考虑其全面的联系，以至于塑造出了完全主观化的形象。庄、韩著作中孔子形象不统一，原因之一便在此。而对于这样一种认识论，我们也是并不陌生的。

《左传》与《战国策》中说辞的比较研究

春秋战国时期，我国的社会历史发生了剧烈的变化。当时，随着"五霸""七雄"及其他大小诸侯国之间的明争暗斗的不断展开，如何正确地制定政治路线和外交决策，日益成为取得胜利的不可忽视的因素，这使得当时的行人辞令、言官谏说和策士游说等都成为重要的政治生活内容。因此，研究春秋战国的社会历史，必须对这两个时代的说辞给予充分的重视。本文拟通过这一问题在《左传》和《战国策》中的反映来进行讨论。

清初学者顾炎武在论述春秋战国时期的历史变化时，曾有一段非常全面、非常精辟的概括：

> 春秋时犹尊礼重信，而七国则绝不言礼与信矣；春秋时犹宗周王，而七国则绝不言王矣；（原注：《史记·秦本纪》：孝公使公子少官率师会诸侯于逢泽以朝王，盖显王时）春秋时犹严祭祀、重聘享，而七国则无其事矣；春秋时犹论宗姓氏族，而七国则无一言及之矣；春秋时犹宴会赋诗，而七国则不闻矣；春秋时犹有赴告策书，而七国则无有矣。①

从周平王东迁（前770）到韩、赵、魏三家分晋（前453），史称春秋时代；从三家分晋至秦始皇统一中国（前221），史称战国时代。这两个时代与《左传》和《战国策》所记载的历史大致相同②。倘将顾氏所论与二书参证，这一点当看得更为清楚。在不长的历史时期内，历史起了如此重大的变化，的确非常值得人们注意。而顾氏所做的这些精当比较，又大多是通过说辞表现出来的。

从内容上看，这当然比较明显。不过，当时的政治家或外交家在运用说辞的方

---

① 顾炎武：《日知录》卷13"周末风俗"条，商务印书馆，1934，上册，第38页。

② 参看金景芳：《中国奴隶社会史》，上海人民出版社，1983，第200页。

式上有何区别呢？

一、表现形态上有文与野的不同

刘熙载《艺概·文概》云："左氏尚礼，故文。"① 以"尚礼"作为文的反映，很有见地。章炳麟《国故论衡·文学总略》云："孔子曰：'言之无文，行而不远。'盖谓不能举典礼，非苟欲润色也。"② 也是将礼与文并提。孔子这句话见于《左传·襄公二十五年》，是为称赞郑子产献捷于晋的成功而发。郑国伐陈，曾受到晋国的反对，因此，当子产"献捷于晋"之时，晋国不仅不受捷，反而对郑国此举加以非难。面对这种场面，子产充分表现了一个政治家的机敏的应变能力，针锋相对，据"礼"力争。晋人的责难共有三点，第一是"问陈之罪"。子产辩道：

> 昔虞阏父为周陶正，以服事我先王。我先王赖其利器用也，与其神明之后也，庸以元女大姬配胡公，而封诸陈，以备三恪。则我周之自出，至于今是赖。桓公之乱，蔡人欲立其出，我先君庄公奉五父而立之，蔡人杀之，我又与蔡人奉戴厉公。至于庄、宣，皆我之自立。夏氏之乱，成公播荡，又我之自入，君所知也。今陈忘周之大德，蔑我大惠，弃我姻亲，介恃楚众，以凭陵我敝邑，不可亿逞，我是以有往年之告。未获成命，则有我东门之役。当陈隧者，井堙木刊。敝邑大惧不竞而耻大姬，天诱其衷，启敝邑心。陈知其罪，授手于我，用敢献功。③

本来，"春秋无义战"，若问陈国有什么罪，这并不好答。但是，子产却从陈的建国史和发展史谈起，追溯周、郑与它的渊源以及在它的发展中所起的促进作用，

---

① 刘熙载：《艺概·文概》，第4页。

② 章太炎：《国故论衡·文学总略》，上海古籍出版社，2003，第49页。

③ 《左传·襄公二十五年》，杨伯峻编著：《春秋左传注》第3册，中华书局，1981，第1104—1106页。

这样，它"忘周之大律，蔑我大惠，弃我姻亲，介恃楚众"的行为就势必成为不容置疑的罪状，对此，晋国还能说什么话呢？晋人的第二点责难是问"何故侵小"①？子产接着辩道：

> 先王之命，唯罪所在，各致其辟。且昔天子之地一圻，列国一同，自是以衰。今大国多数圻矣，若无侵小，何以至焉？②

这一段答得很妙。首先，依照上面论述，既然确定了陈国有罪，那么，根据"先王之命"，问罪并不论国之大小。其次，过去天子之地方千里，列国之地方百里，而现在，哪个大国的地不超过天子？若不是侵略小国，怎么会这样呢？③ 从这个意义来看，晋国发展到现在的规模，是否也有侵小之咎呢？子产话中的意味晋人不会听不出来，因此，这条责难也就自然不能成立了。晋人的第三点责难是"何故戎服"④？这是针对子产献捷时"戎服将事"而发的。对此，子产答得也很机智：

> 我先君武、庄为平、桓卿士。城濮之役，文公布命，曰："各复旧职。"命我文公戎服辅王，以授楚捷。不敢废王命故也。⑤

用晋人祖上的成言作为"戎服"的根据，可谓以子之矛，攻子之盾，晋人若再说什么，岂非对祖上的不敬！

---

① 《左传·襄公二十五年》，杨伯峻编著：《春秋左传注》第 3 册，第 1106 页。

② 同上。

③ 《荀子·仲尼》：齐桓公"并国三十五"。《韩非子·难二》：晋献公"并国十七，服国三十八"。又《有度》："荆庄王并国二十六，开地三千里。"又《十过》：秦穆公"兼国十二，开地三千里"。《吕氏春秋·直谏》：荆文王"兼国三十九"。分见荀况著、杨倞注：《荀子》，第 49 页；韩非：《韩非子》，第 126 页；《韩非子》，第 13 页；《韩非子》，第 26 页；吕不韦著、高诱注：《吕氏春秋》，上海古籍出版社，1989，第 204 页。

④ 《左传·襄公二十五年》，杨伯峻编著：《春秋左传注》第 3 册，第 1106 页。

⑤ 同上。

子产的这段辩诘，全部用典礼旧章来说话，娓娓而谈，绵里藏针，终于使得"士庄伯不能诘"①，而赵文子也认为"其辞顺，犯顺，不祥"②。被迫接受了郑国的献捷。

当然，"尚礼"并不意味着"文"的全部，作为一种独特的现象，它的构成要素还包括其他一些方面。其中最值得一提的，便是普遍的赋诗风气。《汉书·艺文志·诗赋略序》云："古者，诸侯卿大夫交接邻国，以微言相感。当揖让之时，必称诗以谕其志，盖以别贤不肖而观盛衰焉。故孔子曰'不学诗，无以言'也。"③"称诗以谕其志"，则对交谈双方的文化修养要求都很高，否则，便无法交流。可见，孔子说"不学诗，无以言"④，是表现了那一特定的社会历史条件所提出的特定要求。春秋时期人们在政治生活中运用辞令时对这一传统的发挥仍比较充分。如《左传》成公二年，齐、晋鞌之战后，齐兵大败，遂"使宾媚人赂以纪甗、玉磬与地"⑤，而晋人不允，一定要"以萧同叔子为质，而使齐之封内尽东其亩"⑥。面对这种无理要求，齐国使者从容反驳：

> 萧同叔子非他，寡君之母也。若以匹敌，则亦晋君之母也。吾子布大命于诸侯，而曰必质其母以为信，其若王命何？且是以不孝令也。《诗》曰："孝子不匮，永锡尔类。"若以不孝令于诸侯，其无乃非德类也乎？先王疆理天下，物土之宜，而布其利。故《诗》曰："我疆我理，南东其亩。"今吾子疆理诸侯，而曰"尽东其亩"而已，唯吾子戎车是利，无顾土宜，其无乃非先王之命也乎？反先王则不义，何以为盟主？其晋实有阙。四王之王也，树德而济同欲焉；五伯之霸也，勤而抚之，以役王命。今吾子求合诸侯，以逞无疆之欲，《诗》曰："布政优优，百禄是道。"子实不优……⑦

① 《左传·襄公二十五年》，杨伯峻编著：《春秋左传注》第3册，第1106页。

② 同上。

③ 班固：《汉书·艺文志》，《汉书》第6册，第1755—1756页。

④ 《论语·季氏》，杨伯峻译注：《论语译注》，第178页。

⑤ 《左传·成公二年》，杨伯峻编著：《春秋左传注》第2册，第796页。

⑥ 同上书，第797页。

⑦ 同上书，第797—799页。

这段话，三次称引《诗经》，表示晋国的无理要求，不仅不符合国与国之间的交往准则，而且还违反了某种普遍的行为规范。这样，文词便显得雅赡而不失锋芒，终于迫使晋国收回成命，接受了齐国的请和条件。

上述称诗方法，是以《诗经》来加强论据。在《左传》中，还有完全以赋诗代说话的。如文公十三年（前614），"郑伯会公于棐，亦请平于晋"①。两国大夫会谈时，"子家赋《鸿雁》。季文子曰：'寡君未免于此。'文子赋《四月》。子家赋《载驰》四章。文子赋《采薇》四章。"② 在词锋往来的两个回合中，子家赋诗益表坚请，而文子则由推托转为允诺。一个外交协议就这样达成了。《左传》中的大量赋诗，其中多为这种情形，这的确是一个非常值得注意的现象。

以"野"作为战国时说辞的一个特点，也许并不十分确切，但是，倘作为与"文"进行比较的一面，这却是能够成立的。因为，到了战国，人们已不再执礼称诗，即使偶尔保留一点，也非常明显地看出是一种辩诈③。这个时代，人们更为重视的是功利。如帛书《战国策》第五章谈到，有人言苏秦为不信之人，希望燕王疏远他。苏秦得知后，便对燕王说，倘若"孝如曾参，信如尾生，廉如伯夷"，"有三资者以事王，足乎？"燕王说："足矣。"但是，"王足之，臣不事王矣"④。这是为什么呢？苏秦接着说：

> 孝如曾参，乃不离亲，不足以益国；信如尾生，乃不诞，不足以益国；廉如伯夷，乃不窃，不足以益国。臣以信不与亡俱彻，义不与王偕立。王曰："然则仁义不可为与？"对曰："胡为不可？人无信则不彻，国无义则不王。仁

---

① 《左传·文公十三年》，杨伯峻编著：《春秋左传注》第 2 册，第 598 页。

② 同上书，第 598—599 页。

③ 如《战国策·东周策》云："温人之周，周不纳。客即对曰：'主人也。'问其巷而不知也，吏因囚之。君使人问之曰：'子非周人，而自谓非客何也？'对曰：'臣少而诵《诗》。《诗》曰："普天之下，莫非王土；率土之滨，莫非王臣。"今周君天下则我天子之臣，而又为客哉？故曰主人。'君乃使吏出之。"见刘向编、高诱注：《战国策》第 1 册，中华书局，1985，第 4 页。

④ 见长沙马王堆三号汉墓出土的帛书《战国策》。

义所以自为也，非所以为人也。自复之术，非进取之道也。三王代立，五伯蛇政，皆以不复其常。若以复其常为可王，治官之主，自复之术也，非进取之路也。……"王曰："自复不足乎？"对曰："自复而足，楚将不出沮章，秦将不出商於，齐不出吕隧，燕不出屋注，晋将不逾太行，此皆以不复其常为进者。"①

苏秦明确指出，孝、信、廉、仁、义等都只是对自我品质完善的要求而言的，若从争夺霸权，统一天下的事业考虑，这些都毫无用处。过分讲求它，便局限于自我满足，但自我满足者怎么会有发展呢？楚、秦、齐、燕、晋，哪个国家不是因为"不复其常"才得以大振国威呢？在战国时代，既要扩张，又要符合仁、义、信等，实际上是痴人说梦，苏秦纯粹从功利出发，反而是讲到了点子上，燕王当然无法不听这种理论。由此可以看出，比起春秋时代，差别是多么大！②

另外，《战国策》中游士说辞，多用寓言譬喻，这是战国时的一种独特现象。如《战国策·燕策二》云：

赵且伐燕，苏代为燕谓惠王曰："今者臣来，过易水，蚌方出曝，而鹬啄其肉，蚌合而拑其喙。鹬曰：'今日不雨，明日不雨，即有死蚌。'蚌亦谓鹬曰：'今日不出，明日不出，即有死鹬。'两者不肯相舍，渔者得而并擒之。今赵且伐燕，燕、赵久相支，以弊大众，臣恐强秦之为渔父也。故愿王之熟计之

---

① 此文据长沙马王堆三号汉墓出土的帛书《战国策》，与今本《战国策·燕策一》中的有关文字大致相同，但据缪文远先生云，后者多"传闻之误或经后人妄改"（缪文远：《战国策考辨》，中华书局，1984，第296页），故此从帛书。

② 春秋时尚很看重仁、义、礼、信等道德规范。如对于信，《左传·成公八年》："君命无二，失信不立。"又《左传·成公十一年》："齐盟，所以质信也。"又《左传·成公十五年》："楚将北师，子囊曰：'新与晋盟而背之，无乃不可乎？'子反曰：'敌利则进，何盟之有？'申叔时老矣，在申，闻之，曰：'子反必不免。信以守礼，礼以庇身，信，礼之亡，欲免，得乎？'"又《左传·成公十七年》："人之所以立，信、智、勇也。"分见杨伯峻编著：《春秋左传注》，第840、873、901页。

也。"惠王曰："善。"乃止。①

苏代说惠王，既不剖析天下大势，也不指责赵国擅开边衅的不义，而是通过一个寓言故事，来阐述一个浅显的道理，即，赵国伐燕，未必即胜，倘若长期相持，两败俱伤，必然给强秦以可乘之机，就像鹬蚌相争，渔翁得利一样。那么，伐燕对赵国是有利还是无利就不言自明了。这样来论述，可使对方从情与理两个方面去理解，生动而又富于说服力。其他的，像江乙以狐假虎威对楚宣王②，苏秦以桃梗和土偶谏孟尝君③，庄辛以蜻蛉、黄雀说楚襄王④，汗明以骥服盐车说春申君⑤等，都反映着这一特色。李梦阳评价《战国策》时指出："是策也，有竟日之难辩，而一言之遂白者。是以文卿墨儒，服其意渊，耽其体简。转者法其婉，谛者祖其透，盖言巧也。故曰：'模辞者巧。'"⑥ 李氏此论，对《战国策》运用形象的方式来解决重大、复杂的社会问题的能力表示深深赞服，从某种意义上说，正是指寓目譬喻的精妙而言。这一见解颇有创见。

二、层次逻辑上有密与疏的不同

所谓密，既指语言的简约，也指逻辑的严密。春秋时政治家、外交家分析问题，往往不用长篇大论，而善于抓住关键之处加以生发。层次分明，结构谨严，"文赡而义明"⑦。如著名的《宫之奇谏假道》一文中，宫之奇针对虞公迷信与晋的

---

① 《战国策·燕策二》，刘向编、高诱注：《战国策》第 3 册，第 76 页。

② 《战国策·楚策一》，刘向编、高诱注：《战国策》第 2 册，第 15—16 页。

③ 《战国策·齐策三》，刘向编、高诱注：《战国策》第 1 册，第 85 页。

④ 《战国策·楚策四》，刘向编、高诱注：《战国策》第 2 册，第 36 页。

⑤ 同上书，第 39 页。

⑥ 李梦阳：《刻战国策序》，《空同集》卷 50，《景印文渊阁四库全书》第 1262 册，第 462 页。

⑦ 刘熙载：《艺概·文概》，第 4 页。

姻亲关系及"享祀丰洁，神必据我"① 的心理，一一进行了细致分析，展示了这位政治家出色的洞察力和判断力。又如《左传》僖公三十年，晋、秦两国围郑，声讨其"无礼于晋，且贰于楚"② 之罪。当此危急之时，郑大夫烛之武受命去说服秦穆公。《传》文云：

> （烛之武）夜缒而出。见秦伯曰："秦、晋围郑，郑既知亡矣！若亡郑有益于君，敢以烦执事。越国以鄙远，君知其难也，焉用亡郑以陪邻？邻之厚，君之薄也。若舍郑以为东道主，行李之往来，共其乏困，君亦无所害。且君尝为晋君赐矣；许君焦、瑕，朝济而夕设版焉，君之所知也。夫晋何厌之有？既东封郑，又欲肆其西封。不阙秦，将焉取之？阙秦以利晋，唯君图之。"秦伯说，与郑人盟。③

让我们看一下烛之武是怎样说服秦穆公的。首先，他承认，在秦、晋两个大国的围攻下，郑国必亡。这当然是秦国的胜利。但是，词气陡然转折，逼进一步问：灭郑对秦是否有利呢？秦在西，郑在东，两国之间是晋。秦灭郑得地，边境线必须越过晋国，而这实际上是不可能的，那么，灭郑对秦就并无利，只是对晋有利了。接着，他又撇开这一话题，从反面提问：不灭郑对秦是否有利呢？"若舍郑以为东道主，行李之往来，共其乏困，君亦无所害。"④ 由此看来，存郑反而对秦是有利的。说到这里，他又再作转折，进一步问：灭郑对秦是否有害呢？结论是肯定的。因为历史上晋便曾对秦背信弃义，现在，一口灭郑，晋国向东面扩大了疆界，势必也会向西面扩张，这是由它的野心决定的。晋得郑地，则力量必强大，秦国也必然受到损失。那么，既然灭郑对秦有害而无利，秦国应取什么态度，自然不待分说了。

烛之武的这段说辞只用了一百多个字，以利害关系为中心，有理有据，层层深

---

① 《左传·僖公五年》，杨伯峻编著：《春秋左传注》第 1 册，第 309 页。

② 《左传·僖公三十年》，杨伯峻编著：《春秋左传注》第 1 册，第 479 页。

③ 同上书，第 480—481 页。

④ 同上书，第 480 页。

入，终于打动秦穆公，拆散了秦、晋同盟，挽救了郑国的危机。这在《左传》中是很有代表性的。

与此相反的，是《战国策》中体现的"疏"的特色。疏，并不是粗疏，而是指疏阔。它不像《左传》那样注重谨严的分析，而是抓住一点，努力发挥，意到为止，有时，甚至不惜危言耸听。曾巩云：战国之游士，"不知道之可信，而乐于说之易合，其设心注意，偷为一切之计而已。故论诈之便而讳其败，言战之善而蔽其患。"① 虽然不无贬意，但对这一特色却是有认识的。

这方面的例子很多，其中，孟尝君说赵、燕两国发兵救魏一段就颇为精彩。周赧王三十二年（前283），秦将伐魏，孟尝君求救于赵而赵不发兵，于是，孟尝君便对赵王说，救魏实则是救赵，这样一来，利害关系不能不引起赵王的重视，从而围绕这个话题谈了下去：

> 孟尝君曰："夫赵之兵，非能强于魏之兵；魏之兵，非能弱于赵也。然而赵之地不岁危，而民不岁死；而魏之地岁危，而民岁死者，何也？以其西为赵蔽也。今赵不救魏，魏歃盟于秦，是赵与强秦为界也，地亦且岁危，民亦且岁死矣。此文之所以忠于大王也。"赵王许诺。②

说服赵王后，孟尝君又北上见燕王。燕王以"岁不熟二年"③，无法"行数千里而以助魏"④ 为辞，也不肯发兵。孟尝君便提醒他道，燕不救魏，"恐天下之将有大变也"⑤。对于国君来说，"大变"当然是耸人听闻的，于是，孟尝君抓住燕王被震动的时机，紧接着进言道：

> 秦攻魏未能克之也，而台已燔，游已夺矣。而燕不救魏，魏王折节割地，

---

① 曾巩：《战国策目录序》，《南丰先生元丰类稿》卷11，中华书局，1939，第104页。
② 《战国策·魏策三》，刘向编、高诱注：《战国策》第3册，第13页。
③ 同上。
④ 同上。
⑤ 同上。

以国之半与秦，秦必去矣。秦已去魏，魏王悉韩、魏之兵，又西借秦兵，以因赵之众，以四国攻燕，王且何利？利行数千里而助人乎？利出燕南门而望见军乎？则道里近而输又易矣，王何利？……燕王曰："子行矣，寡人听子。"①

这一段与"烛之武退秦师"一为说对方发兵，一为说对方退兵，就说者本身的处境看，在某种程度上有着一致性，但其说辞却有所不同。烛之武说秦穆公，分析委婉，推理细致，是把多方面的事实集中起来说话。而孟尝君说赵王则只明确地点出一条："敢借兵者，以忠王也。"②迫使赵王沿着这一思路问下去，最后归结为，倘赵不救魏，则赵国"地亦且岁危，民亦且岁死矣"③，从而达到了目的。至于孟尝君说燕王的方法，更为独特。他先以两国盟约为言，晓之以理，再以魏面临的危险为言，动之以情，而在二者都不能奏效的时候，更抓住燕王居安惧变的心理，以"大变"将至的危言耸动之，迫使燕王在其威胁中就范。其实，求救而以相攻要挟，不无破绽，但燕王被"大变"的气氛所震慑，无法不相信这种前景，而循着这一思路，较之于"行千里而助人"④，燕王自然要选择后者了。"战国说士之言，其用意类能先立地步，故得如善攻者使人不能守，善守者使人不能攻也。"⑤我们看孟尝君说赵、燕两国君王，正是"先立地步"，使得对方无暇他顾，只好一步步钻进圈套之中。

刘熙载《艺概·文概》云："《左传》善用密，《国策》善用疏。《国策》之章法、笔法奇矣，若论字句之精严，则《左》《公》允推独步。"⑥这位全才的批评家敏感地注意到二书"密"与"疏"的特色，对我们是很有启发的。

---

① 《战国策·魏策三》，刘向编、高诱注：《战国策》第 3 册，第 13—14 页。

② 同上书，第 13 页。

③ 同上。

④ 同上。

⑤ 刘熙载：《艺概·文概》，第 5 页。

⑥ 同上书，第 3 页。

三、语言风格上有婉与恣的不同

吕本中《童蒙诗训》云："文章不分明指切而从容委曲，辞不迫切而意已独至，惟《左传》为然。如当时诸国往来之辞，与当时君臣相告相诮之语，盖可见矣。亦是当时圣人余泽未远，涵养自别，故词气不迫如此。"① 诚如吕氏所言，《左传》说辞从容委婉，语气平和，绝无叫嚣隳突之风。如《左传·僖公四年》：

> 四年春，齐侯以诸侯之师侵蔡。蔡溃，遂伐楚。楚子使与师言曰："君处北海，寡人处南海，唯是风马牛不相及也。不虞君之涉吾地也，何故？"管仲对曰："昔召康公命我先君大公曰：'五侯九伯，女实征之，以夹辅周室。'赐我先君履，东至于海，西至于河，南至于穆陵，北至于无棣。尔贡苞茅不入，王祭不共，无以缩酒，寡人是征。昭王南征而不复，寡人是问。"对曰："贡之不入，寡君之罪也，敢不共给？昭王之不复，君其问诸水滨？"②

这是作战前夕两国使节的问罪和申辩之词。平王东迁后，虽然"周室微而礼乐废"③，但周天子的政治作用依然存在④，因此，管仲打着尊王的旗号，名正言顺，理直气壮。但尽管如此，他的语言却是那样温文尔雅，使人很难相信，伴随着这种外交活动的，很可能就是一场残酷的战争。而楚国使者虽然明知齐国是强加之罪，进行辩解和反驳时却不动声色，十分从容。吕氏认为这是"圣人余泽未远"的缘故，虽语焉不详，却很有道理。事实上，从《左传》一书来看，这实在是春秋时代

---

① 吕本中：《童蒙诗训》，《宋诗话辑佚》，第 599 页。

② 《左传注·僖公四年》，杨伯峻编著：《春秋左传注》第 1 册，第 288—291 页。

③ 司马迁：《史记》卷 47《孔子世家》，第 1935 页。

④ 如《左传》隐公四年，卫州吁弑君自立"未能和其民"，问于石碏，石碏说："王觐为可。"即是说，如能朝觐周王，便能取得合法地位。见《左传·隐公四年》，杨伯峻编著：《春秋左传注》第 1 册，第 37 页。

的普遍的语言风格。例如《左传》宣公十二年晋、楚邲之战前夕，两国行人的对话便与上引一段有异曲同工之妙。

然而，到了战国，语言风格却发生了巨大的变化。千百年来，类似"铺张扬厉""纵横捭阖""辩丽恣肆"这些词语，几乎已成为人们对《战国策》的共同认识。在这方面，不论是干时君以取富贵，还是说人国以决安危，都有着充分的反映。下面仅举一例。

《战国策·中山策》载，周显王四十六年（前323），齐国欲以地赂燕、赵两国，进攻中山国。为此，中山国相蓝诸君非常忧虑。这时，张登声称有退敌之策，恐蓝诸君不信，便当着他的面，进行了一番演习。张登指出，齐国此举目的在于"废中山之王"①，不过，这对齐国来说，是"费且危"的。理由有二：一是"割地以赂燕、赵，是强敌也"②；二是"出兵以攻中山，首难也"③。有了这两重因素，必不能达到目的。张登接着说："王如用臣之道，地不亏而兵不用，中山可废也。"④ 这一转折，可谓对对方的心理活动摸得非常透彻，而且，料到对方必会追问"子之道奈何"⑤，果然，演习中扮齐王的蓝诸君也迫不及待地问："然则子之道奈何？"⑥ 于是张登在下面一段中继续与齐王进行对话：

> 张登曰："王发重使，使告中山君曰：'寡人所以闭关不通使者，为中山之独与燕、赵为王，而寡人不与闻焉，是以隘之。王苟举趾以见寡人，请亦佐君。'中山恐燕、赵之不己据也，令齐之辞云'即佐王'，中山必遁燕、赵，与王相见。燕、赵闻之，怒绝之，王亦绝之，是中山孤；孤，何得无废？以此说齐王，齐王听乎？"蓝诸君曰："是则必听矣，此所以废之，何在其所存之矣？"张登曰："此王所以存者也。齐以是辞来，因言告燕、赵而无往，以积厚于燕、

---

① 《战国策·中山策》，刘向编、高诱注：《战国策》第3册，第92页。
② 同上。
③ 同上。
④ 同上。
⑤ 同上。
⑥ 同上。

赵。燕、赵必曰：'齐王欲割平邑以赂我者，非欲废中山之王也；徒欲以离我于中山，而己亲之也。'虽百平邑，燕、赵必不受也。"蓝诸君曰："善。"①

后蓝诸君遣张登至齐，以此说齐王，果然达到了预期的目的。张登的说辞，颇有"掉阖风气"②，对于齐国来说，以地为赂，兴师首难，的确是值得考虑的。这时，张登献有利无弊的计策，必然引起重视。然而，在蓝诸君听来，燕、赵"怒绝之，王亦绝之"的情形对中山实际上是毁灭性的打击，"何在其所存之矣"③？于是，张登将包袱抖开，谈锋陡然一转，正所谓以子之矛攻子之盾：将齐国的计策告诉燕、赵，且申明自己的态度，以引起二国的疑心，则齐国的联兵之计便不攻自破了。"杜诗《义鹘行》云：'斗上捩孤影。'一'斗'字形容鹘之奇变极矣。文章用笔得'斗'字诀，便能一落千丈，一飞冲天。《国策》其尤易见者。"④ 在张登的这段说辞中，我们可以深切体会到这种"一落千丈，一飞冲天"的语言风格。《战国策》的其他篇章，如苏秦、张仪以合纵、连横游说诸侯，取卿相，得富贵，也都充分体现着这种特色。⑤

四、《左传》和《战国策》中说辞不同的原因

以上，我们从三个方面对《左传》和《战国策》中的说辞作了简单的比较。章学诚《文史通义·诗教上》云："纵横之学，本于古者行人之官。观春秋之辞命，列国大夫聘问诸侯，出使专对，盖欲文其言以达旨而已。至战国而抵掌揣摩，腾说

---

① 《战国策·中山策》，刘向编、高诱注：《战国策》第 3 册，第 92—93 页。

② 见本策鲍彪评语。见吴师道：《战国策校注》第 4 册，中华书局，1991，第 448 页。

③ 《战国策·中山策》，刘向编、高诱注：《战国策》第 3 册，第 93 页。

④ 刘熙载：《艺概·文概》，第 5 页。

⑤ 据缪文远《战国策考辨》，苏秦、张仪的说辞多为后人依托，不可尽信。但作为《战国策》的整体语言风格来看，它们是最能代表这种特色的。这反映出，那些依托的说辞对战国游士语言风格的把所握是非常准确的。

以取富贵，其辞敷张而扬厉，变其本而加恢奇焉。"① 章氏之论，指出了春秋、战国两个时代说辞的渊源关系，颇为中肯。但是，其间产生嬗变的原因何在呢？

这首先要从政治上考虑。春秋时期，虽然"天子之在者，唯祭与号"②，由西周的"礼乐征伐自天子出"③，变为"礼乐征伐自诸侯出"④，但是，社会的基本秩序和行为规范并没有改变。周天子仍然在社会中起着不可缺少的作用，朝聘会盟仍然是重要的政治活动⑤，"国之大事在祀与戎"⑥，为全社会所共同遵守，重礼的思想也根深蒂固⑦。社会的整体性要求相对统一的标准，而西周以降的传统正好显示出它的生命力。这些，当然不会对说辞没有影响。而到了战国，政治社会有了巨大变化。《淮南子·要略》云："晚世之时，六国诸侯，溪异谷别，水绝山隔，各自治其境内，守其分地，握其权柄，擅改政令。下无方伯，上无天子，力征争权，胜者为右。恃连与国，约重致，剖信符，结远援，以守其国家，持其社稷，故从横修短生焉。"⑧ 这一段论述战国形势及纵横之术的产生非常精辟。春秋与战国不同，前者重在争霸，后者则发展为争天下。既然如此，不仅周天子毫无作用，一切文教礼乐，典章制度，即所谓周礼也都不复存在了。作为一个分裂的社会，各强国为了实现自己的政治理想，势必极力阐发自己的政治主张，以争夺与国，孤立敌国。这样，其说辞也就自然而然地打上了时代的烙印，与春秋时有了明

---

① 章学诚：《文史通义》卷1《诗教上》，上海书店，1988，第18页。

② 《穀梁传·昭公三十二年》，范宁注、杨士勋疏：《春秋穀梁传注疏》，上海古籍出版社，1990，第180页。

③ 《论语·季氏》，杨伯峻译注：《论语译注》，第174页。

④ 同上。

⑤ 据《春秋》记载，春秋时代，鲁君朝王三次，聘周四次。《左传》僖公四年齐公伐楚，即以"尔贡苞茅不入"问罪，可见一斑。《论语·宪问》："桓公九合诸侯。"见《论语译注》，第151页。

⑥ 《左传·成公十三年》，杨伯峻编著：《春秋左传注》第2册，第861页。

⑦ 《左传·隐公十一年》："礼，经国家，定社稷，序民人，利后嗣者也。"见杨伯峻编著：《春秋左传注》第1册，第76页。

⑧ 《淮南子·要略》，刘安等编著、高诱注：《淮南子》，上海古籍出版社，1989，第235页。

显的不同。

与此密切相关的，是说者的身份问题。春秋之时，学在官府。只有贵族才能接受教育，同时，也只有接受教育才能从事国家的政治、外交活动，而学校教育的主要内容则是六艺——礼、乐、射、御、书、数。因此，从《左传》一书中看，尽管其说辞方式多种多样，但最基本的，却无不印上了说者所接受的教育的痕迹。这一点前面已讲得很清楚。到了春秋末叶，官学废，私学兴①。孔子提出"有教无类"的主张，并逐渐形成了一种时代风气。《吕氏春秋·尊师》谈到孔子的学生时道："子张，鲁之鄙家也；颜涿聚，梁父之大盗也，学于孔子。"② 可见，当时社会最底层的人也可以受到教育。在这种情形下，士的阶层大批涌现，并且，由于战国重士养士的风尚③，士也日益成为社会的最为活跃的因素。当时，通过士的努力，"大可以王，小可以安"④，"从成必霸，……横成必王"⑤。可以说，他们在某种意义上决定着历史的进程。由于他们是社会新兴力量，少受或者不受旧的传统思想的影响，

---

① 《元丰类稿》卷11《新序目录序》云："周之末世，先王之教化故化法度既废，余泽既熄，世之治方术者，各得其一偏。故人奋其私智，家尚其私学者，蜂起于中国，皆明其所长而昧其短，矜其所得而讳其失。天下之士各自为方而不能相通，世之人不复知学之有统、道之有归也。"章学诚《文史通义·诗教上》云："古未尝有著述之事也。官师守其典章，史臣录其职载。文字之道，百官以之治，而万民以之察，而其用已备矣。是故圣王书同文以平天下，未有不用之于政教典章，而以文字为一人之著述者也，……至战国而官守师传之道废。"分见曾巩：《新序目录序》，《元丰类稿》卷11，中华书局，1939，第101页；章学诚：《文史通义》卷1《诗教上》，第20页。

② 《吕氏春秋·尊师》，吕不韦著、高诱注：《吕氏春秋》，第35页。

③ 《史记》之《平原君列传》《孟尝君列传》《春申君列传》《魏公子列传》分别谈及平原君"宾客至者盖数千人"；孟尝君"倾天下之士，食客数千人"；春申君"客三千余人"；信陵君"会客三千人"。见司马迁：《史记》卷76、卷75、卷78、卷77，第2365、2354、2395、2377页。这些客，便是士。金景芳《中国奴隶社会史》将战国时的士分为六类，可参看。见金景芳：《中国奴隶社会史》，上海人民出版社，1983，第363—372页。

④ 《韩非子·五蠹》，韩非：《韩非子》，第157页。

⑤ 《韩非子·忠孝》，韩非：《韩非子》，第163页。

而且，参加政治活动主要是为切身名利、富贵着想，"行不合，言不用则去之"①，不拘为一个国君服务，因此，他们对各国形势多了然于心，其出使他国，应对诸侯，指谈天下，分析利害，便能纵恣疏放，以巧舌善辩来达到政治目的。从不同的文化背景上来看春秋、战国两个时代的说辞，也是颇能说明问题的。

① 司马迁：《史记》卷 44《魏世家》，第 1838 页。

传统知识的当下意义

——苏轼之文心与《楞伽经》

元丰八年（1085），苏轼从黄州回，在登州时，曾书写并帮助刊刻了《楞伽经》。虽然苏轼一生和佛教关系密切，但这件事在那一特定的时代中，仍有值得关注的特定意义，因而提出来加以讨论。

一、《楞伽经》及其在中国的接受

《楞伽经》全称《楞伽阿跋多罗宝经》或《入楞伽经》，意思是释迦在斯里兰卡所说的经。这部经是中期大乘佛典之一，是唯识思想的重要经典著作。主要阐述"三界唯心"的学说，说明真妄的因缘、邪正的因果，示以法身常住、藏心自性之理，广说六度，广决众疑，意旨深邃，说理透彻，在佛教史上占有十分重要的地位。

《楞伽经》对中国佛教尤其是禅宗的影响非常大。相传达摩曾以《楞伽经》四卷授予二祖慧可。据《续高僧传》卷十六《慧可传》："达摩禅师以四卷《楞伽》授可，曰：'我观汉地，惟有此经，仁者依行，自得度世。'"① 《景德传灯录》卷三《达摩传》也记载："师又曰：'吾有《楞伽经》四卷，亦用付汝，即是如来心地要门，令诸众生开示悟入。'"② 同卷的《僧那传》还具体说出了此经"印心"之功能："初祖兼付《楞伽经》四卷，谓我师二祖，曰：'吾观震旦，唯有此经，可

---

① 道宣：《续高僧传》卷16，［日］高楠顺次郎编纂：《大正新修大藏经》卷50，台北佛陀教育基金会，1990，第552页。

② 道原：《景德传灯录》卷3，《大正新修大藏经》卷51，第219页。

以印心。仁者依行，自得度世。'"① 慧可授徒，也以《楞伽经》为基本著作，《续高僧传》卷十六《慧可传》说他受教后，即依《楞伽》说法，还要求弟子们"常赍四卷《楞伽》，以为心要，随说随行，不爽遗委"②。慧可的后世弟子们也都努力加以宣扬，如法冲"以《楞伽》奥典，沉沦日久，所在追访，无惮夷险。会可师后裔盛习此经，即依师学，屡击大节。便舍徒众，任冲转教，即相续讲三十余遍。又遇可师亲传授者，依南天竺一乘宗讲之，又得百遍。……冲公自从经术，专以《楞伽》命家，前后敷弘，将二百遍"③。三祖僧璨是否用《楞伽》印心，史无明文，但他"萧然净坐，不出文记，秘不传法"④ 的作风，仍与前代楞伽师一脉相承。至四祖道信，《楞伽师资记》说他"为有缘根熟者，说我此法，要依《楞伽经》，诸佛心第一"。五祖弘忍则"与神秀论《楞伽经》，玄理通快"⑤。弘忍的弟子神秀是"持奉《楞伽》，近为心要"⑥。蒋之奇序苏轼所书《楞伽经》说："至五祖始易以《金刚经》传授，故六祖闻客读《金刚经》，而问其所从来。客云：'我从蕲州黄梅县东五祖山来，五祖大师常劝僧俗，但持《金刚经》，即自见性成佛矣。'则是持《金刚经》者，始于五祖，故《金刚》以是盛行于世，而《楞伽》遂无传焉。"⑦ 说无传，是言过其实，但六祖或因文化关系，或因传法需要，不重《楞伽》，此经亦渐渐衰微，也是事实⑧。尽管到了中晚唐，还有人提到它，如马祖道一曾直接引述

---

① 道原：《景德传灯录》卷3，《大正新修大藏经》卷51，第221页。

② 道宣：《续高僧传》卷16，《大正新修大藏经》卷50，第552页。

③ 道宣：《续高僧传》卷25，《大正新修大藏经》卷50，第666页。

④ 金九经：《校刊唐写本楞伽师资记》，民国三十一年铅印本，第14页。

⑤ 金九经：《校刊唐写本楞伽师资记》，第16页。

⑥ 张说：《唐玉泉寺大通禅师碑铭》，《全唐文》卷231，第2334页。

⑦ 求那跋陀罗译：《楞伽阿跋多罗宝经》卷首，《大正新修大藏经》卷16，第479页。按，《楞伽经》的译本，除求那跋陀罗所译《楞伽阿跋多罗宝经》外，尚有魏人菩提流支所译《入楞伽经》等。本文依文义所需，对这两种译本间有取舍，通称《楞伽经》。

⑧ 应该指出的是，自四祖道信开始，《楞伽》学说就与《般若》思想结合起来，并因此造成《楞伽》在形式上渐渐处于次要地位，《金刚经》地位不断上升，因为后者谈空说慧，更为简捷明了，易为平民接受，所以到了慧能，就根本否定了虽有创新但仍在实践中坚持净心、念佛、坐禅的"东山法门"，最终与达摩禅区别了开来。

《楞伽经》来印证他的即心即佛思想，但内涵却已发生了变化。《宗镜录》记载马祖道一的一段话说："达摩大师从南天竺国来，唯传大乘一心之法，以《楞伽经》印众生心。恐不信此一心之法，《楞伽经》云：佛语心为宗，无门为法门。何故佛语心为宗？佛语心者，即心即佛，今语即是心语，故云佛语心为宗；无门为法门者，达本性空，更无一法，性自是门，性无有相，亦无有门，故云无门为法门。"①但他用的虽然是《楞伽经》的话头，却以《般若》的"空"瓦解了《楞伽》的"心"，形同实异②，仅仅是利用《楞伽》的传统地位争正宗的一种方式③。另外，我们所看到的一些文献，晚唐五代和宋初的一些僧人所喜好的，都并不是《楞伽》。如晚唐德山宣鉴尤好《金刚经》，号"周金刚"（宣鉴俗姓周）。杨亿少时不信佛，一日，见同僚读《金刚经》，笑且罪之，同僚读之自若。亿疑曰："是岂出孔孟之右乎？何佞甚？"阅数板，憬然，始稍敬信。与王安石同时的长芦法秀，善《金刚》《华严》诸经，尤善《华严》，唯敬重北京的天钵重元，重元以善《华严》，当时号"元华严"④。

一直要到北宋中期，《楞伽》才又一次得到人们的重视。据载，张安道庆历年间知滁州，至一僧舍，偶见《楞伽经》，恍然似曾相识，因此悟入。出钱三十万，委托苏轼印行，使其流传，苏轼非常赞同。金山寺长老佛印了元认为若手书而刻之，功德将永远流传下去。苏轼就精心书写一过，刻板后，以为金山常住⑤。张安道和苏轼对《楞伽经》的喜爱，看起来似乎出自偶然的触发，其实有其并不简单的原因。

---

① 延寿集：《宗镜录》卷1，《大正新修大藏经》卷48，第418页。

② 参看葛兆光：《中国禅思想史》第5章，北京大学出版社，1995，第329页。

③ 当然，一切事情的发展都是一个渐进的过程，白居易在其《东都十律大德长圣善寺钵塔院主智如和尚荣毗幢记》一文中同时也指出："（智如）通《楞伽》思益心要于法凝大师。"（白居易著、顾学颉校点：《白居易集》卷69，中华书局，1979，第1462页）可见中唐时《楞伽》虽然渐被忽视，作为一种传统，仍然还有传人。

④ 普济：《五灯会元》卷7，苏渊雷点校，中华书局，1984，中册，第371页；又卷12，中册，第726页。又释念常《佛祖历代通载》卷19，《北京图书馆古籍珍本丛刊》第77册，书目文献出版社，2000，第364页。

⑤ 苏轼：《楞伽经序》，《楞伽阿跋多罗宝经》卷首，《大正新修大藏经》卷16，第480页。

二、苏轼推重《楞伽经》与当时禅学的关系

苏轼之所以帮助推广《楞伽经》的流传，与他对当时禅学的看法分不开。在《楞伽经后记》中，他说："《楞伽阿跋多罗宝经》，先佛所说微妙第一真实了义，故谓之佛语心品。祖师达摩以付二祖曰：'吾观震旦所有经教，惟《楞伽》四卷可以印心，祖祖相授，以为心法。'……近岁学者各宗其师，务从简便，得一句一偈自谓子证，至使妇人孺子抵掌微笑，争谈禅悦。高者为名，下者为利，余波末流，无所不至，而佛法微矣。"① 可见，苏轼有着明确的现实针对性。

唐代末年，出现了看话禅，就是举前人成句，参扣其意。至五代，其风更甚，云门文偃批评当时的看话禅道："更有一般底，如等闲相似，聚头举得个古人话，识性记持，妄想卜度道：'我会佛法了也。'只管说葛藤，取性过日，更嫌不称意，千乡万里抛却父母师资，作这去就，这个打里椰汉，有什么死急，行脚去！"② 更骂道："诸方老秃奴，曲木禅床上坐地，求名求利，问佛答佛，问祖答祖，厮屎送尿也。三家村里老婆，传口令相似，识个什么好恶！总似这般底，水也难消。"③ 很有些不以为然。

对古来宗师说的某一句话力求参透，以得大自在，是禅家修行之一法。如南岳怀让费八年对六祖"什么物恁么来""忽然有省"；大梅法常于马祖"即心是佛"参透后，"即大悟"④。所以汾阳善昭说："古人为一则因缘未明，三千五千里地往返□□，苦辛决择，要明斯事。"⑤ 这种功夫发展到宋代丝毫未衰。如投子义青见圆

---

① 苏轼：《楞伽经序》，《楞伽阿跋多罗宝经》卷首，《大正新修大藏经》卷16，第479页。

② 赜藏主集：《古尊宿语录》卷15，《续藏经》，民国十二年涵芬楼影印本，第1辑第2编第23套第2册，第71页。

③ 同上书，第175页。

④ 普济：《五灯会元》卷3，中册，第126、146页。

⑤ 楚圆集：《汾阳无德禅师语录》卷上，《大正新修大藏经》卷47，第603页。

鉴禅师，看"外道问佛，不问有言，不问无言因缘"，三年而"了然开悟"①。但这还不算过分。那种参透一则公案，又换一则公案，一直参下去，完全沉在字句之中，则应是一弊。

北宋圆悟克勤之时，看话之风更盛。克勤拈出雪窦禅师颂古百则，为之评，成《碧岩录》。又评唱雪窦拟古百则为《击节集》。不少释子传唱《碧岩录》，当作金科玉律，甚至誉为宗门第一书。这样一来，达摩所开创的以心传心的宗旨，就埋没在公案之中了，而禅宗的简易明白，直指心源，也就被烦琐的解说所取代了。而且，克勤往往囿于五家各别的宗风，立下许多条条框框，把原本应该很活泼的思想束缚住了。如《碧岩录》中提到云门，称其一句之中必具三句："云门一句中三句俱备，盖是他家宗旨如此。"② 提到法眼，则说："法眼禅师有啐啄同时底机，具啐啄同时底用。"③ 提到临济，则说："临济下有三句三要，凡一句中须具三玄，一玄中须具三要。"④ 凡此种种，都是过于重视一枝一叶，而忽视了整体精神。与冯楫同时的佛眼清远即指责看话之弊道："空理会古人言语公案，差别问难，节记门庭，以为参学，苦哉！苦哉！学道不如此。"⑤ 石门惠洪也论及当时禅林之弊："嗟乎！于今丛林，师授弟子，例皆禁绝悟解，推去玄妙。惟要直问直答，无则始终言无，有则始终言有。毫末差误，谓之狂解。"⑥ 其《石门文字禅》卷23《临平妙湛慧禅师语录序》更说："近世禅学者之弊，如碔砆之乱玉。枝辞蔓说似辩博，钩章棘句似迅机。苟认意识似至要，懒惰自放似了达。始于二浙，炽于江淮，而余波末流，滔滔汩汩于京、洛、荆、楚间，风俗为之一变。"⑦ 可见一时禅门趋向。

苏轼一生很早就开始浸染佛教，这从他早年所写的《和子由渑池怀旧》即可得

① 普济：《五灯会元》卷14，下册，第875页。

② 重显颂古、克勤评唱：《碧岩录》卷1，《大正新修大藏经》卷48，第146页。

③ 同上书，第147页。

④ 重显颂古、克勤评唱：《碧岩录》卷4，《大正新修大藏经》卷48，第177页。

⑤ 颐藏主集：《古尊宿语录》卷33，《续藏经》，第1辑第2编第23套第3册，第295页。

⑥ 惠洪：《林间录》卷上，《景印文渊阁四库全书》第1052册，第795页。

⑦ 慧洪：《石门文字禅》卷23，［日］释廓门贯彻注，中华书局，2012，第1376页。

知。而且，他也出自一个素有佛教传统的家庭，其母即奉佛甚诚。所以后来谪居黄州后，自号东坡，应非偶然。但他真正与佛教结缘，却是在自黄州量移汝州，途经庐山，参请东林常总禅师，得心法后。常总论法，倡触目是道之说："乾坤大地，常演圆音，日月星辰，每谈实相。翻忆先黄龙道：'秋雨霖漓，连宵彻曙，点点无私，不落别处。'复云：'滴穿汝眼睛，浸烂汝鼻孔。东林老汉即不然，终归大海作波涛。'""上堂云：'太平圣世，有道明时，荡荡皇风，迟迟春日，可谓香岩竹绿，灵云花红。甚是亲切，何曾盖覆？谁不分明？谁不晓了？若也如是，方信得雪岭泥牛，夜夜吼月；云门木马，日日嘶风。且道德山临济，又作么生。咄！'"① 苏轼接触的佛经很多，如对《楞严》《法华》《坛经》等，都下过功夫。但《楞伽经》中有言："三界上下法，我说皆是心。"② "心见于自心，见外种种相。实无可见法，……三界唯是心。"③ "心遍一切处，一切处皆心。"④ 参以常总触目是道之说，则苏轼在问法于常总的第二年即对《楞伽经》别有会心，应该不是偶然的。达摩一系运用《楞伽》中"破名相""破执着"之说，冲破语言文字对思维和心灵的束缚，对苏轼思考当时看话禅和文字禅的问题，显然也有启发。

三、《楞伽经》与苏轼的文学观

尽管苏轼能够及时指出当时的禅林之弊，但总的说来，他却并不是一个宗教批评家或宗教理论家。考察他立论的动机，当还有另一方面的原因。

自禅宗确立之后，中国的士大夫于儒、道之外，又找到了一种依托，不仅见之于思想，而且也见之于文学。尤其是唐代，由于习禅风气甚浓，士大夫与僧人多所结交，因而唐代文学在许多方面无不打上佛教、尤其是禅宗的烙印。如王维的山水田园诗，清寂空灵，明显地与他接受了南宗禅的思想有关，而马祖道一的"平常心

---

① 惟白：《建中靖国续灯录》卷12，《续藏经》，第1辑第2编乙第9套第1册，第92页。
② 菩提流支译：《入楞伽经》卷7《无常品》，《大正新修大藏经》卷16，第554页。
③ 菩提流支译：《入楞伽经》卷9《总品》，《大正新修大藏经》卷16，第567页。
④ 同上书，第568页。

是道"的思想，也对白居易的生活和创作深有影响。所以，考察唐代诗坛的风会变迁，不能离开对佛教、尤其是对禅宗的了解。考察宋代的诗坛时，也同样如此。

与苏轼同时的黄庭坚，是黄龙祖心法嗣，对禅学有着很深的造诣。以他为代表的江西诗派，从理论到创作，在一定程度上都带有佛教的影响。如善权、饶节、祖可本身就是僧侣，吕本中和曾幾都被称为通禅学①。黄庭坚在作诗上曾提出著名的"夺胎换骨""点铁成金"说。所谓"夺胎换骨"，据惠洪《冷斋夜话》卷一引黄庭坚语曰："诗意无穷，而人之才有限。以有限之才，追无穷之意，虽渊明、少陵，不得工也。然不易其意而造其语，谓之换骨法；窥入其意而形容之，谓之夺胎法。"② 所谓"点铁成金"，据黄庭坚《答洪驹父》自述："自作语最难，老杜作诗，退之作文，无一字无来处。盖后人读书少，故谓韩、杜自作此语耳。古之能为文章者，真能陶冶万物，虽取古人之陈言入于翰墨，如灵丹一粒，点铁成金也。"③ 前者指立意，后者指言辞；前者是说接过古人的立意，却改变语言，进一步加以形容描写；后者是说师法古人的语言，经过重新锻炼，体现出自己的特色。而这两种方法，都是以对前人作品的细加讽咏、捉摸、体会为前提的。所以，江西诗派论诗，接过禅宗的话头，强调"饱参"。

黄庭坚《次韵高子勉十首》之四曰："寒炉馀几火，灰里拨阴何。"任注："言作诗当深思苦求，方与古人相见也。"④ 其典出自《景德传灯录》卷九："百丈（淮海）云：'汝拨炉中有火否？'师（沩山灵祐）拨，云：'无火。'百丈躬起，深拨得少火，举以示之云：'此不是火？'师发悟礼谢。"⑤ 是说参禅要深入一层，不能流于表面，黄诗正取其意，谓作诗时，对前人作品，把握要熟，理解要深，虽未提

---

① 刘克庄：《江西诗派总序》，《后村先生大全集》卷95，《四部丛刊初编》集部，第1311册，第7页上—7页下；韩元吉：《两贤堂记》，《南涧甲乙稿》卷15，《丛书集成初编》第1982册，商务印书馆，1936，第292页。

② 惠洪：《冷斋夜话》卷1，陈新点校，中华书局，1988，第15—16页。

③ 黄庭坚：《豫章黄先生文集》卷19，《四部丛刊初编》集部，第990册，第23页下。

④ 黄庭坚撰、任渊注：《山谷内集诗注》卷16，《山谷诗注》，《丛书集成初编》第2246册，商务印书馆，1937，第292页。

⑤ 道原：《景德传灯录》卷9，《大藏经》卷51，第264页。

"饱参"二字，精神却暗寓其中①。江西派的其他诗人如陈师道《答颜生》："世间公器毋多取，句里宗风却饱参。"② 李彭《寄何斯举》："传诗句句烂生光，妙手殷红入象床。本自奉常参定脉，定从儋耳悟神方。"③ 韩驹《次韵曾通判登拟岘台》："篇成不敢出，畏子诗眼大。惟当事深禅，诸方参作么。"④ 谢薖《有怀觉范上人》："要将余事付风骚，已悟玄机窥佛祖。"⑤ 都说出了这个意思。

关于"参"和"悟"，落实到诗学上，江西诸子的意见并不完全一致，如范温以禅家的正法眼藏通于学诗的见识，而吕本中则提出"活法"，涉及诗歌的字、句以及意旨。但有一点是他们共同的，即重视对前人作品的学习和模仿，或化出新意，或自铸新词，以此体现出创造性。朱弁《风月堂诗话》卷下的记载颇可玩味："李义山拟老杜诗云：'岁月行如此，江湖坐渺然。'（按，此句见李《河清与赵氏昆季燕集得拟杜工部》一诗）直是老杜语也。其他句'苍梧应露下，白阁自云深''天意怜幽草，人间重晚晴'之类，置杜集中亦无愧矣。然未似老杜沉涵汪洋，笔力有余也。义山亦自觉，故别立门户成一家。后人挹其余波，号'西昆体'。句律太严，无自然态度。黄鲁直深悟此理，乃独用昆体工夫，而造老杜浑成之地。今之诗人少有及者，此禅家所谓更高一著也。"⑥ 李商隐是否从杜句入手及李氏与禅宗的关系，可别做讨论，但朱氏提出对句法的悟入亦有高下之分，黄庭坚是从句法上下工夫学习前人并表现自己，却很有见解。

苏轼的文学观念却与此有所不同。当然，他也并不排斥对前人的作品的学习，有些篇章甚至还有模仿的痕迹，如《荆州十首》学杜甫，《石鼓歌》仿韩愈，都非

---

① 《宋诗鉴赏辞典》："'灰里拨阴何'的意思是说，高子勉在严寒之中拨火使燃，脑子里则构思着新的诗作，如阴铿、何逊水平的不朽诗篇，将在拨灰的同时产生。"则是误解。见缪钺等：《宋诗鉴赏辞典》，上海辞书出版社，1987，第 558 页。

② 陈师道撰、任渊注：《后山诗注》卷 6，《丛书集成初编》第 2253 册，商务印书馆，1937，第 111 页；

③ 李彭：《日涉园集》卷 8，《景印文渊阁四库全书》第 1122 册，第 682 页；

④ 韩驹：《陵阳集》卷 2，《景印文渊阁四库全书》第 1133 册，第 780 页；

⑤ 谢薖：《谢幼槃文集》卷 3，《丛书集成初编》第 1975 册，商务印书馆，1939，第 20 页。

⑥ 朱弁：《风月堂诗话》卷下，陈新点校，中华书局，1988，第 112 页。

常逼真。但这些基本上出现在他创作的早期，至其个人风格形成后，则进入了一个纵横自如的境界。

苏轼曾形容写作诗、赋、杂文时的高境是："大略如行云流水，初无定质，但常行于所当行，常止于不可不止。"① 这段话虽然与传统的文学批评如自然说等也有关，但与苏轼禅悟后的理想联系更深。据周紫芝《竹坡诗话》载："有明上人者，作诗甚艰，求捷法于东坡。作两颂以与之。其一云：'字字觅奇险，节节累枝叶。咬嚼二十年，转更无交涉。'其一云：'冲口出常言，法度去前轨。人言非妙处，妙处在于是。'"② 明上人或许是九僧一流，师法姚贾，喜下推敲工夫，追求"苦吟"。他问法于苏，是因为苏诗自然生动，不烦绳削而字字入妙。这就好比参禅之人，追求开悟，而问法于师一样。苏轼对以偈颂，一方面因为对方是僧人，另一方面，也因为禅家的观念与他本人的文学思想正是相通的。《五灯会元》卷五记载有僧向石头希迁问法："僧问：'如何是解脱?'师曰：'谁缚汝?'问：'如何是净土?'师曰：'谁垢汝?'问：'如何是涅槃?'师曰：'谁将生死与汝?'"③ 另有"如何是达摩西来意"，亦与此相似。一味求法，就是自寻桎梏，自缚性灵。所以苏轼告诉明上人，所谓"捷法"，实际上就是"无法"，就是以手写心，挥洒自如，独抒性灵（"人言非妙处，妙处在于是"）。他在别的地方也多次表述了这一观点。如《重寄》："好诗冲口谁能择?"④《李行中秀才醉眠亭》三首之二："人言此语出天然。"⑤《次韵孔毅父集古人句见赠》五首之三："信手拈得俱天成。"⑥ 在《石苍舒醉墨堂》一诗里，他更借谈论自己的书法，表达了这种观点："兴来一挥百纸尽，骏马倏忽踏九州。我书意造本无法，点画信手烦推求。"⑦ 这正是禅宗随缘任运的人生哲学的表现。那么，诗与禅到底是什么关系呢？苏轼在《送参寥师》中说："欲

---

① 苏轼：《与谢民师推官书》，《苏轼文集》卷49，第1418页。

② 周紫芝：《竹坡诗话》卷2，中华书局，1985，第22页。

③ 普济：《五灯会元》卷5，上册，第256页。

④ 苏轼撰、王文诰辑注、孔凡礼点校：《苏轼诗集》卷19，第995页。

⑤ 苏轼撰、王文诰辑注、孔凡礼点校：《苏轼诗集》卷12，第585页。

⑥ 苏轼撰、王文诰辑注、孔凡礼点校：《苏轼诗集》卷22，第1155页。

⑦ 苏轼撰、王文诰辑注、孔凡礼点校：《苏轼诗集》卷6，第235页。

令诗语妙，无厌空且静。静故了群动，空故纳万境。"① 又在《书王定国所藏王晋卿画著色山》二首之一中说："我心空无物，斯文何足关？君看古井水，万象自往还。"② 都充分说明了主心性，即不拘格套、独任性灵的思想在创作中的作用。也就是说，心生而境生，应以心灵去驱遣、调动和安排大自然和人类社会所提供的一切诗材，达到自然浑成之境。这种思想在受其赏识的后学吴可处得到了进一步表述。吴有几首见载于《诗人玉屑》卷一的论诗诗，其中有曰："学诗浑似学参禅，头上安头不足传。跳出少陵窠臼外，丈夫志气本冲天。""学诗浑似学参禅，自古圆成有几联？春草池塘一句子，惊天动地至今传。"③ 前者讲独创性，全出禅语。据《黄檗断际禅师宛陵录》，希运说："语默动静，一切声色，尽是佛事。何处觅佛？不可更头上安头，嘴上加嘴。"④ 又《景德传灯录》卷二十九，同安察禅师《十玄谈》曰："丈夫皆有冲天志，莫向如来行处行。"⑤ 后者讲圆成，也就是反对片面在字句上下功夫。这都与苏轼一脉相承。所以，苏轼拈出《楞伽》中的传心之言，在某种程度上，也是有见于当时逐渐形成规模的江西风习。

苏轼和黄庭坚之间，兼有师友的关系。总的说来，是互相推重，互相学习的。但他们的创作方法却有很大的不同。刘克庄论及江西诗派曰："比之禅学，山谷，初祖也；吕、曾，南、北二宗也；诚斋稍后出，临济德山也。"⑥ 他没有像有的宋人那样苏、黄并称，就是看出了黄其实代表了另一路数。正因为苏、黄都精于禅，所以，后世论者也往往以禅言其分途。如吴坰《五总志》："后之学者，因生分别，师坡者萃于浙右，师谷者萃于江右。以余观之，大是云门盛于吴，林（临）济盛于楚。"⑦ 这段话认为存在两大阵营，不免言过其实，但态度还算持平。至于袁衮坡

① 苏轼撰、王文诰辑注、孔凡礼点校：《苏轼诗集》卷 17，第 906 页。

② 苏轼撰、王文诰辑注、孔凡礼点校：《苏轼诗集》卷 31，第 1639 页。

③ 魏庆之：《诗人玉屑》卷 1，上海古籍出版社，1959，第 8 页。

④ 裴休集：《黄檗断际禅师宛陵录》，《大正新修大藏经》卷 48，第 385 页。

⑤ 道原：《景德传灯录》卷 29，《大正新修大藏经》卷 51，第 455 页。

⑥ 刘克庄：《茶山诚斋集序》，《后村先生大全集》卷 97，《四部丛刊初编》集部，第 1312 册，第 15 页下—16 页上。

⑦ 吴坰：《五总志》，中华书局，1985，第 18 页。

说："黄、苏皆好禅，谈者谓子瞻是士大夫禅，鲁直是祖师禅，盖优黄而劣苏也。"① 则是分了等级，其实并不能真正说明二人禅学的特点。无论如何，苏轼之重视内悟，要求独创，其本质或许与黄氏并无区别，但在方法上却存在着明显的差异。苏轼批评看话禅是在元丰末年，其时，以黄庭坚为代表的江西诗风已初具规模，形成特色②。事实上，此前几年，苏轼就敏感地注意到了黄的独特风格，并以特有的开阔胸襟，写出了"效庭坚体"的诗，那么，随着江西诗风逐渐风靡，而且具有方法论上进行探讨的意义，苏轼对此做出反省，并进而有所批评，也是完全有可能的。据张耒《明道杂志》记载："苏长公有诗云：'身行万里半天下，僧卧一庵初白头。'黄九云：'初日头。'问其义，但云：'若此僧负暄于初日耳。'余不然，黄甚不平，曰：'岂有用"白"对"天"乎?'余异日问苏公，公曰：'若是黄九要改作"日头"，也不奈他何。'"③ 一重意畅，一重辞达，分歧已可见出。

四、《楞伽经》与苏轼的人生观

《楞伽经》的基本精神，在于指出世间万物都处在一个不断生灭变坏、流注不已的过程之中，因此人生有生老病死的痛苦。要超越这种痛苦，必须按照佛教教义，进行精神上的修炼，以达到最后的解脱。《楞伽经》开宗明义所说的"世间离生灭，犹如虚空华"，就是这个意思。

和许多深于用情的文学家一样，苏轼对于生死问题也是敏感的。他在熙宁六年（1073）和七年（1074）为僧人文及写的两首诗，可以清楚地看到他对人生的感慨。前一首题为《夜至永乐文长老院，文时卧病退院》："夜闻巴叟卧荒村，来打三更月下门。往事过年如昨日，此身未死得重论。老非怀土情相得，病不开堂道益尊。惟

① 袁衰坡录：《庭帏杂录》卷下，《丛书集成初编》第 975 册，商务印书馆，1939，第 11 页。
② 参看本书《元祐诗风的形成及其特征》一文。
③ 张耒：《明道杂志》，中华书局，1985，第 6 页。

有孤栖旧时鹤，举头见客似长言。"① 后一首题为《过永乐文长老已卒》："初惊鹤瘦不可识，旋觉云归无处寻。三过门间老病死，一弹指顷去来今。存亡惯见浑无泪，乡井难忘尚有心。欲向钱塘访圆泽，葛洪川畔待秋深。"② "老病死"和"去来今"的巧妙缀合，结合佛理，集中体现了世事无常的悲哀，正如他在另一首《东栏梨花》中所写的："梨花淡白柳深青，柳絮飞时花满城。惆怅东栏二株雪，人生看得几清明。"③ 在时光的流逝之中，人生的变化，不可把握，无从捉摸，从而引起对生命问题的思考，原是非常自然的。苏轼的思想在这里和《楞伽经》所反复论述的问题正有契合之处。

不过，上述情形只是反映出苏轼人生观中的某一个侧面。《楞伽经》中的生灭变坏思想，固然可以导出人生的虚幻悲哀之论，但也可以生发随缘任化，把持当下之心。从苏轼的一生来看，他的身上更多地体现出了后一种情形。总的来说，人们对于苏轼，与其说喜欢他的作品，不如说喜欢他的为人，因为他代表了一种人格理想。这种人格，如林语堂所说："一生嬉游歌唱，自得其乐，悲哀和不幸降临，他总是微笑接受。"④

苏轼并没有很浓厚的宗派意识，但他的一生却始终笼罩在党争之中，而且，无论新党还是旧党得势，他都不得势。王安石变法，他力陈其弊，受到打击，而旧党上台，排斥新党，"元祐更化"时，他又力陈新法不可尽废，所以他历尽坎坷，一贬再贬。不可否认，在这一过程中，他也曾有过悲观，如"乌台诗案"时，因家人误送鱼，以为自己将有不测，乃在给弟弟子由的诗中写道："是处青山可埋骨，他时夜雨独伤神。与君世世为兄弟，又结来生未了因。"⑤ 但总的说来，面对人生的每一次不幸，他都是乐观的。谪居黄州时，他写诗说："长江绕郭知鱼美，好竹连山

---

① 苏轼撰、王文诰辑注、孔凡礼点校：《苏轼诗集》卷 11，第 529 页。

② 同上书，第 566 页。

③ 苏轼撰、王文诰辑注、孔凡礼点校：《苏轼诗集》卷 15，第 730 页。

④ 林语堂：《苏东坡传序》，《苏东坡传》，宋碧云译，远景出版事业公司，1970，第 3 页。

⑤ 苏轼：《予以事系御史台狱，狱吏稍见侵，自度不能堪，死狱中，不得一别子由，故作二诗授狱卒梁成，以遗子由，二首》之一，《苏轼诗集》卷 19，第 999 页。

觉笋香。逐客不妨员外置，诗人例作水曹郎。"① 后来，他又一再向南贬谪，遭遇愈加不幸。但贬至惠州时，他感到"南来万里真良图"②。最后被贬到海南岛，他竟说："九死南荒吾不恨，兹游奇绝冠平生"③。

他为什么会如此坦然，如此从容地对待自己生活中的一切不幸呢？这涉及他的人生观。而要了解他的人生观，最恰当的莫过于选择他写于黄州的《赤壁赋》，尤其是《前赤壁赋》来探讨了。

《前赤壁赋》以主客问答的形式写出。由于"客"见流水而兴慨，对明月而伤心，苏轼发了一番感慨："盖将自其变者而观之，则天地曾不能以一瞬；自其不变者而观之，则物与我皆无尽也。"④ 这一段议论，是全文的主旨，也是其人生观的集中体现。一般人解说这几句，总是引《庄子·德充符》："自其异者视之，肝胆楚越也；自其同者视之，万物皆一也。"⑤ 以为受到老庄思想的影响，是齐物之论。这当然也是言之成理的，尤其句法也相似。但更具体、生动的影响，却来自佛家思想。

苏轼来到黄州以后，由于经历了人生的大动荡，不免有所反省，思考生命的本谛，因而对佛教更加虔诚了。其《黄州安国寺记》一文写道："二月至黄，舍馆粗定，衣食稍给，闭门却扫，收召魂魄。退伏思念，求所以自新之方，反观从来举意动作，皆不中道，非独今之所以得罪者也。欲新其一，恐失其二。触类而求之，有不可胜悔者。于是喟然叹曰：'道不足以御气，性不足以胜习。不锄其本而耘其末，今虽改之，后必复作。盍归诚佛僧，求一洗之？'得城南精舍，曰安国寺，有茂林修竹，陂池亭榭。间一二日，辄往焚香默坐。深自省察，则物我两忘，身心皆空。求罪垢所从生而不可得。一念清净，染污自落，表里翛然，无所附丽。私窃乐之。"⑥ 又在写给章惇的信中说："初到一见太守，自余杜门不出，闲居未免看书，

---

① 苏轼：《初到黄州》，《苏轼诗集》卷20，第1031页。
② 苏轼：《四月十一日初食荔支》，《苏轼诗集》卷39，第2121页。
③ 苏轼：《六月二十日夜渡海》，《苏轼诗集》卷43，第2366页。
④ 苏轼：《赤壁赋》，《苏轼文集》卷1，第6页。
⑤ 《庄子·德充符》，方勇译注：《庄子》，中华书局，2010，第77页。
⑥ 苏轼著、孔凡礼点校：《苏轼文集》卷12，第391页。

惟佛经以遣日，不复近笔砚矣。"① 他所看的佛经，一定有《楞伽》思想蕴于其中，否则，为什么在《前赤壁赋》里会有如此鲜明的烙印？

《楞伽经》开篇大慧大士赞佛的偈语中，就提出了生灭有无的问题。其一说："世间离生灭，犹如虚空华。智不得有无，而兴大悲心。"② 所谓佛已从无生无灭的境界中证得解脱，在释迦的自述中，也得到了进一步说明："无所有境界，离生住灭，自心起，随入分别。"③ "何故一切法无常？谓相起无常性，是故说一切法无常。……何故一切法常？谓相起无生，性无常常，故说一切法常。"④ 这些，正可作为"自其变者而观之"数句的注脚。无独有偶，《楞伽经》里也用到了水和月的意象，并以之说明生灭有无的道理。卷四如来谈到一般人对"如来"二字各加想象，有的认为是一切智，有的认为是救世者，有的认为是自觉者，有的认为是导师，等等不一。如来说，这些其实都是别名，如来二字可以涵盖这一切，不增不灭，遍及无际的空间。"如水中月，不出不入。"⑤ 这水中的月亮，既未出水，也未入水，既无去，也无来。释迦说，这正可解释如来二字⑥。苏轼在《前赤壁赋》中说："盈虚者如彼，而卒莫消长也。"⑦ 月的随波上下与盈虚变化，有现象的分别，但变中有不变者在，二者岂不是如出一辙？

正是由于接受了佛家思想的这种影响，苏轼才能于变中看出不变，于不变中看出变，对于任何艰难坎坷都能客观地对待，保持一种随缘任运的客观态度。所以，他能够体味悲哀，也能够超越悲哀。知道个体的生命终将消逝，却并不流于虚幻，

---

① 苏轼：《与章子厚参政书》二首之一，《苏轼文集》卷49，第1411页。

② 求那跋陀罗译：《楞伽阿跋多罗宝经》卷1《一切佛语心品之一》，《大藏经》卷16，第480页。

③ 同上书，第483页。

④ 求那跋陀罗译：《楞伽阿跋多罗宝经》卷2《一切佛语心品之二》，《大藏经》卷16，第494页。

⑤ 求那跋陀罗译：《楞伽阿跋多罗宝经》卷10《一切佛语心品之四》，《大藏经》卷16，第506页。

⑥ 同上。

⑦ 苏轼：《赤壁赋》，《苏轼文集》卷1，第6页。

反而从容自在地欣赏和享受"江上之清风与山间之明月"。这也就是他的处境无论怎样糟糕，命运却永远不能把他击倒的奥秘所在。

五、《楞伽经》和苏轼诗歌创作举例

苏轼的诗，深受佛家思想影响，其中涉及多部经典，《楞伽经》只是其中的一种，这里单独提出来讨论，只是为了论说的方便，不应绝对化。

第一，形象化的描写。禅宗示教，为了直观生动，常用比喻，以增强形象性。苏轼的喜比喻，是人们所共同承认的，而在表述自己的体验或理念时，他也能恰当地学习禅宗的这一开示法，使其创作虽有理意却仍是地地道道的诗，使读者首先被其中的形象打动，然后再去寻绎里面的微言大义。如《书焦山纶长老壁》："法师住焦山，而实未尝住。……君看头与足，本自安冠屦。譬如长鬣人，不以长为苦。一旦或人问：'每睡安所措？'归来被上下，一夜无著处。展转遂达晨，意欲尽镊去。"① 从意思上看，正如《楞伽》卷三所说的，束缚和解脱都在一心："凡愚众生，自妄想相续，以此相续故，凡愚妄想，如蚕作茧，以妄想丝，自缠缠他，有无有相续相计著。……觉外性非性，自心现相无所有，随顺观察自心现量，有无一切性无相，见相续寂静故，于一切法，无相续不相续相。……彼中无有若缚若解，余堕不如实觉知，有缚有解，所以者何？谓于一切法有无有，无众生可得故。"② 那个长胡子的人，所以睡不着觉，正是他生出了束缚之心的结果。至于其表达方法，也是来自这一段。佛说偈言曰："不真实妄想，是说相续相。若知彼真实，相续网则断。于诸性无知，随言说摄受。譬如彼蚕虫，结网而自缠。愚夫妄想缚，相续不观察。"③ 苏轼的诗中也用"譬如"领起，或许不完全是偶然的吧。

第二，深刻而生动的理趣。以议论为诗是宋诗的重要特点之一，对此，文学史

---

① 苏轼撰、王文诰辑注、孔凡礼点校：《苏轼诗集》卷 11，第 552 页。

② 求那跋陀罗译：《楞伽阿跋多罗宝经》卷 3《一切佛语心品之三》，《大藏经》卷 16，第 501 页。

③ 同上。

上毁誉参半。大较言之，凡宗唐之批评家，无不进行批评，如严羽。但平心而论，以议论为诗原是宋人对唐诗的一种发展，因为，在议论中，不仅能表达出人类社会生活的一个方面，从另一个角度来看，实则也是刻画出了主人公自己的形象。苏轼天才横放，诗中多有理趣，是他人生体验的总结，也是他的智慧结出的果实，其中，当然也离不开佛教的影响，因为，佛教的许多理论，本身也就是非常富有理趣的。以《和子由渑池怀旧》为例："人生到处知何似？应似飞鸿踏雪泥。泥上偶然留指爪，鸿飞那复计东西。老僧已死成新塔，坏壁无由见旧题。往日崎岖还记否？路长人困蹇驴嘶。"① 其中说到人的一生会留下许多痕迹，随时变灭，没有恒常，是一种自然规律。执着于变，因而悲哀怅惘，固然不必；执着于不变，当然就更不可取了。浸润其中的精神，与《楞伽经》中关于生灭变坏的理论，不是很相契合吗？这是由想起人生的某种经历而引起的感发。另一首诗也很著名，即《题西林壁》："横看成岭侧成峰，远近高低各不同。不识庐山真面目，只缘身在此山中。"② 这首诗前人如王文诰曾坚持为一时性到，并非禅悟。③ 其实，禅宗正是一种浸润生命的精神，如果著了相，有意谈禅，或许还不会那么意蕴深刻呢。况且，这首诗里能给人的启发并不是单层面的，也正如诗本身要说明的道理一样。一则，我们可以理解为现象和本质的关系。人的一生，亦如行于万山丛中，时晦时明，时高时低，如果执着于一景一境的观照，固然不是山岭的真面目；倘若沉湎于一时一地的得失，那也没有了解真实的人生。只有跳出暂时的荣辱，才能看清楚人生究竟是什么，获得精神上的超脱。《楞伽经》卷二说到有和无、常和无常诸关系时，曾打了一个比喻："譬如画像，不高不下，而彼凡愚作高下想，如是未来外道，恶见习气充满。"④ 二者对照，简直是一个形象的说明。二则，我们也可以理解为顿悟和渐悟之间的关系。和这首诗同时所作的《庐山二胜》序曰："余游庐山，南北得十五六，奇胜殆

---

① 苏轼撰、王文诰辑注、孔凡礼点校：《苏轼诗集》卷3，第97页。

② 苏轼撰、王文诰辑注、孔凡礼点校：《苏轼诗集》卷23，第1219页。

③ 王文诰语曰："凡此种诗，皆一时性灵所发，若必胸有释典，而后炉锤出之，则意味索然矣。"见苏轼撰、王文诰辑注、孔凡礼点校：《苏轼诗集》卷23，第1218页。

④ 求那跋陀罗译：《楞伽阿跋多罗宝经》卷2《一切佛语心品之二》，《大藏经》卷16，第491页。

不可胜纪。"① 又《东坡志林》卷一自述在庐山的游历，"最后与总老同游西林"，"仆庐山诗尽于此矣"②。所以，这首《题西林壁》是遍游庐山之后所写。他"慨叹身在山中反不识山的真面目之时，其实是识了庐山真面目之后的见道之言。是经过了横看、侧看、远看、近看、高看、低看，在胸中凝聚了局部的诸认识因而对庐山的全貌有了深刻的印象之后，才悟到'身在山中'，即在山的某一局部时反而不识其真面目的事理"③。《楞伽经》卷一，大慧问佛，要明了自性，应该渐悟，还是顿悟？佛并不否定渐悟，答道："渐净非顿，如庵罗果，渐熟非顿。如来净除一切众生自心现流，亦复如是。渐净非顿，譬如陶家造作诸器，渐成非顿。如来净除一切众生自心现流，亦复如是。渐净非顿，譬如大地渐生万物，非顿生也，如来净除一切众生自心现流，亦复如是。渐净非顿，譬如人学音乐书画种种技术，渐成非顿。如来净除一切众生自心现流，亦复如是。"④ 但佛也重顿悟："譬如明镜，顿现一切无相色像，如来净除一切众生自心现流，亦复如是。顿现无相，无有所有清净境界，如日月轮，顿然显示一切色像，如来为离自心现习气过患众生，亦复如是。"⑤ 这实际上说的就是由渐悟而顿悟的关系。在这个意义上，我们可以说，若是没有横看、侧看、远看、近看、高看、低看，也就不会有"只缘身在此山中"的认识。虽不必是直接演绎，其暗合理路却是无疑的。

第三，苏轼诗中观察自然、表现自然的某种方式和《楞伽经》有契合之处。《楞伽》示道，极力指出世间万物皆处于生灭幻化之中，变动不居，永无止息："一切诸根，自心现器身等藏，自妄想相，施设显示，如河流，如种子，如灯，如风，如云，刹那展转坏。"⑥ 用这种眼光去看大自然，则默中得喧，静中有动，任何永恒也同时显现出瞬间的形态。苏轼作诗，特别注重飞动之美。早在青年时代，当他乘

---

① 苏轼撰、王文诰辑注、孔凡礼点校：《苏轼诗集》卷23，第1215页。

② 苏轼：《东坡志林》卷1，中华书局，1981，第4页。

③ 何满子语，见缪钺、霍松林、周振甫等撰：《宋诗鉴赏辞典》，第421页。

④ 求那跋陀罗译：《楞伽阿跋多罗宝经》卷1《一切佛语心品之一》，《大藏经》卷16，第486页。

⑤ 同上。

⑥ 同上书，第487页。

船沿江东下时，描写两岸山峦，就有奇特的观察视角："船上看山如走马，倏忽过去数百群。前山槎牙忽变态，后岭杂沓如惊奔。"① 在西湖望湖楼，他写道："黑云翻墨未遮山，白雨跳珠乱入船。卷地风来忽吹散，望湖楼下水如天。"② 在望海楼，他写道："横风吹雨入楼斜，壮观应须好句夸。雨过潮平江海碧，电光时掣紫金蛇。"③ 在他的笔下，大自然的美，就在于变化。最有代表性的是苏轼的《百步洪》二首之一："长洪斗落生跳波，轻舟南下如投梭。水师绝叫凫雁起，乱石一线争磋磨。有如兔走鹰隼落，骏马下注千丈坡。断弦离柱箭脱手，飞电过隙珠翻荷。四山眩转风掠耳，但见流沫生千涡。崄中得乐虽一快，何意水伯夸秋河。我生乘化日夜逝，坐觉一念逾新罗。纷纷争夺醉梦里，岂信荆棘埋铜驼。觉来俯仰失千劫，回视此水殊委蛇。君看岸边苍石上，古来篙眼如蜂窠。但应此心无所住，造物虽驶如吾何！回船上马各归去，多言譊譊师所呵。"④ 这首诗前半描写水势，后半表达佛教的世界观，水乳交融，浑然一体。二者相联系的媒介是速度。由水速写到"一念""千劫"，水流虽快，怎比得上世事变化之快？所以不能让心识活动停留在特定的对象和内容上，万物的存在都是相对的。这正是《楞伽经》中所表达的意思："譬如风水，和合出声。彼非性非非性，如是外道，恶见妄想，依于一异俱不俱，有无非有非无，常无常见。譬如大地，无草木处，热炎川流，洪浪云涌，彼非性非非性。"⑤ 苏轼表现大自然的诗大多飞扬灵动，变化莫测，平中见奇，固然有着种种其他因素，但和他对佛教的这种思维方式的把握也不无关系。

第四，有时，苏轼也直接用《楞伽经》中的禅典，以表达自己的思想感情。如《叶涛致远见和二诗复次其韵》之一曰："烦恼初无根，恩爱为种子。烦公为假说，反复相指似。欲除苦海浪，先干爱河水。弃置一寸鳞，悠然笑侯喜。为公写余习，

---

① 苏轼：《江上看山》，《苏轼诗集》卷 1，第 16 页。

② 苏轼：《六月二十七日望湖楼醉书五绝》之一，《苏轼诗集》卷 7，第 340 页。

③ 苏轼：《望海楼晚景五绝》之二，《苏轼诗集》卷 8，第 369 页。

④ 苏轼撰、王文诰辑注、孔凡礼点校：《苏轼诗集》卷 17，第 891 页。

⑤ 求那跋陀罗译：《楞伽阿跋多罗宝经》卷 2《一切佛语心品之二》，《大藏经》卷 16，第 491 页。

瓶罍一时耻。"① 人的心灵本如平静的海水，受到外界各种因素的干扰，就如狂风吹过，掀起滔天巨浪。爱也是一种业，也能掀起苦海的浪。这一比喻实际上来自《楞伽经》卷一："犹如猛风，吹大海水，外境界风，飘荡心海，识浪不断。"② 苏轼正是借这个比喻，来说明执着于荣辱得失的爱业，就会幻象丛生，充满痛苦，以此对友人加以劝慰。又如《西山诗和者三十余人，再用前韵为谢》曰："石中无声水亦静，云何解转空山雷？欲就诸公评此语，要识忧喜何从来。"③ 这里所说的，还是万法皆空、烦恼自生的道理，一切都是外境的作用。在《病中游祖塔院》一诗中，他说："紫李黄瓜村路香，乌纱白葛道衣凉。闭门野寺松阴转，欹枕风轩客梦长。因病得闲殊不恶，安心是药更无方。道人不惜阶前水，借与匏樽自在尝。"④ 因为生病，才能闲下来，领略这乡村野寺风光，具见随缘任运之意，而"安心"一词，正出自达摩启发二祖慧可的一段公案："光曰：'我心未宁，乞师与安。'师曰：'将心来与汝安。'曰：'觅心了不可得。'师曰：'我与汝安心竟。'"⑤ 安心在己，不假外求，心若不安，皆外境所扰。苏轼认为安心即是药，则把疾病之侵，亦视为外魔，可称得上是活用此典。可见，他对达摩印心的精神确实能够深刻领会，在这个意义上，他对达摩的印心典籍《楞伽经》有契于心，也就是很自然的了。

六、余论

苏轼喜爱《楞伽经》，从宗教思想上来看，是追溯源头，重拈禅家印心之旨，表示对当时看话禅过滥的不满。这种思想渗透其人文精神之中，遂对其人生观及其文学思想、诗歌创作等都产生了一定的影响。苏轼和佛教的关系一直为学界所重视，但世

---

① 苏轼撰、王文诰辑注、孔凡礼点校：《苏轼诗集》卷 23，第 1241 页。

② 求那跋陀罗译：《楞伽阿跋多罗宝经》卷 1《一切佛语心品之二》，《大藏经》卷 16，第 484 页。

③ 苏轼撰、王文诰辑注、孔凡礼点校：《苏轼诗集》卷 27，第 1459 页。

④ 苏轼撰、王文诰辑注、孔凡礼点校：《苏轼诗集》卷 10，第 475 页。

⑤ 道原：《景德传灯录》卷 3，《大藏经》卷 51，第 219 页。

之学者谈及于此，往往大而化之，过于笼统，少有从具体经典入手者，因此，本文专门选取《楞伽经》为切入点，希望能做一个个案分析，使结论的得出更具体些。

尽管如此，为了避免片面化，以下三点仍然不得不提出来。第一，在苏轼的思想中，儒释道并存，孰重孰轻，各随其生活的变化而有所变化。讨论《楞伽经》和苏轼的关系，并不意味着苏轼更重佛教，仅仅说明他思想中的一个方面的资源而已。第二，在各种佛教典籍中，苏轼也并不是只重《楞伽经》。事实上，他对《华严经》《妙法莲华经》《维摩经》等也都非常喜欢，这些经典的某些精神也贯串在他的思想和创作之中。本文专门讨论苏轼和《楞伽经》的关系，也仅仅是说明了苏轼接受佛教影响的一个特定的方面。第三，即使对于《楞伽经》，苏轼也只是根据自己的理解，选取了自己所需要接受的部分，而不是全盘照搬。例如，《楞伽经》强调必须了无生死之念，因此乐生惧死皆为妄念，由此造成忧悲苦恼，诳惑迷乱。只有心外无见，才能得到解脱。苏轼虽然也认识到这一点，但他由此构建的行为模式却是完全个性化的，正如林语堂所说："他在玄学方面是佛教徒，知道生命是另一样东西暂时的表现，是短暂躯壳中所藏的永恒的灵魂，但是他不能接受生命是负担和不幸的理论——不见得。至少他自己欣赏生命的每一时刻。"① 所以，对苏轼和《楞伽经》的关系也不能作绝对化的理解。另外，苏轼虽然对文字禅和看话禅有些微词，其实他自己也有这种倾向，只是他立论时站的角度不同而已。从以上几点出发进行考察，就不至于只见树木，不见森林，而对本文所讨论的问题也能得出更持平的认识。

---

① 林语堂：《苏东坡传序》，《苏东坡传》，第 4 页。

江湖谒客与南宋文化

一、问题的提出

南宋中后期出现的江湖诗派，不仅是一种文学现象，而且是一种社会现象和文化现象。因此，研究江湖诗派，也应将其置于一定的社会、文化范围中去考察。

如我们所熟知，江湖诗人多是些浪迹江湖的游士。他们的社会活动和文学活动有一个重要内容，即干乞钱财。多年来，人们谈到这一点，多斥为"卑污"或"恶习"①，而缺乏具体的分析。事实上，这一社会现象涉及宋代的政治、经济、文化和士风等多方面，内容相当复杂，这里拟对此进行粗略的讨论。

为了明确问题的范围，我先引述几种文献：

> 今世之诗盛矣，不用之场屋，而用之江湖，至有以为游谒之具者。少则成卷，多则成集，长而序，短而跋。虽其间诸老亦有密寓箴讽者，而人人不自觉。所以后村有"锦裹刀"之喻。
>
> ——林希逸《跋玉融林鏻诗》②

> 旧时江湖间诸公以诗行不少，谓之诗客，公卿折节交之。
>
> ——戴表元《题汤仲友诗卷》③

> 庆元、嘉定以来，乃有诗人为谒客。龙洲刘过改之之徒，不一人，石屏亦其一也。相率成风，至不务举子业。干求一二要路之书为介，谓之"阔匾"，副以诗篇，动获数千缗以至万缗。如壶山宋谦父自逊，一谒贾似道，获楮币二

---

① 如梁崑《宋诗派别论》之"江湖派"一节中，就有这种指斥。见梁崑：《宋诗派别论》，商务印书馆，1939，第157页。

② 林希逸：《竹溪鬳斋十一稿续集》卷13，《景印文渊阁四库全书》第1185册，第684页。

③ 戴表元：《剡源集》卷18，《丛书集成初编》第2057册，商务印书馆，1935，第277页。

十万缗，以造华居是也。钱塘湖山，此曹什佰为群。

——方回《瀛奎律髓》①

近世士……为诗者益众。……夷考其人，衣冠之不改化者鲜矣。其幸而未至改化，葛巾野服，萧然处士之容，而不以之望尘于城东车马队之间者，鲜矣。

——赵文《诗人堂记》②

以上这些记载，都出自晚宋或宋元之际作家之手，从中，我们可以看出如下几点：其一，谒客已形成了一个较广泛的阶层；其二，谒客的主要干谒手段是诗；其三，行谒的主要对象是达官权贵；其四，行谒的目的是求乞钱财。所有这些，构成了江湖谒客的基本特征。我们下面的讨论，便是以此为中心的。

二、行谒的内容和方式

宋末吴龙翰有《赠谒士》一诗，生动地勾勒出谒客的形象。诗云：

一掬乡心寒似月，半生行迹过于云。春风满担诗千首，是处青山留得君。③

肩挑诗担，可能是夸张，但谒客众多，漫游于江湖间，却是事实。赵蕃一诗题云：《得友人俞玉汝书，云：客游建业，月尝能致钱十万……》④，似俞氏这样行谒，其收入相当可观。

谒客的主要目的当然是乞钱。但同为乞钱，目的却不完全一致。这与当时下层知识分子的生活形态和谒客之风的形成是有关的。

---

① 方回：《瀛奎律髓》卷20 戴复古《寄寻梅》评，《瀛奎律髓汇评》，第840页。

② 赵文：《青山集》卷4，《景印文渊阁四库全书》第1195册，第41页。

③ 吴龙翰：《古梅遗稿》卷1，《景印文渊阁四库全书》第1188册，第843页。

④ 赵蕃：《淳熙稿》卷1，《丛书集成初编》第2257册，商务印书馆，1935，第18页。

他们或是干求买山钱。宋代的隐逸之风带有社会性退避的特点①，山林、田园对知识分子的吸引力始终很强。但对一些贫寒的读书人来说，幽雅、舒适的隐居生活是可望而不可即的，为了满足这种要求，向权贵干乞买山钱便是很自然的事了。如危稹《上隆兴赵帅》：

> 买宅须买千万邻，季雅喜得王僧珍。买山百万复谁与？襄阳节度真主人。我生兀兀钻蠹简，不肯低头植资产。缀名虎榜二十年，依旧酸寒广文饭。绿鬓半作星星华，岂堪风雨犹无家。大鹏小鷃各自适，只有鸿雁长汀沙。弟昆团栾虽足乐，老屋萧条不堪著。玉堂便是无骨相，也合专侬一丘壑。近来卜筑穷冥搜，十里而近依松楸。骊龙塘上邓家丘，半山老人所钓游。半山天下文章伯，邓家声名亦辉赫。断碑犹在古墙阴，好句曾经写山色。买邻得此无所予，只欠山资无处觅。平生骂钱作阿堵，仓卒呼渠宁肯顾？君侯地位高入云，笔所到处皆成春。万间广厦茫许远，岂无一室栖贫身。王邓故处为邻曲，更得赵侯钱买屋。便哦诗句谢山神，饮水也胜樽酒绿。②

诗中有"缀名虎榜二十年"句，考危稹淳熙十四年（1187）进士及第③，知诗写于嘉泰二年（1202）。又诗中有"依旧酸寒广文饭"句，知其正任教职。一个进士及第且身有薄宦的知识分子也加入了谒客的队伍，这是值得注意的。另外，前举方回文中的宋自逊，"一谒贾似道，获楮币二十万以造华居"，也是这方面的例子。

次则干乞生活费用。江湖游士，例多穷苦，迫于生计而求乞者屡见不一见。如周弼《罗家洲》：

> 对港近村俱有路，扁舟倍觉往来频。入秋破褐惟存线，尽日收钱不满缗。

---

① 李泽厚：《韵外之致·苏轼的意义》，《美的历程》，天津社会科学院出版社，2001，第261页。

② 危稹：《巽斋小集》，《汲古阁景宋钞南宋群贤六十家小集》，第1页下。

③ 见脱脱等撰：《宋史》卷415《危稹传》，中华书局，1985，第12452页。

远岸冷沙衔坠叶，浅滩寒水卧枯苹。未知行役何时断，纵使更深亦唤人。①

诗中主人公四方奔走，而所得甚少，颇有行谒无门之悲。反过来看，更见出生活的窘迫。而即使是漫游本身，也有这方面的需求。因为，他们既是长年奔波，没有固定收入，生活不免动荡贫窘，其谋求资助，便成为经常性的。如戴复古《谢王使君送旅费》云：

风撼梅花雨，雾笼杨柳烟。如何残腊月，已似半春天。岁里无多日，闽中过一年。黄裳解留客，时送卖诗钱。②

诗人称其收入为"卖诗钱"，显然是由于以诗行谒。戴复古在江湖诗人中称得上是一流人物，犹且如此，其余就可推知了。

再则为干求应举之资。曾敏行《独醒杂志》载：

永丰董体仁德元，少年魁乡举，士林中亦知名。后累试礼部不第，流落困踬，竟就特奏名，补文学。……庐陵之俗，谓特奏名为老榜。初，体仁既预漕举，谒一达官，干东上之费。达官语坐客，有"老榜"之语。体仁颇不能平。③

所谓特奏名，乃是对于"贡士十五举以上曾经终场者"④，特恩赐第。董氏"累举

---

① 周弼：《汶阳端平诗隽》卷3，《汲古阁景宋钞南宋群贤六十家小集》，第14页上。又杜范《清献集》卷3《郑宁夫携诗什访余，并有赠篇，闻其浙右之行，诗以送》云："何人剥啄扣云关，袖有新诗数百篇。宫徵自调相和应，珠玑不拣尽光圆。昌黎荐士惭无路，东野盘空枉笑天。闻道二亲犹未葬，知谁著眼为渠怜？"见杜范：《清献集》卷3，《景印文渊阁四库全书》第1175册，第630页。是则郑氏乃因家贫为其二亲谒葬费。

② 戴复古：《石屏诗集》卷4，《四部丛刊续编》集部，第418册，第14页上。

③ 曾敏行：《独醒杂志》卷6，《丛书集成初编》第2775册，商务印书馆，1936，第42页。

④ 王栐：《宋朝燕翼诒谋录》卷1，《丛书集成初编》第3888册，商务印书馆，1939，第1页。

不第"，缺少旅费当是常事，其受到奚落，固然反映了特奏名的不见重于时人，但与其乞钱的行为也不无关系。这一点，我们下面还要涉及。

最后，他们有的人还干求享乐之资。南宋社会风气侈靡，影响所及，一些下层知识分子也对此汲汲追求。如王镃《呈赵使君，时方西遁》：

> 欲买寒江载月船，床头金尽却谁怜？客囊空有诗千首，难向红楼当酒钱。①

诗人乞钱，是为了江船载月和红楼沽酒，企慕都市生活的繁华，与以上几种是显然不同的。②

行谒的方式，据上引方回语，即"干求一二要路之书为介，谓之'阔匄'，副以诗篇"。这就是说，需谋求有地位的人为之介绍、称扬，并以自己的诗一同投献③。从有关文献看，这种方式的确是存在的：

> 早岁走江湖，那堪又岁除。隐梅非活计，行李盍宁居。自有珠玑集，不携朝贵书。酬君无好语，索笑谩踌躇。
>
> ——朱南杰《陈梅隐求诗》④

---

① 王镃：《月洞吟》，《景印文渊阁四库全书》第 1189 册，第 497 页。

② 除了乞钱，也多有乞米者。这方面的文献较多，如戴复古《谭俊明雪中见访从而乞米》、王琮《客中从厚禄故人乞米》、杜范《詹世显老丈春米为赠，时有张老之子携其父诗求月助，即以詹米转馈之……》等。这种情形，既说明了当时下层知识分子的最为切近的要求，也说明了他们经常的生活状况。但乞米与乞钱是有层次上的区别的，不能完全混为一谈。见戴复古：《石屏诗集》卷 2，《四部丛刊续编》集部，第 417 册，第 21 页上；王琮：《雅林小稿》，《汲古阁景宋钞南宋群贤六十家小集》，第 6 页上；杜范：《清献集》卷 2，《景印文渊阁四库全书》第 1175 册，第 617 页。

③ 这种行谒方式，使我们想起了唐代的进士行卷。赵彦卫《云麓漫钞》卷 8 云："唐之举人，先借当世显人以姓名达之主司，然后以所业投献。"见《丛书集成初编》第 298 册，商务印书馆，1936，第 222 页。（按，赵说含混，辨见程千帆师：《唐代进士行卷与文学》，上海古籍出版社，1980，第 7—8 页）进士行卷与谒客干乞虽不同，但就这一点而言，仍能见出二者的渊源关系。

④ 朱南杰：《学吟》，《汲古阁景宋钞南宋群贤六十家小集》，第 9 页上。

诗翁香价满江湖，肯访西郊隐者居。瘦似杜陵常戴笠，狂如贾岛少骑驴。但存一路征行稿，安用诸公介绍书？篇易百金宁不售，全编遗我定交初。

——邹登龙《戴式之来访惠〈石屏小集〉》①

朱、邹二人称赞陈、戴靠自己的诗便能行谒江湖，从反面证明，权贵的介绍仍是十分重要的。方岳有一首可称为"阔匾"的诗，云：

江皋误喜荷锄手，谪尽沧浪书满家。第一讳穷人谬甚，再三称好子虚耶。霜眠茅屋可无酒？春到梅梢怕有花。烦见歙州梁别驾，为言诗骨雪槎牙。

——方岳《欧阳相士谒书诣梁权郡诗以代之》②

这是方岳以诗歌的形式为一位相士写的"介绍书"，虽然不免简单，但有关谒客的身份、特长、处境甚至要求，都点到了。有了这样的推荐信，显然可以增加成功的概率。

谒客求馈赠，有"前日方游吴，今日又走越"③，所谓饥不择食者，所以若能对所谒者有所了解，有着明确的针对性，则显然更容易成功。释居简《送柴生谒东嘉吕守序》云：

（柴）谒宜独，将因宜独以见吕东嘉。是举也，适足以济前日求益暗投于余之两失也。……命之曰："子之谒东嘉郡侯，侯固好义，郡文学吴越钱竹岩，天下士也，与侯道同气合。子无意于六艺之旨则已，苟急于此，舍是无获焉。"④

在释居简看来，柴生有宜独介绍，知吕侯"好义"，这两个条件虽很重要，但还不够。要获得成功，还必须了解吕侯通"六艺之旨"，而且有一个"道同气合"的僚

---

① 邹登龙：《梅屋吟》，《汲古阁景宋钞南宋群贤六十家小集》，第 6 页上。

② 方岳：《秋崖先生小稿》卷 17，《宋集珍本丛刊》第 85 册，第 246 页。

③ 胡仲弓：《送怀玉之越谒秋房使君》，《苇航漫游稿》卷 1，《景印文渊阁四库全书》第 1186 册，第 670 页。

④ 释居简：《北涧集》卷 5，《景印文渊阁四库全书》第 1183 册，第 64—65 页。

属钱竹岩，因此，应该在这方面做些准备。我们不妨举刘过为例。岳珂《桯史》载：

> 嘉泰癸亥岁，改之在中都，时辛稼轩帅越，闻其名，遣介招之，适以事不及行，作书归辂者，因效辛体《沁园春》一词，并缄往，下笔便逼真。其词曰："斗酒彘肩……"辛得之大喜，致馈数百千，竟邀之去。馆燕弥月，酬唱叠叠，皆似之，逾喜。垂别，赒以千缗，曰："以是为求田资。"①

刘过效辛体填词，或许有文学上的考虑。但其与辛弃疾相交，明显带有干乞意图。②而且，"过词凡赠辛弃疾者则学其体，……其余虽跌宕淋漓，实未尝全体辛体"③。因此，不能排除他以效辛体为手段，以博取辛弃疾好感的可能。如果这一推测能够成立，则刘过之谒辛弃疾，是做了精心的准备的。

谒客所投献的作品，在写法上没有什么固定的要求。一般说来，最好兼有颂扬对方功德、诉说自己处境两个方面，同时，也应有一定的艺术表现力，这样，才能引起被谒者的兴趣，达到自己的目的。《浩然斋雅谈》载，"翁孟寅宾旸尝游维扬，时贾师宪开帷闱，甚前席之。其归，又置酒以饯。"④ 席上，翁氏赋《摸鱼儿》一词云：

> 卷西风，方肥塞草，带钩何事东去？月明万里关河梦，吴楚几番风雨。江上路，二十载、头颅凋落今如许。凉生弄尘，叹江左夷吾，隆中诸葛，谈笑已尘土。　　寒汀外，还见来时鸥鹭。重来应是春暮。轻裘岘首陪登眺，马上落花飞絮。挤醉舞，谁解道、断肠贺老江南句。沙津少驻，举目送飞鸿，幅巾老

---

① 岳珂：《桯史》卷 2，中华书局，1981，第 23 页。

② 刘过谒辛弃疾事，还在元蒋子正《山房随笔》及其他一些著作中有所记载，其中或有纰缪。见《历代诗话》，中华书局，1981，第 710 页。邓广铭《辛稼轩年谱》已有辨正（见邓谱嘉泰三年纪事，上海古籍出版社，1979，第 143 页）。但刘过之为辛氏的谒客则是无疑的。

③ 永瑢等撰：《四库全书总目》卷 199《龙洲词》提要，第 1820 页。

④ 周密：《浩然斋雅谈》卷下，《景印文渊阁四库全书》第 1481 册，第 850 页。

子，楼上正凝伫。①

赞贾赞得得体，写己写得巧妙，颂而不谄，哀而不伤，其间还隐见豪气。在南宋众多的此类作品中实属上乘。结果，贾似道"大喜，举席间饮器凡数十万，悉以赠之"②。

这个例子说明，对于谒客来说，投献作品并不一定必有所得。其作品写什么、怎样写，都是很重要的。费衮《梁溪漫志》曾记载：

> 近年以来，率俟相见之时以书启面投，大抵皆求差遣，丐私书，干请乞怜之言。主人例避谢而入袖，退阅一二，见其多此等语，往往不复终卷。③

费氏所说可能范围还要宽些，并不仅限于干谒钱财，但"丐私书"显然也就是"阔匾"。由此，我们得知，如果谒客的作品充斥乞怜之语，不仅达不到目的，反而会引起反感。因此，谒客们投献的作品，在写法上不能不有所注意。

三、谒客阶层的形成

以求得经济上的施舍的干谒之举，唐代就已存在了。略举文献一二如次。

> 闻举子其艰苦憔悴者，虽有铿鍧其才，不如啮肥跃骏足党与者，虽无所长，得之必驶。观以是益忧之。……昨者有《放歌行》一篇，拟动李令公邀数金之恩。
> ——李观《与吏部奚员外书》④
> 丞相牛公应举，知于頔相之奇俊也，特诣襄阳求知。住数月，两见，以海客遇之，牛公怒而去。去后，忽召客将问曰："累日前有牛秀才，发未？"曰：

---

① 周密：《浩然斋雅谈》卷下，《景印文渊阁四库全书》第 1481 册，第 850 页。

② 同上。

③ 费衮：《梁溪漫志》卷 3 "行卷" 条，上海古籍出版社，1985，第 28 页。

④ 董诰等：《全唐文》卷 532，第 5407 页。

"已去。""何以赠之？"曰："与之五百。"

——张固《幽闲鼓吹》①

这是与进士科举密切相关，由行卷之风派生出来的一种现象②。但是，唐代举子干谒钱财，只是谋求应举的资助，其目的最终还是为了应举。这与后来，尤其是大盛于南宋的干谒之风是有很大的不同的③。

到了北宋，干谒之风进一步发展，例如：

> 工部胡侍郎则为邑日，丁晋公为游客，见之，胡待之甚厚，丁因投诗索米。明日，胡延晋公，常日所用樽罍悉屏去，但陶器而已。丁失望，以为厌己，遂辞去。胡往见之，出银一篚遗丁曰："家素贫，唯此饮器，愿以照行。"

——沈括《梦溪笔谈》④

> 吕许公，一日有张球献诗云："近日厨中乏短供，孩儿啼哭饭箩空。母因低语告儿道：爷有新诗谒相公。"公以俸钱百缗遗之。

——阮阅《诗话总龟》⑤

从中可以看出，下层知识分子干谒钱财已不再与进士行卷密不可分，而且，已开始用诗歌直接表现自己的这种愿望。这固然与科举考试实行了弥封制，因而举子无从行卷有关，但也不可否认，游士阶层此时已开始获得了独立存在的意义。

尽管如此，以谒取钱财为目的的谒客阶层的真正形成，却是在南宋。这从规模、范围及程度等方面，都可以明显看出来。那么，这一阶层形成的基础是什

---

① 张固：《幽闲鼓吹》，明顾氏文房小说本，第9页下。

② 关于唐代举子借行卷以敛财之事，参看程千帆师：《唐代进士行卷与文学》，第31、32页。

③ 南宋也有从干谒中取得应举行资的士子，这可视为唐人之风的一种延续。拙著《江湖诗派研究》亦曾提到这种现象，但却是作为整个谒客阶层的一个部分加以考虑的，事实上，它与纯粹以敛财为目的的干谒，大有区别。

④ 沈括：《梦溪笔谈》卷9《人事一》，沈括撰、胡道静校证：《梦溪笔谈校证》卷9，上海古籍出版社，1987，第393页。

⑤ 阮阅：《诗话总龟》卷5《投献门》，周本淳校点，人民文学出版社，1987，上册，第50页。

么呢？

第一是宋室南渡给社会结构带来的变化。靖康乱后，北方士民大批南迁，"云集两浙，百倍常时"①。临安尤甚，"故都及四方士民、商贾辐辏"②。在这些人中，当然不乏大官僚及各种上层人士，他们南迁后仍然可以过着养尊处优的生活，但是，也还有大部分人，因战乱而离乡背井。这些人逃到南方后，多数只能过着极不稳定的生活，其中，便有一批读书人在内。刘宰有《代李居士谒王去非制干三首》，其一、二两首云：

> 家山目断古幽州，百口来归路阻修。丁字无端轻介胄，蝉冠却羡出兜鍪。
> 箕裘忍坠先人业，瓴石谁为客子谋？不惜饥寒同一死，南来恐作北人羞。
>
> 侨居无地寄生涯，布袜青鞋著处家。太乙虚舟想莲叶，玄都活计问桃花。
> 不堪众稚贫为累，坐使孤生发半华。倘许侏儒均赋粟，不妨老子自餐霞。③

这些诗写出了一个流亡士子南来侨居的处境，其走上行谒的道路，也是不得不然。类似的情形，也出现在其他许多江湖游士身上，这是需要从社会结构上去考虑的。

第二是阶级结构的急剧变化。唐玄宗天宝十四载（755）发生的安史之乱，标志着中国封建社会由盛而衰的开始。其中的一个重要标志，就是自西晋开始的授田制，由于均田法的废弃而告结束，从此，庄田制盛行，土地兼并在唐代后半期日益加重。④

衍至宋代，兼并进一步地发展着。据漆侠考证，宋代土地兼并共有三次高潮：第一次出现在北宋真宗、仁宗时期；第二次出现在北宋徽宗时期；第三次出现在南

---

① 李心传：《建炎以来系年要录》卷158"绍兴十八年十二月己巳"条，中华书局，1956，第4册，第2573页。

② 陆游：《老学庵笔记》卷8，《丛书集成初编》第2766册，商务印书馆，1936，第74页。

③ 刘宰：《漫塘集》卷2，《景印文渊阁四库全书》第1170册，第302页。

④ 参看范文澜：《中国通史简编》第3编第2章第4节"中唐的经济状况"，商务印书馆，2010，第314—315页。

宋初年，一直延续到宋末，而且，越来越严重。① 前两次不属于本书范围，姑置而不论。从有关材料来看，后一次兼并有着超越前代的趋向。南宋的几个大权奸，无不大肆兼并田产。秦桧的田产，到其孙子辈，虽生计渐渐窘迫，岁入米仍有十万斛。② 史弥远的下属代其兼并土地，溧阳宰陆子通一次便强夺民田一万一千八百余亩。③ 文臣如此，武将亦然。赵翼指出：“南宋将帅之豪侈，又有度越前代者。”④ 如大将张俊，其田庄分布在江东两浙最富庶的地区的六个州府、十个县，共有十五个庄。⑤ 这种状况，发展到南宋中后期，愈演愈烈，正如刘克庄所指出的：“吞噬千家之膏腴，连亘数路之阡陌，岁入号百万斛，则自开辟以来，未之有也。”⑥

土地兼并的加剧，必然导致土地所有权转移的加剧。在兼并过程中，失去土地的固然多为一般劳动人民，但也不乏中下层乃至上层地主阶级中的人物，因此，地主阶级的浮沉升降也随之加剧起来。谢逸曾指出：“余自识事以来几四十年矣，见乡间之间，曩之富者贫，今之富者，曩之贫者也。”⑦ 暴发户的兴起，是问题的另一个方面，而许多所谓“富者”的没落却也是不争的事实。因此，民谚有“富儿更替作”之语⑧，参以刘克庄“江浙巨室，有朝为陶朱，暮为黔娄者”的描写⑨，更能

---

① 见漆侠：《宋代经济史》第 6 章《宋代土地所有制形式（上）》，上海人民出版社，1987，第 256—260 页。

② 陆游：《入蜀记》卷 2，《丛书集成初编》第 3190 册，商务印书馆，1936，第 14 页。

③ 魏了翁：《鹤山先生大全集》卷 20，《四部丛刊初编》集部，第 1243 册，第 9 页下。

④ 赵翼：《陔馀丛考》卷 18 “南宋将帅之豪富”条，第 346 页。

⑤ 徐梦莘：《三朝北盟会编》卷 237 “绍兴三十一年十月二十九日戊辰”条，上海古籍出版社，1987，第 1702 页。

⑥ 刘克庄：端平元年《备对札子三》，《后村先生大全集》卷 51，《四部丛刊初编》集部，第 1300 册，第 6 页下。

⑦ 谢逸：《黄君墓志铭》，《溪堂集》卷 9，《宋集珍本丛刊》第 31 册，第 448 页。

⑧ 袁采：《袁氏世范》卷下 “兼并用术非久计”条，《景印文渊阁四库全书》第 698 册，第 638 页。

⑨ 刘克庄：《林寒斋惢尝田》，《后村先生大全集》卷 93，《四部丛刊初编》集部，第 1311 册，第 5 页上—5 页下。

形象地看出这种变化①。

失去了土地的农民可能成为佃户，或流入城市成为从事各种劳动的后备军，但失去了土地的地主阶级中的一部分人却非如此。因为，后者的经济地位虽然下降，但在思想、文化、习性等方面，却仍然属于他们原来的阶级。这样，地主阶级中便又分化出了一个新的阶层——清客。他们没有固定资产，未能跻身上流社会，只好依托于权贵势要之门，以维持生活。文学史上的著名作家如刘过和姜夔正是这样的人。

刘过，庐陵人，以诗鸣，"厄于韦布，放浪荆楚，客食诸侯间"②。辛弃疾爱其才，时有赆赠，后入赘昆山，而卒以穷死。后七年，赵希柟始买山葬之。吕大中评之云："家徒壁立，无担石储，此所谓生而穷者；冢芜岩偎，荒草延蔓，此所谓死而穷者。"③

姜夔，番阳人。"少日奔走，凡世之所谓名公巨儒，皆尝受其知。"④ 尝依萧德藻，又为范成大客，成大待之甚厚，赠以歌伎，多有馈遗。中年后，居杭，依张鉴十年，鉴"欲割锡山膏腴以养之"。鉴卒，旅食浙东、嘉兴、金陵间。卒于西湖，贫不能殡，吴潜诸人助之葬于钱塘门外⑤。

限于材料，我们尚无法得知刘、姜二人原来的经济地位如何，但他们自身处于地主阶级的下层却是事实。他们客食权贵之门，虽曾被待为座上客，但最终仍不免

---

① 一部分中小地主阶级地位下降的原因，除了土地兼并外，还与商业资本的兴起、土地买卖的自由、差役赋税的繁重等方面有关，为避枝蔓，这里不拟多谈。漆侠曾指出，从北宋到南宋，中小地主阶级的经济力量是逐渐下降的，南宋以降，大批人从地主阶级中跌落下来，而其中的一个重要原因，便是由于繁重的赋役。见漆侠：《宋代经济史》第 6 章《宋代土地所有制形式（上）》、第 12 章《宋代地主阶级和农民阶级》，第 268、513—516 页。

② 岳珂：《桯史》卷 2，第 22 页。

③ 并见吕大中：《宋诗人刘君墓碑》、殷奎：《复刘改之先生墓事状》，刘过：《龙洲集》附录，上海古籍出版社，1978，第 141、142 页。

④ 周密：《齐东野语》卷 12，第 211 页。

⑤ 据夏承焘：《姜白石系年》，《唐宋词人年谱》，古典文学出版社，1957，第 445 页。又陈造《次姜尧章赠诗卷中韵》五首之二亦云："念君聚百指，一饱仰台馈。"见陈造：《江湖长翁集》卷 6，《景印文渊阁四库全书》第 1166 册，第 74 页。

穷愁潦倒，甚至死后都无力安葬。他们的生活道路，是众多的江湖游士的一个缩影。

第三是科举考试的艰难。关于科举，下面还要进一步讨论，这里只提出两点。其一，唐代科举每年一次，而宋代自北宋中叶起，定为三年一次。因此，虽然宋代取士数量远超过唐代，但由于应试人数非常之多，得中者毕竟是少数。在三年一开科的情形下，许多人累举不第，便长期在社会中浮游。这种状况使得一部分人感到进身无望，遂因此而绝意功名，这就是方回所指出的那些"不务举子业"的游士①。其二，与唐代一样，宋代举子赴试，在经济上经常会出现危机。欧阳守道谈到科举之病时曾说："贫无资者常厄于就试之费，礼部国子监学在京师，四方之士有不远数千里试焉。近且俭者，旅费不下三万；不能俭者，不论远者，或倍或再倍也。士十七八无常产，居家养亲，不给旦夕，而使茫然远行，售文于一试，……释褐未可期，道途往来，滋数矣。"因此，不免"皇皇焉号于人求其己助"②。这方面的例子，我们在前面已经谈到了。下表是唐宋元明清五个朝代的取士情形：

朝代	取士总数	每年平均人数
唐	20619	71
宋	115427	361
元	1135	12
明	24612	89
清	26881	103

① 欧阳守道《送彭士安序》云："同里彭君袖诗遗予，道其艰难困苦之状。"请求资助，欧阳却勉励他"勉力自进，惟书之为信"，"期以他日"。可见，彭氏也是位失意于科举，而甘愿当谒客的知识分子。见欧阳守道：《巽斋文集》卷12，《景印文渊阁四库全书》，第1183册，第608页。

② 欧阳守道：《送刘季清赴补序》，《巽斋文集》卷12，《景印文渊阁四库全书》第1183册，第604页。

第四是冗官的不断增多。应试的艰难，对于读书人来说，是客观存在，但科举的吸引力总的说来并未因此而减少。由于政治、经济、社会诸因素的作用，宋代科举考试中的应试人数和取士人数之多，都是空前绝后的。唐以来历朝取士情况列表如上①，从表中可以看出，宋代平均每年取士人数分别是唐、元、明、清的5、30、4、3.5倍。这样一大批士人，和以其他方式出官者，如门荫补官、胥吏出职和进纳买官等，一起成为宋代冗官形成的重要原因。②

冗官，在北宋时就非常严重，到了南宋，更有了进一步的发展。这表现在，封疆减少五分之二，而官员数反而增加，造成"员多阙少"③的状况。正如周必大所云："鱼贯于都门，縻至于铨曹。守选之人殆过三千，率数十人而竞一阙，五六岁而俟一官。"④士子能够"起布衣为簿尉"，已经是"异恩"了⑤。整个南宋，卖官

---

① 数字统计据张希清：《论宋代科举取士之多与冗官问题》，《北京大学学报（哲学社会科学版）》1987年第5期，第105—116页。按，张氏对唐代科举取士人数的统计可能不够准确，如明经，其按进士及第人数的一倍来统计，实际上，可能高于此数。傅璇琮认为明经每科约取一百人，不失为较为合理的估计（见傅璇琮：《唐代科举与文学》第5章《明经》，陕西人民出版社，1986，第124页）。但宋代取士数量远高于唐代，却是不争的事实。因此，本文统计时，为方便起见，仍沿用张说。

② 前引张文认为，造成宋代冗官的最主要的原因，不是科举取士之多，而是门荫补官以及胥吏出职和进纳买官之滥，这是很有道理的。但从宋代官僚结构来看，科举取士之多也不能不说是造成冗官的一个重要原因。

③ 李心传：《建炎以来朝野杂记》甲集卷6"近岁堂部用阙"条，《丛书集成初编》第836册，商务印书馆，1937，第88页。

④ 周必大：《周益国文忠公集·省斋文稿》卷11《策·试馆职策一道》，清刻本，第4页下。

⑤ 戴埴：《鼠璞》"唐进士贬官"条，《丛书集成初编》第319册，商务印书馆，1939，第28页。

之风盛行①，正从反面说明选人获得实缺的困难。在这种情况下，可以说，许多候缺的选人已经与游士非常接近了。危稹《妇叹》描写了这种情形：

> 记得萧郎登第时，谓言即日凤凰池。而今老等闲官职，日欠人钱夜欠诗。②

而题为陈起所编的、以收录江湖诗人的作品为主的《南宋六十家小集》，六十位诗人中，今可考知的，有十八位是进士及第，这似乎能够从一个侧面证明此点。为了对宋代历朝官员数有一个直观的了解，以下列表加以说明③：

年　代	官员总数
景德元年—景德四年（1004—1007）	10000 余
宝元元年—宝元二年（1038—1039）	15443
皇祐元年（1049）	17300 余
皇祐元年—皇祐五年（1049—1053）	20000 余
治平元年—治平四年（1064—1067）	24000 余
元丰元年（1078）	24549
元祐三年（1088）	34000

---

① 如戴埴《鼠璞》之"鬻爵"条云："今之鬻爵，泛滥极矣。"（《丛书集成初编》第319 册，商务印书馆，1939，第 8 页）又："学官之选，近岁滋益轻，至有待次累年者。朝廷患之，至是有旨，非阙官不除。有选人家闽中，其父与陈自强有旧，至是，入都见自强，求为掌故。自强对众厉声曰：'外间岂不知近者见阙方除，此何可得？'众为之蹴踏。后旬日，竟除掌故。"（见《两朝纲目备要》卷 8，《景印文渊阁四库全书》第 329 册，第 817 页）原来是以粟金台盏十具贿赂所致。

② 危稹：《巽斋小集补遗》，鲍廷博辑：《知不足斋辑录宋集补遗》下，《汲古阁景宋钞南宋群贤六十家小集》，第 1 页下。

③ 参考李弘祺：《宋代官员数的统计》，《食货月刊》1984 年第 5、6 期合刊，第 227—239 页。

续表

年　代	官员总数
绍熙二年（1191）	33516
庆元二年（1196）	43059
嘉泰元年（1201）	37808
嘉定六年（1213）	38870
宝祐四年（1256）	34000

如表所示，北宋官员一直呈上升趋势，而到了南宋，尽管疆域减少，官员数反而增多，其中，尤以庆元、嘉泰、嘉定年间为最。前引方回语云："庆元、嘉定以来，乃有诗人为谒客。"两相对照，我们可以得知，江湖游士或谒客大盛于庆元、嘉定间，绝不是偶然的。

第五是士人生活水平的低下。前人论宋代优遇士大夫，每言其生活待遇很高。所谓"给赐优裕，故入仕者不复以身家为虑"[①]。但据衣川强研究，这一结论是不够严密的。衣川氏认为，从宋代的实际情况看，所谓"制禄之厚"，应该指军队的俸给，而文官则不然。这位学者进而以米的消费量为例，分析了各类士人的需求，指出，宋代士人的生活水平普遍是较低的[②]。这一判断虽然还缺乏更广泛的例证，但却值得重视。由此可以推知，在一般情况下，地主官僚中下层的生活水平并不高。

---

① 赵翼：《廿二史札记》卷25"宋制禄之厚"条，《四部备要》第51册，中华书局，1989，第283页。

② 衣川强谈到宋代文官对米的消费时指出，宋代每人每日至少须食米一升，如果一个官员身边有二十个人需要供养，每月就需米六石。南宋的米价一直在不断上升。如以南宋初年而言，每升米约需三十文，则六石为十八贯。而如以南宋末年而言，每升米五十文，则六石为三十贯至四十五贯。宋代的一个知县，如北宋的王安石，其知鄞县时，各种收入加起来，不过三十贯。南宋时，官吏薪俸，参用嘉祐、元丰、政和之制，增损不多，则一个知县的收入，大致如此。但官吏们显然不能只吃米，还要有副食品、文化生活及其他支出。这样，仅以薪俸收入来看，其生活水准不高是可想而知的。见衣川强：《宋代文官俸给制度》，台湾商务印书馆，1977，第91—98页。

与上述问题密切相关的是通货膨胀。整个南宋一代，纸币发行的数量、增长的速度是惊人的，具体情形略如下表①：

时　间	数　量
乾淳间（1165—1189）	二千万缗
淳熙间（1174—1189）	二千四百万缗
开禧间（1205—1207）	一亿四千万缗
嘉定间（1208—1224）	二亿三千万缗
绍定间（1228—1233）	二亿九千万缗
绍定五年（1232）	三亿二千九百余万缗
绍定六年（1233）	三亿二千万缗
淳祐六年（1246）	六亿五千万缗
景定四年（1263）	日印十五万缗

通货膨胀，则物价也必然高涨。从涨价的过程看，宁宗开禧、嘉定间（1205—1224）是第一个高峰（这正是江湖游士大量出现之时），理宗统治的上半期（1225—1239），较前增长一倍，而到了理宗下半期（1240—1264），则比第一个高峰时上涨十倍，以后，更是难以收拾②。宋末高斯得在《物贵日甚》一诗里写道："自从为关以为暴，物价何止相倍蓰。人生衣食为大命，今已剿绝无余遗。"③ 便是对这种状况的反映。

---

① 从表中见出，开禧以后，纸币发行量激增。值得注意的是，江湖游士的大批出现，正是在这一时期。

② 关于南宋的纸币发行量、通货膨胀及物价，据全汉升：《宋末的通货膨胀及其对物价的影响》，中央研究院：《历史语言研究所集刊》第 10 本，1948，第 193—222 页。

③ 高斯得：《耻堂存稿》卷 7，中华书局，1985，第 129 页。

宋代文官的俸禄本来就不丰厚，通货膨胀、物价飞涨更影响了他们的生活。以中下级官吏的情形而言，许应龙《汰冗官札子》云：

> 矧今之楮币，折阅已甚，以锱计之，不及元俸三分之一，何以养廉？①

又《文献通考》云：

> 是宜物价翔腾，楮价损折，民生憔悴，战士常有不饱之忧，州县小吏无以
> 养廉为叹，皆楮之弊也。②

都能看出直接的影响。另外，薛嵎《徐太古主清江簿》云："俸薄还因楮价低。"③胡仲弓《将之官越上留别诸友》云："一官如许冷，况复是清贫。"④ 这两位通常被视为江湖诗人的下层士人发出这种感叹，不也很能说明问题吗？既然如此，中小官吏要维持自己的生活，不得不另觅他途。上述许文和《文献通考》，都以其不能"养廉"为叹，当然是一个方面，而我们前面提到的危稹等人，既出官以后，仍不免干乞钱财，不正反映了另外一面吗？

为官者如此，一般士人就更不用提了。《宋史·杜范传》云：

> 楮券猥轻，物价腾踊。行都之内，气象萧条。左浙近辅，殍死盈道。⑤

又《赵与欢传》云：

> 在京物价腾踊，民讹士躁。⑥

---

① 许应龙：《东涧集》卷8，《景印文渊阁四库全书》第1176册，第495页。

② 马端临：《文献通考》卷6《钱币考二》，中华书局，1986，第99页。

③ 薛嵎：《云泉诗》，《汲古阁景宋钞南宋群贤六十家小集》，第25页下。

④ 胡仲弓：《苇航漫游稿》卷2，《景印文渊阁四库全书》第1186册，第680页。

⑤ 脱脱等撰：《宋史》卷407《杜范传》，中华书局，1985，第12283页。

⑥ 脱脱等撰：《宋史》卷413《赵与欢传》，中华书局，1985，第12405页。

其生活状况可见一斑。南宋一般士人常倾诉贫寒，如苏泂《借屋》：

借屋移来逐半年，眼看花发便欣然。主人官满吾当去，却忆看花又可怜。①

又《借居》：

借得街南宅子居，萧然几案食无鱼。山人为办横斜供，自洗禅龛净水盂。②

这种倾诉，有时不免是文人习气。但苏泂是名相苏颂的孙子，这位被四库馆臣列入江湖诗派的人物③，生活潦倒却是事实，则当时许多作家对贫寒的描写，是带有写实意义的。

当然，无论是中小官吏，还是一般士人，贫寒与行谒并不成正比，但是，那样一种特定的生活状况，却有助于我们了解谒客阶层的形成。

第六是都市生活的吸引。由于社会生产力的发展和商品经济的活跃，南宋都市愈加繁荣起来。这种现象，促进了社会风尚的转折，即由北宋初的尚俭，一变而为南宋以降的尚侈。而都城临安更甚。吴自牧在《梦粱录》中曾多次指出："杭城风俗，侈靡相尚"④；"临安风俗，四时奢侈，赏玩殆无虚日。"⑤ 而在周密的《武林旧事》中，更有着具体的描写：

西湖天下景，朝昏晴雨，四序总宜。杭人亦无时而不游，而春游特盛焉。承平时，头船如大绿、间绿、十样锦、百花、宝胜、明玉之类，何翅百余。其次则不计其数，皆华丽雅靓，夸奇竞好。……贵珰要地，大贾豪民，买笑千

---

① 苏泂：《泠然斋集》卷8，《景印文渊阁四库全书》第1179册，第149页。

② 同上。

③ 永瑢等撰：《四库全书总目》卷163《泠然斋集》提要，第1400页。

④ 吴自牧：《梦粱录》卷2 "清明节" 条，《丛书集成初编》第3219册，商务印书馆，1939，第12页。

⑤ 吴自牧：《梦粱录》卷4 "观潮" 条，《丛书集成初编》第3219册，商务印书馆，1939，第26页。

金，呼卢百万。……日糜金钱，靡有纪极。故杭谚有"销金锅儿"之号，此语不为过也。①

值得注意的是，这样一种风气是上行下效、笼罩整个社会的。吴自牧记载道，过中秋时，临安城中，"虽陋巷贫窭之人，解衣行酒，勉强迎欢，不肯虚度"②，则见出普通市民的心理。陆清献将这种追逐声色、企慕虚荣的风气称之为"富者炫耀，贫者效尤"③，是看出了这样一种都市生活所具有的强烈的吸引力的。《梦粱录》卷十九"社会"条载"四方流寓儒人"与临安缙绅之士结西湖诗社，"闲人"条载社会中存在的食客、馆客、闲汉、涉儿等各种各样的"闲人"④，其中可能有相当一部分是被繁华的都市生活所吸引，因而成为社会的浮游阶层。方岳《跋胡氏乞米诗》云：

> 乡人有胡君者，本衣冠子，奋空拳与穷饿敌，几为所得者数矣。盖其计有三左：去笔峰下而家行在所，以寂易喧，一左也；脱夫须被褥而衣缝掖，以实易虚，二左也；不能拾堕樵、煮瀑布，而爨桂炊玉，以有易无，三左也。绕腹之箧如束湿，而惊雷怒号，亦难乎为情哉！⑤

这位胡君之所以有这"三左"，正是因为被繁华的都市生活所吸引的结果。因此，他之成为谒客，也是在情理之中的。

在本节行将结束的时候，我们再简单讨论一下谒客们"以诗歌为谒具"的现象。

江万里《懒真小集序》云："诗本高人逸士为之，使王公大人，见为屈膝者，

① 周密：《武林旧事》卷3"西湖游幸"条，第38页。

② 吴自牧：《梦粱录》卷4"中秋"条，《丛书集成初编》第3219册，商务印书馆，1939，第25页。

③ 顾炎武：《日知录》卷13"宋世风俗"条，顾炎武著、黄汝成集释：《日知录集释》，上海古籍出版社，2006，第763页。

④ 吴自牧：《梦粱录》卷19"社会"条、"闲人"条，《丛书集成初编》第3221册，商务印书馆，1939，第179、181页。

⑤ 方岳：《秋崖先生小稿》卷43，《宋集珍本丛刊》第85册，第151页。

而近所见类猥甚，……往往持以走谒门户，是反屈膝于王公大人。"① 方回《滕元秀诗集序》云："近世为诗者，……借是以为游走乞索之具，而诗道丧矣。"② 又《送胡植芸北行序》云："务谀大官，互称道号，以诗为干谒乞觅之资。……呜呼！江湖之弊，一至于此。"③ 从前面的叙述中，我们对以诗行谒已有所了解，这几段记载，更使我们明确看出，以诗行谒已经成为南宋中后期的普遍现象，因而特别引起了正统的批评家的不满。

这种状况的出现，与宋代统治阶级对诗的看法不无关系。唐代自开元前后，进士科举开始考诗赋，中唐以后，更在三场考试中将诗赋置于首场。由于进士试以每场定去留，则诗赋之被尊崇是显而易见的④。考试中产生的诗歌也许没有什么特别优秀之作，但正如我们所熟知的，"统治阶级的思想在每一时代都是占统治地位的思想"⑤。唐人最重视的进士试中以诗赋置于首位，显然反映出整个社会对诗赋的尊崇。而到了宋代，王安石执政时期，科举中停罢诗赋，其后，时行时停。总的说来，宋代对词赋、策论的重视，远超过诗。在这种情况下，诗的地位较前大为降低，乃是必然的。

诗体不尊，北宋已然，降及南宋，其势更甚。略举数例如下：

> 颇记十五六，长老诘何业，以近作献，则笑曰：此外学也。吾怜汝穷不自活，几稍进于时文尔。
>
> ——叶适《题周简之文集》⑥
>
> 今士自时文之外，无学不仇。
>
> ——许棐《送旦上人序》⑦

---

① 陈起：《江湖后集》卷15，《景印文渊阁四库全书》第1357册，第920页。

② 方回：《桐江集》卷1，《续修四库全书》第1322册，第359页。

③ 同上书，第379页。

④ 参看傅璇琮：《唐代科举与文学》第7章《进士考试与及第》，第171—173页。

⑤ 马克思、恩格斯：《德意志意识形态》，《马克思恩格斯选集》第1卷，人民出版社，1995，第98页。

⑥ 叶适：《叶适集》卷29，第611—612页。

⑦ 许棐：《梅屋杂著》，《汲古阁景宋钞南宋群贤六十家小集》，第6页上。

士生叔季，有科举之累。以程文为本经，以诗、古文为外学。

——刘克庄《跋李光子诗卷》①

至唐人乃设此以备科目，人不能诗，自无以行其名，故不得不攻耳。近世汴梁江浙诸公，既不以名取人，诗事几废，人不攻诗不害为通儒。……科举其得之之道，非明经则词赋，固无有以诗进者。间有一二以诗进，谓之杂流，人不齿录。

——戴表元《陈诲父诗序》②

值得注意的是，这几段论述几乎都将诗的地位的降低，与科举联系在一起，正可说明，这是普遍的社会意识。

对诗的看法既已改变，其存在价值也不能不受到影响。唐代文人落魄，有靠替人抄写书判为衣食之费的③。而到了宋代，文人则有以卖诗为生的：

幼年闻说，有一人鬻文于京师辟雍之前，多士遂令作一绝句，以"掬水月在手"为题。客不思而书云："无事江头弄碧波，分明掌上见姮娥。"诸公遂止之，献金以赆其行。

——朱淑真《杂题》④

仇万顷未达时，挈牌卖诗，每首三十文，停笔磨墨，罚钱十五。

——胡仔《苕溪渔隐丛话》⑤

---

① 刘克庄：《后村先生大全集》卷109，《四部丛刊初编》集部，第1315册，第20页上。

② 戴表元：《剡源集》卷9，《丛书集成初编》第2055册，商务印书馆，1935，第130页。

③ 如江南士人陈季卿，辞家十年来长安应举，"志不能无成归，羁栖辇下，鬻书判给衣食"。见李昉等编：《太平广记》卷74，中华书局，1961，第2册，第462页。

④ 朱淑真：《朱淑真集》前集卷10，上海古籍出版社，1986，第145页。按，无名氏《东南纪闻》卷2对此记载得比较详细："昔有诗客朱少游者，在街市间立卓卖诗，以精敏得名。一日有士人命以'掬水月在手'一句为题，客应声云：'十指纤纤弄碧波，分明掌上见姮娥。不知太白当年醉，曾向江边捉得么？'……诚可谓精矣。"（《景印文渊阁四库全书》第1040册，第214页）

⑤ 转引自沈嘉辙等：《南宋杂事诗》卷1，《景印文渊阁四库全书》第1476册，第498页。然遍检《苕溪渔隐丛话》，不见记载，俟再考。

诗可以作为卖品，固然反映了宋代社会的商品化和诗歌的日益平民化，反映了一般文人的穷苦，但从传统的观点看，也反映出诗歌价值的降低。这样，一方面，大批江湖诗人没有出路，只能以诗为资；另一方面，诗的客观地位也已降为他们谋取衣食的工具。于是，诗人为谒客和诗歌为谒具的现象的出现，就是顺理成章的了。事实上，江湖诗人也是将自己的行谒视为卖诗的①。反过来说，如果诗的地位不是那么低，如唐代一样，那么，江湖诗人赖以生活的基础也将受到动摇。

以上，我们对江湖谒客的形成进行了简单的讨论。应该提出的是，上述若干方面往往是互相交叉、互相联系的，必须置于一个共同的社会、文化背景中，才能得出明确的认识。

四、谒客的出现与幕府、荐举制的关系

任何事物的出现都不是孤立的。如果说，前一节所述诸因素是谒客阶层出现的比较直接的因素的话，那么，宋代幕府和荐举制实行的种种情形，则在某种程度上影响了谒客阶层的出现。

宋代是商品经济走向繁荣的时期。在这个时期，经商已与士、农、工并称为"本业"②，而不再像前代那样受到打击和抑制。在这种浓厚的商业气氛中，刻书业得到了进一步发展，衍及南宋，更是规模空前③。一般说来，书商以营利为目的，因此，书商所刻的书，多是销路好的书。在这个意义上，不妨说，从书的刊刻上可

---

① 这方面的例子，前面已经涉及。又如戴复古《市舶提举管仲登饮于万贡堂有诗》云："七十老翁头雪白，落在江湖卖诗册。……鸡林莫有买诗人，明日烦公问蕃舶。"见戴复古：《石屏诗集》卷1，《四部丛刊续编》集部，第417册，第19页上。

② "古有四民，曰士，曰农，曰工，曰商。……此四者，皆百姓之本业，自生民以来，未有能易之者。"见陈耆卿：《嘉定赤城志》卷37《风俗门·土俗·重本业》，《景印文渊阁四库全书》第486册，第932页。

③ 关于南宋的刻书，参看宿白：《南宋的雕版印刷》，《文物》1962年第1期。

以看出社会的需求。如孝宗诏进士习射，书坊便刊出《增广射谱》①，韩侂胄准备北伐，书坊便编成《三国六朝五代纪年总辨》，"以备程试答策之用"②。不可否认，南宋的书商对社会和时代的敏感性都非常强。明确了这一点，有助于我们加深对宋末出现的《翰苑新书》一书的认识。

《翰苑新书》前、后、别、续集计一百五十六卷，《四库全书》本不著撰者姓名，据余嘉锡考证，为刘子实著，"此种类书，当以备当时人酬应獭祭之用"③。可见这是一种应用性的类书。值得注意的是，此书辟有"干请""求援""荐辞"等几门，集中了唐宋两代具有代表性的文或诗（以南宋为多），供人们观摹、仿效。每一门最后还有《四六警语》一栏。下面从"干请"一门中举几条四六警语如下：

> 子来几日，何裨幕府之文书；我有二天，更傍谁家之门户。
>
> ——《处幕干荐》④
>
> 坡老之称叔弼，未忘六一之恩；山谷之誉少章，亦以太虚之故。
>
> ——《因人干荐》⑤
>
> 麕头鼠目，自难逃水鉴之明；马勃牛溲，或可备药笼之用。
>
> ——《再干》⑥
>
> 非缘推毂，欲自列于笔库七十家之中；但冀抠衣，将获齿于承家二三子之后。
>
> ——《求辟》⑦

不难看出，这些具有示范性的"警语"，有着很高的实用价值，因而见重于当时。

---

① 陈振孙：《直斋书录解题》卷14《增广射谱》提要，《丛书集成初编》第47册，商务印书馆，1937，第389页。

② 永瑢等撰：《四库全书总目》卷89《三国六朝五代纪年总辨》提要，第758页。

③ 余嘉锡：《四库提要辨证》卷16《子部七》，中华书局，1980，第992页。

④ 《翰苑新书》前集卷70，《景印文渊阁四库全书》第949册，第524页。

⑤ 同上。

⑥ 同上。

⑦ 同上书，第525页。

这种现象告诉我们，在南宋中后期，"干请"一类事情已与社会生活密不可分，因而需要在方式上加以指导，以求得最佳效果。而谈到这一点时，我们不能不重点讨论一下幕府和荐举这两种与士人生活密切相关的入仕方式。

先看幕府。

唐代，尤其是中唐以后，士人仕途不得意，往往到藩镇去寻找出路，充当幕僚，所谓"大凡才能之士，名位未达，多在方镇"①。因此，苏轼云："唐自中叶以后，方镇皆送列校以掌牙兵，是时，四方豪杰不能以科举自达者皆争为之，往往积功以取旌钺。"② 又洪迈云："唐世士人初登科或未仕者，多以从诸藩府辟置为重。"③ 如果举例，则韩愈、张建封、薛戎、独孤朗等皆是。

宋代惩唐末、五代之弊，取消了藩镇，但幕职官体制却较前有了更大的发展。不仅州府有幕职官，而且，中央派遣的大员如都督等，各路的长官如转运使等，重要的军职如都统制等，都各有为数不少的幕职官。总的说来，宋代的幕僚体制大致定型于北宋后期，到了南宋，又有所发展。即以幕僚人数而言，北宋徽宗时规定只能有三百六十五员④，而到了南宋，仅吕颐浩的都督府，属官即有七十九员⑤。可见激增的程度。南宋的许多著名人物，如虞允文、陈俊卿、余玠、李芾等，都有充任幕僚的经历⑥。这反映出，在冗官体制和其他因素的影响下，入幕已成为很有吸

---

① 刘昫等：《旧唐书》卷 138《赵憬传》引赵憬贞元八年奏议，中华书局，1975，第 12 册，第 3778 页。

② 马端临：《文献通考》卷 35《选举考八》"吏道"引，第 333 页。

③ 洪迈：《容斋续笔》卷 1"唐藩镇幕府"条，《四部丛刊续编》子部，第 335 册，第 8 页下。

④ 见徐松：《宋会要辑稿》卷 45《职官》，中华书局，1957，第 4 册，第 3392 页。按，此处所指，不包括州府的幕僚。

⑤ 见《宋会要辑稿》卷 39《职官》，第 4 册，第 3149 页。

⑥ 分别见《宋会要辑稿》卷 39《职官》，第 4 册，第 3151—3152 页；《宋史》卷 383《陈俊卿传》，中华书局，1985，第 11785 页；又《宋史》卷 416《余玠传》，中华书局，1985，第 12468 页；又《宋史》卷 450《李芾传》，中华书局，1985，第 13254 页。

引力的入仕道路①。士人入幕，其主要职责显然是协助府主襄理事务，但由于宋代文化发达，文化素养普遍提高，则彼此之间也不免有文学上的关系。如范成大一生仕至通显，其任职之处，幕属甚多。即以知静江府和任职成都府路制置使、四川制置使这两次而言，见于记载的，就各有十一人②。他在成都期间，"凡人才之可用者，公悉罗致幕下，用其所长，不以小节拘之"③。其中著名者，有参议官陆游。据《宋史·陆游传》："范成大帅蜀，游为参议官，以文字交，不拘礼法。"④《中兴以来绝妙词选》陆游小传对他们的这种"文字交"记载道："范至能、陆务观以东南文墨之彦，至能为蜀帅，务观在幕府，主宾唱酬，短章大篇，人争诵之。"⑤ 这些，略见他们既是上下级、又是文字之交的情形。

府主的喜好，使得士人以辞章入幕成为可能。而入幕途径，则大约有府主自招、他人引荐和以文自荐三种⑥。前一种姑且不论，就后二种而言，事实上经常是交相为用的。周密曾记载：

> 马裕斋光祖之再尹京也，风采益振，威望凛然，大书一榜，揭之客次，大

---

① 幕僚人数的增多，本身也是官冗的一种表现，这是一个问题的两个方面。按，有关幕僚体制诸问题，参看王曾瑜：《宋朝宣抚使等的属官体制》，《文史》第 22 辑，中华书局，1984，第 97—111 页。

② 参看孔凡礼《范成大年谱》1171 年和 1175 年有关纪事。见孔凡礼：《范成大年谱》，齐鲁书社，1985，第 210、286 页。

③ 周必大：《资政殿大学士赠银青光禄大夫范公成大神道碑》，《周益国文忠公集·平园续稿》卷 22，清刻本，第 9 页下。

④ 脱脱等撰：《宋史》卷 395《陆游传》，中华书局，1985，第 12058 页。

⑤ 黄昇：《中兴以来绝妙词选》卷 2，《丛书集成初编》第 2094 册，商务印书馆，1929，第 18 页下—19 页上。

⑥ 府主自招的，如《南昌府志》卷 61《文苑传》："刘充……任衡州监狱，淮东提刑真德秀闻其贤，辟入幕。"（第 15 页上）他人引荐的，如《罗袁州文集序》："以文求知，亦有甚难者。异时，余袖达父投卷于参政范公，达父执后进礼卑甚。"（《叶适集》卷 12，中华书局，1961，第 226 页）以文自荐的，如："赵葵为淮东制置使，玠作长短句上谒，葵壮之，留之幕中。"（脱脱等撰：《宋史》卷 416《余玠传》，中华书局，1985，第 12468 页）

意谓：僚属自当以职业见知，并从公举。若挟贵挟势及无益俪语以属者，不许收受。达者则先断客将。于是客之至者，掌客必各点检衔袖，惟恐犯令得罪。余时为帅幕，一日，以公事至，见有薛监酒方叔在焉。薛虽进纳，出入福邸贵家甚稔，余因扣其何为焉。薛笑而不答。觇袖间，则有物焉。余指壁间文曰："奈何犯初条乎？"薛笑曰："非惟犯初条，将并犯所戒矣。"既而速客，僚属白事毕，薛出袖中函书，马公颦蹙不语。既而又出俪卷，傍观皆悚惧，而典客面无人色，谓受杖必矣。及退，乃寂然无所闻。又旬日，余复以事至，则薛又在焉。余因扣其所投何如，薛笑曰："已荷收录矣，余袖中乃谢启也。"扣其所主，乃南阳贵人也。①

周密特别将此事表出，从反面说明，当时靠荐书和"无益俪语"达到入幕目的的，当不在少数。事实上，南宋中后期，官冗日甚，入幕也并非易事。因此，采取各种手段求售，乃至摇尾乞怜，在谋取幕职时是常见的。方乌山《代谢赵京兆辟淮遗》云：

荷大尹之兼收，怜小人之为养。以龙断之贱役，厕乌府之后尘。……迨贪恋于恩私，尚低回于禄食。岂敢谓我公之盛德，尚未忘下走之微劳。……非大贤有嘘枯吹生之功，则底僚无超资越格之理。安能效国士之报，所愿死执事之门。②

这是一位幕客入幕后的谢词，从中大致可以推测其入幕前的一些情形。由此看来，有相当一部分幕客，其入幕途径，与江湖谒客的行谒方式的区别不是很大。

其次看荐举。

荐举，作为一种制度，渊源可以追溯到唐以前。到了宋代，这一制度仍然存在，而规模则远非前代所能比。每一种事物都有着两重性，荐举制在实行过程中也不断暴露出其缺陷。这表现在，由于一般地位稍高的官员都有权荐士，因此，被举者就不免过多过滥。这种状况，到了南宋中后期，愈加严重，以至于造成了朝廷的

① 周密：《癸辛杂识》后集"马裕斋尹京"条，中华书局，1988，第83—84页。
② 《翰苑新书》续集卷36，《景印文渊阁四库全书》第950册，第518页。

负担。史载：

> 其（绍熙元年）后三年间，在外被荐者，八九百人，朝廷不能尽用，但令
> 中书省籍记其姓名而已。四年冬，言者谓今被荐者猥众，朝廷疑其私而不信，
> 病其众而难从。①

这种冗滥局面的出现，多是因为举主的不负责任，以至于"或乏廉声而举充廉吏；
或素昧平生而举充所知；或不能文而举可备著述"②。而举主之所以如此，究其因，
见于时人记载的，约有二端。徐元杰《应诏荐士状》云：

> 夫举主之荐人，则终身有门生之称。士夫甘求汲引，其未荐之始，已谀之
> 以恩门矣。以公举而为私谢，以朝廷之公法而便予者求己之私欲。士风既坏，
> 习俗已成，虽有识之士，勉强而从俗焉。③

又许应龙《论荐举札子》：

> 一章所荐，或五六人，或十数人，载于邸报，殆无虚日。合一岁而论，不
> 知其几。非亲故之夤缘，则势要之嘱托。④

这些材料说明，一方面，举主有以公荐为私恩，培养个人势力者；另一方面，"势
要之嘱托"在荐举实行中起到了很大的作用。

举主的喜好和"势要"的力量，使得一大批汲汲仕途的士人千方百计地进行钻
营，以求得荐举，因此，干请之风自然便盛行起来。《翰苑新书》之《干请·勤职

---

① 李心传：《建炎以来朝野杂记》甲集卷6"绍兴许荐士嘉泰罢泛举"条，《丛书集成
初编》第836册，商务印书馆，1936，第83页。

② 李心传：《建炎以来朝野杂记》甲集卷6"何自然论荐举"条，《丛书集成初编》第
836册，商务印书馆，1936，第85页。

③ 徐元杰：《楳埜集》卷6，《宋集珍本丛刊》第83册，第733页。

④ 许应龙：《东涧集》卷7，《景印文渊阁四库全书》第1176册，第484页。

所以求知》条云：

> 《童蒙训》：荣（按，当为荥）阳公，吕希哲也，与诸人云："自少官守处，未尝干人举荐，以为后生之戒。从父舜从守官会稽，人或议其不求知者，仲父对云：'勤于职事，乃所以求知也。'"①

吕舜从不去干荐，以至于为人所议，可见一时风气。这件事虽发生在北宋末，但吕本中将其载入《童蒙训》，自是带有针砭当世的用意。欧阳守道《送赵仕可序》云：

> 仕可虽宗室子，发迹书生，一寒无援，家又无升合之田，居官得俸，入才支出，官满日归，依然故贫，数其登科之岁，于今且十有四年，其不能无望于寸进，固人情也。故书来时时相诉以脱选之难，而颇有望于衰老无用之人，以为是尝有列于朝，在廷诸老与外之州牧侯伯或颇有雅故，可以吹嘘而荐送之者，求一言以转道姓名与其平生之志业。……予岂特于此不能哉？直甚耻之。己之所耻，亦愿为朋友惜此耻。官可不改，而俯仰归投不可为也。……仕可之季弟良可告予曰："先生之顺正理也，顾今之求举者，滔滔皆是。前辈文集中为人作求举书者多矣，世皆不以为罪。"②

从这段话中可以看出，南宋中后期的"俯仰归投"者，"滔滔皆是"。他们为了求得荐举，往往不惜卑躬屈膝。赵仕可或许是个廉直的官吏，但他干请的执着，却仍能见出当时官场的风气。叶绍翁《四朝闻见录》之"吴云壑"条载，"四明高氏似孙，号疏寮，由校中秘书授徽倅。道出金陵，投留守吴公琚以诗"，末联有"一笑难陪珠履客，看临古帖对梅枝"语。吴琚"他无嗜好，……尤爱古梅，日临钟王帖以为课，非其所心交者，迹不至此。高氏独知其详，故落句及之，亦精于所

---

① 《翰苑新书》前集卷 70，《景印文渊阁四库全书》第 949 册，第 522 页。
② 欧阳守道：《巽斋文集》卷 9，《景印文渊阁四库全书》第 1183 册，第 573—574 页。

闻矣"①。这位因寿韩侂胄，赋诗九章，暗藏九锡字而为士林所讥的人物②，为投诗求知，看来做了细致的准备，因而没有流于盲目的恭维。所谓"精于所闻"，正反映出他那挖空心思迎合吴氏的动机。在这个意义上看，类似的求荐举者，与江湖谒客也有此相似之处。

以上，我们对宋代、尤其是南宋的幕府和荐举的有关情形作了简单的考察。总的说来，它们与谒客的行谒并不是一回事，但由于它们在社会上更为常见、更为多见，它们的历史延续性又很强，因此，这一客观存在必然有着潜移默化的力量。尤其是它们都有一个共同的特点——干请，那么，其对江湖谒客的形成产生影响乃是很自然的。

五、当世显人和谒客自身对行谒的态度

江湖谒客的大量出现，以至于形成一种社会风气，固然与谒客本身的行为、要求有着最直接的关系，但是，若无显人的支持和鼓励，则谒客阶层也不可能成为时代性特征。这实际上是一个问题的两个方面。

显人们对谒客有时是慷慨的，前已述及。今再举一例：

> 黄尚书由帅蜀，中阃乃胡给事晋臣之女，过雪堂，行书《赤壁赋》于壁间，改之从后题一阕，其词云："按辔徐驱……"后黄知为刘所作，厚有馈贶。寿皇锐意亲征，大阅禁旅，军容肃甚。郭杲为殿岩，从驾还内，都人眙见一时之盛。改之以词与郭云："玉带猩袍……"郭馈刘亦逾数十万钱。
>
> ——张世南《游宦纪闻》③

---

① 叶绍翁：《四朝闻见录》卷2"吴云壑"条，沈锡麟、冯惠民点校，中华书局，1989，第48—49页。

② 陈振孙：《直斋书录解题》卷20《疏寮集》提要，《丛书集成初编》第48册，商务印书馆，1937，第575页。

③ 张世南：《游宦纪闻》卷1，中华书局，1981，第4—5页。

这种以一诗一词而获得厚馈的现象，看来当时并不少见。诸家作品中记载的不少的下层知识分子上谒贾似道的情形，决非偶然。①

显人们为何对谒客如此热情？个中原因，首先应从宋代的文化背景中去找。宋代崇尚文治，登上政治舞台的多为饱学之士。他们本身的文才既好，同时也爱奖掖文士，招纳文客。如果举例，则北宋的晏殊、欧阳修，南宋的范成大、贾似道等都是。有了这样一个前提，则那些以诗人而为谒客者，便有可能受到优待。正如我们前面已经指出的，如果所投献的文学作品艺术性较强，则更容易达到目的。

但是，事情往往并不是那么单纯。从达官贵人对谒客的态度上，同时也体现出特定时代的士风的影响。

方回在谈到江湖谒客时指出："庆元、嘉定以来，乃有诗人为谒客。……钱塘湖山，此曹什佰为群。阮梅峰秀实、林可山洪、孙花翁季蕃、高菊磵九万往往雌黄士大夫，口吻可畏，至于望门倒屣。"② 这段话，告诉我们显人们慷慨解囊的另一个原因。

害怕讥议，是宋代士大夫的一个比较突出的现象。总的说来，宋人关心政治的程度显然超过以往，他们经常对政治发表议论，形成一股不可忽视的舆论力量。其中，最有代表性的，当属太学生上书议政。整个南宋一代，自陈东以降，太学生议政之事层出不穷，其声势之猛，力量之大，竟使朝廷不得不"以黄榜禁太学生伏阙"③。有时，太学生以舆论的力量，竟能左右朝廷的去取。如史嵩之继史弥远执政后，会其父死，而诏令起复。满朝文武噤不敢言，唯太学生黄伯恺、金九万等一百

---

① 下层知识分子上谒贾似道的记载，见于江湖诗集的，如薛嵎《刘荆山谒贾秋壑》《刘荆山过惟扬再谒贾秋壑》、宋伯仁《送庐陵王月窗秀才之武昌谒秋壑贾侍郎》等。见薛嵎：《云泉诗》，《汲古阁景宋钞南宋群贤六十家小集》，第15页上、20页上；宋伯仁：《雪岩吟草补遗》，《知不足斋辑录宋集补遗》，《汲古阁景宋钞南宋群贤六十家小集》，第11页下。

② 见方回：《瀛奎律髓》卷20戴复古《寄寻梅》评，《瀛奎律髓汇评》，第840页。

③ 脱脱等撰：《宋史》卷33《孝宗纪一》，中华书局，1985，第628页。

四十四人叩阙上书，最终使得史嵩之被罢斥。而太学生也被当作游士，驱逐出京①。不仅如此，即使地位较低的优伶，也常以自己的特殊方式发表意见。《贵耳集》载，"史同叔为相日，府中开宴，用杂剧人作一士人，念诗曰：'满朝朱紫贵，尽是读书人。'旁一士人曰：'非也。满朝朱紫贵，尽是四明人。'自后相府有宴，二十年不用杂剧。"② 可见舆论的力量。

政治生活与日常生活绝不是绝缘的。作为一种社会风气，清议也经常表现在日常生活之中。宋世显人以好士著称，因而得到了社会称赞，反过来说，那些不尊重士人者，则会受到讥评。

> 余侗，字季伦，号痴斋，吾乡诗人也。章泉先生雅爱之，作书使袖访韩仲止，及门，候谒甚久。将命者出，扣所由来，久犹未出。余题二诗壁间云："谒入久不出，兀坐如枯菱。苍头前致词，问我何因来。士节久凋丧，人情易嫌猜。本无性命忧，不去安待哉！……"已乃拂袖去。仲止见诗，遣人追之，余竟不返。
>
> ——张世南《游宦纪闻》③

> 史伯彊，蜀人，豪于诗酒，议论激烈，有战国气象。只身往来江湖间，上书不偶，布衣皮冠，自放浪而已。时时醉中骂坐，语皆不徒发。汤朝美与之友善，时时与钱数十百千。……尝以一诗寄先公，先公虽不识面，亦尝致书谢之。
>
> ——韩淲《涧泉日记》④

韩淲及其先人之所以这样对余、史二位谒客赔着小心，一个重要的原因，便是害怕

---

① 陈邦瞻：《宋史纪事本末》卷 96 "史嵩之起复"条，中华书局，1977，第 1068 页。按，时临安诸学学生以议政被逐："杭学自昔多四方之人，……朝议以游士多无检束，群居率以私喜怒轩轾人，甚者，以植党挠官府之政，扣阍揽黜陟之权。"将这里所说的游士，与江湖游士联系起来考察，其中的消息是颇耐人寻味的。见《齐东野语》卷 6 "杭学游士聚散"条，第 110 页。

② 张端义：《贵耳集》卷下，《景印文渊阁四库全书》第 865 册，第 467 页。

③ 张世南：《游宦纪闻》卷 1，第 5—6 页。

④ 韩淲：《涧泉日记》卷中，《景印文渊阁四库全书》第 864 册，第 782 页。

落下贱士的恶名，遭到指摘。方回所说的谒客们"雌黄士大夫，口吻可畏"，大抵指此。

然而，尽管如此，能够获得厚馈的谒客毕竟是少数，正如科举考试一样，少数及第者的高兴，掩不住大量落第者的辛酸。对于许多谒客来说，他们走的无宁说是一条艰难的道路：

> 关心岁月似惊波，少日无成奈老何？别久帝京知事少，住长客舍识人多。典衣酤酒杯难满，借壁题诗字易磨。早信出门无遇合，故山只合守樵柯。
>
> ——毛珝《关心》①

这种"出门无遇合"即求谒无门之悲，在他们的生活道路上，绝不是偶见的。

谒客的受到冷落，只是他们行谒生涯中的一种辛酸，有时，他们还会受到戏弄。周密《癸辛杂识》载：

> 一日，天大雪，（葛天民）方拥炉煎茶，忽有皂衣者阔户，将大珰张知省之命招之。至总宜园，清坐高谈竟日。雪甚寒剧，且觉腹馁甚，亦不设杯酒。直至晚，一揖而散。天民大恚，步归，以为无故为阉人所辱。至家，则见庭户间罗列奁筐数十，红布囊亦数十，凡楮币薪米酒肴，甚至香茶适用之物，无所不具。盖此珰故令先怒而后喜，戏之耳。②

葛天民是江湖诗人中的声望较著者，其行谒一般应该比较顺利。这一次他虽然最终获得了馈赠，但却被戏弄了一番。可见，有些显人是把谒客当作开心取乐的调剂品的。谒客们的生活道路上，洒满了他们辛酸的泪水。

由于行谒过程中的种种遭遇，谒客们虽然无法或不愿改变自己的生活道路，但却经常在作品中指出自己的苦闷和悲哀。这种心灵活动及其所体现的社会、文化内涵，值得深长思之。

---

① 毛珝：《吾竹小稿》，《汲古阁景宋钞南宋群贤六十家小集》，第7页上—7页下。
② 周密：《癸辛杂识》别集卷上"葛天民赏雪"条，第226页。

六、江湖谒客的认识意义

南宋江湖谒客的出现，在中国文化史特别是古代知识分子生活史上只是一个小小的插曲，但仍具有一定的认识意义。

这种意义首先表现在政治上。由于江湖谒客的出现是南宋社会的政治、经济等因素作用的结果，因此，他们身上所反映出的诸特点，可以使我们从一个侧面加深对宋代，尤其是对南宋社会的理解。

其次表现在文化上。从宋以来，士大夫以其拥有的文化知识参与国政，而较少像唐及先唐那样依据门第，知识分子的社会作用也越来越重要。无疑，对宋代士大夫的研究是一个重要的课题。江湖谒客虽然都是些下层知识分子，但他们在那一特定的时代里，却活跃于社会的各个阶层。因此，研究江湖谒客，可以使我们从一个侧面加深对宋代士大夫阶层的理解。比如，在本文的有关论述中，我们可以看到一批下层知识分子的精神状态和生活方式，这既表现出南宋中后期士风的一个重要方面，又显示出中国知识分子性格的多样性，即一方面自尊自爱，另一方面也不免干谒求乞。江湖谒客这一历史现象所蕴涵着的文化意义，绝不仅限于南宋。

最后表现在文学上。江湖游士常将自己的作品题为"行卷"，见于南宋中后期文献的，如韩淲《涧泉集》卷十八《仲可出刘武子行卷因题》、李昂英《文溪存稿》卷五《题郑宁行卷》、释居简《北涧集》卷七《书泉南珍书记行卷》、刘克庄《后村先生大全集》卷一百一《题李敏肤行卷》等。行卷，本是唐代应进士试的举子"将自己的文学创作加以编辑，写成卷轴，在考试以前送呈当时在社会上、政治上和文坛上有地位的人，请求他们向主司即主持考试的礼部侍郎推荐，从而增加自己及第的希望的一种手段"[1]。北宋中后期以后，由于科举考试采取了糊名制，行卷也就自然不复存在了。但这一名称，却被宋人沿用下来，其用意，仅在于将自己的作品送请比自己的地位或水平高的人看，希望获得提拔或教益。这些江湖诗人将自己的作品题为"行卷"，则很可能是为干谒公卿之用，目的在于求得馈赠。"行

---

[1] 程千帆师：《唐代进士行卷与文学》，第 3 页。

卷"，客观上造成了江湖诗人漫游江湖的必要性。在这一过程中，他们不仅与达官贵人进行了接触，而且彼此之间也必然有了更多的交往的机会。这一点，如我们所熟知的，与江湖诗派的形成不无关系。另外，从研究江湖谒客中，我们也可以增强对江湖诗派文学创作中的某些现象的认识。如江湖诗人经常标榜自己苦吟，在江湖诗集中，屡见而非一见。如胡仲参《偶得》："挑灯伴寒夜，兀坐竹炉边。赤脚知吟苦，时将山茗煎。"① 胡仲弓《寄西涧叶侍郎》："形役犹甘分，肠枯费苦吟。升堂定何日？洗耳听规箴。"② 如果我们将《南宋六十家小集》中标榜苦吟的作品列出，其数量一定使人感到吃惊。即以薛嵎《云泉诗》为例，在这位作者存世的二百七十一首诗中，竟有二十首谈到自己的苦吟。而江湖诗人的作品，实际上大都是写得比较率易的，当不得苦吟二字。关于这个问题，如果我们了解了江湖诗人多为谒客，他们要以自己艰苦的生活和创作去打动达官贵人的心，那么，对他们的意图就能看得更清楚了。③

---

① 胡仲参：《竹庄小稿》，《汲古阁景宋钞南宋群贤六十家小集》，第 13 页下。

② 胡仲弓：《苇航漫游稿》卷 2，《景印文渊阁四库全书》第 1186 册，第 680 页。

③ 当然，江湖诗人标榜苦吟，也有文学上的考虑，这是问题的另一方面，需要另作探讨。

卫三畏与美国汉学的起源

一、美国与中国关系的开展

18 世纪末，美国在脱离了英国的统治，正式独立之后，为了解决社会、政治、经济等一系列的问题，开始了积极的对外扩张。美国早期和中国的关系，就是在这一背景中展开的，而主要的切入点，则是服从于美国发展经济的需要。

现有记载中最早从美国来到中国的美国人是雷亚德（John Ledyard）和戈尔（John Gore），1776 年 7 月，他们参加了英国探险家库克（James Cook）的太平洋探险之旅，经过五年的航行，考察了众多国家的风土民情。1782 年自英国返美后，雷亚德介绍了他在广州的见闻，特别指出在那里进行贸易所可能获得的商业利益。虽然他的叙述被许多人视为海外奇谈，但一定也在某种程度上激发了人们的好奇心，而且事实上美国也确实有对中国进行经济活动的迫切需要，因此，两年以后的 1784 年，包括摩理士（Robert Morris）在内的一群纽约商人就派遣了一艘商船，正式开始了进行贸易往来的中国之旅①。

这艘商船 1784 年 2 月 22 日离开纽约，同年 8 月 28 日到达广州，次年 5 月 12 日返回纽约，共投资十二万美元，获利三万七千七百二十七美元，利润率高达百分之三十一点四②。这一消息轰动了美国朝野，许多商埠都竞相参加对华贸易。其后虽然时有周折，但总的趋势是一直向前发展。至 1792 年，美国对华的贸易额就已经跃居中国对外贸易的第二位，仅次于英国。

虽然美国政府于 1786 年即在广州派驻了领事，但并不意味着和中国全面关系的展开。事实上，首任领事萧善明（Major Samuel Shaw）主要是美国对华贸易中美

① 参看［美］泰勒·丹涅特：《美国人在东亚——十九世纪美国对中国、日本和朝鲜政策的批判的研究》，姚曾廙译，商务印书馆，1959，第 3—4 页。

② ［美］泰勒·丹涅特：《美国人在东亚——十九世纪美国对中国、日本和朝鲜政策的批判的研究》，第 6 页。

商驻广州的代理人，本人也主要进行商业活动。直至 1845 年，美国并没有真正的外交官派驻中国。所以，尽管美国政府很重视对华贸易，但美国对中国的了解却说不上全面，更谈不上深入。因为当时主要是开展贸易活动，美国商人来去匆匆，常年居住在澳门、广州地区者极少，还受到语言等各方面的限制。甚至广州领事向国务院的报告，四十二年间也只有寥寥一册手写短信，而且内容基本上限于商务①。这样，美国政府当然无法全面了解中国。1849 年之前在美国也很难见到中国人的踪影，仅 1800 年美国商人带一名中国人回美国学习英文；1819 年有一位中国人在波士顿侨居两三年；1845 年一名广东人在波士顿居住八年后加入美国籍；1834 年美国商人从中国带来一位有着三寸金莲的妇女到各地展览②。

在鸦片战争以前，总的来说，美国对中国的文化和社会发展仍然具有积极的肯定，如美国哲学会（American Philosophical Society）在其会刊卷首的祝词中就表示"乐于介绍中国人的勤勉，生活艺术与农业进步"，但中国在鸦片战争中失败后，美国人对中国的评价就完全改变，认为中国过去的光荣将不复重现。③ 不过美国在鸦片战争期间并没有和其他列强一起采取行动，而是积极等待时机，为扩张美国在华利益做准备。

鸦片战争在相当程度上让美国加深了对中国的了解。于是，1843 年，美国政府派出了以顾盛（Caleb Cushing）为首的赴华使团，并经过谈判，于 1844 年签订了中美之间的第一个条约《望厦条约》。《望厦条约》的签订，使得中美之间由原先较为单纯的商务关系，变得复杂了起来，中美关系也由此进入了一个新的历史时期。而为了适应这一新的状况，美国人自应进一步加强对中国的了解。

18 世纪初，清政府曾经下令禁止天主教在中国传播，但西方仍有不少传教士进入中国传教，其中马礼逊（Rev. Robert Morrison）是第一个到中国传教的新教传教士。1807 年，马礼逊在得不到英国支持的情况下，取道美国，乘船到达中国，开始了他在中国长达二十七年的传教生涯。在中国期间，他除致力于中译本《圣经》的

---

① Consular Letters,（Canton, Vol. I, 1792—1834）, Bureau of Manuscripts and Archives, Department of State. 转引自李定一：《中美早期外交史》，北京大学出版社，1997，第 62 页。

② Latourette, K. S.：*The History of Early Relation between the United States and China, 1784—1844*, New Haven：Yale University Press, 1917, P. 123.

③ Latourette, K. S.：*The History of Early Relation between the United States and China*, P. 124.

工作及编写《中英辞典》外，还经常向美国教会介绍中国的情况，呼吁美国教会派传教士到中国。1830 年 2 月，第一批美国传教士雅裨理（Rev. David Abeel）和裨治文（Rev. Elijah C. Bridgman）到达广州。自 1830 年至 1847 年，各国新教派往中国的传教士共九十八人，其中仅美国即有七十三人，大大超过了英国的二十二人。①这些传教士在中国除了传教外，还办学、办报，兴办医院，非常活跃，无疑促进了中国对美国的了解。

《望厦条约》签订后，美国的对华政策及其有关事宜，都实际上由传教士负责，因为尽管中国的口岸进一步开放，美国在华的利益进一步增多，但美国派往中国的领事人员却对中国很不了解，只能依靠在领事馆中担任重要职务并兼任翻译的传教士来展开工作。因此，传教士在领事馆中的名义可能只是翻译，但实际上往往相当于领事，在中美两国关系的发展中起到了非常大的作用。《望厦条约》签订之前，中美两国没有正式外交，望厦村谈判时，裨治文、伯驾和卫三畏对顾盛影响极大②。讨论卫三畏，应该充分考虑上述背景。

二、卫三畏的生平

Samuel Wells Williams，中文名卫三畏，含义出自《论语·季氏》："子曰：'君子有三畏：畏天命，畏大人，畏圣人之言。'"疏云："畏天命者，谓作善降之百祥，作不善降之百殃。顺吉逆凶，天之命也，故君子畏之。畏大人者，大人即圣人也，与天地合其德，故君子畏之。畏圣人之言者，圣人之言深远，不可易知测，故君子畏之也。"③ 这个颇有中国文化内涵的名字，应该是他的学养的某种体现。中国人也有称其为卫廉士者，或是不知其实际的中文名而作的音译。

卫三畏 1812 年 9 月 22 日生于纽约州的尤蒂卡（Utica），父母都是当地长老会

---

① Samuel Wells Williams, *The Middle Kingdom*, New York: Wiley and Putnam, 1848 Chapter VI, PP. 375-376.

② Frederick Wells Williams, *The Life and Letters of Samuel Wells Williams*, New York: G. P. Putanam's Sons, 1889, P. 127.

③ 阮元校刻：《论语注疏》卷 16，《十三经注疏》，中华书局，1980，第 2522 页。

的成员，是虔诚的新教徒。1832 年，在马礼逊的倡导下，广州办起了以裨治文为编辑的《中国丛报》（*The Chinese Repository*）。次年，卫三畏接受其父威廉·威廉斯（William Williams）的推荐，结束了在勒瑟拉学院（Reusselaer Institute）才刚刚开始的大学生活，到广州当了一名印刷工。

卫三畏来到中国之后，一面工作，一面努力学习汉语，在这方面，他深受马礼逊的影响。马氏来到中国之前，就请了一个中国人为老师，并从伦敦博物院找了一本由罗马天主教徒巴设（J. Basset）翻译的中文《新约圣经》，天天一丝不苟地依样誊写。到了广州之后，寄居在一个美商货栈里，克服困难，继续学习中文。所谓克服困难，主要指的是当时清廷严禁中国人教西方人学中文，所以他的中文教师们都非常小心谨慎，据记载，他"不得不在晚上学习中文，并将房间里的灯光遮蔽，以保护他自己的中文教师"①。渐渐地，他能够说一口流利的普通话和广东土话。后来，致力于翻译《圣经》，把全部新旧约都译成了中文，另有《汉语语法》等多部著作行世。卫三畏以马礼逊为榜样，在帮助裨治文编辑《中国丛报》的过程中，努力学习中文和日文，希望深入了解中国的历史和现实。他学习中文也碰到和马氏同样的情形，他自己叙述这段日子时曾经说道："当时最大的困难是延聘合适的教师教我中文。我请到一位文学造诣很深的先生，他特别谨慎从事，以防他人告密。他每次来授课时，必携带一外国妇女的鞋子与工具，放在案上，如有陌生人或可疑人进来，他便佯装为造番鞋的工匠以作掩护。一连好几个月，他都这样做。"② 功夫不负有心人，他的中文水平进步很快。十年之后的 1843 年，他在《中国丛报》第二卷第十期上发表了《论中国的度量衡》和《论广州的进出口贸易》两篇文章，标志着他在汉学研究上的正式开始③。他后来出版的《中国地志》一书，也曾大部分发表在《中国丛报》上。当时，他还创建了著名的"布鲁因印刷所"（The Bruin Press）。卫三畏凭着自己的勤勉努力，终于打开了在华事业发展的局面。

来到中国以后，尽管卫三畏的主要身份是传教士，但同时他也几乎在一开始就从事了外交工作。这事实上也是美国初期对华外交的一个特点，即以传教士充当其中的重要角色。就卫三畏而言，他就既任美国公使馆秘书，又兼任翻译。

---

① ［美］威廉·亨特：《广州番鬼录》，冯铁树译，广东人民出版社，1993，第 44 页。

② Frederick Wells Williams, *The Life and Letters of Samuel Wells Williams*, PP. 58–59.

③ Frederick Wells Williams, *The Life and Letters of Samuel Wells Williams*, P. 63.

　　中英《南京条约》签订之后，1843 年，美国政府派顾盛为专使，到中国商讨签约事宜。顾盛是近代美国派往中国的第一个专使，他所率领的使团来到中国，是美国对华关系中的一次重要行动。清政府对顾盛的来华抱有很深的疑虑，尤其是对顾盛扬言北上很感恐惧，更由于被鸦片战争的炮声吓破了胆，在美国炫耀军力的强大压力下，一再退缩。终于在 1844 年 7 月 3 日，顾盛和耆英在澳门的望厦村签订了中美关系史上的第一个不平等条约——《中美五口贸易征程》，又称《望厦条约》。其中有些条款甚至超出了中英《南京条约》所规定的特权。顾盛来到中国之后，曾经立即聘请裨治文和伯驾担任使团的中文秘书，后来又聘卫三畏为其帮办有关中文函札等事宜。这些传教士不仅通中文，而且对中国各方面的情况都有较深入的了解，"具有比当时在广州的其他任何欧洲人更好的语文知识，具有对中国仪节和思想方法以及美国对华关系早期历史的更好了解"①，他们在《望厦条约》的签订过程中起到了非常大的作用。所以，顾盛盛赞他们"对中国有广博和准确的知识"，在签约过程中"功勋卓著，并且值得称赞"②。

　　1858 年，中美两国谈判由中国赔偿历年美国侨民在华的生命财产损失七十余万美元，但美国有关方面经过调查，发现不少提出赔偿的人理由都不充分，因此这笔钱仅支出近五十万，余下二十余万存入银行。这笔钱如何处理，卫三畏于 1860 年向国务卿提出可在中国创办一所"美华学院"（American-Chinese College in China），教授中国学生西方知识，同时招收美国学生，接受中国语文和中国知识的训练，为以后驻华外交官和在华贸易者提供服务。这个提议虽然当时颇有人赞成（如驻华公使蒲安臣，Anson Burlingame），但最后未得国会支持，胎死腹中。③ 不过，这却是五十年以后（1908）美国退还庚子赔款兴办清华学校，帮助中国青年接受西方教育的先声。

　　1858 年 6 月 18 日，中国和美国签订了《天津条约》，卫三畏时任美国公使馆头等参赞兼翻译，在谈判时，他主张把传教宽容的内容加进去。这是一件在中西文化

---

① ［美］泰勒·丹涅特：《美国人在东亚——十九世纪美国对中国、日本和朝鲜政策的批判的研究》，第 126—127 页。

② ［美］韩德：《中美特殊关系的形成——1914 年前的美国与中国》，项立岭、林勇军译，复旦大学出版社，1993，第 34 页。

③ ［美］泰勒·丹涅特：《美国人在东亚——十九世纪美国对中国、日本和朝鲜政策的批判的研究》，第 325 页。

交流史上的非常重要的事情，因为从此以后，西方传教士在中国的传教就完全合法化了。在此以前的康熙年间，由于中国的天主教各派发生"礼仪之争"以及罗马教廷干涉中国内政，康熙皇帝曾于 1720 年颁布命令，禁止传教："以后不必西洋人在中国传教，禁之可也，免得多事。"① 后来嘉庆皇帝规定了更加严格的禁令，凡外人在华传教，一经发现，为首者将定为绞立决之罪②。因此，他的友人在来信中称赞他在中国所做的各项工作之后，更进一步地说："比所有这一切更为重要的是，基督教世界永远也不会忘记，是你，而不是其他任何人，把自由传教的条款加进我们的对华条约中。"③

1874 年，他陪同美国驻华公使艾弗里（Hon. B. P. Avery）到北京以完全平等的方式向同治皇帝递交国书。这在卫三畏的外交生涯中一定是一件重要的事情，因此他专门写在其《中国总论》的序中。④ 两年以后的 1876 年，他由于身体等方面的原因，辞去外交上的职位，回到美国，定居在康涅狄格州的纽黑文（New Haven）。1877 年，他受聘耶鲁大学，成为该校第一任汉学讲座教授，也是美国的第一位汉学教授。⑤

1884 年 2 月 16 日，卫三畏在自己家中病故。

---

① 陈垣：《康熙与罗马使节关系文书》，沈云龙主编：《近代中国史料丛刊续编》第 7 辑，文海出版社，1974，第 96 页。

② 《清实录·仁宗实录》嘉庆十六年五月载："谕内阁、刑部议复、御史甘家斌奏请严定西洋人传教治罪专条一折。……嗣后西洋人有私自刊刻经卷、倡立讲会、蛊惑多人及旗民人等向西洋人转为传习，并私立名号，煽惑及众，确有实据，为首者竟当定为绞决。"见《清实录·仁宗实录》卷 243，中华书局，1988，第 288 页。

③ Frederick Wells Williams, *The Life and Letters of Samuel Wells Williams*, P. 412.

④ Samuel Wells Williams, *The middle Kingdom*, Preface, P. xiv.

⑤ 卫三畏之后，美国的汉学研究发展仍然不快，20 世纪之后，著名汉学家中还有不少外国人，如哥伦比亚大学的第一任汉学家夏德（Frederick Hirth, 1845—1927）是德国人，1902 年到哥大，任职十五年。（参看梁绳祎：《外国汉学研究概观（再续）》第八节，《国学丛刊》1942 年第 7 期，第 29—33 页）按：近读《国外汉学史》，云哈佛大学于 1877 年设立汉语课程，由贾德纳（Charles Gardner）和魏尔（J. B. Ware）讲授中国文学史云云。此说不知何据，请教执笔人仇华飞先生，亦暂时无确切答案。姑记于此，俟再考。见何寅等主编：《国外汉学史》，上海外语教育出版社，2002，第 303 页。

三、美国第一个汉学讲座的建立

西方的汉学（Sinology）研究已经有了相当长的历史，据《汉学发达史》记载：
"随罗马之勃兴，希腊文化光被之诸地方，统一于罗马政权下，希腊罗马文化扩大
于西欧，结果造成东方（Orient）一概念，盖于希腊罗马世界即欧罗巴世界对立之
特殊世界也。"① 这个"特殊世界"，在很大程度上可以包括中国，而公元 170 年，
罗马帝国的特使马克·奥尔雷（Mark Aurle）曾经来过中国，堪称东西方交往的最
早记录。其后，在西方的商人、旅行家等的笔下不时有对中国的记载，虽然浅显，
却也不同程度激发了人们对这个古老国度的兴趣。于是自晚明以来，许多传教士东
来，著名的即有西班牙的门多萨（Juan Gonzales de Mendoza）、葡萄牙的鲁德照
（Alvarezde Semedo）、意大利的卫匡国（Martin Martini）等，他们的著作如《中华大
帝国史》（门多萨）、《中华帝国志》（鲁德照）、《中国新图》（卫匡国）等，都是
西方汉学中的重要典籍，至今仍发挥着重要的作用。这些传教士既是虔诚的教徒，
又是优秀的学者，他们所奠定的汉学传统，直到现在仍然发挥着作用。不过，汉学
作为一门学科，其建立并得到稳步发展，还要等到它进入高等学府之后。②

汉学真正进入学科性的研究，最早是在 19 世纪初叶的法国，巴黎的法兰西学
院于 1814 年创立了汉学讲座"汉族和鞑靼——满语与文学讲座"，首任教授是雷慕
萨（Abel Rémusat），著有《塞外民族语言考》《汉文启蒙》等著。其后，俄国的喀
山大学于 1837 年建立了东方系汉语教研室，首任教授是西维洛夫，曾经翻译了中
国的经典著作《四书》《诗经》《书经》《道德经》等。荷兰的莱顿大学于 1875 年
建立了汉学讲座，首任教授是曾经创立著名的汉学杂志《通报》的施古德（G.
Schlege），著有《星辰考源》《华兰辞典》等。英国的牛津大学于 1875 年建立了汉
学讲座，首任教授是曾于 1839 年来华传教后来并任英华书院院长的理雅各（J.

---

① 莫东寅：《汉学发达史》，文化出版社，1949，第 3 页。

② 参看阎纯德：《汉学和西方汉学研究》，阎纯德主编：《汉学研究》第 1 集，中国和平
出版社，1996，第 1—15 页。

Legge），著有《孔子的生平和学说》《孟子的生平和学说》，译有"四书""五经"等。①

比起欧洲，美国的汉学研究起步虽然晚，但至少在 19 世纪 60 年代，就有人建议在耶鲁大学设立汉学讲座，从这个意义来看，耶鲁大学成为美国大学中第一个设立汉学讲座的学校，也不是一件偶然的事。不过，卫三畏能够站在这个位置上仍然是一波三折，因为虽然耶鲁大学有良好的理念，可是一时没有钱为聘请教授支付薪水。正在这时，加州大学也要设立汉学讲座，并对卫三畏许以优厚的待遇。这件事无疑刺激了耶鲁校方，1886 年，经过艰苦努力，耶鲁大学终于得到了一笔基金，因而决定了讲座的建立，卫三畏也终于被聘为中国语言与文学教授。基金的获得或许和卫三畏也不无关系，因为这笔钱的提供者威廉·麦希（William A. Macy）既是他的老朋友，也是他在中国任职时的同事。② 另外，耶鲁大学最后决定建立汉学讲座，和容闳的努力也不无关系。容闳是中国第一个毕业于美国的留学生，他的母校就是耶鲁大学。毕业后，他促成了一批幼童留美（第一批留美幼童在 1872 年），自己也驻扎在康涅狄格州的首府哈特福德（Hartford），因而和耶鲁大学仍然保持着非常密切的联系。1877 年 2 月，他在写给耶鲁大学校方的信中曾经这样表述说："我非常愿意并随时准备把我的中文藏书捐给学校，一旦汉学讲座教授一事成为事实，此事就将得以实施。我希望校方不要将此事拖得太久，以免哈佛抢在了我们前面。"看起来，容闳对哈佛拟从中国聘请教授以建立汉学讲座一事已有耳闻，出于对母校的关心，希望能够促成此事，并压住哈佛的风头。这件事也可以为耶鲁和哈佛这两大

---

① 此处参考了卞东波研究卫三畏与美国汉学的未刊稿。东波于 2002 年赴香港浸会大学研究，我建议他研究卫三畏，他很好地完成了预定计划。

② Samuel Wells Williams Family Papers, Yale M&A, Group Ⅱ, Box 5, letter from SWW to Henry Blodgett, 3 July 1877. The position was later funded by a bequest from William A. Macy, an old friend of Williams who had served with him in China; Samuel Wells Williams Family Papers, Group Ⅱ, Box 6, letter from Franklin B. Dexter, Secretary of the University, to SWW, 22 June 1878. See also *Dictionary of American Biography*, New York：Charles Scribner's, 1936, Vol. XX, PP. 290-291.

名校长期以来互相竞争的历史添上一束花絮①。卫三畏本人也十分高兴，因为中国古代人物和古代汉语终于在耶鲁得到了承认②。受聘耶鲁的卫三畏和容闳保持着密切关系，他们时常通信，探讨与教学相关的问题。③

卫三畏从中国返美后长期住在纽黑文，他对耶鲁大学一直非常关注，因而被聘为教授之后，他很快就能进入角色，完全能够理解学校的理念并立即和同事们达成了目标上的一致。由于身体原因，他没有担任实际的课程，但他的加入仍然对这所著名学校产生了影响。"虽然他从来没有在系里被正式介绍，但是他依然影响着大学的精神生活。通过在各式各样听众前的演讲，杂志和报纸上的文章等等，或者可能也因为他在家接待和鼓励本科生时亲切的举止，他的行为和榜样成为所有进入他研究领域的人的动力。"④

19 世纪 70 年代以后，随着美国国内的经济危机，在美华工受到了非常不公正的对待。卫三畏返美之后，一直关心着中国的各种情况，不仅出任了耶鲁的汉学讲座，更把对中国的关心从历史文化回到现实。在这方面，最值得一提的是他对美国国内排华运动的态度。他回到家以后对太平洋沿岸虐待中国人的行为予以极大关注，并致力于将这一事实公布于众的工作中。他的一封写于 1878 年 2 月的信可以让我们看到当时问题的严重性："在加州（California）和内华达州（Nevada），对中国人的恶意已经在许多党派的议案中提出。其中一条由来自亚拉巴马州（Alabama）的雪莱（Shelley）提出，他要求把十二万五千名在美国的中国人都关在一个无人区

---

① Yung Wing letter dated 26 February 1877; Yale M&A, Yung Wing Papers. A similar reluctance surrounded the missionary Robert Morrison's attempts to present his collection of 10,000 Chinese threadbound volumes to Oxford or Cambridge in the 1820s. Finally the University of London accepted the collection in 1836 and briefly appointed a professor of Chinese studies, but then the post lapsed until 1871. Andrew C. West, "*Catalogue of the Morrison Collection of Chinese Books*," London： University of London School of Oriental and African Studies, 1998, P. VIII. 按，以上两条注释多承耶鲁大学东亚研究理事会（The Council for East Asian Studies）Abbey Newman 帮助，谨此致谢。

② Frederick Wells Williams, *The Life and Letters of Samuel Wells Williams*, P. 425.

③ Samuel Wells Williams Family Papers, Yale M&A, Group Ⅱ, Box 5, letter from Yung Wing to Samuel Wells Williams, 23 August 1878.

④ Frederick Wells Williams, *The Life and Letters of Samuel Wells Williams*, P. 427.

域中，'尽可能远离白人区'，在那里每个人被配给四十英亩，不得擅自离开，也禁止除了传教士以外的美国人进入这些区域（七千八百平方米），否则将被处以剥夺公民权和五年以上牢狱的惩罚，并且不得假释。所以我们必须找出什么是不可饶恕的罪行——最起码对一个美国人而言。这个议案是那些具有相似性质的意欲驱逐中国人的议案中的一个。在十八个月中只有六百个中国人移民到美国，在恐华分子看来，似乎每个在美国的中国人都有贝阿德（Chev. Bayard）的能量、参孙（Samson）的力气、匈奴王（Attila）的暴怒。"① 卫三畏的态度也可从中见出。

1881 年，任职耶鲁的卫三畏以其在汉学研究方面的成就当选为美国东方学会（The American Oriental Society）会长。美国东方学会成立于 1842 年，"东方"一词所指甚广，西方文化圈（古希腊、罗马、欧洲和美洲）以外的大片区域都包括在内，最主要的是埃及、两河、印度和中国文化。就中国文化而言，东方学会认为中国结束了闭关锁国政策之后，这个国家总算和世界各国发生关系了。美国已经有相当数量的传教士在中国，他们一方面给中国输入基督教义和当代欧洲科学技术，另一方面深入研究中国社会和传统。东方学会的会刊是《美国东方学会学报》（*Journal of the American Oriental Society*），第一期出刊于 1843 年，最初是半年刊，后来改为季刊②。卫三畏 1880 年曾经在该刊发表过探讨马端临《文献通考》中有关"扶桑"的记述以及中国以东国家的论文③，引起一定的反响。

四、卫三畏的中国文化论说

卫三畏著述丰富，特别是用了许多精力投入辞典的编纂，取得了很大的成就。如《汉英韵府》（*A Syllable Dictionary of the Chinese Language*，1874）一度是美国来华外交界人士的必备工具书，因为它篇幅较小，按照八百五十八个汉语音节注音来

---

① Frederick Wells Williams, *The Life and Letters of Samuel Wells Williams*, PP. 427–428.

② 参见李珍华：《"胡天汉月方诸"：简介美国东方学会》，《国际汉学》编员会编：《国际汉学》第 1 期，商务印书馆，1995 年。

③ Frederick Wells Williams, *The Life and Letters of Samuel Wells Williams*, P. 450.

检索词目，使用起来也比较方便。① 又如咸丰六年（1856）出版的《英华分韵撮要》（*Tonic Dictionary of the Chinese Language of Canton Dialect*），书中收录了七千八百五十个字，注重实用性，颇便使用。因而，和世界上其他一些汉学家一样，卫三畏在词典编纂方面的成就一直得到重视。比如在中国的《中文拼音方案》问世以前，英语中对表示中国人名、地名等的专有名词和表示中国特有事物名称的普通词语（即英语中的汉语借词）的拼写音译主要采用英国人威妥玛（Thomas Francis Wade）和翟理斯（Herbert Allen Giles）等人根据汉语北京语音编制的"威妥玛式拼音法"，其中对中国地名、人名等专有名词的拼写采用以威妥玛式拼音法为基础编制的"邮政式拼音法"，如 Anhwei（安徽）、Tsingtao（青岛）、Lu Hsun（鲁迅）、Kuanhua（汉语官话）等。而在威、翟之前，则采用的是马礼逊和卫三畏等人根据汉语闽粤等方言编制的"老式拼音法"，该法主要流行于 19 世纪初至 19 世纪末，但"邮政式拼音法"对广东、福建一带的地名拼写方式仍对马、卫之法沿用不移，如 Canton（广州）、Hong Kong（香港）、bokchoy（白菜）、taipan（大班），等等。②

不过，更能反映卫三畏在汉学这一领域成就的是他的皇皇巨著《中国总论》（*The Middle Kingdom*）③。《中国总论》是卫三畏在此前大量有关中国研究的论文基础上，将他于 1844 年回国以后发表的许多演讲学理化以后形成的。在此之前，已经有一些介绍中国的书，如门多萨的《中华大帝国史》、杜赫德的《中华帝国全志》以及德庇时的《中华帝国及其居民概论》等。卫三畏这部书，可说是后来居上，无论在广度还是在深度上，都全面超过了此前的同类著作。不过这部书的出版一开始并不顺利，各出版商都加以拒绝，直到广州的美国商人保证如果有损失，可加以赔偿时，才得以如愿在 1848 年印出初版。④

卫三畏通过中国历史的研究，充分认识到儒家思想在中国社会中的重要地位，

---

① 徐式谷：《历史上的汉英词典（上）》，《辞书研究》2002 年第 1 期。

② 参看朱少华：《走向世界的汉语拼音》，《语文建设》1995 年第 3 期。

③ 按，《中国总论》（*The Middle Kingdom*）初版于 1848 年，副标题为"中华帝国的地理、政府、教育、社会生活、艺术、宗教及其居民概观"。该书 1883 年出版修订本，正标题一仍其旧，副标题则改为"中华帝国的地理、政府、文学、社会生活、艺术、历史及其居民概观"。本文所引《中国总论》的文字，见其修订本的 1899 年版。

④ Frederick Wells Williams, *The Life and Letters of Samuel Wells Williams*, P. 155.

认识到儒家思想对中国人的心理和行为的巨大影响，因而对孔子的学说予以了高度重视。他指出："孔子哲学最大的特点是对尊长的服从，以及温和正直地和同辈人交往。他的哲学要求人们在现实世界中，而不是从一个看不见的神灵那里，寻找约束力，而君主也只需要在非常有限的范围内服从一个更高的裁判。……从子女对父母的责任、荣誉和服从出发，他进而向人们灌输妻子对丈夫、臣民对君主、大臣对国王的责任，以及其他社会责任。孔子认为，政治的清白必须建立在个人正直的基础上，在他看来，所有进步的开始都蕴藏在'认识你自己'之中。毋庸置疑，他的许多思想都是值得赞扬的。……就是与希腊和罗马先哲的学说相比，他的论述也毫不逊色，并在两个方面大大超出：一是其哲学被广泛应用于他所生活的社会，二是其哲学突出的实用性质。"[①] 中国的社会构成，关键在于确立一种恰当的关系，使人们找准自己的位置，从而使得教化成而天下治。正如宋人胡瑗《周易口义》所说："圣人观乎人文，使君明、臣忠、父慈、子孝，兄弟有礼，长幼有序，各得其正。故制作礼乐，施为政教，以化成天下，而成天下之治也。"[②] 所谓"认识你自己"，就是从修身做起。胡瑗解释"节"卦时又说："谓之节者，盖节之道在于人之一身，则言语、饮食、心意、思虑、出处、进退，以至嗜欲，皆有所节，使父子有礼，上下有等，男女有别，尊卑有序，长幼有伦，夫妇有制，内外有分，皆有所节。至于一国以及天下用度，礼乐刑政，赏罚号令，宫室旌旗，车舆服器，以至税赋徭役，以其时贤不肖，各有所处。士农工商，各守其业；富贵贫贱，各当其分。如此之类，举而言之，是修身、齐家、治国、正天下，皆有所节，故谓之节。然其得亨者何？盖人之修身以至治天下，皆有所节，则所往之地，所为之事，无不获亨通也。"[③] 向内用功的力量如此之大，也就是通过认识自己，进而认识和掌握整个世界。儒家的哲学又是一种实践哲学，注重在实际生活中的认知，注重实践层面的操作，而不把重点放在纯理性的思辨上。所有这些，都能看出，卫三畏对中国文化的理解，是有其深度的。这表现出，卫三畏确实对中国文化下了比较深的功夫。这也

---

① Samuel Wells Williams, *The Middle Kingdom*, Chapter XI, PP. 662-663. 译文参见顾钧：《卫三畏与〈中国总论〉》，《汉学研究通讯》第 83 期（2002 年 8 月），第 13—14 页。按，本文所引卫三畏著述的文字，对时贤有关译文时有参考，为节省篇幅，不再一一注出。

② 胡瑗：《周易口义》卷 4，《景印文渊阁四库全书》第 8 册，第 281 页。

③ 胡瑗：《周易口义》卷 10，《景印文渊阁四库全书》第 8 册，第 428 页。

可以从他对马端临《文献通考》的论述中看出来："它使我们提高了对这个民族的认识，它的文献就能把它夸耀成这样一部著作——展示了对权威著作的如此耐心的研究和直截了当的比较，对真正重要的事情所作的广泛研究和公正识别，对每一个在历史上有影响的问题所涉及的大量事实和观点所作的如此广泛的考证。"①

当然，卫三畏对中国文化的理解也有其片面性，如讨论中国的神话，徐整《三五历记》："天地混沌如鸡子，盘古生其中，万八千岁，天地开辟，阳清为天，阴浊为地，盘古在其中，一日九变，神于天，圣于地，天日高一丈，地日厚一丈，盘古日长一丈。如此万八千岁。天数极高，地数极深，盘古极长。"② 又《绎史》卷一引《五运历年纪》："元气濛鸿，萌芽兹始，遂分天地，肇立乾坤，启阴感阳，分布元气，乃孕中和，是为人也。首生盘古，垂死化身。气成风云，声为雷霆，左眼为日，右眼为月，四肢五体为四极五岳，血液为江河，筋脉为地里，肌肉为田土，发髭为星辰，皮毛为草木，齿骨为金石，精髓为珠玉，汗流为雨泽，身为诸虫，因风所感，化为黎甿。"③ 卫三畏认为，在西方人看来，中国神话中的这类创世活动都是"粗糙而古怪的"，因为这样的故事不像希腊神话和埃及传说那样，形象令人赏心悦目，具有个性化。因而他认为，中国神话缺少趣味，反映了其作者幼稚的想象力。④ 站在西方人的观点来看，这种看法当然也有其可以理解的地方，不过，中国神话的不发达并不是一个历史的存在，而是一种历史的过程。研究者已经证明，中国神话的原始形态应该是非常丰富多彩的，之所以成为现在这样大多是片断记录的现象有多种原因。原因之一是由于中国的史学发达，使得神话多被历史化了。如司马迁在处理当时他所能看到的非常丰富的神话传说时，就说："其文不雅驯，荐绅先生难言之。"⑤ 可以肯定，大量的神话传说就是因为得不到历史书写者的认同，而遭到了弃置。而有些神话传说即使得到记载，在流传过程中也往往被删削掉。如《初学记》卷一引古本《淮南子》，曾记载著名的嫦娥奔月神话，说她"托身于月，是为

---

① Samuel Wells Williams, *The Middle Kingdom*, Chapter XII, P. 682.

② 徐整：《三五历记》，欧阳询：《艺文类聚》卷1，汪绍楹校，上海古籍出版社，1982，第2页。

③ 马骕：《绎史》卷1，《景印文渊阁四库全书》第365册，第69页。

④ Samuel Wells Williams, *The Middle Kingdom*, Chapter II, PP. 138–140.

⑤ 司马迁：《史记》卷1《五帝本纪》，第46页。

蟾蜍，而为月精"，可在今本《淮南子》中却全然不见，或即说明对这种内容的不以为然。以孔子思想为主的儒家传统成为撰述历史的主流之后，这一倾向就更为突出了。所以，存世神话的单薄，并不能作为中华民族缺乏想象力的证据，卫三畏得出这一结论，显然是对中国的文化传统还缺少更深了解的缘故。不过，在他的时代，对中国的神话还没有展开系统性的研究，这一疏失也是可以理解的。

另外，卫三畏确实认识到儒家思想的重要性，因而对儒家经典不吝赞美之辞。不过，他的这些研究和论说，除了反映一种历史主义的观点之外，也还有另外的动机。例如，他曾指出："《四书》《五经》的实质与其他著作相比，不仅在文学上兴味隽永，文字上引人入胜，而且还对千百万人的思想施加了无可比拟的影响。由此看来，这些书所显示的力量，除了《圣经》以外，是任何别种书都无法相匹敌的。"① 这无疑体现了他站在传教士立场上的西方文化本体论，希望建构出"孔子加耶稣"的思想模式。"孔子加耶稣"的思想是 19 世纪 30 年代以后，由于"以耶代孔"的方针受到阻碍，西方传教士所着力提倡的一种在中国的文化策略。不过，今人在讨论这一思想的发展过程时，往往对卫三畏有所忽略，应该予以弥补②。

卫三畏在一部规模宏伟的著作中进一步深化这一命题，意义自然又非同一般。事实上，尽管他指出了儒家思想影响下的不少长处，仍然认为中华民族需要拯救，他自述被一个念头所刺激，即希望传教事业能够得到发展，毕生在中国从事这一工作，既从道德上，也从政治上拯救这个民族③。这是讨论卫三畏时所应该特别指出的。

---

① Samuel Wells Williams, *The Middle Kingdom*, Chapter XI, P. 664.

② 如顾卫民指出，19 世纪 30 年代以后，马礼逊、理雅各、慕维廉、李提摩太、林乐知、丁韪良、李佳白和花之安等新教传教士通过对中国社会、文化、礼仪和风俗的深入了解、研究，最后选定儒学作为同盟者，提出了"孔子加耶稣"的传教战略。见顾卫民：《基督教与近代中国》，上海人民出版社，1996，第 267 页。

③ Frederick Wells Williams, *The Life and Letters of Samuel Wells Williams*, PP. 55-56.

五、卫三畏对中国文学的看法

《中国总论》包罗广泛，其中论及中国古代文学的部分也比较丰富。事实上，他对中国文化的介绍在不少地方采取了中国传统的分类法，和西方的学术部类并不能完全对应。例如，谈到中国历史著作时，不免也会涉及小说的成分。但他仍然用了专门的篇幅来讨论文学①，以下略加介绍。

（一）关于中国小说

卫三畏认为，中国小说是中国文学中最受欢迎同时也最有争议的部分。从整体上看，他对中国小说的评价不高，并曾引用汉学家雷慕萨的话进行论说。雷氏将中国小说的结构和理查森（Richardson）小说的结构作了一番对比后，认为中国小说大段大段的文字是关于故事发生的地点、对话者的性格和详细而琐碎的环境描写，叙述的线索依靠对话引出。这种叙述方式详尽琐细，使得故事显得冗长乏味。同时，叙述中往往掺入景物描写等，也使得事件的主干趋于混乱，从而打乱了叙事的统一性。尽管如此，雷氏仍然承认中国小说以情节取胜，在情节发展中，人物性格也能得到体现。他敏感地注意到，中国小说常常有这样的模式：男主人公往往是一个年轻书生，性情和顺，学养丰厚，求取功名的道路上总会遇上各种障碍和厄运。女主人公也精通文学，希望找到一个在才华上可以般配的人。然而一旦真正碰到这样一个人，各种各样的困难便接踵而至。当然，最后双方都幸运地越过了这些障碍。两人的相遇通常在乡间的闲游中，其性格也就在这一过程中得到释放。这里，几乎没有高度集中的激情描写，也没有为除掉作为障碍的坏人所实施的残忍复仇。恶人得到的惩罚是目睹自己计划的失败，而善良的人总是会成功。这里所说的中国

---

① Samuel Wells Williams, *The Middle Kingdom*, Chapter XII, Polite Literature of Chinese. 本节有关内容均见此章。

小说，其实只是清初以来逐渐流行的才子佳人小说①，这些小说的主要特点，就是"才子必定要有才貌双全的佳人为偶，于是外出访求，'游婚姻之学'；才女也必定待才子而后嫁，于是个人和家长乃至朝廷都要试才选婿，也就往往引出权豪的构陷，又有无才小人拨乱其间。……权豪由于为子女提亲被拒绝而进行构陷，才子佳人大都难免为避害而易名迁徙之苦，故事也就曲折起来"②。卫三畏所进行的综述也可以看作他本人的观点，尽管从价值判断上看，他更多是站在西方本体的立场，用西方小说的标准来衡量中国小说，但对事实的叙述大体准确。而且，这一具有比较文学意味的论述，也能对这个学科发展过程的某些环节给予一定的启示。不过，雷氏对中国小说赞许性的评说被用得不够，如在《中国人的文学》一文中，雷氏指出："正是在刻画社会生活的细节方面，中国传奇文学的作者们超过了基本上属于同类体裁的作家理查森（Richardson）和菲尔丁（Fielding），尤其超过了斯莫利特（Smollett）和密思·伯内（Miss Burney）。同这些小说家一样，中国的小说家们通过小说中人物的情感和性格的真实刻画，创造了一种高水准的想象画面。作品中主人公的言行极可能是真人真事，任何一位读者在读这些小说时，似乎都能身临其境，看到了主人公的活动，听到了他们的谈话，并能根据他们的谈话内容的发展体会小说的每一个细微情节。"③ 对此，卫三畏就基本上没有涉及。

卫三畏也注意到中国小说中的奇思妙想和道德劝诫。前者他举了《聊斋志异》中的《种梨》，后者则举了同书中的《骂鸭》。《种梨》的主人公类似于魔术师，《骂鸭》则批判了某种社会现象。卫三畏可能是最早把《聊斋》故事介绍到西方去

---

① 才子佳人小说从明人话本小说发展而来，又受到了明人传奇的影响。在卫三畏的叙述脉络中，是把《红楼梦》也作为才子佳人系列中的一种，只是成就更高而已。

② 袁行霈主编：《中国文学史》第四册，高等教育出版社，1999，第 307 页。

③ ［法］雷慕萨：《中国人的文学》，《查默爱丁堡杂志》（爱丁堡，1844 年），第 2 期，第 292 页。译文转引自［美］马森（Mary Gertrude Mason）：《西方的中华帝国观》，杨德山等译，时事出版社，1999，第 259—260 页。

的译者，这一点在西方汉学研究中有着重要的意义。① 另外，他把《水浒传》和《三国演义》都视为历史小说，认为这些小说较之其他类型的小说，更能为外国读者提供有趣的东西，因为其中包含了种种资讯。从论述的广度看，当然还是远远不够的，但卫三畏抓住了中国小说的一些基本特点，而且站在外国读者的角度去看待，也就有了一定的问题意识。

（二）关于中国诗歌

中国是一个诗的国度。任何对中国文学有兴趣的人都自然会去研究中国诗歌。大约在 1773 年，拉查姆（La Charme）翻译了《诗经》（Book of Verse），随后对中国诗的研究开始展开。② 对于西方人来说，由于特定的规则和韵味，使得中国诗往往不那么容易理解。卫三畏是从四部分类的集部的角度来讨论中国诗的，所以一开始就因"楚辞类"而提出了屈原，认为他是中国文学创作中最早的一位诗人。但从文学史发展的角度看，则进一步指出在中国更为家喻户晓的是李白、杜甫和苏轼三人。他解释这三个人享此盛名的原因，在于爱花、爱酒、爱诗，正好和西方的行吟诗人相似。关于行吟诗人，当是另外一个问题，但把李白、杜甫和苏轼作为中国古典诗歌的代表，则是有眼光的。

卫三畏按照自己对中国诗歌的理解，指出了几个方面的问题。一是在诗歌的格律上，近体诗对声音和韵律有着特殊的追求，有时甚至超过对意义的追求。汉语中存在着大量的同音字，给了作家很大的空间，却也导致情感浓度的降低，因为字音

---

① 此说得自同门师弟程章灿。他认为，《种梨》可能是西方语言中关于《聊斋志异》故事的最早的翻译。他并进一步指出，在欧洲，英国、法国和德国的汉学界也从 19 世纪就开始译介《聊斋志异》中的一些故事，其后不断有更多的译介出现。参与其事的包括英国著名汉学家翟理思（H. A. Giles，1845—1935）、德国著名汉学家顾路柏（W. Grube，1855—1908）、卫礼贤（R. Wilhelm，1873—1930）和法国著名传教士汉学家戴遂良（L. Wieger，1856—1933）等等。在《聊斋志异》故事中，《种梨》在欧美译文中出现的频率几乎可以与最有名的《崂山道士》等篇相媲美。从这一点来看，说《种梨》是在欧美国家（这里主要指英美法德）中最为流行的《聊斋志异》篇目之一，应该是不过分的。见其：《也说〈聊斋志异〉"被洋人盗用"》，《中华读书报》2003 年 9 月 25 日。

② ［美］马森：《西方的中华帝国观》，第 271 页。

缺少变化损害了声音的流畅性，所以尽管不少人都能写这样的诗，但只有博学多才之人才能真正写得好。二是在诗歌的生产上，由于作诗在很大程度上体现为一种技艺，不仅平时的生活常用韵文，考试时更是必须要写诗，这就使得即使不那么高明的诗人也要在押韵和文字结构等方面投入很大的精力，而忽视了提升情感和广泛采集事件。当下的事情往往就是主题，别处发生的事情则会显得乏味，破坏了即兴的灵感。不过即使如此，他仍然承认创作中感情的重要性，因而尽管某些作品从他的眼光看可能显得平庸，他还是指出读者热烈反响的事实。如果一篇作品产生了巨大的影响力，不同阶层的人都喜欢，这肯定足以说明其价值，只是卫三畏往往更多地从西方诗歌传统出发，对此无法做出明确解释而已。

（三）关于中国戏曲

中国戏曲的发展从先秦歌舞、汉魏百戏、隋唐戏弄，一直到宋代的院本、杂剧、南戏，以及元代杂剧、明代传奇等，经历了漫长的时期。卫三畏描述戏曲的历史，受见闻和当时研究水平的限制，不免简单，也不免有不够准确之处，不过他对元杂剧的着重强调，说明是从文本出发而展开的论述。总的来说，他对于这些作品中提倡公正与道德予以肯定，但对情节安排、人物性格等方面则表示批评。一方面，他认为中国的戏曲很少能表现纷繁复杂的情节；另一方面，中国简单的剧场形式也不允许众多人物出场。不过，他对正剧演出场次之间小丑的表演给予好评，认为他们的即兴表演和精彩的形体动作充分体现出一个演员的幽默与智慧，创造了想象的自由空间。

卫三畏对中国戏曲的掌握主要来自三方面的资源：一是有关文本的阅读，二是当时一些欧洲汉学家的论述，三是他本人在中国看戏的经验。而其评判立场则是西方的，因为作为西方艺术的主要部类之一，戏剧的影响力非常之大，站在这个传统里，并受其本人的经验、趣味和学养的限制，都决定了他不可能完全进入一种异国艺术。比如，西方的歌剧往往场面宏大，人物众多，相比较而言，中国古典戏曲不能与之相比。但中国的艺术讲究虚实结合，追求氛围的暗示、气氛的渲染等，所以台上虽然只有一人一鞭，却能使人看到百万雄兵；虽然只有一桌一椅，却能使人感到万殿千宫。这些，或许对初创时期的研究者是不必苛求的。

综观卫三畏对中国文学的讨论，一方面，他尽可能如实介绍了中国的有关作品，阐述了这些作品在中国历史上的价值；另一方面，他的出发点又往往是西方本体立场。这样，虽然不免有一些误读，但从阐释学的角度看，也许不是一件坏事，对了解美国早期汉学的发展更有历史意义。值得特别提出的是，卫三畏在研究中涉及了不少汉学家的著作，如雷慕萨对中国小说结构的论述、戴维斯（John Davis）对中国诗律规则的讨论、马若瑟（Joseph de Prémare）对元杂剧的介绍等，还有大量的翻译作品，都可以使我们在一定程度上了解此前汉学研究的某些面貌，同时也了解这些研究所得到的接受。其中的意义，又不是讨论卫三畏一个人所能限制的。

六、卫三畏对美国汉学的影响略说①

比起欧洲来，美国的汉学研究起步较晚，但起点较高，发展也比较快，而且在不长的时间里，即跃居国际汉学研究的前列。在这一过程中，卫三畏的影响不容低估。他的《中国总论》，不仅堪称"一门区域研究课程的教学大纲"②，而且"成为数代美国人认识中国的英文范本"③。马森说得更为具体："也许有关中国问题的最重要的一本作品是卫三畏（Wells Williams）的《中国总论》（*Middle Kingdom*，1848），它在西方广为传阅并受到好评。"④ 该著作的第一卷前几章对中国的地理状况作了绝好的描写，其他章节则讨论了中国的教育和文化考试、语言、文学、算术、服饰、饮食、社会生活、商业、对外关系等方面的内容，讨论了中国与英国的第一次战争的情况。"这部描写中国人生活的方方面面的著作，是对这一时期普通作品中所涉及的问题范围和种类的最好说明，卫三畏用如此清晰、系统、博学的方式为读者呈现了他的资料，以至于他的著作在今天有关中国问题的美国文献中仍占有令人尊敬的地位。"⑤ 不过，由于卫三畏关于中国的论述涉及面甚宽，以下只能略

① 这一节的部分论述参考了卞东波君对卫三畏的研究成果，未刊稿。

② ［美］费正清：《70 年代的任务：研究美国与东亚的关系》，陶文钊编选：《费正清集》，天津人民出版社，1992，第 401 页。

③ *Dictionary of American Biography*，New York：Charles Scribner's Sons，1929.

④ ［美］马森：《西方的中华帝国观》，第 38 页。

⑤ 同上书，第 38—39 页。

举几个例子，详细的探讨还有待于进一步展开。

第一，关于某些中国特定文化术语的翻译。由于不同的文化背景，有些概念很难和英文既定的词语相对应，这就要求英文翻译者不仅要注重语义的相通，而且要表现出特定的文化内涵。比如对"礼"的翻译，明恩溥曾指出："讨论中国人的特点而不提及中国人的'孝心'，那是绝不可能的。但是，中国人的孝心这个论题，也不容易做。孝心一词，与我们习惯赋予它们的意思之间有很大的不同，而且无论怎样准确地翻译成英语，却还是有许多词语及其意义为汉语所特有，是无法用翻译传达的。最难翻译的一个词是'礼'，它与孝心密切相关。为了例证这一点，同时也为了给即将讨论的中国人的孝心这个特点提供一个背景，我们最好是援用加略利①的一段话（转引自《中国总论》）：'礼是中国人一切心理的缩影；在我看来，《礼记》是中国人能为其他民族提供的关于他们本民族的最确切最完整的专论。中国人的情感，如果有的话，是靠礼来满足；中国人的责任，也靠礼来实现；中国人的美德和不足，也是参照礼而得出；人与人之间的自然关系基本上靠礼来维系。一言以蔽之，对中国人来说，礼是道德、政治和宗教的化身，同家庭、社会和宗教有着多种多样的联系。'人人都会赞同卫三畏博士对这段话的评论，他认为：'把中国的"礼"翻译为英语的"ceremony"不够全面，因为"礼"不但包括外在行为，同时也包括所有礼仪的正确原则。'"②卫三畏的原话见于其对中国经学的讨论③，无疑是非常正确的意见。英文 ceremony 一词，指 formal act or series of formal acts performed on a religious or public occasion，或者指 formal display or behavior，显然都不能包容中国儒家文化中的"礼"。较早的汉学家往往喜欢中英文互译，而现代汉学研究者则大都倾向对某些术语采用拼音的方式，而在正文中加以阐述，或在注文中予以解释，考虑到中国文化的某些特殊性，后者或许是更为严谨的。这一事实本身也可以看出汉学发展的不同阶段。

---

① 原文译注：加略利（M. Kllery，1810—1862），法国人，原籍意大利。曾任法国驻广州领事馆翻译。著有《中国的（太平天国）叛乱，从开始到夺取南京》（1853），还编有《汉语百科辞典》。

② ［美］明恩溥：《中国人的素质》第 19 章《孝行当先》，林欣译，京华出版社，2002，第 166—167 页。

③ Samuel Wells Williams, *The Middle Kingdom*, Vol. I, Chapter XI, P. 645.

第二，对某些中国文化观念的探讨。卫三畏的《中国总论》包罗广泛，用力甚深，对中国文化的探讨往往能够抓住本质，因而得到了后人的重视。如关于儒家思想对提升精神境界的意义，明恩溥指出："中国古籍之中，根本没有任何会使人们的心灵变得低级下流的东西。人们经常指出这个最重要的特点。这也是与古印度、古希腊、古罗马各种文献作品的根本区别。"① 这一看法，正出自卫三畏对"中国宗教"的论述："尽管中国人在言行上是个放荡不羁的民族，但他们没有通过寺庙并试图靠女神的保护净化他们的行为，努力将享乐的崇尚者进一步引上毁灭之路。他们赞扬贞洁与隐退，将其作为提升灵魂与肉体接近更高境界的方法。在极大程度上，罪恶被排除在视界之外以及宗教之外。"② 而这又与精英阶层的无神论是结合在一起的，比如，"关于神仙与神灵是否存在，朱熹坚称从现有的知识来看还不能加以肯定，而且认为忽略这一问题并无困难。这种不可知论或冷漠主义几乎是中华帝国所有受过教育的人所奉行的信条。在这一体系中，朱熹对灵魂的不朽和未来的因果也都不置一词。"③ 明恩溥即从这一点出发，认定"中国下层阶级的多神论和泛神论与上层阶级的无神论正好形成对比。……中国的儒家学者是这个地球上最为彻底的一群受过教育和教化的不可知论者和无神论者"④。孔子不语"怪力乱神"，注重当下的修养，成为儒学的一个重要特点。在西方的汉学论述中，卫三畏并不是首先发现这一点的人，但明恩溥的讨论却是对他的这位前辈的某种延续。

第三，对某些中国思想家的评价。卫三畏在《中国总论》一书中介绍了一批中国思想家，并以此为基础，对中国文化进行了探讨。他的某些看法以其锐利的锋芒，引起了积极的回应。例如他对孟子的看法："在许多方面，他展现了思想的原创性，目的的灵活性，观点的广博性，比孔子还要胜过一等，完全可以认定是亚洲所产生的最伟大的人物之一。"⑤ 众所周知，孟子是孔子之后最伟大的儒家思想家，他虽然被儒家认为是接续孔子道统的传人，但在不少方面都发展了孔子的思想，他的发展甚至到了这种程度，已经无法使偏重原始儒家某些观念的统治者所能忍受。

---

① ［美］明恩溥：《中国人的素质》第 26 章《中国人的宗教》，第 275 页。

② Samuel Wells Williams, *The Middle Kingdom*, Vol. II, Chapter XVIII, P. 193.

③ Samuel Wells Williams, *The Middle Kingdom*, Vol. II, Chapter XVIII, P. 201.

④ ［美］明恩溥：《中国人的素质》第 26 章《中国人的宗教》，第 279 页。

⑤ Samuel Wells Williams, *The Middle Kingdom*, Vol. II, Chapter XI, P. 201.

例如，对于最高统治者，孔子也谈到上下的权利和义务，但更多是偏于下对上，孟子则不然，他认为，臣子和君王之间的关系应该是对等的："君之视臣如手足，则臣视君如腹心；君之视臣如犬马，则臣视君如国人；君之视臣如土芥，则臣视君如寇仇。"① 这种观点，在中国古代的集权社会中，无疑是石破天惊的，无怪卫三畏把他作为亚洲的伟人。显然，这一观点也为马森所关注。在《西方的中华帝国观》一书中，他就表达了同样的看法。他说："一般地说来，西方人更尊重孟子。"并引述波茨尔的话说："东方的任何一位作家都不能像孟子那样对欧洲人，特别是对法国人产生吸引力。"② 他更直接引述卫三畏的话，把孟子称为"亚洲最伟大的思想家之一"③。据初步统计，马森的这部著作直接引用《中国总论》达六十四处之多，并肯定卫三畏"对中国宗教作了准确和相对公正的研讨"④。他的著作也可以作为一个样本，让我们略窥卫三畏对美国汉学研究的影响。

---

① 阮元校刻：《孟子注疏》卷 8 上，《十三经注疏》，第 2726 页。

② ［美］马森：《西方的中华帝国观》，第 301 页。

③ 同上。

④ 同上书，第 286 页。

中美文化教育交流的先驱

——戈鲲化 1879 年的哈佛之行及其意义

公元 1879 年 7 月 3 日，戈鲲化搭乘英国格仑菲纳斯（Glenfinlas）号轮船，从上海起程，前往美国，8 月 29 日抵达目的地①。自 9 月 1 日起，开始了这位四十四岁的中国学者预计在哈佛大学为期三年的教学生涯。这是中国第一次向美国的大学派出教师，去教授中国文化，也是一件在中美文化交流史乃至整个中外文化交流史上具有重大意义的事。

一、戈鲲化的里籍及其诗歌创作

戈鲲化，字砚畇，一字彦员，生于清道光十六年（1836）②。安徽休宁人，其家

---

① 据戈鲲化光绪五年七月二十一日写给杜德维的信，他是五月"十四日起行，至七月十二日安抵美境"。将戈氏所言换算成公历，就是 7 月 3 日起行，8 月 29 日抵达。按，这里和杜德维的说法略有不同。1879 年 7 月 1 日杜德维写给哈佛校长埃利奥特的信中说："戈先生明天将搭乘格仑菲纳斯号轮船，启程前往纽约。"王振中教授认为，这可能是时差换算时出现的差异，笔者同意这个判断。（参见王振中：《戈鲲化的梅花笺》，《读书》2005 年第 4 期）

② 关于戈鲲化的生年，《波士顿周日晨报》（*Boston Sunday Morning*）1882 年 2 月 15 日的报道说是 1838 年，在旧版《戈鲲化集》中，我即直接用了这个说法。周振鹤教授根据戈鲲化《人寿集》中的相关记载，指出戈是生于道光十六年五月，甚是。见周振鹤：《戈鲲化的生年月日及其他》，《中华读书报》2001 年 3 月 21 日。不过，对于戈的生日，周考订为五月初八，即公历 1836 年 6 月 21 日，而邬国义先生则认为不确，应是五月十九日，即公历 1836 年 7 月 2 日。见邬国义：《关于戈鲲化生年月日的问题》，陈绛主编：《近代中国》第 14 辑，2004，上海社会科学院出版社，第 322—329 页。按，笔者在修订旧版《戈鲲化集》时，又特意核对了一些关于戈鲲化生平的英文记载，发现各有不同的错误，想是当年记者报道时，查核不易，故可能以讹传讹。

庭早年迁往常州。父亲过世很早，母亲在咸丰十年（1860）太平天国攻陷常州时，自尽殉节，受到皇帝的褒奖，入祀节烈祠。他二十二岁左右，到黄开榜军中做幕僚，干了五六年。大约在清同治二年（1863）前后，来到美国驻上海领事馆任职。同治四年（1865）来到宁波，一直在英国领事馆任职，先后达十四年。

戈鲲化喜欢写诗，在当时也获得了一定的好评。如黄钰序云："太守之诗，不拘一格，要其历览山川，胸次高旷，情兴所寄，搦管成章，不屑屑以描摹见长，而渊懿醇茂，风华绮丽，靡不毕集，殆震川所云'得西子之神而不徒以其颦'者乎！"① 章鋆序云："新安戈君砚畇，天才踔厉，尤好吟咏。兴之所至，辄濡墨伸纸，顷刻数千百言，空所依傍。是其专主微眇，有真性情以贯之，复得江山戎马之助，以发抒其所见，岂规唐摹宋，务求形似，而神不相属者所能及乎！"② 这虽然多为师友之言，或有溢美，但也在一定程度上反映了其创作特色。

戈鲲化近三十岁来到宁波，此前所作的诗已经全部毁于兵火，现有作品基本上是记载在宁波一地的所见、所闻、所感，在某种程度上可作为宁波地方文献来读，也说明他具有一定的"诗史"意识。他的《久寓甬上，见闻所及，有足喜者，各纪以诗，得绝句八首》《客问甬上风俗之异，因赋四诗答之》《甬上竹枝词》《续甬上竹枝词》《再续甬上竹枝词》《三续甬上竹枝词》等篇，都具有史料价值。如《久寓》诸诗之三云："粤寇猖狂踞郡城，祖鞭先着仗书生。贼闻胆破仓皇走，落地开花炮一声。"记载了同治元年（1862）太平军占领宁波后，清军组织反攻，陈政钥募集民团协同，又得到英国军舰的帮助，终于收复宁波。之四云："藏书阁比鲁灵光，劫后牙签半散亡。检点残编珍世守，故家乔木尚苍苍。"③ 则是说经过太平天国之事后，宁波著名的天一阁藏书散失过半，表达了对由于战乱造成祖国文化遭受严重损失的痛惜和思考。

另外值得特别提出的是，和那个时代许多知识分子一样，戈鲲化的诗中也表现

① 黄钰：《人寿堂诗钞序》，戈鲲化：《人寿堂诗钞》，张宏生编著：《中美文化交流的先驱——戈鲲化的时代、生活与创作》，凤凰出版社，2016，第 5 页。

② 章鋆：《人寿堂诗钞序》，《人寿堂诗钞》，《中美文化交流的先驱——戈鲲化的时代、生活与创作》，第 3 页。

③ 戈鲲化：《人寿堂诗钞》，《中美文化交流的先驱——戈鲲化的时代、生活与创作》，第 106—107 页。

出面对西方文明传入的震撼，以及所进行的思考。如《三续甬上竹枝词》之一："琛赆招来海国商，甬江北岸屋相望。分明一幅西洋画，楼阁参差映夕阳。"之二："千里邮程达上洋，轮船一夜快非常。不须艳说滕王阁，风送才人过马当。"之三："印板分明尺素裁，新闻市价一齐开。沿门遍递争先睹，《申报》今朝又早来。"之六："又新街接日升街，纸醉金迷色色佳。要使游人心目炫，东西洋货巧安排。"①或言城市建筑，或言邮递速度，或言报纸之重要，或言街市之繁荣，都是西方文明传入后带来的新气象。他的《偶乘火轮车放歌》也是那个时代的一篇佳作。作品先指出，先进的运输工具的创意原是出自中国，而且达到了相当的水准："轩辕皇帝善物物，偶见飞蓬制为车。后来周公众巧聚，指南远服傑任侏。木牛流马辇饟饟，葛相意造此权舆。"但是，这种创意在中国没能得到发展，却被西方后来者居上："中国失传泰西出，曰英圭黎尤杰殊。采煤铸炭实车腹，气之所鼓雷霆驱。"火车构思精巧，坐在车上，真有风驰电掣之感："我今坐向吴淞口，旋转卅辐同一枢。暗设机关夺造化，縶车之人真仙乎。在地疾走轶奔马，在天健行迈踆乌。"但戈鲲化最后的结论却是："然而百利一大害，覆辙每遭肝脑涂。所以圣人摈不用，宇内坦荡有康衢。"② 这似乎仍然有些保守，但是考虑到他主要是从技术层面而言的，而且揭示的是已经造成和可能造成的事实，所以体现出的仍然是一种开放的气度，和那些不分青红皂白一概骂倒之士终是不同。

上述《三续甬上竹枝词》之三写出了宁波一地读者阅读《申报》的热情，事实上，戈鲲化自己和《申报》的关系就比较密切，他的好些诗作，据初步调查，至少有十余首，都是在《申报》上发表的。《申报》创刊于 1872 年，这种新型的传播工具，给传统诗词的传播和接受提供了新的空间。前曾论及戈鲲化的诗在当时有一定的影响，有一个例子颇能说明这一点。光绪丙子五月九日（1876 年 5 月 31 日），《申报》上刊载了内自讼斋主和戈鲲化四十生辰自述的四首诗，其中说："鲰生久切瞻韩意，介绍先凭尺幅诗。""何日乘风挂帆席，相逢始信愿非虚。"这位内自讼斋主和戈鲲化并不认识，虽然《申报》当时已经成为传统文人交往的重要阵地之一，但如此仰慕，

---

① 戈鲲化：《人寿堂诗钞》，《中美文化交流的先驱——戈鲲化的时代、生活与创作》，第 118—120 页。

② 同上书，第 94 页。

恐怕也不是无缘无故的①。另外，戈鲲化也积极参加了《申报》推展的相关讨论，例如种牛痘，其方法从西洋传入中国后，曾有一些老式痘师予以排斥，百姓中也有种种不同的认识。戈鲲化曾在《申报》1875年3月6日和3月8日，连续发表《牛痘引证说》上下二文，从正反两个方面，说明西洋种痘之法的优越。又如1876年7月，宁绍台道瑞璋派员押送劫犯至上海，返程时，寓于法租界，和巡捕发生冲突，该员被殴至重伤，而法国主审官则对凶手多方包庇，引起中国民众的不满。戈鲲化在《申报》1876年7月4日发表《辱委论》一文，斥责主审官违背两国协议，纵容法捕欺凌中国人的恶劣行为。《申报》是当时非常重要的大众传媒工具，戈鲲化利用这个工具，积极介入时事，积极发表见解，可见他思想的活跃与敏锐。

以上所说的戈鲲化的诗歌创作，主要都体现在他的诗集《人寿堂诗钞》中。除此之外，他还编了一本《人寿集》，其中收录了一百三十五位诗人对他的《四十生日自述》四首的和作六百多首。这个唱和大约是戈鲲化主动征邀的结果，不过，能够有这么多人参与，而且有些人甚至主动地再三赓和，也足以说明戈鲲化具有一定的影响力。从学术的角度来看，这个唱和集的价值至少可以表现在以下几个方面：第一，可以从一个侧面见出当时文人以诗歌进行交往的生活方式，特别是报纸这种新的传播媒介出现后，提供了更大的便利。通过互相唱和，原来的朋友可以增进感情，陌生人则可以成为朋友。例如，有些参与唱和的人，如延秀和一位自称为"内自讼斋主人"的诗人，原本并不认识戈鲲化，他们都是知道了这件雅事之后，通过写诗，来表示和戈鲲化结交的意愿。第二，可以从中了解戈鲲化的交游情况。在这些诗人中，有高级官员，也有较低级官员，但更多是下层的普通知识分子。这个交游圈的构成成分，有助于帮助我们为戈鲲化定位。第三，可以从不同侧面了解戈鲲化的生活情形。戈鲲化是下层文人，相关记载并不充分，因此，这些诗人在作品中所提供的一些信息，可以帮助增强对戈的认识。如邓恩锡说他"工文翰，西人礼为

---

① 戈鲲化至少在宁波有一定的知名度，他甚至在一定程度上带有《申报》的"特约通讯员"的身份。比如1876年7月20日的《申报》，在《宁郡杂闻》栏里，这样写道："昨宁波人寿主人来书，谓月之二十四日到有英国兵船一只，船中水师提督偕驻宁之英领事，于二十五日同往奉化之雪窦山游历，闻将于二十七日回来，二十八日开往上海也。"可见他与《申报》沟通的密切。

上宾"，并"曾为中西解纷"。黄树棠说他"每遇中外交涉事件，力持大局，时论韪之"。童章谈到同治十一年（1872），"填复新开河诸务，咸取决君言"。欧阳世昌则谈到光绪初年，"晋豫奇荒，赤地数千里，饥民数百万，析骸易子而食。赈款维艰，君倾囊得千金以助"①。这些都是研究戈鲲化的重要资料。第四，可以通过这些友人，了解戈鲲化的思想。戈鲲化之所以愿意前往被当时不少人视为畏途的美国，原因是多重的，不过，考察其交游圈，也能从一个侧面看出其思想基础。比如，在这些唱和的朋友中，李圭曾受赫德委派，赴美国费城参加美国建国一百周年博览会，会后又漫游英国、法国、锡兰、新加坡、中国香港等地；王咏霓曾随许景澄出使国外，游历法、德、意、荷、奥、英、美、日及中东、东南亚等处，凡历时三年；朱和钧曾至檀香山，查勘华民入监诸事，又随郑藻如出使西班牙。中国老话说，不知其人，视其友。戈鲲化的这些朋友的海外漫游，有的在他赴美前，有的在他赴美后，但他们具有一定的全球视野，却是可以肯定的。戈鲲化在与他们交往的过程中，彼此当然也会互相影响。

二、戈鲲化在宁波英国领事馆

戈鲲化在宁波英国领事馆任职长达十四年，除了进行一些文化活动之外，还介入了当时发生的两件大事，一件是填新开河，另一件是签订《北京专约》。这两件事都与时任宁绍台道的顾文彬有关。

顾文彬（1811—1889），字蔚如，号子山，晚号艮盒、过云楼主。元和（今江苏苏州）人。道光二十一年（1841）进士，授刑部主事。先后担任福建司郎中、湖北汉阳知府、武昌盐法道。同治九年（1870），授浙江宁绍台道。顾文彬在宁波生活了六年左右，其间广泛地和当地官员、士绅及其他各界人士交往，戈鲲化也是其中的一个。这些，在其《过云楼日记》和《宦游鸿雪》（即家书）中有所记载。

新开河是一条在宁波存在时间很短暂的人工河。道光二十二年（1842），宁波

---

① 分见：戈鲲化：《人寿集》，《中美文化交流的先驱——戈鲲化的时代、生活与创作》，第141、142、160、156、243页。

成为通商口岸，并于 1844 年的元旦开埠，随后，英、美、法等十二国相继在江北岸设立领事馆，江北岸并划出特定区域，供外国人居留。咸丰十一年（1861），太平军欲攻打宁波，外籍人士唯恐自己的利益被伤害，和太平军展开谈判，希望加以阻止，不果。年底，太平军攻陷宁波。次年 5 月，在清兵绿头勇、民团和英法军的联合进攻下，太平军战败，退出宁波。太平军在宁波，虽然并未对江北领馆区造成损害，但引起了外国人很大的不安。慈溪是宁波府的一个县，与宁波之间的直线距离在十六公里左右。在太平军发动的浙江战事中，慈溪曾两次被攻下。第一次是咸丰十一年十二月，第二次是同治元年（1862）九月。后者给外国人造成的震撼更大，因为中外联军为打击太平军，从上海调来了一千名"洋枪队"，由首领华尔统率，进攻慈溪。但在攻城的过程中，华尔却被太平军击成重伤，不久死去。慈溪的一再失守令宁波唇亡齿寒，华尔的战死更让外国人惊恐不安，新开河就是在这个背景中开凿的，正如（同治）《鄞县志》卷六《水利上》所载："国朝同治元年，粤匪再陷慈溪。英人之寓江北岸者虑其西来，约同居民，从铁沙汇起，新开一河，横穿故渠而出白沙，环兵船以守。"① 铁沙汇在原姚江湾头南边一带，"故渠"指颜公渠。这条河实际上穿过颜公渠，挖通了姚江与甬江，迄于英国领事馆以北的白沙，直线距离仅七百二十米光景，其故址及走向基本上与今庆丰桥的引桥重合。英国人挖掘新开河的作用或主要是防卫江北地区，此河一开，打通今天的新三江口到甬江，英国人所在的江北地区就会形成类似一座四面环水的孤岛，因此可做到方志中说的"环兵船以守"。由于这是新开的一条河，因此当时就叫新开河。还有一种说法是，新开河开凿于太平军攻占宁波府城的 1861 年底前后，是英国海军上校丢乐德克的主意，目的是让英国军舰一路从外滩三江口南下，一路从外滩出新开河抵达永丰门下，形成两边钳制的攻城态势。

宁波这个地方，三面是山，一面是海，三江交汇，潮汐往往能够自海口直扑过来。所以，新开河固然有其战守的功能，但是，也造成了祸患。这个祸患的重要表现，就是咸潮由白沙东边的甬江入侵新开河东口，再倒灌进颜公渠，导致颜公渠沿岸农田的盐碱化，因而引起了民众的强烈不满。于是，同治七年（1868），当时的宁绍台道文廉就向英国领事馆提出填河复渠的请求。文廉向英国领事馆提议是在同

---

① 戴枚等修纂：《同治鄞县志》卷 6《水利上》，宁波市鄞州区地方志办公室整理，浙江古籍出版社，2015，第 2 册，第 24 页上。

治七年（1868），但此事始议却是在同治四年（1865），戈鲲化《挽张竹坪运同（斯安）》之二："冠盖相逢记昔时，鸠工赴事不遑辞。力图兴复农家利，郑白渠边有口碑。"自注："议填甬江新开河，七年未果。"又戈鲲化《鱼门太守募资和买西人所造新浮桥告成，招饮江北别墅，十七迭韵》："机宜功合贵乘时，难得琴心识子期。从此不劳频唤渡，喜赓红雨绿波诗。"首句自注也说："壬申议填江北新开河。"① 壬申是同治十一年（1872），上推七年，正是同治四年。但英方并没有同意，原因可能是，虽然同治三年（1864）清军攻陷天京，宣告了太平天国的失败，但从同治四年至同治八年（1869），仍然还有太平军零星反抗的讯息。英国人心有余悸，生怕反复，因此还要保留这条河。

到了同治十一年，即顾文彬上任后的第三年，情况就不同了。当时，社会局势已经彻底明朗，虽然石达开的余部李文彩率领的零星部队一直坚持到这一年的三月，但对宁波已经没有什么威胁了，所以，当"三县士民再申前请"②，顾文彬又积极加以斡旋时，英国领事馆就不得不予以考虑了，不过其间的过程仍然一波三折。

关于当地士民在新开河一事中发挥作用者，《鄞县志》中只提到了陈政钥和张斯安，但收录在《人寿集》中的童章的和诗，其中有一首："生平饱读圣贤书，海上幽栖亦广居。笑倒张仪扪舌在，为人排解事无虚。"自注："同治壬申岁，填复新开河诸务，咸取决君言。"戈鲲化的《挽张竹坪运同（期安）》一诗自注则说"子山方伯嘱君（张期安）与余同办"③，可见戈鲲化确实参与其中。不仅参与其中，甚至还发挥了重要作用。只是二说仅是概括性的叙述，并不具体，而在顾文彬的日记和家书中则可以得到充分印证。

同治十一年八月二十八日，日记中写道："民人周廷贵遍贴招子，声言是日鄞、慈、镇三邑之民，合力填新开河，英国领事［这时的英国领事已是郇和（Robert Swinhoe）］不允。余恐酿成衅端，先札饬鄞县姚令于是日前往弹压。至抵暮姚令

---

① 戈鲲化：《人寿堂诗钞》，《中美文化交流的先驱——戈鲲化的时代、生活与创作》，第71、92页。

② 戴枚等修纂：《同治鄞县志》卷6《水利上》，第2册，第24页上。

③ 戈鲲化：《人寿集》、《人寿堂诗钞》，《中美文化交流的先驱——戈鲲化的时代、生活与创作》，第156、71页。

来禀，已解散无事矣。"① 周廷贵四处张贴招子，造成舆论压力，引起英国人的不满，顾文彬认为这是成事不足，败事有余，于是弹压下去。但尽管如此，顾文彬还是顺应民情，并未放弃外交努力。于是在九月三日、四日、五日的日记中，分别有这样的记载："接郇领事照会，因填河一节，已申达彼国驻京大臣。""发详中丞文知咨总理衙，并与郭谷斋信，托其将填河细情转禀中丞，专差赍送，坐脚划船去。与沈彦徽（敦兰）信，并节略三件，皆言填河事。""邀张竹坪来，托其与英领事商办填河事。"这样，从八月底到九月初，中英双方都紧锣密鼓，分别呈报自己的主管机构，终于在这个月的十号，"据姚令面禀，绅士张竹坪等与副领事索公（索礼璧）面商填河一节，索公已允许矣。随即照会英国郇领事，并札宁波府、鄞县，并谕张斯安（竹坪），定于十五日填塞新开河。"

虽然议定九月十五日动工，但顾文彬仍怕出现反复，于是"托曹恺翁函询戈砚畇，得回信云可以照办"（九月十一日日记）。这是戈鲲化（字砚畇）在这件事情中的正式出场。曹恺翁，或即曹秉仁，字士虎，号恺堂，江苏武进人，与戈鲲化有诗歌唱和。戈鲲化当时在英国领事馆任职，可以接触到领事馆高层，他探听来的消息，当然是准确无误。于是第二天更有详细的商议："是日曹恺翁请戈砚畇、杨远香午饭，因邀同面商。据远香云，此河应从东口（按，即白沙）填起，淡泉、砚畇均以为然。"（九月十二日日记）不过，英国领事馆的看法则是要求在西口（按，即铁沙汇）填。

新开河大致是东西向的，其东口接着甬江，而甬江东通大海，随涨潮而来的咸水一般会上溯到三江口，也就是说新开河东口附近的甬江水都是咸的。三江口朝西偏北的一支，经过慈溪，通往余姚，叫姚江，是慈溪农田灌溉的主要河流。由于姚江上游下来的淡水较为丰沛，尽管潮水一天两次涨落，但咸潮却被淡水所阻，所以姚江湾头一带的江水却是淡的，因此，慈溪也就不太会受到咸潮的影响，反而是当地的百姓近千年来开发出了"顶潮纳淡"的农田灌溉技术，非常管用。但新开河却以直线的形式打通了甬江和姚江，中间没有任何阻碍，因此咸潮就可借助涨潮之力而直接侵入颜公渠，甚至向西进入姚江，并对慈溪造成威胁。综合考虑，大家都觉得从东口填，直接把甬江上的口子堵住，一劳永逸，效果更好。但不知什么缘故，

---

① 顾文彬著，苏州市档案局（馆）、苏州市过云楼文化研究会编：《过云楼日记（点校本）》，文汇出版社，2015，第 198 页。

英国人却不同意。在顾文彬看来："河形自东至西，现在先塞西口，已除咸潮灌田之患，而东口未塞，尚非一劳永逸之计。"（同治十一年九月二十一日家书）① 毕竟，咸潮还是会灌进新开河，至少沿河一带，仍会受到影响。但英国人既然同意填塞西口，主要矛盾已经解决，顾文彬不想节外生枝，可能也害怕夜长梦多，再有变数。况且，他仔细盘算之后，认为即使这样，仍然能够达到原来的目的："欲挖通淤塞之内河，必先筑坝，因议于新开河中段横筑一坝，偏近东首，即与填塞东口无异。此坝既筑，永远不开，内河即成淡水河，咸潮亦不能灌入，将来东口以内，每日潮挟沙而来，不能挟沙而去，不过一二年，自然淤成陆地，此不塞之塞也。"（同治十一年十月七日家书）所以，他也就不再坚持一定要填东口。

九月十五日，填新开河正式动工，顾文彬非常高兴，认为"此履任后第一快心事也。前任文道办而未成，余上年即欲举办，屡议不果。近又为周廷贵招贴激怒洋人，几乎决裂。今日居然得手，故倍觉快意"（九月十五日日记）。开工后，九月二十三日，填塞新开河西口合龙，十月四日，西口筑坝也已完工。填复新开河对百姓生活将起到重大影响，顾文彬在家书中这样说："此间填河事，西口已合龙，鄞、慈、镇三邑，民田数十万亩，永绝咸潮侵灌之害。"（同治十一年十月朔日家书）戈鲲化在悼念张期安的诗中也说："议填甬江新开河，七年未果。嗣因子山方伯嘱君与余同办，而君尤为出力。四越月，大功告成，鄞、慈、镇水利赖焉，至今犹有津津道及者。"② 而在具体操作中，对于张期安和戈鲲化，顾文彬或许分别派给了不同的角色。前者主要沟通各个方面，处理相关事务，后者则主要了解英国领事馆的想法，并提供意见，供决策参考，甚至可能还起到了将新开河对百姓生活带来的灾难对英国领事馆详加解释，以及在双方谈判中加以沟通的特殊作用。

关于签订《北京专约》，时在同治十三年（1874）。这年的九月二十六日，顾文彬在日记中写道："得戈砚畇密信，据云，佛领事谈起中东合议不成，必出于战，闻东兵有先犯舟山及宁波之信。余即将此信寄黄军门，并嘱其一面飞咨中丞，请调省城南勇来宁防堵，一面将旧船及木排等物齐集镇海口，俟有东兵来犯，即沉船堵

---

① 顾文彬著，苏州市档案局（馆）、苏州市过云楼文化研究会编：《过云楼家书（点校本）》，文汇出版社，2016，第180页。

② 戈鲲化：《人寿堂诗钞》，《中美文化交流的先驱——戈鲲化的时代、生活与创作》，第71页。

塞口子。"佛领事是英国领事馆领事佛礼赐（Robert J. Forrest，一译富礼赐），黄军门是浙江提督黄少春，中丞是当时的浙江巡抚杨昌濬。在九月二十八日的家书中，顾也写道："二十六日有在英领事处作幕之戈砚畇密致一函，伊东英领事佛公告伊云，中东和议不谐，决欲一战，并有先犯定海，次及宁波之信。此信虽亦许谣言，然洋人之信较捷，既有此风声，岂能不亟为筹备？随即通知黄军门，嘱其飞咨中丞，迅调省城南勇两营来宁防堵。"两相对照，可以看出顾文彬对戈鲲化所报之信的重视。

同治十年（1871）十月，一艘琉球宫古岛民的进贡船只在返回那霸时，遭遇台风，漂流至台湾南部，被当地原住民杀死五十四人，加上溺死的三人，全船六十九人只剩下十二人返回琉球。同治十二年（1873）十一月，日本以琉球为自己的属国为由，要对台湾兴师问罪。清朝官员与之进行谈判，却毫无进展。因此，同治十三年（1874）三月，日本陆军中将西乡从道率领日军三千多人，向台湾进发，在琅𤩲湾登陆，但战事并不顺利，于是转而谋求外交解决。九月，日本政府委派全权办理大臣大久保利通来到北京，经多轮谈判，最后清政府签订《北京专约》，向日本赔银五十万两，同意日本出兵是"保民义举"，变相承认日本对琉球的保护权而签署协议，事件乃告结束。这就是此则日记的大背景。

这个时候，中日两国正在谈判。既然是谈判，就有可能成功，也有可能破裂。而日本对台湾用兵，也引起了国际的关注，英国政府出于自己的利益就公开表示了不满，英国驻华公使威妥玛（Thomas Wade）正努力居中调停，因此，从英国传来的消息对做出正确判断就显得非常重要。

戈鲲化是主动在宁波英国领事馆打探消息，还是受到顾文彬的委托，史料中并无记载，但以理度之，应该是后者的可能性更大。

宁波有着独特的地理位置，自明代以来，日本朝贡使团由此登陆入境，日本和中国的交往，多通过宁波，明代的倭寇之祸，不少也是在宁波一带。所以，当中日之间的关系紧张，并有兵戎相见之事时，宁波这边自然会感到压力，并加以提防。这就是为什么顾文彬接到戈鲲化的密信之后，得知倘若和议不成，日本可能攻击舟山和宁波，因此，紧急通知浙江提督黄少春，并向浙江巡抚杨昌濬禀报，希望提前准备好万全之策。这些，在他的家书里有着更为详细的描述："宁波为全省海疆门户，明季倭寇从定海窜入，近事则一破于洋人，再破于粤逆，虽招宝山等处天设险要，然守御无人，外侮侵凌，势如破竹。现在虽有提标驻扎，可成雄镇，然兵勇只二千余人，战船只数十只，伏波一只又为闽省调回海口，炮台坍塌未修。现拟于炮台上添设复壁以御开花炮，尚未兴工。大炮可用者只十余尊，不敷应用，非再添数十尊不可。线枪提标练成百杆，定标练成二百杆，我请中丞再添七百杆，凑成千杆，可成一队劲旅。中丞应允，现已派人往广东赶造，然亦非旦夕可成之事。此外兵勇所用鸟枪皆是旧样，并不精，火药购自外国，亦不多。若要防御得力，非大加振顿不可，且非预备数十万饷亦不能办。"（同治十三年六月二十一日家书）"此间镇海招宝山为海口门户，旧设炮台甚多，中丞责成边仲思修理，仲思初意欲照老样修理。所谓老样者，即松坡所云不可用之石炮台。我亦知其不可用，故力主改筑泥炮台之议。现与黄军门商定，改筑复壁炮台（从前军门打仗时所用之样），就旧炮台加筑木桩，木架上盖泥，四围亦用泥遮护，俱有数尺厚，放炮兵丁藏在木架之下，敌人虽用落地开花炮亦不能打入。现已派张委员开工试筑一座，如合用，即照样将旧炮台一律修整。中丞新调黄有功军门带勇两营驻扎奉化地界，又派委员到广东购买线枪一千杆，大炮十尊。我嫌十尊太少，禀请添买数十尊，未知允否。又请在衢、严一带移取大炮数十尊，定海郭镇军亦请添募勇丁修筑炮台。该处为明季倭寇内犯要隘也。"（同治十三年七月十五日家书）只是台湾那边仍然没有眉目，"此间防堵一切逐渐上紧，镇海口筑新炮台，又筑垒驻兵，因此人心不免惶惶然，各海口皆然，不能不如此布置。"（同治十三年八月二日家书）事态严重，顾文彬身为宁绍台地区的最高军政长官，自然也要周详地布置武备。

但是，虽然从同治十三年四月开始，五六个月以来，顾文彬高度紧张，一直在整军备战，但最后，战争并没有打起来。十月一日，顾文彬就得到了和议已成的消息，他在日记中写道："闻中东和议可成。或云东使哦古柏至京，总理衙门与议不洽，哦国钦使从中说和，中国赏给银五十万，作为赏恤琉球难民之需；或云东使因与总理衙门会议不洽，负气出都，意已决裂。恭邸派员至天津将其追回，议给银五十万，先给十万，俟台湾东兵撤退，再给四十万。两说虽有参差，归于和则一也。"在家书中，他更进一步写明，这个消息就是来自戈鲲化："刻又得戈砚畇信，传述佛领事之言云：东使与总理衙门议论不洽，负气出都，恭邸派员至天津将东使追回，议给恤费五十万，先给十万，俟台湾东兵撤尽，再给四十万云云。"（十月朔家书）这个消息，与胡雪岩上海来信相印证，应属可靠，所以虽然顾文彬在没有接到上司的明确指示时，不敢放松，尚有疑惑，但也大致倾向于实有其事，他在家书中写道："查明季倭寇往往有一面议和，一面仍肆扰者。当今局面，我兵尚盛，而日本穷促已甚，当不致如倭寇之狡诈反复。惟暗中有西人把持，恐东人为所钤制，不能自主，或有变局，亦不可知。"（同上）这个"暗中有西人把持"，显然有相当的部分是从戈鲲化的密信中做出的判断。日本的军事行动，触及了列强在华的利益，妥善加以利用，以达到自己的目的，应该也是当时决策的出发点之一。

日本这次对台湾用兵，剑锋所指，威胁闽浙两地，是中国近代史上的重要事件之一。对此，史书上已经有了不少记载。顾文彬的日记和家书，从一个侧面为我们还原了当时浙东地区备战的情形，有一些细节很珍贵，特别是戈鲲化作为宁波英国领事馆的属员，及时将相关信息传递出来，为政府做出正确判断，起到了重要作用。

三、鼐德关于在哈佛设立中文讲席的设想及其实施

汉学研究在西方很早就起步了。自16世纪至19世纪，这一学科突飞猛进。特别是到了19世纪，法国的法兰西学院和东方现代语言学院、英国的牛津大学和伦敦大学、德国的柏林大学、俄罗斯的喀山大学、荷兰的莱顿大学等，都先后设立了汉学讲座。相比之下，美国的汉学研究就开始得比较晚，一直到19世纪末才有所酝酿。在这一过程中，哈佛大学以其特有的气魄走在了前面，而鼐德则是促成这一计划得以实施的最重要的人物。

鼐德（Francis P. Knight），生于美国马萨诸塞州波士顿。早年来中国营口经商，创办了旗昌洋行。自1864年起，除担任美国驻营口领事外，还兼任瑞典、挪威、法国、荷兰、德国、日本等国驻营口的领事或副领事。1877年2月，在中国已经生活了十五年的他根据自己多年的生活体会，针对美国在华商务和传教事业的需要，致信哈佛大学校长查尔斯·W. 埃利奥特（Charles W. Eliot），提出了募集一笔钱在该大学建立中文讲座的建议，其目的是通过学习中文，培养一些年轻人，为他们将来在中国政府供职提供条件，增强他们在中国进行商业贸易的能力，使他们具有促进两国贸易往来的眼光。达到这一目的的方法则是从中国聘请一两位土生土长的中国人，来哈佛大学担任中文教师，使得那些愿意到中国来发展的人在动身之前，就

能够掌握必要的知识，具有一定的能力。① 接到鼐德的信之后，埃利奥特非常重视，他以一个教育家的远见，敏锐地认识到，这一计划将为那些到中国从事领事、律师、工程以及商贸等工作的青年人提供良好的机会，因而立即召开了校董会，达成共识后，随即给鼐德复信，表示了最热烈的支持②。

但是，鼐德的这一计划虽然得到了哈佛大学的热烈赞同，却由于太具有创意，因而在国际汉学圈子里，以及一些曾经或正在和中国发生关系的人士中引起了争论。争论的焦点是：外国人学习汉语是应该在本国学，还是应该到中国学。

支持鼐德的人认为，外国人如果在来中国之前就能学习一定的中文，通过日积月累，慢慢体味，会为日后的生活打下稳固的基础，并在到达中国以后，获得学习的激励，从而实现快速进步。持这种观点的有在华德国著名汉学家穆麟德（Paul Georg Von Mollendorff, 1848—1901），英国外交官禧在明（Warlter Caine Hillier, 1849—1927）、达文波（Arthur Davenport, 1836—1916）、固威林（William M. Cooper），以及北京同文馆总教习丁韪良（William A. P. Martin, 1827—1916）等。反对鼐德的人则认为，年轻人到中国之前，应该全面学习各种的知识，打好基础，因为中文太难了，如果在美时就开始学习，一方面是没有合适的语言环境，另一方面是课业太多，没有充足的时间，结果可能是什么都学不好，事倍功半。因此，还是应该到中国以后，在富有经验的老师的指导下和热心的朋友的帮助下，花两三年的时间进行专门学习。持这种观点的有中国海关总税务司赫德（Robert Hart, 1835—1911）和中国海关税务司杜德维（Edward Bangs Drew, 1843—1924）等。另外，当时在中国的美国人马士（Hosea Ballou Marse, 1855—1934）则表示了谨慎的态度。马士是哈佛大学毕业生，来华后，先在上海修习了三年英语，任天津海关帮办，后陆续在北京、上海、北海、淡水、龙州、广州等地海关税务司任职，曾著有《中华帝国对外关系史》三卷和《东印度公司对华贸易编年史（1635—1834）》五卷。马士认为，鼐德方案能够在哈佛得到实施应该祝贺，倘能引致一两位英美学者来担任中国哲学的讲座教授，则更佳；但同时，他也不无担心，生怕这种开设在美国的中文班不如预计

---

① See：Francis P. Knight to W. Eliot, from Boston, Feb. 22, 1877, Harvard University Archives（hereafter abbrev as HUA），UAI. 20. 877.

② See：C. W. Eliot to F. P. Knight, from Boston, March 10, 1877, HUA, UAI. 20. 877.

中的好，学生可能学不到有用的知识以应付来到中国后将要遇到的难题。①

在纷争如潮的情况下，鼐德表现出了难能可贵的"择善固执"。他坚定不移地相信，在哈佛大学设立中文教学会取得成功，因而即使遭到如赫德这样的权威人物的非议，也毫不动摇。其实，他当时所面临的压力还不仅是对这一讲座的设立与否的争论，筹款的成功与否也是这一计划能否顺利实现的重要因素。鼐德的筹款目标是一万美元，其中八千美元用于老师三年的薪水，二千美元作为来回路费。筹款应在三年中完成。但是，就在鼐德正在为他所找到的老师送行时，又出现反复。他接到埃利奥特校长的电报，上写"筹款失败，取消合同"八个字，这对他不啻是一个巨大打击。鼐德此时已经和老师签好了合同，情形正如背水一战，有进无退。一方面，他仍然相信那些原先同意捐款的商人，相信他们在重新考虑了方方面面的情况后，会履行原来的诺言；另一方面，他也作了最坏的打算，万一筹不到预计数目的款项，他准备自己承担一部分，甚至有这样的思想准备，即以自己在波士顿的财产作保证，来提供第三年的费用。所以，鼐德可以说是在极其困难的情况下，咬紧牙关，坚持了下来，终于促成这一计划的顺利实施。在这个世界上，想做成一番事业难免要遇到种种挫折，但机会不仅垂青有准备的人，也垂青那些坚韧不拔的人，他们的成功就是因为能够把自己置于再坚持一下的努力之中。②

更加难能可贵的是，鼐德不仅有宏伟的设想，而且有实干的精神。他对哈佛大

---

① 参见以下材料：

Paul Georg Von Mollendorff to F. P. Knight, from Shanghai, July 15, 1879, HUA, UAI. 20. 877;

Warlter Caine Hillier to F. P. Knight, from Shanghai, Jan. 28, 1879, HUA, UAI. 20. 877;

Arthur Davenport to F. P. Knight, from Shanghai, Nov. 17, 1879, HUA, UAI. 20. 877;

William M. Cooper to F. P. Knight, from Ningbo, Nov. 21, 1879, HUA, UAI. 20. 877;

William A. Martin to F. P. Knight, from Beijing, Sep. 8, 1879, HUA, UAI. 20. 877;

Robert Hart to F. P. Knight, from Beijing, Aug. 4, 1879, HUA, UAI. 20. 877;

Edward Bangs Drew to C. W. Eliot, from Ningbo, July 28, 1879, HUA, UAI. 20. 877;

Hosea Ballou Morse to F. P. Knight, from Beijing, Sep. 2, 1879, HUA, UAI. 20. 877.

② 参见以下材料：

F. P. Knight to C. W. Eliot, from Shanghai, July 1, 1879, HUA, UAI. 20. 877 ;

F. P. Knight to C. W. Eliot, from Shanghai, July 15, 1879, HUA, UAI. 20. 877.

学开设中文班的每一个细节，对戈鲲化将要展开的工作的每一个步骤都细加过问，考虑得非常周到。第一，他根据自己的体会，建议使用威妥玛教材，由于这种教材不易找到，他甚至愿意把自己个人的和自己兄弟的书都捐出来；第二，他关心戈鲲化在剑桥的住宿问题，在一时解决不了的情况下，可以考虑戈氏一家住在自己兄弟的家；第三，他生怕哈佛的中文班没有足够的学生，因而打算说服一两位在哈特佛德任职的中国人，把他们的孩子送往哈佛而不是耶鲁上学，以便很好地修习母语；第四，他为戈鲲化准备了一些中文班必需的书籍和一些汉学家论述中文学习的著作，以便戈氏在美国能够顺利开展工作；第五，为了使身在异国他乡的戈鲲化能尽快适应，他准备请求著名的汉学家卫三畏前往哈佛，帮助筹备中文班；第六，为了显示哈佛中文班的重要，他甚至要求总税务司赫德为在这个班结业的学生提供合适的职位。萧德以他的远见卓识和细致工作，使得哈佛的中文班得以顺利开设，值得在中美文化交流史上大书一笔①。

四、戈鲲化赴美始末

对于在哈佛大学设立中文讲席一事，不仅萧德沉浸在自己的宏伟设想之中并为之不懈努力，就连汉学家如穆麟德、外交官如禧在明、同文馆教习如丁韪良等都大力支持，并且引起了与中国缔约的欧洲各国的注意，中国和外国在华的新闻媒体也对此事给予了高度评价。② 然而，当这一方案开始付诸实施的时候，萧德却发现，要想在中国找一位符合要求而又愿意远渡重洋的人，并不是一件容易的事。毕竟，那是一个太遥远的国度，不仅与中国人安土重迁的习惯不合，而且去和西洋人打交道也使人心存疑惧。

---

① 参见以下材料：

F. P. Knight to C. W. Eliot, from Shanghai, May 4, 1879, HUA, UAI. 20. 877;

F. P. Knight to C. W. Eliot, from Shanghai, May 27, 1879, HUA, UAI. 20. 877;

F. P. Knight to C. W. Eliot, from Shanghai, July 1, 1879, HUA, UAI. 20. 877;

F. P. Knight to C. W. Eliot, from Shanghai, July 15, 1879, HUA, UAI. 20. 877.

② F. P. Knight to C. W. Eliot, from Shanghai, July 1, 1879, HUA, UAI. 20. 877.

哈佛大学的态度无疑是积极的。作为美国历史最悠久的大学，发展到19世纪下半叶，哈佛的系科更加齐全，实力更加雄厚。中文教学在美国的高等教学中还很罕见，探讨在美国开设这一教学的余地到底有多大，无疑极具挑战性，也为哈佛的进一步发展开辟了空间。所以，当时的校长埃利奥特多次同萧德讨论人选问题，并委托萧德全权代为物色。萧德虽然极为热心，可一方面他的中文说得不够好，另一方面他与中国各方面的联系也还不够广泛。因此，尽管总税务司赫德对他的方案颇有微词，他还是想办法求得了赫德的帮助。税务司是鸦片战争之后中国和西方诸强签订不平等条约的产物。随着最早通商的上海、宁波等五个口岸设立税务司，其后通商的各个口岸也陆续跟进，都受总税务司领导。由于有这层便利关系，赫德就把这件事全权委托给宁波税务司杜德维。赫德之所以选中杜德维，而不是其他人，也是有深意的。杜德维生于1843年，毕业于哈佛，和母校感情深厚，对母校的事情一定会尽力去做；同时，他自1865年即来到中国，并长期在中国任职，是一位老资格的中国通，也有能力去做。[①]

不过，和赫德一样，杜德维一开始对这件事也是心存疑忌。他认为，如果是为了在中国生活的实际需要，那么应该选择在北京学中文，而不是在剑桥。在北京学，由于具有良好的学习环境，边学边练，效果是事半功倍；而在剑桥学，由于哈佛的课程太重，会使学生因耗费太多精力而影响对其他课程的修习。这种疑忌，直到他投身其中并出色地物色到了合适人选后，仍然存在。但是，杜德维并没有顽固地坚持己见。和赫德等人不同的是，作为哈佛大学的毕业生，他真诚地为哈佛的利益着想，为哈佛的发展前景考虑，因而他寄希望这一举措能够导致在哈佛设立一个中国学的教授职位。他甚至为戈鲲化在哈佛教授中文准备了一份备忘录，其基本要点是：（1）用威妥玛的《语言自迩集》作为教材，因为该教材适合学习北京官话；（2）学生要做到"勤劳"和"反复练习"，忍受"单调"和"疲劳"；（3）以三四个人一个班为好，若学生人数较多，则应分成两个班。[②] 这些，无疑都是非常内行

[①] 杜德维对中国的熟悉以及他在中国的工作状况也表现在，他在中国任职多年，一直深受下属的爱戴。离任回国时，他的中国下属曾按中国的方式，给他写了记述恩德的对联："心德及人，中外咸歌惠爱；口碑载道，苍生共沐恩膏。"前写"杜税务司大人荣旋之喜"，后写"沐恩辕下×××（共八人）同顿首拜"。该联现藏哈佛—燕京图书馆。

[②] F. P. Knight to C. W. Eliot, from Shanghai, July 28, 1879, HUA, UAI. 20. 877.

的，肯定会体现在哈佛的办学思路中。

杜德维最终能够找到戈鲲化，和他的经历有关。1877 年末，杜德维从福州税务司改任宁波税务司。1878 年上半年，他即接受赫德的委托，代为寻找合适人选，但进展并不顺利。显然，他初来乍到，还不熟悉情况。所以，1878 年 7 月，尽管埃利奥特校长按捺不住焦急的心情，又一次给哈佛的这位校友直接写信，催促此事，但仍然没有结果。直到九个月以后，即 1879 年的 4 月，杜德维才高兴地给埃利奥特回信，声称找到了合适的人选，这就是戈鲲化，杜德维在宁波的中文老师①。

戈鲲化当时在英国驻宁波领事馆任职，说一口南京官话，② 以前曾在美国领事馆任职，对西洋特别是对美国有一定的了解，任职宁波期间还教过一位英国学生和一位法国学生③。另外，他在领事馆中，善于同西方人打交道，深得中外双方人士的好评，而且，他对西方的新事物和新观念持一种开放的态度，并不守旧。这几点可能是杜德维选中戈鲲化而戈鲲化亦愿意接受的重要原因。除此之外，宁波曾在康熙年间就是中国四个对外通商港口之一，1844 年开埠以后，更是当时重要的对外口岸，和外国贸易来往频繁，人们的思想比较开放。宁波的对外交流也一直很活跃，早期传教士自美国浸信会的玛高温（Daniel Jermore MacGowan）于 1843 年来到宁波，其后又有英国女传教士爱尔德赛（Marry AnnAldersay）、美国浸信会的罗尔梯（Edward Clemens Lord）、美国长老会的丁韪良（William A. P. Martin）等先后来到宁波，进行传教、办学，并传播西方文化。如丁氏在宁波居住近十年，学会了中国官话和宁波方言。他不仅参与了将《圣经》译为宁波方言的工作，而且于 1854 年出版了用中文撰写的宗教读物《天道渊源》。他还在宁波南门办过两所男塾，每所招收二十名左右的学生。④ 另外，当时宁波为了配合西学的传播，出版事业非常兴盛。1845 年，美国长老会在传教士柯理（Richard Cole）的提议下，将印刷所从澳门迁到宁波，命名为"华花圣经书房"（The Chinese and American Holy Classic Book

---

① Edward B. Drew to C. W. Eliot, from Ningbo, May 3, 1879, HUA, UAI. 5. 150;

Edward B. Drew to C. W. Eliot, from Ningbo, July 28, 1879, HUA, UAI. 20. 877. 另见杜德维履历表,藏哈佛—燕京图书馆。

② Edward B. Drew to C. W. Eliot, from Ningbo, July 28, 1879, HUA, UAI. 20. 877.

③ *Boston Daily Advertiser*, Feb. 15, 1882.

④ 参看熊月之:《西学东渐与晚清社会》,上海人民出版社, 1994, 第 167—168、308 页。

Establishment)，随即大量出版各种书籍杂志。据统计，从 1844 年到 1860 年，传教士在宁波出版的书籍杂志计有一百零六种（其中一种为书房建立前所出版），其中与教会有关的有八十六种，涉及各种科学、历史、文化知识的有二十种。① 这种社会环境对戈鲲化的思想显然不能没有影响，他能选择被时人视为畏途的美国之行，与此也不能没有关系。还有，戈鲲化的不少友人都有出洋的经历，这或许对他也有影响。

杜德维曾经说，戈鲲化愿意到美国去，是由于他在上海的一家媒体发表了指责某些官员的言论害怕报复，因而要出去避祸②。杜德维说得不具体，但我们知道，戈鲲化与当时的宁波太守宗源瀚有过节。据秦宝瓒《温处兵备道外舅宗公行状》："（宗源瀚）治平为浙中第一，上官贤其才，徙治宁波，而公之治严阅五载矣。其去也，有泣下者。严民野而朴，宁则负山傅海，商贾走集互市来，豪猾间作。戈鲲化者，为英领事治文书，谲觚锋出，奸利山集，官莫敢迕。谒公，严绝之，戈度无可奈，作飞书肆谣诼。富人某，约公输财而阴悔，戈又嗾之走都中贵人蜇其事，而某抚军方以长兴狱过公，浮言胥动，令多格。公怒曰：'事不可为矣，吾能为木偶人耶！'牒南北洋大臣、督抚言其状，请去戈，不则去官。戈诇知，惊曰：'此公何咄咄逼人，吾不可以恋此。'乘夜挈妻子浮海去。江督侯官沈文肃公览牒，击节曰：'好风骨，能如是乎！'然颇有诧为多事者矣。年余，领事饮公酒，出一小象，公："谁何？'领事笑曰：'公不识耶？逐客耳，久为美利坚人矣，倘许其归乎？'公笑不答。"③ 又谭廷献《宗源瀚墓志铭》："（宗源瀚）徙宁波，剧要负山面海，通商交涉。豪猾戈鲲化，影附英吉利领事，主文，积奸利病民，公杜干谒，乃布流言，啮蜇当轴。公屹不动。牒上督抚、南北洋大臣，戈愕眙不敢抗，挈孥浮海去，西人目之为逐客。"④ 不知杜德维说的是否就是宗源瀚，不过看起来戈鲲化的出洋确实与此人有一定的关系。只是，戈鲲化去结交作为地方官的宗氏，不得接待，就如此愤恨，似乎不合常情；同时，他作为英国领事馆的文员，竟然能够对一个太守造成如此威胁，也难以理解。我们暂时还未能发现这件事情的具体缘由，宗源瀚《颐情馆

---

① 参看熊月之：《西学东渐与晚清社会》，上海人民出版社，1994，第 169—171 页。

② Edward B. Drew to C. W. Eliot, from Ningbo, July 28, 1879, HUA, UAI. 20. 877.

③ 秦宝瓒：《大浮山房诗文抄》，1985 年影印清刻本，第 71—72 页。

④ 缪荃孙：《续碑传集》卷 39，《近代中国史料丛刊》第 1 辑第 985 册，第 20 页下。

诗钞·续钞》中有一首诗，题为《予莅宁数月，值榷局滋事，〈申报〉指摘叠至。〈申报〉者，华人为西人执笔，据衣冠败类、市井讹言以报事者也，幕中诸君，不能无不平意，诗以解嘲》，诗中说："下车尝虑治无方，九十耆宿语意长。"自注："莅事三月后，张铁锋先生谓余曰：十馀年来，吾乡风俗人心日下，非君整顿不可。"① 他对《申报》如此痛恨，重要原因之一，应该是常有鄞人在《申报》上发表文章，议论宁波之事，颇有对其不利的言论，如《宁郡杂闻》《详述宁郡近事》《论宁郡匿名揭帖事》《论知府一官兼及宁波事》《人言可畏》等。前引秦宝瑜行状记载戈鲲化对宗曾"飞书肆谣诼"，谭廷献墓志铭也说戈鲲化"乃布流言，喈螯当轴"，或者就是暗示，《申报》上的这些文章和戈鲲化有关，这也可以印证前述杜德维1879 年 7 月 28 日致埃利奥特校长信中所提到的戈鲲化对自己愿意赴美的解释。当然，并无证据可以说明那些文章真是戈鲲化写的，但戈鲲化觉得自己受到威胁却完全有可能。至于行状中说戈"乘夜挈妻子浮海去"云云，那显然是夸大其词了。不过，详情如何，还要做进一步的研究②。

五、戈鲲化在哈佛和剑桥

1879 年 5 月 26 日，美国驻牛庄领事萧德在上海总领事馆，代表哈佛大学校长埃利奥特和戈鲲化签订了任教合同（后又于同年 6 月 26 日签订了补充合同）。合同规定，哈佛聘请戈鲲化前去教授中文，自 1879 年 9 月 1 日起，至 1882 年 8 月 31 日止，共计三年，每月支付薪金两百美元，来往旅费（包括随同人员）亦由校方负

---

① 宗源瀚：《颐情馆诗钞》，《清代诗文集汇编》第 727 册，第 339 页。

② 《清史稿》列传二百三十九《宗源瀚传》可能是根据行状及墓志铭写的："宗源瀚，字湘文，江苏上元人。……调宁波，通商事繁，有戈鲲者，素豪猾，为英国领事主文牍，积为奸利病民。源瀚发其罪状，牒上大吏及南北洋大臣，逐鲲海外。"见赵尔巽等：《清史稿》卷 452，中华书局，1977，第 12578 页。这里的戈鲲显然是戈鲲化之误。其中说是由于宗氏向上司的举报，使其被逐至海外，好像是官府的主动行为，则肯定是不准确的。关于戈鲲化与宗源瀚之间的关系，多谢戈钟伟先生的意见。他查了不少文献，提出了一些思考，尽管其中的细节，尚待进一步还原。

担。至于在哈佛的课程设置、学生人数、教学时间、教学方法等，则由校方根据具体情况，统一安排。①

1879 年 7 月，戈鲲化携妻子和五个孩子，一个仆人，一个翻译②，带着不少和中文教学有关的书籍，从上海乘船前往美国，开始了一种全新的生活。到达波士顿之后，先是临时住在哈佛校园外面一处住所，可能就是梅森街 10 号，后来搬到剑桥街 717 号③。

戈鲲化的到达，对于美国人来说，也是一件新鲜事，时任哈佛图书馆名誉馆长的约翰·兰登·西布利（John Langdon Sibley）就将此事记录在他的日记里，认为戈是在美国教中文的第一人④。甚至《纽约时报》也专门进行了报道。该报 1879 年 8 月 30 日刊登了《哈佛的中国教授》一文，提到戈鲲化一家的到达，"给这个单调乏味的小城带来一阵骚动"⑤，并记述了在哈佛设置中文教授的由来及其目的。《纽约时报》其后还进行了跟踪报道，比如 1879 年 11 月 25 日就对戈鲲化来到哈佛后的情况做了介绍。宾夕法尼亚州的一家报纸更是以《戈鲲化先生及其家人》的标题，用

---

① 见合同文本，HUA，UAI. 20. 877。

② 据《戈鲲化先生及其家人》一文介绍，这位翻译的名字叫 Chi Tin Sing，见 *The Elk County Advocate*，PA，December 4，1879。

③ 按，相关记载提到戈鲲化来到剑桥后，先是住在哈佛校园外的 一处住所，但没有具体说明。笔者发现，在 1880 年 3 月 30 日写给卡迪斯的一封信中，戈鲲化注明自己的地址是梅森街 10 号，这或者就是他的第一个住处，确实离哈佛校园不远。如果这个推测成立的话，则他从 1879 年 8 月底到达剑桥之后，在梅森街住的时间也不短。笔者所见到的戈鲲化写给卫三畏的信共三封，第一封写于 1880 年 8 月 16 日，地址已是剑桥街 717 号，说明他这时已经搬了家。笔者曾试图探访其故址，但已不存。比起梅森街，那个地方确实是远了不少。

④ John Langdon Sibley's diary，HUG 1791. 72. 10. 原文是："This is the first man ever in the country to teach the Chinese language." 按，1847 年，福建人林针曾 "受外国花旗聘，舌耕海外"（周见三：《西海纪游草·跋》，钟叔河主编：《走向世界丛书》第 6 辑，岳麓书社，1985，第 57 页），在美国生活了大约一年半的时间，杨国桢《我国早期的一篇美国游历记》就明确说其是 "赴美教习中文和游历"，"是应聘到美国教习中文的"（《文物》1980 年第 11 期），但他在自己的《西海纪游草》中几乎没有涉及这方面的内容，因此不知他这个 "教习中文" 性质如何，也许，只是私人性质的。

⑤ *New York Times*，August 30，1879.

了大半版的篇幅，记述了作者两次造访戈家以及戈氏夫妇和两个女儿一次回访的经历，其中对戈家的陈设、每个人的穿着、翻译和戈鲲化之间的关系等，都有描述，特别是用了相当的笔墨，描写了戈鲲化的太太。在这位作者的笔下，戈太太的身材较一般美国女性矮些，小脚，留着长指甲，乌黑的头发向后梳着，额头宽广，眼略小，鼻稍低，嘴稍阔，风度优雅，和蔼可亲，说话时表情非常生动。她对来到美国居住，非常满意。① 从其中描写的琐细程度来看，戈鲲化一家来到美国，在当时确实具有相当的新闻性。这些报纸也大多同时刊登了戈鲲化及其家人抵美后拍的一些照片，以使读者对这位来自中国的学者有更直观的认识。不用说，戈鲲化的到来，更是哈佛园中的一件大事。1879 年 9 月 25 日，哈佛校报《哈佛红》（*The Harvard Crimson*）的记者在戈鲲化的家里对他进行了一次采访。采访以实录的形式刊登出来，内容包括戈鲲化对剑桥的总体印象，对自己住所的看法，对信仰的态度，以及他携带的中文教材等。从中我们得知，戈鲲化一家来到剑桥后，当地人对他们非常关注，甚至在家里，也不时感到窗外投来的好奇目光，戈鲲化对此还有些不适应。另外，戈鲲化也明确表示自己不会到教堂做祷告，他坚持自己的儒家信仰。记者特别提到戈鲲化的随行翻译抽鸦片烟的细节，恐怕也是满足了当时西人对中国的一种想象。还有，他订了多份校报，其中的一份打算送给大清皇帝，这一记述也很有趣。从这次访谈中，我们可以确认，戈鲲化初来美国，确实是不谙英语，因此需要借助译员来和记者沟通，不过，那位译员显然也只会讲"洋泾浜"英语，记者的实录，给我们还原了当时的情境②。

对于戈鲲化来说，美国完全是一个崭新的世界。他来到美国后，主动接受新事物，努力学习英文，很快就由原来的基本上不会英文，发展到能比较随意地和人们交谈，甚至可以翻译自己的文章和诗歌。

哈佛大学中文班预定于 1879 年秋季正式开班，计划每周上课五天，每天教师授课一小时，学生自学二至三小时，任何有兴趣的人都可以报名，但那些对中国文史哲感兴趣的人、希望到中国任职的人、希望到中国经商的人、希望到中国传教的

---

① *The Elk County Advocate*, PA, December 4, 1879.

② 段怀清教授对《哈佛红》上有关戈鲲化的记载写有专文，承他见示，非常感谢。

人更受到特别欢迎。校内学生免费，校外学生则每学年收学费一百五十美元。① 可是，在 19 世纪下半叶的美国，中国还是一个比较模糊的概念，所以尽管鼐德的愿望非常好，尽管哈佛对开设中文班很热心，却没有什么人愿意学习中文。戈鲲化来到哈佛以后，在相当的一段时间里，班里只有一个学生。这个学生其实是一位教授，名叫 George Martin Lane，戈鲲化给他起了一个中国名字叫刘恩。刘恩 1823 年出生于波士顿的查尔斯城（Charlestown），幼年时移居剑桥。他 1846 年毕业于哈佛，1851 年在德国的哥廷根（Gottingen）大学获得博士学位，随即被聘为哈佛大学的拉丁语教授（University Professor），1869 年任"波普"讲座教授（Pope Professor），1894 年被哈佛授予荣誉法学博士（LL. D）和荣誉"波普"讲座教授（Pope Professor Emeritus），随即在这一年退休，三年后逝世。刘恩任哈佛大学的拉丁文教授达四十三年之久，逝世之后，《美国语言学杂志》（The American Journal of Philology，Vol，XVIII，No. 3）称他为"美国最伟大的拉丁语学家"②。出于对语言的敏感，也出于对新事物的追求，这位当时已经颇负盛名的拉丁语教授找到戈鲲化，愿意随他学中文。这件事一定极大地鼓舞了戈鲲化，不仅二人之间有了深厚的友谊，而且两个家庭也来往频繁。当然，刘恩来学中文也帮助了戈鲲化，因为他来美国时，几乎一点儿也不懂英文，现在正好趁此机会向对方学习。事实也正是如此，戈和刘恩一直在互相学习，他们可能是较早的具有换学性质的一对。光绪七年（1881），戈鲲化专门写诗赠给刘恩："未习殊方语，师资第一功。德邻成德友，全始贵全终。"感谢刘恩使自己这个异国人能够掌握了英文，而且三年来不间断地加以指导，所以戈鲲化称他为自己的老师。诗中还引用孔子的话，称赞了刘恩高贵的品德。赠诗非常郑重地写在一个黑底绿花的小笔记本上，前面是中文原诗，其次是英译，还有非常详细的英文注释，因为诗中用了许多典故或成语。最后，戈鲲化还标出了平仄，以让他的朋友了解中国诗的吟诵方式。中英文都是由戈鲲化十四岁的大儿子戈忠抄写的，从那一手漂亮的手写体来看，这位在美国上了将近三年学的少

① "Ko Kun-hua and the Chinese Class at Harvard"，*The Daily Graphic*，November 23，1879，Ko Kun-hua，General File，HUA，UAI. 20. 877.

② *The American Joarnal of Philology*，Vol，XVIII，No. 3.

年，已经学会了不少东西。① 这样的赠诗方式，也出现在戈鲲化与埃利奥特校长和卫三畏的交往中。

戈鲲化在哈佛的学生最多时曾达到五个②，据说他授课时总是穿着清朝官服，以表示中国传统的师道尊严。他的教学以其丰富的内容，充分的准备和高度的技巧，深受好评。他曾将美国的学生和过去在宁波教过的英、法学生做过比较，认为在学习效果上，美国有些学生要强得多。两年多下来，至少已有一名学生能够流利地说中国官话了。这个学生可能是汤克斯。阿尔弗雷德·汤克斯（Alfred Tonks），麻省波士顿人，生于1858年。高中时就读于波士顿拉丁学校，1879年考入哈佛大学，1883年毕业。毕业后，先后在菲兹堡铁路公司（Fitchburg Railroad）、阿加西斯博物馆（Agassiz Museum）、柯克伍德军事学校（Kirkwood Military Academy）、圣·马修学校（St. Matthew's School）等处任职或任教。1905年曾参加过"北阿拉斯加探险行动"，负责鹰河附近的矿产勘测和开采工作。1911年12月23日因感染肺炎而去世。《1883届哈佛毕业生三十周年（1883—1913）第六份报告》［Class of 1883 of Harvard College（Thirtieth Anniversary 1883—1913, Sixth Report）］一书对汤克斯有这样的介绍：他"毕业时获得了中文学习优秀奖"（Honorable Mention in Chinese）。从这个记载看，哈佛对于开展中文教学非常重视，不仅有一系列周到的安排，而且还设立了奖励措施，以鼓励学生充分投入对这个新学科的学习（这一奖项的设立在西方大学的中文教学史上应该是较早的）。由于汤克斯在校时间和戈鲲化正好重叠，而且当时哈佛只有戈鲲化一人是中文教师，因此，汤克斯应该就是戈鲲化的中文班教过的学生③。能够教出这样的学生，无疑使戈鲲化很有成就感。而校方对他也非常礼遇。1880年，他曾盛装出席哈佛毕业典礼，作为嘉宾，被校长郑重介绍给全校师生。

19世纪中叶，容闳在美国完成自己的学业以后，深感现代教育对于国家富强的

---

① Ko Kun-hua, HUA, UAI. 20. 877.

② 关于这一点，记载不一，也有资料说是三个。

③ 在1883年2月23日的哈佛校报《哈佛红》上，有这样的记载："哈佛83届毕业生，也是戈鲲化教授教过的一位学生阿·汤克斯（A. Tonks），已获美国驻日使团聘用，将赴日本。"这个A. Tonks应该就是Alfred Tonks，不过，《1883届哈佛毕业生三十周年（1883—1913）第六份报告》中却没有他在驻日使团工作的记载，也许是他曾接到这个聘用，但最终并未成行。

重要作用，经过不屈不挠的努力，使得清政府接受了他的建议，分批向美国派遣了十二至十四岁的幼童一百二十名，去学习现代科学文化。在戈鲲化居住的纽英伦（New England）地区，就有不少来自中国的幼童，甚至他的班上也有一个中国学生①。这个中国学生当然是学习自己的母语，大约是监管官员由于该生正好在当地读书所作的安排，希望幼童在学习西方思想文化的同时不至于对中国的语言文化产生隔膜。戈鲲化当然很赞成清政府的这种开放精神，可是到了 1881 年，所有的幼童和官员都被召回国，这使一直努力学习新事物，而且认为这种学习对中国深有裨益的戈鲲化很受刺激，因而心中对政府的这种行为深感遗憾。但是，和当时其他一些知识分子对此体现的感情激烈震荡不同，他始终把这种感情埋在心里②。这又反映出他思想中传统的一面。事实上，他来到美国时已经四十多岁了，思想基本定型。20 世纪二三十年代，哈佛大学的中国留学生曾编写了一本《哈佛大学中国留学生简史》，其中记载了戈鲲化刚到美国时的轶事。1879 年秋，他带着妻子和孩子，以及一个仆人，在剑桥安顿下来。不久，人们惊奇地发现，他们的仆人住在二楼，而他们全家竟住在阁楼上。对此，他解释道：尊卑有别，怎么能让仆人住在自己的头上呢③？这反映了中国文化在他身上打下的烙印之深，所以尽管在美国生活了近三年，他的思想并不激烈，他给人的印象仍然是一个典型的东方人，只是并不拒绝接受新事物。他在哈佛任教始终就是这样一种形象，让不少人见识了一个来自东方的、教授东方语言文化的教师的风采。戈鲲化的儿子戈鹏云 1913 年 7 月 14 日在上海进行演讲时，也对他们家在美国的生活有所回忆："余之先君为美国哈佛特大学掌教时，至中历新岁之日，美人争来道贺，自朝至暮，门庭若市，踊跃热闹，即在中国度元旦，亦不过如是。其时华人之居其土者，只此一家，而能若是，固在平日交际，不使人轻慢所致耳。"④

---

① 该生名叫丁崇吉（Ting Sung Kih），浙江定海人，1873 年十四岁时来美。参看高宗鲁译注：《中国幼童留美史》，华欣文化事业中心，1982，第 179 页。其事迹又见丁志华《第一个担任海关副税务司的中国人：忆父亲"留美幼童"丁崇吉》，《徐州师范大学学报》2005 年第 3 期。

② *Boston Daily Advertiser*, Feb. 17, 1882.

③ "Chinese Students at Harvard", HUA.（此处档案编号暂缺）

④ 戈鹏云：《戈鹏云演说》，《神州日报》1913 年 7 月 16 日。

六、以文化传播为重要使命

戈鲲化是作为语言教师被聘任的，相关的文献也一再提及，他到哈佛去，是教语言，而不是教文学，但他显然并不完全满足于这个角色。他的文化自豪感决定了他更想做一个文化传播者，而不仅仅是语言教师。他选择的载体是诗，因为在中国，诗的地位一直很高："可以兴，可以观，可以群，可以怨。"① 诗的形式是非常民族的，民族的精神也是诗的。因此，他在任何场合，几乎都忘不了吟诵、讲解诗。在当地，不少人都对他的这一特点印象深刻，也是把他当作来自中国的诗人看待的。戈鲲化逝世后，他在美国结识的朋友卡迪斯（Benjamin R. Curtis）回忆自己曾有一次邀请他参加"纸莎草"（Papyrus）俱乐部的聚会，在起立致意并用英文作了自我介绍后，他随即拿出一份手稿，用中文抑扬顿挫地吟诵了上面的一首诗。这引起了听众的极大的好奇心，一致以热烈的掌声要求他再来一次。戈鲲化于是再次站起来，背诵了一首自己创作的诗之后，就优雅地鞠躬退席了。这种风度，倾倒了其他与会者②。1882 年 1 月到 2 月，在戈鲲化逝世前的几个星期，卸任回国后的杜德维应邀在波士顿连续六天做关于中国的专题讲演，戈鲲化出席了第四场即 2 月 1 日晚举行的那一场。他很愿意以中国人的身份向美国人介绍中国文化，于是他先后吟诵了孔子的一段话，宋人的一首描写家庭的诗，以及他自己写的一首赞美春天的诗。③ 由此看来，戈鲲化不仅自己喜欢诗，而且强烈地意识到诗的价值，他是有意

---

① 《论语·阳货》，朱熹：《四书章句集注》，中华书局，1983，第 178 页。

② Benjamin R. Curtis："Kun-Hua Ko," *Boston Daily Advertiser*, Feb. 22, 1882.

③ "Daily Morning Traveller", Feb. 2, 1882.

识地在美国致力于中国文化的传播，要把诗的精神带到美国①。

最有代表性的是他所编的一本《华质英文》（*Chinese Verse and Prose*），这可能是他用于介绍中国文化，尤其是中国诗词的教材。戈鲲化在序言里介绍自己的编写目的时说："前年余膺哈佛特书院之聘，杭海而西，以华文掌教之馀，学英语，习英文。婶隅右梵，庶几似之。继与诸博雅讨论有韵之文，彼亦慕中国藻词之妙。只因书不同文，方心圆智，未能遽凿破浑沌。屡索余诗，爰取《人寿堂》旧作四首，又至美后所作十一首译示之，并附诗馀尺牍各一。译竣，墨诸版，用副诸博雅殷殷切问之意云尔。"在《华质英文》的例言中，他不厌其烦地介绍了中国诗歌（包括词和尺牍，二者选得不多，仅各一篇，但尺牍多用骈文，所以他所讨论的仍然是韵文）的特殊形式："一、律诗须调平仄，其八句中，第三、四、五、六等句，并须对偶，如虚实平仄之类。用韵在一、二、四、六、八句末字，惟首句韵不论。五、七言如之。""二、绝诗有五言，有七言，截律诗之半也。或截前四句，或后四句，或中四句，抑或首尾各二句。""三、古诗不甚拘平仄，句法亦可短长。或数句换韵，或通体一韵，或隔句对偶，或通体对偶，总须意格高古为佳。""四、词韵与诗韵异，而别有一定平仄。有小令、中调、长调，格多于诗。""五、尺牍应酬之类，多用骈文，有平仄对偶而不拘韵，但比联落脚字如平声，下句末字须平起；比联落脚如仄声，下句末字须仄起，不得紊乱。""六、无论诗词尺牍，下笔要典要雅，多

① 另外，戈鲲化这么喜欢在公众场合诵诗，也引起笔者别一种联想。从现有记载看，戈鲲化是用中文吟诵自己的诗的，可是，他面对的听众多半并不懂中文。显然，他相信，诗歌的吟诵过程本身就可以传达一些信息。类似的情况在戈鲲化的同时代人王韬（1828—1897）身上也出现过。王韬《漫游随录》记载他英国游历时，常在友人家中或公共聚会上应邀吟唱朗诵中国诗词，如："司蔑氏，巨富家也，折简招赴华筵，男女集者几百人。"他在这次聚会中"曼声吟吴梅村《永和宫词》，听者俱击节"（王韬著、王稼句点校：《漫游随录图记》，山东画报出版社，2004，第137页）。又有一次，理雅各主持演讲，王韬"吟白傅《琵琶行》并李华《吊古战场文》，音调抑扬宛转，高抗激昂，听者无不击节叹赏，谓几于金石和声，风云变色"。（同上书，第149页）段怀清评论说："每逢此时，不知是疏忽，还是出于故意，王韬大多没有交代那些抚掌赞叹的坐者是如何听懂他所吟诵的那些中国诗词的。"（段怀清：《传教士与晚清口岸文人》，广东人民出版社，2007，第33页）不过，也许王韬和戈鲲化一样，认为通过吟诵的声情，理解并不是问题。

读唐宋名大家诸篇自得之。"这些都是最基本的知识，所涉及的只是形式，尤其注重的是节奏、韵律和音乐性，这对于很难体会中国古典诗歌意境的美国人来说，确实是一个适当的选择。因为，英文诗也自有其特殊的声律传统，从形式方面入手，有利于在比较的基础上了解中国诗的特殊性，这比空洞地谈"立意"要现实得多。他所选的每一首诗都注出了平仄，说明他特别注意让读者了解作品的音乐性。另外，以前的诗词选本，不论是哪一种类型的，都选的是大家、名家的名篇佳作，如供孩童学习的《千家诗》等。但戈鲲化所选的却都是自己的作品。这样做，或许是出于两个目的：一是向美国人证实自己的诗人身份；二是方便教学，因为是自己写的，就可以谈创作动机、创作过程、创作甘苦等。不管怎么说，当那些在异质文化中长大的学生读到这些古朴的诗作，发现短短几句竟然要用好几页的篇幅来加以注释时，那种新鲜感一定是非常强烈的（而这种为自己的诗作注的形式，也很有趣）。这本教材完全是手抄，汉字部分是工工整整的小楷，英文部分是漂亮的手写体，当时可能印了若干份①。我们现在还无法估计这本教材对美国了解中国、研究中国，尤其是研究中国古典文学有多大的作用，甚至不知道是否真的在课堂上使用过，但即使是从中美文化交流的角度来看，作为中国人编的这一本早期诗词教材，它也有极大的意义。

　　还应该提到戈鲲化和卫三畏（Samuel Wells Williams）的关系。卫三畏是中美关系史中的一个重要人物，他 1812 年出生，二十多岁就到了中国，此后长期在中国传教或任职，曾任美国驻华使馆参赞。他曾为外国人写过好几本有关怎样学习汉语的书，如写于 1844 年的《英汉对话专用词韵府》（An English and Chinese Vocabulary in Court Dialect）等。1877 年，他结束在中国的工作，回到美国，随即受聘于耶鲁大学，成为中国语言文学教授。1846 年，他参加了美国东方学会，1881 年成为该会的会长。在美国，他是第一个由美国人出任的中国语言文学教授，其出版于 1848 年的《中国总论》，试图把中国文明作为一个整体去研究，也是美国最早的汉学研

---

　　① 笔者看到的这一份是 1917 年 2 月杜德维赠送给哈佛大学的。限于各种条件，该书不可能对中国文学作全面介绍，但从目录看，除了诗之外，戈鲲化还特别列有诗馀和尺牍两类，则似乎也有一定的文体意识，可惜今存本有缺页，我们已经无法得知其原貌了。

究著作①。卫三畏对戈鲲化一定不会陌生，因为从萧德和杜德维等人的信中，我们可以得知，大家都很希望卫三畏能够帮助哈佛中文班的顺利运行②，戈鲲化也就理所当然地在出国前就已知道了这位美国同行。因此，戈鲲化来到美国以后，一定很快就结识了卫三畏。对于戈鲲化来说，他很高兴能在美国碰到一个洋人同行，而且这么精通中国学问。他也很感谢卫三畏，因为卫三畏送给他的英汉辞典，使得他在学习英文中少走了不少弯路。他曾经用"凿壁偷光"的典故来形容自己和这本辞典的关系。"凿壁偷光"典出《西京杂记》卷二："匡衡，字稚圭，勤学而无烛，邻舍有烛而不逮，衡乃穿壁引其光，以书映光而读之。"③ 显然，他是自比匡衡，而把卫三畏的辞典比作能够帮助自己克服学习困难的助力。戈鲲化来美之后，就颇想做一些诗歌的翻译工作，在这方面，他或者也得到了卫三畏的帮助。1880 年 8 月 16日，在致卫三畏的信中，他这样写道："如果您以前已进行过汉诗英译或英诗汉译，请惠寄一份，以为参考。"他提到自己现在正对此种工作甚感兴趣，因此，"你在这一方面的成果将给我以帮助"。也许，《华质英文》的翻译就有卫三畏的指点。同样，卫三畏肯定也很高兴能认识戈鲲化。因为他在耶鲁获得这个教职以后，也很希望能和一个中国学者互相切磋，得到帮助。1881 年的暑假，戈鲲化曾利用休息时间，从波士顿来到耶鲁大学的所在地纽黑文（New Haven），到卫三畏的家中拜访，希望能够商讨一些学术问题，可惜卫氏恰好因事外出。同年 12 月 20 日，戈鲲化致信卫三畏，除对暑假中的未遇表示遗憾外，还希望和卫三畏在圣诞节假期间，相会于耶鲁。随信他还寄去一首诗，写在一个黑底绿花的小本子上，一切格式也都和赠刘恩的那首相同。诗这样写道："皇都春日丽，偏爱水云乡。绛帐遥相设，叨分凿壁光。"不仅赞美了卫三畏的品格和学问，而且点出了两个人所处的位置和关系④。卫三畏和戈鲲化之间一定有了深厚的友谊，所以在戈鲲化逝世的当天，刘恩就致信

---

① Frederick Wells Williams, *The life and Letters of Samuel Wells Williams*, Chapter III, New York and London, 1889.

② F. P. Knight to C. W. Eliot, from Shanghai, July 1, 1879, HUA, UAI. 20. 877；Edward B. Drew to C. W. Eliot, from Ningbo, July 28, 1879, HUA, UAI. 20. 877.

③ 刘歆撰、葛洪辑：《西京杂记》卷 2，中国书店，2019，第 25—26 页。

④ Ko Kun-hua to Samuel Wells Williams, from Harvard, December 20, 1881, Yale University Archives, Ms. Gr. 547.

卫三畏，向他通报这个悲哀的消息①。限于现有材料，我们一时难以找到更多的有关二人交往的材料，但戈鲲化和卫三畏之间可能有某种交流、合作的计划或意向，这是大致可以推知的。他们二人的交往在中美关系史，尤其是中美文化史和美国汉学发展史上，都是重要的一笔。直到今天，耶鲁和哈佛仍然是美国汉学研究的两大重镇，而在一百多年前，正好这两个学校先后设立了中国语言（文学）教席，更巧的是在这两大名校执教的中文教师，一个是美国人，一个是中国人，而且两个人之间的关系非同寻常，其中的意义至今仍然没有被学者们所充分认识。

七、戈鲲化的身后事及其评价

尽管戈鲲化关于汉语教学和文化传播有着许多雄心勃勃的计划，可惜"千古文章未尽才"，他在哈佛的任期还没有满，就于1882年2月由于感冒转为肺炎，虽经医生两次上门诊治，但终于不起，于当月14日下午，在剑桥他自己的家中逝世。事情发展至此，恐怕他的亲朋好友、同事以及他本人都始料不及，因为他在2月2日还参加了杜德维的中国问题演讲会，生病期间还对校长一再表示对耽误课程的歉疚以及提出进一步搞好教学的设想。赴美前夕，好友陈兆赓赋诗相送，他曾写《答陈少白巡检》一诗道："抟风偶尔到天涯，寄语休嫌去路赊。九万里程才一半，息肩三载便回华。"② 瞻念前程，是那样豪气万丈，可是三载回华的愿望竟然没有实现，带着事业未竟的遗憾，他在异国他乡走完了自己的人生旅途。

戈鲲化逝世后，哈佛大学为他举行了遗体告别仪式。仪式由哈佛大学神学院院长埃里福特牧师（Rev. C. C. Everett）主持，参加者除戈鲲化的家人外，还有校长埃利奥特、罗马文教授刘恩、中国海关税务司杜德维、来自哈特福德中国幼童出洋肄业局的容闳等，以及哈佛的教职员和众多学生。之后，埃利奥特校长和刘恩等四人

---

① Edward B. Drew to Samuel Wells Williams, From Cambridge, Feb. 14, 1882, Yale University Archives.

② 见戈鲲化：《华质英文》，《中美文化交流的先驱——戈鲲化的时代、生活与创作》，第286页。

还联名写了一封倡议书，为戈鲲化的太太和孩子募捐，因为按照合同，如果戈鲲化不幸在任职期间逝世，他的太太和孩子们将被送回上海，而回国后，如何维持一个七口之家的生活，并保证孩子们有良好的教育，也显然是一个不得不考虑的问题。①另外，戈鲲化的逝世在波士顿也引起了震动，当地的一些报纸特别是《波士顿每日广告报》（Boston Daily Advertiser）用了大量篇幅登载此事。以下是人们对他的一些感受和评价（大意）：

> 他确实承担了重要的工作，并取得了成就。他是一位教师，不仅教部分人说中文，而且使所有与他接触过的人都获益匪浅。他给我们的一个启示是，一个真正的绅士和学者，不管走到哪里，不管穿什么衣服，过什么生活，其素质都不会改变。他给我们的另一个启示是，有些事情，如人类之间的兄弟般的关系，我们认为已经学会了，其实还早得很呢。他使我们感受到了我们从未感受到的东西，即，人性都是相同的。

> 他不仅带给我们的街道一抹东方色彩，甚至东方式的壮观，而且带来了东方式的和谐。他的脸上溢出高贵的尊严，他浑身都笼罩着安详，他看待事物从不带有过分的好奇心，他甚至对一个外国人有时会感到的尴尬也无动于衷。这些都使我们感到，我们在向他展示文明的同时，也应该向他学习。他使我们懂得了什么是一个富有声望、内涵深刻的学者，何以他在中国享有如此的尊严。我们也明白了，他代表着一种历史和文明。当他和我们在一起时，彼此的关系比想象中的更为平等。

> 生活在美国社会，他按照美国人的方式行事；而回到家中，他就能让客人感到是来到了中国。这一点在许多方面都有体现。他很愿意学习《圣经》，也很尊敬《圣经》，但他知道该接受什么，也知道怎样用自己本国的哲学和宗教语言加以表述。

> 在剑桥的三年中，他的优雅的风度、谦恭的举止，他的个性，给所有接触过他的人留下了深刻的印象。②

---

① 按照合同，戈鲲化可以带五个孩子和他同行，但募捐倡议却说他有六个孩子，他的第三个儿子戈惠是来到美国后生的，在戈鲲化逝世后不久即夭折。

② 散见于前引"Boston Daily Advertiser"各篇中。

七年后的 1889 年，卫三畏的儿子为他的父亲写传记，也提到了戈鲲化。其中说："至今剑桥人还总是提到他的优雅的性格和可贵的品质。"① 戈鲲化的口碑以及他留给当地的印象，使得他在中美文化交流史中，留下了闪光的一笔。

虽然戈鲲化在哈佛的使命令人遗憾地过早地结束了，但他的名字却永远写在了哈佛大学的发展史上，他在哈佛大学开设中文班的尝试，作为哈佛大学汉学研究的起源，也是一个里程碑式的事件。现在的哈佛—燕京图书馆（Harvard Yenching Library）以其丰富的中文（还有日文）藏书，成为西方世界中声名卓著的书林重镇，而戈鲲化在哈佛大学使用的若干中文书籍，正是这个图书馆的馆藏之始。因此，他那身着清朝官服全身照，至今仍悬挂在燕京图书馆门厅里，提醒每一个造访之人去饮水思源。至于哈佛大学探讨东方文明的兴趣，则从那个时候就已提供了可能性，并且或明或暗地延续下来。于是，终于在戈鲲化去世二十二年后的 1904 年，阿奇博尔德·布莱克（Robert P. Blake）在哈佛大学开设了第一门有关近代远东历史（中国史是其中最重要的部分）的课程——"1842 年以来的远东历史"。沿至第一次世界大战之后，哈佛的汉学研究更是突飞猛进，先后有多人开设中国历史、中国哲学、中国艺术等课程。20 世纪 20 年代以后，著名中国语言学家赵元任、著名中国文学专家梅光迪先后应邀到哈佛教授中文，继续了他们的前辈戈鲲化所做的事业。发展到 1928 年，随着哈佛—燕京学社的建立以及后来哈佛大学东亚语言与文明系的成立，哈佛大学的汉学研究日益发展，不仅傲视北美，而且在世界范围内也屈指可数。这一切的源头，都应该追溯到戈鲲化。现在，哈佛大学东亚语言与文明系设立了"1879 讲座教授"的荣衔，正是为了纪念这个将中文教学带到哈佛的先驱者。

比起后来享有盛名的中国早期留美学生容闳②，作为第一个出国到美国大学任教的中国学者，戈鲲化的身后是寂寞的，一百多年来，他的名字几乎不为世人所知。这有其可以理解的理由，因为戈鲲化的生命过早地结束了，他还未来得及把他在美国的所思所得带回来，在中国的社会转型中发挥作用。但是，在中西文化交流史中，他的美国之行所体现出来的意义，无疑应该给予充分的估价。近百年来，中

---

① Frederick Wells Williams, *The Life and Letters of Samuel Wells Williams*, PP. 452.

② 容闳是较早毕业于美国大学的中国留学生，他自己是这样说的："以中国人而毕业于美国第一等之大学校，实自予始。"见容闳：《西学东渐记》，徐凤石、恽铁樵原译，张叔方补译，杨坚、钟叔河校点，湖南人民出版社，1981，第 22 页。

国总的趋势是文化输入，为了富国强兵，扶危救亡，中国一代又一代的知识分子努力向西方寻找思想武器，基本上形成了文化引进的局面。但是，随着文明的进一步发展，随着多元文化格局的形成，有识之士已经越来越认识到，中国文化也是全球现代化中的一种重要的资源，也可以为人类和平、社会发展做出贡献。甚至有人提出以东方文化救西方文化之弊的主张，所以对东方文化的学习和研究在西方发展得非常迅速。按照这一思路向前推，一百多年前的戈鲲化正是文化输出的先行者，他将古老的中国文明及其价值带到美国，给正在高速发展的资本主义文明提供了另一种价值参照，使人们看到了文化共存及其互补的重要性。今天，当我们面对 21 世纪在讨论地球村以及全球价值的时候，重新检讨和认识 19 世纪末戈鲲化所做的工作，其意义将是不言而喻的。